三湘门户 活力星沙

INGSHA 星沙

湖南·长沙县 全国十八个改革开放典型地区

长沙县年鉴

2018

CHANG SHA XIAN NIAN JIAN

长沙县人民政府 主办

长沙县史志档案局 编

方志出版社

Publishing House of Local Records

图书在版编目（CIP）数据

长沙县年鉴. 2018 / 长沙县史志档案局编. —— 北京：方志出版社，2019.1

ISBN 978-7-5144-3612-9

Ⅰ. ①长… Ⅱ. ①长… Ⅲ. ①长沙县—2018—年鉴 Ⅳ. ①Z526. 44

中国版本图书馆CIP数据核字（2019）第**023093**号

长沙县年鉴（2018）

编　　者：长沙县史志档案局
责任编辑：高孟君
出 版 人：冀祥德
出 版 者：方志出版社
地址：北京市朝阳区潘家园东里9号（国家方志馆4层）
邮编：100021
网址：http://www.fzph.org
发　　行：方志出版社图书经销中心
电话（010）67110500
经　　销：各地新华书店
印　　刷：湖南宏图印务有限公司
开　　本：889×1194　1/16
印　　张：26
字　　数：739千字
版　　次：2019年1月第1版　2019年1月第1次印刷
印　　数：0001~1000册
ISBN 978-7-5144-3612-9　**定价：**180.00元

长沙县
年鉴 2018

《长沙县年鉴（2018）》编纂委员会

主　　任　张作林

副主任　谭浩然　彭正球

编　　委　梁　山　黄庆怀　陈　诚　刘高祥
　　　　　文清良　胡立忠　李　勇

《长沙县年鉴》编辑部

主　　编　李　勇

副主编　廖再攀　饶　珏

编　　辑　周进银　张　娜　梁　漾

编　　务　李珊珊　万　好　刘晓柏

地址
长沙县星沙街道望仙路598号
电话
0731-85059406
传真
0731-84392225
长沙县年鉴QQ群
20231126
电子邮箱
csxnj@sina.com

《长沙县年鉴（2018）》组稿人员

（按姓氏笔画顺序排序）

王 川	王飞跃	王利娟	王欧雯	王洪勇	王银平
王意达	毛 敏	文 婷	孔 尚	孔艳辉	邓 洁
邓灿斌	邓玲芝	邓端勇	龙赛斌	叶 凯	田 甜
冯 辉	朱世朝	朱立辉	任 全	向剑锋	刘 欣
刘 超	刘晓平	刘塑琪	安 慧	孙潇棵	阳迎军
苏子涵	李 栋	李 莎	李 遂	李剑芳	杨 艺
杨 娟	杨 娴	杨 瑶	杨蕙伊	吴 琼	吴红杰
吴爱芝	吴赛君	何 姣	余 杰	余佳友	谷 佳
谷 晶	谷镁烽	邹子龙	张 伟	张 娜	张 琴
张 琛	张 瑜	张 颖	张 睿	张小妹	张瑞波
张碧莲	陆 林	陈 杨	陈 浩	陈 展	陈 琳
陈卫星	陈灿畅	陈胜知	陈彩云	范 沙	范姿怡
欧阳志	欧娜美	易爱玲	周 思	周 湘	周小藤
周松田	周晓芬	郑 杰	郑仙芬	郑立键	单 婵
屈 倩	胡 彦	胡 薇	胡 穗	袁远航	徐 泽
徐 婷	高颖珠	唐 达	唐 姣	唐天晴	曹夏源
崔 静	章 行	寇冠乔	彭 衔	彭 晶	蒋兰萍
喻泽兰	程小强	舒 洁	曾 征	曾 妹	谢晓琳
廖麓山	谭 涛	谭丽娟	熊 丁	熊 岚	熊 彬
熊 雯	黎 璇	颜 海	魏志华		

编辑说明

一、《长沙县年鉴》以马克思列宁主义、毛泽东思想、邓小平理论、“三个代表”重要思想、科学发展观、习近平新时代中国特色社会主义思想为指导，坚持辩证唯物主义和历史唯物主义的立场、观点和方法，全面系统记述长沙县（含长沙经济技术开发区）自然、政治、经济、文化、社会、生态等方面情况。《长沙县年鉴（2018）》主要记述2017年长沙县各项事业的发展状况和最新成就。

二、本卷采用分类编辑法，分为“类目”“分目”“条目”三级结构层次，部分“分目”下增设“副分目”，以字体、字号等版式设计区分不同层次。《长沙县年鉴（2018）》设特载、专文、大事记、长沙县概况、中国共产党长沙县委员会、长沙县人民代表大会、长沙县人民政府、中国人民政治协商会议长沙县委员会、纪检·监察、群众团体·工商联、法治、军事、园区建设、经济管理与监督、金融、城乡建设与管理、生态环境保护、工业、交通·邮政·通信、商贸·旅游、农业·水务、科学技术、教育、文化·体育、卫生、社会民生、镇街要览、人物、附录、人文拾萃30个类目。条目为记述的基本单元，标题以黑体字加【】表示。

三、为发挥图片资料对文字的补充和辅助作用，力求图文并茂，本卷在卷首设置公益彩页，按内容分成系列，并适当选配随文图照。

四、为避免记述重复，本卷中凡县级以下由镇（街）管理的开发园区继续在“镇街要览”相关镇（街）中记述。

五、本卷专文由相关单位提供，大事记和长沙县概况系从各单位提供的资料中选辑。其他文稿均由各单位专人撰写，领导审核，年鉴编辑部编辑人员加工整理后再反馈原单位核对，最后由编委会定稿。统计资料由县统计局提供，未列入统计范围的，以各单位录入的数据为准，敬请读者在查阅和引用时注意。

六、本卷收录县级以上领导和各镇（街）、县直各单位负责人名单为2017年1月1日至2017年12月31日担任实职的在职人员，任免时间均以县委组织部发文时间为准，部分与实际到职时间不一，敬请读者在查阅和引用时注意。

七、本卷所刊图片均由各撰稿单位及星沙时报社等提供，因多方原因，部分图片的作者未能一一署名。

强南富北　民生

地域名片

全国改革开放典型地区
全国书香城市（区县级）
中国最具幸福感城市（县级）

区域定位　湖南省会次中心

土地面积　1756平方千米

户籍人口　78.6万人

综合实力

全国县域经济与县域基本竞争力百强县第六位
中国中小城市综合实力百强县第六位
全国十佳“两型”中小城市第一位（四连冠）

县　挺进五强

国家级荣誉选录(2017年)

7月 • 长沙经济技术开发区获批全国首批“港澳青少年游学基地”

8月 • 长沙县获评“四好农村路全国示范县”

• 《长沙县年鉴（2015）》获评第四届全国地方志优秀成果（年鉴类）特等奖

11月 • 长沙县党建O2O获评第四届全国基层党建创新最佳案例；

• 长沙县妇幼保健院整体搬迁项目——医疗保健综合楼获评“2016-2017年度第二批中国建设工程鲁班奖”

12月 • 长沙县获评“2016中国最具幸福感城市(县级)”“第四批国家慢性病综合防控示范区”

• 长沙县图书馆获评“第七届全国服务农民、服务基层文化建设先进集体”

• 长沙县获评“全国群众体育先进单位”

• 长沙县政府网站获评“2017年度中国政府网站领先奖”

• 长沙经济技术开发区在2017年中国国家级产业园区持续发展竞争力综合排名百强榜中排名第38位

长沙县2017年

01 宣讲中共十九大精神

11月6日，中央宣讲团成员、最高人民法院副院长姜伟到长沙县黄花镇黄龙新村干部宣讲中共十九大精神。

02 长沙县入选全国县域经济基本竞争力百强名单

12月16日，第十七届全国县域经济基本竞争力百强名单公布，长沙县位居第六位。

03 长沙黄花综合保税区封关运行

6月25日，长沙黄花综合保税区封关运行，将有效促进黄花综合保税区与长沙黄花国际机场的区港联动，实现优势互补，进一步撬动临空经济加快崛起。

04 新建中小学校

2017年，长沙县累计投入12亿元，确保城区及周边镇街整体新建的中小学校秋季投用。

05 长沙经济技术开发区汽车产业再次实现强劲增长

2017年，长沙经济技术开发区汽车产业再次强劲增长。园区六大整车企业中，上汽大众、广汽三菱、广汽菲克、长丰集团4家企业全年产值超过100亿元。

“十大新闻事件”

06 “奋战100天，腾地8000亩”行动

“奋战100天，腾地8000亩”腾地区域分别位于黄花、黄兴、长龙三个片区，铺排项目36个，需拆迁腾地8818亩，相当于再造半个长沙经开区。

07 首推综合行政执法体制改革

长沙县在全国首推综合行政执法体制改革，集中23个部门职权组建全省第一家县级综合行政执法局，行政执法局组建后迅速实现证件、文书、制服、车辆“四统一”。

08 成功创建省级、市级美丽乡村示范村

截至2017年，长沙县成功创建5个省级美丽乡村示范村、32个市级美丽乡村示范村(特色村)。

09 长沙机场大道工程完工

12月，长沙机场大道工程完工。从长（沙）永（安）高速、人民路或机场高速转机场大道都能直通机场航站楼，与机场、公交、地铁、磁浮、高速公路等“无缝对接”。

10 长沙县获评“2017年全省抗洪救灾先进集体”

8月28日，长沙县被授予“2017年全省抗洪救灾先进集体”称号。

数说 2017

地区生产总值

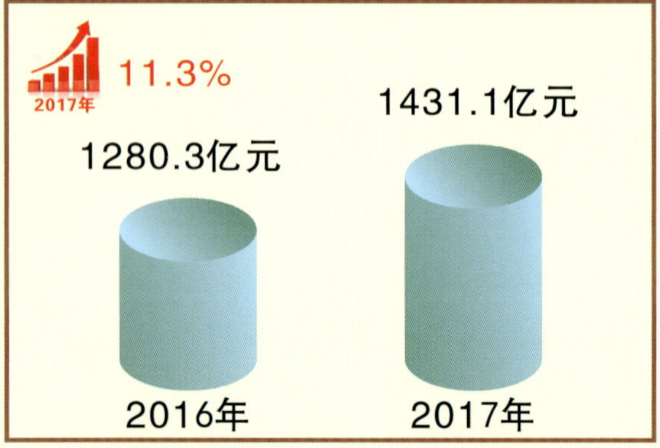

第一产业总产值

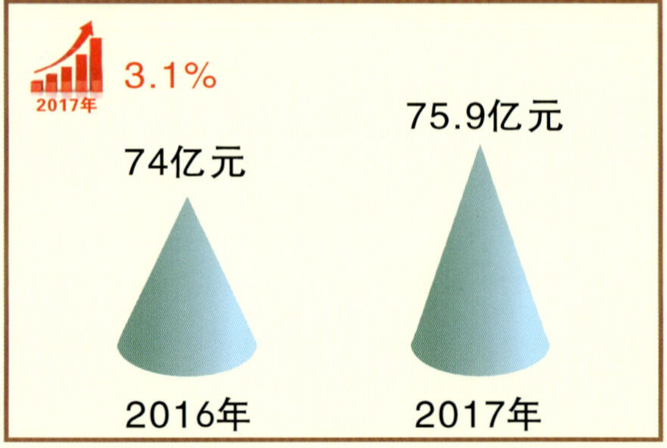

第二产业总产值

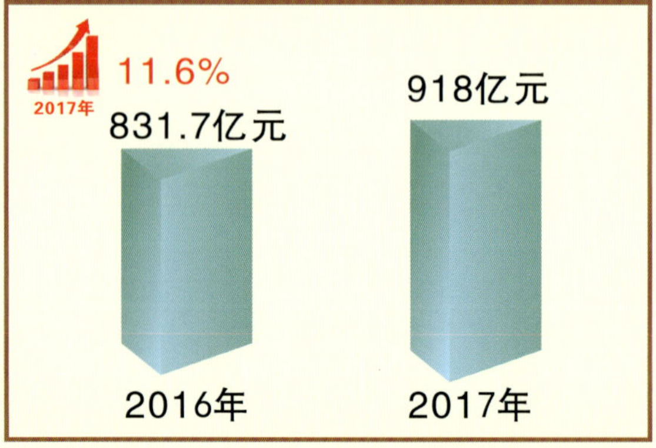

第三产业总产值

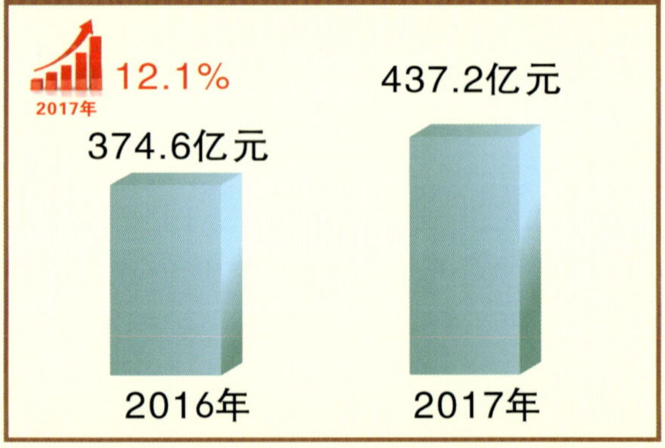

固定资产投资总额

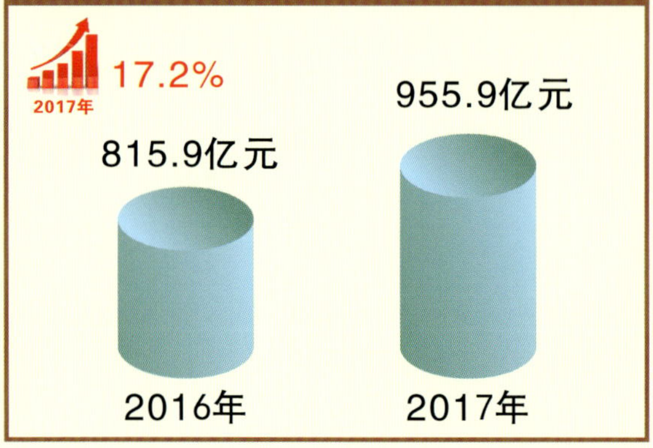

社会消费品零售总额

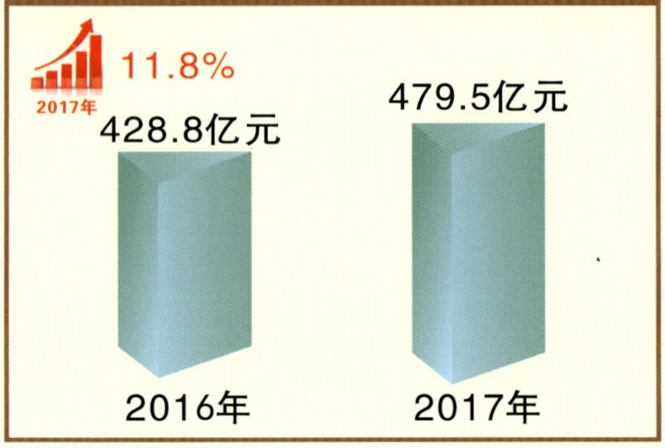

财政收入

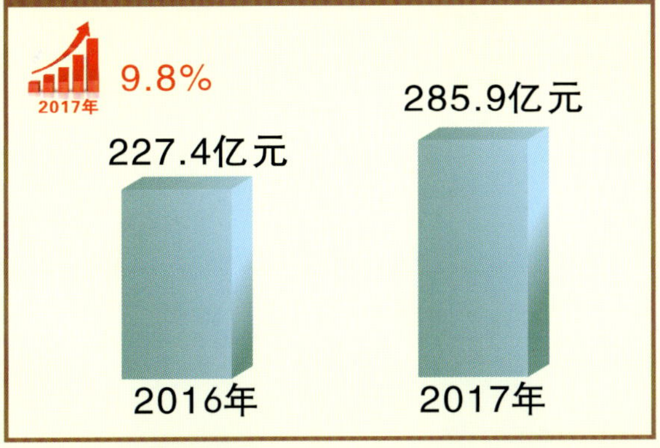

财政总支出

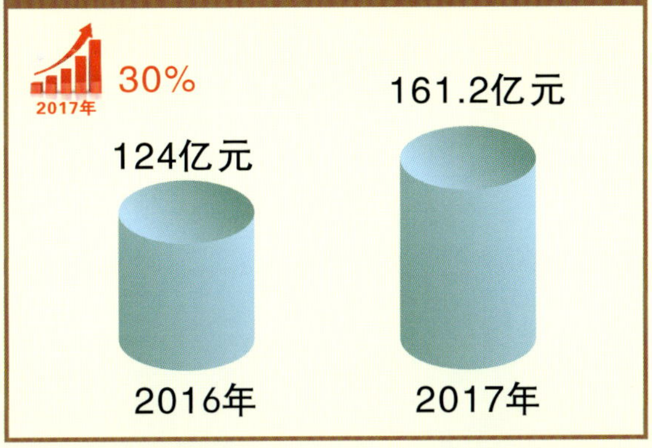

到位外资

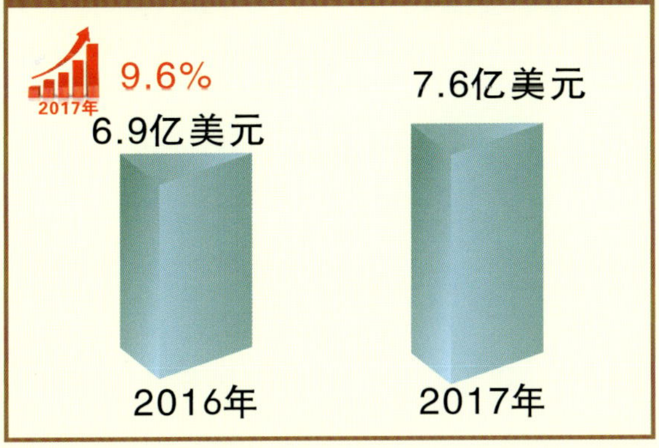

外贸出口总额

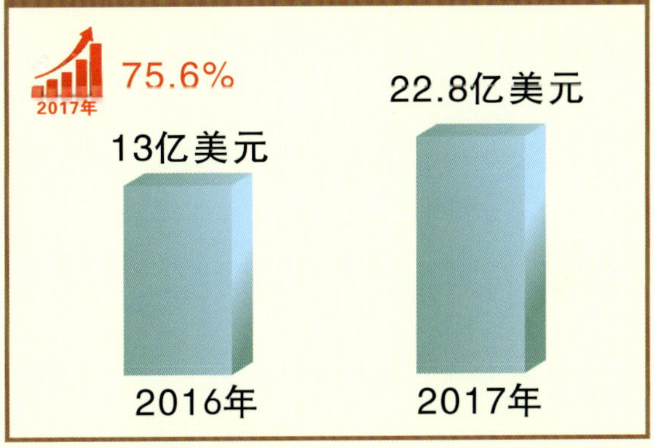

城镇居民人均可支配收入

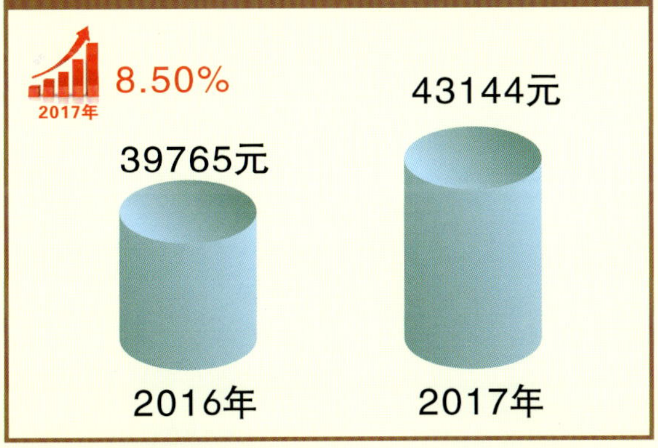

城镇居民人均消费支出

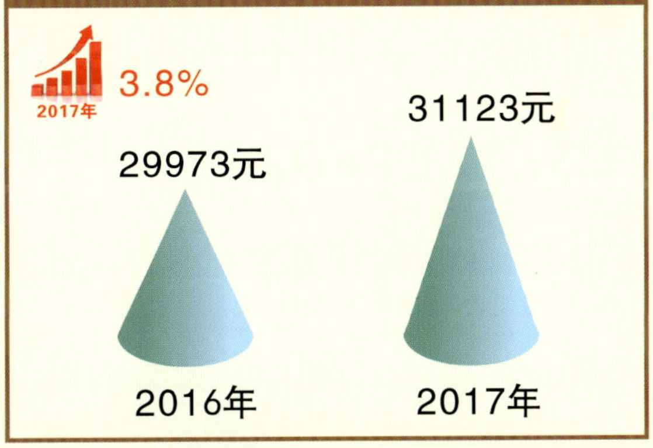

农村人均可支配收入

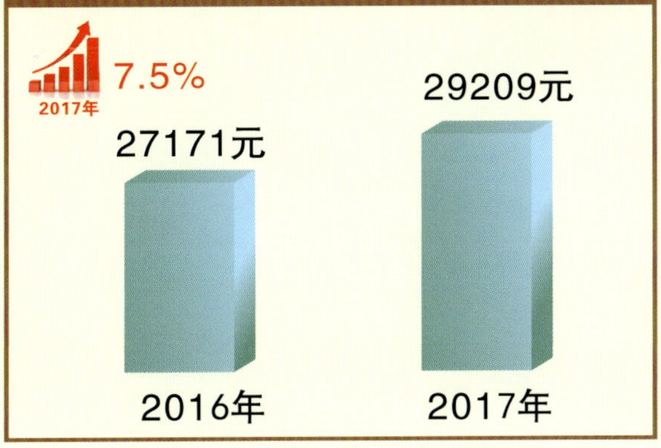

农村居民人均消费支出

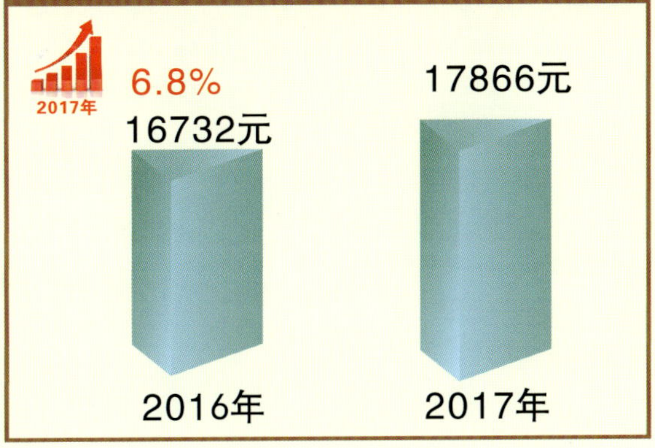

聚焦

产业强县

黄花机场　　（长沙临空经济示范区 提供）

2017年，黄花综合保税区卡口及通关大楼（一品文化 提供）

博世全新工业4.0生产线（星沙时报社 提供）

三一集团有限公司（长沙经开区志办 提供）

同心实业（彭国明 摄）

2017年3月20日，上汽大众长沙工厂斯柯达柯迪亚克产品线（长沙经开区志办 提供）

2017年12月8日,猎豹汽车旗下的新能源车型——猎豹CS9 EV正式下线（长沙经开区志办 提供）

2017年12月12日，众泰君马S70正式下线（长沙经开区志办 提供）

2017年12月19日，广汽三菱汽车有限公司插电式混合动力车型祺智正式下线并上市（长沙经开区志办 提供）

聚焦

生态美县

松雅湖 （曹向东 摄）

星沙全景（一品文化 提供）

AAA景区——湘丰茶博园 （星沙时报社 提供）

AAAA景区——杨开慧纪念馆 （县委宣传部网宣办提供）

生态春华（王海宏摄）

天华塔全景

聚焦

民 生 立 县

北山山歌（饶国威 摄）

2017年1月17日，“我们的中国梦，文化进万家”长沙县文化集市暨文化志愿服务活动在北山镇启动（县文广局 提供）

“家训村”——高桥镇金桥村 （星沙时报社 提供）

2017年9月22日，原创节目《锣鼓亭子》获2017年湖南省“欢乐潇湘”群众文艺汇演金奖（星沙时报社 提供）

晨练 （星沙时报社 提供）

鹿芝岭农家书屋 （黄兴镇 提供）

葛家山乐和大院（星沙时报社 提供）

北山文化广场（刘百浩 摄）

开慧镇桃源移民点（星沙时报社 提供）

茶香新苑安置区（星沙时报社 提供）

总 目

Main Contents

目　录

军　事

园区建设

经济管理与监督

交通·邮政·通信

商贸·旅游

农业·水务

科学技术

教 育

文化·体育

卫 生

社会民生

镇街要览

人　物

统计资料

附　录

人文拾萃

索　引

特　载

Special Records

责任编辑　周进银

在中国共产党长沙县第十三届代表大会第二次会议上的报告（摘要）

长沙经济技术开发区党工委书记　中共长沙县委书记　曾超群

（2017 年 12 月 29 日）

一、过去一年的主要工作和发展成就

2017 年，是新一届县委抢抓机遇、奋力开局的一年，也是县区迎接挑战、主动作为的一年。一年来，我们紧紧围绕“强南富北、民生立县、挺进五强”发展主线，坚持“县区一体”工作理念，全面推进“二次创业”，经济社会发展呈现出实力增强、转型提速、开放加快、民生改善、社会和谐的崭新局面。

经济指标保持高速增长，综合实力显著提升。县区预计完成地区生产总值 1440 亿元，增长 11%；规模工业总产值 2650 亿元，增长 12.8%；固定资产投资 950 亿元，增长 16.5%；社会消费品零售总额 482.4 亿元，增长 12.5%；财政总收入 280.1 亿元，增长 23.2%，一般公共预算收入税收占比达到 93.5%。涌现出了三一集团、蓝思科技等 7 家产值过 100 亿元企业，上汽大众、广汽菲克、广汽三菱等 3 家税收过 20 亿元企业。在全国县域经济基本竞争力、中国中小城市综合实力百强排名中均跃居第六位，连续多年稳居中西部第一。

二次创业取得重大进展，产业结构加速优化。认真落实省委“创新引领、开放崛起”战略，黄花综合保税区实现封关运行，刷新了全国海关特殊监管区建设速度记录，预计完成进出口总额 8 亿美元以上；长沙临空经济示范区成功获批，成为全国第七个国家级临空经济示范区；黄花机场成功开通长沙至越南胡志明市定期国际全货机航线。积极参加或举办港洽周、沪洽周、“开放崛起·临空领航”等招商活动，临空经济示范区核心区共签约重大产业项目 29 个，总投资达 400 亿元。全县实现外贸进出口总额 43.8 亿美元，占全市的 1/3、全省的 1/8。成功举办中国中部农博会、智能制造峰会等一批重大展会，会展经济快速发展。工程机械、汽车制造及零部件、电子信息三大主导产业不断做强做优，全省首家工业 4.0 示范企业博世长沙工厂落户投产，汽车产业整车产能突破 100 万辆，成为首个千亿产业集群。高新技术企业总数占全省的 1/10，获评全国科技管理先进集体。

项目建设取得重大突破，发展后劲日益增强。全年铺排市级重大在建项目 172 个，总投资 1107 亿元。长丰、三菱发动机、铁建重工等重大项目进展顺利，完成投资 334 亿元，呈现出项目数量增多、投资总量增加、发展质量提升的可喜局面。招商引资取得新突破，共引进重大项目 70 个，总投资额 600 亿元，其中铁建重工新型轨道交通装备产业园、京东无人车智能产业基地等单个项目投资超 100 亿元。按照“项目为王、服务至上”要求，率先设立帮（代）办服务中心，按照“县区一体”的工作理念成立了县区联合指挥部，全面开展“奋战 100 天，腾地 8000 亩”行动，项目要素保障明显加强。

全面深化改革成效显著，内生动力全面迸发。8 个专项改革工作稳步实施，29 个自主改革项目取得显著成效，全面深化改革呈现出“改革有试点、试点有突破、突破有水平”的良好局面。供给侧结构性改革、财税管理体制改革、国资国企改革、商事制度改革、供销社综合改革等工作有效推进，全面完成农村土地承包经营权确权登记，在全省率先发放第一本农田水利设施不动产登记证，被列为省级农村综合性改革试点县。行政执法体制改革、农村水利综合改革、畜禽养殖废弃物资源化利用、农家书屋管理创新等改革工作经验在全国推介。

强南富北迈出重大步伐，城乡品质大幅提升。深入推进文明城市创建，全面打响整治车辆乱停乱放、规范开放性市场、改善环境卫生三大攻坚战，磁浮生态绿带走廊、国内最大湖泊沙滩松雅湖金沙银滩等项目建成投用，旧城改造和社区提质提档成效明显，县妇幼保健院获评中国建筑工程鲁班奖，松雅湖环湖路获评中国市政金杯奖。机场大道、星沙联络线、金阳大道、花果公路等重大交通项目建成通车，地铁 3 号、4 号、5 号线建设稳步推进，县乡道路硬化率 100%，村道硬化率 95%，获评“四好农村路”全国示范县。全域旅游示范区创建积极推进，田汉文化园项目进展顺利，成功举办北山山歌旅游节、江背红樱文化旅游节、春华油菜花节、青山铺葡萄节、安沙欢乐大家唱等节会活动，湘丰茶博士园、浔龙河生态艺术小镇成功创建国家 AAA 级旅游景区，经开区获批全国首批港澳青少年游学基地，全年接待旅游人数突破千万人次，旅游收入突破百亿元。星沙、湘龙、泉塘、春华蝉联全市“十强十快”镇街，果园、开慧获评全省美丽示范乡镇，浔龙河、葛家山获评全国文明村。

民生立县扎实稳步推进，人民生活持续改善。按照“群众点菜、政府买单”的原则，启动实施了以“微建设·微民生”为主题的“民生立县三年行动计划”，共投入6922万元完成了74个群众密切关注的民生项目。合作办学、集团化办学成绩斐然，湖师大附中星沙学校、北师大长沙附属学校等项目进展顺利。深入推进“医联体”建设，省人民医院直接托管的县人民医院正式签约，成功通过国家慢性病综合防控示范区验收。坚持文化惠民，成功获评全国公共文化建设双服务先进集体、全国群众体育先进单位。突出产业抓实精准扶贫，脱贫攻坚取得新成果。完成星沙取水口上移建设，中央环保组督查反馈问题全部整改到位。抗洪救灾被评为全省先进集体。坚守“四个绝对不允许发生”底线，深入推进依法治县，律师进村（社区）担任法律顾问实现县域全覆盖，顺利通过“全省法治县创建活动先进单位”验收，在全国率先成立首家县级网上群众工作部，安全生产获评全省先进单位，食安工作获评全国民生示范工程，泉塘中学成功创建全国“扫黄打非”进基层示范点，社会大局持续和谐稳定，再次蝉联中国最具幸福感城市（县级）。

全面从严治党纵深开展，执政能力不断加强。持续掀起学习宣传贯彻十九大精神热潮，扎实推进“两学一做”学习教育常态化制度化，大力实施党性教育精品工程、县区人才一体化建设等“八大重点书记项目”，党建O2O模式获评全国基层党建创新最佳案例，基层组织力进一步提升。制定实施“青年干部成长三年行动计划”，一批优秀青年干部脱颖而出。持续推进党风廉政建设，不断强化政治巡察，统筹推进“清风星沙三年行动计划”，启动实施监察体制改革试点。人大及其常委会紧紧围绕改革发展大局、认真履职，人民政协坚持民主监督、积极参政议政，在推动全县落实“四个全面”战略布局中作出了重要贡献。武装、统战、党校、老干、史志档案、工青妇、工商联、科协、残联、民宗、红十字会等工作取得新成效。

在肯定成绩的同时，我们也清醒地认识到，全县发展不平衡不充分的问题依然存在，城乡统筹发展、产业转型升级、民生共建共治共享还任重道远；城乡品质、社会文明程度等方面，与广大人民群众的期待还有一定差距；安全生产、信访维稳压力较大，社会不稳定因素依然较多。对于这些矛盾和问题，在今后的工作中，我们一定要高度重视、认真研究、努力解决。

二、新时代长沙县面临的新机遇新挑战和新任务

中国特色社会主义进入新时代，这是以习近平同志为核心的党中央着眼党和国家事业发展全局，作出的重大政治判断，清晰地标定了我国发展所处的新的历史方位。站在全新的历史方位和历史起点，我们务必深入贯彻落实党的十九大精神，始终高举习近平新时代中国特色社会主义思想伟大旗帜，更加清醒地认识和把握新时代世情、国情和省、市、县情发生的深刻变化，积极面对新挑战、率先抢抓新机遇，持续推动县域经济社会发展始终走在全省乃至全国前列，努力争当现代化建设的排头兵。纵观新时代发展大势，现实性机遇叠加，长沙县大有可为。世界正处于大发展大变革大调整时期，需求导向更加凸显，竞争合作呈现新的特征、出现新的变化，各国相互联系和依存日益加深，中国正大踏步走向世界舞台中心；国内经济已由高速增长阶段转向高质量发展阶段，发展方式加快转变，新的动力正在形成，质量变革、效率变革、动力变革已成为新时代经济发展的主流；特别是十九大提出的系列新思想、新理念、新战略和新目标，以及省市紧扣国家“一带一路”、长江经济带建设等重大战略，同步实施“一带一部”“一区一廊”“创新引领、开放崛起”和全面建设现代化长沙等区域发展战略，这些既为我们未来发展提供了遵循、指明了方向，也为我们谋求更高质量发展创造了良好机遇、开辟了广阔空间、注入了强劲动力。分析新时代发展现状，基础性优势扎实，长沙县理当有为。经过全县上下近年来的共同奋斗，我县综合实力和发展水平有了显著提升，新的增长动力加速形成，发展空间不断优化、方向更加明确、路径更加清晰、基础更加扎实、力量更加强大，特别是形成了诸多独特优势，比如我县地处长株潭城市群核心地带，具有临空、临铁、临港的独特区位优势，尤其是随着我县与长沙市主城区28个对接口的逐步联通，地铁3号线与京广、沪昆高铁的无缝对接，以及北横线的即将启动建设，将实现与主城区的全面融合，新交通格局的形成和直通全球的战略平台建设，将有利于长沙县全面实现国际国内“零距离换乘”和“无缝化对接”；同时，随着长沙临空经济示范区、经济技术开发区、黄花综合保税区和现代农业示范区等重大国家级平台不断做大做强，人流、物流、资金流优势将加速凸显。这些都为我们谋求更高质量发展奠定了坚实基础、提供了现实可能、增强了发展后劲。面对新时代发展重任，内源性动力充足，长沙县必有作为。去年以来，我们通过大力实施“二次创业”和强南富北、民生立县、青年干部成长工程、清风星沙等系列三年行动

计划，建立推行县区一体、周（月）工作调度、县区领导干部联系项目企业等常态化工作机制，持续深入开展“三严三实”专题教育、“两学一做”学习教育和党的十九大精神学习宣传活动，营造了人心更齐、办事更实、活力更强的发展氛围和风清气正的政治生态，这是我们谋求更高质量发展的动力之源和底气所在。

回首过去，我们有理由自豪，但绝不能自满；展望未来，我们有理由自信，但绝不能自大。我们要清醒地看到，长沙县在全面建设现代化强县的新时代征程上，还有许多关要闯、坎要过，制约发展的深层次矛盾和问题还比较突出，特别是在新时代社会主要矛盾变化方面，表现得尤为明显。全县人民群众对美好生活的需要越来越广泛，不仅对物质文化提出了更高要求，而且对参与权、知情权、表达权、监督权也越来越看重，维权意识、机会均等意识越来越强，对民主、法治、公平、正义、安全等方面的需求越来越高。但目前，我县还存在着南北、城乡、工农业之间发展不平衡，开放型经济、现代服务业和公共服务配套发展不充分等问题，这些都是我们谋求更高质量发展过程中，始终躲不了、绕不开的重大现实问题。全县上下一定要以更加鲜明的发展导向、更加强烈的忧患意识、更加自觉的争先精神，同心共创新时代长沙县更好更快发展的美好未来。

2018年，全县发展总的指导思想是：高举习近平新时代中国特色社会主义思想伟大旗帜，以新时代党的基本理论、基本路线、基本方略为指引，紧扣新时代社会主要矛盾变化，按照省委“创新引领、开放崛起”和市委全面建设现代化长沙等系列战略部署，坚持“县区一体”的工作理念和“强南富北、民生立县、挺进五强”的发展主线不动摇，蹄疾步稳全面深化“二次创业”，突出打好“三大攻坚战”，不断推动经济社会发展向更高质量、更高水平、更高层次迈进，为全面建设现代化强县而努力奋斗。

主要预期目标是：力争地区生产总值增长10.5%；规模工业总产值增长10.5%；固定资产投资增长15%；社会消费品零售总额增长11%；财政总收入增长11%；城乡居民人均可支配收入增长8.6%。

同志们，进入新时代、实现新目标，我们务必自觉贯彻十九大提出的系列新思想新理念，加快完善发展战略举措，推进落实各项工作，坚定不移朝着我们既定的目标破浪前进，着力解决好发展不平衡不充分的问题，更好地满足人民群众对美好生活的需要，更好地推动人的全面发展和全县人民共同富裕。

三、用好新发展理念，推动现代化建设不断开创新局面

发展是解决一切问题的基础和关键。要始终坚持发展第一要务，坚持县区一体，坚定不移贯彻落实五大发展理念，不断推动经济社会实现更高质量发展。

（一）坚持以供给侧结构性改革为主线，加快推动县域经济优化升级。全面建设现代化强县，必须率先落实好习近平新时代中国特色社会主义经济思想，以中央、省、市经济工作会议精神为指导，加快走出一条质量更高、效益更好、结构更优、优势释放更充分的县区一体化发展新路，坚决打好防范化解重大风险攻坚战。一要坚持项目为王，不断铸就实体经济新辉煌。全面增强以项目促发展、以项目聚人心、以项目论英雄的思想认识，以更加担当实干的精神聚焦实体经济建设主战场，紧紧依托长沙经济技术开发区、现代农业示范区、临空经济示范区三大国家级平台优势，加快推动工业、农业和现代服务业互促互补、同步发力、深度融合发展。坚持“县区一体”工作理念，举县区之力，保障重大项目建设用地需求，确保大项目落得下、发展好。深入推进“腾笼换鸟”，全力支持经开区扩园修编。深入落实“长沙工业30条”，实施质量强县战略，以“五个100”为重点扎实开展“产业项目建设年”活动，突出汽车制造及零部件、工程机械、电子信息、轨道交通等产业链招商，加快建链补链、优链强链，不断推动星沙制造向星沙创造、星沙速度向星沙质量、制造大县向智造强县转变。支持县区企业组建产业联盟“抱团出海”，重点抓好埃塞俄比亚·湖南装备制造合作园区建设，努力打造国际产能合作产业园区新样板。二要深化“二次创业”，加快夯实开放崛起新平台。始终坚持适度、舍得、精准“三个原则”，以更高的标准、更快的速度、更优的环境，突出抓好临空经济示范区核心区“十件大事”，持续开展环境整治、征地拆迁、项目建设、环境保护“四大行动”，强力推动海南航空湖南基地、圆通速递华中总部基地等重大项目落地开建，力争百联奥特莱斯广场、奥凯航空等项目尽早建成运营，着力打造全国临空经济示范区典范。进一步做好黄花综合保税区建设、招商、管理、运营和服务文章，加快构筑进口医药、水果、海鲜等口岸叠加新优势，着力打造中高端进口商品集散地，积极配合申报跨境电商试点城市和中部内陆自由贸易区。加快发展高端会展经济，深入拓展与欧洲、东盟等国家和地区经贸合作，不断扩大县区国际贸易“朋友圈”，为落实“开放崛起”做出更大贡献。三要致力改革创新，全面催生引领发展新动能。充分发挥科技创新在供给侧结构性改革中的基础、关键和引领作用，坚

定不移推进放管服、行政执法、国资国企、事业单位公车管理、招投标、投融资等重点领域和关键环节改革。深入推进知识产权综合管理改革试点工作，争创国家知识产权强县。深化科技体制改革，建立以企业为主体、市场为导向、产学研深度融合的科技创新体系，推动创新项目和军民融合项目产业化，力争全社会研究与实验发展（R&D）经费投入比例达到4%以上。深入贯彻长沙“人才新政22条”，加大引才、育才、稳才力度，拓宽高精尖等紧缺人才引进渠道，打好劳动力资源争夺战。深入推进创新创业带动就业五年行动，做实做强博士创新创业园、“富北”星创天地等创新创业平台。

（二）坚持以人民为中心，加快提升民生立县质量和水平。始终与人民同呼吸、共命运、心连心，切实让广大人民群众经济更富有、生活更富裕、内心更富足。一要大力实施乡村振兴战略，开创“富北”发展新局面。全面实施“十大富北工程”，因地制宜促进乡村产业兴旺、生态宜居、乡风文明、治理有效、生活富裕。持续推进“五网下乡”，大力实施“厕所革命”，深入开展“电网供电能力提升三年行动计划”，加快北横线、农村干线公路网络及景观建设，全面实施“路长制”。探索建立旅游发展委员会，深入推进国家全域旅游示范区建设，大力实施乡村旅游品牌工程，加快开慧故里国家AAAAA级旅游景区和大山冲国家级森林公园创建，全力推动田汉文化园、浔龙河、麻林温泉等旅游项目建设。着力培养造就一支懂农业、爱农村、爱农民的“三农”工作队伍，进一步做实供销社综合改革，创新生产、加工、流通、消费模式，促进资源变资产、资金变股金、农民变股东，积极打造高新农业生产集聚区，加快构建现代化农业产业体系。全面深化农村综合体制改革试点和农村集体产权制度改革，完善农村基本经营、承包地“三权”分置制度，探索建立村级集体经济利益共享机制。二要全面发展各项社会事业，切实提升社会保障水平。紧紧围绕“六个精准”要求持续发力，统筹推进全县建档立卡贫困户精准脱贫，认真做好龙山县、沅陵县和内蒙古科右中旗对口帮扶工作，坚决打赢脱贫攻坚战。实施城乡居民共同富裕计划，探索建立村干部待遇增长机制，全面落实干部住房补贴和公积金缴纳政策。深入推进教育强县建设，全力促进学前教育普及普惠、义务教育均衡优质、高中教育选择分流、特殊教育融合发展，逐步实施高中免费教育，加快城乡义务教育一体化步伐，确保北师大长沙附属学校、湖师大附中星沙学校等新建学校建成开学。实施“健康服务体系建设三年行动计划”，加快县人民医院建设，依托省人民医院提前筹备学科、储备人才，并以高水平的县人民医院为基础，加大乡村卫生院所建设提质力度，稳步推进“医联体”建设，着力打造健康长沙县。全面落实党政同责要求，争创全国食品安全示范县，确保人民群众“舌尖上的安全”。坚持房子是用来住的、不是用来炒的定位，推动房地产持续健康发展。加快推进旧城及老旧安置区改造，建设宜居宜业的开放式特色街区，着力解决城市低收入家庭、农村危房户、外来务工人员住房困难问题。认真落实居民大病医疗保险制度，积极完善社会救助体系，构建养老、孝老、敬老政策体系和社会环境，加快老龄事业和产业发展。三要深入推进社会治理精细化，打造共建共治共享新格局。坚持把精细化社会治理作为“讲政治的体现、抓发展的基础、保民生的前提”，全力以赴抓好信访维稳、安全生产、舆情应对、退役军人管理服务保障等工作，坚决守住“四个绝对不允许发生”底线，积极争创全省安全生产示范县。完善党委领导、政府负责、社会协同、公众参与、法治保障的社会治理体制，健全自治法治德治相结合的乡村治理体系，不断提高社会治理社会化、法治化、智能化、专业化水平。加快社会治安防控体系建设，依法打击黄赌毒等违法犯罪。加强社会心理服务体系建设，培育积极向上的社会心态。

（三）坚持以生态文明建设为重心，加快打造和谐共生的美丽城乡。坚持人与自然和谐共生，坚定不移走生产发展、生活富裕、生态良好的文明发展道路，建设美丽长沙县。一要全面推进绿色发展。坚持把绿色发展的理念、原则、目标，全面融入经济社会发展全过程，牢固树立绿色生产和绿色消费的鲜明导向，争创国家级生态文明县、国家低碳城市。严格执行环保准入制度、产业政策指导目录，积极培育壮大节能环保、清洁生产、清洁能源产业。推进资源全面节约和循环利用，深化节水、降耗行动，推广装配式建筑。倡导简约适度、绿色低碳的生活方式，开展创建节约型机关、绿色家庭、绿色学校、绿色社区和绿色出行等行动，加快公交都市和城市慢行系统建设。二要全面加强生态保护。推进生态环境监管体制改革，实行最严格的生态环境保护制度，坚决打好污染防治攻坚战。统筹山水林田湖系统治理和高山移民，多措并举守护好山水林田湖生命共同体。突出抓好水环境综合整治，进一步完善水利基础设施建设，全面落实“河长制”，让水更清、河更畅、岸更绿、景更美。推进松雅湖水生态保护工程和北部园林建设，加快推进星沙水厂扩容和临空经济区、城西、敢胜垸等污水厂建设。全力打好“改气、降尘、控车、治企、禁烧”组合拳，确保优良天气率只升不降。持续开展城乡人居环境综合整治，深化畜禽养殖废弃物资源化利用工作，健全环保信用评价、信息强制性披露、严惩重罚常态化制度，探索建立市场化、多元化生态补偿机制，坚决制止和惩处破坏生态环境行为。三要全面提升城乡品质。遵循“精明增长”“紧凑城市”理念，不断提升城市发展的持续性、宜居性。切实提升城市建设品质，持续抓好社区提质提档，规划建设地铁站零换乘交通枢纽和立体停车场，让城市生活更美好。深入推进文明城市创建工作常态化，统筹推进新型智慧城市、海绵城市和大数据政务云等建设，坚决打好整治车辆乱停乱放、规范开放性市场、改善环境卫生三大攻坚战。持续推进美丽乡村建设，加大国家级特色小镇创建力度。

（四）坚持以培育全民文化自信为目标，加快建设现代化文化强县。坚持创造性转化、创新性发展，不断推动全县文化繁荣兴盛，积极引导广大干部群众坚定文化自信。一要坚定不移抓好新时代意识形态工作。突出“党管意识形态”这一主线，着力构建“大文明、大文化、大外宣”格局。坚持党管媒体原则，深入实施“新闻发言人三年行动计划”，持续推动习近平新时代中国特色社会主义思想深入人心。积极创新传播手段，大力弘扬主旋律、守住主阵地、打好主动仗，多层次、多角度讲好长沙县故事、传播长沙县声音、展示长沙县形象，旗帜鲜明反对和抵制各种错误观点。加强互联网内容建设，创新网上群众工作模式，建立健全网信工作体系，营造清朗的网络空间，绝不允许发生恶性舆情事件。二要培育和践行社会主义核心价值观。坚持以规范化、常态化推进文明创建为抓手，充分发挥社会主义核心价值观教育人民、凝聚力量、推动发展的引领作用。坚持干部带头、全民行动，从家庭做起，从娃娃抓起，把社会主义核心价值观融入社会发展各方面，转化为人们的情感认同和行为习惯。推进社会公德、职业道德、家庭美德、个人品德建设，深化群众性精神文明创建活动，激励人们向上向善、孝老爱亲，忠于祖国、忠于人民。推进诚信建设和志愿服务制度化，强化社会责任意识、规则意识、奉献意识。深入开展农村精神文明建设，持续开展移风易俗、弘扬时代新风行动，坚决抵制腐朽落后文化侵蚀。三要推动文化事业和文化产业大发展大繁荣。深化文化体制改革，加快构建社会效益和经济效益相统一的体制机制。深入实施“五悦星沙、文体惠民”品牌工程，不断完善县、镇（街道）、村（社区）三级公共文化服务网络，广泛推广“城市悦读空间”建设，打造有书香、有温度、有静气的“三有城市”。加强文艺队伍建设，支持创作一批体现时代风采、彰显本土特色的精品力作，丰富群众性文化活动，努力让群众在享受优质文化服务中感受到快乐。切实做好文化与旅游结合文章，隆重举办田汉诞辰120周年纪念活动，打造独具特色的文旅创意产业。积极引导社会资本投资文化产业，参与重大文化项目建设。

（五）坚持以深化依法治县为抓手，大力营造更加安定团结的社会局面。牢固树立现代法治理念，不断推进社会治理体系和治理能力现代化，努力营造更加公平公正、安定团结的浓厚氛围。一要推进新时代民主政治建设，更加广泛凝聚各方力量。坚持党委领导、人民当家作主、依法治县有机统一，健全党委依法决策机制。毫不动摇地坚持、维护和完善人民代表大会制度，始终把人大工作摆在事关全局的突出位置来谋划、部署和推进。充分发挥人民政协作为协商民主重要渠道和专门协商机构作用，推动协商民主广泛、多层、制度化发展。认真落实党管武装制度，推动军民深度融合发展。坚决维护法院和检察院依法独立公正行使职权，促进公正司法。继续巩固和壮大最广泛的爱国统一战线，进一步支持工青妇等群团组织工作。二要推进新时代法治政府建设，全面提升依法行政水平。坚持厉行法治，让法律法规成为政府行政不可逾越的底线。深入转变政府职能，持续简政放权，创新监管方式，不断增强政府公信力和执行力。深化金井镇扩权强镇试点，进一步理顺功能区与镇街、园区关系，赋予功能区、镇街、园区更多管理权限。科学运用大数据，加强政务服务建设，实现线上线下深度融合。分类推进事业单位改革，推进政事分开、事企分开、管办分离。三要推进新时代法治社会建设，营造遵法守法良好氛围。坚决维护宪法权威，全县广大党员干部要带头尊法学法守法用法，任何组织和个人都不得有超越宪法法律的特权，绝不允许以言代法、以权压法、逐利违法、徇私枉法。深化司法体制综合配套改革，全面落实司法责任制，努力让人民群众在每一个司法案件中感受到公平正义，不断强化正导向、增强正能量。加大全民普法力度，不断增强全民法治意识，努力营造办事依法、遇事找法、解决问题用法、化解矛盾靠法的良好社会环境。

四、落细抓实伟大工程，建设更有作为的党员干部队伍

推进新时代长沙县各项事业，必须落实新时代党的建设总要求，认真履行管党治党责任，毫不动摇地把各级党组织建设得更加坚强有力，为全面建设现代化强县提供坚强的政治保证。

（一）坚持用习近平新时代中国特色社会主义思想武装头脑，不断提升全县党员干部的思想政治水平。按照全覆盖、无盲区的要求，扎实抓好党的十九大精神进机关、进农村、进企业、进校园、进社区工作，切实用习近平新时代中国特色社会主义思想武装头脑、指导实践、推动工作。深入推进

“两学一做”学习教育常态化制度化，认真开展“不忘初心、牢记使命”主题教育，团结全县上下为实现新时代的历史使命撸起袖子加油干。严格落实党管意识形态工作责任制，坚持团结稳定鼓劲、正面宣传为主的舆论导向，进一步管好阵地、管好媒体、管好舆论，牢牢掌握意识形态工作的领导权、管理权和话语权。

（二）坚持以提升组织力为重点，充分发挥基层党组织的战斗堡垒作用和党员的先锋模范作用。认真落实党委（党组）抓基层党建工作责任制，大力实施基层组织力提升工程，以“党建+”为统揽，以党建O2O为载体，不断提升基层党组织组织群众、宣传群众、凝聚群众、服务群众的能力。积极推进基层组织设置和活动方式创新，持续推动党建服务阵地提质提档、“两新”组织扩面提质、城市党建“四联四提升”，努力把基层党组织建设成坚强的战斗堡垒。全力抓好“三会一课”、党支部“五化”建设，深入开展“三微两大”“三亮三强三争”等主题实践活动，着力打造一批全国知名的党建工作品牌。继续推行党员积分智慧管理，严格开展不合格党员组织处置工作。

（三）坚持用好干部标准选人用人，加快建设政治坚定和本领过硬的高素质专业化干部队伍。牢固树立“注重实绩、干群公认”的选人用人导向，按照好干部标准，运用大数据分析，选优配强各级领导班子和干部队伍。坚持在基层一线和困难艰苦的地方培养锻炼干部，将更多优秀干部选派到项目建设主战场、民生改善最前沿、社会治理第一线。深入实施“青年干部成长三年行动计划”，统筹做好女干部、少数民族干部和党外干部培养选拔工作，不断提升广大党员干部特别是领导干部“八个方面”的本领。认真落实《关于解决“有错无为、不在状态”问题形成奋发有为新状态的实施意见》，切实为干事者撑腰、为负责者负责、为担当者担当。突出市场化引才导向，大力实施“智汇星沙”人才工程，努力推动县区人才一体化建设。

（四）坚持严格落实全面从严治党责任，持之以恒推动正风肃纪和反腐败斗争向纵深发展。认真落实“两个责任”“一岗双责”“三书”等制度，准确把握运用“四种形态”，扎实开展经常性纪律教育，让党员干部习惯在受监督和约束的环境中工作生活。认真落实监察体制改革，加快组建监察委员会，充分发挥党委巡察利剑和纪委派驻探头作用，推动有权必有责、有责要担当、用权受监督、失责必追究常态化。统筹推进“清风星沙三年行动计划”“互联网+监督”等工作，持续保持反腐败高压态势，坚决减少腐败存量、遏制腐败增量。深入贯彻落实中央八项规定实施细则精神，坚决防止“四风”问题反弹回潮。

名词解释：

1.工业4.0：以智能制造为主导的第四次工业革命。

2.党建O2O：把微信群和微信公众号作为“线上”联系群众的问询台，把党建服务窗口和党员服务窗口作为“线下”服务群众的办事点，实现百姓“线上”点菜下单，干部“线下”接单服务。

3.医联体：将同一个区域内的医疗资源整合在一起组成一个医疗联合体。

4.四个绝对不允许发生：绝对不允许发生政治事件、群体性事件、较大以上生产安全事故、恶性舆情事件。

5.两学一做：学党章党规、学系列讲话，做合格党员。

6.四个全面：全面建成小康社会、全面深化改革、全面依法治国、全面从严治党。

7.八大重点书记项目：党建O2O服务模式、健全“为担当者担当”长效机制、县区人才一体化建设、党性教育“精品工程”、党建服务阵地“提质提档工程”、基层骨干队伍素质“提升工程”、党建文化创意建设、“两新”党建“聚力工程”。

8.一带一路：丝绸之路经济带、21世纪海上丝绸之路。

9.一带一部：东部沿海地区和中西部地区过渡带、长江开放经济带和沿海开放经济带结合部。

10.一区一廊：湘江新区、东部开放型经济走廊。

11.三严三实：严以修身、严以用权、严以律己，谋事要实、创业要实、做人要实。

12.三大攻坚战：防范化解重大风险、精准脱贫、污染防治。

13.长沙工业30条：长沙市《关于振兴长沙工业实体经济的若干意见》（简称“长沙工业30条”）。

14.五个100：100个重大产业建设项目、100个科技创新项目、100个重大产品的创新，引进100个500强企业、100个科技创新人才。

15.人才新政22条：《长沙市建设创新创业人才高地的若干措施》（简称“长沙人才新政22条”）。

16.五网下乡：水、电、路、气、讯。

17.“三权”分置：农村土地所有权、承包权、经营权。

18.六个精准：扶贫对象精准、项目安排精准、资金使用精准、措施到户精准、因村派人精准、脱贫成效精准。

19.“五悦星沙 文体惠民”品牌：注重文化惠民，打造“悦艺星沙”群众文化品牌；注重全民健身，打造“悦动星沙”体育运动品牌；注重“三有”城市建设，打造“悦读星沙”全民阅读品牌；注重传承文明，打造“悦耀星沙”文博保护品牌；注重市场繁荣与管理，打造“悦享星沙”文化市场品牌。

20.“两新”组织：新经济组织和新社会组织。

21.四联四提升：推行组织联建，提升凝聚力；推行党员联管，提升战斗力；推行资源联享，提升影响力；推行实事联办，提升向心力。

22.三会一课：支部党员大会、党支部委员会、党小组会，党课。

23.三微两大：微党课、微访谈、微故事，大宣讲、大测试。

24.三亮三强三争：亮身份、亮承诺、亮业绩，强业务、强作风、强服务，争做领跑先锋、争当窗口形象、争创一流队伍。

25.“八个方面”的本领：学习本领、政治领导本领、改革创新本领、科学发展本领、依法执政本领、群众工作本领、狠抓落实本领、驾驭风险本领。

26.三书：交办书、工作建议书、报告书。

27.四种形态：党内关系要正常化，批评和自我批评要经常开展，让咬耳扯袖、红脸出汗成为常态；党纪轻处分和组织处理要成为大多数；对严重违纪的重处分、作出重大职务调整应当是少数；严重违纪涉嫌违法立案审查的只能是极极少数。

政府工作报告（摘要）

——2018年1月10日在长沙县第十七届人民代表大会第三次会议上

县人民政府县长　张作林

一、2017年工作回顾

2017年，全年完成地区生产总值1440亿元，同比（下同）增长11%；规模工业总产值2650亿元，增长12.8%；固定资产投资950亿元，增长16.5%；财政总收入280.1亿元，增长23.2%；社会消费品零售总额482.4亿元，增长12.5%。在全国县域经济基本竞争力、中国中小城市综合实力百强排名中均位居第六位，蝉联中国最具幸福感城市（县级）。

一年来，我们主要做了五个方面的工作：

（一）坚持精明增长，提质增效步伐加快。全面推进二次创业，突出创新驱动、效益优先，既算大账、又算细账，既顾当前投、又算长远收，最大限度提高资源要素的利用水平，一般公共预算收入税收占比达93.5%，实现了有质量的稳定增长、可持续的全面发展。项目建设量质齐升。把项目建设作为稳增长的“主引擎”，全年铺排市级重大在建项目172个，总投资1107亿元。猎豹汽车长沙分公司正式投产，铁建重工全球首条智能化磁浮轨道生产线即将启动，星沙联络线、机场大道、金阳大道建成通车。全力招商选资，全年引进重大项目70个，实际到位外资7.6亿美元，成功举办临空经济示范区（北京）招商推介会，新引进项目落户速度明显加快，投入产出比更趋合理，引进项目平均投资强度达436万元、税收强度达20万元。工业经济多点发力。实现规上工业企业利税总额达206.5亿元，增长102.2%。工程机械扭转下跌态势，山河智能盾构机项目正式投产，“三一现代工业家+”树立传统产业转型升级新标杆。广汽三菱发动机及整车技改项目填补了全省自产汽车发动机空白，汽车整车产能超100万辆、产值突破1000亿元。电子信息平稳发展，蓝思科技跻身全省民营企业前三强。服务产业创新发展。服务业增加值增长10.5%，占GDP比重达29.5%。田汉文化产业园、新城吾悦、百联奥特莱斯等项目加快建设，承办中博会、农博会、智博会等大型展会38场，长沙家禽批发市场建成营业。在全市首推“个转企”和“企业主辅分离”，限额以上批发业销售额增长50%以上。大力推进全域旅游，浔龙河生态艺术小镇、湘丰茶博园获批AAA级景区，旅游人次突破1000万、收入突破100亿元。现代农业加快推进。农机综合化水平达79.3%，农产品电商平台销售额达7.5亿元。巩固国家级出口食品农产品质量安全示范区建设，农产品远销63个国家和地区。获评湖南省粮食生产标兵县。北部农村双创孵化基地获评省双创示范基地。畜禽养殖污染废弃物资源化利用模式在全国推广。

（二）坚持精准发力，改革开放纵深拓展。找准关键问题、抓住主要矛盾，有的放矢、对症下药，在改革攻坚、开放崛起、创新驱动、产业提升等重大战略面前找准发力点，打好攻坚战。各项改革协同并进。深入推进供给侧结构性改革，“三去一降一补”工作取得阶段性进展。理顺城乡供水、排水、污水处理管理体制。深化财税管理体制改革，全面推行国库集中支付，强化政府债务管理，债务规模安全可控。针对财政收支管理、津补贴发放等重点环节，密集出台系列制度，财政管理体系更加健全，资金使用更加规范。完善国有企业法人治理结构，整合国有资产资源，明确国有企业发展定位。基本完成农村土地承包经营权确权登记，发放全省第一本农田水利设施不动产登记证，被列为省级农村综合性改革试点县。商事制度改革、公证体制改革、供销社综合改革取得积极进展。开放水平大幅提升。率先全省成立县级口岸办，实现外贸进出口总额45.5亿美元，增长42.6%，占全省1/8、全市1/3。长沙临空经济示范区获批成为第7个国家级临空经济示范区。黄花综保区建设刷新长沙速度，运行半年入驻企业达120家，实现外贸进出口总额9亿美元。开通湖南首条定期国际全货机航线（长沙—越南胡志明市）。创新驱动深入实施。高新技术企业数占全省1/10，完成高新技术产值2225亿元、增长18%，完成研发投入80.5亿元、增长36%，专利授权达2300件。博世长沙工厂打造全省首家德国工业4.0标杆，上汽大众、广汽菲克被誉为世界级智能制造工厂典范，山河智能获省技术发明一等奖。引进中科院院士领衔的近20名博士，设立湖南首家博士创新创业园。

（三）坚持精细管理，城乡建设再上台阶。强化效率意识、成本意识与服务意识，严格用制度管人、管事、管物，将精细管理内化于心外化于行，不断提升政府管理水平。城市品质全面提升。启动文明创建示范街区建设，推行网格化管理模式，强化城市精细化管理，“十二项整治”全面铺开。依法依规推进征地拆迁，完成征地拆迁14000亩，有力保障轨道交通3、4、5号线、长浏天然气支线、长沙地下综合管廊等省市县重点工程顺利推进。环城绿带、磁浮生态景观走廊二期等造绿复绿重点项目加快建设，新建公园17座，拆围透绿16800平方米，城区新增绿地77.2公顷。强力推进城区交通秩序综合整治，全面整治车辆乱停乱放，启动路内停车收费试点，新建停车场16处、新增停车位2400个，查处各类交通违法行为51万余起，增长29.5%，城区交通状况明显好转。人居环境持续改善。中心城区实现控规全覆盖，编制各镇村镇布局规划，完成牛角冲等16个社区提质提档。中央环保督察交办的110件信访件基本销号，省政府交办的11件、市政府交办的13件突出环境问题按时办结，黄标车实现清零，建筑工地在线扬尘监控实现全覆盖。全面推进河长制，建立县、镇（街）、村（社区）三级组织体系，河湖环境不断改善。新建农村公路379.6公里，提质改造91.7公里，荣获全国“四好农村路”示范县。完成江背、浔龙河污水处理厂建设和黄花污水处理厂扩建，全面启动集镇污水处理厂扩建提标工程，全县污水日处理能力达66.7万吨。实行山田水土同治，推进重金属污染耕地修复治理，开展县级饮用水水源保护区规范化建设，星沙水厂取水口上移主体工程完工。城乡融合稳步推进。全力推进富北战略，投入各类资金21.2亿元，实施花果公路、白石洞水库、春华中学等重大项目30余个。制定县域特色镇培育发展规划，整合资金分批次、有计划、有重点培育打造特色镇，星沙、湘龙、泉塘、春华蝉联全市“十强十快”镇街，果园、开慧获评全省美丽示范乡镇，金井获评省级卫生镇。整域推进美丽乡村建设，白沙村获评全国美丽乡村示范村，浔龙河村、葛家山村获评全国文明村。

（四）坚持精诚为民，民生福祉持续改善。人民群众利益高于一切。始终坚持以人为本、执政为民，注重在决策中体现民意，在工作中维护民利，在发展中改善民生，不断增进民生福祉，提高人民群众获得感幸福感。社会事业繁荣发展。新建8所小学、2所初中、4所公办幼儿园，新增学位19110个，完成56所义务教育标准化学校建设，城区“大班额”问题有效缓解。深入推进合作办学和集团化办学，城乡义务教育实现一体化发展，成功创建全国农村职成教育示范县。深入推进“医联体”，投资22亿元由省人民医院直接托管的县人民医院正式签约，县妇幼保健院建成营业并荣获建筑工程“鲁班奖”，新改扩建医院12所，成功创建国家级慢性病综合防控示范区。新增公共文化体育场地面积8.6万平米，获评全国群众体育先进单位，县图书馆通过国家一级馆验收，荣获全国农家书屋先进集体。保障水平不断提高。一般公共财政预算支出80%以上用于民生，重点民生实事全面完成。建成公共租赁住房5625套，改造棚户区1410户。新增创业主体11180户，带动城乡就业17800人，新增城镇就业17701人，城乡居民人均可支配收入增长8.6%。深入开展全民参保登记工作，新增参保单位近1000家、在职参保6.5万余人。社保和城乡救助待遇稳步提高，城乡居民养老金提高至165元/人/月，低保标准提高至550元/人/月。被列为全国残疾预防综合试验区创建试点县。深入落实脱贫攻坚“三走访三签字”活动，大力实施互联网+社会扶贫，提前完成易地搬迁“十三五”规划任务，率先全省实施教育、健康扶贫和兜底保障高标准全覆盖，贫困户饮水安全和危房改造年度任务全部完成，产业扶贫覆盖率、收益率大幅提高。社会大局和谐稳定。畅通信访渠道，化解信访积案15件。严厉打击多发性侵财、黑恶势力、涉枪等犯罪行为，严厉整治“黄赌毒”、传销，刑事发案下降、破案上升，连续5年命案全破。食品安全形势持续好转，食品安全监管模式连续三年获评全国民生示范工程。以“防事故、创示范”为目标，实施安全生产三年行动计划，扎实开展安全生产大检查，倒逼企业落实主体责任，筑牢风险管控、隐患排查整治、事故救援三道防线，安全事故起数、死亡人数实现“双下降”，再次获评湖南省安全生产先进县，为创建全省安全生产示范县打下坚实基础。

（五）坚持精勤务政，自身建设明显加强。全面推行“马上就办、办就办好”，坚持问题导向，强化政策落地，加强督查、考核、问责，认真较真，务实扎实，一抓到底，兑现政府对人民的承诺，增强政府公信力。严格依法行政。自觉接受县人大及其常委会的法律监督工作监督、县政协的民主监督、社会舆论监督。扎实办理人大议案1件、代表建议146件、审议意见5件、委员提案115件。加快推进法治政府建设，建成县公共法律服务中心，落实政府法律顾问制度，实现重大决策、重大投资项目合法性审查全覆盖，规范政府合同管理，顺利通过“全省法治县创建活动先进单位”验收。深化行政执法体制改革，率先全省落实中央“行政执法三项制度”及“谁执法谁普法”工作要求。切实改进作风。持续推进“两学一做”学习教育常态化制度化，畅通联系服务群众渠道，发挥“12345”市民服务热线、县长信箱等作用，一大批民生热点问题得到妥善解决。健全决策听证、后评估和责任追究制度，认真执行“三重一大” 集体决策，推行重大公共决策第三方评估机制。党风廉政建设和反腐败工作取得成效，立案查处各类党员干部违纪案件345件，移送司法机关16人。着力提升效能。深化行政审批制度改革，推进行政许可标准化工作，取消10项行政许可，清理取消证明材料179项，向社会公布镇（街）权力清单和责任清单，金井扩权强镇工作取得初步成效。加强预算执行、民生资金审计，强化财政支出绩效评价结果应用，财政资金使用效益大幅提高。率先全省成立帮（代）办服务中心、中小企业服务中心，服务水平有效提升。优化村（社区）治理结构，健全社区综合服务功能，圆满完成村（居）民委员会换届选举。

扎实开展国防教育、国防动员、双拥共建、优抚安置、人民防空、民兵和预备役建设，军政军民关系进一步密切。高度重视行政学院、妇女儿童、残疾人、红十字、慈善事业、民族宗教、外事侨务、史志档案等工作，积极开展职工和农民工维权，统计数据质量和咨询服务水平有新的提高。投入1000万元、实施17个项目全力助推龙山县精准脱贫，对口帮扶沅陵县8000余户贫困户脱贫，主动作为对口帮扶内蒙古科右中旗。特别是面对严峻汛情，全县上下一心，军民团结奋斗，夺取了抗洪救灾的全面胜利，获评全省抗洪救灾先进集体，因灾倒损137户在春节前全部搬入新居。

回顾过去一年，我们也看到，我县经济社会发展中仍然存在不少问题和不足，主要表现在：一是区域之间发展不平衡、不充分，人民生活水平与经济总量不匹配；二是产业结构性矛盾依然突出，三产比重偏低，企业自主创新能力不强，转型升级任务十分艰巨；三是城市规划、建设和管理还有不少短板，城市功能品质亟待提升，城乡一体化进程还需进一步加快；四是资源瓶颈、环境保护、社会治理、安全生产等倒逼压力持续加大；五是政府职能转变还不够到位，“放管服”改革的红利释放与企业、群众的期望值相比还有差距。对于这些问题，我们不遮掩、不回避，积极面对、精准施策，切实加以解决。

二、2018年形势和目标

今年是全面贯彻落实党的十九大精神的开局之年，是改革开放40周年，也是长沙县持续推进二次创业、加速挺进全国五强的关键之年，做好今年的工作事关长远、至关重要。放眼全球，世界经济正处于大发展大变革大调整时期，不稳定性不确定性依然突出。纵观国内，中国特色社会主义进入新时代，社会主要矛盾已经转化，但仍处于并将长期处于社会主义初级阶段的基本国情没有变，经济长期向好的基本面没有变。审视我县，产业基础扎实、发展态势强劲，但仍处于转方式、调结构、转换发展动力的攻关期，建设现代化经济体系的任务十分艰巨。新时代、新征程，再创业、再出发，我们必须以习近平新时代中国特色社会主义思想为指引，始终坚持党的领导，坚持以人民为中心，坚持新发展理念，坚持依法行政，坚决保护生态环境，抓重点、强弱项、补短板，用实干贯彻落实党的十九大精神，奋力书写长沙县经济社会发展的生动篇章。

新时代，必须借助新平台、彰显新担当新作为。经过多年奋斗和沉淀，长沙县县域经济实力、对外影响力均有显著提升，成为中西部县域经济的发展标杆，更是长沙乃至湖南对外宣传的一张亮丽名片。新时代下，发展方式加快转变，新的动力正在形成。面对前有标兵、后有追兵的激烈竞争态势，我们必须抢抓新经济加快发展的“窗口期”，充分发挥长沙经开区、临空经济示范区、黄花综保区、现代农业示范区等国家级战略平台在产业、政策、资金、信息等方面的叠加优势，对标全国五强，保持发展定力，努力打造创新高地、开放高地、制度高地和人才高地，在加快实施“创新引领、开放崛起”战略、全力打造“三个中心”、“全面建设现代化长沙”等区域发展战略中，彰显“三湘第一县”的新担当和新作为。

新时代，必须把握新常态、践行发展新理念。新时代的发展，是追求更高质量、更有效率、更加公平、更可持续的内涵式发展。必须准确把握新常态这个大逻辑，将新发展理念贯穿于每项工作、每个环节，做到入脑入心，形成内生动力，成为行动自觉。必须坚持以质量效益为中心，推动经济发展质量变革、效率变革、动力变革，提高全要素生产率，形成创新成为第一动力、协调成为内生特点、绿色成为普遍形态、开放成为必由之路、共享成为根本目的的发展模式。特别是认真践行绿水青山就是金山银山的理念，像对待生命一样对待生态环境，像保护眼睛一样保护生态环境，建设人与自然和谐共生的美丽长沙县。

新时代，必须直面新矛盾、实现群众新期盼。人民日益增长的美好生活需要和不平衡不充分的发展之间的矛盾是新时代的重要标志和重要特征，也是我们一切工作的出发点和落脚点。必须始终坚持以人民为中心的发展思想，把人民对美好生活的向往作为奋斗目标，把人民利益摆在至高无上的地位，不驰于空想，不骛于虚声，坚持在提升发展质量和效益中，更加注重社会公平，不断消除南北差距、城乡差距和收入差距，努力让全县人民共享改革发展成果。要多谋民生之利、多解民生之忧，发展与经济实力相匹配的社会事业、民生事业，不断满足群众对民主、法治、公平、正义、安全、环境等方面的更高要求，让群众获得看得见摸得着的实惠。

2018年政府工作的总体思路是：高举习近平新时代中国特色社会主义思想伟大旗帜，以党的基本理论、基本路线、基本方略为指引，紧扣新时代社会主要矛盾变化，按照省委“创新引领、开放崛起”和市委“全面建设现代化长沙”等系列战略部署，坚持“县区一体”的工作理念和“强南富北、民生立县、挺进五强”的发展主线不动摇，蹄疾步稳全面深化“二次创业”，突出打好“三大攻坚战”，不断推动经济社会发展向更高质量、更高水平、更高层次迈进，为全面建设现代化强县而努力奋斗。

2018年全县经济社会发展的主要预期目标是：力争地区生产总值增长10.5%；规模工业总产值增长10.5%；固定资产投资增长15%；社会消费品零售总额增长11%；财政总收入增长11%；城乡居民人均可支配收入增长8.6%。

同时，按照高质量发展要求，更加注重以下指标：力争全社会研究与实验发展（R&D）经费支出占地区生产总值比重4%以上；产业投资占固定资产投资总额比重35%以上；税收占财政收入比重90%以上；城镇保障性住房覆盖率22.4%以上；单位地区生产总值能耗下降3.5%以上。

三、2018年主要工作

（一）聚焦实体经济，推动产业高质量发展

突出园区主阵地作用。在加快推进县区一体中凝聚共识，强化土地、人才、资金等资源优化配置，全面深化完善园区托管模式，全力支持经开区扩区修编和腾笼换鸟，提升县区一体的水平。深入落实“长沙工业30条”，出台长沙县振兴实体经济实施意见。扎实开展“产业项目建设年”活动，用好用活政府投资基金、智能制造产业基金、专利驱动发展资金，主动对接省“5个100”工程和省市新兴产业链行动，围绕“两主一特”，做好工程机械、汽车、先进轨道交通装备、集成电路等优势产业的建链补链、强链延链工作，推动星沙制造向星沙创造、星沙速度向星沙质量、制造大县向智造强县转变。重点推进京东无人车智能产业基地、铁建重工新型轨道交通装备产业园、广汽三菱发动机及整车技改等项目建设。持续放大博士创新创业园、“富北”星创天地、三一众创等平台辐射效应，吸纳高层次人才、高科技项目、中介服务机构入驻发展。制定鼓励扶持企业上市（挂牌）政策，实施境内和境外上市并重策略，鼓励企业IPO上市和借壳上市，鼓励企业在新三板和湖南股交所标准板挂牌。全面落实“长沙人才新政22条”，配套出台差异化人才政策细则，加快人才公寓、公租房建设。突出企业创新主体地位，深化高新技术企业强基工程。实施知识产权综合管理改革，推进国家知识产权强县工程。

发展高水平开放型经济。加快出台空铁一体化规划，编制临空经济示范区总体规划，推进“多规合一”，建设龙峰大道、远大东路、机场高速北辅道等核心区道路，建成临空变电站，致力打造“中部地区内陆开放高地”。坚持“走出去”与“引进来”并举，切实发挥平台口岸、区位交通、政策优势，把握“适度、舍得、精准”原则，坚持有所为有所不为，重点引进和发展航空物流、航空服务、航空维修等主导优势产业，打造现代临空产业集聚区。加快圆通速递、丰树物流等项目建设，建成百联奥特莱斯广场（一期）、普洛斯空港物流园、奥凯航空后勤基地。加快完善综保区平台功能，新建一批标准厂房和标准仓库，建成进出口商品展示交易中心和跨境电商监管中心，力争进口水果口岸获批，依托进境冰鲜水产品、进境食用水生动物、药品进口等口岸，做大做强综保区特色产业。深入实施“政关检”合作机制，优化监管流程，推广“单一窗口”，建立空港信息平台，拓展粤港海关通关模式，推动区港一体化，提高通关效率。主动

配合申报湖南自贸区，推动国家自贸区可复制经验在综保区落地。支持开通长沙至北美、欧洲等国际全货机航线，扩大星沙国际“朋友圈”。

推进各大平台协同发力。加快编制黄兴片区、榔梨片区等详细规划，筹建水渡河新区。深度对接高铁新城，紧扣会展全周期产业链，完善片区规划设计，建设国际会议中心和高铁商务区，打造国际中高端会展和会议承办地、现代服务业聚集新区。着力规范物流行业发展，突出标准化、信息化、智能化、集约化，打造现代物流体系。建成恒广智能仓储配送中心，加快海吉星二期、果之友二期、晟象智慧物流基地建设，开建市场群配套商业综合体。精准定位松雅湖片区发展方向，完善规划编制，健全配套设施，引进大型商旅项目，致力打造高品质环湖生态新城。坚定不移做大现代服务业，重点推进新城吾悦广场、顺丰电商产业园等项目建设。制定楼宇经济政策，鼓励楼宇和服务业集聚区二次招商，吸引金融保险企业设立总部或分支机构。持续推进“个转企”和企业主辅分离，积极兑现服务业政策，推动现代服务业百花齐放。

（二）聚焦富北战略，找准乡村振兴的突破口

夯实富北基础。大力实施乡村振兴战略，开创“富北”发展新局面，全面实施“十大富北工程”，安排资金30亿元以上，统筹推进县域北部基础设施建设、产业发展和民生改善，因地制宜促进产业兴旺、生态宜居、乡风文明、治理有效、生活富裕。实施农村饮水安全工程，加快白石洞水库建设，建成金井水厂，改建白鹭湖水厂，巩固提升农村自来水普及率。实施“民办公助”小农水项目，新建低压管道灌溉工程6000亩。推进红旗垸、果园垸内涝治理工程，启动水塘垸等4座堤垸提质达标建设。实施电网供电能力提升三年行动，强力推进电力“630”攻坚，新建北山110千伏变电站，扩建高桥、卫青、春华35千伏变电站。支持北横线建设，加快实施X024青山铺至开慧联络线、S319金井至东八线、S323高桥至东八线、G107调规公路至S207等北部道路联通工程，新建青山铺、路口、开慧公交客运中转站。实施农村公路安保工程，完善北部交通电子警察设置。持续推进燃气下乡，完成10个镇管道燃气经营权授权。实现所有行政村4G信号100%覆盖、光纤100%通达。

做强富北载体。以农村综合性改革试点为契机，着力做好“乡镇、村级集体经济、新型农业经营组织”三篇文章。支持开慧、金井、高桥、果园打造特色镇，争创1个国家级、2个省级特色镇。深化农村集体产权制度改革，落实“三权分置”办法，建立村集体资产管理制度，盘活闲置资源资产，加快农村宅基地和集体建设用地确权登记发证，支持村集体资产入股参与项目建设运营。鼓励市级以上龙头企业参与和带动村集体，兴办小型加工服务等企业，发展自主经营型集体经济。鼓励发展多种形式适度规模经营，加快培育新型农民和现代农业经营主体。大力发展村级合作经济组织，支持以村为单位组建土地合作社。全面消除集体经济空壳村，实现全县85%的村年经营性收入达10万元，每个镇（街）培育1-2个集体经济强村。

培育富北产业。深入推进农业供给侧结构性改革，坚持质量兴农、绿色兴农，推动农业从增产向提质转变。探索发展农业产业化联合体，推动农村一二三产业深度融合，重点打造北部现代粮食核心示范基地、G107特色农业产业示范带、黄兴大道北延线花果产业带、沿S207万亩蔬菜标准化生产示范带、春华时鲜花卉产业聚集区。以茶叶有机产业园、食用菌科技产业示范园、特色水果产业园为载体，建设省级现代农业产业园。落实粮食安全省长责任制，巩固提升粮食生产、储备和流通能力。培育强化县镇企三级创客平台功能，健全创客扶持政策。大力发展农村电商，畅通农产品上行渠道，支持童年记、湘丰茶叶等电商企业发展，再培育100个农村电商。深化供销社综合改革，健全社会化服务体系，提升为农服务能力。全力建设国家全域旅游示范区，加快开慧故里创建国家AAAAA级景区。大力发展度假村、特色民宿等生态经济，鼓励社会投资旅游产业。探索旅游综合管理模式，加大宣传推介，打造有特色、有影响力的节会品牌。

（三）聚焦民生改善，努力增强人民群众获得感幸福感

夯实社会保障基础。全力实施省市重点民生实事工程和“微建设·微民生”项目，尽心尽力解民忧。着力促进就业，新增城镇就业1.5万人、农村劳动力就业4000人。稳步提高各项社保待遇，加快推进社保服务“一站式”办理，加强残疾康复服务。关爱妇女老人儿童，严防孩子受到侵害。新建高桥、江背、干杉敬老院，建设社会救助信息平台，提升特困人员供养水平。继续实施生态移民工程，推进公租房建设，改造棚户区2000户。密切关注和破解重点区域拆迁群众住房、教育、医疗和水、电、气等民生难题。坚持房子是用来住的、不是用来炒的定位，全面落实房地产调控政策，探索建立长效机制，坚决打赢房价保卫战。坚定不移抓扶贫，严格落实脱贫攻坚“三走访三签字”要求，精准精细推进14个专项扶贫，抓实贫困户“两不愁三保障”的政策兑现，提升产业扶贫造血功能，带动户均增收5000元以上，巩固脱贫成果，认真做好龙山县、沅陵县、内蒙古科右中旗对口帮扶工作，在脱贫攻坚中扛起责任和担当。

提升社会事业发展水平。推进教育提升三年行动计划，着力解决中小学生课外负担重、“择校热”、“大班额”等突出问题。逐步实施高中免费教育，加快城乡义务教育一体化步伐，完成42所农村义务教育标准化学校建设，确保北师大长沙附属学校、湖师大附中星沙学校建成开学。支持和规范社会力量兴办教育，深化产教融合、校企合作。实施健康服务体系建设三年行动计划，稳步推进“医联体”建设，依托省人民医院优势资源，全力建设县人民医院，提前筹备学科、储备人才；加快建设精神病医院，扩容提质县一医院、中医院，迁建北山等4个镇卫生院，加大乡村卫生院所建设提质力度，严防重点领域、重大流行性疾病发生，打造健康长沙县。启动县体育中心建设，新建20个市级文体活动室、20个村级文化广场、10个城市“悦读空间”。隆重举办田汉诞辰120周年纪念活动，打造独具特色的文旅创意产业。扎实开展全国第四次经济普查、第三次土地调查。支持智慧动员建设和民兵预备役调整改革，维护军人军属合法权益，做好退役军人管理服务保障工作，提升双拥工作水平。促进民族团结进步，加强宗教服务管理。发挥工会桥梁纽带作用，培育优秀青年岗位能手。举办长沙县改革开放40周年发展成果展，为经济社会发展汇聚磅礴力量。

强化公共安全保障。持续推进县区安全生产管理一体化，坚持宣传教育、监管执法两手抓，全面压实企业主体责任。推行重大事故隐患“一单四制”，持续改善重点行业安全状况，争创全省安全生产示范县。实施道路交通、建筑施工、危险化学品、消防等领域安全专项整治，建设安沙、鹏盛等消防站。开展应急管理规范化建设，夯实基层基础，提高有效应对处置突发事件的能力。开展校园及周边交通环境专项整治行动。全面推行路长制，严管重罚治理超限超载。优化防灾减灾救灾体制机制，提升抵御自然灾害的综合防范能力。积极推行智能化监管，重点治理小餐饮、夜宵摊点、农贸市场等薄弱领域，助力长沙创建国家食品安全示范城市。畅通群众合理诉求渠道，强化信访源头治理，重点化解涉拆等信访积案和历史遗留问题，护航经济社会健康发展。重拳出击“黄赌毒”“黑拐骗”等违法犯罪行为，巩固治安防控体系，完善“天网”工程，推广“访客人脸识别”系统，坚决捍卫人民群众的人身权、财产权。

（四）聚焦生态保护，持续改善环境质量

全面保护自然生态。推进环保体制改革，实施最严格的环境执法和网格化监管，支持环保公益活动。全面落实河长制，实施“一河一策”，围绕水资源管理、水域岸线保护、水污染防治、水环境治理、水生态修复、水执法监管，加强流域综合治理。建立长效生态稳定运行机制，实施松雅湖水生态保护工程，让城市建设与生态环境完美融合。全面推进县区供水、排水、污水处理一体化，建成临空、城西、敢胜垸等污水处理厂，提标扩建高桥、路口、春华等7座污水处理厂，完成土桥撇洪渠改造，着力整治黑臭水体。持续开展城乡人居环境综合整治，实施“厕所革命”，推进农村垃圾治理，推行生活垃圾分类减量，深化畜禽养殖废弃物资源化利用，确保国家卫生县城通过复审。突出抓好大气污染防治，打好“改气、降尘、控车、治企、禁烧”组合拳，确保优良天气率只升不降，坚决打赢蓝天保卫战。

全力优化人居环境。全面落实“城市双修十大工程”，完善城市功能，保护生态空间，改善景观风貌，提升治理能力，推动城市发展方式由外延扩张型向内涵集约型转变。秉承“精明增长”“紧凑城市”理念，全面推进节约集约用地，重视地下、桥下空间利用，启动星沙大道地下商业开发，科学规划地下通道和人行天桥，超前谋划地铁站零换乘交通枢纽。大力推进公交都市和城市慢行系统建设，启动黄兴大道、漓湘路公交专用道建设。支持江背至丁杉高速公路建设，新建东升路跨线桥，拓宽板仓路、天华路、东一路跨线桥，打通东十一路等断头路，提质改造凉塘路等6条城市干道，加快建设湘龙西路，实施金江大道、劳动东路东延工程，支持轨道交通3、4、5、6号线建设。实施星沙大道、锦绣路、滨湖路文明创建示范街区建设，改造开元路与福元路接驳口等4个出入城口景观，推进星沙3、5、6区旧城改造，拆违控违与拆围透绿双管齐下，不断提升城市功能和品位。持之以恒开展城区交通秩序综合整治，深挖城区停车潜力，新增停车位2000个。纵深推进“城管+”网格化管理，创新社会治理模式。搭建“一平台、两网、六库、覆盖多项”的新型智慧城市框架，加快建设智慧城市示范工程和民生应用项目。

全域建设美丽乡村。全面落实“农村双改十大工程”，大力提升农村面貌和人居环境。统筹各方资源，整合条线资金，重点推进美丽乡村市级示范村创建，精心打造福高村等6个特色典型。应改尽改农村危房，新改建农贸市场23个。深入开展新三年造绿大行动，加快建设大山冲国家级森林公园，建成东八线电力走廊公共绿地，创建市级绿色集镇1个，再添乡村公园17个，彰显清新清静的田园风光。持续开展移风易俗、弘扬时代新风行动，建设和平村等8个农村精神文明示范点，培育农村基层志愿者，为乡村振兴注入强大正能量。

（五）聚焦深化改革，全力打造人民满意政府

全面落实改革要求。坚持以供给侧结构性改革为主线，深入推进“三去一降一补”，着力降低企业用电、用地、用工、物流等成本。深化“放管服”改革，持续推进简政放权，深化金井扩权强镇试点，赋予镇（街）、园区更多管理权限。加强行政审批服务规范化和标准化建设，将部门热线整合至

12345市民服务热线，建立全县首个镇村帮（代）办服务平台，让群众到政府办事基本实现“最多跑一次”。建立信息交换和共享平台，打破数据壁垒，打造智慧政府。深化商事登记制度改革，强化事中事后监管，打造网络市场监管与服务示范区。大力开展政府性债务清理核查，严格依规实施PPP、政府购买服务、政府投资基金等项目。出台国资监管制度，做实做强国有企业。纵深推进行政执法改革，建设标准化行政执法分局和中队。分类推进事业单位改革，推动政事分开、事企分开、管办分离。

加快工作作风转变。严守政治纪律和政治规矩，牢固树立“四个意识”，严格落实党风廉政建设主体责任和“一岗双责”，坚决贯彻执行民主集中制和“三重一大”集体决策制度。严格执行中央八项规定，驰而不息纠“四风”，坚定不移反腐败，深化监察体制改革，推广“互联网＋监督”，坚决打击损害群众利益行为。加大对财政资金使用、项目执行跟踪、绩效评估、责任追究力度，逐步推进自然资源资产和生态环境保护审计。进一步完善政府工作规则，加强行政合法性审查，防范重大行政决策法律风险。务实推进行政决策、执行、管理、服务和结果公开，掀起“村务公开栏革命”，营造公开阳光的政务服务环境。

强化决策部署落实落地。坚决执行县委决策部署，坚持重大事项向县委报告。自觉接受人大法律监督和工作监督，认真落实县人大及其常委会的决议决定，扎实办好人大议案和代表建议。主动接受政协民主监督，认真办好政协提案。大力发扬“钉钉子”“马上办”精神，发挥落地办作用，全面开展重大公共决策第三方评估，确保重大决策、重点工作立说立行、速决速行。严格落实首问责任制、限时办结制和责任追究制，大力整治“慵懒散”“中梗阻”，深化目标任务绩效考核，健全激励和容错纠错机制，以铁的意志推动工作部署落地见效。

名词解释：

1.十二项整治：根据《长沙县城市精细化管理实施方案》（长县政函〔2017〕83号），按照“政府统筹部署、行业牵头抓总、镇街具体落实”的原则，集中开展建筑立面治理、闲置土地及停（缓）建工地治理、城乡结合部治理、架空线缆治理、施工工地治理、楼盘小区环境治理、违规户外楼梯治理、乱搭乱建治理、流动摊贩和占道经营治理、非法小广告治理、交通秩序治理、车辆乱停治理等12项专项治理行动。

2.三走访三签字：根据《长沙县党政主要领导干部带头开展脱贫攻坚“三走访三签字”工作实施方案》“三走访”指县委书记、县长带头一年中走访全县所有省定贫困村，联点县领导走访联点村；镇（街）党（工）委书记、镇长（主任）走访辖区内所有有贫困人口的村（社区）；村（社区）书记、主任和驻村工作队长（第一书记）走访辖区内所有建档立卡贫困户。“三签字”指贫困户退出，由村党组织书记、村主任和驻村工作队长（第一书记）共同签字；镇（街）党（工）委书记、镇长（主任）进行复核签字；贫困村脱贫退出，由县委书记、县长签字。

3.行政执法三项制度：行政执法公示制度、执法全过程记录制度、重大执法决定法制审核制度。

4.5个100：省委决定，2018年在全省开展“产业项目建设年”活动，重点抓好“5个100”，即着力抓好100个重大产业建设项目、100个科技创新项目和100个重大产品创新，引进100个五百强企业和100个科技创新人才。

5.两主一特：按“长沙市工业园区产业功能分区目录表”，国家级园区重点发展两个主导产业、一个特色产业。

6.630攻坚：到2018年6月30日，建成一批、开工一批、储备一批电网建设项目，确保2018年电力顺利迎峰度夏。

7.三权分置：农村的土地集体所有权、农户的承包权、土地的经营权“三权”分置并行。

8.农业产业化联合体：按《关于促进农业产业化联合体发展的指导意见》（农经发〔2017〕9号），指龙头企业、农民合作社和家庭农场等新型农业经营主体以分工协作为前提，以规模经营为依托，以利益联结为纽带的一体化农业经营组织联盟。

9.一单四制：问题清单，交办制、台账制、销号制、通报制。

10.城市双修十大工程：《湖南省城市双修三年行动计划（2018-2020年）》明确，2018年至2020年，湖南将重点开展十大重点工程，即城市污水治理工程、城市垃圾治理工程、道路畅通工程、违法建筑拆除工程、历史文化保护工程、城市环境绿化亮化净化工程、城市公共空间提质工程、废弃地再利用工程、山体修复工程、“数字城管”工程。

11.农村双改十大工程：《湖南省农村双改三年行动计划（2018-2020年）》明确，2018年至2020年，湖南将重点实施十大工程，即村镇规划“全覆盖”工程、农村生活污水治理工程、农村生活垃圾治理工程、农村危房改造工程、湖湘农民新居工程、农村美化绿化气化工程、农村公共空间整治工程、特色小镇培育工程、传统村落保护工程、农村建筑工匠培育工程。

专 文

Special Articles

责任编辑 周进银

向着蓝天起飞

陶芳芳

夏日的气息越发浓烈，发展的热潮在三湘大地迅速蔓延。6 月下旬，长沙黄花综合保税区正式封关运行。园内，一辆辆大型货车川流不息，一排排大型集装箱有序堆放，来自世界各地和去往世界各地的物品在此迅速集散、分拨。这距长沙黄花综合保税区通过国家验收仅仅 10 多天。

与往日相比，这片土地上方，飘荡的不仅有建设机械声，还有高亢的车辆鸣笛声、卸货声、工人们的指挥声，以及通关大楼里，工作人员热情的招呼声……声声坚定，传递着蓬勃发展的气势，合奏成一首浑重有力的“开放崛起”交响曲。

湖南，一座通往世界的巨型之桥在此架起；长沙，向着蓝天，起飞！

一、用开放的理念，把握“外向型经济”发展新机遇

开放，是一张内陆城市超越自我、走向世界的通行证。

本世纪之初，地处内陆的湖南，声势浩大拉开了新一轮与世界融合的大幕。多年来，一个个鲜活的开放故事，一桩桩开放大事件，不断铭刻并展示着湖南开放发展的轨迹与成果。

目前，长江经济带、长江中游城市群、“一带一路”等重大国家战略正在实施，国家新一轮开放开发战略布局已由东部沿海向内陆延伸，发展重心持续向中西部转移。融入国家战略，打造一个新的经济增长点，湖南正逢其时。

长沙也已形成了以湘江为界的两岸发展新格局。湘江以西，是国家级新区湘江新区，是长沙“西引擎、西高地”；湘江以东，是正在着力打造的以长沙临空经济示范区为龙头的东部开放型经济走廊，是“东引擎、东高地”。

省委书记杜家毫提出“湖南不靠海，不沿边，走向世界靠蓝天”。外向型经济发展新需求之下，为这个“开放平台”的确立理清了方向，明确了思路：再造一个综保区！

位于长沙东部的长沙县，利用得天独厚的优势，抢抓机遇，主动承接重大使命，筹建黄花综合保税区。

长沙县最大优势在于机场。坐落辖区内的长沙黄花国际机场，被国务院批准为区域性国际航空枢纽。2016 年，黄花机场旅客吞吐量达 2129.67 万人次，同比增长 13.8%，连续多年位居中部机场第一。预计到 2040 年，年旅客吞吐量可达到 7000 万人次。从这里出发，可以直航到达美国洛杉矶、德国法兰克福等 22 个国家和地区。

目前，长沙县正依托黄花机场，重点开发建设“长沙临空经济示范区”，以全面迎接大临空时代。武广、沪昆等高铁动脉交会融合，长株高速、319 国道纵横交错，连接机场与高铁的中低速磁悬浮专线贯穿其中，地铁 6 号线、G 字开头的渝厦高铁直通黄花机场，为全国罕见。航空、水运、高铁、城市主干道、磁悬浮、地铁共同构筑起六位一体的立体交通体系，为综保区“大进大出”提供有利条件。

长沙黄花机场已获得进境食用水生动物、进境冰鲜水产品两个指定口岸。待综保区建成，实现区港联动后，区、港之间，可实现优势互补——几类口岸优势将叠加到黄花综合保税区来，转换为综保区优势；而黄花机场也将有效破解只有客流没有货运航线的尴尬境地。据有关专业人士分析，在此片区内设立综保区，实现区港联动，将可进一步撬动临空经济加快崛起。

2016 年 5 月 31 日，长沙黄花综合保税区获国务院批复设立，正式肩负起引领湖南外向型经济发展的特殊使命！

黄花综保区按“一次规划、循序推进”的原则分步进行开发建设，项目规划面积 1.99 平方千米，位于长沙市东部临空经济示范区的核心区，总建设期为 5 年，总投资约 50 亿元。首期建设范围为机场高速以北、黄金大道以西 0.77 平方千米区域。

自此，开放崛起，湖南校正罗盘，又立一个新起点！

二、用长远的眼光，全身心投入这一年轻的事业

“我们要迎头赶上，要通过长沙黄花综合保税区的建设，把东部开放型经济走廊的龙头舞起来，把东部开放型经济走廊立起来！”长沙黄花综合保税区获批后，湖南省委常委、长沙市委书记易炼红非常关注项目建设。

全体建设者们，将项目视为一号工程，当起了“拓荒者”、做起了“掘土人”，翻开泥泞，一砖一瓦筑下开放的根基。

他们追求速度、讲究效率，每天都在跟时间赛跑。事关项目建设的每个环节都在优化再优化，每个步骤都在提速再提速。仅6个多月时间，建成通关大楼、综合大楼、监管仓库等房建建筑面积近20万平方米，拉通巡逻道、保税大道、综一路等市政道路12公里，4月21日成功通过省级预验收，6月8日顺利通过国家验收。项目建设速度，创全国同类综保区之最！

他们追求品质、讲究细节，要使综保区用的每一分钱，都经得起历史的检验。项目规划方案，邀请省建筑院高标准设计，连办公大楼铺设的地砖都几易其稿征求意见；一期主卡口建设，设“五进五出”共10条通道，各通道之间有安全岛进行隔离，真正实现人、货分流；监控系统设置，沿隔离围网和监管仓库、查验平台、主卡口等处安装216个高清摄像头，沿隔离围网设置有182对红外报警探测器，一期整个区域围网周界实现全方位无盲区监控……

短短一年的建设时间，1800余名建设者，放弃周末，放弃节假日，日日夜夜鏖战在项目一线。综保区项目任务被分解成近120个小项，进行时间倒排，明确时间表、责任人，工作完成一项插一面红旗，倒逼各项任务提前完成；领导小组办公室建立项目问题交办制度，逐个销号；建立餐会交流机制，将所难所惑带到饭桌上，边吃饭，边收集反映问题、边研究破解难题。日报告、周安排、月计划，打响一场与时间赛跑的项目攻坚战役。

项目建设的工艺极为复杂，既有厂房、又有道路，既有土建工程、又有钢筋混凝土结构，既有下穿隧道，又有上跨桥梁，被承建方——中建五局三公司副总经理兼中南分公司总经理陈勇喻为“建筑博物馆”。1.99平方千米土地，并非一望无垠，中间的山丘、机场高速、磁悬浮轨道，将综保区一、二期以及黄花机场分别“隔离”开来。建设者们不惧艰难，用“逢山劈路、遇水架桥”的决心与姿态，在高空之上建起两座横跨黄金大道的横跨桥，在黄土之下建起下穿机场高速、磁悬浮的隧道工程，打通综保区一、二期与黄花机场的“最后一公里”，使黄花综合保税区直通黄花机场三期国际货运站，让“区港联动”的构想迈出实质一步。

三、用国际化构想，布局产业、人文与世界同步

当园成型、路成网的长沙黄花综合保税区筋骨舒展之时，长沙县迅速启动综保区项目招商，通过引进一只只跃跃欲跳的“项目之鱼”，来搅活这一池发展的春水。

规划之初，长沙黄花综合保税区就确立了综保区重点发展临空偏好型的高端产业定位，明确围网内主要打造保税加工、保税物流、商贸交流三大核心功能，重点引进电子信息、生物医药、装备制造、精密仪器、新材料等。

为此，综保区的招商，不摊“大饼”，不搞“大呼隆”，而是以“国际化”的视野，瞄准“高精尖”。为最大限度地吸引项目在此加速集聚，一系列优惠政策、扶持政策相继出台。

财政专项扶持航空偏好型产业，物流快递企业最高可获100万元补贴，厂房仓库租金最长可免三年……由长沙市商务局牵头制定、长沙市人民政府办公厅印发的《长沙黄花综合保税区招商引资若干政策措施》，成为长沙首份针对综保区发展的文件，明确对首次落户且在综保区内经工商部门核准登记的企业法人，符合条件者，将给予租赁补贴、配套服务等各类政策保障，成为吸引企业入驻最给力的“砝码”。

企业家们来了。来自美国、澳大利亚、波兰和香港、台湾等国家和地区的60多家企业达成意向入驻。就在2017年5月27日，综保区又一举签下南洋国际等10大项目。截至7月，黄花综保区已累计签约项目27个，已有40多家公司在综保区办理工商注册。

项目来了，产业活了。得益于这些项目发力，在封关运行的当年，长沙黄花综合保税区预计可实现进出口总额8亿美元以上，并在封关运行3年之内，力争外贸进出口总额达80亿~100亿美元！

长沙黄花综合保税区，到底能带来什么？

作为海关特殊监管区域，长沙黄花综合保税区拥有“境内关外”特殊运作模式，能为区内企业减免进出口关税，节约企业成本。国外商品一旦进入这里，就能享受保税政策，企业卖多少，交多少税，什么时候卖，什么时候交税，有效缓解了资金压力；国内货物入区视同出口，实行退税；对“两头在外”企业或区内企业之间的货物交易，完全免除关税和增值税；区内企业之间的货物交易则不征增值税和消费税。

它也把世界工厂搬到家门口，拉近了产业对接世界的距离。通过长沙黄花综合保税区，长沙的加工制造环节可以向国际采购、国际配送两端延伸，有助于加工制造向贸易服务的直接升级，也有利于吸引更多高技术含量、高附

加值的企业落户，以促进外贸发展方式和传统产业转型升级，提升区域经济发展竞争力。

作为助力临空经济发展的关键平台，长沙黄花综合保税区还将为企业提供高效的流通优势。在这里，海关将全面推进全国通关一体化、无纸化、放管服等改革，复制推广自贸区监管创新制度，为企业提供“快进快出”的通关环境。

商品走出去，带动企业走出去，产业走出去，再促使“中国优势”“中国资源”走出去……长沙黄花综合保税区的这些优势要素，都将成为加速一个企业、一个地方转型升级、“走向国际”最有力的制因！

在卡口东面预留了33333平方米（50亩）土地，建设10万平方米的高端外贸商品展示交易中心，展示、出售来自世界各地的高端香水、箱包、钟表、珠宝，以此形成人气聚集高地。在这里，市民将可以在现场看货，线上下单，不出国门，海淘货真价实的世界名品！

“可以想象，随着高端企业越来越多，人流越来越多，综保区在交通、医疗、教育等方面的配套设施也将越来越多。届时，当越多越多的外国人从黄花机场下机，踏上综保区的土地，或因工作、因喜好在综保区停留之际，都将潜移默化地驱使本地人的生活习俗、购物习惯、甚至语言风格走向‘国际化’。这，很有可能。”长沙黄花综合保税区项目负责人充满信心地展望着。

如同综保区那幅形如机翼的银色卡口，伸展着庞大身躯，仰头向天际展望：世界，我来了！

（作者：陶芳芳，原文载于2017年6月26日《湖南日报》第14版，有删节）

万众一心战洪魔　众志成城保家园

——长沙县防汛抗灾工作综述

中共长沙县委　长沙县人民政府

6月22日至7月10日，长沙县在市委、市政府的坚强领导和统一部署下，坚持把防汛抗灾作为首要政治任务，及时启动Ⅰ级应急响应，全县上下党群齐心、军民合力，筑起了一道道防汛抗灾的坚固防线，谱写了一曲曲万众一心战洪魔的赞歌，取得了“不溃一垸、不垮一库、不死一人”的阶段性胜利，用实际行动践行了“两学一做”。

一、雨水灾险情况

雨情。从6月22日至7月2日的10天时间，全县平均累计降雨430毫米，超过98年的312毫米，为1954年有气象记录以来最大的一次降雨过程，达到高度洪涝标准。其中6月30日至7月2日这3天全县平均雨量205毫米，降雨最多的站点安沙龙华水库达346毫米。

水情。此次捞刀河、浏阳河长沙县段洪峰出现在7月2日，沿岸各堤垸水位均超历史水位。其中，安沙水塘垸洪峰水位39.54米，超历史最高水位0.79米；黄兴敢胜垸洪峰水位41.07米，超历史最高水位0.79米；㮾梨站洪峰水位40.98米，超历史水位0.75米；湘江长沙站洪峰水位39.51米，超历史水位0.33米。

险情。全县各堤垸共发生大堤滑坡、管涌、散浸、漫堤、穿孔等险情400多处。险情发现后，全县各级领导均靠前指挥，全力调度，组织广大党员干部群众成功处置了黄兴镇画田垸撇洪渠缺口、安沙镇水塘垸漫堤、湘龙街道高沙垸管涌、福临垸冲水库管涌等险情。

灾情。据统计，全县受灾人口12万余人，紧急转移3.6万人；农作物受灾面积21.8万亩；农房受损8806间，其中全倒2700间；水毁水利工程3543处。全县预计直接经济损失5.88亿元，但无人因灾伤亡。

二、防汛抗灾措施

汛情发生前后，县委书记、县长坚持一线指挥，各级领导现场调度，防汛责任人到岗到位；县直部门和企业单位齐心协力，积极参与；武警民兵预备役部队勇挑重担，敢打硬仗；县防指水文气象部门及时掌握雨水情和天气，科学分析，科学指导，科学处险；全县广大干部群众万众一心、众志成城，打响了一场全面防汛抗洪救灾的突击战、攻坚战、持久战。

领导重视，强力应对。一是自6月22日以来，县委、县政府主要领导始终坚守在防汛第一线，统筹部署、指导督促全县防汛抗灾工作，县委书记曾超群、县长张作林靠前指挥、一线调度、及时处置，先后组织召开防汛会商、调度会议20多次。二是县委、县政府科学研判、正确决策，全县提前14个小时按防汛二级响应对待，各种险情得到有效控制，为打赢抗洪战争赢得宝贵时间。三是所有联点县级领导、县直机关干部一直驻扎在各自防汛责任区指导、协助防汛抗灾，各后盾单位全力以赴支持一线抗洪抢险。四是所有镇街的党政主要负责人始终坚守岗位、靠前指挥、身先士卒，全县所有干部职工取消双休，全天候固守在抗洪一线。

全民参与，团结抗灾。县防指和防办共下发防汛指令、雨水情和预警信息20余万条，及时下达水库调蓄调度令，指挥全县上型水库科学调蓄，做到了预判在先、处置在前，牢牢抓住了防汛抢险抗灾的主动权。县防汛成员单位严格执行领导值班、人员值守、信息传达、防汛设备、应急处置“五个到位”措施，做到压实责任、密切巡查和及时应对。县委、县政府督查室对各堤垸防守情况进行全天候不定期督查，未发现脱岗渎职现象。据统计，在本次抗洪中全县共有18000多人次干部群众、企业工人、民兵、志愿者积极投入防汛抗洪，300余武警官兵支援抢险，调用500多台抢险机械设备及时保障了防汛器材物资的供应，对转移群众均进行了妥善安置。因此，这次全县虽然遭遇了超98年的特大洪灾，但洪灾损失及影响明显轻于98年，基本保持了社会大局的稳定。

部门联动，迅速救灾。灾情发生后，县直相关部门和各镇街积极组织救灾、勘灾和灾后重建。水务部门共组织15个工程技术组深入现场指导处险；新增18台设备全面完成各处排渍；组织各水厂加大水质监测频次，有效保证了饮水安全；基本完成全县水毁工程勘灾，正按照轻重缓急原则有序恢复，指导灾后重建。民政部门下拨救灾资金300万元、生活物资15万元，全县已救助因汛情造成临时生活困难家庭800余户、2600余人，发放临时救助资金80余万元，全部送达到群众手中，保证了受灾群众有饭吃、有衣穿、有水喝。国土部门深入山洪地质灾害易发区指导防灾避灾工作，预防险情105处。财政部门紧急安排1000万元救灾款项，支持受灾群众开展生产生活恢复。规划建设部门会同民政、财政部门全面排查农房受损情况，将房屋倒塌困难户纳入2018年农村危房改造范围，并增加一批新建指标。卫计部门派遣20批共400人次防疫人员赴一线进行防疫指导，发放消毒灭鼠药物和宣传资料，确保灾后无疫情病情发生。农林部门出台灾后恢复农业生产技术措施，已派出8个服务队核实灾情，开展勘灾理赔和指导改种补种工作。城管部门在全部完成县城排涝排渍工作和18个镇街环境卫生秩序恢复的基础上，还组织105台机械作业设备和273人驰援宁乡开展救灾工作。供水、电力、交通、通信部门主动作为，为抗洪期间保证通水、通电、通路、通信“四通”做好了充分的后勤保障，目前全县36条配电线路已全部恢复供电，13条中断公路全面恢复通行，电信通讯全部保持畅通。

三、应对经验教训

在防汛抗灾工作中，抗击洪涝灾害一定要有不畏艰难、敢于胜利的坚强斗志；要有遵循规律、积极应对的科学态度；要有恪尽职守、密切配合的合作精神；要有心系百姓、体恤群众的民本情怀。长沙县抵御超历史洪水的实践证明，搞好防汛抗旱应急救灾工作，党的领导是根本，水利设施是基础，科学处置是关键，高效调度是法宝，团结协作是保障。

党委政府的坚强领导是根本。长沙县取得抗洪抢险的全面胜利，首先得益于上级领导的正确领导。在防汛抗洪期间，国家防总领导和省市领导许达哲、易炼红、陈文浩、文树勋、李蔚、李晓宏先后到长沙县指导抗洪救灾，对长沙县的防汛抗灾工作予以充分肯定和高度评价，为长沙县取得防汛抗灾的阶段性胜利提振了士气。7月2日14时30分许，黄兴镇巡查人员在画田撇洪渠发现险情并迅速上报，接到报告后，市委副书记、市长陈文浩亲临一线督查指导，副市长李蔚坐镇指挥，长沙经开区党工委书记、长沙县委书记曾超群立即从正在巡查的捞刀河高沙垸赶回，与正在长沙县指导防汛工作的长沙市政协主席文树勋同时赶到现场，了解到画田撇洪渠先是一处外坡崩塌，随即上方出现散浸集中，形成穿孔后缺口，由于洪水迅速涌入，工作人员数次封堵没有成功，如果失守，将会淹没周边金凤、光达、敢胜、高塘4个村，并危及高铁站，地铁3号线和长沙国际会展中心等多个省市重点工程后，曾超群迅速召集水利专家商定对策，当即作出在撇洪渠决口处上下游抢修两道截留堰截断来水的决定，然后带着一班人奔赴最危险的下游榨山港，至7月3日1时22分撇洪渠两侧截流堰才全面合拢。整个抢险中，短短3个小时安全转移群众1.5万余人，全都安置妥当，无一人伤亡。另外，在此次防汛救灾中，还注重充分发挥县、镇、村三级党委政府的领导作用，为防汛抢险工作提供了坚强的政治保证和组织保证，确保了上级党委政府和防指指示精神有效贯彻，物资、资金、人员及时到位，工作措施快速落实。比如在画田撇洪渠抢险中，黄兴镇干部职工在安置区准备好热水、方便面、帐篷、被子、洗漱品等生活用品，并做好安置点消毒工作，确保了群众身体健康和情绪稳定，为防汛救灾工作创造了良好外部环境。

水利设施的日益改善是基础。自1998年大洪水后，县财政逐年加大投入，持续开展了大规模的水利建设。近年来，长沙县每年投入的水利建设资金均维持在10亿元以上，率先在全省完成144座病险水库除险加固，全面完成湘江综合枢纽库区工程建设，提质改造防洪大堤45千米，新建改造排渍泵站24处2.43万千瓦、涵闸40余处，清淤整修山塘5500处，县域防洪能力显著提高。是年，大洪水未垮一库一垸，正是得益于防洪、排涝、灌溉水利工程体系的日益改善。

干群军民团结的强大力量是保障。在这次防汛救灾中，全县军民团结一条心，武警官兵400余人、民兵预备役部队2400人次主动请缨，从6月30日开始，先后出动冲锋舟艇15艘、各种救援车辆21500多台次，发放各种救生器材1300多件套；编队进驻抗洪最危险地段，与干部群众连续奋战，充分发挥了人民子弟兵的作用，构筑了军民协力抗灾的钢铁长城。全县企业单位主动支援，据统计全县有100余家单位、200余人次对口捐献生活物资价值近400万元，各类志愿者、社会组织参与救灾达2000余人次，其中中铁投资集团、中建三局集团等驻县公司，共调配挖机、装载机、大型运输车等1200多台抢险机械设备，并成立长沙抗洪抢险突击队，共同抵御洪灾；湖南泰宇投资发展有限公司、湖南安沙国际建材城置业发展有限公司、津之源食品有限公司等主动捐献食品、衣服等慰问物资，送到抗洪一线和安置点。干群军民团结的强大力量，确保了救灾和灾后恢复工作的有序展开，确保了社会大局的和谐稳定。

先进感人的典型榜样是旗帜。在这次抗洪救灾中，除了全县各级领导干部全天候奋战在抗洪一线外，全县广大党员干部群众凝心聚力，将双脚深深扎根在洪水和泥浆里，用双手和肩守护着老百姓的生命财产安全，全面筑起了抗洪抢险的坚强防线，涌现了一个个抗洪事迹和先进典型，这些榜样就是一面旗帜，赋予了长沙县90多万人抗击洪水的力量，共同守护了美好的家园。长沙县水务局党委委员、副局长裴治宇，连续七天来回奔波在水塘垸大堤上，五天四夜没回家睡过觉，虽然从大堤到他家路程不远，但他都没有回家休息一分钟，就连家中刚出生的小孩都没有时间看看，别人劝他只要回水务局把事情安排下去、多协调多督促就可以了，没必要亲力亲为，他却说："作为水塘垸处险的技术人员，汛情大于天，大堤一天没保住，水位一天不退出警戒水位，我就不能松下这根紧绷的弦，群众眼睛都望着我，我怎么能安心在办公室协调督促呢？"在水塘垸的抗洪抢险中，他带领抗洪一线的同志共修筑长6.5千米、平均高1.5米的子堤，共处理险情100余处，稳稳当当地抵御住历史最高洪水，得到国家防总、省、市、县主要领导和老百姓的高度赞扬。7月7日凌晨，水塘垸水位下降到警戒水位后，裴治宇稍作休息，又投入到紧张的排渍勘灾工作之中，带领10多名技术员，组成2个工程技术组完成高桥、春华、开慧、㮾梨水毁工程勘灾，累计完成7个镇（街道）水利工程勘灾；组织57人、18台套设备24小时不间断抽排果园、黄兴、安沙镇和㮾梨街道内涝积水，为受灾群众迅速投入生产生活自救提供了保障。还比如，52岁的长沙县水务局敢胜垸堤委会副主任黄炼锋和43岁职工何军，在黄兴镇汤阳桥站设备安装过程中，发现设备底部存在大量杂物，他们立即脱下衣裤跳入水中，将杂物清除干净，由于水下情况比较复杂，两人在齐颈深的水中浸泡近1个小时，最终保障了设备的顺利安装。7月2日6时30分，因连续强降雨和长时间满负荷蓄水，黄花镇梁坪村撇洪渠民主桥至东八线段对面出现山体滑坡，大量泥土进入渠道，河道水流受阻，水位瞬时上涨，导致漫堤，面对这一险情，50多岁的黄花水务站站长黄铸迅速脱下上衣跳入水中，在水中来回游了近20分钟，和另一名同事找到被堵住的出水口，成功缓解了险情。特别是长沙县供电公司㮾梨供电所台区管理员53岁的张灿辉，从6月30日起一直不分昼夜奋战在㮾梨街道、黄兴镇等防汛抗灾第一线，为帮受灾群众迅速恢复供电，第一时间给受灾群众送去光明、温暖和希望，他一日三餐在工地吃盒饭解决，每天只睡四五个小时，7月6日晚在黄兴镇光达村进行抢险复电作业时遭遇车祸，献出了宝贵生命。

大事记

Major Events

责任编辑　周进银

2017 年，星沙全景　　（一品文化　提供）

2017 年 7 月 3 日，黄花综保区通关大楼　　（星沙时报社　提供）

2017 年，田汉文化园　　（星沙时报社　提供）

2017 年长沙县大事记

1 月

8-9 日 由阿拉善 SEE 湖南项目中心和省环保志愿服务联合会发起和主办的湖南省生态环保组织 2016 绿色发展年会在长沙远大城举行。万容科技、天泉环保等绿色企业与上海爱芬环保、长沙绿动社区、湖南省环保志愿服务联合会等 NGO 共同签署《垃圾分类与资源化协作行动框架》协议。

9 日 广汽三菱发动机及二期扩建项目签约仪式举行。

10 日 长沙县召开三年造绿大行动工作总结暨新三年造绿大行动工作动员部署会议。

是日 长沙县人民政府与华融湘江银行股份有限公司签订战略合作协议，双方将进一步加强沟通，深化合作，推动金融生态和县域经济互动双赢。

17 日 中国政研会执行会长、中央政研室原副主任郑新立率《长沙市打造国家中心城市研究》调研考察组到长沙经开区调研，实地考察广汽菲克、铁建重工。

2 月

7 日 长沙经开区埃塞—湖南工业园项目组召开 2017 年首场海外投资推介会，三一重工、北汽福田、远大集团等 30 家企业负责人参会。

10 日 由长沙经开区管委会、长沙县人民政府主办的长沙县 2017 年“春风行动”大型招聘会在星沙文化广场举行。

13 日 《长沙经济技术开发区支持现代服务业发展试行办法》出台，设立现代服务业发展专项资金，鼓励生产性服务业和生活性服务业发展。

21 日 全国中小企业股转系统公告显示，三一重工下属湖南三一工学院股份有限公司（证券简称：三一学院，证券代码：870999）的挂牌申请获得批准，并成功挂牌。

26-27 日 政协长沙县第九届委员会第二次会议召开。

27-28 日 长沙县第十七届人民代表大会第二次会议召开。

3 月

2 日 以“喜迎十九大，志愿我先行”为主题的湖南省第 54 个学雷锋日暨第 5 个湖南志愿者日纪念活动在长沙县举行。

3 日 波兰共和国参议院副议长、议会波中议员小组主席格热戈什·柴莱伊一行访问长沙经开区，参观园区展示馆、三一集团和山河工业城，省人大民侨外委委员谢律尖、省商务厅副厅长周越，县领导张庆红、张湘鸿、郭汉辉等陪同。

7 日 全球三大工程机械展之美国拉斯维加斯国际工程机械及传动机械博览会在拉斯维加斯 LCVV 会展中心开幕，三一集团、山河智能、中联工起等园区企业组团参展。

8 日 由湖南省工商行政管理局和长沙县政府主办，长沙市工商行政管理局与长沙县市场和质量监督管理局承办的 2017 年“红盾护农”启动仪式在杨开慧纪念馆举行。

是日 2017 年春华镇油菜花旅游文化节在百熙村启动。

13 日 长沙经开区汨罗产业园举行第一批重点工程项目集中开工仪式，总投资近 10 亿元的园区招商中心、一期标准厂房、安置区工程、金山商业街等多个重点项目同时开工，标志着“长沙拓展飞地经济、汨罗打造百亿园区”的首批产业项目落地，是长沙发展“飞地经济”的一次盛大启航。

18 日 “花漫浏河 樱爱如约”浏阳河文化旅游产业带长沙县第二届红樱文化旅游节在江背镇开幕，该活动获评“长沙市十大最受欢迎乡村休闲旅游节会”。

21 日 省内首个博士创新创业园揭牌暨星沙产业基地博士创新创业园揭牌暨项目集中签约仪式在星沙产业基地星工场举行，13 家入园企业签约入园。

23 日 中共中央政治局委员、中央政法委书记、中央社会管理综合治理委员会主任孟建柱考察园区企业蓝思科技。

24 日 省会工商界学习“两会”精神暨“湘江法务圈”进长沙经开区活动在长沙经开区管委会举行，全国人大代表、步步高集团董事长王填应市工商联和“湘江法务圈”的邀请宣讲“两会精神”。

25 日 中国社科院中心城市发展研究会空港城市发展委员会执行会长、复旦大学国际空港城市研究中心主任王学东到长沙县考察调研，为长沙县临空经济发展献计支招。

27 日 玻利维亚争取社会主义运动全国领导委员会副主席赫拉尔多·加西亚（正部级）为团长的考察团一行 12 人到长沙经开区参观访问，实地考察三一集团。

29 日 广汽三菱发动机及整车技能改造项目在广汽三菱发动机工厂内开工，项目总投资 50 亿元，将建成发动机组装及缸体、缸盖机加工生产线，预计 2018 年下半年实现正式投产。

是日 长沙县获评湖南省粮食生产标兵县。

4 月

2 日 以“醉美茶乡、诗意生活”为主题的 2017 中国·长沙茶文化旅游节启动式在金井镇举行。

8 日 由中国人民大学中国经济改革与发展研究院和经济学院联合主办的《中国企业创新能力百千万排行榜（2017）》发布会在中国人民大学举行。长沙经开区园区企业中联重科、开元仪器、三一重工、千山药机、山河智能、铁建重工 6 家企业荣登中国企业创新能力 1000 强榜单。

9 日 湖南与埃塞俄比亚重点项目签约仪式在埃塞俄比亚首都亚的斯亚贝巴举行。长沙经济技术开发集团有限公司与埃塞俄比亚工业园开发公司以及中地海外埃塞俄比亚分公司共同签署《关于成立埃塞俄比亚—湖南工业园合资运营管理公司的协议》，宣告长沙经开区和埃方共同组建的合资公司成立。

10 日 吐鲁番市政府副市长杜德勇一行到长沙经开区对接商洽园区对口援建、“长鄯产业园”飞地园区建设以及招商引资等相关事宜。

12 日 全国政协常委、提案委员会副主任千以胜，全国政协委员、提案委副主任王国卿一行到果园镇浔龙河生态艺术小镇调研，重点考察浔龙河新农村发展建设情况。

18 日 中国—东盟中心秘书长杨秀萍率 2017 年“中国—东盟”共建 21 世纪海上丝绸之路联合采访团到长沙经开区企业三一集团、长丰集团、山河智能进行采访。

22 日 以“青山·亲水·轻生活”为主题的 2017 相约长沙最美乡村活动在青山铺镇启动。

是日 首届“临空丝路”经济论坛暨长沙经开区产业推介会在长沙科技新城举行，6 个项目意向签约落户长沙经开区。

23 日 长沙经开区成功定向爆破园区湖南普照科技有限公司（漓湘路）厂区内 3 个烟囱、2 座厂房、1 座水塔，爆破拆除面积 4.7 万平方米。

25 日 全省“工人阶级宣传月”活动启动仪式在蓝思科技大剧院举行，张贤长出席。

28 日 长沙县第二期青年干部训练营开班。全县各部门、各镇街的 100 名优秀青年干部参训，开设课堂培训、封闭式军事训练、读书分享、社会实践、志愿服务等训练内容。

是日 由长沙经开区总工会和长沙县总工会联合举办的“2017 年长沙经开区、长沙县劳模表彰大会暨‘匠人·匠心·中国梦’劳模大讲坛”活动举行。

是日 长沙经开区授予原上汽大众党委书记、高级总监林元航“特别贡献奖”。

是日 菲律宾总统经济及投资顾问 ANTONIO CABLITAS 率考察团一行到长沙经开区考察园区经济社会发展有关情况。

5 月

3 日 共青团长沙县委、长沙经开区团工委联合举办的“五月的鲜花·飞翔的青春”纪念建团 95 周年文艺汇演活动举行。

5 日 长沙经开区在全机关实行行政管理及服务事项未办件报告制度，这是湖南省实行的首个未办件报告制度，也是长沙经开区行政效能再强化、再提速的生动实践。

8 日 由水利部政法司司长李鹰为组长的国务院最严格水资源管理制度考核检查组一行到长沙县检查星沙捞刀河水源地保护情况。

是日 长沙经开区汨罗产业园优冠实业集团生产基地投产，优冠实业集团成为“飞地”产业园区首个正式投产企业。

16 日 全国人大农业与农村委员会委员何映华、曹维新、蒋省三率队，深入果园镇调研浔龙河村脱贫工作及美丽乡村建设情况。

17 日 长沙临空经济示范区获批新闻发布会在长沙召开，该示范区成为全国第七个国家级临空经济示范区。

18 日 湖南省首届创新奖名单公布，三一汽车、猎豹汽车、铁建重工等企业榜上有名。

19 日 埃塞俄比亚总理海尔马里亚姆·德萨莱尼一行到长沙经开区和三一集团实地参观考察。

21 日 新疆维吾尔自治区党委副书记、新疆生产建设兵团党委书记孙金龙一行到长沙经开区考察长丰华湘（猎豹）工业园项目建设发展情况。

22 日 快乐长沙·“乡”约四季 2017 长沙乡村休闲旅游节“嗨夏·青春季”在浔龙河艺术小镇启动。

24 日 全国人大常委会委员、全国人大内司委副主任委员何晔晖率队到县调研农村养老院建设并听取相关情况汇报。

26 日 “气化湖南工程”长沙至浏阳天然气管道项目投产仪式在长沙经开区昆仑燃气星沙分输计量站举行。

27 日 长沙黄花综合保税区举行第三批招商引资项目集中签约仪式，现场签约 10 个项目。

6月

1日　长沙县妇幼保健院举行整体搬迁活动。县领导曾超群、张作林等出席活动。长沙县妇幼保健院新院位于星沙街道开元东路298号，总建筑面积约5.8万平方米，一期开放病床350张。5月23日试运行，全面接诊，老院区于5月27日停止接诊。

8日　长沙黄花综合保税区顺利通过由海关总署牵头，国家发改委、财政部等10部委组成的国家联合验收组正式验收，并取得综合保税区验收合格证书。此举标志着湖南省唯一的临空综合保税区——长沙黄花综合保税区已基本具备封关运行条件，向正式封关运行迈出关键一步。副省长何报翔，国家联合验收组组长、海关总署加贸司副司长李志辉，市县领导徐宏源、邱继兴、曾超群、张作林、王国良等参加验收工作。

10日　广汽三菱欧蓝德荣耀版上市。

12日　省总工会副主席、巡视员、女职工委员会主任周乐红等一行到广汽三菱为"全国巾帼建功标兵"朱宁授牌。

17日　国家旅游局副局长李世宏一行到县开展旅游调研，实地调研果园镇浔龙河生态艺术小镇和地球仓酒店。

21日　西班牙加利西亚州政府代表团一行到长沙经开区参观考察园区规划展示馆及三一集团、博世汽车部件（长沙）有限公司，并与园区优秀企业代表进行座谈交流。

是日　国务院办公厅发布《关于建设第二批大众创业万众创新示范基地的实施意见》，在其公布的第二批92个双创示范基地名单中，三一重工榜上有名，成为唯一一家的工程机械企业。

25日　满载着汽车零部件、进口食品、家用电器的12辆卡车有序通过长沙黄花综合保税区主卡口，标志着湖南首个临空型综合保税区正式封关运行。

26日　湖南省委书记、省人大常委会主任杜家毫，省委副书记、省长许达哲率湘江保护与治理委员会2017年第一次全体会议的所有参会人员到长沙县，现场考察捞刀河饮用水水源地管理与保护工作情况。

是日　国土资源部副部长、党组成员赵龙到经开区调研汽车产业、孵化基地项目，考察德普企业公元、广汽基克、博世汽车部件等企业。

28日　长沙机场大道高架主体通车。省委常委、市委书记易炼红到通车现场看望慰问建设者。

29日　第五届湖南省省长质量奖颁奖大会暨全省质量工作电视电话会议在长沙召开，8家企业荣获"省长质量奖"金字招牌，园区企业蓝思科技、铁建重工登上湖南制造领域的最高领奖台。

30日　长沙县、长沙经开区召开庆祝中国共产党成立96周年暨基层党建工作推进会议。

是日　全省第一本农田水利设施不动产权证在高桥镇维汉村率先颁发。

7月

22日　刘宇一主题作品展暨北京师范大学宇一艺术研究院创作基地揭牌仪式在开慧镇举行。省政协主席李微微，北京师范大学宇一艺术研究院院长、全国政协委员刘宇一，省政协秘书长卿渐伟，市政协主席文树勋，县领导曾超群、王益枝、王国良、喻名团等出席。

25日　2017年港澳青少年游学推广活动暨内地游学联盟大会在长沙召开，长沙经济技术开发区被国家旅游局评为全国24家港澳青少年游学基地之一，也是全国唯一一家获评的工业旅游基地。

是日　第六届中国创新创业大赛（湖南赛区）先进制造行业半决赛暨第十四期三湘汇大型创业投融资路演活动在三一众创启动，全省各地100余支参赛企业和团队组团到长沙经开区参加比赛。

31日　《财富》2017中国500强排行榜出炉，园区企业三一重工（第263名）、中联重科（第303名）、蓝思科技（第388名）3家企业入榜。

7月　松雅湖北部园林景观的国内最大湖泊沙滩正式对市民免费开放。该沙滩长度600多米，面积3.2万多平方米，其上铺有从台湾海峡运来的3.6万吨海沙。

8月

5日　在第四届全国地方志优秀成果（年鉴类）质量评审中，《长沙县年鉴（2015）》从全国3512部年鉴中脱颖而出，获评特等年鉴（全国共31部）。湖南省仅有《长沙县年鉴（2015）》和《醴陵年鉴（2015）》获评特等年鉴。

7日　省经信委公布湖南省中小微企业创业创新基地（2017-2020）名单，长沙科技新城、铭诚绿谷、和祥科技园、蓝色产业园、德普企业公元、三一众创孵化器等6家创业基地被认定为"湖南省中小微企业创业创新基地"，加上此前被认定的中部智谷产业园、新长海众创空间，长沙经开区已经拥有8家，成为全省创业创新基地最多的开发区之一。同时，长沙经开区金融服务中心也被省经信委认定为"湖南省中小微企业核心服务机构"。

12 日　“乐享青山·醉美天华——长沙县青山铺第四届葡萄文化旅游节暨天华山摄影大赛启动式”在青山铺镇举行。

15 日　中共中央政治局常委、十二届全国人大常委会委员长张德江考察长沙经开区园区企业三一集团，省委书记、省人大常委会主任杜家毫，省委常委、市委书记胡衡华陪同。

是日　市小微两创办和市经信委举行“长沙最美创业基地”评选活动。活动中，长沙经开区德普·企业公元和铭诚·绿谷智慧产业园获评“长沙最美创业基地”。

21 日　第十二届全国人大代表长沙小组就“完善‘架桥拓市’和‘联盟抱团’机制，推动企业融入‘一带一路’建设”进行专题调研，并到长沙黄花综合保税区和三一重工股份有限公司调研视察。

22 日　国内最大商贸流通集团——百联集团国际名品招商会在长沙召开。会上，CERRUTI 1881、COACH 等 12 个国际品牌现场与位于长沙临空经济示范区内的百联奥特莱斯项目签属合作框架协议。

28 日　2017 年全省防汛抗灾工作总结表彰会召开。长沙县获评“2017 年全省抗洪救灾先进集体”，因公殉职的张灿辉被评为“2017 年全省抗洪救灾先进个人”。

是日　华融湘江银行长沙分行“税联贷”业务（长沙县）启动仪式举行，华融湘江银行星沙支行代表华融湘江银行长沙分行与参会企业签署授信合作意向书。

29 日　湖南省 2017 年出口食品农产品质量安全示范区建设工作会议在长沙县召开。国务院食安委第九督查组组长、国家质检总局副局长吴清海，副省长何报翔出席并讲话，市县领导邱继兴、曾超群、杨莉、毛葵、黄泽红等参加有关活动。

是日　中国疾病预防控制中心党委书记、副主任李新华率队到长沙县就国家级慢性病综合防控示范区建设工作开展评估验收工作。

9 月

6 日 -7 日　长沙黄花综合保税区举行“开放崛起·临空领航”专题招商推介会暨项目集中签约仪式，国内外 150 余名客商齐聚综保区共话发展，11 个项目集中签约。

8 日　长沙县召开庆祝第 33 个教师节暨第二届“感动星沙·十大魅力教师”先进事迹报告会。

19 日　湖南出入境检验检疫局、省反恐办、省邮政速递物流有限公司在长沙邮检口岸，联合举行“口岸化学有害因子涉恐突发事件应急处置演练”。湖南检验检疫局副局长杨定国、湖南省反恐办主任童苏葵、长沙市副市长邱继兴、长沙县副县长彭迟平参加演练。

24 日　2017 年湖南长沙自行车越野赛“喜德盛杯”龙头井站在江背镇龙头井现代农庄举行。

10 月

8 日　长沙县首个镇街级民间教育基金—“板仓教育基金”在开慧镇启动。

12 日　全国果菜茶绿色发展经验交流会议在县召开，农业部总畜牧师马爱国，湖南省副省长隋忠诚，省农委主任刘宗林参加会议。会后，与会代表实地观摩九农设施蔬菜示范基地、觉源农业蔬菜示范基地等地。

是日“2017 胡润百富榜”出炉。蓝思科技周群飞、郑俊龙夫妇蝉联湖南首富，共财富总值 715 亿元。

是日《财富》（中文版）发布 2017 年“最受赞赏的中国公司”排行榜，三一集团第 7 次上榜，位居第 15 位，成为唯一上榜的工程机械企业。

是日　国家信息中心发布《“一带一路”大数据报告（2017）》，首次评选出“一带一路”企业影响力 50 强榜单，三一集团排名第 42 位，成为唯一上榜的工程机械企业。

13 日　长沙市“重大产业项目集中开工动员活动”长沙县、长沙经开区分会场，烁普汽车动力锂电池膈膜生产项目、黄金精深加工及总部经济项目、宝丽来高科技电子产品生产基地、湖南果之友农产品加工生产线扩建、湖南益生堂中药材中药饮片加工项目等 6 个重大产业项目集中开工，总投资额超过 80 亿元。

24 日　首张电子营业执照在长沙经开区工商分局业务办理窗口颁发。是月，长沙经开区推行电子化登记和电子营业执照，企业通过网上申请，实现企业登记全程电子化，企业注册进入“互联网”时代。

25 日　由中国铁道学会、湖南贸促会、长沙市政府、株洲市政府联合主办的 2017 中国湖南国际轨道交通产业博览会暨高峰论坛在长沙国际会展中心举行。省政府副省长张剑飞宣布 2017 中国（湖南）国际轨道交通产业博览会开馆，并巡视博会展览馆。市委副书记、市长、湖南湘江新区党工委书记陈文浩在开馆仪式上致辞，副市长李晓宏主持开馆仪式、副市长廖建华出席高层论坛，长沙经开区张庆红、王维倩等出席开馆仪式并巡馆。中国铁建、中铁山河、中车时代等10多家园区轨道企业参加会议。

27日 长沙县举行离退休干部代表重阳节座谈会暨县老干部（老年）大学新校揭牌仪式。

11月

1日 长沙经开区园区企业三一集团三一重卡下线仪式暨“红色联盟”成立大会在三一长沙产业园举行。三一集团首台重卡6×4半挂牵引车下线，三一正式进军重卡行业。省经信委副主任殷林波，三一重工总裁向文波、高级副总裁梁林河、长沙经开区常利民等出席仪式。

2日 全国妇联妇女发展部部长崔卫燕一行到长沙县调研，崔卫燕一行先后赴开慧女红文化创客空间、杨开慧纪念馆、湖湘女红文化展洽中心参观，随后到杨公庙参观三湘女杰展和湖湘女工文化传习所。

是日 法国Pilote和湖南猎豹合资成立首家中外合资房车制造企业——“湖南湃力特旅居车有限公司”签约仪式在长丰猎豹举行，法国驻武汉总领事馆经济领事吉欧武、副省长张剑飞、法国Pilote集团董事长玛丽丹妮尔·帕迪欧、长丰集团董事长李建新。

3日 2017首届湖南长沙·北山山歌旅游节开幕式在北山镇隆重举行。

是日 长沙县人民政府与湖南省人民医院签订紧密型医疗合作协议，省人民医院将对长沙县人民医院进行整体托管。

6日 中央宣讲团成员、最高人民法院党组成员、副院长姜伟到长沙县黄花镇黄龙新村，向基层干部群众宣讲中共十九大精神，与基层干部群众代表进行交流，中央电视台《焦点访谈》栏目对此重点报道。

6日至8日 第54届（2017年秋季）全国制药机械博览会在长沙国际会展中心召开，园区企业千山药机携子公司湖南乐福地亮相展会。

7日 长沙经开区管委会与汨罗市政府签订《关于合作开发长沙经开区汨罗（弼时）产业园合作协议》补充协议。

9日 2018款众泰E200上市。

13日 德国中国商会首届“在德中资企业优秀投资奖”在德国柏林揭晓，在德2000多家中资企业中，13家获得奖项，三一重工获评“特别贡献奖”。

14日 曾超群会见住友橡胶（中国）有限公司董事长山田直树一行，并为住友橡胶（湖南）有限公司总经理岸上康也颁发“星沙友谊奖”。

是日 长沙县网上群众工作部（红网网上群众工作部长沙县工作站）成立，为全国首家县级网上群众工作部。

是日 长沙县妇幼保健院整体搬迁项目－医疗保健综合楼入选2016-2017年度第二批中国建设工程鲁班奖（国家优质工程）。

16日 长沙经开区、长沙县举行“奋战100天，腾地8000亩”动员大会。

17日 果园镇浔龙河村和开慧镇葛家山村获评“全国文明村镇”。

18日 2017中国中部（湖南）农博会暨中国农博峰会在长沙国际会展中心开幕。

20日 长沙县妇幼保健院挂牌，湖南省儿童医院星沙儿科医学中心同时揭牌。

是日 埃塞——湖南工业园项目举行开工仪式。受埃塞总理海尔·马里亚姆的委托，阿达玛市长阿达内科·阿贝贝出席典礼。埃塞工业园开发公司（IPDC）副总裁阿玛雷·阿司格登，阿达玛市周边各部落酋长和长老、省商务厅驻埃塞商务代表处、埃塞——湖南工业园运营管理公司、中地海外集团埃塞公司、设计单位和监理单位等有关单位负责人出席开工仪式。

23日 全国第四届基层党建创新案例征集评选活动结果揭晓，长沙县“‘口袋里’党建小阵地，‘零距离’党建大服务”被评为全国30个基层党建创新最佳案例之一。省委常委、省委组织部部长王少峰批示“这个经验有特色、有创意、有实效，值得推介”。

24日 海关总署党组书记倪岳峰一行在市委副书记徐宏源、市政府副市长李蔚等陪同下到长沙经开区调研，考察铁建重工第二产业园、湖南国际邮件（快件）监管中心。

25日 “拥抱身边的大自然—首届长沙县生态徒步节影珠山站开幕式暨影珠山游客服务中心启动仪式”在福临镇游客服务中心启动。

28日 长沙经开区与民航投资签署战略合作框架协议，双方将在智能制造、军民融合、创业投资、航空等产业领域建立紧密的战略合作伙伴关系。

28-30日 湖南（长沙）装配式建筑与建筑工程技术博览会在长沙国际会展中心举行。博览会以“绿色住建”为主题，展览内容主要涉及装配式建筑、集成房屋、绿色建筑示范项目、建筑工程机械及装备等新技术和新产品，聚焦住房和城乡建设领域绿色发展。园区企业三一集团、远大科技集团、柯盛新材料等企业参展。

29日 中国铁建重工集团有限公司与长沙经开区管委会

举行签约仪式，投资100亿元在长沙经开区建设全球领先、品种齐全的新型轨道交通装备产业园。

12月

1日 以“人民获得感”为主题的“2016中国最具幸福感城市”调查推选结果在北京发布，长沙县获评“2016中国最具幸福感城市（县级）”，连续10年获此荣誉。

4日 湖南省“12·4”国家宪法日暨法治湖南建设年度盛典活动在湖南大剧院举行，长沙经开区党工委书记、长沙县委书记曾超群获评“2017年全省十佳法治建设推进者”。

4-6日 第二届中国（长沙）智能制造峰会暨长沙国际智能制造技术与装备博览会在长沙国际会展中心举行。工信部副部长罗文，中国工程院院士方滨兴，中国科学院院士徐宗本，省、市领导许达哲、胡衡华、张剑飞陈文浩等出席会议。现场签约项目14个，计划总投资343亿元。其中，长沙经开区管委会分别与北京京东世纪贸易有限公司签订投资100亿元的京东无人车智能产业基地项目，与树根互联技术有限公司签订投资1亿元的长沙根云工业互联网平台建设项目。

6日 长沙经开区与北京京东世纪贸易有限公司签订京东无人车智能产业基地项目，5年内计划投资100亿元，打造京东长沙军民融合研究院、京东无人车（长沙）产品开发中心。

7日 机场大道提质改造工程主体完工通车。

8日 猎豹汽车长沙公司投产暨CS9 EV新能源汽车下线仪式在猎豹汽车长沙总装车间举行。副省长向力力宣布新车下线，市委副书记、市长、湖南湘江新区党工委书记陈文浩出席并致辞，长丰集团党委书记、董事长、猎豹汽车总裁李建新致辞。

11日 “开放崛起 领航未来”长沙临空经济示范区推介会在北京举行。民航投资基金航空产业园、天羽飞训模拟机培训基地、山东太古飞机维修基地、圆通速递华中管理区总部基地、中外运敦豪航空快递处理中心等15个临空偏好型项目成功签订框架协议或合作备忘录，总签约金额300亿元。

是日 长沙县浔龙河生态艺术小镇和湘丰茶博园获批国家AAA级旅游景区。

12日 众泰君马汽车S70新车下线仪式在众泰新能源汽车有限公司长沙分公司总装车间举行，市委副书记徐宏源宣布君马汽车S70下线。

16日《2017县域经济与县域发展监测评价报告》发布，在全国县域经济基本竞争力十强县市中，长沙县位列第六，比2016年排名上升1位。

18日 副省长隋忠诚在湖南华天大酒店会见美国金眼智能生物医学有限公司马克·霍默恩博士一行。会见前，长沙经开区与美国金眼智能生物医学有限公司举行新一代智能视网膜项目签约仪式。

19日 广汽三菱祺智新能源车下线暨上市活动在广汽三菱汽车有限公司总装车间举行。

是日 国家卫生计生委办公厅发布《关于公布2016—2017年度国家慢性病综合防控示范区建设评估和复审结果的通知》，长沙县成功获评第四批国家慢性病综合防控示范区。

23日 红色天华·冬暖青山——长沙县青山铺镇天华山旅游景区开园仪式在天华山观景平台举行，天华山旅游景区正式开园迎客。

24日 湖南年产百万辆汽车下线仪式在猎豹汽车长沙工厂举行，省委常委、副省长张剑飞出席并宣布湖南年产百万辆汽车下线，长丰集团、广汽菲克、广汽三菱、上汽大众、比亚迪、吉利汽车等省内14家主要整车生产企业负责人同时按下下线“启动键”，湖南省汽车年产量突破100万辆。

26日 中车株洲所旗下的湖南中车时代通信信号有限公司搬迁仪式在长沙经开区中部智谷产业园举行。

是日 山河智能某型装甲工程车批量交装仪式暨山河特种装备有限公司成立揭牌仪式在山河工业城举行。

29日 中国共产党长沙县第十三届代表大会第二次会议召开。长沙经开区党工委书记、长沙县委书记曾超群代表中国共产党长沙县第十三届委员会向大会作工作报告《不忘初心再出发，牢记使命攀新高，朝着全面建设现代化强县目标奋勇前进》。

31日 星沙联络线正式通车。星沙联络线西起开福区中岭立交桥，跨捞刀河，东接长沙县滨湖路，全长7.4千米，其中长沙县段全长4.9千米，投资9.348亿元。

是年 广汽三菱欧蓝德、上汽大众斯柯达柯迪亚克、长丰猎豹CS9 EV、广汽三菱祺智、众泰君马S70等车型相继投产或达产，长沙经开区整车产能超过100万辆。全年汽车及零部件制造产业产值首次突破千亿元，为1011.6亿元，成为首个千亿产业集群。

长沙县概况

Overviews of Changsha County

责任编辑　张　娜

2017 年，鸟瞰星沙　　（星沙时报社 提供）

2017 年，星沙夜景　　（长沙县人民政府网 提供）

自然地理

【区域位置】 长沙县位于湖南省东部偏北，湘江下游东岸，湖南省省会长沙市近郊。东邻浏阳市，南接长沙市雨花区，西毗长沙市芙蓉区、开福区、望城区，北靠岳阳市。地处东经112° 58′ 23″ ~ 113° 30′ 09″，北纬28° 02′ 04″ ~ 28° 39′ 51″之间。2017年，全县总面积1756平方千米。

【地质地貌】 长沙县属长衡丘陵盆地的北部，地处幕阜山、连云山与大龙山余脉的南端，株洲隆起带的北缘。龙华、乌川诸山雄峙于东，陶家排、炭盆坡横亘于南，影珠、明月两座大山蜿蜒于西北，兴云、飘峰两山耸立于北。北山镇域内的明月山最高峰，海拔659米。地势由北、东、南三面逐渐向中西部倾斜，呈不规则“畚箕”形状。域内有变质岩、沙砾岩、灰岩、红岩、红土、砂页岩、花岗岩七种岩层及岗地、平原、山地、丘陵、水面五类地貌，以岗地平原为主。

【自然资源】 矿产资源较丰富，经探查已发现钨、锡、镍、铍、铌、钽、钴、钼、铜、铅锌、金、硅、煤、高岭土、石灰石、萤石、花岗岩、独居石砂等20多个矿种。已发现矿产地113处，其中大型矿床1处、中型4处、小型62处、矿（化）46处。已被开采利用的主要与建筑材料有关的砖瓦黏土、硅石、石英砂、建筑石料等非金属矿种，占全部矿产地的80%，其余大多数矿种因产地规模小尚未开发利用。域内矿产资源总体特征以花岗岩、高岭土、砖瓦用页岩等非金属矿产主，金属矿产地多小型、矿化点。县境西北部北山—青山铺—福临镇一带广泛发育花岗岩，是全县花岗岩矿的重要产出地；鼎功、福临一带高岭土资源较丰富；中部春华山、黄花、黄兴、干杉至江背的广大地区砂、页岩发育区，域内主要砖瓦用页岩矿开采区；东南部江背镇河田一带产石灰岩；北部与平江县交界的中低山区，分布有钨、金及多金属矿；路口镇麻林桥发现有地下热水资源。野生动物有兽类10种，鸟类48种，蛇类10多种，其中穿山甲、果子狸、猴面鹰、白鹇、虎皮蛙国家二级保护动物；野生植物有药用植物120余种，木本植物80多种。其中银杏、杜仲、福建柏等为国家二级保护植物，水杉为省一级保护植物。“罗代黑猪”为国家地理标志保护产品，“金井”“湘丰”茶叶为“中国驰名商标”。森林覆盖率43.68%，林木绿化率49.77%，森林总蓄积435.29万立方米。

【水文·气候】 长沙县地处洞庭湖尾间，湘江东岸，域内河流众多，属于长江流域，洞庭湖水系，录入水利普查名录河流111条，总长847.68千米。其中县内流域面积200平方千米以上河流3条：捞刀河、浏阳河以及捞刀河支流—金井河，全长141.94千米；县域内流域面积100 ~ 200平方千米以上河流5条：榨山港、三叉河、麻林河、白沙河和双江口河，全长122千米；县内流域面积50 ~ 100平方千米河流4条：草塘坳河、浔龙河、金脱河、青山河，全长67.29千米；县域内流域面积10 ~ 50平方千米的河流38条，全长310.38千米；其余小河59条，全长206.47千米。浏阳河发源于浏阳市横山坳，全长222千米，集雨面积4237平方千米，河流坡降0.573‰，在长沙县域内集雨面积597.4平方千米；捞刀河发源于浏阳市的石柱峰，全长141千米，集雨面积2543平方千米，河流坡降0.780‰，在县内集雨面积1204.8平方千米。捞刀河在长沙县域内主要支流有白沙河和金井河，白沙河河流长46.5千米，流域面积320平方千米，在长沙县域内集雨面积190.5平方千米；金井河河流长63.0千米，流域面积726平方千米，在长沙县域内726平方千米。汨罗江发源于江西省修水县的黄龙山梨树蜗，全长253千米，集雨面积5543平方千米，河流坡降0.46‰，在长沙县域内集雨面积83.6平方千米。

长沙县地处东亚季风区，属亚热带湿润气候。由于位居盆地内部，距海较远，受冬夏季风转换，地势向西北倾斜等因素影响，全县气候春温变化大，夏初雨水多，伏秋高温久，冬季严寒少。具有两个主要特征：一是水热充足，生长期长。年均气温17.6℃，全年无霜期260天，日照时数1510.9小时，热量充足。年均降水量1472.9毫米，在省内居中等略偏少，降水集中在春夏两季。多雨期与高温期一致，生长期长，对农业生产有利。但降水年际变化大。二是气候温和，四季分明，夏冬季长，春秋季短。春季从3月中旬到5月中下旬，为期70天左右，期间气温升高很快。春季天气阴雨潮湿，降水量占全年40%以上。夏季从5月中、下旬至9月下旬，约132天，季节长、气温高为夏季突出特点。秋季从9月下旬至11月中旬，近60天，是全年最短季节。冬季从11月下旬到次年3月上旬，期约3个半月。冬季为全年降水最少季节。2017年，全县平均气温18.2℃，最高气温39.5℃，极端最低气温 -1.7℃，降水量 1495.7 毫米。

（县水务局、县国土局、县农林局、县气象局）

人文历史

【文化遗存】长沙县文物古迹较多，域内有距今 4000 年前的黄兴镇鹿芝岭遗址，有新石器时代至商周时期遗址 12 处，有宋元时期的南阳城遗址和明代的俄阳遗址（城址），有始建于南朝梁代的陶公庙，建于唐代的铁炉寺，有建于清代的河图观，另有众多摩崖石刻。黄兴镇黄兴故居、江背镇徐特立故居国家级重点文物保护单位；开慧镇杨开慧故居、缪伯英故居，高桥镇李维汉故居、柳直荀故居，黄兴镇许光达故居、果园镇田汉故居等省级文物保护单位，并被辟市（县）级爱国主义教育基地及党员教育基地。至 2017 年年底，全县有国家级重点文物保护单位 2 处，省级文物保护单位 11 处，市级文物保护单位 27 处，县级文物保护单位 16 处。

【历史名人】长沙县人民勤劳、勇敢，具有光荣的革命传统。两千多年来，他们用勤劳、智慧和血汗哺育和繁荣这块土地。近代以来，不少仁人志士忧国忧民，推翻“三座大山”，建立新中国赴汤蹈火，英勇斗争，辛亥革命元勋黄兴、无产阶级革命家李维汉、毛泽东夫人杨开慧、坚定的共产主义战士柳直荀、无产阶级教育家徐特立，解放军大将许光达、解放军后勤工作的创始人杨立三、中国共产党第一位女党员缪伯英等先辈前贤均在此出生和成长，1000 多名革命英烈为革命英勇献身。这里也是党和国家领导人朱镕基和李铁映的家乡。袁守谦、黄杰、李默庵、张辉瓒等一批国民党著名将领也诞生于此。

长沙县人文荟萃，代有贤才。唐代书法家怀素，研习“狂草”如痴如醉，有《苦笋》和《自叙》传世。清代李文炤，乡里授徒，潜心著述，撰有《周易本义拾遗》等书。管学大臣张百熙，上溯古制，参考列邦，所著《学堂章程》，开中国系统教育先河。一代经学大师王先谦，终其一生，著、编、校、注、辑、刊各类书籍 50 余种，3200 多卷。黄萱祐创建隐储女子学堂，首开湖南女子入学之禁。民国时期，彭海坤创办开物乙种农业学校，为长沙县培养出第一批农业科技人才。杨昌济治学严谨，教育有方，抱“欲栽大木拄长天”宏愿，培养出毛泽东、蔡和森等人。姜济寰三任长沙县知事，发展教育事业，培养革命青年，与毛泽东等发起成立“俄罗斯研究会”，宣传革命真理。李国钦发现钨矿，首创《炭化钨冶炼法》，获国内外殊荣。戴庆祥技艺超群，精研《冷热水淬钢法》，所创捞刀河剪刀与北京“王麻子”和杭州“张小泉”齐名。剧作家田汉毕生从事新文化运动，创作话剧、歌剧、戏剧剧本 130 多部，所作《义勇军进行曲》歌词，慷慨激昂，唤起千百万中国人民齐心抗日，中华人民和国成立后被定为国歌。郑家溉潜心书法，成一代书法名家，抗日战争时期长沙沦陷后，拒任日伪维持会长，以身殉国。当代法学家周鲠生，潜心国际法研究，所著《国际法》将中国倡导的和平共处五项原则提升为《现代国际法》的基本准绳。（年鉴编辑部）

人口·语言

【人口】2017 年年末，长沙县户籍户数 25.3 万户，户籍人口 78.6 万人，比 2016 年增加 20778 人。全年出生 14356 人，人口出生率 1.9‰；死亡 11278 人，人口死亡率 1.5‰；人口自然增长率 0.4‰。出生人口性别比 108.1 ∶ 1。常住人口 104.1 万人，其中城镇人口 67.9 万人，城镇化率 65.2%。（县统计局）

【语言】长沙县属湘方言区长益片，与省会长沙市方言大体一致。因地形狭长，南北相距远，东西相距近，相邻市县方言差别较大。随着经济社会发展，人口流动，逐渐形成以“黄花话”为代表，“金井话”“福临话”“江背话”“北山话”并存的长沙县方言，有 20 个声母（包括零声母）、40 个韵母、6 个声调。长沙县方言在词汇方面差异极小，只有少数名词和代词呈现地域差异；语法上具同一性，与普通话大体一致。（年鉴编辑部）

建置·区划

【建置沿革】秦王政二十六年（公元前 221 年），析黔中郡南部部分地区置长沙郡，湘县为郡治。西汉高祖五年（公元前 202 年），徙封衡山王吴芮为长沙王，建长沙国，改湘县为临湘县，为长沙国国都。新朝始建国二年（公元 10 年），改长沙国为填蛮郡，临湘县为抚睦县，为填蛮郡治。东汉光武帝建武元年（25 年），废填蛮郡，复置长沙国，不久又废长沙国，改为长沙郡，隶属荆州；同时废抚睦县，复置临湘县，为长沙郡治。东汉末年，析临湘县东部之地置浏阳县，此为浏阳置县之始。西晋怀帝永嘉元年（307 年），析荆州的长沙、建昌等 8 郡置湘州，临湘县为州、郡治所。东晋义熙十二年（416 年），撤湘州并入荆州。

422年（南北朝宋武帝永初三年），析荆州的长沙、衡阳、湘东、邵陵、零陵、营阳、佳阳、始兴、临贺、始安10郡重新设立湘州，仍以临湘为治所。隋文帝开皇九年（589年），改长沙郡为潭州，改临湘县为长沙县，为州治，地域包括今长沙市6区、长沙县及宁乡市东南部部分地区。隋炀帝大业三年（607年），改潭州为长沙郡，长沙县为郡治，又将浏阳、醴陵两县并入长沙县。唐高祖武德四年（621年），再废长沙郡，复置潭州，长沙县为州治；同时析长沙县东部部分地区复置醴陵县。中宗景龙二年(708年），又析长沙县东部部分地区复置浏阳县。玄宗天宝（742—756年）初年，改潭州为长沙郡，长沙县为郡治。肃宗乾元（758—760）初，复改长沙郡为潭州，长沙县仍为州治。僖宗中和三年（883年），长沙县隶属钦化军节度使。僖宗光启元年（885年），长沙县改隶武安军节度使。光启二年（886年），长沙县又改隶潭州，为州治。五代后梁太祖开平元年（907年），楚王马殷在湖湘地区建国，都长沙县。五代后唐明宗天成二年（927年），马殷改潭州为长沙府，治所设长沙县。五代后汉隐帝乾祐三年（950年），析长沙县东南部部分地区设龙喜县。五代后周太祖广顺元年（951年），马楚灭亡，长沙县并入南唐。宋太祖建隆元年（960年），废长沙府，复置潭州，长沙县为州治。宋太祖乾德元年（963年），裁龙喜县入长沙县，置常丰县。开宝六年（973年），裁常丰县入长沙县。太宗太平兴国二年（977年），析长沙县西北部部分地区入宁乡县。哲宗元符元年（1098年），析长沙县东南部部分地区置善化县。元世祖至元十四年（1277年），改潭州为潭州路；文宗天历二年（1329年），改潭州路为天临路；元顺帝至正二十四年（1364年），朱元璋占领湖湘地区，改天临路为潭州路，以上路治皆设长沙县。明太祖洪武二年（1369年），改潭州路为潭州府；洪武五年（1372年），改潭州府为长沙府，以上府治皆设长沙县。清圣祖康熙三年（1664年），分湖广右布政使司驻长沙县，为湖南省治。同年，移偏沅巡抚驻长沙县。世宗雍正二年（1724年），设湖南巡抚，长沙县为巡抚驻地及长沙府治。1912年4月，裁善化县入长沙县，并入长沙府。1912年，废长沙府。此时湖南分4道，长沙县初属长宝道，后改属湘江道，省、道、县同治，地域包括今长沙市6区，长沙县及湘潭、株洲两县西北部部分地区。1916年，湖南改分3道，长沙县仍属湘江道，省、道、县同治。1920年，设省辖长沙市政厅，主管省会市政规划建设，但行政区划仍归长沙县。1922年，湖南道治撤销，改为省、县两级，省、县同治，亦为省会；省辖长沙市政厅改为长沙市政公所，仍只管省会市政规划建设。1933年8月，析长沙县城区及东屯渡等城郊之地，置长沙市，为省直辖市和省会。长沙县隶属长沙市，县治亦设长沙市。1934年，又增析原长沙县捞刀河口等城郊之地入长沙市。1937年12月，湖南划为9个行政督察区，设置行政督察专员公署，以专员兼任驻地县长，长沙市及所辖长沙县等4县属第一行政督察区，行政督察专员公署住浏阳县。1939年12月，长沙市并入长沙县。1942年2月，复置长沙市。1950年4月，长沙县隶属长沙专区（1952年9月改名湘潭专区）。1959年，改隶长沙市，至2017年无变化。

【行政区划】清初，沿袭明代区划，长沙县辖15里3厢。道光二十四年（1844年），并为10都、4坊、1厢。坊厢下设甲，都、坊以地名、地物命名。1914年，废都甲，设乡镇，全县辖万寿、尊阳等11镇。1930年，全县设10个区。乡镇下设都，全县有71都。都下设团，全县设658团。1933年，设长沙市，市、县分治，长沙县下辖区、乡、镇未变。1934年，全县设36个区，区下仍设都团。1935年，废都团，实行保甲制度，全县36个区并为10个区，扩18个乡镇为64个乡镇；下设1087个保，11699个甲。1938年，撤区并乡，全县辖花果、庆华等34乡及靖港镇。1939年，长沙市并入长沙县，辖38个乡、6个镇。1942年恢复长沙市。1949年8月，长沙县全境解放，分为6个行政管理区，原乡、保、甲未变。1950年3月，废除保甲制度，全县划为15个区、181个乡、1个镇。1951年，划出县境内湘江以西的第十、十一、十二、十三、十四区及湘江以东第九区的青驿、鹅隐、治安3乡设望城县。1952年，全县行政区划调整为16个区、1个区级镇、247个乡、3个乡级镇。1956年，撤区并乡。全县辖45个乡及榔梨镇。1958年，成立农村人民公社，全县45个乡并为15个人民公社及榔梨镇。1959年，望城县和长沙市郊区并入长沙县，龙头铺公社划入株洲县。1962年1月，全县设13个区，扩26个公社及5个镇为64个公社；11月，长沙市郊区8社1镇并入长沙县，全县辖17个区，有74社、5镇。1977年，划出望城县后，全县辖41个公社及榘梨镇。1984年5月，撤销公社，建立乡镇，全县辖41个乡、1个镇。1986年，榘梨乡并入榘梨镇。1988年，高塘乡改为黄兴镇，高岭乡改为捞刀河镇，黄花乡改为黄花镇。1996年7月，捞刀河镇划入开福区，全县辖13镇7乡。2004年9月，全县494个行政村合为238个行政村，38个居委会调整36个社区居委会。2009年，跳马、开慧乡分别改为跳马、开慧镇；撤销星沙镇，析分星沙、湘龙、泉塘3个街道。2012年，将黄花镇茶塘村、长龙村、湘峰村三个整村和华湘村在长（沙）永（安）高速以北区域析置长龙街道；榘梨镇改榘梨街道。2013年12月，撤销暮云镇，设暮云街道、南托街道。2015年11月，金井镇、双江镇合设金井镇，开慧镇、白沙镇合设开慧镇，黄兴镇、干杉镇合设黄兴镇。2017年，全县辖5个街道和13个镇。（年鉴编辑部）

经济社会发展

【概况】2017年，长沙县地区生产总值1431.1亿元，按可比价格计算，比2016年增长11.3%。其中，第一产业增加值75.9亿元，增长3.1%；第二产业增加值918亿元，增长11.6%；第三产业增加值437.2亿元，增长12.1%。按平均常住人口计算人均生产总值13.7万元，按现行汇率折算2.2万美元。全县三次产业结构比例5.3：64.2：30.5，与2016年的5.8：65：29.2相比，第一产业所占比下降0.5个百分点，第二产业下降0.8个百分点，第三产业提高1.3个百分点。第一、二、三产业对经济增长的贡献率1.5%、72%、26.5%，分别拉动GDP增长0.2、8.1、3个百分点。全年城镇新增就业17701人，各类城镇下岗失业人员就业再就业3405人，帮助就业困难人员再就业1401人。全县城镇登记失业率2.8%。

【农业】农林牧渔业总产值119.2亿元，比2016年增长（按可比价计算，下同）3.2%。其中农业产值74.7亿元，增长5.7%，占农林牧渔业总产值的62.7%；林业产值3.8亿元，增长6.1%，占3.2%；牧业产值35.8亿元，下降2%，占30%；渔业产值3.4亿元，增长7.2%，占2.9%。全年农作物总播种面积9.36万公顷，同比增长0.6%。全年粮食产量55.3万吨，增长0.7%；蔬菜产量119万吨，下降1%；水果产量10.2万吨，下降2%。肉类总产量13.9万吨，下降7.8%。水产品产量1.9万吨。新建高标准农田3466.67公顷，高标准农田20333.33公顷；新增高效设施农业面积13.33公顷，高效设施农业面积2400公顷；土地适度规模经营比重超过13.5%，农业机械化水平79.4%。新增各类新型农村合作经济组织193家，全县各类新型农村合作经济组织2024家。全县有规模以上农产品加工企业40家，规模以上农产品加工企业销售收入108.3亿元，增加7.8%；利润5.4亿元，下降5.5%。

【工业和建筑业】全县工业增加值531.6亿元，比2016年增长13.2%；工业总产值2944.4亿元，同比增长12.8%，其中规模以上工业总产值2662.6亿元，增长12.9%。规模以上工业企业销售产值2153.3亿元，增长9.7%；利润总额116.9亿元，下降217.5%，利税总额205.4亿元，增长194.6%。工程机械、汽车及零部件、电子信息三大支柱行业规模工业总产值2013.2亿元，同比增长19%，占全部规模工业总产值的比重75.6%，其中占规模工业总产值41%的汽车及零部件产业产值1090.8亿元，增长39.3%，高于规模工业增速26.4个百分点；占规模工业总产值6.7%的电子信息产业产值178.1亿元，增长31.8%，高于规模工业增速18.9个百分点。长沙经开区等全县“一区七园”规模工业总产值2601.7亿元，同比增长10.3%，占全部规模工业的97.7%，对全县规模工业总产值增长的贡献率97.7%。其中长沙经开区规模工业总产值占全部规模工业的86.2%；“七园区”规模工业总产值占全部规模工业的11.5%。

全县有资质以上建筑业企业239家，建筑业总产值405.9亿元，同比增长2.8%。其中省内产值233.3亿元，下降9.3%；省外产值172.6亿元，增长25.5%。竣工产值216.1亿元，增长13.9%。房屋建筑施工面积2549.6万平方米，房屋建筑竣工面积823.5万平方米。

【固定资产投资】全年固定资产投资955.9亿元，同比增长17.2%。全年亿元以上投资项目357个，投资额766亿元，占全年固定资产投资额的80.1%。其中，亿元以上非房地产项目250个，投资额603.3亿元，占全年固定资产投资额的63.1%。房地产开发投资166.9亿元，增长38.4%。其中，住宅投资83.1亿元，增长23.4%；商业营业用房投资42.4亿元，增长50.9%。商品房新开工面积385.3万平方米，增长25.3%；商品房施工面积1264.2万平方米，减少4%；竣工面积165.8万平方米，下降60.3%。全年商品房销售面积301.2万平方米，下降

22.7%，其中住宅销售面积 198.8 万平方米，下降 42.4 %。

【国内贸易】 全年社会消费品零售总额 479.5 亿元，同比增长 11.8%。其中，限额以上企业零售额 343.8 亿元，增长 13%；限额以下企业零售额 135.7 亿元，增长 8.9%。城镇零售额 345.4 亿元，增长 11.8%；农村零售额 134 亿元，增长 11.9%。按行业分，批发行业 38.7 亿元，增长 11.2%；零售行业 425.3 亿元，增长 12.1%；住宿行业 5.5 亿元，增长 12.1%；餐饮行业 10 亿元，增长 3.1%。中西药品类增长 22 %；日用品类增长 26.8%；机电产品及设备类增长 19.5%；粮油、食品类增长 21.5 %；服装、鞋帽、针纺织品类增长 15.3%；汽车类增长 12.1%；石油及制品类增长 23%。

【对外贸易和旅游】 全年进出口总额 46.5 亿美元，同比增长 45.8%，占全省的 12.9%，全市的 33.5%。其中进口 23.7 亿美元，增长 25.4%；出口 22.8 亿美元，增长 75.6%。在进口总额中，机电产品 128.5 亿元，增长 26.5 %；汽车零件 34.3 亿元，增长 1.9%；高新技术产品 23.1 亿元，增长 18.4%；在出口总额中，机电产品 109.5 亿元，增长 51%；高新技术产品 44.8 亿元，增长 46.2%。全县引进内资项目县辖 40 个。全年到位外资 7.6 亿美元，同比增长 9.6%；引进市外域内资金形成固定资产投资 181.2 亿元，增长 12.9%；引进省外域内资金 85.4 亿元，增长 14.6%。全年旅游总收入 115 亿元，增长 22%。接待游客 1075 万人次，增长 27%。年末全县有星级酒店 3 家，其中五星级 1 家；新增 2 家 AAA 级旅游景区，年末全县有 AAA 旅游景区 4 处，AAAA 级以上风景区 1 处。

【交通和邮电】 全年交通运输、仓储和邮政业增加值 40 亿元，比 2016 年增长 9.8%。年末公路通车里程 6207.6 千米。全年公路客运量 4320 万人，旅客周转量 49205 万人千米；公路货运量 2182.5 万吨，货物周转量 109897.6 万吨千米；行政村客运（公交）班线通率 100%。全年邮电通信业务总量 18.1 亿元，同比增长 14.6%。年末全县移动电话用户 163.6 万户，增长 1.5%；本地电话用户 17.6 万户（不含移动公司），下降 22.5%。全县互联网络用户 33.4 万户，增长 23.7%。

【财政和金融业】 全年财政总收入 285.9 亿元，同比增长 25.8%；一般公预算收入 224.4 亿元，增长 35.1%。税收收入 212 亿元，增长 41.6%。民生领域支出持续增加。全年公财政预算支出 161.2 亿元，同比增长 30%。其中教育支出 19 亿元，增长 17.1%；医疗卫生支出 9.1 亿元，增长 8%。全年金融业增加值 32.5 亿元，增长 8.6%。年末金融机构人民币存款 1120.1 亿元，增长 9.8%；居民储蓄 496.6 亿元，增长 10.4%；各项贷款余额 926.2 亿元，下降 1.9%。金融机构网点数 181 个，职工总人数 2164 人。

【科学技术和教育】 全社会研究与发展（R&D）活动经费 64 亿元，同比增长 4.2%。全年新增国家高新技术企业 41 家，年末总数 214 家。全县专利申请量和授权量分别为 4987 件和 2837 件。其中，发明专利申请量 1765 件，发明专利授权量 483 件。全县有各类全日制学校 206 所（不含幼儿园），其中职业中专 7 所、普通高中 8 所、乡镇农校 14 所、初级中学 32 所、小学 144 所、特殊教育学校 1 所。有幼儿园 276 所，其中公办幼儿园 42 所。全县在校中小学生 132143 人，在园幼儿 46904 人。其中：普通高中 14118 人；职业高中 15696 人；初中 27424 人，小学 74759 人，特校 146 人。初中入学率 100%、初中巩固率 100%；小学学龄人口入学率、巩固率均 100%；免除 9.8 万人次学生杂费，义务教育阶段学生杂费免除率 100%。对各级各类贫困学生资助金额 1900 万元。平均受教育年限 11.6 年。

【文化、体育和卫生】 全县有文化设施面积 141.7 万平方米，同比增长 3.3%。拥有文化站 20 个、文化馆 1 个，公共图书馆 1 个，电影院 13 个，档案馆 1 个。全年送戏下乡 90 场、电影 2640 场。推进广播电视户户通等文化惠民工程，广播综合人口覆盖率和电视综合人口覆盖率均 100%。有线电视用户 5.6 万户，有线电视入户率 22.4%。体育设施面积 158.3 万平方米。拥有各类体育场地 1455 个，其中，标准体育馆 4 座，标准运动场 90 个，标准游泳池 4 个；各种训练综合用房 123 个。开展大型群众体育活动 20 次，全民健身运动参加人数 35 万人次。各类卫生机构 503 个，其中医院、卫生院 36 个，卫生防疫和防治机构 1 个，妇幼卫生保健机构 1 个，社区服务中心（站）5 个。卫生人员 8287 人，其中执业医师、执业助理医师 2494 人，注册护士 3893 人，卫生防疫和防治机构卫生技术人员 71 人，妇幼卫生机构卫生技术人员 503 人。各类卫生机构拥有病床 5147 张，每千人拥有病床数 5.6 张，每千人拥有卫生技术人员数 9.1 人。

【环境、节能和安全生产】全年环境污染治理投资额5.5亿元，同比增长12%。全县城镇生活垃圾无害化处理率100%、污水处理率98.1%。全年环境空气质量二级以上天数292天。城市建成区绿化率36%，森林资源蓄积量增长率4%；城市建成区绿化覆盖率39.8%，提高1.9个百分点。年末全县有国家级生态乡镇7个、省级生态乡镇（街道）11个，正式通过环保部验收，成湖南及中部地区首个国家生态市（县、区）。工业用电量30.3亿千瓦时，增长8.3%。规模工业综合能源消费量68.3万吨标准煤，同比下降13.5%。全年发生各类生产经营性事故（不含火灾事故）37起，事故死亡23人。全县亿元GDP事故死亡率0.016，道路交通事故万车死亡率3.8。

【人民生活和社会保障】城乡居民人均可支配收入36977元，同比增长8.9%，其中，工资性收入25261元，经营净收入4870元，财产净收入5054元，转移净收入1792元。城乡居民人均消费支出25257元，同比增长5.8%，食品烟酒支出占比23.7%。其中，城镇居民人均生活消费支出31123元，增长3.8%，食品烟酒支出占比23.8%；农村居民人均生活消费支出17866元，增长6.8%，食品烟酒支出占比23.6%。城乡居民文教娱占比18.5%。城乡居民人均自有现住房面积47平方米，其中城镇居民41平方米，农村居民54平方米。全县企业职工基本养老保险、城镇职工基本医疗保险、失业保险参保人数分别17.9万人（含参保离退休人员1.7万人）、26.2万人（含参保退休人员）和16.1万人。各类养老机构24个，社会福利收养性单位床位数4845张，收养1617余人。加大对困难群体的慈善救助，全县救助总人数17385人次，1.33万人纳入低保范围，其中城镇低保对象615户、1106人；农村低保对象5639户、12230人。　（县统计局）

中国共产党长沙县委员会

Changsha County Committee of the CPC

责任编辑　张　娜

综 述

2017年，长沙县围绕“强南富北、民生立县、挺进五强”发展主线，以长沙临空经济示范区核心区建设为龙头，全面推进“二次创业”，向全面建设现代化强县目标迈进，经济社会又好又快发展。

一、2017年全县经济社会运行情况

经济指标保持高速增长，综合实力显著提升。县区地区生产总值1440亿元，增长11%；规模工业总产值2650亿元，增长12.8%；固定资产投资950亿元，增长16.5%；社会消费品零售总额482.4亿元，增长12.5%；财政总收入280.1亿元，增长23.2%，一般公预算收入税收占比到93.5%。涌现出三一集团、蓝思科技等7家产值过100亿元企业，上汽大众、广汽菲克、广汽三菱等3家税收过20亿元企业。在全国县域经济基本竞争力、中国中小城市综合实力百强排名中均跃居第六位，多年稳居中西部第一。

“二次创业”取得重大进展，产业结构加速优化。黄花综合保税区封关运行，进出口总额8亿美元；长沙临空经济示范区获批，成为全国第七个国家级临空经济示范区；黄花机场开通长沙至越南胡志明市定期国际全货机航线。参加或举办港洽周、沪洽周、“开放崛起·临空领航”等招商活动，临空经济示范区核心区签约重大产业项目29个，总投资400亿元。全县外贸进出口总额43.8亿美元，占全市1/3、全省1/8。举办中国中部农博会、智能制造峰会等一批重大展会，会展经济快速发展。工程机械、汽车制造及零部件、电子信息三大主导产业不断做强做优，全省首家工业4.0示范企业博世长沙工厂落户投产，汽车产业整车产能突破100万辆，成为首个千亿产业集群。高新技术企业总数占全省1/10，获评“全国科技管理先进集体"。

项目建设取得重大突破，发展后劲日益增强。全年铺排市级重大在建项目172个，总投资1107亿元。长丰、三菱发动机、铁建重工等，投资334亿元，呈现出项目数量增多、投资总量增加、发展质量提升局面。招商引资取得新突破，引进重大项目70个，总投资额600亿元，其中铁建重工新型轨道交通装备产业园、京东无人车智能产业基地等单个项目投资超100亿元。按照“项目为王、服务至上”要求，率先设立帮（代）办服务中心，按照“县区一体”工作理念成立县区联合指挥部，全面开展“奋战100天，腾地8000亩”行动。

全面深化改革成效显著，内生动力全面迸发。8个专项改革工作稳步实施，29个自主改革项目取得显著成效，全面深化改革呈现出“改革有试点、试点有突破、突破有水平”良好局面。供给侧结构性改革、财税管理体制改革、国资国企改革、商事制度改革、供销社综合改革等工作有效推进，全面农村土地承包经营权确权登记，在全省率先发放第一本农田水利设施不动产登记证，被列为省级农村综合性改革试点县。行政执法体制改革、农村水利综合改革、畜禽养殖废弃物资源化利用、农家书屋管理创新等改革工作经验在全国推介。

强南富北迈出重大步伐，城乡品质大幅提升。深入推进文明城市创建，全面打响整治车辆乱停乱放、规范开放性市场、改善环境卫生三大攻坚战，磁浮生态绿带走廊、国内最大湖泊沙滩松雅湖金沙银滩等项目建成投用，旧城改造和社区提质提档成效明显，县妇幼保健院获评“中国建筑工程鲁班奖”，松雅湖环湖路获评“中国市政金杯奖”。机场大道、星沙联络线、金阳大道、花果公路等重大交通项目建成通车，地铁3号、4号、5号线建设稳步推进，县乡道路硬化率100%，村道硬化率95%，获评“四好农村路”全国示范县。全力推进富北战略，精心筛选确定“民办公助”小农水建设、农村公路安保建设、燃气下乡等一批具体工程，投入各类资金21.2亿元，启动实施花果公路、白石洞水库、春华中学等30余个重大项目建设。全域旅游示范区创建推进，田汉文化园项目进展顺利，举办北山山歌旅游节、江背红樱文化旅游节、春华油菜花节、青山铺葡萄节、安沙欢乐大家唱等节会活动，湘丰茶博士园、浔龙河生态艺术小镇创建国家AAA级旅游景区，经开区获批全国首批港澳青少年游学基地，全年接待旅游人数突破千万人次，旅游收入突破百亿元。制定县域特色镇培育发展规划，整域推进美丽乡村建设，星沙、湘龙、泉塘、春华蝉联全市“十强十快”镇街，果园、开慧获评“全省美丽示范乡镇”，浔龙河、葛家山获评“全国文明村”。

民生立县扎实稳步推进，人民生活持续改善。按照“群众点菜、政府买单”原则，启动实施以“微建设·微民生”为主题“民生立县三年行动计划”，投入6922万元74个群众密切关注民生项目。合作办学、湖师大附中星沙学校、北师大长沙附属学校等项目进展顺利。深入推进“医联体”建设，省人民医院直接托管县人民医院正式签约，通过国家慢性病综合防控示范区验收。坚持文化惠民，获评全国公文化建设双服务先进集体、全

国群众体育先进单位。突出产业抓实精准扶贫，脱贫攻坚取得新成果。星沙取水口上移建设，中央环保组督查反馈问题全部整改到位。抗洪救灾被评为全省先进集体。坚守“四个绝对不允许发生”底线，深入推进依法治县，律师进村（社区）担任法律顾问县域全覆盖，通过“全省法治县创建活动先进单位”验收，在全国率先成立首家县级网上群众工作部，安全生产获评全省先进单位，食安工作获评全国民生示范工程，泉塘中学创建全国“扫黄打非”进基层示范点，社会大局持续和谐稳定，再次蝉联中国最具幸福感城市（县级）。

2017 年 6 月 6 日，长沙县村（社区）党组织书记培训班举行

（县委党校 提供）

全面从严治党纵深开展，执政能力不断加强。掀起学习宣传贯彻十九大精神热潮，扎实推进“两学一做”学习教育常态化制度化，大力实施党性教育精品工程、县区人才一体化建设等“八大重点书记项目”，党建O2O 模式获评全国基层党建创新最佳案例，基层组织力进一步提升。制定实施“青年干部成长三年行动计划”，一批优秀青年干部脱颖而出。持续推进党风廉政建设，不断强化政治巡察，统筹推进“清风星沙三年行动计划”，启动实施监察体制改革试点。人大及其常委会围绕改革发展大局、认真履职，人民政协坚持民主监督、参政议政，在推动全县落实“四个全面”战略布局中作出重要贡献。武装、统战、党校、老干、史志档案、工青妇、工商联、科协、残联、民宗、红十字会等工作取得新成效。

二、2017 年全县干部选拔任用工作情况

以大数据方式选人用人，推进高素质专业化干部队伍建设。县委始终坚持好干部标准，牢固树立“面向一线锻炼干部、面向基层选拔干部、面向未来储备干部”选人理念，坚持“政治过硬、实绩突出、干群公认”选人用人导向，运用大数据方式和系统方法，开展 80 后副科职以上干部、青训营优秀干部及 35 岁以下优秀干部、换届后镇街及县直领导班子运行情况三次专题调研，在调研过程中加深对干部队伍日常工作状态解，通过对调研结果综合分析研判，进一步掌握领导班子配备需求和领导干部能力素养。在干部调配过程中，坚持按需配备、注重分类施策，进一步优化长沙县班子结构，增强班子整体功能。2017 年 8 月，《中国组织人事报》对长沙县干部综合分析研判工作进行专题推介。2017 年，全县调整干部 9 批次，涉及调整干部 547 人次，提拔和进一步使用干部 209 名，全年没有破格提拔领导干部。争取上级支持，推荐提拔副县职干部 1 人，进一步使用副县职干部 1 人。

注重年轻干部培养，创新年轻干部选拔方式。深入实施青年干部成长工程三年行动计划，举办全县青年干部训练营，通过对 30 岁以下青年干部进行轮训，全面提升年轻干部综合素质，为全县事业发展储备一批政治素质高、作风过得硬、工作能力强后备力量。同时，通过将年轻干部充实到经济发展、项目建设、征地拆迁、综治维稳一线锻炼，让年轻干部在急难险重环境中得到成长；在干部选拔任用过程中，打破论资排辈、平衡照顾观念束缚，不唯资历、台阶、身份，大胆选拔使用政治坚定、知行俱佳、群众公认优秀年轻干部，为年轻优秀干部脱颖而出提供机会和平台。2017 年，全县提拔和进一步使用 35 岁以下年轻干部 60 人，其中 30 岁以下年轻干部 22 人。

强化干部监督管理，持续优化选人用人环境。注重严管和厚爱结合、激励与约束并重，充分落实市委《关于为担当者担当、为负责者负责若干意见》，从严执行县委《关于解决有错无为、不在状态问题，形成奋发有为新状态实施意见》文件精神，切实提振我县干部队伍精气神。注重干部监督预警提醒，制定出台《长沙县领导干部提醒、函询和诫勉实施办法》，干部监督提醒、函询、诫勉常态化，确保“咬耳扯袖、红脸出汗”。强化领导干部经济责任审计，突出审计信

息互通互享，做到审计结果与绩效考核、干部选拔任用挂钩，全年19个项目25人次经济责任审计。严格执行领导干部档案任前审核，严格执行拟提拔重用领导干部个人有关事项报告，严格执行领导干部出国（境）审批报备，进一步形成从严管理干部新常态。12月，《中国组织人事报》对长沙县干部选任监督工作进行专题推介。

（罗晀辉　文星灿）

重要会议

【中共长沙县第十三届代表大会第二次会议】 2017年12月29日上午，中国产党长沙县第十三届代表大会第二次会议召开，来自各条战线310多名党代表、140多名列席人员和特邀来宾集聚一堂，议2018年长沙县发展大计。县委书记曾超群代表中国产党长沙县第十三届委员会作题为《不忘初心再出发　牢记使命攀新高　朝着全面建设现代化强县目标奋勇前进》工作报告，提出要高举习近平新时代中国特色社会主义思想伟大旗帜，以新时代党的基本理论、基本路线、基本方略为指引，紧扣新时代社会主要矛盾变化，按照省委“创新引领、开放崛起”和市委全面建设现代化长沙等系列战略部署，坚持“县区一体”工作理念和“强南富北、民生立县、挺进五强”发展主线不动摇，蹄疾步稳全面深化“二次创业”，突出打好“三大攻坚战”，不断推动经济社会发展向更高质量、更高水平、更高层次迈进，为全面建设现代化强县而努力奋斗。大会听取审查县委工作报告，书面审查县纪委工作报告、县委组织部代表提案办理情况报告。

12月29日，中国共产党长沙县第十三届代表大会第二次会议开幕

（章　帝摄）

【县委常委会议】 2017年，长沙县召开31次县委常委会议，县委常委会议以习近平新时代中国特色社会主义思想为指引，坚定维护以习近平同志为核心党中央权威和集中统一领导，深入贯彻落实中央、省委、市委有关会议、文件精神和工作部署要求，特别是贯彻落实中共十九大各项决策部署，自觉用习近平新时代中国特色社会主义思想武装头脑、引领方向、指导实践，奋力抗击罕见洪涝灾害，引领经济持续健康发展，持续改善民生福祉，推动全面从严治党向纵深发展，有力地推动各项事业发展取得新成效。全年，县委常委会议专题学习中共十九大报告和习近平新时代中国特色社会主义思想，习近平关于进一步纠正“四风”、加强作风建设重要批示精神，习近平在7月26日省部级主要领导干部专题研讨班上重要讲话精神，习近平在深度贫困地区脱贫攻坚座谈会上重要讲话精神等。传达学习省市委主要领导在脱贫攻坚工作会议、中央、省市纪委全会、全省抓党建促脱贫攻坚工作经验交流座谈会和全市基层党建工作推进会、推进“两学一做”学习教育常态化制度化工作视频会议、全市区划调整工作会议、全市信访维稳工作会议等会议精神。传达学习省市主要领导调研长沙临空经济示范区、高铁会展新城时讲话精神。传达学习关于贯彻中央八项规定和省委九项规定通报、关于传达甘肃祁连山生态问题通报、关于认真学习《中国共产党巡视工作条例》通知、国家公职人员违规参与涉矿等经营性活动典型案件通报、省管干部违反中央八项规定精神问题通报等文件精神。常委会全年研究部署迎接中央省市环保督察工作、党代会、人大政协“两会”、重大项目建设、党风廉政建设和反腐败工作以及“两学一做”、舆情监测、安全生产、社会稳定、基层党建工作、村居两委换届选举、民生立县、群众工作、河长制、脱贫攻坚、文明城市创建、抗洪防汛和灾后重建等工作以及巡察工作、监察体制、供销社、国企改革等领域改革工作。　　（文星灿　李　胜）

表 1

2017 年度党内规范性文件目录一览

序号	文件名称	发布文号	发布机关	发布日期	施行日期
1	中共长沙县委办公室 长沙县人民政府办公室 关于印发《长沙县纪念田汉诞辰 120 周年活动实施方案》的通知	长县办发〔2017〕1 号	中共长沙县委办公室	2017 年 1 月 20 日	2017 年 1 月 20 日
2	中共长沙县委办公室 关于印发《长沙县非公有制经济组织和社会组织党建工作“十条”》的通知	长县办发〔2017〕3 号	中共长沙县委办公室	2017 年 2 月 6 日	2017 年 2 月 6 日
3	中共长沙县委办公室 长沙县人民政府办公室 关于调整长沙县旧城改造项目建设工作领导小组的通知	长县办发〔2017〕4 号	中共长沙县委办公室	2017 年 2 月 15 日	2017 年 2 月 15 日
4	中共长沙县委办公室 关于印发《镇（街道）纪（工）委书记、副书记提名考察办法（试行）》《县纪委派驻纪检组组长、副组长提名考察办法（试行）》的通知	长县办发〔2017〕5 号	中共长沙县委办公室	2017 年 2 月 21 日	2017 年 2 月 21 日
5	中共长沙县委办公室 长沙县人民政府办公室 关于 2016 年度县科级领导班子和领导干部绩效考核结果的通报	长县办发〔2017〕6 号	中共长沙县委办公室	2017 年 3 月 9 日	2017 年 3 月 9 日
6	中共长沙县委办公室 长沙县人民政府办公室 关于县级干部和县直机关单位联系镇（街道）安排的通知	长县办发〔2017〕7 号	中共长沙县委办公室	2017 年 3 月 10 日	2017 年 3 月 10 日
7	中共长沙县委办公室 长沙县人民政府办公室 关于 2016 年度全县综治工作考核评估情况的通报	长县办发〔2017〕9 号	中共长沙县委办公室	2017 年 3 月 28 日	2017 年 3 月 28 日
8	中共长沙县委办公室 长沙县人民政府办公室 关于下达《长沙县 2017 年重大项目计划》的通知	长县办发〔2017〕10 号	中共长沙县委办公室	2017 年 3 月 28 日	2017 年 3 月 28 日
9	中共长沙县委办公室 长沙县人民政府办公室 关于成立长沙县行政区划调整工作领导小组的通知	长县办发〔2017〕11 号	中共长沙县委办公室	2017 年 4 月 7 日	2017 年 4 月 7 日
10	中共长沙县委办公室 长沙县人民政府办公室 政协长沙县委员会办公室 关于印发《政协长沙县委员会 2017 年度协商工作计划》的通知	长县办发〔2017〕12 号	中共长沙县委办公室	2017 年 4 月 13 日	2017 年 4 月 13 日
11	中共长沙县委办公室 长沙县人民政府办公室 关于下达长沙县 2017 年县级领导班子成员联系帮促重大项目目标责任的通知	长县办发〔2017〕13 号	中共长沙县委办公室	2017 年 4 月 25 日	2017 年 4 月 25 日

续表 1

序号	文件名称	发布文号	发布机关	发布日期	施行日期
12	中共长沙县委办公室 长沙县人民政府办公室 关于成立长沙县合作办医工作领导小组及长沙县人民医院建设项目筹备委员会的通知	长县办发〔2017〕14 号	中共长沙县委办公室	2017 年 4 月 27 日	2017 年 4 月 27 日
13	中共长沙县委办公室 长沙县人民政府办公室 关于成立长沙县深化供销合作社综合改革领导小组的通知	长县办发〔2017〕15 号	中共长沙县委办公室	2017 年 4 月 28 日	2017 年 4 月 28 日
14	中共长沙县委办公室 长沙县人民政府办公室 关于成立长沙县领导干部因私事出国（境）证件专项清理工作协调小组的通知	长县办发〔2017〕16 号	中共长沙县委办公室	2017 年 4 月 28 日	2017 年 4 月 28 日
15	中共长沙县委办公室 长沙经济技术开发区管理委员会办公室 长沙县人民政府办公室 关于下达 2017 年全县国民经济和社会发展计划的通知	长县办发〔2017〕17 号	中共长沙县委办公室	2017 年 5 月 3 日	2017 年 5 月 3 日
16	中共长沙县委办公室 关于成立北师大长沙附属学校项目建设工作领导小组的通知	长县办发〔2017〕19 号	中共长沙县委办公室	2017 年 5 月 31 日	2017 年 5 月 31 日
17	中共长沙县委办公室 长沙县人民政府办公室 关于印发《2017 年度市对县考核工作目标责任分解表》《长沙县 2017 年度镇（街道）、县直单位（功能区）领导班子绩效考核工作目标》的通知	长县办发〔2017〕20 号	中共长沙县委办公室	2017 年 6 月 5 日	2017 年 6 月 5 日
18	中共长沙县委办公室 印发《关于推进“两学一做”学习教育常态化制度化的实施方案》的通知	长县办发〔2017〕21 号	中共长沙县委办公室	2017 年 6 月 6 日	2017 年 6 月 6 日
19	中共长沙县委办公室 长沙经济技术开发区管理委员会办公室 长沙县人民政府办公室 关于成立县区军民融合工作领导小组的通知	长县办发〔2017〕22 号	中共长沙县委办公室	2017 年 6 月 11 日	2017 年 6 月 11 日
20	中共长沙县委办公室 长沙县人民政府办公室 印发《关于深化供销合作社综合改革的实施方案》的通知	长县办发〔2017〕24 号	中共长沙县委办公室	2017 年 6 月 30 日	2017 年 6 月 30 日
21	中共长沙县委办公室 长沙县人民政府办公室 印发《关于全面推进政务公开工作的实施意见》的通知	长县办发〔2017〕26 号	中共长沙县委办公室	2017 年 8 月 31 日	2017 年 8 月 31 日
22	中共长沙县委办公室 长沙县人民政府办公室 关于印发《县委县政府领导安全生产工作责任清单》的通知	长县办发〔2017〕27 号	中共长沙县委办公室	2017 年 9 月 1 日	2017 年 9 月 1 日
23	中共长沙县委办公室 长沙县人民政府办公室 关于成立长沙县发展全域旅游工作领导小组的通知	长县办发〔2017〕28 号	中共长沙县委办公室	2017 年 9 月 15 日	2017 年 9 月 15 日

续表 1

序号	文件名称	发布文号	发布机关	发布日期	施行日期
24	中共长沙县委办公室 长沙县人民政府办公室 关于在全县各级国家机关中实行“谁执法谁普法”责任制的实施意见	长县办发〔2017〕30 号	中共长沙县委办公室	2017 年 10 月 24 日	2017 年 10 月 24 日
25	中共长沙县委办公室 长沙县人民政府办公室 关于成立长沙县现代农业产业园建设工作领导小组的通知	长县办发〔2017〕31 号	中共长沙县委办公室	2017 年 12 月 3 日	2017 年 12 月 3 日
26	中共长沙县委办公室 长沙县人民政府办公室 关于印发《长沙县食品安全“党政同责、一岗双责”暂行规定》的通知	长县办发〔2017〕32 号	中共长沙县委办公室	2017 年 12 月 9 日	2017 年 12 月 9 日
27	中共长沙县委办公室 关于印发《党委（党组、党工委）理论学习中心组学习实施细则》的通知	长县办发〔2017〕33 号	中共长沙县委办公室	2017 年 12 月 21 日	2017 年 12 月 21 日
28	中共长沙县委办公室 长沙经济技术开发区管理委员会办公室 长沙县人民政府办公室 关于 2016 年度工业经济工作考核情况的通报	长县办发〔2017〕34 号	中共长沙县委办公室	2017 年 12 月 29 日	2017 年 12 月 29 日

表 2

2017 年度党内规范性文件目录一览

序号	文件名称	发布文号	发布机关	发布日期	施行日期
1	中共长沙县委 长沙县人民政府 关于建设开放型经济强县的若干意见	长县发〔2017〕1 号	中共长沙县委办公室	2017 年 1 月 13 日	2017 年 1 月 13 日
2	中共长沙县委 关于转发《长沙县人大常委会 2017 年工作要点》的通知	长县发〔2017〕3 号	中共长沙县委办公室	2017 年 2 月 23 日	2017 年 2 月 23 日
3	中共长沙县委 长沙县人民政府 转发《中共长沙县委宣传部、长沙县司法局关于在全县公民中深入开展法治宣传教育的第七个五年规划（2016—2020 年）》的通知	长县发〔2017〕4 号	中共长沙县委办公室	2017 年 2 月 25 日	2017 年 2 月 25 日
4	中共长沙县委 关于转发《政协长沙县委员会 2017 年工作要点》的通知	长县发〔2017〕5 号	中共长沙县委办公室	2017 年 3 月 24 日	2017 年 3 月 24 日
5	中共长沙县委 长沙县人民政府 关于进一步加快发展现代服务业的实施意见	长县发〔2017〕6 号	中共长沙县委办公室	2017 年 5 月 22 日	2017 年 5 月 22 日
6	中共长沙县委 长沙县人民政府 关于深化供销合作社综合改革的实施意见	长县发〔2017〕7 号	中共长沙县委办公室	2017 年 6 月 30 日	2017 年 6 月 30 日

续表 2

序号	文件名称	发布文号	发布机关	发布日期	施行日期
7	中共长沙县委 关于追授陈小虎同志长沙县优秀共产党员称号的决定	长县发〔2017〕8 号	中共长沙县委办公室	2017 年 7 月 10 日	2017 年 7 月 10 日
8	中共长沙县委 关于追授张灿辉同志长沙县优秀共产党员称号的决定	长县发〔2017〕9 号	中共长沙县委办公室	2017 年 7 月 10 日	2017 年 7 月 10 日
9	中共长沙县委 长沙县人民政府 印发《关于实施微建设・微民生为主题的民生立县三年行动计划（2017—2019 年）》的通知	长县发〔2017〕10 号	中共长沙县委办公室	2017 年 7 月 17 日	2017 年 7 月 17 日
10	中共长沙县委 长沙县人民政府 关于 2017 年全县抗洪救灾工作的通报	长县发〔2017〕11 号	中共长沙县委办公室	2017 年 9 月 28 日	2017 年 9 月 28 日
11	中共长沙县委 关于印发《长沙县清风星沙三年行动计划》的通知	长县发〔2017〕12 号	中共长沙县委办公室	2017 年 11 月 11 日	2017 年 11 月 11 日
12	中共长沙县委 关于认真学习宣传贯彻党的十九大精神的通知	长县发〔2017〕13 号	中共长沙县委办公室	2017 年 11 月 21 日	2017 年 11 月 21 日
13	中共长沙县委 长沙经济技术开发区管理委员会 长沙县人民政府 关于深入推进县区人才工作一体化打造创新创业人才高地的若干意见	长县发〔2017〕14 号	中共长沙县委办公室	2017 年 12 月 8 日	2017 年 12 月 8 日
14	中共长沙县委 关于印发《中共长沙县委巡察工作办法（试行）》的通知	长县发〔2017〕16 号	中共长沙县委办公室	2017 年 12 月 29 日	2017 年 12 月 29 日

（中共长沙县委办公室　提供）

体制改革

【概况】 2017 年，全县 8 个专项改革稳步实施，29 个自主改革项目成效显著，全面深化改革呈现“改革有试点、试点有突破、突破有水平”局面。供给侧结构性改革、财税管理体制改革、国资国企改革、商事制度改革、供销社综合改革等工作有效推进，全面完成农村土地承包经营权确权登记，在全省率先发放第一本农田水利设施不动产登记证，被列为省级农村综合性改革试点县。行政执法体制改革、农村水利综合改革、畜禽养殖废弃物资源化利用、农家书屋管理创新、党建 O2O 等改革工作经验在全国推介；启动实施监察体制改革试点。

【监察体制改革】 组建县委巡察机构，出台《中共长沙县委巡察工作办法（试行）》《中共长沙县委巡察工作流程（试行）》《2017 年—2021 年县委巡察工作规划》等文件。加强派驻机构建设，出台《关于加强县纪委派驻机构建设的实施意见》《县纪委派驻纪检组组长、副组长提名考察办法》等派驻机构改革文件，设立 13 家派驻纪检组，实现对 67 家县一级党和国家机关派驻监督全覆盖。

【商事制度改革】 年内，推进商事制度改革，围绕降低市场准入门槛和提高市场准入的便捷性，先后完成“先照后证”“一照一码”“五证合一”“三证合一”“简易注销”等重大改革。6 月 28 日，长沙县全面推行“四十三证合一”改革，按照“一窗受理、并联审批、一照一码、信息共享”模式，将涉及企业登记、备案及相关后置审批事项的证照与营业执照整合，改为由工商行政管理部门核发加载统一社会信用代码和“多证合一”信息二维码的“四十三证合一”营业执照，同时进一步提高审批时效，工商审批时限为2个工作日，并联审批部门审批时限最长不超过5个工作日，共7个工作日。为进一步转变政府职能，优化政务服务，借助“互联网+政务服务”平台，推进社会保险“五证合一、一照一码”（“五证”即营业执照、组织机构代码证、税务登记证、社会保险登记证、统计登记证）制度改革，“统一社会信用代码”作为用人单位社会保险登记的唯一代码。借助“互联网+政务服务”的一网平台，新办理工商登记单位的信息通过工商部门和人社部门的大数据共享系统实时按照属地管理原则推送到所属地社保经办机构，“五证合一”登记与社会保险登记有效衔接。

【农村综合改革】 加大农业供给侧改革力度。深入贯彻中央一号文件和市委、市政府一号文件精神，加快种植业结构调整，发展规模生态养殖，壮大农产品精深加工，促进农业生产向质量效益型并举转变。基本完成农村土地承包经营权确权颁证，登记工作涉及16个镇（街）、147个村（社区）、4399个村民小组、15.3万农户，应确权面积为4.8万公顷。全县实测面积为应确权面积的92%，确权农户数超过应确权总农户数的96.7%，具备颁证条件的农户数占95.5%以上。12月12日，长沙县农村土地承包经营权证首发仪式在青山铺镇举行，广福村郑屋组29户村民首批拿证。是年，长沙县被列为省级农村综合性改革试点县，全省第一本农田水利设施不动产登记证于6月30日在高桥镇颁发。与县财政局、县国土资源局、长沙县现代农业示范区管委会等部门推进“三权分置”（农村土地集体所有权、农户承包权、土地经营权“三权”分置并行）工作。

【供销社综合改革】 成立“长沙县深化供销合作社综合改革改革领导小组”，制定“政府主导、市场主体”“主导办社”的改革定位方针，8月，印发《中共长沙县委长沙县人民政府关于深化供销合作社综合改革的实施意见）》《中共长沙县委办公室长沙县人民政府办公室关于深化供销合作社综合改革的实施方案》。8月底，成立长沙兴社供销社有资产经营管理有限公司。落实长沙市10个试点改革任务，重点突出提升改造路口基层社，成立浔龙河村惠农综合服务社。

【公证体制改革】 5月17日，长沙县公证体制改革完成，新成立的长沙县公证处由司法局的内设科室变更为独立承担民事责任的事业单位法人，对外提供公证法律服务、开办国内民事、经济及涉外公证业务，其公证法律效力不变。推出周末及节假日预约办证服务；开办涉外（涉港澳台）业务，年内办理涉外（涉港澳台）业务321件。办理与售房摇号相关的公证业务。12月起，开始办理楼盘售房摇号的公证业务。（周进银）

组织工作

【概况】 2017年，县委组织部以“党建+”为统揽，以基层党建“全面升级年”为主线，系统谋划、统筹推进、精准发力，党建和组织工作质量进一步提升，为建设现代化强县提供坚强组织保证。党建O2O模式入选全国基层党建创新最佳案例，省委常委、省委组织部部长王少峰批示予以推介。

党组织及党员队伍建设。年末，全县有基层党组织1074个，其中党（工）委46个，县直单位党（工）委16个、镇党委13个、街道党工委5个、村党委1个、国企党委2个、非公企业党委6个、学校党委3个，党总支82个，党支部946个。全县党员42404人，男性党员30041人，女性党员12363人；其中农村党员25626人。

基层党建。实施“八大重点书记项目”，树立特色品牌。创新党建O2O服务模式。依托线上县镇村组四级2768个微信群、县镇两级19个微信公众号，线下216个服务站点、2127名民生快递员队伍，点对点开展1+（3+X）“组团式”服务，县级建立党建O2O总站加强调度，实现群众线上“点菜下单”、党员干部线下“接单服务”，打通联系服务群众“最后一公里”。2017年，党建O2O服务体系收到群众事项和诉求33885项，办结33232项，办结率98.07%，群众满意度97%。实施党性教育“精品工程”。首批授牌28个党员分片教育培训示范基地、现场教学示范点、开放式组织生活阵地，构建以县委党校为中心，南部、北部、中部和城区片区为主体的“一中心四片区”党员分片教育培训格局。创新推行党员积分智慧管理系统，实现党员积分智能纪实。实施党建服务阵地“提质提档工程”。2017—2018年投入8000万元推进村级组织活动场所和城区社区办公服务用房规范化建设，2017年实施41个新改扩建项目，16个社区实现提质提档，打造4个党员教育培训基地、15个现场教学点、9个开放性组织生活阵地和6个高标准的党代表工作室。实施基层骨干队伍素质“提升工程”。

完成村（社区）“两委”换届，“两委”成员平均年龄42.1岁，较上届年轻4.8岁，大专以上学历增加19.31%，99名大学生村官进入“两委”班子，“两推一选”党员参选率98.5%。举办党务工作者、村（社区）书记、党小组长等基层骨干队伍培训班26期。开展党建文化创意建设。打造黄兴会展、田汉等12个党建文化主题广场和福临陈树湘烈士事迹陈列室、陶公庙社区红色记忆文化展厅等7个党建文化展厅，建设县妇幼保健院、望仙桥社区等一批党建文化墙。新建党建文化创意设施30余处、19万平方米。“两新”（新经济组织和新社会组织）党建“聚力工程”。出台《长沙县非公有制经济组织和社会组织党建工作“十条”》，在1114家非公有制经济组织中组建党组织281个，覆盖800家非公企业，覆盖率71.81%；在321家社会组织中组建党组织51个，覆盖231家社会组织，覆盖率71.96%。开展“工匠先锋、创业先锋、服务先锋”评选活动，打造一批“双强六好”（非公有制企业和社会组织双强：发展强、党建强；六好：生产经营好、企业文化好、劳动关系好、党组织班子、党员队伍好、社会反映好。）和“两新”党建示范点。

干部管理。强化综合研判，选优配强领导班子。坚持“政治过硬、实绩突出、干群公认”选人用人导向，运用大数据方式和系统方法，开展“80后”副科职以上干部、青训营优秀干部、换届后镇街及县直领导班子运行情况3次专题调研。县委书记、组织部部长带头深度访谈、实地走访、调阅资料，各调研组谈心谈话10类群体3580人，调阅审计报告等各类资料200多份，深入217名干部家中了解八小时之外表现，组织专家通过面试考察干部综合能力，向纪委等65个单位函询现实表现，明确九类主体可以以党委（党组）或个人实名方式书面推荐优秀干部。综合上述情况，再整合绩效考核、信访举报、日常考察等多数据，运用结构分析、比较分析、民意分析等方法，对领导班子形成运行正常、近期调整、重点关注等分类意见，对领导干部形成好、较好、一般、差以及重用提拔、岗位不变、提醒谈话、职位调整等分类意见。全年调整9批次547人，提拔重用209人，其中35岁以下60人，30岁以下22人。大规模培训干部，提升干部综合素质。办好县区科级领导干部中共十九大精神轮训班，组织全域旅游、现代服务等行业培训班。采取“党校理论学习+外出实地考察+军事训练+素质拓展”立体培训模式，举办第二期青年干部训练营。全年直接调训干部3875人次，其中县委党校主体班22期2825人次，异地培训班18期1050人次；举办部门培训班60期，培训8925人次。县委党校被中组部定为全国十个党员教育示范基地之一。优化改进考核体系。进一步加强分析调度、精简优化考核体系，将市对县考核的排名指标和主要经济指标作为对镇（街道）考核主要内容，考核指标从2015年的54项、2016年的38项，精简到2017年的32项。出台《绩效考核指标反向测评暂行办法》，新增改进度评价维度和“表现最为突出”维度，纵向横向比较更加精准、更加科学。绿色政绩考核模式获评全省生态文明改革创新案例典型经验。完善监督体系，织密监督之网。完成7批次236人次提拔重用人员的任前档案审核，探索开展拟提拔重用科级领导干部报告个人有关事项400余人次。出台《长沙县领导干部提醒、函询和诫勉实施办法》《长沙县干部负面清单信息收集管理办法》，提醒谈话6人，书面函询2人，收集负面信息238条。完成年度经责审计项目19个25人次。在全省县级组织部门中率先启动干部档案信息化建设，全年接收整理4655份档案材料，专项审核2754本档案，清退在社会组织兼职的退离休老干部20人。

人才工作。突出市场化引才导向，制定《关于深入推进县区人才工作一体化、打造创新创业人才高地的若干意见》，实施“智汇星沙”人才工程，搭建众创孵化、技术交流、产学研合作以及金融支持四大工作平台，成功吸引大批人才到县区干事创业。年底，长沙县域范围内的人才总量16万人，其中入选市级以上人才计划的高层次人才1500人，外籍人才280人。拥有两院院士、国家“千人计划”“万人计划”人才15人；省“百人计划”“湖湘青年英才”“新世纪百千万人才工程”专家等41人；省市“科技创新创业领军人才”、市“313、3635”人才等83人，涌现出以梁稳根、周群飞等为代表的一大批优秀企业家。

（邹子龙）

宣 传

【概况】2017年，长沙县宣传思想文化工作坚持以中共十九大精神和习近平系列重要讲话精神为引领，坚持“强南富北、民生立县、挺进五强”发展目标，认真围绕党管意识形态工作这一条主线，努力构建大文明、大文化、大外宣格局。严格落实县委“四个绝对不允许”，制订《长沙县落实党委（党组）意识形态工作责任制操作流程》《长沙县意识形态工作十项推进机制》等文件并具体落实到位，构建起全方位立体式舆论应急管控机制。县委常委会专题研究2次，听取意识形态和舆情分析4次。以县委名义与18个镇（街）和部分县直单位签订2017年度意识形态工作责任承诺书；举办意识形态专题培训班，要求坚持党管意识形态不松懈，开展全县意识形态领域安全隐患排查和整治工作，对重点领域、重点环节加强监管，确保意识形态安全。联合相关部门对700余家县属网站开展摸底清查，做好净化网上舆论环境工作，及时上报政治类有害信息、低俗庸俗类信息近3000条。深入推进“扫黄打非”工作，实行全域网格化管理，实现网上、网下全覆盖。县“扫黄打非”工作分获省、市先进，泉塘中学和泉塘街道分别创建全国、省级“扫黄打非”进基层示范点。

学习研讨。围绕全县中心工作，围绕“文化自信与担当”、习近平“7·26”讲话精神、中共十九大精神等主题，全年开展县委中心组学习7次。严格落实领学加研讨、自学加思考等“六个环节”要求，确保中心组学习成效明显。举办理论宣讲骨干培训班和全县“微理论·微宣讲”决赛，推选出9名选手参加市巡回赛，获一、二、三等奖各1名。在全市率先启动中共十九大精神宣传宣讲，举办“创客专场”“农村专场”等专场宣讲会，让中共十九大精神家喻户晓、落地生根。全年举办微宣讲活动超500场，宣讲经验被中央、省市主流媒体推荐。11月6日，作为全省唯一县，承办中央宣讲团到县宣讲中共十九大精神。启动“‘三有’星沙 众享悦读”一全民阅读系列活动，开展各类全民阅读活动900余场次；继续打造“松雅书院”读书品牌，全年举办32期，吸引1700余名群众参与。创新性出台《农家书屋评星定级与摘牌淘汰办法》，农家书屋管理创新模式经全国农家书屋建设领导小组推荐向全国推广。

新闻宣传。推进“新闻发言人三年行动计划”，基本构筑全县对外宣传统一队伍、统一培训、统一发布。全年在中央和省市主流媒体发表报道4500余篇，其中在《人民日报》、中央电视台《新闻联播》等央级刊播报道近200篇。举办临空经济发展“金点子”征集活动新闻通气会、临空经济示范区获批新闻发布会、金点子高峰论坛等。出台《长沙县政务新媒体管理办法》，成立全国首家县级网上群众工作部——长沙县网上群众工作部，开辟新网上办事、网上信息查询、网上信访渠道。全年承办县委书记信箱留言872件，办结率、满意率均居全省前列。处置涉县网络舆情160余起，指导相关单位做好舆情处置70余起，编发舆情专报20余期，应对史上最大洪灾舆情，确保整个防汛抗灾期间舆情整体平稳可控。县电视台形成以广播电台、电视台、微信公众号、星视界APP为主要组成部分全媒体，构建“一云多屏”信息化综合平台。星沙时报全媒体依托报纸、掌上星沙APP、微信、电子阅读屏等七大核心资源，实现多渠道发布、全媒体运营崭新格局；“微星沙”阅读率影响率在全省政务微信中位居前列，获腾讯·大湘网“2017年度影响力传播奖”；政务微博“长沙县发布”获“十大党政新闻发布微博”“十佳政务微博矩阵”，县级融媒体建设作为湖南省唯一典型报送至中宣部参加全国优秀融媒体建设评选。

文化事业产业。新建县级农村文化广场20个，市级示范性活动中心20个。全面组织开展文化活动246场次，送戏下乡90场次，放映公益电影3000场，举办“公益大课堂”15个、1.5万余人免费接受培训。形成阵地网络化、建设标准化、保障制度化、考核规范化县、镇（街）、村（社区）三级公文化服务网，建设水平提前达到国家文化场地小康标准。县图书馆获评“第七届全国服务农民、服务基层文化建设先进集体”。打造文艺创作“三个一”工程（即一本书、一本文化宣传册、一首歌）。《大写黄兴》获评市“五个一工程奖”；《琵琶记》获第六届校园文化进社区暨戏曲进校园活动金奖；《锣鼓亭》获“欢乐潇湘”群众文艺汇演省级、市级金奖。以纪念田汉诞辰120周年为契机，开展田汉家乡传承田汉精神、“唱响国歌 礼敬中国”庆祝《中华人民共和国国歌法》颁布等系列纪念活动，打造田汉文化品牌。培育扶持重点文化企业发展，牵头举办“北山山歌节”“红樱文化旅游节”等活动，推动乡村文化旅游。

文明创建。构建文明创建常态工作机制，县领导定期调度和督查文明创建工作。定期组织召开文明创建工作推进会和长沙县文明委全体（扩大）会议，签订文明创建工作责任书，强化绩效考核，采取一季一排名，对排名结果每季在《星沙时报》上予以公示。开展“五大创建”“三大整治战役”“四个示范工程”“两个竞赛”等专项行动，城市基础设施不断完善，市容市貌、交通秩序、市场秩序等明显改善。创建1个全国文明单位、2个省级文明镇、5个全国文明村。广泛开展道德模范、身边好人评选和文明礼让等活动，王小艳获评中国好人，文池珍获评湖南省最佳志愿者，熊壮家庭获评全国最美家庭。开展农村精神文明建设，以“复兴中华传统文化”为主线，以移风易俗为重心，确定8个村（社）为示范点，逐步形成一村一品、各具特色农村精神文明建设品牌。“复礼兴乐 留住乡愁”——乡村文化复兴项目获评“2017年湖南省最佳志愿服务项目”，并被推荐参加全国青年志愿服务项目大赛。举办2017年长沙县第二届“践行雷锋精神·建文明家园”公益项目展评活动。

队伍建设。明确各镇（街）、县直机关各单位分管宣传工作负责人变动需报县委同意。举办理论宣讲骨干、新闻发言人、宣传专干等培训班，全面提升宣传队伍专业素养和综合能力。部机关以建设学习型支部为目标，制定《打造学习型机关暨“半月课堂”安排方案》，创办“半月课堂”，实行积分制管理，每月开展2次集中学习，每日自学1小时，全年举办12场主题党日活动，着力培养忠诚、干净、担当、阳光宣传干部。（曾 征）

统一战线

【概况】2017年，长沙县统战部开展以“新时代新征程”为主题“五大关系”代表人士和统战系统单位学习贯彻中共十九大精神培训班系列活动，组织党外中青年干部培训、统一战线代表人士延安精神专题培训等教育实践活动，广大统战成员“四个意识”“四个自信”切实树牢增强。不断深化凝心聚力“十三五”行动，协同推进“两学一助”“四同创建”，新培育打造市、县两级示范点20个。切实加强党外干部管理使用，全年提拔任用和交流使用党外科级领导干部15名，其中提拔任用9名（含正职1名），交流使用6名。始终坚持讲政治、讲规矩，人大代表、政协委员届中增补工作完成。组织统一战线凝心聚力“十三五”迎新春座谈会，邀请省市主流媒体对新社会阶层人士统战工作进行集中采访报道。

组织参与抗洪救灾，投入人力4300余人次，捐献救灾款物960余万元，调集部署大型机械设备550余台套。致力攻克脱贫攻坚坚中之坚，坚持以产业扶贫为主，辅以教育、就业、公益等多种扶贫方式，创新组建统一战线村企产业扶贫服务联盟，组织开展关爱贫困儿童主题公益活动、“小康路上 我们同行”“爱满星城 情系脱贫攻坚”公益募捐等系列活动，切实增强贫困对象“造血功能”，全年投入财力物力近1600万元。联盟组建，为更好凝聚统战力量助推精准扶贫、精准脱贫搭建平台，吸引近100家非公组织和非公企业主动对接帮扶12个省定贫困村，新社会阶层人士联谊会也启动对1000名残疾人帮扶活动，其他各方面统战成员纷纷投入到精准扶贫实践。这一创新事例，被中央统战部《每日汇报》、省委统战部《统战工作周报》刊载。年底，会员人数由当初的37人发展到185人，在助残扶贫、爱心捐赠等公益事业中捐献款物近2亿元，关联企业解决就业近27万人。

全面落实民族政策，开展民族政策法规宣传，指导支持少数民族同胞创业就业，开展“民族团结进步行”扶贫助学系列活动并捐献爱心款物近100万元，促进民族团结和谐。坚持依法管理宗教事务，落实三级网络两级责任制，开展“平安和谐寺观教堂”创建活动，维护宗教领域和谐稳定。

关心支持涉台涉侨企业与人员防汛救灾，协调解决其生产生活方面困难问题，增进彼此关系。始终保持与港澳台侨各届精英人士联系联络，组织长沙市台商协会星沙分会考察交流、长沙保卫战·影珠山抗战史实陈列开放、长沙黄埔书画院影珠山创作基地揭牌、县海外联谊会赴越南商务考察交流等活动，参加长沙市教育交流参访团赴台交流参访，接待日本华侨田伟一行、台湾农业专家考察团、台湾华侨协会总会等团体参访交流，协办张百熙诞辰170周年纪念活动，携手台湾主流媒体开展“魅力东方—走进长沙”采访活动并在岛内海外广泛播报，为长沙县发展营造良好外围环境。县台办获评中央台办“‘两刊’对台宣传先进单位”。

开展“四信”“守法诚信”等教育实践活动，组织举办北京大学·长沙县中小企业领军人才素质提升班和系列主题专题培训，非公有制经济人士“四信”牢固树立，非公组织和非公企业创新发展能力不断增强。深化“法律知识进商会”活动，健全法律服务工作室制度，全年提供法律咨询160余次，办理各类案件78件，为会员企业挽回直接经济损失1300余万元。创新开辟县政务服务中心工商联会员绿色通道，创新建立县工商联与县人民检察院联席会议制度，非公有制经济发展环境进一步优化。县工商联获评“创新中国特别奖”。

【长沙县新社会阶层人士联谊会获评湖南省助残先进集体】4月10日，第四次全省自强与助残表彰大会暨第五次全省残疾人事业工作会议召开，长沙县新社会阶层人士联谊会因助残事迹突出，被省人社厅、省残联联合授予全省助残先进集体荣誉称号。

【抗洪救灾】长沙县统一战线投入人力4300余人次，捐献救灾款350余万元、救灾物资价值610余万元，调集部署吊车、铲车、渣土车、挖掘机、推土机、冲锋舟等大型机械设备550余台（套）。同时，部分统战成员根据自身实际，驰援宁乡等地抗洪救灾工作。县委统战部和长沙广汽三菱汽车有限公司、县新社会阶层人士联谊会、湖南望新建设集团股份有限公司、湖南省山东商会、湖南波隆投资集团股份有限公司、北山商会、湖南武广新城投资发展有限公司被县委、县政府授予“抗洪救灾先进集体”称号。

（廖麓山）

县直机关党务工作

【概况】2017年，隶属长沙县直机关工委管理党组织158个，其中党总支21个、党支部137个，党员3100多人。培训普通党员480名，组织近300名党员参加“党建+”大课堂学习；收缴党费近100万元；建立县直机关党员电子身份信息3100人；帮助结对北山镇福安村19户建档立卡贫困户开展“与群众交朋友、帮基层解难题”和“结对认亲、排忧解难”主题活动，慰问该村学生困难家庭、困难党员及机关困难党员、困难家庭、企业困难职工近5万元，100多人次；为规建局、重点工程局5个项目工地建立临时党支部。

全年，指导、督促31个党（总）支部进行换届、改选，指导气象局成立党支部。不定期组织党（总）支书记、支委及党建专干学习政治理论和业务知识，提高业务水平，增强支部战斗力；举办基层党组织负责人培训班，县直机关所属63名党（总）支部书记参加培训；举办2017年县直机关党（总）支部书记培训班，51个县直机关党（总）支部书记参加培训；结合精准扶贫工作开展“增强四个意识、强化责任担当”为主题“四个一”党日活动，研讨学习、“党性体检”、民主议事之余深入贫困户进行扶贫政策宣讲。深入学习贯彻《关于新形势下党内政治生活若干准则》和《中国共产党党内监督条例》，增强机关党员干部党章意识、纪律意识、规矩意识和组织意识，筑牢思想防线。落实党风廉政建设“两个责任”。主体责任和监督责任统一于全面从严治党全过程，第一责任与“一岗双责”统一于主体责任中，把握“四种形态”，做好监督、执纪、问责，不断解决机关党员干部“有错无为，为官不为”等问题。强化机关作风执纪监督。抓好中央八项规定、省委九条规定、市委两规定一办法贯彻落实，持续整治“四风”问题，深入开展“雁过拔毛”式腐败问题专项整治，坚持明查暗访和作风督查常态化，开展县直机关《廉洁从政准则》《纪律处分条例》贯彻执行情况、权力规范运行专项行动督促检查。全年配合县纪委查办案件22起，处分党员25人。

（张碧莲）

2017年7月5日，长沙县山东商会向金井镇受灾群众捐赠爱心款

机构编制工作

【概况】2017年，长沙县机构编制委员会收回各类事业编制174名用于调剂需要增核编制单位或新设立机构编制需求。撤并6家事业单位，设立2家事业单位，优化机构设置，理顺职能职责。城乡供水、排水、污水处理管理职责重新明确分工，县水务局、县规划建设局内设机构调整；县重点工程局承担“全县重点工程项目、市重大项目调度管理和绩效考核工作”职责划入县发展和改革局；县公证处划入县司法局所属差额拨款事业单位；深入纪检派驻与巡察制度改革，推进纪检派驻全覆盖；深化供销合作社综合改革；完善县行政执法局机构设置，调整部分职责，在镇街按区域新设分局7个，调整执法局系统531名全额拨款事业编制，完善协调联动机制制定具体措施，实现分层级无缝对接，并出台《长沙县执法局与相关职能部门有关职责分工方案》《日常监管事项职责分工清单》。强化机构编制监督检查，编办网站公开机构编制法规

政策、12310举报电话，政府门户网站公示单位权力清单和责任清单，实现事前预防和事中控制；县编办、县人社局联合开展机构编制工作调研，强化机构编制调整事项“跟踪问效”。9月13日，长沙县召开动员暨培训会议并印发《长沙县机构编制云平台建设方案》，对机构编制文件进行初步清理，录入机构编制文件、权责清单等工作，完成长沙县机构编制云平台建设。10月，实名制数据库升级为机构编制综合管理理平台，实现机构、编制、人员动态实时监管。落实上级下放权限并配合经开区做好园区行政审批改革工作。确保下放至长沙县53项市级经济社会管理权限接住，办得好；明确长沙经开区有能力单独行使62项权力可直接审批、盖章生效；委托14项能够推动项目建设和产业发展相关县级经济权限给长沙经开区；县政务中心开辟绿色通道，专门办理经开区不能承接办理15项市级权限；明确长沙经开区审批权限管辖区域范围为长沙经开区规划范围。推进金井镇政务平台建设，梳理镇级政务服务事项55项、村（社区）帮代办事项36项，制定《金井镇政务服务办事指南》《金井镇一站式便民服务手册》，建立镇村两级代办点，对接各项权限，简化群众办事流程。同时，发布《关于调整金井镇部分县级经济社会管理权限通知》，收回第一批下放权限4项，第二批下放新县级权限15项。开展“减证便民”专项行动。全面清理各类证明和盖章环节，形成“长沙县县直各单位清理规范证明（盖章）材料汇总表”（其中保留22项，调整证明核验方式21项，取消34项）、“长沙县镇（街道）或村（社区）出具证明事项汇总表”（其中保留16项，取消104项），并送市政府审批。政务服务事项目录优化升级，形成新版本《长沙县行政许可事项目录》（197项）、《长沙县行政职权事项目录》（3467项）、《长沙县公共服务事项目录》（253项）。推进工商登记后置审批。废弃电器电子产品回收处理许可、农业机械维修技术合格证书核发等36项工商登记前置审批事项改为后置审批。推进事业单位分类改革。县直机关汽车修理服务部在本系统内部机构编制调整时撤销，人员及编制划入局机关其他所属事业单位；完成县电影公司改革；县湘民旅行社、县按摩诊所、县农机公司、县乡镇企业人才培训中心，均属于人员、资产规模较小或无固定资产、转制后难以正常运转情况。

（颜　海）

党校（行政学院）

【概况】2017年，县委党校各类培训会务108期次，接待人次1.5万人，其中县委主体班23期次，部门培训班次51期次，中组部和省市调训及异地培训班24期次。同时接待内蒙古、广州荔湾区、上杭县委党校等10余批次兄弟党校到校考察交流。是年，领导班子挂帅组织骨干教师深入各机关和企事业单位、乡镇街道、农村社区，宣讲中共十八届六中全会精神、中共十九大精神、党性修养等专题，社会宣讲152场次。开展社会培训，先后为湖北、贵州、宁夏等20多个省份70多个地区开展党员干部培训30多批次，举办中组部送训抓党建促脱贫攻坚专题示范班、全省村党组织书记示范班等。先后有中央党校李君如、孙庆聚两位原副校长和中组部党员教育中心主任陈燕楠等领导到校考察指导工作。

【干部培训】2017年，举办包括中组部送训全国集中连片贫困地区农村党支部书记抓党建促脱贫攻坚专题培训示范班、省委组织部送训国贫省贫县市区贫困村党组织支部书记抓党建促脱贫攻坚农村培训班、长沙县村（社区）党组织书记培训班、中共十九大轮训班等23期主体班，培训人次2843人。采取多种方式征集组织需求、岗位需求和学员需求，真正摸清不同班次、不同类别学员对培训专题和现场教学点等需求情况，科学设置涵盖理论武装、党性教育、能力培养和县情县策等主要内容培训课程，构建符合需求、特色鲜明、实用性强培训方案。通过制定《学员守则》《考勤纪律》《主体班学员管理办法》等规章制度对学员培训期间纪律、学习和考勤等情况作出详细规定和说明。坚持学员晚上住宿查寝、主体班干部培训到课情况大厅公示、课堂手机入袋等制度，干部培训到课率98%以上。明确班主任负责，派专人跟班管理，成立临时党支部；推行培训结业考试考核制度，对学员笔记、心得体会、结业论文、出勤情况、在校表现等进行全面考核。坚持后勤保障精细化，根据学员特点及需求，合理安排饮食、设置学员超市、异地班配备专职医务人员等。制定《培训班流程管理审批单》建立起“训前充分准备、训中跟踪管理、训后总结反馈”培训工作流程。

【教学科研】2017年，开发《中共十九大精神解读》《将改革进行到底》《许光达人格与魅力》《弘扬国歌精神 汲取前进力量》等12个新专题，基层宣讲152场次，举办党校讲堂10

次。全年在县级以上刊物发表文章11篇，其中省级及以上4篇；在各类研讨会和征文投稿并获奖10篇，其中一等奖1篇。县级主要领导批示课题5个；立项省级课题3个；承担课题《长沙临空经济区发展与思考》，也承担中组部课题《新时期提升基层党员教育培训质量对策建议》。

【县区科级领导干部学习贯彻中共十九大精神集中轮训班开班】 12月5－20日，县区科级领导干部学习贯彻中共十九大精神集中轮训班在县委党校开班，分4批对922名干部进行集中轮训。按照“工学结合、有序调训、全面覆盖”总体原则，科学设计轮训内容，涵盖集中动员，常委领导领读入党誓词，邀请中央党校、省市党校专家教授解读中共十九大精神，分组讨论等环节，着力提升集中轮训质量和实效。 （吴赛君）

老干部工作

【概况】 2017年，长沙县有离休干部41人，县处以上退休干部142人。有64个离退休干部党支部。分别给予担任离退休干部党组织书记和委员600元/人·月、300元/人·月工作补贴。强化离退休老干部思想政治建设，组织老干部集中学习阅文，免费订阅报刊杂志，参加县委中心组学习。加强离退休干部党支部建设，成立县委离退休党工委，指导果园离退休支部创建省级示范支部，创建市级示范党支部3个，创建县级示范党支部10个，全年新建39个离退休支部。全年，新建18个站点，全县建57个老年教育网络课堂示范站点，并通过市级验收。投资1000余万元在星沙文化公园改建面积4000余平方米，办学规模5000人次新学校，开设15个专业22个班级，学员人数2800多人次。县“五老”宣讲团讲师深入基层为青少年积极开展禁毒、法制、礼仪教育宣讲，全年开展公益宣讲280余场次，听众4万余人次。

【提高“两项待遇”】 落实离退休老干部政治待遇和生活待遇，下发《关于进一步加强和改进离退休干部工作实施意见》。组织老干部代表参加县党代会、人大政协“两会”等重大会议和县委春节座谈会、重阳节座谈会等重大节庆活动。组织120余名老干部参观考察高桥镇、㮾梨街道经济社会发展情况和临空经济示范区发展情况。端午节前、中秋节前分别组织老干部代表参加钓鱼活动。春节、重阳节、“七一”“八一”上门走访慰问老干部570人次，吊唁14名离退休干部病故，协助家属处理善后事宜。全年对全县特困离休干部和故离休干部遗孀120人次分别以1000～2000元标准进行帮扶，发放帮扶资金20万多元。 （王洪勇）

对台工作

【概况】 2017年，长沙县有台籍学生16名，到长台胞65名，台资企业30家，涉台婚姻92对，原籍台胞247名，台属361户。全年接待代表团有：台湾华新国际机构董事长刘钧一行、两岸婚姻协调促进会、两岸媒体采访团、台湾农业专家考察团、台湾磐石国际股份有限公司总经理姚志毅一行、东元风能副总台商冯英芳等。全年，投稿100余篇，中国台湾网采用29篇，其中《真情跨海峡 终圆探亲梦》在国台办杂志《两岸关系》中刊登，《九霄杨柳春常在——李淑一祭奠杨开慧纪实》《李淑一与柳直荀二三事》《毛泽东九到板仓》等文章全版刊登于湖南日报及新湖南客户端。3月，长沙市涉台教育基地——长沙县黄兴中学特邀台湾知名心理教育导师蔡佩汝老师开展心理健康讲座。8月，携手台湾主流媒体中天电视台和旺报摄制组开展“魅力东方——走进长沙”专题拍摄活动。春节期间，向岛内发送春节慰问信100多封，发送信息400多条，逐一走访慰问全县18个乡镇（街道）和县域内所有台企重点台商、台胞、台属，走访慰问台胞台属40户、台企7个。是年，长沙县台办获评中央台办“两刊”对台宣传工作“先进单位”。 （陈　洁）

精神文明建设

【概况】 2017年，长沙县精神文明创建工作坚持“让城市更美好，让市民更满意”为主题，以突出“提升城市品位，提升市民素质，提升群众对城市获得感、幸福感和自豪感”为重点，不断提升城乡居民文明素质和城市文明程度。出台《长沙县文明创建常态管理工作方案》《长沙县文明城市创建问责办法》，印发《长沙县创建全国县级文明城市绩效考核办法》，对镇街和县直部门单位文明创建工作实行绩效考核。制定《长沙县文明创建实地测评点标准及责任分解表》，明确各测评任务责任单位及责任人。聘请第三方机构依照《全国文明城市测评体系》，对主城区各街道社区每季度进行一次全方面暗访。开展道德模范和身边好人推荐评选及慰问活动，湖南省委宣传部副部长、省文明办主任刘进能一行到长沙县，对第三届全国道德模范提名奖获得者—北山镇新中村村民常林庄进行看望慰问。文明办利用春节期间，对长沙县道德模范23人进行上门慰问，送去慰问金4万元。开通长沙县文明网和“微文明”官方微信，率先全国征集创作首个县域文明卡通形象“星星”“沙沙”，编印发行5万册《市民文明手册》；开展形式多样文明劝导活动，不断培养市民文明行为习惯，对主城区范围内公场所乱穿乱行、乱停乱靠、乱堆乱放、乱吐乱扔、乱贴乱画、店外经营等不文明行为进行曝光，并给予举报人50～200元不等奖励，全年收集各类照片841件，星沙时报公开曝光不文明行为16期，曝光图片578张，向自愿签署文明出行承诺书汽车驾驶员免费发放车载垃圾桶、钥匙扣、车贴。设立“讲文明树新风”公益广告牌及“遵德守礼”提示牌1000余块，开展“文明餐桌行动”，评选50家文明餐桌示范店，全县倡导文明用餐、厉行节约良好社会风气，提升餐饮行业服务水平；完善个人信用征用体系建设、强化食品药品安全监管、推行“红黑榜”发布、开展企业文明诚信巡礼宣传报道，促进诚信建设制度化；以“全民节约、俭以养德”为重点，革除陈规陋习，倡导文明理念，开展“节俭养德立家风、婚丧喜庆树新风”专项教育治理活动，大力推行移风易俗。对照《长沙市社区全面提质提档工作考核标准及计分办法（社区）》，制定《长沙县社区全面提质提档工作深化文明社区建设考核标准及计分办法》以及《长沙县文明办2018年社区全面提质提档实施项目清单（初步预算）》；特色街巷工作接近尾声，泉塘街道长桥社区、梨江社区、景星社区和星沙街道金茂路社区、牛角冲社区、星城社区、松雅社区、灰埠社区、湘龙街道水渡坪社区、中南社区、湘润社区、潇湘路社区两处以上示范街区打造全部完工；泉塘街道丁家岭社、榔梨街道土岭社区完成1处示范街区建设。

【学雷锋志愿服务活动】 组织开展学雷锋志愿服务活动，承办湖南省“喜迎十九大，志愿我先行”第54个学雷锋日暨第5个湖南志愿者日纪念活动，弘扬雷锋精神，对全省百强社团及先进个人进行表彰；长沙市第八届“杜鹃花开·情满星城”爱心公益项目博览会在长沙县星沙文化广场举行，汇聚社会各界爱心资源；举办“公德装在心中，文明贵在行动”——长沙县“文明礼让从排队开始”主题讨论会，倡导文明礼让，让爱先行。王小艳获评2017年孝老爱亲类“中国好人”，长沙县第二届道德模范文池珍获评湖南省最佳志愿者。星沙街道经贸路社区积极探索“社工引领志愿者、志愿者协助社工”社区志愿服务模式。县财政追加投入500万元，用于扶持社会公益组织发展。

【未成年人思想道德建设】 举办“拥抱绿色生活 绽放艺术美丽”2017年“六·五”环境教育艺术体验周活动，旨在加强环保教育、确保学生健康成长，带动市民树立生态文明理念，营造绿色新生活；举行由长沙县文明办、县教育局联合主办，由长沙县松雅湖小学教育集团承办“童心向党·梦想起航”主题教育艺术展演活动；以“我中国梦”为主题，开展“我们节日”系列活动，开展“美德少年”“做一个有道德人”等优秀榜样评选活动。各学校成立“美德少年”评选活动领导小组，分季度评选，常态化推进，在未成年人中树立一批身边学习榜样。全县乡村少年宫实现全覆盖，为农村孩子提供最佳活动场所，为未成年人营造健康成长良好环境。

【城乡文明建设】 制定并下发《长沙县农村精神文明建设活动方案》，明确8个村社为首批精神文明建设示范点，形成各自独有“精神文明品牌”。长沙县“复礼兴乐 留住乡愁”——乡村文化复兴项目当选“2017年湖南省最佳志愿服务项目”，果园镇浔龙河村、开慧镇葛家山村获评第五届全国文明村。做好省、市文明创建先进单位申报、验收工作。新申报市级文明标兵单位3家，市级文明镇2家，市级文明村5家，市级文明社区2家，市级文明单位10家，市级文明窗口示范单位1家。推进文明家庭创建活动，通过开展“议家风”“立家训”“传家礼”“评家庭”一系列活动。（张　娜）

长沙县人民代表大会

Standing Committee of Changsha County People's Congress

责任编辑　张　娜

综　述

2017年，县十七届人大常委会举行人大常委会会议9次，主任会议23次，听取和审议“一府两院”及其部门专项工作16次，组织开展调研、视察6次，审慎作出决议、决定18项，发出审议意见书5份，对3个部门全面或专项工作开展评议，对10个部门执行法律法规情况进行专题询问，对审议意见办理等6大类工作进行满意度测评。对31个政府投资项目进行调研，强化对预算编制、执行、调整和决算全方位监督，依法审议预算执行情况，审查批准2016年财政收支决算和2017年预算调整方案，支持政府盘活存量资金，保障对人才新政、科技创新和振兴实体经济投入。组织对4家单位审计问题整改情况进行满意度测评；听取审议财政资金绩效评价工作情况，重点对9个部门12个项目进行跟踪监督，涉及金额4.62亿元，力促政府提高财政资金使用效益。制定实施《长沙县人大常委会规范性文件备案审查工作规则》，建立专家咨询库和协助审查机制，全年审查规范性文件29件，提出审查意见19条。深入开展“司法公正长沙行”活动，监督县人民法院加强执行工作，促进县人民检察院加强知识产权监督，支持县司法局加大赋强公证执行力度，切实提高司法公信力。开展走进警营活动，组织部分代表实地了解县武警中队、拘留所和看守所工作情况，推动公安工作更加透明化。组织代表走进法庭，观摩9件刑事速裁案件庭审全过程，通过司法公开促司法公正。探索运用法治思维、法治方式化解信访突出问题，促成8起信访件息访息诉。持续关注城乡饮水安全，助推政府解决城区集中供水水质不稳定、农村分散供水合格率低、水源地污染严重等突出问题。专题调研燃气下乡工作，回应农村群众对用上清洁能源期待，提出加快管输天然气特许经营授权、加强罐装液化气监督管理等审议意见，推动天然气向北部延伸。听取审议《星沙新城核心区停车场设施布局专项规划》编制情况，推动解决城区停车难题，促进城市品质提升。听取审议全县食品安全工作情况，督促政府加强餐桌污染治理，守护人民群众“舌尖上安全”。听取审议精准扶贫工作情况，监督扶贫资金使用，助力打赢脱贫攻坚战。深入开展“三湘环保世纪行”“三湘农民健康行”“农产品质量安全行”“民族团结进步行”等活动。探索建立执法检查与专题询问有序衔接监督机制，围绕执法检查发现融资、用地、用工、政务服务、政策扶持、产业规划等6大类问题，对政府相关职能部门开展专题询问，既保障中小企业促进法“一法一办法”有效执行，又推动制约中小企业发展难题逐步解决。围绕事关改革发展中心任务，依法行使重大事项决定权，确保党委主张通过法定程序变为全县人民同意愿。依法审议长沙县行政区划调整议案，并作出决议。审议批准县人民政府与省人民医院合作办医议案。审议批准道路交通工程建设议案，支持政府投融资体系创新和基础设施不断完善。审议批准“七五”普法规划，促进法治宣传教育创新开展。依法行使任免权。全年依法任免国家机关工作人员130人次，实现组织意图和人民意愿高度统一。严格做好任前考察、法律知识考试和拟任人员任前陈词等工作，既提高任命工作规范性和公信力，又充分保障常委会组成人员知情权和表达权。依法实行被选举、任命人员就职时向宪法宣誓制度，引导和监督国家工作人员恪守宪法原则、弘扬宪法精神、履行宪法使命。探索加强干部任后监督，实现监督事与监督人有机结合。

重要会议

【概况】 2017年，召开长沙县第十七届人民代表大会第二次会议，大会审议批准长沙县人民政府工作报告、长沙县2016年国民经济和社会发展计划执行情况及2017年国民经济和社会发展计划、长沙县2016年财政预算执行情况与2017年财政预算、长沙县人民政府关于2016年环境状况和环境保护目标完成情况报告、长沙县人大常委会工作报告、长沙县人民法院工作报告和长沙县人民检察院工作报告，明确长沙县2017年目标任务和工作重点。举行人大常委会会议9次、主任会议23次。

【长沙县第十七届人民代表大会第二次会议】 2月26—28日，长沙县第十七届人民代表大会第二次会议在开源大剧院召开。全县各行各业、各条战线263名县人大代表参加会议。会议期间，大会秘书处组织议案组收到10人以上联名或代表团提出议案（草案）2件，提请大会主席团审议通过《关于启动国家AAAAA旅游景区创建议案》为本届人民代表大会所立议案，另外1件转作建议处理；收到代表提出建议、批评和意见68件。会议期间，还首次组织财经代表小组开展专题审议。发改、财政部门分别报告2017年长沙县国民经济和社会发展计划编制情况、财政预算编制情况，长沙县人大财经委报告计划、预算初审情况。这是2016年11月长沙县人大财经委成立后，根据宪法、监督法、预算法等法律要求和长沙县人大常委会预算审查监督办法有关规定，进一步加强计划、预算监督创新实践。

【长沙县第十七届人大常委会第二次到第十次会议综述】 1月23日召开第二次会议，会议听取和审议2016年城乡规划实施情况报告、2015年度审计整改情况及被审计单位整改情况报告并进行满意度测评；听取和审议《关于提请县人大常委会授权主任会议审查批准县人民政府融资建设事项议案》；审议通过长沙县人大常委会2017年工作要点；审议县十七届人大二次会议筹备工作方案，并作出召开县十七届人大二次会议决定。会议还听取和审议关于设立代表资格审查委员会议案，决定有关人事任免事项。会议决定，长沙县第十七届人民代表大会第二次会议将于2017年2月26日至28日召开。2月20日召开第三次会议，会议听取和初审2016年国民经济发展计划执行情况及2017年国民经济和社会发展计划（草案）、2016年财政预算执行情况及2017年财政预算（草案）及2017年部门预算编制情况；审议通过县人民政府关于提请审议机场大道等道路交通工程建设开发PPP项目有关支持事项议案；审议通过长沙县“七五普法”规划，并作出决议；初审长沙县人大常委会工作报告（草案）；审议县十七届人大二次会议主席团成员及秘书长建议名单、邀请上主席台就坐非主席团成员建议名单；审议通过县十七届人大二次会议列席人员名单。4月12日召开第四次会议，会议听取和审议县人民政府关于提请审议长沙县行政区划调整议案，并作出相关决议。5月15日召开第五次会议，会议听取和审议星沙新城核心区停车场设施布局专项规划编制工作情况，审议通过长沙县人大常委会规范性文件备案审查工作规则、长沙县人大常委会工作评议实施办法、长沙县人大常委会2017年工作评议对象、关于补选长沙县第十七届人民代表大会代表资格审查报告。会议决定，对县农林局、县民政局全面工作和县公安局交通管理专项工作开展评议。会议还表决通过有关人事任免议案。6月29日召开第六次会议，会议听取和审议2016年预算执行情况和其他财政收支情况审计报告；听取和审议2016年决算报告（草案）和2017年上半年预算执行情况，审查和批准2016年财政决算。会议还审议并通过《长沙县人大常委会干部任后监督管理暂行办法》。8月18日召开第七次会议，会议组织对县人民政府贯彻实施中小企业促进法“一法一办法”情况开展专题询问，这是县人大常委会首次结合执法检查工作开展专题询问。会议还听取和审议县人民医院合作办医有关情况及个别市代表辞职等有关事项，作出关于同意《关于提请审议长沙县人民政府与湖南省人民医院合作办医相关事项议案》决议。10月31日召开第八次会议，会议审查和批准长沙县2017年国民经济和社会发展计划及政府投资项目计划调整方案；审查和批准2017年度财政预算收支调整方案；审议并通过《长沙县人大常委会执法检查实施办法（草案）》《长沙县人大常委会代表履职管理暂行办法（草案）》《长沙县人大常委会代表监督（退出）暂行办法（草案）》；表决通过部分县人大代表辞职和人事任免有关议案。11月24日召开第九次会议，会议听取和审议长沙县食品安全工作情况、长沙县精准扶贫工作报告，听取和审议“一府两院”关于审议意见办理工作情况，并进行满意度测评。会议还听取和审议2016年度长沙县本级预算执行和其他财政收支审计工作报告指出问题整改情况报告，及被审议单位县财政局、县人力资源和社会保障局、县农业和林业局和长沙现代农业区管委会整改情况报告，并对其审计整改情况进行满意度测评。会议还表决通过部分市、县人大代表辞职议案。12月12日召开第十次会议，会议听取和审议关于财政资金绩效评价工作情况报告；长沙县第十七届人大一、二次会议代表所提批评、意见和建议办理工作情况；长沙县第十七届人大三次会议筹备工作情况；关于调整长沙县第十七届人民代表大会常务委员会代表资格审查委员会组成人员议案和人事任免有关事项。会议审议并通过长沙县人民代表大会常务委员会关于召开长沙县第十七届人民代表大会第三次会议决定、关于调整长沙县第十七届人民代表大会常务委员会代表资格审查委员会组成人员议案。会议还表决通过部分县人大代表辞职议案。

主要工作

【概况】 2017年，长沙县人大常委会始终将代表工作作为力量源泉，尊重代表主体地位，发挥代表主体作用，通过组织开展工作评议、专题询问、视察调研等活动，实现加强代表管理与监督代表履职相互促进。

工作评议。常委会认真贯彻监督法，结合工作实际不断加强和改进监督方式。5月，及时修订工作评议实施办法，改变过去单一全面工作评议方式，首次实施专项工作评议。工作评议动员会后，260多名县人大代表走访选民15000余人次，收集对县农林局和民政局全面工作以及县公安交通管理专项工作意见建议6200余条，促进北部乡镇殡葬不便民、林业砍伐证一刀切等一批群众反映强烈问题有效解决；评议整改阶段，主任会议成员还集中视察城区交通整治情况，促使车辆乱停乱放、交通秩序混乱等城市“顽疾”得到好转。

专题询问。以对县人民政府贯彻实施中小企业促进法“一法一办法”开展执法检查为契机，在实地走访中小企业200多家、收集意见建议1000多条基础上，确定8个重点询问议题。8月18日，县人大常委会针对“一法一办法”贯彻落实情况开展专题询问。

询问现场，县人大常委组成人员及部分列席县人大代表，通过专题询问和自由询问方式，先后抛出10个群众广泛关注“如何全面落实振兴工业实体经济30条，更好地促进中小企业发展；如何解决严重困扰中小企业发展融资难、融资贵问题；如何认真贯彻落实长沙市人才新政22条，切实解决困扰企业用工难”等切合实际、针对性强问题，县经信、县人社、县国土、县规建等10余家单位直面问题，认真作答，彰显立行立改、全面整改落实决心。县委常委、常务副县长王国良代表县人民政府作表态发言。

考察调研。1月23日，县人大常委会组成人员赴高桥镇围绕易地扶贫搬迁工作开展集中考察，并对搬迁至集中居住点贫困户进行慰问。县人大常委会主任李建章，副主任周安伟、曹艳萍、彭军其、唐俊兴、曹伟兴参加考察及慰问。3月20日，县人大常委会组织对全县饮水安全情况进行集中考察。县人大常委会主任李建章，副主任周安伟、曹艳萍、彭军其、唐俊兴参加考察，副县长毛葵陪同考察。5月26日，县人大常委会主任（扩大）会议成员考察调研北部干线公路建设情况。县人大常委会主任李建章，副主任周安伟、曹艳萍、彭军其、曹伟兴参加考察调研，副县长黄粱陪同。6月15日，长沙市人大代表长沙县联组代表及县人大常委会组成人员考察调研长沙县“二次创业”工作。县人大常委会主任李建章，副主任曹艳萍、彭军其、唐俊兴、曹伟兴参加调研，副县长黄泽红对“二次创业”工作进行全面介绍。8月10日，县人大常委会主任（扩大）会议成员开展城区交通整治工作专题考察。县人大常委会主任李建章，副主任周安伟、曹艳萍、彭军其、唐俊兴、曹伟兴参加考察。县人民政府各相关单位、镇街负责人陪同考察。8月16日，县人大常委会主任（扩大）会议成员调研考察全县燃气下乡工作。县人大常委会主任李建章，副主任周安伟、曹艳萍、彭军其、唐俊兴、曹伟兴参加调研考察，县委常委、常务副县长王国良陪同调研。9月29日，全国、省、市驻长沙县人大代表及县人大常委会组成人员，到长沙县多个镇考察特色农业工作。县人大常委会主任李建章，副主任周安伟、曹艳萍、唐俊兴、曹伟兴，副县长毛葵参加考察。12月19—21日，县人大常委会组织长沙市人大代表长沙县联组开展考察活动。由县人大常委会五位副主任分别带队，围绕浏阳河捞刀河文化产业带及防洪大堤建设、交通路网建设、社会办学事业、北部园区发展、养老产业等方面内容，分组到长沙县各地开展会前考察。县人大常委会主任李建章及市十五届人大代表长沙县联组代表参加考察调研，副主任周安伟、曹艳萍、彭军其、唐俊兴、曹伟兴，副县长喻名团、毛葵陪同考察调研。

拓展履职平台。做实升级版“12345”代表活动品牌，269名县人大代表全年进行378次审议发言，提出151条合理化建议，参与863次公益行动，参加1112次代表小组活动，走访15580户选民，实现常委会与代表、代表与人民群众之间联系常态化。继续建设环境优、管理优、保障优、服务优、作风优“五优”代表活动室，探索建立代表履职网络平台，实现代表建议线上提交、代表履职线上登记，代表履职渠道更加多元化。扩大代表对常委会工作参与面，全年邀请200余名代表列席人大常委会会议、参加人大常委会组织各项活动，代表履职能力不断提高。

督办代表建议。县十七届人大一次会议以来立大会议案1件，收到代表建议151件。常委会按照“主任牵头督办、委室分线督办、跟踪回访督办”工作制度，既加强整体督办，又突出重点进行专项督办，推动“国家AAAAA旅游景区创建”“提高通村公路建设补助标准”等议案、建议得到重视或解决。跟踪督办2016年未办结58件B类建议，促使其中37件得到解决。强化建议办理刚性约束，选择12件涉及教育、医疗、水利、通讯等事关发展和民生建议，组织150名人大代表进行现场测评，政府部门办理代表建议性和责任感有效提升。

规范代表管理。制定实施《长沙县人大常委会代表履职管理暂行办法》，对代表履职管理采取履职登记和积分制相结合方式进行；加强积分结果运用，对履职优秀代表进行表彰，并作为推荐连任重要依据。制定实施《长沙县人大常委会代表履职监督（退出）暂行办法》，对代表辞职、劝辞以及罢免代表职务情形作出具体规定，探索不称职代表退出机制。组织开展代表述职评议活动，47名县人大代表面对面向原选区选民述职，回答选民提问，并接受测评，代表依法履职使命感和接受选民监督自觉性不断增强。

服务中心工作。常委会主动参与县委中心工作，主任、副主任联系帮促12个重大项目建设，主任会议成员参与环保督查、文明创建、安全生产、精准扶贫等中心工作，较好完成县委安排工作任务。聚焦发展不平衡不充分问题，按县委要求组织开展“富北”重点项目调研，及时提交调研报告，为县委科学决策提供参考。“创新引领，开放崛起”战略，组织考察调研“二次创业”工作，并引导代表为临空经济发展提出“金点子”109条，为推动东部开放型经济走廊建设作出应有贡献。抗洪救灾战斗中，常委会组成人员和县域内各级人大代表充分发挥示范作用，主动投入抗洪救灾第一线，捐款捐物110余万元。（张瑞波）

长沙县人民政府

Changsha County People's Government

责任编辑　张　娜

综 述

2017 年，县人民政府认真贯彻落实省委、省政府关于“二次创业”的指示，始终围绕“强南富北、民生立县、挺进五强”发展主线，坚持创新引领，奋力开放崛起，扬优势、补短板、强保障、惠民生，全面推进“二次创业”，开启“富北”新征程，加快挺进全国县域经济五强。全年完成地区生产总值 1431.1 亿元，同比（下同）增长 11.3%；规模工业总产值 2662 亿元，增长 12.9%；固定资产投资 955.9 亿元，增长 17.2%；财政总收入 280.1 亿元，增长 23.2%，一般公共预算收入税收占比 93.5%；社会消费品零售总额 479.5 亿元，增长 11.8%。县域经济呈现健康快速发展的良好态势，率先全省实现全面小康，在全国县域经济基本竞争力、中国中小城市综合实力百强排名中均跃居第六位，连续多年稳居中西部第一。长沙临空经济示范区成功获批，成为全国第七个国家级临空经济示范区；长沙县获评湖南省粮食生产标兵县、全国“四好农村路”示范县，再次获评湖南省安全生产先进县。

重要会议

【县政府常务会议研究事项】 2017 年 1 月 19 日至 2017 年 12 月 29 日，县政府共召开常务会议 23 次。

1 月 19 日，召开长沙县第十七届人民政府第四次常务会议，听取《关于长沙县 2016 年财政预算执行情况及 2017 年财政预算（草案）的报告》；听取关于2016年经济社会发展指 标、政府投资项目计划执行情况及 2017 年经济社会发展指标、政府投资项目计划安排情况的汇报；审议《长沙县 2017 年重大项目计划（送审稿）》；听取关于采购安装远大空调及新风系统的情况汇报；听取关于 2016 年长沙县特色小镇创建工作的情况汇报；听取关于《长沙县环委办组建工作方案》的情况汇报；听取关于开展土地开发补充耕地的情况汇报。

2 月 17 日，召开长沙县第十七届人民政府第五次常务会议，传达长沙市 2016 年度“六个走在前列”绩效考核通报讲评暨 2017 年度重大项目推进大会精神；听取关于《推进工业企业主辅分离促进生产性服务业发展的实施意见》和《鼓励支持个体工商户转型升级为企业的实施意见》的情况汇报；听取关于《申请成立长沙兴社供销社有资产经营管理有限公司》的情况汇报；听取关于《长沙县拆违控违工作奖励补助方案》的情况汇报；听取关于安全生产工作的情况汇报：1. 长沙县安全生产三年（2017—2019）行动方案；2.2017 年长沙县安全生产工作要点；3. 长沙县危险化学品全程安全管理整治三年行动方案；听取关于申请长沙临空经济区综合污水处理中心选址方案的情况汇报；听取关于凉塘路旧城改造项目及暮云招商项目的有关情况汇报。

3 月 11 日，召开长沙县第十七届人民政府第六次常务会议，听取关于长沙县建设项目城市基础设施配套费执行标准的情况汇报；研究审议《长沙县国家慢性病综合防控示范区建设实施方案》；听取关于长沙县人民医院新建项目推进工作的情况汇报；听取关于支持湖南千山慢病健康管理有限公司开展长沙县高血压患者基因检测工作的情况汇报；听取关于环城绿带生态圈（星沙产业基地段）用地范围内土地流转及房屋搬迁的情况汇报；听取关于调增长沙县县城初期征地拆迁生活困难失地农民基本生活费工作的情况汇报；听取关于星沙原政务中心项目招租及物业费用的情况汇报。

4 月 1 日，召开长沙县第十七届人民政府第七次常务会议，研究审议《长沙县关于全面推行河长制的实施意见（送审稿）》和《长沙县（2017—2020 年）全面推行河长制行动方案（送审稿）》；审议长沙县国有建设用地监管领导小组会议暨 2017 年长沙县第一次国土会审会议有关事项；听取关于原星沙镇 60 号令生产留地荣盛公司招商宗地因控规调整增补用地相关问题拟处理意见的情况汇报；听取关于《北京师范大学、长沙县人民政府合作办学协议书》的情况汇报；研究审议《2017 年精准扶贫工作要点和对口帮扶工作方案（送审稿）》；听取有关项目完善招标手续的情况汇报。

4 月 10 日，召开长沙县第十七届人民政府第八次常务会议，听取关于长沙县行政区划调整有关情况的汇报。

4 月 23 日，召开长沙县第十七届人民政府第九次常务会议，听取市对县环保督察的情况汇报；听取关于加强对安置房内经营场所消防安全管理的情况汇报；研究审议《长沙县国有土地上房屋征收工作实施意见（送审稿）》和《长沙县国有土地上房屋征收奖励和补助办法（送审稿）》；听取关于星沙旧城 1—6 区棚改项目政府采购服务及申请国开行贷款的情况汇报；研究审议《长沙县科学技术奖励办法（送审稿）》；听取关于收回湖南省恒广发展集团有限公司学校建设用地的情况汇报；听取关于停止执行违规减免防空地下室易地建设费规定的情况汇报；听取关于审定原人防大楼资产补偿方案的情况汇报；听取关于长沙县人民医院相关情况的补充汇报。

5月23日，召开长沙县第十七届人民政府第十次常务会议，听取关于进一步加强道路交通安全监管工作的情况汇报；研究审议《长沙县2017年“安全生产月活动方案”（送审稿）》；听取关于榔梨街道檀木桥社区余家垅组、下白塘组居民申请自愿搬迁和人员安置工作的情况汇报；听取关于对黄花机场P3洗车场项目的情况汇报；听取关于长沙经开区扩区修编工作方案的情况汇报；听取关于果福车业拖欠职工工资事件处理情况及解决方案的情况汇报；听取关于请求明确北京师范大学长沙附属学校（空港城校区）建设相关事项的情况汇报；学习传达《陈文浩市长在2017年市政府廉政工作电视电话会议上的讲话》。

5月27日，召开长沙县第十七届人民政府第十一次常务会议，听取关于全县农村低保和社会保障兜底脱贫对象认定清理整顿工作实施方案的情况汇报。

6月10日，召开长沙县第十七届人民政府第十二次常务会议，研究审议《长沙县城市管理工作考核办法（送审稿）》；研究审议《长沙县城市精细化管理实施方案（送审稿）》；研究审议《2017年长沙县特色小镇创建实施方案（送审稿）》；听取关于安沙、金井等10个镇规划编制的情况汇报；听取关于明确明城国际大厦项目报建费有关事项的情况汇报；听取关于新城吾悦广场项目、浔龙河“时光潇湘”商住小区相关规划技术指标和人大复函的情况汇报；听取关于湘域国际广场项目的情况汇报；听取关于华大基因项目的有关情况汇报；听取关于丰树长沙空港综合产业园项目、康莱长沙空港酒店项目招商引资合同的情况汇报；听取关于长沙县加油站历史遗留问题相关情况的汇报；审议长沙县国有建设用地监管领导小组会议暨2017年长沙县第二次国土会审会议有关事项；听取关于青松老年公寓项目建设的情况汇报；听取长沙县国土网挂〔2014〕33号地块土地置换方案的情况汇报。

6月19日，召开长沙县第十七届人民政府第十三次常务会议，研究审议《关于深化供销合作社综合改革实施意见（送审稿）》《关于深化供销合作社综合改革实施方案（送审稿）》；听取关于食品安全工作情况和完善基层站所食品快速检测体系建设的情况汇报；研究审议《长沙县农村自来水普及工作实施方案（送审稿）》；研究有关项目完善招标手续事项；听取关于调整和完善县镇（街）财政管理体制的情况汇报；研究有关工程变更事项。

7月15日，召开长沙县第十七届人民政府第十四次常务会议，研究审议《关于全面推进政务公开工作的实施意见（送审稿）》；听取关于增加土地供应满足被征地拆迁群众团购商品房需求的情况汇报；研究审议《长沙县新建居民住宅供水设施建设和管理办法（送审稿）》；听取关于长沙县乡镇污水处理厂提标扩建工作的情况汇报；审议长沙县国有建设用地监管领导小组会议暨2017年长沙县第三次国土会审会议有关事项；研究审议《长沙县招商引资中介人奖励实施办法（送审稿）》；听取关于制定支持现代服务业发展的若干政策和措施相关认定标准的情况汇报；听取关于园三路项目严重受影响户申请自愿搬迁的情况汇报；听取关于劳动东路北侧村级道路出入口提质改造工程立项及资金来源的情况汇报；研究审议驻县海关、检验检疫部门2016年绩效考核奖励方案。

7月23日，召开长沙县第十七届人民政府第十五次常务会议，听取半年度安全生产工作情况汇报；听取关于出台《长沙县政府合同管理有关规定（送审稿）》的情况汇报；研究审议《长沙县开展全国残疾预防综合试验区创建试点工作实施方案（送审稿）》；研究审议《长沙县残疾人精准康复服务行动实施方案（送审稿）》；听取关于黄花建设集团长沙国泰混凝土有限公司申请搬迁的情况汇报；听取关于隆城混凝土有限公司申请恢复建设混凝土搅拌场的情况汇报；听取太阳滩水闸除险加固工程等二个项目变更的情况汇报；听取关于京港澳高速板仓收费站车道改扩建工程的情况汇报；审定《长沙县2017年因灾倒损农村居民住房恢复重建实施方案（送审稿）》；听取关于彭金树违纪案件的情况汇报。

7月29日，召开长沙县第十七届人民政府第十六次常务会议，研究审议《长沙县公路“路长制”实施方案（送审稿）》；研究审议《关于做好2017年国有企业办社会职能分离移交工作的通知（送审稿）》；研究审议《关于〈长沙县人大常委会关于全县饮水安全保障工作的审议意见〉的回复》；研究审议《长沙县关于完善建设用地使用权转让出租抵押二级市场试点的实施方案（送审稿）》；研究审议《圆通速递华中管理区总部基地项目招商引资合同（送审稿）》及圆通项目用地挂牌条件；听取关于调整长沙县第一人民医院医技大楼建设项目规模的情况汇报；听取关于湖南俊甫混凝土有限公司征收选址重建的情况汇报。

8月17日，召开长沙县第十七届人民政府第十七次常务会议，研究审议《长沙县农村集体土地征地拆迁服务费、工作协调经费管理使用及奖励实施方案（送审稿）》；研究审议《关于进一步加强财政性投资基本建设工程造价管理及投资评审的规定（送审稿）》；听取关于长沙县人民医院合作办医工作的情况汇报（县卫计局、人民医院筹委办汇报）；听取关于申请增加220千伏沙杨线杆基电力设施改迁工程投资的情况汇报。

8月31日，召开长沙县第十七届人民政府第十八次常务会议，听取关于县管国有公司改革有关事项的情况汇报。

9月2日，召开长沙县第十七届人民政府第十九次常务会议，传达学习《杜家毫书记在省安监局调研座谈时的讲话》并汇报安全生产工作；研究审议《长沙县落实大气污染防治工作责任的通知（送审稿）》；研究审议《长沙县人民政府关于深入推进标准化工作改革的实施方案（送审稿）》；研究审议《关于落实磁浮生态绿带生态走廊项目后续工作要求的实施方案（送审稿）》；研究审议《关于振兴长沙县工业实体经济的若干意见（送审稿）》；审议长沙县国有建设用地监管领导小组会议暨2017年长沙县第四次国土会审会议有关事项；听取关于全县林木商业性采伐有关问题的情况汇报。

9月9日，召开长沙县第十七届人民政府第二十次常务会议，研究审议《关于设立长沙县政府投资基金的组建方案（送审稿）》；听取关于支持华大基因公司开展长沙县民生全覆盖项目的情况汇报；听取关于文明创建示范街区建设项目的情况汇报；听取关于建设工地视频监控和扬尘在线监测系统平台的情况汇报；研究审议《长沙县县管国有企业负责人薪酬管理办法（送审稿）》。

9月30日，召开长沙县第十七届人民政府第二十一次常务会议，研究审议《长沙县创建国家全域旅游示范区实施方案（送审稿）》；听取关于创建国家AAAAA级旅游景区工作的情况汇报；研究审议《长沙县深入推进新型城镇化建设行动计划（2017-2020年）（送审稿）》；听取关于新型智慧城市建设工作的情况汇报；研究审议《长沙县机动车停放服务收费管理实施细则（送审稿）》；听取长沙磁悬浮铁路（长沙县段）二期生态景观走廊提质改造工程等2个项目变更的情况汇报；听取关于安沙砂石基地三号生产线经营权纠纷的情况汇报；听取关于罗伟违纪案件的情况汇报。

10月25日，召开长沙县第十七届人民政府第二十二次常务会议，研究审议《长沙县2017年国民经济和社会发展计划及政府投资项目计划调整情况（草案）的报告》；听取和审议长沙县财政局关于2017年1-9月预算执行情况及2017年度财政预算收支调整情况的报告；研究审议《〈长沙黄花综合保税区招商引资若干政策措施〉实施细则（送审稿）》；研究审议《长沙县人民政府鼓励和扶持企业上市（挂牌）的试行办法（送审稿）》。

11月16日，召开长沙县第十七届人民政府第二十三次常务会议，研究审议《关于〈关于开展“一法一办法”执法检查专题询问的审议意见〉的复函（送审稿）》；听取关于环海渔业项目开通长沙——胡志明市国际全货机定期航线及招商引资合同谈判相关情况的汇报；研究审议《星沙新城核心区停车场设施布局专项规划（送审稿）》《长沙县建设工程机动车停车场（库）配建标准（送审稿）》；研究审议《关于〈长沙县2016年财政收支决算（草案）和2017年上半年度财政预算执行情况的报告〉审议意见的复函（送审稿）》；研究审议《关于进一步加强动物卫生监督工作的通知（送审稿）》；研究审议《长沙县2017年度松材线虫病防控工作实施方案（送审稿）》；听取关于长沙县鑫业建设投资有限公司参股合作设立融资担保公司的情况汇报。

11月25日，召开长沙县第十七届人民政府第二十四次常务会议，听取关于将长沙县城乡居民医疗保险意外伤害委托商保公司承办试点的情况汇报；研究审议《长沙县镇街船舶和渡口渡船安全管理实施细则（送审稿）》；研究审议《长沙县政府投资基金管理办法（送审稿）》；研究审议《长沙县市民服务热线整合工作实施方案（送审稿）》；听取关于第一代松毛虫防治等9个项目非公开招标事项的情况汇报；听取金井等十镇管道燃气特许经营权授权工作的情况汇报；听取关于增加黄兴镇房源用地的情况汇报；研究审议《黄兴、江背镇规划编制（2016—2030）（送审稿）》；研究审议《长沙县消防专项规划（2016—2030）（送审稿）》；听取关于国家土地督察武汉局例行督察反馈存在问题的整改情况汇报；听取关于国家土地督察武汉局例行督察反馈松雅湖挖田造湖问题的整改情况汇报；听取关于签订异地购买耕地指标协议的情况汇报。

12月21日，召开长沙县第十七届人民政府第二十五次常务会议，传达学习省委、省政府《关于推进安全生产领域改革发展的实施意见》；传达学习省政府办公厅《关于进一步规范招标投标领域相关工作的意见》；传达学习市扶贫工作领导小组《长沙市脱贫攻坚责任制实施细则》；听取关于长沙县2017年国民经济和社会发展计划及政府投资项目计划执行情况与2018年指标和政府投资项目计划编制情况的汇报；听取关于长沙县2017年财政预算执行情况及2018年财政预算（草案）的情况汇报；研究审议《长沙县河湖管理范围划界方案（送审稿）》；听取关于全县消防安全工作的情况汇报；听取关于松雅湖环湖片区220千伏沙杨线032#—037#杆基电力设施迁移工程等7个项目非公开招标事项的情况汇报；研究审议《长沙县燃气发展规划（2017-2030）（送审稿）》；听取关于长沙县人民医院空调选型相关情况的汇报；研究审议《中南地区邮政快递枢纽长沙邮件处理中心项目招商引资合同（送审稿）》；听取关于张喜平违纪案件的情况汇报。

12月29日，召开长沙县第十七届人民政府第二十六次常务会议，传达学习省市经济工作会议精神；传达学习《省委书记杜家毫在省委常委会议上听取长沙市经济社会发展情况汇报后的讲话》；传达学习省委办公厅、省政府办公厅关于印发《湖南省健全落实社会治安综合治理领导责任制实施办法》的通知；研究审议《政府工作报告（送审稿）》；研究审议《长沙县离任村（社区）干部生活补贴发放办法（送审稿）》；审议长沙县国有建设用地监管领导小组会议暨2017年长沙县第五次国土会审会议有关事项；听取关于和顺府项目签订补充协议的情况汇报；研究审议《紫鑫商业广场综合体项目招商引资合同（送审稿）》。

【县长办公会议研究事项】 2017年1月25日至2017年12月9日，县政府共召开县长办公会议6次。

1月25日，召开第一次县长办公会，听取关于广汽品牌销售园项目有关情况的汇报；听取关于规范性文件清理有关工作的情况汇报；听取关于田汉大道建设项目进展的情况汇报；听取关于长沙县镇（街）权力清单、责任清单编制的情况汇报；听取关于松雅湖环湖基础设施建设项目实施提前回购的情况汇报；研究审议《长沙县公证体制改革实施方案（送审稿）》；听取关于湖湘奥林匹克花园地下人防工程相关问题的汇报。

5月14日，召开第二次县长办公会，听取关于长永高速新建东升路跨线桥及板仓路等三座桥梁加宽项目建设必要性论证的情况汇报；听取关于在星沙大道（棠坡路－望仙路段）设置人行天桥相关事宜的情况汇报；听取关于暂停执行报建费缓交政策的情况汇报；听取关于明确绿化苗木预算上限价格执行标准的情况汇报；听取关于临空经济区机场高速北15.07公顷绿化控制用地群众申请自愿搬迁的情况汇报。

7月1日，召开第三次县长办公会，听取关于政府采购长沙金龙铸造实业有限公司“金龙”牌系列产品定价相关事项的情况汇报；听取关于长沙县星城房地产开发有限公司等11个公司14宗闲置土地处置方案的情况汇报；研究审议《长沙县基层农技推广体系改革创新试点实施方案（送审稿）》；听取关于中南汽车世界新建E广场新车交易市场临时过渡临时建筑的情况汇报；听取关于启动湘绣苑公租房二期改造工程的情况汇报；听取关于在大鱼中学旧址开办民办职业中专的情况汇报。

8月11日，召开第四次县长办公会，听取关于调整捞刀河流域长沙县段畜禽禁养区范围的情况汇报；听取关于长沙县旧城棚户区提质改造(一、二区）弱电管线工程等7个项目非公开招标事项的情况汇报；听取关于春建小学等4个项目12户居民申请自愿搬迁的情况汇报；听取关于收回万家丽北路与绕城高速互通项目征用鑫瑞祥建材城项目国有土地补偿方案的情况汇报；听取关于加快启动蝴蝶谷变电站北通道建设的情况汇报；听取关于金井综合大市场历史遗留问题的情况汇报；听取关于办理“万古肉店”不动产登记及相关土地使用手续的情况汇报；听取关于偿付长沙巨星房地产公司用地诉讼案资金的情况汇报；听取关于2016—1号储备地块土方平整工程卸土场地的情况汇报。

9月21日，召开第五次县长办公会，听取关于迎接中共十九大信访维稳安保工作的情况汇报；听取关于对接“长沙市政策落地办”工作的情况汇报；研究审议《长沙县人民政府、长沙师范学院合作共建长沙师范学院附属春建小学协议（送审稿）》；听取关于解决轨道3号线张公塘车辆段出入段线用地问题的情况汇报；听取关于黄花镇一处建筑垃圾消纳场选址和初审意见的情况汇报；听取关于市安全生产巡查交办隐患问题整改的情况汇报；听取关于磐鸿置业“山水茗园三期”相关事宜的情况汇报。

12月9日，召开第六次县长办公会，研究审议《长沙县农村集中式生活污水处理设施运行维护管理办法(送审稿）》；听取关于长沙县鹏盛消防站建设工作的情况汇报；听取关于松雅湖环湖基础设施建设项目回购事项的情况汇报；听取关于新设立社区工作的情况汇报；听取关于返还沃源项目土地出让等收益的情况汇报；听取关于长沙东部新城房地产开发有限公司置换用地协议出让工作的情况汇报；听取关于提高农村公路桥梁建设补助标准的情况汇报。（县政府办）

2017 年长沙县人民政府文件目录（部分）

长县政发〔2017〕1 号　关于印发《长沙县农田水利综合改革实施方案》的通知（1 月 5 日）

长县政发〔2017〕2 号　关于印发《长沙县小型水利工程管理养护实施办法》的通知（1 月 5 日）

长县政发〔2017〕3 号　关于落实长沙市 2017 年《政府工作报告》主要目标任务的通知（1 月 12 日）

长县政发〔2017〕5 号　关于印发《长沙县预拌商品混凝土企业场站建设管理办法》的通知（2 月 3 日）

长县政发〔2017〕7 号　关于 2017 年《政府工作报告》主要目标任务责任分解落实的通知（3 月 24 日）

长县政发〔2017〕8 号　关于印发《长沙县征地拆迁补偿安置工作若干问题的规定》的通知（3 月 28 日）

长县政发〔2017〕10 号　关于长沙县加快发展养老服务业的实施意见（4 月 13 日）

长县政发〔2017〕11 号　关于鼓励和支持个体工商户转型升级为企业的实施意见（试行）（4 月 13 日）

长县政发〔2017〕12 号　关于推进工业企业主辅分离促进生产性服务业发展的实施意见（试行）（4 月 15 日）

长县政发〔2017〕13 号　关于加强农村留守儿童关爱保护工作的实施意见（4 月 28 日）

长县政发〔2017〕14 号　关于印发《长沙县国有土地房屋征收奖励和补助办法》的通知（7 月 5 日）

长县政发〔2017〕15 号　关于国有土地上房屋征收与补偿工作的实施意见（7 月 13 日）

长县政发〔2017〕18 号　关于进一步加强食品安全工作的实施意见（7 月 31 日）

长县政发〔2017〕25 号　关于印发《长沙县鼓励和扶持企业上市（挂牌）的试行办法》的通知（11 月 13 日）

长县政发〔2017〕28 号　关于印发《长沙县鼓励和扶持全民创新创业带动就业的若干政策》的通知（11 月 29 日）

长县政发〔2017〕29 号　关于印发《长沙黄花综保区招商引资若干问题政策措施的实施细则》的通知（12 月 8 日）

2017 年长沙县人民政府办公室文件目录

长县政办发〔2017〕1 号　关于印发《长沙县农贸市场建设三年（2017-2019 年）行动计划方案》的通知（1 月 18 日）

长县政办发〔2017〕2 号　关于印发《长沙县政府投资项目管线迁改工程管理规定》的通知（2 月 7 日）

长县政办发〔2017〕3 号　关于印发《食品安全应急预案》的通知（7 月 31 日）

长县政办发〔2017〕4 号　关于印发《长沙县政府合同管理有关规定》的通知（8 月 28 日）

长县政办发〔2017〕5 号　关于印发《长沙县招商引资中介人奖励实施办法》的通知（9 月 5 日）

长县政办发〔2017〕6 号　关于印发《长沙县重污染天气应急预案》的通知（10 月 19 日）

长县政办发〔2017〕7 号　关于印发《进一步加强财政性投资基本建设工程造价管理及投资评审的实施办法》的通知（10 月 27 日）

长县政办发〔2017〕8 号　关于深化推进标准化工作改革的实施意见（11 月 4 日）

长县政办发〔2017〕9 号　关于印发《长沙县临时救助办法》的通知（12 月 4 日）

长县政办发〔2017〕10 号　关于做好病死动物无害化处理工作的意见（12 月 12 日）

（县政府办）

精准扶贫

【概况】 2017 年，长沙县完成突出问题集中整改工作，排查出危房改造不到位、饮水安全不达标两类脱贫质量不高 793 户，因病因灾返贫 30 户，并整改到位。按照应清尽清、应纳入尽纳的要求，新纳入 459 户 1315 人；年底，全县建档立卡贫困户 5204 户 15810 人，其中已脱贫 4724 户 14451 人，未脱贫 480 户 1359 人（含返贫户）。对 2014—2016 年扶贫领域资金进行专项审计，整改问题 8 个。开展全县扶贫政策入户大宣讲和业务培训。完善扶贫资金管理、扶贫工作纪律、扶贫任务清单、三走访三签字等制度性建设。各专项政策进一步完善，扶贫工作体制进一步健全。

教育扶贫全覆盖，为建档立卡等贫困学生补助 2501 人次，186.49 万元；健康扶贫政策全落实，贫困户住院报销比例提高至 80% 以上；完成百熙村投资 61.28 万元，建设 81.7 千瓦春华镇百熙村光伏扶贫电站；完成158人易地扶贫搬迁；全县838户申报贫困户危房改造的均全部改造完成；新增贫困劳动力转移就业421人；自来水入户1358户4427人，新建水井和水井保护7户21人，安装家用净水设备73户216人，建档立卡贫困人口100%安全饮水；新增小额贷款户数803户，新增贷款2392万元；中国社会扶贫网贫困户需求信息数2472条，需求对接成功数1422条；全县12个贫困村安排产业发展项目12个，覆盖率100%。面上村产业扶贫项目立项63个，帮扶建档立卡贫困户2028户5590人。

对口帮扶工作。选派3名优秀年轻干部担任驻村工作队，拨付1000万帮扶资金，推进14个项目（实拨550.5万元）。向沅陵拨付帮扶资金490万元，用于卫生院、学校和敬老院等方面建设；开展2次96人人才培训，接受3批34名挂职干部，选派6人开展专业技术人才交流。组织开展专场招聘会，提供就业岗位950多个，为63名建档立卡贫困劳动力开展为期40天电工技能培训。（周进银）

人事人才

【概况】2017年，长沙县制定《长沙县机关事业单位编外人员管理办法》。组织25批次机关事业单位选调招聘考试，选调招聘编内外人员1057人。清理规范全县机关事业单位违规借调人员，79家党政机关单位公车改革。推进机关事业单位平时考核工作，突出对干部关心与关爱，落实各级单位负责人带薪年休假和定期体检制度。稳步推进机关养老保险改革，推进长沙县国有企业负责人薪酬制度改革工作，拟出台《长沙县县管国有企业负责人薪酬管理暂行办法》。择优编内聘用39名退役士兵；精选工作岗位做好下岗（失业）转业志愿兵（士官）再就业工作。满足专业技术人员晋升需求，认定初、中级职称478人次，申报高级职称251人次。同时为全县9个单位64名同志办理职务与职级晋升工作。档案数字化管理，提质长沙星沙人才网改版升级，完善“互联网+星沙人才”微信公众号平台。完成人力资源市场设计工作，初步建成长沙县首个“互联网+人力资源公服务”一体化人力资源市场。

【《长沙县退役士兵择优入编考试考核量化评分实施办法（试行）》】2017年，长沙县出台《长沙县退役士兵择优入编考试考核量化评分实施办法（试行）》。该办法对“四类人员”安置到长沙县且在县内工作满3年及《退役士兵安置条例》发布前已安置在县内享受全额待遇退役士兵，实行考试加考核办法进行量化评分，择优聘用，其中考试按20%，考核分按80%合成（在部队服役期间考核量化分数占50%、安置后在长沙县工作期间考核量化分数占30%）。考核量化评分，以部队退役士兵档案和安置后在地方工作期间人事管理档案及本人所获荣誉及资格证书等为依据，根据其在部队服役情况、地方工作年限和平时工作表现等进行核实认定。

【机关事业单位招录工作】2017年，长沙县面向村、社区录用公务员2名。机关事业单位招考25批次，招聘选调编内外工作人员340人，教育系统招聘选调教师546人，卫生系统招聘专业技术人员148人。指导监督教育系统百熙学校、县职专、县一中、实验学校、县特校自主公开招聘选调考试。

【“市人才新政22条”】8月18日，出台“市人才新政22条”发布16项配套细则，8月21日开通“人才综合服务”窗口，8月28日启用市人才服务一体化平台，“扫扫身份证，五分钟办结租房和生活补贴”，9月6日开通人才新政社保卡优先制卡通道。10月9日多部门联合办公，开通区县第一个“一站式”人才服务窗口，实现“让人才只跑一趟路，只进一张门”便捷服务。拟配合《长沙县关于深入推进县区人才工作一体化，打造创新创业人才高地若干意见》出台，制定人才政策差异化实施细则。全年，长沙县接受人才新政咨询9600多次，受理各类青年、归国留学等人才申请补贴1673余人次，为820位发放补贴144.52万元；吸引1320余名青年人才来长落户。（孔　尚）

外事侨务

【概况】2017年，长沙县全年邀请外国人来长7批12人次；外事侨务接待10批57人次。全县来访外籍人士2.6万人次。办理因公出国（境）15批26人次、因私出国（境）备案233批233人次。其中比较重要团组有：2月13日县委书记曾超群带团赴美国、加拿大开展系列经贸洽谈活动。3月13日，县长张作林受邀带团赴波兰、比利时和葡萄牙，对中东欧16国（中部）国际商贸总部中心项目选址综保区进行深度对接。4月15日，法国蒙达尔纪市组织中学生交流团，到长沙县实验中学和维汉纪念馆开展活动。8月25日，举办长沙市与日本鹿儿岛市结好35周年庆典松雅湖友谊林植树仪式，服务于全市重大对外交往活动。争取外侨捐赠资金 67.2 万元（香港光明福祉有限公司无偿支援 67.2 万元对口安沙、北山、路口等 7 个敬老院）；接待侨务信访 5 件，全年慰问困难归侨侨眷 24 人次，发放慰问金和慰问品 24000 元。（县政府办）

政府招标采购

【概况】 2017 年，长沙县招投标项目 278 个，上限金额 102.58 亿元，节减资金 8.1 亿元，平均中标优惠率 7.9%；办结政府采购项目 454 项，预算金额 15.26 亿元，合同金额 13 亿元，节减财政资金 2.17 亿元，平均节减率 14.25%。主动推进重点项目，明确具体责任人，做到目标、重点、措施、进度、责任“五明确”，推进长沙市环城绿带生态圈长沙县段（捞刀河—浏阳河段）第一标段至第三标段施工、百联奥特莱斯购物广场（湖南·长沙）建设项目（EPC）总承包项目、长沙县全域旅游集散中心（田汉戏剧艺术文化园）项目、长沙县人民医院建筑方案设计和北京师范大学长沙附属学校新建工程等一批重点项目招投标工作。

【管理招标代理库】 实行招标代理机构备案制度，有 89 家代理机构报名登记。制定长沙县 2017 年政府投资建设项目招标代理机构考核管理规定，业务分配方式由“按轮次随机抽取”调整为“各业主单位可从长沙县 2017 年政府投资建设项目招标代理机构登记名单中随机抽取符合资质和等级要求招标代理机构或者直接委托。”加强代理库专职人员管理，强化专职人员责任制，实行代理项目“一标一考”。不及格项目招标代理机构将予以暂停 3 个月承揽长沙县财政投资项目招标代理业务资格，不及格项目满 2 个取消承揽 2017 年长沙县财政投资项目招标代理业务资格。

【规范集采工作】 制定《集采机构工作标准和操作规程》，规范采购活动，提升内控意识，确保集采公平。依据财政部办公厅财库〔2016〕125 号文件精神，长沙县政府采购公开招标将相关主体信用查询记录纳入招标文件评审范围。通过对采购过程中恶意投诉、提供伪造虚假材料、假冒伪劣产品履约、评委不公等诚信缺失行为给予取消、禁止其参与政府采购活动处罚，有利于形成“一处违规、处处受限”信用机制，净化长沙县政府采购市场。

【政府购买服务】 2017 年，10 万元以上服务类项目总数 175 个，其中公开招标 63 个，竞争性谈判 55 个，单一来源 53 个，竞争性磋商 4 个总计金额 2.7 亿元。制定承接业务前签订委托协议书、采购需求表制度；长沙县特殊服务类项目如规划类项目从省综合专家库中抽取，保证评委专业性及对口性。加强对四定点工作日常监管，全年定点加油 828.57 万元，定点保险 261.58 万元，定点维修 674.53 万元，定点印刷 815.89 万元。

【公共资源交易】 全年完成交易项目 800 多宗，成交额约 80 亿元。发布招标、采购和中介等各类业务信息 6000 多条；完成项目部关键岗位人员在建查询 22000 余人次、关键岗位销号 120 余项目次；录入省住建厅报建信息 170 个标段；接受咨询服务 10000 多人次。按规定为约 300 个工程建设和政府采购项目抽取专家评委；完成中介机构库抽取服务项目 100 余个。

【公共资源交易平台】 根据《关于招标采购工作暨县级公资源交易平台撤销工作调度会议纪要》（长县政纪〔2018〕10 号），适当调整人员，妥善安置财物，将公共资源交易中心部分场地划转到县政务中心，部分办公家具和相关设备也划转至县政务服务中心，其余资产保留在长沙县招标采购局，作为集中采购非标项目等市公资源交易目录外项目开评标所用。

（余　杰）

信访工作

【概况】 2017 年，长沙县接待群众来信来访 2915 人次，其中，进京非访登记 41 人次，劝返和协调 230 人次；到省上访 67 批 179 人次；到市上访 26 批 164 人次；到县上访 914 批 2531 人次。接收国家、省、市信访局转下案件 1348 件；网上投诉件 863 件，责任单位及时受理率和到期办结率 100%，网上信访事项办理效率提升。全年未发生极端恶性事件和重大舆情事件。

【开展信访积案化解】 开展信访积案清零“百日攻坚”行动，市交办 11 件信访积案实行由县级领导帮促化解，安排 18 个镇街聘请 24 名“五老”人员参与化解工作。11 件化解 10 件，打击处理 1 件，完成率 91%。

【领导干部接访活动】 7 月 1 日起，加大领导接访密度，每个工作日安排一名县级领导公开接访，并接受省联席办视频督查和市信访局 2 次现场督查。接访工作，该县以政府购买服务形式，聘请律师参与信访接访工作，为信访群众和工作人员提供法律咨询服务。全年，该县接待来访群众272批553人次。

【开展群众工作】开展“一推行四公开”群众工作；派驻985名干部充实群工队伍；落实“与群众交朋友，帮基层解难题”主题活动和群众工作日机制；开展群众工作专题培训，全年召开3次业务指导会议和2次绩效考核工作部署会；规范群工站阵地建设，定期开展群众工作督查。全年，该县群工队员走访群众146711户，各群工站召开群众反映问题调度交办会378场次，收到群众反映问题6032件，解决群众反映问题5997件，承诺办事622件，开展群体性活动1200余次，结对帮扶困难群众1534户，联点驻村单位提供帮扶救助建设资金290万元。

（范　沙）

政务公开与政府服务

【概况】2017年，长沙县政务中心受理并办结各类政务服务事项144.8万件，比2016年增长34.7%，实现资金流123.7亿，电话回访办事群众867人，满意率99.9%。

“放管服”改革。重新梳理编制政务服务事项目录：该县152项行政审批、70项行政确认、129项其他行政职权事项编制流程清单并上线，152项行政许可、69项行政确认、126项其他行政职权事项进窗。推动政务服务标准化工作：出台《长沙县行政许可标准化实施方案》，对5大类948项政务服务事项进行清理，其中455项制定标准化办事指南和流程清单，行政许可和公服务事项两大类事项实施清单按省、市部署有序录入湖南省政务平台。继续推进商事制度改革：办理企业“五证合一、一照一码”18880户，个体工商户“两证整合”25413户；企业简易注销登记全面实行，全年办理简易注销登记28户；启动“四十三证合一”改革，将200多个工作日审批时限压缩至7个工作日完成，试行以来办理“四十三证合一”8户。不动产登记制度改革：率先在全省做到登记机构、登记依据、登记簿册和信息平台“四个统一”，率先在全省实现房、地、林整合发证全覆盖，实现“三个第一”，即颁发全国第一本农田水利设施不动产权证，全省第一本不动产权证（湖南省除试点外区域），全省第一本林权类不动产权证。创新服务方式：4月成立帮（代）办服务中心，对进驻政务大厅612项政务服务事项开展帮办、代办服务，日均帮（代）群众事项2000多条；进一步理顺投资项目“并联审批”机制，在社会和政府投资项目48和68个工作日基础上实现再优化再提速，如“百联奥特莱斯购物广场”项目只用22个工作日就完成全部审批流程，跑出新“长沙县速度”。

12345市民服务热线工作。2017年，该县12345市民服务热线办理求助、举报、投诉类工单11286件，比2016年增长90%，办结率100%，平均回访满意率97.67%，比2016年提升2.86个百分点，签收及办理工单总量占长、望、浏、宁四区县（市）之和近50%，排名第一。

政务公开。2017年，牵头制定《中长沙县委办公室长沙县人民政府办公室〈关于全面推进政务公开工作实施意见〉通知》，明确“公开为常态、不公开为例外”原则，“五张清单”（权力清单、责任清单、流程清单、负面清单和行政审批中介服务事项清单）和“互联网+政务服务”重点抓手，推进行政决策公开、执行公开、管理公开、服务公开和结果公开，着力打造“阳光政府”。运用“大数据”“云平台”“移动互联网”，实现“信息多跑路，群众少跑腿”。全年，县政府门户网站发布信息34215条，公布政府部门权利清单3572项，责任清单2453条。其中，“政府信息公开栏目”发布12310条，“部门信息公开栏目”发布9093条，“重点领域政府信息公开栏目”发布3527条，“政务服务信息公开栏目”发布5061条，其它栏目发布4224条。全年受理依申请公开74件，其中书面申请受理20件，网上申请受理54件，均按时向申请人答复，全年无依申请公开引起行政诉讼败诉。

政务大厅服务。全县612项政务服务事项按照“应进必进”原则全部进县政务中心窗口办理，实现“两集中两到位”改革。自来水、燃气、移动、金融机构等便民企业进驻中心后，根据群众需求，中心新引进公交IC卡和交通违法处理窗口，进一步完善便民生态系统，提供群众“一站式”服务。加强大厅日常管理，日巡查、月考核、季讲评、年评优方式强化大厅管理。修改完善值班巡查制度、人员考勤制度，全年组织开展日常巡查824次，开展窗口工作讲评4次，每季评选红旗窗口8个，管理之星6人，业务能手10人，服务明星12人。中心收到锦旗28面，感谢信11封。同时，意见本上群众点名表扬110余人次，全年接到有效投诉2起，为全市最低，窗口工作作风明显改善。

政务服务体系建设。投入2060

万元，建成标准化镇（街）政务中心4495平方米，其中8个镇（街）面积超过200平方米，另有8个镇（街）获评长沙市“乡镇（街道）政务服务中心标准化建设优秀单位”，完成镇（街）政务中心标准化建设工作。10月，全省率先完成县域内181个村（社区）一站式便民服务站规范化建设工作（除16个村因拆迁尚未建办公区除外），标志着长沙县三级实体政务服务体系规范化建设工作初步完成。

【长沙县政务服务暨优化经济发展环境工作会议】 4月20日下午，长沙县政务服务暨优化经济发展环境工作会议在开源大剧院召开。会上，县政务中心主任王文凯就2016年长沙县政务服务工作向大会作报告。2016年是县政务中心迁址运行第一年，2016年中心办结各类政务服务事项110多万件，成为全省首个业务量破百万件县级政务服务中心，同时打响“政务之窗”“星沙政务”宣传品牌。县政务中坚持“审批提速、服务提质、效能提升、监管提效”，全力打造高效政务服务环境和优质经济发展环境：中心政务大厅设立“并联审批总窗”，建立并联审批机制，分别用68个和48个工作日完成政府、社会投资项目审批；不断优化商事登记流程，企业登记由法定15个工作日压缩到2.5个工作日，个体工商户登记时间由7个工作日压缩到1个工作日；不动产窗口在全省第一个将登记和交易职能一并整合并对外合署办公，颁发全省第一本不动产权证书（除试点区域外），全年办理不动产证8万余本，占全省办证总量25%。

【成立帮（代）办服务中心】 4月，县政务中心创新服务方式，设立帮（代）办服务中心，明确机构和人员编制。在县政务大厅设置1个总台、7个分台开展帮办、代办、全程代办服务，为行政相对人提供“保姆式”服务。帮（代）办服务日均接受办事群众咨询2000条，引导和办事300余件。成立半年多来为群众帮（代）办事项5万多件，提升群众办事体验感和改革获得感，优化该县经济社会发展环境。

【成立长沙县“12345”市民热线服务中心】 2017年，为进一步整合优化长沙县各职能部门公服务与投诉举报热线平台功能，提升政府部门对外服务热线服务效能，中心牵头制定《长沙县市民服务热线整合工作实施方案》并通过县政府常务会，拟对全县18条上级部门服务热线和13条县级部门热线进行整合，推动“一号管服务”热线工作改革。新成立长沙县“12345”市民热线服务中心，为政务中心二级机构。（张　颖）

电子政务

【概况】 2017年，长沙县组建全省首个数据统筹机构（长沙县大数据中心），为县人民政府管理正科级事业单位，统筹职能和人员配备得到全方位强化。成立由县长任组长，副县长任副组长，20多个县直重点部门负责人为成员新型智慧城市建设管理应用领导小组，领导小组办公室（县智慧办）设在县大数据中心，由大数据中心主任兼任常务副主任，全面统筹推进长沙县新型智慧城市建设。

长沙县政务云平台（一期）基本建成，配置有13台物理服务器，内存容量3.22T，存储容量296T，部署防火墙、漏洞扫描、日志审计、数据库审计、负载均衡、防病毒软件等安全资源。县政务云平台内外部数据中心、党政专网数据中心有32个部门业务系统迁入，计上线虚拟机122台。包括综合执法平台、政府网站集群、医保系统、行政审批平台、清风星沙综合平台、一站式平台等业务系统。各部门不再再修建新机房、不再采购服务器等硬件资源，由政务云平台提供统一支撑。所有县直单位、镇（街道）、村（社区）、学校（医院）、站所（中队）完成整合接入，政务网络接入点到800多个，接入电脑终端约2万余台，出口带宽2.4吉。基层工作平台、数字城管平台、卫生信息平台、数字档案管理平台、党员干部现代远程教育平台、财政村组账务平台等100余套业务系统依托于政务网络运行。全县统一数据享交换平台建设完成。清理县内各部门数据资源，利用智慧监督（清风星沙综合平台）建设契机，整合组织部、编办、公安局、国土局、行政执法局、交警大队、工商食药监等部门数据。并下发《长沙县政务数据资源享工作实施方案》建立建享和建公用机制，梳理完成55个部门数据资源目录，整合1210张数据表、16802个指标项、3000多万条数据记录，初步搭建人口、法人、地理空间、视频资源、城市管理等基础数据库，为新型智慧城市各级应用系统提供有力支撑。

2017年，县政府门户网站对外发布信息36803条，上传发布到长沙市政府门户网站信息3313条，“领导信箱”收到来信3215封，办结回复3215封，回复率100%。是年，县政府门户网站获得“中国政府网站领先奖”“中国外文版政府网站领先奖”“湖南省优秀政府网站”。

（县大数据中心）

中国人民政治协商会议长沙县委员会

Changsha County Committee of the CPPCC

责任编辑　张　娜

综　述

【概况】2017年,县政协全面践行"和谐政协、有为政协、活力政协、效能政协、品质政协"履职目标,全年召开全体委员会议1次,常委会议5次,主席会议15次,听取全县经济社会发展、提案办理等情况通报,开展发展全域旅游等多个课题考察调研,举办专题协商2次、专委会对口协商4次、重点提案办理协商活动8次,开办政协委员集中培训会1次、政协工作者履职能力提升专题班1期,委员小组主题学习30余次,征集立案提案119件,反映社情民意信息23条。

重要会议

【政协长沙县第九届委员会第二次会议】2月26日至27日,政协长沙县第九届委员会第二次会议在星沙开源剧院举行。县政协主席王益枝作政协长沙县第九届委员会常务委员会工作报告。唐杨松、向敏、齐迎美、陈铮、徐玲5名委员作参政议政发言。法制提案委主任陶自立报告政协长沙县第九届委员会第二次会议提案初审情况。委员听取和讨论政协工作报告、提案工作报告、政府工作报告及其他工作报告。会议增选政协第九届常务委员会委员。县委书记曾超群致大会闭幕词。

【政协长沙县第九届委员会第二次至第六次常委会议】2月20日,政协长沙县第九届委员会举行第二次常委会议。会议对增补常委候选人情况进行说明,审议通过委员辞免、增补委员和有关人事任命工作,讨论通过《政协长沙县委员会2017年度镇(街道)政协工作联络处及县直机关委员活动小组履职考评细则(草案)》,审议通过《政协长沙县委员会2017年工作要点(草案)》、政协长沙县第九届常委会工作报告(征求意见稿)以及政协长沙县九届二次会议筹备工作情况。

4月11日,政协长沙县第九届委员会举行第三次常委会议。会议听取关于行政区划调整情况通报。

7月27日,政协长沙县第九届委员会举行第四次常委会议。会上听取关于长沙县人民政府上半年政情工作通报、政协长沙县委员会上半年工作情况通报、《政协长沙县第九届委员会委员履职考核办法》情况说明。常委们进行讨论发言。

9月29日,政协长沙县第九届委员会举行第五次常委会议。会议听取县政府关于九届二次会议以来提案办理工作情况通报、长沙县卫计局关于长沙县人民医院合作办医工作情况汇报,审议通过县政协委员辞免及有关人事任免安排。

12月20日,政协长沙县第九届委员会举行第六次常委会议。会议听取县人民政府关于2017年政情工作通报,审议通过县政协九届三次会议筹备工作情况、全会召开日期、委员辞免、增补县政协常委正式候选人建议名单、政协长沙县第九届常委会工作报告(草案)、政协长沙县九届二次会议以来提案工作情况报告(草案)及政协长沙县委员会2018年工作要点(征求意见稿)。

主要工作

【概况】2017年,县政协切实增强政治把握力、履职影响力、实践创新力和组织凝聚力,增进改革共识,汇聚发展合力,助推民生改善。

【专题协商】开展"全域旅游"政协常委会专题协商。前往浙江、福建、山东、江苏学习考察,召开委员界别组座谈会、专家咨询会,广泛听取各方意见,对县域内91个单体旅游资源项目、40余个旅游商品进行分析,历时120余天进行调研报告起草和修改,提出塑造"田汉文化地标""一核·四带·六区"空间布局、"1+4+10"项目体系、"业态融合"体系、"快进慢游"旅游交通网络体系、"遇见醉美星沙"精品旅游线路体系等建议。"全域旅游"调研课题成果汇报会上,5名县政协委员分别就项目、产业、人素质以及宣传营销等方面进行协商建言,《长沙县全域旅游发展规划》充分吸纳调研报告相关建议,为构建"产业就旅游转、产品就旅游造、结构就旅游调、功能就旅游配、民生就旅游兴"全域旅游新格局贡献政协智慧。开展"停车难、停车乱"治理工作,组织委员广泛调研,借助专题协商从扩容盘活停车位、规范城区停车秩序、清理"僵尸车"以及违规停靠工程车、解决地下车位供需矛盾等方面献计献策,协商报告获县委书记批办,住保局、交警大队、行政执法局落实相关建议,实现委员声音转化为民生举措。

【对口协商】结合九届二次会议提交参政议政发言,就星沙交通枢纽中心建设、旅游人才一岗一训、黄江经济板块民生问题、田汉文化进校园等议题,与县直相关单位开展对口协商,助推部门工作提升。发改局针对"星沙交通枢纽中心建设"协商报告,确定星沙交通枢纽中心为2018年政府投资计划预备项目。旅游局就"旅游人才一岗一训"协商报告,结合精准扶贫工作,实施旅游人才培训计划。教育局就"田汉文化进校园”协商报告，将田汉文化纳入德育教育工作体系。就“黄江经济板块民生问题”协商报告，县住保局、县规建局、县卫计局、县公安局、县教育局充分吸纳相关建议意见，实现委员建言转化为民生成果。

【提案办理协商】把协商贯穿于提案办理全过程，着力推行县委县政府领导领办重点提案高层协商机制，发挥重点提案办理协商带动作用。就县委书记领办“完善临空经济区服务业”重点提案，空港城管委会、教育局、商务局、民政局、卫计局、综保区、黄花镇实地调研临空经济区社会服务业配套情况，制定相关工作方案；就县长领办“创新城市社区基层组织建设”重点提案，民政局制订《进一步加强社区居民小组工作业务指导意见》，住保局建立社区居委会、业主委员会、物业企业“三方联动机制”。就“关于构建区域交通网络，加快星沙交通枢纽中心建设建议”“关于让县域企业参与到PPP盛宴中来，做大做强县域建筑业企业建议”“加快开发麻林温泉，引爆长沙县旅游产业”“关于打造百熙文化品牌，发展乡村全域旅游建议”“关于落实基本公共卫生服务均等化，确保群众就近享受优质服务建议”“关于在松雅湖滨湖路段设置地下通道建议”等重点提案开展办理协商，产生办理效果。大力推行一般提案办前沟通、办中互动、办后回访协商机制，统筹一般提案全面办理，实现提案办复率100%，促进解决一批人民群众最关心、最直接、最现实利益问题。

【议政建言】县政协九届二次会议期间，5名县政协委员分别就“全面激活全域旅游发展新引擎”“打造田汉文化新地标”“实施旅游人才‘一岗一训’工程”“高度关注黄江经济板块打造过程中民生问题”“加快建设星沙交通枢纽中心”等方面作大会参政议政发言，11名政协委员就县域北部创新创业、基层优质医疗服务、规划新兴文化产业区、大力发展实体经济等方面作联组发言，有关建议为县委、县政府科学决策提供重要参考。

【视察献策】就“长沙临空经济示范区建设与发展”暨“金点子”征集开展常委会视察。唐杨松、何学东、张咏、刘义红、李辉、罗新跃6名政协委员聚焦循环交通路网、国际商品贸易中心、航天航空主题乐园等方面建言献策，省政协常委、省政协经科委主任吴金明出席座谈会并全面分析研究长沙县临空经济发展面临新形势、新对策。会后，就这一主题，政协委员纷纷建言献策，报送“金点子”80余条，体现委员们主动融入“二次创业”主战场强烈意识，为长沙县临空经济发展贡献智慧。就县城污水处理工程建设、引进优质教育资源合作办学、毛塘工业园区建设、社会组织工作、公安工作信息化建设等民生议题开展政协主席会议成员视察，提出许多建设性意见建议。组织驻县省、市政协委员视察县域经济发展与建设工作，增进省市县三级政协委员对长沙县经济社会发展情况了解，推进三级政协委员工作互动。

【编辑《长沙县历史文化丛书》】围绕县委书记曾超群“全面摸清家底、全面提炼主题、全面营造氛围、全面服务产业”编撰要求，历史文化资源为主线，按照历史、人物、山水、民俗、文艺为章节，融历史性、思想性、知识性、资料性于一体，编辑《长沙县历史文化丛书》，多角度反映县域浓郁历史文化底蕴、独特自然山水风光，凸显县域文化多样性和厚重感。

【畅通民意】就民生热点话题，采用民主监督与舆论监督相结合方式，联合县电视台、星沙时报开设“委员话民生”专栏，借助新闻媒体传递委员意见建议，促进民生问题得到解决；针对“城乡基本公共卫生服务均等化”话题，卫计局实施“乡村医生月度集训”工程、免费提供12大项46小项国家基本公共卫生服务项目；针对“提高市民素质、提升城市形象”话题，文明办发起不文明行为随手拍活动，激励市民参与城市文明建设。大力推进“智慧政协委员工作室”建设，以湖南政协云平台为依托，建成线下“社区智慧政协委员工作室”4个、线上委员个人工作室6个，延伸政协工作触角，尝试基层民主协商“最后一公里”。充分发挥社情民意直通车作用，全年共编发社情民意信息专报23期，省、市政协采用13期，市委、市政府领导批办7期；其中，唐杨松撰写《京港澳高速长沙段制约城区扩容亟待优化》社情民意，获市委副书记徐宏源批示，王希宁撰写《基层医疗卫生机构产科建设亟待加强》社情民意，获副市长陈中批示。

【服务民需】落实省政协“三个一”扶贫行动工作要求，主动投身扶贫攻坚主战场，启动“精准扶贫·委员助力”主题活动，开展产业扶贫、就业扶贫、安居扶贫、助学扶贫，杨胜伟依托花卉苗木产业带领贫困户产业脱贫，易兴伟提供就业岗位帮助贫困户就业增收，刘向平购置建材、生活用品帮助贫困户搬进新居，全县政协系统235名政协委员联系贫困户240户，捐款捐物110余万元，在攻坚扶贫中体现政协力量。长沙县特大洪灾发生后，主席会议成员第一时间奔赴防汛救灾一线，靠前指挥、调度协调、排忧解难；全县各级政协组织和广大政协委员响应，有210人次政协委员和政协干部参与抗洪救灾、灾后重建；涌现出易丹、赵景春、曹奔、程婧捐资捐物、周卫东深入灾区义诊、陈利平到灾区开展防疫、泉塘街道政协委员小组爱心捐赠感人事迹，在抗洪救灾中彰显委员风采。（周　思）

纪检·监察

Discipline Inspection and Supervision

责任编辑　张　娜

综　述

2017年，长沙县协助县委出台“两个责任”任务清单，制作个性化主体责任履责纪实手册。全面推行“三书”制度，下发交办书17份，督促县委、县政府领导班子成员带头落实“一岗双责”要求。建立党风廉政建设主体责任提醒制度，定期发送手机短信进行提示，严格实行履责痕迹化管理，加强约谈和检查考核。坚持失责必问、问责必严，问责2个单位、18名党员干部，下发典型案件通报2期。启动实施“清风星沙三年行动计划”，全力打造“清风星沙”综合平台，实现党员干部廉洁指数评价体系与“互联网+”体系平台建、数据享。制定《长沙县2017年作风建设工作方案》，不断完善单位自查、片区互查与暗访督查相结合作风建设长效机制。深挖细究“四风”问题、优先查处，给予党纪政纪处分117人，问责处理20人，通报典型案例9期。下发《关于严肃落实“马上就办”精神纪律要求通知》，对不作为、慢作为、乱作为等问题进行严肃查处，处理党员干部95人次。强化正向激励，旗帜鲜明地为改革者撑腰、为干事者鼓劲、为担当者担当，及时为61名党员干部核实澄清不实信访举报，对411名受到纪律处分或问责处理党员干部实施“清风星沙·重焕激情温暖工程”。加大执纪审查力度。出台《问题线索管理办法》，登记各类问题线索1134件，同比增长353.27%，开展初核489件次，谈话函询664人次，分别同比增长113.72%、2817.39%。运用“四种形态”比例分别为72.38%、20.87%、5.41%、1.34%，结构比例更趋合理。推行片区协作办信机制，排查办结村级信访举报194件，签订双向承诺书25份，开展阳光处访11次。坚持“零容忍”态度惩治腐败，查处党员干部违纪案件346件346人，同比增长53.1%，其中副科级以上党员干部30人，移送司法机关处理16人。严肃查处县创业富民办原主任罗某、黄花镇重点办原工作人员胡某平，以及市纪委交办望城区城建投资公司原董事长郭某、市人社局信息中心原主任杨某等一批有影响大要案件。严格执行换届纪律，查处违反换届纪律案件4件7人。严肃办理中央和市环保督察组交办重点信访问题22件，问责处理95人次，其中党纪政纪处分7人。出台《关于脱贫攻坚工作责任追究暂行办法》及精准扶贫工作“十个严禁”，查处扶贫领域突出问题3件9人。发挥案件治本作用，针对案发单位在重点领域、关键环节、内部监管等方面存在突出问题，下发监察建议书11份。推进专项整治工作。查处“雁过拔毛”式腐败问题206人，“四风”典型问题117人，分别同比增长67.48 %、148.93%，查处“小官大贪”案件60人，通报典型案件16期201人，其中松雅湖小学利用组织研学旅行活动集体收受劳务费案、周某某案等9件典型案件被省市纪委通报。建立领导干部及其配偶、子女及其配偶参与涉矿等经营性活动电子档案，收集相关信息12456条。对市审计移送有关危房改造、家庭农场、高龄补贴等领域问题线索，严格把准执纪尺度，给予党纪政纪处分49人，组织处理111人，移送司法机关处理1人。采取单位自查、重点抽查和个别核查相结合方式，对2014年以来全县水稻种植保险投保、申报、理赔和资金使用情况，以及农村水利资金拨付、管理和使用情况，进行全面集中排查，发现问题线索均按程序进行处置。深化纪检监察体制改革。组建县委巡察机构，出台《中长沙县委巡察工作办法（试行）》《中长沙县委巡察工作流程（试行）》《2017年—2021年县委巡察工作规划》等制度文件。第一轮对8家县属国有企业巡察，发现问题线索82件，移送县纪委37条问题线索全部进行调查处理，党纪处分4人，问责处理4人；第二轮对6家县直单位巡察工作，进入问题汇总阶段。加强派驻机构建设，出台《关于加强县纪委派驻机构建设实施意见》《县纪委派驻纪检组组长、副组长提名考察办法》等派驻机构改革文件，设立13家派驻纪检组，实现对67家县一级党和国家机关派驻监督全覆盖。全面落实中央统一部署和省委、市委有关要求，县委抓牢主体责任，县纪委主动负起专责，稳妥推进人员转隶、机构设置、编制划转、合署办公等各项监察体制改革试点工作。全面加强纪律教育。全面实施“清风星沙·廉洁文化特色品牌建设”三年行动计划，开展“清风星沙”LOGO征集评选活动，开通“清风星沙”微信公众号，在县电视台、星沙时报开设“清风星沙”专栏，及时播报廉洁资讯。组织开展党员领导干部廉洁从政警示教育大会、参观市廉政警示教育基地、观看警示教育片及旁听法院庭审等活动，加强廉洁从政教育。打造廉洁主题公园、清风公交线、清风校园示范点等廉洁文化标志性工程，推出黄兴、徐

2017年2月9日，召开中共长沙县第十三届纪委第二次全会

（星沙时报 提供）

【长沙县纪委召开专项整治工作推进会】 8月31日，长沙县专项整治工作推进会召开，对五个专项整治工作进行具体安排部署。长沙县委常委、纪委书记胡维龙，副县长毛葵参加。会上，县教育局、县人社局、县农林局、县水务局相关负责人分别就违规征订教辅材料问题专项整治、国家公职人员违规参与涉矿等经营性活动专项整治、扶贫领域突出问题专项整治、水稻种植保险专项整治、水利资金”雁过拔毛”式问题专项整治等工作进行全面部署。

特立、许光达等先辈前贤廉洁文化故事系列报道。发放家庭助廉倡议书，征集廉洁家书、家风故事1000余篇，举办“清风颂”弘扬好家风诵读活动。组织开展廉洁书法作品创作和廉洁诗词大赛，拍摄廉洁微电影《素宴》《捍卫》，宣传正面典型，弘扬传播正能量。健全完善“工作一体推进、人员一体调度、绩效一体考评、活动一体开展”片区协作工作机制。制定《长沙县纪检监察干部考核评价办法（试行）》，做到“一季度一考核一通报一讲评”。举办委局机关业务讲坛，完善跟班学习、以案代训、委托培训等人才培养计划，组建5类综合性人才库和1个后备干部人才库。加强内部监督管理，建立办案回访、廉洁家访、干预办案报备等制度，严肃查处纪检监察干部违纪问题，给予党纪处分11人，问责处理5人，谈话函询8人，坚决防止“灯下黑”。下发《关于加强村（社区）纪检监督组织建设通知》，实现村（社区）纪检小组与村（居）务监督委员会联合办公，夯实村级纪检监督组织基础。

重要会议

【中共长沙县第十三届纪委召开第二次全会】 2月9日，中共长沙县第十三届纪委第二次全会召开，会议深入学习贯彻习近平重要讲话和中央、省、市纪委全会精神，总结2016年党风廉政建设和反腐败工作，安排2017年工作任务。长沙经开区党工委书记、长沙县委书记曾超群出席并讲话，县委副书记、县长张作林主持会议。长沙县委常委、县纪委书记胡维龙代表县纪委常委会作题为《保持高压态势深化标本兼治 坚定不移推动全面从严治党向纵深发展》工作报告。

【长沙县召开半年度纪检监察工作讲评会】 7月20日下午，长沙县纪委召开半年度纪检监察工作讲评会。县委常委、县纪委书记胡维龙出席并讲话。会上，4个单位作书面典型发言，并随机抽取2个单位汇报上半年工作情况和下半年工作打算。会议通报全县纪检监察系统半年度考核结果并进行讲评。

重要工作

【长沙县全面实行“三书”制度】 2017年，全面推行“三书”制度，下发交办书17份，督促县委、县政府领导班子成员带头落实“一岗双责”要求。市委《长沙要情》推介长沙县“三书”制度做法。“三书”是指交办书、工作建议书、报告书，实施对象为县委、县政府领导班子成员及县委认为应当实施的其他对象。

【推进监察体制改革试点工作】 11月20日，长沙县成立深化监察体制改革试点工作小组，开始开展深化监察体制改革试点工作。12月18日，长沙县下发《长沙县深化国家监察体制改革试点工作实施细则》。12月28日，长沙县纪委在第二综合办公楼二楼会议室召开长沙县监察体制改革试点工作转隶人员见面会。县委常委、县纪委书记胡维龙出席。胡维龙对新同事加入表示热烈欢迎。同时，胡维龙要求全体人员要切实提高政治站位、政治觉悟，把思想和行动统一到中共中

2017年12月28日，长沙县监察体制改革试点工作转录人员见面会
（星沙时报 提供）

央精神上来、统一到中央和省市县委决策部署上来；要牢牢把握监察委职能职责，并对三大职能三大职责进行详细讲解；要下大力气推动全面融合，进一步强化“进一家门、成一家人、说一家话、干一家事”意识，促进思想、理念、感情、工作深度融合，要以真诚态度欢迎新战友，以饱满热情和昂扬斗志投入到新工作之中，以虚心学习实现新提高，成为既掌握“纪言纪语”又掌握“法言法语”、既懂纪又懂法纪检监察人员，以过硬作风展示新形象，全面提高履职能力。（田　甜）

群众团体·工商联

Mass Organization & Association of Industry and Commerce

责任编辑　张　娜

2017 年 3 月 7 日，在金井镇茶香小镇举办趣味运动会（县文广局 提供）

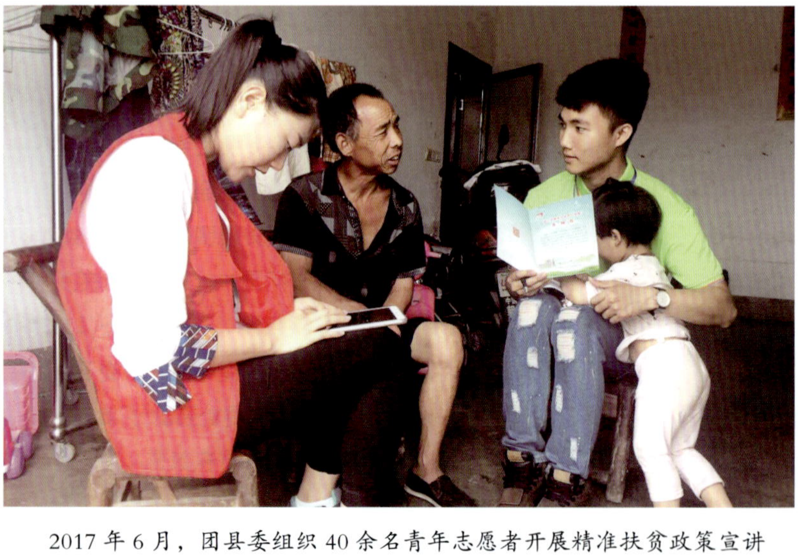

2017 年 6 月，团县委组织 40 余名青年志愿者开展精准扶贫政策宣讲（共青团长沙县委 提供）

长沙县总工会

【概况】2017年，县总工会下辖34家工会联合会（镇、街道18个，县局15个，企业1个），直属基层工会10个，全县有基层工会2615家，工会会员11.23万人。全县新建基层工会389家，发展会员18216人，新发展农民工会员15787人。全年签订工资集体协商协议783份，涵盖企业552家，覆盖职工3万余人。开展"五型"模范职工之家创建工作和"十百千"活动。举办系列弘扬劳动精神、劳模精神活动，开展2017年长沙县、经开区召开劳模表彰大会暨"匠人·匠心·中国梦"劳模大讲坛活动；组织47名劳模代表分两批前往河北省总工会温塘工人疗养院参观学习；开展系列帮扶活动，全年帮扶困难职工2200人次、210万元。组织2.5万职工参加职工医疗互助，女职工特殊疾病保险投保1.38万人；组织慰问1600余名高温作业企业职工、执勤交警、重点工程项目建设者；金秋助学"三个一"活动73名困难职工子女大学生发放助学金29.2万元。全县有35家企业获评"长沙县企业社会责任建设示范单位"。教育培训，9月，浙江大学继续教育学院举办优秀企业工会主席培训；11月，县委党校举办学习贯彻落实中共十九大精神工会干部培训。创新文体活动提升职工身体素质，举办全县女职工趣跑挑战赛、职工篮球赛、业余篮球赛、足球赛，开展"女职工素质教育大讲堂"免费课程。借助新媒体扩大工会工作影响力，充分运用长沙县总工会门户网站、长沙县总工会公众微信平台、《星沙时报》、长沙县电视台等新闻媒体资源，展示工会时代风采。

2017年4月28日，"匠人·匠心·中国梦"劳模大讲坛活动在明城国际大酒店举行 （县总工会　提供）

【举办"匠人·匠心·中国梦"劳模大讲坛活动】4月28日，由长沙市总工会和长沙县、长沙经开区总工会联合举办2017年长沙县、长沙经开区劳模表彰大会暨"匠人·匠心·中国梦"劳模大讲坛活动在明城国际大酒店举行。表彰会上，长沙经开区党工委委员、纪工委书记周志远宣读劳模表彰决定，长沙经开区党工委书记、中共长沙县委书记曾超群等区县领导向10名经开区劳动模范、1名突出贡献劳动模范颁奖。长沙经开区党工委书记、中共长沙县委书记曾超群在致辞中向为县区改革发展稳定做出突出贡献广大劳动者，致以节日问候和崇高敬意。该次"匠人·匠心·中国梦"劳模大讲坛活动，四位劳模分享自己劳动故事，用亲身经历向广大职工展示劳模风采，赢得现场与会者阵阵掌声。长沙县总工会"匠人·匠心·中国梦"劳模大讲坛，在全县大力弘扬劳模精神、劳动精神、工匠精神，激励广大职工撸起袖子加油干，汇聚起强大正能量，展现工人阶级时代风采，为长沙县"二次创业"提供大批有一技之长产业大军。 （李　莎）

共青团长沙县委

【概况】2017年，共青团长沙县委开展雷锋故事、事迹宣传、传播。"学雷锋、讲文明、树新风"黑板报评比活动、"一路锋景，温暖同行"学雷锋活动等，深化青少年学生思想道德养成教育。开展"追寻田汉足迹，共建文明家园"青春随手拍活动，吸引县内外千名团员青年踊跃参与；组织青年志愿者参与"田汉家乡传承田汉精神"主题教育活动，发出《传承田汉精神倡议书》，引导青少年传承田汉精神，坚定文化自信。举办"五月鲜花·飞翔青春"全县团员青年纪念建团95周年文艺会演活动，展示青年风采、青春梦想。活动中开设"团团微分享"环节，给团员青年们分享青春奋斗故事，凝聚做合格团员青春力量。举办"弘扬五四精神·凝聚青春力量"全县机关青年拔河比赛，53支队伍700余青年参加比赛，展现机关青年集体团结协作精神，倡导全民健身和低碳生活理念。开展2017年长沙县第二届"践行雷锋精神·共建文明家园"公益项目展评活动，41家公益组织参与展评，广泛凝聚专业性更强公益社会组织，更好服务于长沙县重点群体、社区发展、两型社会构建、社会和谐、社会风尚引领等领域。组织青年志愿者1500余人，参加文明创建交通文明劝导志愿服务活动。指导城区各“雷锋号”志愿者工作站开展规范化建设，着重对提质提档社区开展实地督查、指导。组织青年志愿者积极服务湖南省第54个学雷锋日暨第5个湖南志愿者日纪念活动、全国畜禽养殖废弃物资源化利用现场会、全国果菜茶经验交流会、精准扶贫入户调查、“排队日”“礼让日”等一系列志愿服务活动。全年开展志愿服务40余场次，推动志愿服务常态化、长效化，让文明形象点亮星沙。组织50余名青年志愿者，团县委全体班子成员、党员干部共同参加，集中利用15天时间，对金井镇贫困户、帮扶责任人781人开展全覆盖电话调查，开展贫困户604户全面入户调查。梳理精准扶贫工作中问题，帮助整改，确保精准扶贫工作扎实有效。组织青年文明号集体开展“一对一”精准帮扶。承接举办全市第八届“杜鹃花开·情满星城”爱心公益项目博览会，49家单位参加爱心义卖和公益项目展示，募集爱心款28万余元，助力精准扶贫。主动对接长沙县驻龙山扶贫工作队，对口帮扶爱心项目，捐助5万元用于改善龙山县水田坝镇中小学校教学设备、学习条件。组织大学生志愿服务团队赴龙山县开展“三下乡”精准帮扶，开展家电义务维修和电商平台建设等项目，切实精准施策、精准帮扶。组织动员各单位团组织和公益性社会组织团队近千人，成立抗洪抢险青年突击队30余支，积极参与县内抗洪救灾工作。同时，参与“守护长沙·抗洪救灾”青年志愿者行动，联合广汽三菱团委、长沙银行星城支行和长沙县青年志愿者协会，招募爱心志愿者200余人，筹集食品、药品和日常生活用品等爱心物资20万元，帮助县内三个安置点受灾群众渡过难关。推荐7名创业青年参与湖南省青年创业项目申报，提供资金、技术等支持。开展青年岗位能手“喜庆十九大，岗位建新功”分享会，引导青年扎根岗位。开展青年企业家协会“走进会员企业，走进团员青年”活动，搭建青年企业家交流学习平台。开展农业青年创业者培训，提升技术技能。举办优秀职专毕业生分享会，帮助青少年学生更好进行职业规划。推动创建5家市级基层示范性团组织，全面开展村、社区团组织换届，及时整顿软弱涣散基层团组织，全面夯实基层团组织基础。认真学习、落实上级团组织中学、少先队改革精神，根据各中学团员发展情况，制定县内37所中学团员发展名额分配表，保持合适团青比例。探索建立“团干部＋社工＋志愿者”为重要力量工作队伍。加大团干培训力度，组织镇街骨干团干赴陕西省团校开展培训，举办村、社区团干部学习贯彻中共十九大会议精神培训班，开展少先队辅导员队课观摩学习。加大对青少年事务社工人才队伍建设和工作岗位开发。抓好微信、微博等功能优化升级和宣传内容供给，逐步打造“既能卖萌、又能办事”共青团网络文化精品。培育具有专业水准网络评论员、网络宣传员等网络文明志愿者，深入开展网络舆论斗争和引导工作。

【第二届“践行雷锋精神·共建文明家园”公益项目展评活动】 2017年，长沙县举办第二届“践行雷锋精神·共建文明家园”公益项目展评活动，41家公益组织参与展评。组织青年志愿者1500余人，参加文明创建交通文明劝导志愿服务活动，文明创建中展示文明形象和青年责任担当。指导城区各“雷锋号”志愿者工作站开展规范化建设，着重督查社区提质提档、指导。（陈　展）

长沙县妇女联合会

【概况】 2017年，县妇联搭建妇女创业创新平台，开展形式多样女性技能培训。美容美发美甲、湘绣、育婴师、纸艺女红文化等培训16场次380人；协助开慧镇建立开慧手工产品展洽中心，带动福临、金井、安沙等周边乡镇700余名妇女从事手工编织，实现居家灵活就业；为全县7447名建档立卡户女性建立工作台账，开通培训“绿色通道”，做到随到随学并指导安排就业。加强“三八红旗集体”“巾帼文明岗”标准化、规范化、品牌化管理，开展“三八红旗手”“最美女性”“最美创业女性”“最美志愿者”等评选活动；推动巾帼示范基地创建，并依托其开展巾帼精准脱贫行动，辐射带动300余名贫困妇女就业增收。年内县检察院公诉科获评“全国巾帼文明示范岗”，县妇联杨春艳获评全国维权工作先进个人，金茂路社区获评省级“示范家庭教育社区指导服务站”，泉塘街道文池珍获评“湖南省最美志愿者”，创建市级巾帼文明岗3个，市级最美巾帼志愿者、最佳服务项目各2个，创建市级巾帼创业示范家庭农场、市级巾帼现代农业科技示范基地各3个。

组织“三八”维权周活动，聘请专业律师作为法律顾问，为妇女儿童提供法律咨询，全年接待来电来访89起，结处率100％。开展“建设法治长沙·巾帼在行动”普法宣传活动，深入村（社区）、学校、楼栋送课10场，近2000名妇女参加。组织全县197个村社区成立“禁毒妈妈联盟”，广泛开展“拒绝毒品 呵护家庭”禁毒宣传进万家等系列活动。创新婚姻家庭矛盾纠纷调解机制。牵头协调综治办、司法、民政、财政等单位推进婚调中心建设，7月10日启动，受理婚姻家庭纠纷1048起，接受调解312起，调和102起，调和率32.7%，有效化解家庭矛盾，促进社会和谐稳定。率先全市颁布“十三五”妇女儿童规划，认真做好《规划》宣传培训和成员单位目标责任分解工作，协调并推动成员单位围绕妇女儿童发展规划中重难点指标办好民生实事，主要做法在市第六次妇女儿童工作会议上作典型发言；“伴随成长”公益项目、国际计划项目作为服务妇儿民生品牌工程抓好抓实，接受省市妇联和兄弟单位现场调研指导6次。

丰富活动载体。举行庆“三八”女职工跳绳比赛、妇女门球赛、环松雅湖慢跑比赛，组织女领导干部参加市九运会“公仆杯”跳绳比赛并获得排名第二、积分第一好成绩；开展“传家训·立家规·扬家风”传承季活动、“全民阅读进家庭”“巾帼心向党·喜迎十九大”“家庭助廉”等主题系列活动，开展家庭教育知识讲座下基层，为村社区送课104堂；深化“文明家庭”“最美家庭”“两型示范家庭”“平安家庭”等各类特色家庭创建活动，利用“长沙县妇联”微信、星沙时报、电视台等多方式对64户最美家庭进行宣传报道，传递家庭文化正能量。年内评选市级“文明家庭”5户，市“两型家庭”204户，县级“最美家庭”57户，“两型示范家庭”39户，“平安家庭”97户，青山铺镇熊壮家庭获评全国“最美家庭”。

关爱特殊群体。落实农村妇女“两癌”免费检查重点民生实事项目，有18276名妇女参加“两癌”免费筛查，完成率120.59%。配合县妇幼组织59717人参加妇女病普查普治，争取各级“两癌”救助金近18万元对48名“两癌”妇女进行救助；开展争做美德少年主题实践活动和“感受家乡美”庆六一拓展活动，开展留守儿童夏令营、流动儿童兴趣班，大学生志愿者暑期服务，社区青少年公益拓展训练营、“关爱雏鹰 呵护健康”预防儿童意外伤害知识公益讲座等儿童主题和春蕾助学活动，推进“母亲素质工程”，举办“星沙家长课堂”12堂；春节、“六一”期间对120名特困单亲母亲、90名困境儿童进行慰问，联系爱心人士与7名贫困大学生进行结对帮扶，每名大学生每年获学费资助5000元。县内招募104户爱心家庭与内蒙古科右中旗进行结对，开展不同形式帮扶活动。

率先全市制定改建工作模板，选定黄花镇黄花路社区作为改建示范点，召开改建观摩大会，以点带面推动村（社区）妇联“1+3+15”（1名主席、3名兼职副主席、15名执委）及镇（街）妇联“1+3+25”（1名主席、3名兼职副主席、25名执委）组织机构建设。全县197个村（社区）均召开妇女代表大会，全县选举产生197名村（社区）妇联主席、591名兼职副主席、2955名执委、11820名妇女代表；选举产生镇街兼职副主席55名、执委465名，全面完成执委充实工作。配备两名兼职副主席。落实全国妇联对妇联干部专职、挂职、兼职相结合干部队伍建设新要求，注重基层一线妇女代表、执委配备。全年3月召开县十四次妇女代表大会，选举产生县妇联第十四届执行委员会和新一届县妇联领导班子，选举配备两名兼职副主席，217名妇女代表中基层一线代表占比78.8%，31名执委中有16名来自基层一线，占比51.6%。落实党建带妇建制度。11月份与县委组织部联合下发《长沙县坚持党建带妇建，全面推进服务型基层妇联组织建设三年行动方案（2017—2019年）》，推动把妇建工作纳入党委党建工作总体格局，做到同部署同落实同督导；镇街妇联工作经费落实到位；推动镇街妇联组织区域化建设，全年10月份黄花镇进行先行先试，该镇在党政机关、事业单位、工业园区、社会组织、社区商务楼宇等领域建立妇女组织27个。

【公益家庭教育知识讲座下基层】 7月1日，全县开展100堂公益家庭教育知识讲座下基层活动。购买服务方式，委托长沙县幸福家庭教育指导中心具体执行，为全县所有村、社区家长学校送课。在课程设置方面，县妇联反复研讨、遴选，精心编制《长沙县妇联100堂公益家庭教育知识讲座下基层活动课程目录》，包括夫妻关系、家庭沟通、家长教育、孩子教育、心理健康、家庭建设六个板块40余堂精品课程供社区（村）家长学校“点菜”式选择。师资方面除本土优秀讲师外，还邀请十余位国内家庭教育优秀讲师到社区（村）授课，深受广大家长欢迎。

【崔卫燕一行到长沙县调研妇女发展工作】 10月31日，全国妇联妇女发展部部长崔卫燕一行到长沙县调研妇女发展工作。崔卫燕一行先后到开慧女红文化创客空间、杨开慧纪念馆、湖湘女红文化展洽中心，公庙参观三湘女杰展和湖湘女工文化传习所，并为湖南省巾帼巧手创业就业孵化基地揭牌。开慧镇湖湘女红文化产业基地是中国首个女性主题文化产业基地，该基地由开慧镇政府提供场地并给予项目支持，深度融入开慧镇旅游服务体系中，实现带动当地旅游文创产业发展与妇女居家就业，基地使用面积800平方米，由长沙县开慧女红文化创客服务中心专业运营。崔卫燕对开慧镇女红产业发展带动当地妇女就业所取得成效表示肯定。（阳迎军）

归国华侨联合会

【概况】2017年，县侨联为摸清家底，对全县县直单位、镇街的重点侨情摸底普查，所有情况分类汇总成台账。年初，原省民革副主委、黄兴的孙子黄伟明、重点华侨陈惠敏等归国留学人员20多人应邀参加长沙县"十三五"迎新春座谈会。加强与海内外侨团和侨领的联络联谊。接待英国、美国、日本、泰国等国家和地区华人华侨100多人，接待田汉侄女田伟一行、20世纪70年代在省茶叶研究所（原"731"）学习生活过的华裔一行、台湾华侨协会总会一行；邀请张百熙后人及美国、加拿大的亲属代表到春华镇参加"纪念张百熙诞辰170周年逝世110周年活动"。中日文化研究所所长，《东方时报》记者，日本友人斋藤孝治向田汉故居捐赠其所著书籍《聂耳》《郭沫若》，美国旧金山国际友谊与和平志愿者彭志安向杨开慧纪念馆捐赠诗词书法作品。通过走访，撰写《绿叶对根的情意——记泰籍华人、泰中文化人联合会副主席李自珉女士》和《用心绘就"金龙"舞——记长沙县侨眷、长沙金龙铸造实业有限公司董事长常应祥》两篇材料并上报市侨界宣传。多次走访侨资企业路口镇果利红枣基地，帮助协调解决企业发展中的困难和问题，申请扶持资金40万元，申报市级"四同创建"示范点。协调解决赛普尔自动化工程设备有限公司和红瑞健康生活馆在该县的经营纠纷问题。

参政议政。组织侨界的人大代表、政协委员建言献策，动员重点华侨、归侨、侨眷为经济社会发展建言献策。其中市政协常委曾理的提案《使用遥感等高新技术对农业统计方式改进的建议》产生较大反响，国家统计局长沙调查队在全市抽取12个村，使用遥感等高新技术统计农业数据。《关于解决社会停车的建议》《关于进一步推动我市食品经济发展的建议》等提案也得到县政府高度关注。

慰问帮扶。县侨联对困难侨眷侨属、重点华侨进行走访慰问，慰问物资、现金3万元。"千侨帮千户"工程中，确立政府建档立卡户戴美华为重点帮扶对象，县侨联兼职副主席曾应明与该户结对帮扶。以政协小组（侨界）为单位对另外2户困难侨眷从产业上、教育上进行扶助，定期上户了解脱贫情况，制定脱贫规划。

探索企业侨联。着手创建侨务工作示范社区——湘龙街道湘绣城社区。示范社区活动室设于"中国华侨国际文化交流基地"——湘绣城集团内，将集团侨务工作和社区活动有机结合，实现社区和企业优势互补。社区为企业提供服务，企业依托"中国华侨国际文化交流基地"为社区提供更宽广的发展平台。11月27日，社区和湘绣城集团举办"美丽湘绣 幸福家园"大型文艺晚会，展示湘绣艺术作品，宣传湘绣文化。

是年，长沙经济技术开发区获评"全国首批港澳青少年游学基地"，为全国唯一一家入选的工业旅游基地。

（吴 琼）

长沙县红十字会

【概况】2017年，长沙县红十字履行红十字会职能职责，开展备灾救灾、

2017年5月12日，"防灾减灾日"宣传活动现场　（徐婷 摄）

2017 年 10 月，湖南工程职业技术学院学生踊跃参与造血干细胞血样采集
（倪美群 摄）

应急救护培训、人道救助和生命救助等核心业务工作。同湖南工程职院联合举办纪念第 70 个“世界红十字日”知识竞赛。宣传新修订《中华人民共和国红十字会法》，设置新法宣传栏，为骨干志愿者进行专题培训，并印制 4000 份新法宣传册和竞赛试题库，编印一万册《红十字知识手册》《应急救护知识手册》读本以及红十字相关工作宣传折页，利用“5·8”世界红十字日、“5·12”防灾减灾日、“6·14”献血者日、“世界急救日”等重要节点开展形式多样宣传活动。

救灾救助。县红十字会“博爱送万家”基金为长沙县 176 户特困家庭发放救助款 20 万元，其中为精准扶贫建档立卡困难户发放 12 万元。4 名白血病患儿获得“小天使”基金 12 万元救助款，7 户特困家庭获得省红十字人道救助；开展“博爱家园”项目建设，青松老年公寓和高桥茶苗基地两个项目全面实施。6 月下旬至 7 月初，暴雨席卷长沙，县红十字会动员志愿者、社会爱心人士参与抗洪救灾工作，筹集救灾物资 101.5 万元。

救护培训。县红十字会根据不同人群特点，结合培训单位需求，有针对性地开展应急救护培训工作。2017 年，开展应急救护知识普及培训 46 场次，4026 人参加；举办 7 期救护员培训班，培训救护员 333 人。

志愿服务。新组建湖南工程职院红十字志愿服务队、县红十字赈济救援志愿服务队和县红十字医疗应急队，举办骨干志愿者业务培训班和红十字志愿服务座谈会、宣传《志愿服务条例》，表彰 32 名优秀志愿者，志愿服务队伍不断走向专业化、规范化轨道。组织志愿者开展关爱弱势群体、困难家庭社区陪伴、普及应急救护和防灾避险知识等多种形式志愿服务活动，为社会爱心人士和弱势群体之间搭建起人道服务桥梁。抗洪救灾期间，县红十字各支志愿服务队多名志愿者活跃在一线，传递着红会人爱心、温暖和正能量。县红十字赈济救援志愿服务队救援被困车辆近 200 台，转移被困群众近 300 人，并自筹物资 10 余万元送往灾区群众手中。县红十字水上救援志愿服务队启用两艘皮划艇，在受灾最严重的榔梨陶公庙社区转移被困居民。县红十字志愿服务队医疗分队志愿者，在受灾群众安置点设置临时医疗点，为受灾群众提供基础医疗救助。

【开展无偿献血宣传及造血干细胞、遗体、器官捐献登记】2017 年，配合县卫计局开展团体预约无偿献血活动，采集造血干细胞志愿者血样 391 例，破历史记录。登记遗体、器官捐献志愿者 5 例，年内有两例志愿者实现遗体、眼角膜捐献。（徐　婷）

残疾人联合会

【概况】2017 年，全面落实为民办实事项目：“0 ~ 6 岁”残疾儿童抢救性康复项目。做到数据精准、服务精准、管理精准，惠及残疾儿童 45 名。联合“光明·关爱”眼疾康复项目，联合爱尔眼科医院、长沙市八医院、星沙医院、长沙县一医院、长沙县二医院给 881 名患者免费实施白内障手术，536 名患者实施胬肉异型手术，130 名低视力患者免费发放助视器并进行视力康复训练，8 名泪道患者实施手术。实施“义肢助残”工程，与湖南恩德莱医疗器械有限公司合作，39 名贫困肢体残疾人装上适合自己假肢，后期对安装假肢残疾人进行训练和免费维护等服务工作。实施残疾预防重点干预项目，同卫计局一道开展对“0 ~ 6 岁”儿童残疾筛查工作，并对高危孕产妇诊断费用进行补助。为 276 名残疾儿童提供免费康复训练服务。推进《长沙市精准康复实施细则》有序开展，提供各类残疾人辅具适配服务，提升服务人员服务能力与水平，促进辅具工作良性发展，1589 名残疾人免费配备辅具。

完善教育就业扶贫保障体系。教育培训：390名残疾人学生和贫困残疾人家庭高中、大学生申请补助，其中残疾人学生助学176人，按小学1000元每人、高中3000元每人、大学5000元每人、自考1万元每人标准，41.1万元，贫困残疾人家庭高中、大学生314人，按3000元每人标准，共94.2万元。开办残疾人职业技能实用技术培训班6期，培训残疾人250名。其中举办花卉苗木栽培、小水果种植、养鸡等4期残疾人农村实用技术培训班培训残疾人170名，举办计算机操作和远程培训2期残疾人职业技能培训班，培训学员80名。就业创业：开展残疾人自谋职业、岗位就业奖励工作。全县394名残疾人个体工商户申请自谋职业奖励，按1000元/人标准，发放资金39.4万元；153名企业稳定就业残疾人申请岗位就业奖励人，按一、二级1000元/人，三、四级500元/人标准，发放10.1万元；开展残疾人创业扶持工作。21名残疾人创业对象通过实地验收，获得创业扶持资金26.58万元；开展安排和帮扶残疾人就业企业贷款贴息工作。为长沙山舞农业科技有限公司和长沙大博金工艺品有限公司两家单位申报贷款贴息项目，金额3万元。扶贫：创建残疾人扶贫基地4家，帮扶安置残疾人81名。结对帮扶榔梨街道金托村16户贫困残疾人家庭，开展入户走访，解他们需求，并送上慰问金；在金井镇龙华山村开展残联干部"连千村帮万户"活动，帮扶贫困残疾家庭18户，投入资金10万元。保障：4名残疾人个体工商户养老保险补贴申报，发放补贴资金0.8万元。开展残疾人两项补贴工作，协助民政部门开展困难残疾人生活补贴和重度残疾人护理补贴工作，7700名残疾人审核发放两项补贴资金1600余万元。575户残疾家庭危房改造，补助资金230万元。

文体活动。开展经常性慰问活动。春节慰问贫困残疾人家庭、一户多残家庭、优秀残疾人代表、残疾人工作者、残疾人文化艺术人才等4610人，慰问金额360.2万元。"国际残疾人日"之际，"一对一"结对帮扶慰问残疾人25人，发放慰问金2.5万元。组织开展八场"唱响真情·传递爱心"系列公益活动。规范管理215名镇、村残疾人专职委员，申报创建残疾人工作7个"明星乡镇"、5个"明星社区"。全年办理残疾证1696本，注销残疾证606本；开展20次"送证下乡"活动，得到残疾群众好评。完成全县14462名残疾人基本服务状况和需求信息数据动态更新录入工作。

维权信访。发放残疾人爱心卡1887张。回复12345市民服务热线20余条，满意率高100%；接待残疾人来信来访10余起，回复领导信箱2件，残疾人信访信息录入信访平台，加强残疾人信访工作管理。残疾人机动轮椅车燃油补贴工作，全年录入补贴对象505人，13.13万元，同时完成2016年肢体残疾人机动车燃油补贴311人次，8.086万元。星沙街道牛角冲社区实施无障碍社区改造，70户贫困残疾家庭实施家庭无障碍改造工程。

【第十八个"爱耳日"活动】 3月3日，长沙县残疾人联合会在长沙县特儿立语言训练中心开展主题为"防聋治聋，精准服务"国家残疾预防宣传教育暨第18次全国"爱耳日"宣传教育活动，举办听力预防和听力干预专业知识讲座，并请来专家做听力测试义诊。

【开展"我们在一起"关注自闭症儿童公益倡导活动】 4月2日是联合国大会指定第十个"世界自闭症关注日"。4月1日，长沙县残疾人联合会与长沙县星苑儿童康复中心、长沙县红十字会联合举办"我们在一起"关注自闭症儿童公益倡导活动，募捐善款并组织自闭症儿童免费观看电影。

【残疾预防宣传进社区】 5月21日是第27个"全国助残日"，长沙县残疾人联合会作为全国残疾预防试验区试点县，与长沙县关爱残疾人服务中心在盼盼小学前坪联合举办"唱响真情 传递爱心"——推进残疾预防宣传进社区慈善公益活动，主题为"推进残疾预防 健康成就小康"。在活动现场，特殊儿童作品展示、爱心义卖、现场募捐、文艺演出等多种活动形式吸引众多市民驻足观看。

【"华诺菲"杯全国残疾人田径竞标赛】 6月16日，"华诺菲"杯全国残疾人田径竞标赛，与长沙县签约3名残疾人运动员斩获六枚奖牌，金牌及银牌各3枚。运动员孔健焜获得100米和400米两枚金牌和200米银牌，运动员王宇航获得跳远金牌，运动员阳肖获得铅球银牌和跳远银牌。

【第三届"真情接力·让爱传递"助残扶贫公益活动启动】 7月7日上午，第三届"真情接力·让爱传递"长沙县统一战线村企产业扶贫服务联盟暨新社会阶层人士联谊会助残扶贫公益活动正式启动。长沙县残疾人联合会与长沙县新社会阶层人士联谊会签订帮扶协议，协议帮扶时间从2017年7月至2020年年底，3年内帮扶1000名贫困残疾人，为有需求贫困残疾人

2017 年 11 月 1—2 日，长沙县残疾人联合会第五次代表大会召开

（县残联 提供）

提供免费辅助器具，为贫困残疾人家庭子女提供教育帮扶，以及依托第三方培训机构为有需求贫困残疾人开展免费培训。

【召开长沙县残疾人联合会第五次代表大会】 11 月 1—2 日，长沙县残疾人联合会第五次代表大会在开源鑫城大酒店五楼召开。长沙经开区党工委书记、县委书记曾超群、县长张作林、县委副书记杨莉、长沙市残联副理事长曾军、副县长毛葵等领导出席大会开幕式。全县 163 名正式代表，40 位特邀嘉宾参加会议。（黄 桢）

长沙县工商业联合会（商会）

【概况】 2017 年，长沙县工商联下辖镇（街道）商会 18 个、行业商会 13 个和女企业家商会 1 个，有会员 2426 人、执委 187 人、常委 60 人，兼职副主席 5 名，兼职副会长 6 名。10 名干部职工，其中 8 名干部、1 名职工、1 名临聘人员。机关领导班子由 1 名主席（由县政协副主席兼任）、1 名党组书记（由统战部副部长兼任）、2 名副主席。

非公有制经济。全县登记注册市场主体 9.2 万户，其中私营企业 2.2 万户，个体工商户 7 万户，分别增长 31% 和 33%。实现地区生产总值 1431.1 亿元，同比增长 11.3%。全年完成工业总产值 2944.4 亿元，同比增长 12.8%。完成固定资产投资 955.9 亿元，同比增长 17.2%，全县新增创业主体 1.18 万户。全县非公有制经济完成 GDP 比重占比 89.1%。非公经济完成投资占全社会投资比重 62%。吸纳从业人员近 30 万。

教育引导。加强教育培训。组织开展电子税务、营销升级、转型发展等系列专题培训，最大限度解决他们行业困惑和在发展中遇到难题，全年举办各类业务培训 4 次；组织 56 名中小微企业家赴北京大学进行为期一周经营管理培训。配合参与县委统战部举办延安精神学习培训班，加强非公经济人士红色教育。举办 4 期中共十九大精神专题培训班。

宣传推介。科学运用传统和现代通讯技术手段，构建网站、微信群、QQ 群、企信通、微信公众号等多平台立体信息宣传模式，着力营造非公经济发展良好舆论氛围和环境。全年上报各类信息 172 条，充分展示新时期长沙县非公经济人士和非公企业新形象。

非公党建。年初，下发《关于创建非公有制企业党建工作示范点通知》，明确创建目标、创建标准、创建步骤等要求，并在实际工作中加强调研指导，形成浓厚创建氛围，梳理形成一批可学、可看、可操作党建典型。培养 5 个支部战斗堡垒作用强、党员先锋模范作用发挥好非公党建示范点。

参政议政。组织召开非公经济发展座谈会，广泛收集听取各方意见建议并认真深入分析研究，形成《关于加快推动民间投资调研报告》《建议优化办理不动产登记证程序、缩短时长》等调研报告。组织引导非公经济人士参加长沙县临空经济发展“金点子”征集活动，报送“金点子”45 条。县工商联会员中有省、市、县人大代表 64 人，政协委员 37 人，是一支重要民主政治建设力量。2017 年省、市、县“两会”期间，工商联界别人大代表、政协委员提交建议 52 件、提案 43 件。其中，《关于对电力部门建议》《设立千亿建筑产业园，支持县域内建筑企业做大做强》建议引起县委、县政府高度重视。

优化服务。深化“法律服务进商会”活动，进一步健全法律服务工作室制度。法律服务工作室完成责任律师授课 40 余次，担任会员企业常年法律顾问 50 余家，提供法律咨询 200 多次，办理各类民事、经济诉讼案件 460 余件，非诉讼案件 600 余件，为当事人挽回和避免经济损失近2亿元。切实增强会员企业法律风险防范意识，有效维护会员企业合法权益。建立健全与县人民检察院联席会议制度。创新成立县人民检察院驻县工商联检察联络室。开展各项法律维权服务。及时掌握非公企业发展中存在困难和问题，研究制定保障和促进非公经济健康发展工作制度、方法措施；建立非公企业法律投诉平台，畅通非公企业法律投诉渠道，依法保障和促进非公经济及县域小微企业健康发展和非公经济人士健康成长。创新开辟政务中心服务实体经济专窗。全年举办4次优化非公经济发展环境调研座谈，广泛收集会员企业对政务环境及县政务中心办事流程意见和建议，并积极组织研究解决，与政务中心协调沟通创新开通全省第一家服务实体经济一站式专窗，有效解决民营企业办事难问题。

基础组织建设。县工商联会员总数2524人，新增会员128人，商会组织32个。推进“四好”基层商会创建工作。开展创建督查指导，力争提前实现“四好”基层商会全覆盖。2017年，有19家基层商会创建，覆盖率70%。主动加强与基层党委政府沟通、协调。

抗洪救灾。全县非公经济人士投入人力4300余人次，捐献救灾款137万余元、救灾物资价值330余万元，提供防汛物资价值578万余元，调集部署吊车、铲车、渣土车、挖掘机、推土机、冲锋舟、救援车辆等大型机械设施设备550余台套。

精准扶贫。“小康路上 我们同行”统一战线村企产业扶贫服务联盟暨新社会阶层人士联谊会助残扶贫公益活动启动仪式上，24家基层商会、企业现场与12个省定贫困村签订村企产业扶贫服务联盟协议，并立即投入到实际帮扶工作当中。企业结对帮扶建档立卡户970户，帮扶项目11个，企业投入资金或农户收入610余万元，安排就业647人。捐资助学、慰问贫困户等60多万元。

【曹宇获评“全国优秀农民工”】 2017年，长沙县工商联执委、长沙县路口镇研展食用菌种植园和地锦观光产业园负责人曹宇获评“全国优秀农民工”。

【长沙县工商联（商会）第十三届二次执委会】 3月29日，长沙县工商联（商会）第十三届二次执委会召开。会议回顾总结2016年县工商联工作成果，对2017年工作进行安排部署。长沙县委副书记、统战部部长杨莉，县人大常委会副主任曹艳萍，县政协副主席、工商联主席张小春出席会议。

（胡　彦）

法 治

Rule of law

责任编辑 张 娜

政法和综治工作

2017年，全县政法机关及广大政法干部忠诚履职、锐意担当，全面推进社会管理、深入开展平安创建、全力维护社会稳定。维护社会稳定。加强研判预警、落实风险评估，加强重点人员管控，化解处置各类不稳定事件，妥善处置重大敏感网络舆情事件，确保金砖会议、“一带一路”高峰论坛、香港回归20周年、建军90周年和中共十九大等敏感节点平稳。完成中央领导王岐山、孟建柱等到长沙调研、外国元首到长沙视察以及中韩足球赛、长沙临空经济区观摩等重大活动安全保卫任务200余场次。

精细社会治理。全县刑事立案率同比下降8.9%，现行破案率同比上升6%，刑事拘留率同比上升19.55%，逮捕率同比上升75.68%，行政处罚率同比上升24.9%。侦破一批电信诈骗案、命案、恶势力团伙案等重大案件，捣毁传销窝点1000余个。建设立体化治安防控体系，安装“天网”监控7511个、电子卡口201个，接入社会监控1000余个。各镇（街道）专职巡逻防控队伍得到有效扩充，路面见警率显著提升。全县共调处各类纠纷3万余起。

深化信访问题源头治理，组织召开信访联席会，研究信访突出问题。全年接待群众来信来访近3000人次，网上投诉件及时受理率和到期办结率均为100%，一批特别困难信访对象获得信访救助。实行律师参与县级领导公开接访制，引导来访人依法解决问题。以县级领导帮促化解、“五老”人员参与化解等方式，推动信访积案化解清零，全县信访积案化解率达91%。强化统筹调度，落实联勤值守，严控进京非访量，实现中共十九大等特护期进京非访“零登记”。稳步推进涉拆、涉军等群体信访问题化解。

深化司法体制改革，落实司法责任制，深推繁简分流，探索综合配套改革模式，完成法官检察官员额制改革，组建监察委员会，拓展“裁执分离”长沙县模式。县法院成为全国唯一在三大诉讼法程序同时推广庭前会议法院。深化院局合作、大数据应用，建设“一门式”综合业务受理点，公安改革成效明显。一批农村法治文化公园（广场）建成、普法讲师团组建，亮出长沙普法“新名片”。

维护市场经济秩序，保障公平竞争市场环境，侦破经济犯罪案件40起；审结合同类案件5480件，审结集资诈骗、非法吸收公众存款等案件12件；办理侵犯商业秘密、假冒注册商标等知识产权类案件106件；打击挪用资金、职务侵占等侵犯公司财产类犯罪19件；审理郑某某组织领导传销活动案等影响较大案件。园区法庭审结各类案件1835件，涉案标的62.5亿元，为园区经济发展提供有力支撑。拓展失信惩戒力度，倡导构建社会诚信体系，3238名未按时履行生效判决自然人、法人被纳入最高人民法院失信被执行人名单库。

政法队伍建设。深入开展“两学一做”学习教育活动，举办“学习贯彻党十九大精神培训班”。开展“纠四风·治陋习”“清理机关国家公职人员违规参与涉矿等经营性活动”等专项整治，对徇私枉法行为实行“零容忍”，坚决惩治、查处政法系统侵害群众利益不正之风和腐败问题。深入基层一线对政法系统纪律作风情况进行明察暗访，落实自查自纠责任。强化正面宣传，通过“平安长沙县”微信公众号、《政法在线》电视专栏，主动发声、立体传播，加强舆情应对、回应社会关切，维护政法队伍良好形象。

（陈灿畅）

法治政府建设

【概况】 2017年，办理县委县政府交办件45件，提供领导决策法律意见200余条。参加33次政府常务会、县长办公会，参加各类政府事务专项协调研讨会议374次，合法性审查政府常务会、县长办公会以及各类专题会议等会议纪要134个，出具法律意见300余条。提供松雅湖退田环湖项目、大众项目涉访事项等重要系统性工作法律服务。组织长沙县行政执法证换证考试补考工作，向全县1099人换发行政执法证件。邀请省法制办专家对各镇街、科局拟申请执法证413名人员开展为期4天考前培训。行政执法案卷评查工作。开展案卷整改情况“回头看”督查活动，督查县安监局、县规建局、县人防办等单位对上年度案卷存在问题排查整改情况。组织2017年度行政执法案卷评查专题培训，邀请市法制办专家对15家县直各行政执法单位共51名行政执法人员开展为期半天培训。组织一、二季度行政执法案卷督查，其中法制办联合部分行政执法单位集中交叉评审一次查卷87本，合格率100%。接待省市县法制办法制工作和执法改革调研6次。对行政执法疑难问题进行指导，就县执法局第一师范黄花后勤基地拆违法律问题对策进行研究，并根据来函出具《对长沙县行政执法局关于明确强制拆除案件法律理解和适用问题复函》；针对行政执法局与其他执法单位关于责令类职权划分问题，出具《关于（关于责令类职权进一步明晰请示）审查意见》；针对行政执法局与涉改局日常监管职责划分问题，协商对接会议，提出建议。审查政府合同60余件，其中34件出具书面审查意见100余条，其中审查把关重要合同包括：《中南地区邮政快递枢纽长沙邮件处理中心项目招商引资合同》《圆通速递华中管理区总部基地项目招商引资合同》《长沙县黄花镇污水处理厂改扩建及运营项目采购文件》等。审查规范性文件24个，依法登记27个（其中部门文件3个），报市政府备案24个。没有出现规范性文件违法或者被建议停止执行情况，执行审查、“三统一”及备案率100%。接待申请复议共34起，受理行政复议案件28件，办结26件（含2016年受理4件），通过行政复议促成当事人双方化解矛盾案件为5件。组织进行行政应诉47件，行政负责人出庭应诉5次，组织进行复议答复9件，协调配合市法制办办案1起。办理权属纠纷案件4件，接待与土地权属相关信访10余次。代理涉及县人民政府民事案件3件。

（邓郁清）

公 安

【概况】2017年，长沙县公安局全面推动公安工作转型升级。滚动摸排重点人员1.1万人次，收集上报情报信息180余条，劝访处置企图进京涉稳人员31起138人，实现“零登记”目标。调处各类纠纷24305起，稳妥处置各类突发群体性事件93起。通过“星沙微警”公众号推送信息600余条，组织召开重大案件新闻发布会17次，处置涉稳舆情事件120余起。完成中央领导视察等重大活动警保卫任务169场次。立刑事案件4481起，破获各类刑事案件1236起，刑事拘留1315人，逮捕1293人，移送起诉774案1369人，受理行政案件8409起，查处行政案件2307起，行政处罚3346人，其中行政拘留2792人，看守所羁押量连续突破历史高峰，超过840人。落实“一单四制”制度，排查治理交通安全隐患1496处，依托新增6个辑查点位和2台高清车载移动设备，精准查辑未年检车、黄标车等车辆902台。先后部署开展“百日会战”“史上最严交通整治”、乱停乱放“千人大执法”等专项整治，查处各类交通违法行为51.3万起，比2016年增长19.1%，事故总量增幅下降49.7%，死亡人数比2016年下降12.6%。长沙县公安局获评全省优秀公安局，长沙县拘留所被评为全国一级拘留所。有35个集体和179名个人受到县级以上表彰奖励。

【“三打两整一治理”专项行动】全县部署开展打击多发性侵财犯罪、黑恶势力犯罪、涉枪犯罪，整治“黄赌毒”、传销活动，治理非法上访为主要内容“三打两整一治理”专项行动，保持严打高压态势。全县立现行命案14起，破获16起，其中破获一起21年和一起16年前命案积案。破获八类恶性案件80余起，刑拘涉恶犯罪嫌疑人417名。破获各类侵财案件719起，刑事拘留551人，打掉侵财团伙66个，其中电诈团伙14个。破获毒品刑事案件69起，刑事拘留115人，查处吸毒行政案件429起，行政处罚848人，其中强制隔离戒毒187人，社区戒毒257人，缴获毒品折合海洛因27.9千克。查破黄赌案件267起，刑事拘留133人，治安处罚1164人。精心组织打传专项行动，大力整治治安乱源，捣毁传销窝点1102个，刑拘涉传犯罪嫌疑人314人，教育遣散涉传人员3800余人。

【“烈焰2017”专项行动一期】2月12日至7月30日，组织全县公安机关开展为期5个半月社会治安环境大整治“烈焰2017”专项行动。成立社会治安综合整治行动领导小组，以打开路、以打促防，至7月31日，第一阶段行动全面收官。全局破获各类刑事案件719起，其中侵财破案475起，破命案2起；抓获各类犯罪嫌疑人2977人，其中刑事拘留589人，逮捕375人，直诉2013人，打掉犯罪团伙46个涉案142人。

【“百日会战”行动】2月28日，响应全省集中打击严重交通违法“百日会战”行动，县交警大队严格按照上级部署，迅速行动，全警投入。会战期间，集中开展各类整治行动469次，查处各类交通违法行为108408起，比2016年增长10%。行政拘留63人，比2016年增长688%。刑事拘留12人，比2016年增长300%。实现事故总量增幅、死亡人数、伤人数三项指数比2016年分别下降良好态势。

【优化管理服务】采取降低门槛、简化流程、增设窗口等多种措施全力保证人才新政落地。研究“5·20”“9·23”限购政策对户口、落户、购房影响，严把受理审批关，确保全县户政窗口正确执行户口规定，高效、便捷地解答群众疑问、办理户口登记。实行户口审批、外国人管理、身份证、居住证、出入境证照申领“一站式”办理。建设“一门式”公安综合业务受理点，实现24小时全天候自助服务。开通网上受理、审批等功能，实现网上“指尖式”办理。

【成立“三个中心”及警企联合研发中心】 5月26日下午，县公安局举行“指挥作战中心”“基础防控中心”“执法保障与新闻舆情中心”等“三个中心”“警企联合研发中心”成立启动仪式。“三个中心”及“警企联合研发中心”全面启动运行。以中心牵引实战，以情报引领实战，以基础助推实战，实施提质提档，全力推动公安工作转型升级。

【成立受立案管理中心】 6月12日，局长彭迟平与副局长韩伟同为“受立案管理中心”揭牌，长沙县公安局“受立案管理中心”正式揭牌启动。主要工作职责是跟踪、监测全局案件类警情，指导、督促各执法办案单位及时受案、规范立案，协调、解决管辖争议，统一、归口接受其他行政主管部门、司法机关移送案件材料等。

【探索“片区制”】 在警力较少13个农村所，充分整合警力资源，2～3个派出所为作战单元分为5个片区，实行区域联防、办案联手、处突联动“片区制”，平时各自为战，战时合成作战，警务效能明显提升。

【“访客人脸识别系统”】 研发并推广“访客人脸识别系统”应用于楼盘小区，通过“以脸搜脸”实现对嫌疑目标自动比对和主动预警。采集各类信息1亿余条，安装楼盘小区发案率比2016年下降40.3%，并在全市各小区进行推广。

【研发“社区民警小秘书”】 深化“大数据+警务”应用，研发“社区民警小秘书”，实时更新社区民警每天消防监管、宣传教育、信息采集等工作任务和成果，有效解决社区民警“干什么”“干什么”问题。

【研发“移动智慧警务平台”】 巡逻处警车上安装实现点对点派警、可视化指挥，将源头信息推送到一线实战单元，实现“一线呼唤炮火”。该项目被湖南省公安厅科技划项目立项。

【创新治堵】 针对车辆基数增速较快和多项重点工程围挡施工带来人车路矛盾，城区设置“公交车专用车道”“潮汐车道”“可变车道”，启动“智慧停车”项目建设，缓解交通压力，解决停车难、行车难问题。

【中共十九大安保工作】 9月1日，县公安局举行“迎接十九大忠诚保平安”誓师大会。期间，围绕“四个不发生”“六个严防”工作目标，细化工作举措，强化责任担当，全力推进中共十九大安保维稳工作。每周至少组织一次以上围城设卡和集中清查统一行动，盘查车辆1300余台，人员1600余人，查处涉车违法行为13起。全面检查全县61家涉枪爆、危化品、放射源单位，发现并整改隐患90余处。开展高层建筑消防安全综合治理，检查单位630家，督促整改1102处。破获刑事案件案197起，刑事拘留226人，行政处罚435人。收集情报信息150条，上报线索17条，协助化解进京非访活动51人次。摸排梳理全县155名肇事肇祸精神病人、2473名登记在册吸毒人员和3612名重点人口，严防漏管失控。检查水电油气等重点单位105家，摸排寄递物流企业230家，发现安全隐患28处，下发整改通知书11份。

【大型展览安保工作】 5月18日至20日，长沙国际会展中心分别在W1号馆和E1、E2号馆同时举办两台大型展览——2017年WFF世界足球论坛和2017中国国际智能制造业博览会，展览日均人流量7000人。县公安局领导召集相关责任单位在会展中心召开现场办公会，调研和部署安保工作；展会期间局领导亲临会场指导、督促安保工作。100余名警力参与安保活动现场秩序井然，人员进出有序，有效确保两场活动完成。

【文明创建】 制订《迎接全国文明城市（县级）综合测评工作实施方案》，成立文明创建工作领导小组。实行24小时备勤，加大网格化巡逻、立体化防控力度，强化路面管控。检查各类场所327余家，查处整改问题39处，查处休闲场所涉黄案件21起，危险物品肇事罪8起，行政处罚106人，刑事拘留56人。出动警力400余人次，查处各类交通违法行为7.2万起。对城区190余家网吧进行全面检查，对发现问题及时督促整改。

【防汛抗灾】 6月下旬，长沙县范围内连降大到暴雨，防汛形势严峻。县公安局全警动员，迅速行动，围绕公安机关在防汛抢险工作中职能，落实措施，全力保障人民群众生命财产安全。投入警力964余人次，出动车辆313台次，参加防汛救灾74余起，涉灾接处警64余起，巡逻出警655余人次，转移疏散群众3500余人，救助群众200余人，暂无人员伤亡、失踪情况。

【破获“2017-511”特大贩毒目标案件】 5月，群众举报，一名叫“肖龙”男子在长沙各区县贩卖冰毒、麻古。

经查，民警发现“肖龙”多次在其上线邵东人尹某林手中购买冰毒、麻古后，将毒品运至长沙大肆贩卖，背后可能存在一个很大贩毒网络。该案被公安部确立为“2017-511”毒品目标案件。专案组经过5个月侦查摸排，彻底查清一个以李某、尹某林、魏某云、李某成、敬某霞等人为首贩毒团伙。10月16日20时，李某与陈某水完成交易后，民警一路追踪300千米，当李某开进广济高速沙河服务区给车加油时将其抓获，并搜出冰毒15包，经称重约15千克。同时，其他抓捕小组先后在长沙、邵东、揭阳等地抓获尹某林、李某成、魏某云、敬某霞等主要嫌犯。通过深挖抓捕，抓获吸贩毒人员65人，缴获毒品16千克，枪支3把、子弹16发，作案车辆2台。一涉及湖南长沙、邵阳、益阳和广东揭阳等多个省市贩毒网络被摧毁。

【侦破“2·22”涉案金额逾10亿元特大虚开发票案】2月，县国税局工作中发现长沙希强建筑工程有限公司等企业涉嫌虚开发票，遂将线索移交县公安局。县公安局充分发挥警税协作机制，经过数月缜密侦查，5月25日侦破“2·22”特大虚开发票案，一举抓获犯罪嫌疑人24名，刑事拘留17人，打掉活跃省多个地市虚开发票犯罪团伙1个、摧毁跨省制售、贩卖假发票犯罪团伙1个，涉案金额逾10亿元。

（喻泽兰）

【消防管理】2017年，长沙县消防大队检查社会单位4385家，发现火灾隐患8725处，督促整改火灾隐患8642处，下发责令改正通知书3289份，临时查封火灾危险部位101处，责令三停42家，罚款186.69万元，行政拘留41人。提请县政府对两家重大火灾隐患单位实施挂牌督办，督促3家重大火灾隐患单位完成整改销案工作。办理审核验收项目188个，备案抽查项目100个，公众聚集场所开业前消防安全检查项目46个。星沙和黄兴两个中队接警出动962起，出动车辆1453辆次，出动警力8029人次，全县发生一般火灾103起，无人员伤亡，直接财产损失357.38万元，未发生较大以上火灾事故，火灾形势整体平稳。被评为全省消防部队“2017年度安全工作先进大队”，全市消防部队“先进基层党组织”“政治工作先进大队”“后勤工作先进大队”，综合考评名列全市第三。

【消防队伍建设】2017年，启动建设星沙产业园和安沙两个公安现役消防站。计划总投资突破1亿元，2018年年底前可建成投入使用。全县建成12支镇政府专职消防队，68个社区微型消防站，182个重点单位微型消防站，30个住宅小区微型消防站。消防大队将镇政府专职消防队和重点单位、社区、住宅小区微型消防站纳入消防执勤力量，按照“一处报警、多点调派、多线并进”要求，实行联勤联动，为初起火灾扑救抢抓非常有利时机。按照“3分钟到场”要求划定最小灭火单元，从公安现役消防队站、政府专职消防队和微型消防站建设入手，实现灭火救援力量全覆盖。

【构建工作体系】2017年，长沙县在全市首开先河，参照安全生产委员会办公室模式，探索创新，将县消安委从消防大队独立出来，组建长沙县消防安全委员会办公室，作为协调对接全县消防工作一个常设机构，在县公安局办公楼安排专门办公室，设置综合督导和工作督察两个小组，负责综合协调、资料汇总、联席会议、宣传教育、工作督察等。全年，县消安委办公室承办各类工作会议7次，印发通知文件26份，对成员单位、街镇开展消防工作督导巡查3次，工作考评4次。按照“一单四制”要求，联合相关行业主管部门开展联合检查，督导消防安全隐患整改工作。

【社会化消防宣传】深入推广政府购买消防宣传服务，结合社区消防宣传大使评选、消防宣传示范社区创建、“全民消防长沙县代言”“最美消防员评选”“119”消防宣传日等系列活动，通过发放消防知识手册、举办“消防之夜”大型主题文艺晚会、开展灭火救援联合实战演习、开放消防站、消防知识有奖问答、邀请社会各界人士拍摄消防安全代言海报等群众喜闻乐见方式，大力普及消防安全知识。2017年，大队联合省、市及地方主流媒体进行连续报道、曝光隐患15次；开展消防安全提示、播放消防公益广告500余条次；运用微信公众号、移动QQ等新型“移动消防信息服务平台”，发布工作信息和火灾隐患整改动态200余条，发放消防知识宣传手册资料2000余份，对外开放消防站24次，张贴“三查三清”、电动车停放及充电安全须知公告3000余份，重点单位消防安全“三提示”工作和物业楼宇管理人员掌握“一懂三会”知识率100%。人人居安培训机构在长沙县组织集中培训620场，三小门店上门宣传7539家，入户宣传8900户，消防进军训15场，进学校139场，受训人数13万余人。全民消防安全意识不断提升。（陈　扬）

检 察

【概况】2017年，长沙县人民检察院服务大局，出台《关于依法保障促进非公有制经济健康发展意见》，推动运行“除虫护花”“依法容错”等重大工作机制，尽量减少办案对企业造成负面影响；建立企业检察联络员、“检察联络室＋商会”等制度，新增广汽东阳、长沙卡斯马等三家“检企联防”成员单位，增强检企协作；在长沙县食品药品工商质量监督管理局、行政执法局派驻检察联络室，加强与行政执法机关配合与监督；开展专题调研长沙县创业富民专项资金使用、县域内一把手涉职务犯罪等情况。建立涉经济类案件提前介入、小组专办、侦捕诉联动“绿色通道”。办理破坏社会主义市场经济秩序类犯罪23件58人，其中重点打击非法吸收公众存款、金融诈骗等涉众型经济犯罪7件8人，涉案金额2600余万元。注重保护企业合法权益，办理侵犯商业秘密、假冒注册商标等知识产权类犯罪5件10人，打击挪用资金、职务侵占等侵犯公司财产类犯罪19件58人。严厉打击人民群众高度关注食药安全、环境安全犯罪，依法提起公诉曹某某等8人售卖病死猪肉、刘某超标排放污水污染环境等一批典型案件。全年受理审查逮捕案件635件1125人，批准逮捕817人，受理审查起诉案件案件889件1507人，提起公诉1121人。批捕故意杀人、绑架、强奸等严重暴力犯罪251人，起诉243人；批捕“两抢一盗”、电信网络诈骗等侵财犯罪255人，起诉374人；批捕涉枪、涉黑及黄赌毒犯罪198人，起诉210人。聚焦商住集中地段、重大项目及园区周边，批捕聚众斗殴、寻衅滋事等扰乱公秩序类犯罪105人，起诉124人。大力整治县域内传销乱象，依法批捕涉传销类犯罪267人，快捕快诉权超等7人抢劫案，钟某某、翟某某等10人非法拘禁案等一批影响恶劣传销团伙犯罪案件，净化社会环境。犯罪情节轻、社会危害小初犯、偶犯、过失犯，依法作出不批捕决定112人，不起诉37人，最大限度促进社会和谐。关注未成年人成长，举行“防治校园欺凌”主题检察开放日，办理未成年人刑事案件31件，其中依法不批准逮捕14人、附条件不起诉7人，未成年人特殊保护理念贯穿执法办案始终。全年立案侦查各类职务犯罪案件29件29人，其中贪污贿赂案件24件24人，渎职侵权案件5件5人。项目建设、教育招生等职务犯罪多发领域为重点，整合力量，集中办理长沙大学继续教育学院系列贪污案、长沙市人社局政府项目招投标贪贿案等大要案11件11人；重拳出击套取、骗取县创业富民专项资金、县农机补贴、黄花综合保税区项目拆迁补偿款等损害国家、群众利益贪腐问题，查办本辖区内职务犯罪21件21人。推进预防工作系统化，开展以案释法、警示教育活动8次，完成预防调查4件，提出预防对策3份，参与重大工程招投标监管94次，为辖区建设项目出具行贿犯罪档案查询函4107份，向发案单位提出检察建议5份，提升源头监督效果。立案监督、“两法衔接”等执法办案活动中，实施重大监督事项“案件化”，建立从线索受理、立案到调查核实、结案归档完整流程。全年，监督侦查机关立案10人、撤案10人，追捕犯罪嫌疑人6人；提出侦查活动中违法情况纠正意见34次，均得到纠正。受理各类民事、行政监督案件68件，其中不服法院生效裁判监督7件、审判活动和执行活动违法情况监督9件，支持起诉14次，督促行政机关依法履职30次。履行检察机关公益诉讼新职责，环境资源管理、食品药品安全、国有资产保护、国有土地使用等领域，立案审查公益诉讼案件8件，湖南翊鹤置业、长沙汉硕置业等企业拖欠国有建设用地出让金行为立案调查，向行政管理部门发出检察建议，经督促，现追回土地出让金1.3亿余元。配合监察体制改革试点工作，成立院监察体制改革工作小组，严格落实转隶比例，按期完成编制统、档案审核、意见征求及案件线索移交等工作，召开动员会及一对一谈心，稳定队伍思想状况，定期推送转隶专刊，统一检察发声渠道，确保机构、职能、人员平稳转隶；检察官员额制与司法责任制为抓手，进一步落实检察官一线办案制度，健全对检察权力监督制约，进一步优化检察人员分类管理，解决办案用房紧张、从优待检等问题。开展“两学一做”学习教育，落实党风廉政主体责任，开展领导干部讲党课、“我检察魂”主题征文活动，夯实党建阵地；赴省内外优秀检察院学习取经，制定争创全国模范检察院方案，提炼出“崇法、持正、笃实、守廉”八字院训，拍摄“文化育检 璀璨绽放”宣传片，浓厚创模氛围；组织浙大素能培训班等各类学习292人次，省市公诉人团体辩论、市“微理论·微宣讲”竞赛及县青训营中均获得优异成绩，该院公诉科被评为全国巾帼文明岗，反渎职侵权局被评为“长沙县青年文明号”，监所科办理刘某某违法所得监督执行案被评为国家级优案。构建繁简分流多层次刑事诉讼体系，开展认罪认罚从宽试点。建立专案流转通道，出台具体实施办法，确定报送督促制度，全年适用该制度审查起诉案件235件，全部按照要求提出量刑建议，被采纳率 86.4%。

【案件管理】 2017 年，案管科受理、分流各类案件 1520 件 2626 人，其中，提请逮捕案件 638 件 1129 人；扫描制作“六大类”案件电子卷宗 1011 件，案卷 3234 册。接待律师 231 人次。接收外来文书 2938 份，其中逮捕执行回执 1099 份，判决书、裁定书 855 份，其他文书 984 份。公开生效判决案件法律文书及不起诉决定书 390 份，公开率 89.4%。4 月，系统数据库技术备份，保证案件信息和业务数据安全，开展系统生成数据密集审核比对，准确无误做好业务指标和权限配置、数据审核检查、问题排查解决等各项新老系统衔接工作。8 月 11 日，被省高院授予“检察服务大厅建设示范院”称号。

【刑事检察】 2017 年，长沙县人民检察院侦查监督科受案 635 件 1125 人，比 2016 年受理人数上升 12%；批捕 525 件 928 人，决定逮捕 4 件 5 人，批捕率 82%，比 2016 年批捕人数上升 25%；不捕 105 件 191 人，不捕率 17%，比 2016 年不捕人数下降 27%；其中存疑不捕 21 件 61 人，构罪不捕 85 件 170 人，移送侦查机关撤回 1 件 1 人；发出要求说明不立案理由通知书 15 件 21 人，公安机关主动立案 9 件 10 人；其中全年判处徒刑以上刑罚立案监督人数 20 人；发出要求说明立案理由通知书 18 件 20 人，公安机关主动撤案 18 件 20 人，移送犯罪线索函 4 件，发出纠违通知书 26 份，公安机关纠正 26 份；追捕犯罪嫌疑人 6 人，其中判处 3 年有期徒刑以上刑罚 3 人；提前介入案件 5 件。依法打击金融诈骗、合同诈骗、非法吸收公众存款等犯罪案件 7 件 8 人。长沙县人民检察院批捕涉嫌组织、领导传销活动罪 1 人，存疑不捕涉嫌组织、领导传销活动罪 11 人，批捕涉嫌非法拘禁罪 195 人，批捕涉嫌抢劫罪 98 人，批捕涉嫌故意伤害罪 15 人。批捕职务侵占、侵犯商业秘密等涉企案件 7 件 11 人。

是年，长沙县人民检察院公诉科受理移送审查起诉案件 889 件 1507 人，比 2016 年案数上升 9.1%，人数上升 17.8%；审结案件 893 件 1469 人（含积案），比 2016 年案数上升 14.6%，人数上升 17.8%。其中起诉 787 件 1260 人，不起诉 35 件 44 人，公安机关撤回 37 件 68 人，移送他院 28 件 86 人，退补后未重报 6 件 11 人。期末未结案件 121 件 265 人。

受理案件类型以侵财型和侵犯人身型为主，其中，受理各类侵财型案件 307 件 450 人，侵犯人身类案件 149 件 382 人。受理公共安全类案件 131 件 136 人，公共管理秩序类案件 230 件 399 人，其中涉毒型案件 103 件 130 人，环境保护类案件 17 件 32 人，涉枪类案件 8 件 9 人。受理经济类案件 39 件 100 人，职务类案件 32 件 39 人。起诉人身类案件 130 件 282 人；财产类案件 272 件 391 人；社会管理秩序类案件 210 件 334 人；公共安全类案件 109 件 123 人，其中，涉毒案件 98 件 119 人；经济秩序类案件 25 件 51 人；职务类案件 34 件 40 人。受理未检案件 38 件 64 人，审结未检案件 39 件 63 人。

【监所检察】 驻所检察中，办理暂予监外执行提请审查案件 1 件、办理减刑提请审查案件 1 件、办理羁押期限审查案件 1 件。并针对发现问题，发出口头纠违 10 份，检察建议 8 份，纠违 1 份，均得到纠正。辖区内 300 多名监外执行罪犯进行准确、认真核查，逐人建立监外执行罪犯检察台账。全年检察新增监外执行罪犯 247 人，解矫 224 人。社区矫正工作检察中，办理收监执行提请审查案件 3 件、办理检察建议 2 件。针对发现司法机关管理和监外执行罪犯违法违规等情况发出监所检察建议 21 份，均得到回复。监督收监 2 人（还有 1 人待收监执行）。

全年办理羁押必要性审查案件 63 件，其中立案 59 人，提出变更强制措施建议 40 人，办案单位采纳 33 人。5 月 22 日，最高人民检察院刑事执行检察厅强制处处长陈梦琪、于双侠一行到长沙县人民检察院督导长沙羁押必要性审查工作。

开展财产刑检察和其他检察。2017 年，长沙县人民法院财产刑判决进行检察，登记造册，录入办案系统。办理财产刑违法违规案件 2 件，针对财产刑执行过程中违法违规情况向县法院发出检察建议 2 份。监所检察科刘立新、吴曙办理监督法院执行罪犯刘某明违法所得案，被评为全国财产刑执行检察优秀案件。

【民事行政检察】 2017 年，长沙县人民检察院民事行政检察科受理审查各类民事、行政监督案件 68 件，办理不服人民法院生效裁判监督 7 件，提请上级人民法院抗诉 1 件；办理人民法院民事行政审判活动中违法情况监督案件 4 件，办理人民法院执行活动中违法情况监督案件 5 件，向长沙县人民法院发出纠正违法检察建议书 5 份，均被采纳；办理支持起诉案件 14 件，人民法院全部采纳检察机关支持意见；办理督促行政机关依法履职案件 30 件，向相关行政机关发出检察书 30 份，均被采纳纠正。立案审查行政公益诉讼案件 8 件。7 月 1 日，全国检察机关正式履行公益诉讼职责职能，环境保护和国有土地出让领域对相关行政机关立案审查行政公益诉讼案件 8 件，其中，追回国有土地出让金 1.45 亿元。

【控告申诉检察】 2017 年，长沙县人民检察院控告申诉科受理各类控告、申诉、举报及其他来信来访 86 件，接待来访群众 400 余人次，其中，涉检信访 3 件。受理控告类信访 15 件，分本院侦监科 10 件，民行科 1 件，控申科自行办理 3 件，转长沙县公安局 1 件；受理申诉类信访 4 件，分该院控申科办理 4 件。受理举报类信访 40 件，由该院反贪污贿赂局 21 件，反渎职侵权局 8 件，举报中心初核 4 件，转长沙县纪委 4 件，长沙县公安局 2 件，报送长沙市人民检察院 1 件。审查受理民事诉讼监督类信访 27 件，均分该院民行科办理。性质不明、难于归口和检察长交办举报线索开展初查初核 4 件，初核终结 4 件，其中初核后转长沙县公安局 2 件，移送该院反贪局贿赂局 2 件。办理对阻碍辩护人、诉讼代理人依法行使诉讼权利控告 1 件。受理不服法院生效裁判刑事申诉 2 件，均妥善办结。受理司法救助 5 件 5 人，发放救助金 5 万元。律师进驻检务大厅参与息访接待工作，实现律师参与化解信访案件制度化、常态化、长效化。10 月，最高人民检察院发布《关于表彰第九届全国检察机关文明接待室决定》，授予长沙县人民检察院控告申斥科“全国检察机关文明接待室”称号。

【队伍建设】 继续实施《长沙县人民检察院作风建设督查方案》，配合县纪委和市院开展自查和互查，全年参加交叉检查 25 次，进行自查 49 次；严格公车管理、严格对“三公经费”进行监督检查；继续执行对重点工作和重大事项监督，列席党组会，参与对院基础设施建设、物资装备采购等事项监督；及时进行纪律提醒，将上级有关文件、注意事项及时通过内网、微信、短信、电子屏等途径发布；开展清理国家公职人员违规参与涉矿等经营性活动专项整治工作和其他各专项整治。加强办案监督，回访 30 个自侦案件，走访律师 9 人，单位 10 个，当事人及亲属 32 人，未发现违纪违法行为。全年收到信访 2 件，办结 2 件。开展多形式廉政宣传教育活动。组织参观市廉政教育基地，组织观看《永远在路上》《打铁还需自身硬》《反腐枪声》等电影；组织参观全国廉政教育基地——韶山和花明楼；发表宣传检察院党风廉政建设文章 6 篇。

（王欧雯）

2017 年 6 月 28 日，县法院获评“全国法院案件繁简分流机制改革示范法院”

（县法院 提供）

法 院

【概况】 2017 年，县法院受理各类案件 14403 件（含旧存 1018 件），审执结 13497 件，比 2016 年分别上升 31.32% 和 26.71%；结案率 93.71%；存案降至 906 件；员额法官人均办案 293 件，比 2016 年增加 108 件，法官个人结案数最多 529 件。案件息诉率 87.93%，发改率降至 0.83%。

【刑事审判】 全年新收刑事案件 693 件 1011 人，审结 691 件 988 人，结案率 97.88%，判处罪犯 949 人，其中判处 10 年以上有期徒刑 29 人，5 年以上 10 年以下有期徒刑 19 人。维护社会公共秩序，审结故意伤害、抢劫、强奸、绑架、非法拘禁等案件 123 件 248 人，审结湖南工程职业技术学院王某某强奸案、黄花机场女司机易某交通肇事案等舆情关注敏感案件；全力维护社会经济秩序，审结集资诈骗、非法吸收公众存款等案件 12 件 17 人，审结郑某某组织领导传销活动案；全力维护人民健康权益，审结制售有害食品和制售假药案件 2 件 8 人，曹某某等 5 人犯生产、销售不符合安全标准食品罪分别被判处有期徒刑和拘役；维护社会风尚，审结涉“黄、赌、毒”案件 116 件 162 人，审结陈某等开设赌场案；依法惩治国家工作人员职务犯罪，审结贪污贿赂、渎职案件 23 件 23 人，审结黄花镇胡某某等 17 人贪污征拆款系列案。6 月 26 日“国际禁毒日”召开新闻发布会，发布典型案例4起，向社会公众公布当前毒品犯罪形势、特点及法律后果。

【民事审判】全年受理各类民事案件8688件，比2016年增长29.58%，审结8126件，比2016年增长26.4%，结案率93.53%。倡导“幼有所依、老有所养”，保护未成年人、妇女和老年人合法权益，审结婚姻家庭、继承纠纷类案件742件。保障“诚实守信，合法经营”，维护公平竞争市场秩序，审结买卖等合同类案件5480件。坚持“平等自愿，权益并重”，化解劳资纠纷，审结劳动争议案件390件。加强“保护创新，激励创业”，打击假冒伪劣，审结知识产权类案件106件，4月26日“世界知识产权日”召开新闻发布会，发布5起知识产权典型案例。帮助“理清权责，健康发展”，审慎处理破产清算案件，历时1年，长沙合力粉冶实业有限公司破产清算案达成和解协议方式终结破产程序。发挥长沙经开区园区法庭优势，审结各类案件1835件，涉案标62.5亿元。充分发挥农村法庭工作积极性，化解矛盾纠纷2000余件，主动服务镇街党委政府中心工作。

【行政审判】全年受理行政诉讼、非诉执行、非诉审查、国家赔偿、司法救助等各类行政案件401件，审结396件。坚持协调诉讼理念，增进行政机关与人民群众互信互谅，长沙巨星房地产开发有限公司诉县国土资源局、县不动产交易中心解除国有土地使用权纠纷案系长沙县第一起行政协议纠纷案，通过多番沟通协调，县政府和公司圆满达成调解协议。倡导行政机关负责人出庭应诉，县政府3名副调研员、县人社局副局长等先后出庭应诉5起案件，“人民群众告官不见官”现象逐步改善。推进依法行政进程，发布《2014—2016年长沙县人民法院行政案件司法审查报告》白皮书，结合案例查找违法具体行政行为“症结”并提出司法建议。服务重点项目建设，保持司法与行政良性互动，巩固、拓展“裁执分离”长沙县模式，促成60余户自愿拆迁，解决广汽菲亚特汽车零部件生产项目等征拆难题难点，达成法律效果和社会效果有机统一。

【执行工作】全年执结各类案件4258件，比2016年上升25.49%，执结率93.17%，执行到位金额4.34亿元。转变执行模式，推进执行信息化进程，网络执行查控系统覆盖面更广，网络司法拍卖等执行措施基本到位，拍卖成交率、溢价率显著提升。善用执行方式，多种执行措施联合，实施查封、扣押、冻结、搜查、拍卖等强制措施1631次，查封、扣押、拍卖资产2.71亿元，司法拘留71人。集中执行力量，开展专项行动，“小额民生案件专项执行行动”和“清理金融债权专项执行行动”中执结案件221件，执行到位金额8453万余元。拓展失信惩戒力度，拓宽财产发现渠道，将未按时履行生效判决2955名自然人、283名法人纳入最高人民法院失信被执行人名单库；同时，发布执行悬赏令10份。加强执行联动，内部强化“执行警务化”，外部增进部门合作，协调公安、工商、国土、不动产、银行等部门对执行财产联合布控，邀请新闻媒体参与报道宣传，营造良好执法环境，倡导构建社会诚信体系。

【司法责任制改革】3月20日，全面取消院庭长审批案件制度，由承办法官自行签发裁判文书并对案件终身负责，实行“让审理者裁判、让裁判者负责”全新工作模式。切实提高法官办案主体地位，制定《关于落实司法责任制实施办法》等17项规定。增强法官履职保障，成立诉讼服务中心集约管理诉讼事务，配齐法官助理等司法辅助人员。改革后，院庭长办案常态机制得以建立，全年院庭长审结各类案件5093件，比2016年增长138.55%。通过构建权责明晰、权责统一审判权力运行机制，实现“让法官只对案件裁判负责、让法官心甘情愿对裁判负责、让法官满怀荣誉感地对裁判负责”目标。

【认罪认罚从宽制度试点】2月，由县法院牵头，提请县政法委协调组织，建立长沙县公检法司认罪认罚从宽制度联席工作机制，并共同出台《关于开展刑事案件认罪认罚从宽制度试点工作实施办法》，自2017年2月10日起施行。2月21日，县法院开展刑事案件认罪认罚从宽制度试点，建立案件流转绿色通道，优先收案、录入，当天移送刑庭。成立专门办案小组，指定一名法官集中办理认罪认罚从宽案件，采用集中送达和集中审理方式，并当庭宣判。加强与公诉机关、社区矫正机构、司法行政机关协调配合，实现批量案件定时移送，社区矫正调查评估按时完成，值班律师制度进一步落实，被告人合法权益得到保障。此类案件一般适用速裁程序，10天内审结，审判效率得到明显提高。全年县法院适用认罪认罚从宽制度办理案件139件158人。

【创建五星级警队】11月28日下午，湖南省高院司法警察总队政委曾亚杰、警政处处长陈勇一行四人，验收县法院法警大队“四星级警队”晋升“五星级警队”。 汇报考核在新搬迁长沙县人民法院审判办公大楼前进行，全体司法警察依序开始法警宣誓、队列会操，21名法警演练擒敌拳、警棍盾牌操。演练完毕后，考核组依序巡查该院安检、审判庭及羁押室、警务监控室、警队办公室、警营文化墙、法警装备室，法警室内训练健身中心等硬件设施。县法院法警大队由“四星级警队”晋升“五星级警队”。

【新审判法庭】 12月，县法院搬迁至新审判法庭开展工作，新审判法庭投入使用。审判法庭共五层，建筑面积1.7万多平方米。法庭内设有大中小审判法庭16个，庭前会议室、调解接待室11个，空间布局便民利民。大楼选用近似江南红壤红褐色，庄重接地气。造型上运用“鼎”造型，平稳端正，敦朴大方。一至三楼公共区域是以“法”“公”“廉”为主题文化长廊，集中展示古代法制名人名言、法治典故等。新审判法庭建设和设计布局广泛融入中国元素、中华传统文化，将传统文化和法院文化建设有机融合，不仅展现出多元文化内容，更营造出浓厚文化氛围。法院不仅是解决纠纷地方，更成为人民群众感悟法律文化场所。 （何　娇）

司法行政

【概况】 2017年，长沙县推进民主法治建设。开展法治专题讲座200余场，法律咨询活动120余场，接待群众咨询15万余人次，发放各类法律知识宣传资料55万余份，发送普法宣传短信85万条，星沙时报《法治伴我行》专栏刊发普法专题栏目24期；组织学法考试，全县有178个单位（部门）11227名国家工作人员参加学法考试，考试合格率99.8%。全县排查各类矛盾纠纷约4877起，调处4877起，调处率100%。县社会矛盾纠纷调处中心主持调解重大矛盾纠纷案件47件，涉赔金额2785万元。全县接收社区服刑人员220人；解除矫正207人，其中期满解矫202人，撤销缓刑2人，收监2人，变更居住地3人，全县有社区矫正人员327人。全年受理377件法律援助案件。全面建成公共法律服务体系，除成立长沙县公共法律服务中心外，镇（街）公共法律服务工作站建成15个，建成率83%；村（社区）公共法律服务工作点做到全覆盖。长沙县公共法律服务中心全年解答各类法律咨询1300余次。完成公证体制改革，5月18日，长沙县公证处运行。

2017年，普法讲师团为盼盼二小讲法治课　（县司法局　提供）

【长沙县公共法律服务中心】 1月3日，长沙县公共法律服务中心运行。该中心依托长沙县司法局旧办公楼改造建成，面积约1000平方米，实现公证、基层法律服务、法律援助、人民调解等多项法律服务资源高效聚集。中心坚持“服务民生”基本理念，服务“便民利民”宗旨。采取“窗口化”和“综合性”相结合形式，除集法律援助、法律咨询、法治宣传、人民调解等为一体外，还整合公证办理等服务。

【公证体制改革】 5月18日起，长沙县公证处转换身份，改革后长沙县公证处为差额拨款事业单位，为独立承担民事责任事业单位法人，依据《中华人民和国公证法》规定开展业务，独立行使公证职能，由长沙县司法局对其进行监督、指导和管理。

【组建长沙县普法讲师团】 讲师团成员由市委党校教师、省未成年犯管教所教师、县法院资深法官及县内知名律师等组成，讲师18名，各讲师都有扎实法律基础，且热心投入长沙县法治建设事业。为长沙县法治宣传教育工作推进注入新动力和活力。2017年普法讲师团深入县内各中小学校开展法治宣传教育专题讲座，全年开展教育讲座100余场。 （谭丽娟）

军　事

Military

责任编辑　张　娜

地方武装

【概况】2017年，长沙县设有29个基层武装部（18个镇街武装部，5个县直单位武装部，5个学院武装部和1个经开区武装部），编配专武干部60人，编组基干民兵2655人，普通民兵5.6万人。县内驻军除人武部外，还有20个单位正在整编，其中正师职单位2个（国防科大指挥军官基础教育学院、预备役师），正团级单位6个（武警湖南总队直属支队、预备役高炮团、武警训练基地、武警长沙边检站、武警驻湘直升机大队、解放军驻湘航务军代处），副团级单位3个、正营级单位2个、正连级单位7个。是年，县人武部先后被省军区评为"军事训练先进单位""后勤管理先进单位""先进基层党支部"，被警备区评为"全面建设先进单位""新闻报道先进单位"和"安全管理先进单位"。结合纪念建党96周年组织党员到开慧故居、陈树湘烈士纪念馆、浔龙河党建村参观，赓续红色基因，感悟改革伟力。履行"5+2"职能，发挥"六部"作用，紧抓战备训练，及时修订战备方案、清点补充物资器材，组织民兵开展抗洪抢险集训演练。在抗洪救灾行动中，全体干部职工连续奋战4昼夜，转战6个镇街，转移受困群众3500余人，中央电视台军事频道（CCTV-7）、湖南卫视、湖南经视、《湖南日报》、红网等10余家媒体，对该县民兵参加抗洪救灾典型事迹进行报道。抓实兵役征集，4次召开兵役登记任务部署和业务培训会，会同县教育局召集驻县12所院校分管负责人进行专项部署，聘任75名廉洁征兵监督员，6次深入镇（街）、学校、村（社）现场督导，实行"条件、名额、去向"三公开。应征青年上站体检851人，体检、政审双合格311人，其中大学生221人，超额完成警备区确定大学生应征率70%比例。严密组织"条令法规学习月"活动，开展安全知识、安全保密、安全形势等教育，签订安全责任书，强化依法办事、安全履职意识。以迎接全军安全大检查为契机，紧盯安全管理重点要素，按照国防动员部下发实施细则，反复开展安全隐患排查整治，开展安全检查。对营区监控视频系统进行升级改造，大门岗、武器库等重要目标安防设施进行全面整治。学习贯彻《准则》《条例》，以军委纪委、国动部纪委下发违纪违规问题通报为反面教材开展警示教育，组织观看《作风建设永远在路上》《将改革进行到底》等专题教育片，引导官兵受警醒、明底线、知敬畏。新体制、新编制运行后，第一时间组织召开党委会，组织学习省军区领导落实新编制讲话精神，研究提出"全面建设走在省军区前列、业务工作走在全系统前列"奋斗目标。依据省军区、警备区党内任职通知和有关组织设置文件规定，依照程序完善党委、纪委设置，对机关党支部、3个党小组进行调整，对新军事科、政治工作科、保障科人员重新定位分工，利用交班会对新班子成员进行培训，及时召开党委会、纪委会研究讨论重大事项，定期召开组织生活会。

【动员部署民兵整组工作】1月13日上午，长沙县武装部召开第一次专武干部例会，梳理总结上年整组和兵役登记工作以及2017年度重点要抓好兵役登记、潜力调查、单个预编人员和地方与军事专业对口人员等任务进行部署。明确要求：整组工作要抓早抓实，把潜力调查、宣传发动和兵役登记统筹推进，提高工作成效。认真贯彻"编组出战斗力"思想，着力在"编实、编精、编顺和编规范"上下功夫。2月，下发《扎实做好2017年兵役登记工作通知》，就兵役登记指导思想、对象年龄、时间安排、方法步骤和有关要求等进行明确。要求各镇街和学校加大兵役登记力度，落实18周岁男性青年应登尽登，不漏一人；19—24周岁青年全面核查，往年没登记要全部补登，提高登记比例。并以县政府名义印制《长沙县人民政府兵役登记通告》到公安、计生部门，将全县18周岁男性青年名单印发到各镇街，督促各镇街抓好落实。

【大学生预征启动仪式】4月27日，长沙县人武部在长沙师范学院举办"长沙县2017年大学生预征启动仪式"，驻县高校2000余名师生参加。现场给大学生讲解征兵政策、发放宣传手册、解答疑虑问题。现场报名登记大学生66人。

【民兵舟桥骨干集训】6月5—10日，长沙县人武部组织开展一期80人民兵舟桥训练，这次集训主要突出操舟机理论知识、离靠岸、水上航行编队和水上救生等课目训练，整个训练组织严密，安全顺利，经考核达到预期效果。

【抗洪救灾】6月30—7月2日，安沙镇水塘垅、椤梨镇陶公庙水位均超历史水位，境内7个镇出现险情，根据长沙警备区指示和县防汛指挥部请求，长沙县人武部迅速启动应急预案，出动冲锋舟9艘，组织民兵应急力量

1500 人，连续奋战三昼夜，转移受困群众 2400 余人，输送物资 50 余吨，封堵管涌 2 处，构筑和加固子堤 4 余千米。（张小妹　李　遂）

武装警察

【概况】2017 年，武警长沙中队（隶属中国人民武装警察部队湖南总队长沙支队）落实执勤战备教育制度，在“3·14”“6·4”“7·5”“十一”等期间，通过集中授课、观看录像、学习典型案例等形式开展形势任务教育、专题防袭击教育和忠诚卫士教育。结合应急班实际，把训练重点放在应急班反恐训练、巡逻勤务情况处置科目上，树立“一起隐患就是一起未发生的执勤事故”危机意识，抓好治理，保障安全。是年，武警长沙中队被武警湖南总队评为“基层建设先进中队”。加强班子建设、制度建设、组织建设等，每月坚持收集民主建议，引导战士参与中队各项事务。培养新“四有”（有灵魂、有本事、有血性、有品德）革命军人，开展“两学一做”和“维护核心、听从指挥”活动，期间开展演讲选拔赛和强军故事会。注重培育尖刀精神，引导官兵向革命前辈学，向训练标兵学。在部队开展讲队史、扛队旗、铸队魂活动，组织观看《走进雪豹》“魔鬼周”专辑电影，培育“四有”军人。坚持政治工作“八个到现场（坚持政治教育和宣传鼓动到现场，坚持组织发展党员到现场，坚持立功授奖到现场，坚持文化活动到现场，坚持心理疏导到现场，坚持当兵代职到现场，坚持总结经验和树立典型到现场，坚持解决困难到现场）”，结合处理突发事件、执勤维稳、抗洪抢险等任务实际，严密组织火线入党、战地宣誓等野战文化活动。（向剑锋）

2017 年，人防知识科普　（星沙时报　提供）

人民防空

【概况】2017 年，长沙县人防办坚持“发展新人防，助力进五强”理念，开展指挥通信建设、工程建设与管理、人防宣传教育等工作。

指挥通信建设。提质改造 508 地下指挥所，恢复长沙县与省、市人防办视频会议互联互通。警报器建设稳步推进，全年新增防空警报器 3 台，总数 52 台，扩大城区警报器覆盖范围，并逐步向重要乡镇辐射。防空警报器建档立卡，规范管理，加强维护，确保“11·1”防空警报试鸣活动完成，全县防空警报器统控率和鸣响率均 100%。

工程建设与管理。全年办理批件 173 个，其中审批易地建设项目 145 个，结建项目批件数 28 个，收取人防易地建设费 6911 万元，人防易地建设费预缴款 2885 万元。出台工业厂房及配套项目相关减免解释性文件《长沙县人民防空办公室关于认真落实“长沙工业 30 条”人防政策通知》，落实长沙市下放四项权限、梳理人防办行政职权清单，修改、完善政务服务事项指南和流程清单。制定《长沙县人民防空工程维护与管理制度》规范管理人防工程，开

2017 年 5 月 12 日，人防宣传活动　（人防办　提供）

展已建人防工程维护管理合格创建工作，确保全县人防工程质量和安全监管到位。

人防宣传教育。县人防办利用公交站牌、电视、报纸、网站、微信等拓展宣传渠道，公交候车亭展示人防大型公益广告，结合“5·12”“11·1”防空警报试鸣日发放《人防小博士》《防空防灾安全口袋书》《公众人防知识手册》《防空防灾知识50问》等资料3000多册。松雅湖二小、泉星小学、特立中学等50多所中小学校开展形式多样人防知识教育活动和防空应急疏散演练，师生应急应变、自救互救能力得到提高。（张　瑜）

三湘门户 活力星沙
XINGSHA 星沙
湖南·长沙县 全国十八个改革开放典型地区

园区建设

Construction of parks

责任编辑 张 娜

2017 年 3 月 1 日，波兰－中国（湖南）经贸合作签约仪式
（长沙经开区志办 提供）

2017 年 3 月 29 日，广汽三菱汽车有限公司发动机及整车技改项目开工动员
（长沙经开区志办 提供）

2017 年 11 月 2 日，法国 Pilote 集团和长沙经开区猎豹汽车成立合资公司签约
（长沙经开区志办 提供）

2017 年 11 月 20 日，长沙经开区埃塞—湖南工业园项目开工

（长沙经开区志办 提供）

2017 年 11 月 29 日，铁建重工新型轨道交通装备产业园项目签约

（长沙经开区志办 提供）

2017 年 12 月 4－6 日，第二届中国（长沙）智能制造峰会暨长沙国际智能制造技术与装备博览会

（长沙经开区志办 提供）

长沙经济技术开发区

·综述·

【概况】2017年，长沙经济技术开发区（以下简称“长沙经开区”）以“率先打造国家智能制造示范区、率先建设5000亿国家级园区”为发展目标，按照“稳住、进好、调优”总要求，坚持区县一体，推动融合发展，以“双轮驱动”“双臂支撑”为着力点，以项目建设为抓手，突出产业链建设，园区经济发展呈现稳中有进、进中向好态势。

经济实力提升。园区技工贸总收入3126.9亿元，增长22.5%；规模工业总产值2348.5亿元，增长20.3%；规模工业增加值538.8亿元，增长16.6%；财政总收入155.72亿元，增长13%，其中工商税收138.22亿元，增长18.4%；全社会固定资产投资238.7亿元，增长29.8%，其中工业及生产性服务业投资218.3亿元，增长32.8%（工业投资209.2亿元，增长46.1%），主要经济指标继续保持两位数增长。主导产业提质增效。“两主一特”产业建链、补链、强链、延链，主导产业规模、效益和质量明显提升。支持汽车骨干企业增资扩建，引进核心零部件项目，抢占新能源汽车高端，汽车产业发展势头强劲。广汽三菱欧蓝德、上汽大众斯柯达柯迪亚克、长丰猎豹CS9 EV、广汽三菱“祺智”、众泰君马S70等车型相继投产或产，整车产能超过100万辆，产值1011.6亿元，增长42.3%，成为园区首个千亿产业集群。支持工程机械在坚持做强做优主业基础上加快转型升级，企稳回升态势明显，产值922.4亿元，增长7%。健全电子信息产业链，重点引进产业上游旗舰型项目，产业规模不断壮大，产值249亿元，增长3.7%。汽车、工程机械、电子信息三大产业占规模工业总产值比重分别为43.1%、39.3%、10.6%，多点支撑产业格局更加稳固。全年新增广汽三菱、铁建重工、长丰集团3家产值过100亿元企业，总数7家；上汽大众、广汽三菱、广汽菲克等3家企业税收均超过20亿元。

智能制造。平台基础不断夯实。主动对接“中国制造2025”和“互联网+”行动，加强顶层设计，发布园区智能制造中长期发展规划，明确国家智能制造示范区建设路径，致力于打造全球领先智能制造应用基地、示范基地和创新基地。设立总规模100亿元智能制造基金，实行市场化运作，优先支持具备高新技术和高速发展特征智能制造企业，引导资金、土地、人才向智能制造集聚。启动智慧园区建设，安排专项资金，利用中国信息通信研究院、三一树根互联、苏州工业园智慧园区团队等国内优质资源，率先在全市构建智能制造、智慧园区、工业互联网“三位一体”协同推进机制，聚焦产业、政务、服务三个方向，建设政务云与工业云，全方位打造智能制造生态体系。支持三一树根互联打造具有全球影响力工业互联网平台，平台监控数据成为国家决策重要参考依据，服务触角延伸至45个国家和地区，打造“互联网+先进制造业”深度融合典范。引进“三一现代工业家+”项目，通过实施“33121”工程，打造新型创新创业社区，引领带动传统产业加速向智能化转型。“2025年全面建成国家智能制造示范区”目标，强化政策引导，夯实要素保障，推动质量变革、效率变革、动力变革，逐步产业智能化、智能产业化。加大对企业研发和技改支持力度，智能生产、智能产品、智能服务不断涌现。博世汽车工业4.0示范基地建设如期，成为全省首家德国工业4.0标杆企业；上汽大众5种车型线生产，与广汽菲克等企业被誉为世界级智能制造工厂典范；众泰汽车二期项目涂装车间改造，技术研发和自动化生产能力大幅提升。启动园区第一批工业互联网试点示范项目建设，铁建重工、镭目科技2家企业项目入选2017年国家智能制造专项项目。9月，全省产业发展现场推进会上，省委书记杜家毫称“博世汽车是家门口建起来‘工业4.0’样板工程”“上汽大众、蓝思科技、博世汽车等企业都是智能制造典范”。年底，园区创建国家级智能制造试点示范企业1家、省级智能制造企业5家、省级智能制造车间1个、市级智能制造试点示范企业43家。

项目建设。坚持招大引强、精准招商，突出产业链招商、以商招商、二次招商、园区与企业同投资招商、成立合作平台公司招商，招商引资。全年引进、洽谈投资额5000万元以上项目86个，总投资约550亿元，其中投资过100亿元项目3个（铁建重工新型轨道交通装备产业园、京东无人车智能产业基地、蓝思科技视窗触控玻璃面板），投资过50亿元项目2个（广汽三菱发动机及整车技改、湖南烁普汽车动力锂电池隔膜）。开放型经济逆势增长，全年实际到位外资5.68亿美元，增长10.2%；引进市外境内投资67.48亿元，增长14.3%；引进省外境内资金29.94亿元，增长14.2%；对外贸易总额32亿美元，增长14.86%。培育外贸骨干企业，蓝思科技成为全市首家年进出口额过10亿美元外贸企业，广汽三菱、铁建重工进出口额翻番，进出口额过亿美元企业增至8家，位居全市第一。项目建设高效推进。2017年，园区列入市发改委考核重大项目46个，年划投资111.44亿元，投资156亿元，年任务140%，27个新建项目全部开工，高质量项目建设支撑经济高质量发展。在全市率先开创政府与企业合作建新模式，项目建设跑出加速度。由园区代建长丰华湘（猎豹）工业园项目，总投资超过50亿元，从开建到试生产仅9个月，12月8日竣工投产。由园区代建索恩格汽车部件项目，总投资10亿元，于2017年2月开建，8月31日厂房交付使用，2018年1月整体移交索恩格汽车部件公司使用并投产，其中国总部和全球研发中心同时落户园区，项目产后将年产值50亿元、税收3亿元，成为高质量项目典范。加快推进“腾笼换鸟”，确保重大项目快速落地。总投资过50亿元广汽三菱发动机及整车技改项目通过改造原HEG厂房建成，填补湖南自产汽车发动机空白，于2017年3月开建，划2018年底量产。总投资50亿元湖南烁普汽车动力锂电池隔膜项目，利用山河智能原第三产业园进行生产线改造，于2017年11月签约并开建。总投资过50亿元铁建重工高端地下装备制造项目，一期于2017年4月建成投产，二期全球首条智能化磁浮轨道生产线于2017年12月底全部建成投产。园区两次代表长沙参加全省产业项目观摩，项目建设品质和服务水平得到省市主要领导高度肯定。要素保障不断增强。抢抓新一轮园区扩区机遇，争取省市县支持，143平方千米扩区方案于2017年7月由省政府上报国务院，为园区未来发展赢得先机。强化土地资源保障，全年批回土地259.2公顷，供应土地133公顷。按照“四张蓝图”总体要求，战略空间拓展和产城融合规划。通过理顺拆迁工作机制、腾笼换鸟、空坪隙地见缝插针、回收回购等举措，以及举区县之力开展“奋战100天 腾地8000亩”专项行动，有效保障重大项目落地。全年拆迁腾地376.93公顷，盘活存量用地93.33公顷，园区土地开发利用获评全省集约节约用地考核第一。抢抓政策机遇，强化资金保障。推出6个PPP项目，总投资100亿元，其中4个启动，撬动社会资本参与园区建设。规范政府性债务和融资管理，政府债务置换13.14亿元，获得省市财政债券支持10亿元。强化人力资源保障，每年安排1亿元用于招才引智。推进“长沙人才新政22条”，出台《加快引进培育技能人才办法》，设立“星沙友谊奖”“特别贡献奖”“星沙工匠”，人才高地建设推进。全年入选国家“万人划”2人，入选省“百人划”2人，获评市级“技能大师”3人，新增市级“技能大师工作室”1家，高层人才初审认定数量占全市1/3，人才交流服务中心被人社部评为全国人力资源诚信服务示范机构。

改革创新。坚持区县联动，开展区县周（月）工作一体调度，全年组织调度布置周（月）工作37次，交办任务224件。创建区县“同时学习、同时研究、同时部署”工作机制，对推进上级会议及文件精神、工作任务，以及意识形态、中心组（扩大）学习、党风廉政建设、招商引资、安全生产、环境保护、城市管理、社会稳定等重点工作，坚持区县同部署、同推进、同督查，推动区县资源共享、高效运行。特别是在重大考察调研接待和重大任务铺排中，区县相互支持、配合、主动担当，展示区县形象，提升工作效率。体制机制改革深入推进。探索园区发展新路径，主动向省直有关部门报告园区改革创新建议，向市委、市政府提交改革创新发展实施方案，助推全市加快园区改革创新步伐。启动人事机构改革，实行“大部门制”，事业单位全部归口对应部门管理，层级管理不断规范。设立法律事务中心，建立重大决策合法性审查和合同全流程痕迹化管理机制，依法管理能力明显提升。实施差异化绩效考核，突出项目建设，拉开干部收入分配差距，激发干事创业活力。深化直属企业改革，在集团公司基础上新成立项目公司，进一步理顺资产经营管理和项目开发建设关系，直属企业运营更加规范有效。“放管服”改革持续深化。推进“长沙工业30条”“一次性”审批等全市重大政策，出台工业用地优惠政策等12项实施细则，制度高地建设推进。主动承接市政府第131号令下放涉区83项权限，推进“两集中、两到位”要求，园区涉企行政审批事项进窗由124项增至158项，组织新建和修订标准化服务指南92项，500平方米政务服务大厅装修改造，新增23个服务窗口及24人办公场地。深化商事制度改革，推行集群注册，新增市场主体1776户，总量5041户。为缓解园区中小微企业融资难、融资贵问题，发起成立政府性融资担保公司和小额贷款公司，为企业降低融资成本提供平台。创新创业活力不断释放。推进国家知识产权示范园区建设，高新技术规上企业产值1900亿元，占园区规模工业总产值81%。引导企业加大研发与试验发展投入，全年企业投入R&D经费58亿元，占企业产品销售总收入的2.5%。申请专利1214件，增长16%。培育上市（挂牌）企业4家，总数17家。航天凯天环保、国科微电子等13家企业申请2017—2019年长株潭国家自主创新示范区专项资金。联手三一集团成立3.5亿元创投基金，持续开展“三湘汇”创新创业活动。新建或续建科技新城等5个工业地产项目，投资超过12亿元，新增工业地产面积46万平方米，建成150万平方米。全年新引进创新型企业592家，工业地产入驻企业产值66.7亿元。新长海创客总部获评国家级科技企业孵化器，三一众创孵化器获评国家级众创空间和国家级双创示范基地。推进“质量兴区”，蓝思科技、铁建重工获评第五届省长质量奖，湖南丽臣等4家企业5个产品获评湖南名牌产品。抢抓军改契机，设立军民融合专项基金，出台支持军民融合人才创新创业鼓励办法，打造5万平方米科技新城军民融合平台。

基础设施。全年铺排基础设施项目146个，总投资16亿元。实施三年品质提升工程和新三年造绿大行动，推进“千园之城”建设，铺排绿化项目27个，新增绿地面积约50万平方米，其中新增公园8个、“增花添彩”道路2条、林荫路5条、林荫广场3个、林荫停车场5个。打造环城绿带、东十一路绿化景观工程、长桥公园3个精品绿化项目，先后接待全市13个单位现场观摩。打造“四个一刻钟交通网”“三个十分钟服务圈”目标，梳理11条断头路，开建5条；加快人民路两厢开发建设，引进三博医院、湘郡未来实验学校扩建等优质现代服务业项目5个，园区综合配套水平不断提升。公服务更加精准。在全省首倡行政管理及服务事项未办件报告制度，以刚性制度倒逼责任推进，服务效能持续提升。建立精准服务机制，工管委领导分组联点165家规上工业企业和重大项目，深入一线破解发展难题，收集问题216项，解决196项。每月开展窗口满意度测评及考核，收集并办理意见217条。加强政务信息公开日常监督和考核，全年有8个月在全市政府网站常态化监测考核中排名园区类第一。受理并办结依申请公开24件，增长500%。加强日常保密监管，全年无失密、泄密事件发生。狠抓安全生产监管，确保园区安全生产形势持续稳定。根据党政同责、一岗双责、失职追责原则，按照“一单四制”要求，建立工管委领导安全生产工作责任清单，坚持一月一检查、一季一调度，深入开展综合治理、专项整治、打非治违、安全生产大检查等活动，督促企业整改安全隐患1300多处，打击严重违法违规行为20起。推进中央环保督察要求，中央环保督察组交办11件案件均整改并销号。

组织工作。全体领导干部自觉用习近平新时代中国特色社会主义思想武装头脑、引领方向、指导实践，以政治建设为统领党建设不断加强。深入推进“两学一做”学习教育常态化制度化，组织区县一体党工委中心组（扩大）学习7次，第一时间传达学习中央和省市重大决策部署，并抓好推进，做到有部署、有行动、有实效。加强基层党组织建设，新建非公企业党组织27个，指导43家企业党组织换届选举，党组织覆盖429家企业，两个全覆盖。打造“三区一校七室”阵地，组织第二届“四型三星”先进典型评选，深化互联建，运用信息化手段，严格推进日常管理，提升党建工作水平。园区中心工作，策划组织推出各类主题宣传210次，与媒体合作挖掘园区典型，讲好园区故事，擦亮“智能制造第一区”名片，较好地展示园区形象。发挥民主党派及群团组织优势，凝聚促发展工作合力。取消不符实际工作例会，叫停不符合企业需求活动，推出重大任务专题调度、重大招商随时安排、重大项目每月调度、服务企业随叫随到、安全生产每月检查、日常工作层级管理等一系列务实精准服务举措，首创未办件报告制度，强化干部履职责任，锤炼干部履职能力。组织机关干部参加上级调训和各类业务培训，拆迁事务所班子成员配备，新招聘23名工作人员，干部队伍结构得到优化。建立和完善重大决策法律审查机制，依法履职能力不断增强。作风建设扎实推进。开展“学党纪条规、查问题隐患”主题活动，全面铺开领导干部经济责任审查，着力问责不作为不担当不负责行为，探索实施园区专项巡察，高频次开展明察暗访，向直属企业综合派驻纪检组，率先选聘一批纪检监督员。全年开展纪律审查18次，处理28人次，其中给予4人严重警告、1人党内警告、2人免职处理、7人诫勉谈话、14人提醒谈话，监督执纪“双向六防线”初步形成，营造风清气正、扎实干事良好氛围。

·基础设施建设·

【概况】2017年，长沙经开区铺排基础设施建设项目146个，总投资16亿元。实施三年品质提升工程和新三年造绿大行动，推进“千园之城”建设，铺排绿化项目27个，新增绿地面积50万平方米。打造“四个一刻钟交通网”“三个十分钟服务圈”目标，梳理11条断头路，开建5条新建道路排水 37.3 千米，硬化道路 22.9 千米。加快人民路两厢开发建设，引进三博医院、湘郡未来实验学校扩建等优质现代服务业项目 5 个，园区综合配套水平不断提升。星沙二水厂取水泵站建设项目投资 2.37 亿元。城北污水处理厂扩容提质项目通水试运行，同时新建规模 7 万吨 / 天处理系统，出水全部执行一级 A 类排放标准。全年在建及建成房屋建筑面积 97 万平方米。弱电改迁 7.3 千米，长浏高速两侧、道路亮化 18.6 千米，20 余条道路及 10 个交叉路口交通标志、标线、标牌，进一步提升园区形象，美化园区环境。

【供水】 全年供水 1.166 亿吨，日供水量最高 38.3 万吨；收回水费 1.25 亿元，同比增涨 27.91%，营业收入 1.39 亿元，同比增涨 22.65%；供水漏损率控制在 25.83%，水费回收率为 97.72%；税后利润 876 万元，上缴税金 700 万元。星沙二水厂取水泵站投资 2.37 亿元，9 月 12 日开工建设，12 月 30 日通水，兑现县政府向省环保厅、省检察院环保承诺。供水营销、客服、报装系统相继于 9 月 1 日、11 月 15 日、11 月 29 日上线。启动星沙水厂 9 万吨改扩建工程。利用星沙水厂现有三期西侧 1.53 公顷预留地和东侧拆除一、二期常规处理工艺及配套设施腾地 2.13 公顷，3.67 公顷，改造并扩容 9 万吨常规 + 深度处理工艺及污泥处理设施。全年新安装直径 100 ~ 1000 毫米市政供水管网 23 千米，投资总额 1825.5 万元，进户 66 项，总造价 555.3 万元；临时进户 39 项，总造价 25.9 万元；“三供一业”泰格林纸宿舍小区户表改造，成为小区户表改造样板工程。

【水质净化】 全年处理污水 9459 万吨，削减化学需氧量 21547 吨、氨氮 1122.6 吨，纳污范围内、设浓度范围内污水处理率和标排放率 100%。城北污水处理厂扩容提质项目通水试运行，项目建设内容包括对城北污水处理厂现有 7 万吨 / 天处理系统进行提标改造，同时新建规模 7 万吨 / 天处理系统，出水全部执行一级 A 类排放标准。城南污水处理厂扩容项目建设 11 月进场施工；城北污水处理厂污泥深度处理项目 11 月开工建设。

【道路桥梁】 推进道路工程建设，新建与续建道路工程 20 处，投资额 22146 万元。东十二路（漓湘路—檀木路）、东十一路（远大路—机场高速主干道）、大元路（东四路—黄兴大道）、大元路（黄兴大道—长株高速）、黄花片区路网项目、华湘路（远大路—楠竹园路）、国防科技大学规划支路一（东十一路—东十二路）、国防科技大学规划支路二（东十一路—东十二路）、映霞路（中轴路—东十一路）、大众西路与长株高速榔梨东收费站连接工程、东五路（人民路—大元路）、红树坡路（东十一路—东十二路）、映霞路（东十一路—东十二路）、映霞路（中轴路—东十一路绿化、人行道、交通、照明工程）、中茂路、金科路道路工程、红树坡路（东十一路—东十二路道路路面工程）、金科公园、榔梨公租房四期停车场、广汽三菱漓湘路地下通道、忠武燃气管道改线（大元路南北两侧）、建成后未验收通车道路安全隐患整改工程。

【安居工程】 推进安置区建设，成立项目建设指挥部。安置区基础设施动工开建重大突破。实施《长沙市征地补偿安置条例实施办法》（长沙市人民政府 60 号令）安置扫尾工作进行。榔梨公租房小区三期 3 栋，全部竣工验收。泉塘小学扩建工程，建筑面积 3496.58 平方米。佳美小学建设项目，建筑面积 9944.29 平方米。广三职工宿舍（广悦星苑）12 万平方米，53%。黄金集团职工宿舍 7.5 万平方米，56%。全年建筑面积 13.21 万平方米，投资 48306 万元。

【电力】 新建与续建电力、路灯管道工程 25 处，投资额 6182 万元。杉岭路、大元路、中铁场地、黄金小镇、员工小区、紫华郡等项目弱电改迁 7.3 千米；长浏高速两侧、东十一路、机场北辅道、大众北路、国防科大支路、规划支路等道路亮化 18.6 千米；长湘路、映霞路、蓝田路、大元路等 20 余条道路及 10 个交叉路口交通标志、标线、标牌，进一步提升园区形象，美化园区环境。

【燃气】 星沙新奥燃气公司全年民用户开发 18641 户，工商户开发 168438 立方米 / 日，公司在用民用户 222226 户，在用工商户 1855 家，敷设中压干管 450 千米，上缴利税 22369 万元，连续七年获“税收总额过千万企业”称号。全年供应天然气 14927 万立方米，日最大供气量 65 万立方米。在安全隐患排查和治理方面，金色比华利立管改造和架空管防腐 27000 米。每月、每季度都针对工程、管网、场站、客户、车辆交通、综合管理等各方面开展综合性、专业性及日常性安全检查，查出安全隐患 40 项，整改 38 项。

【环保建设】 全年项目环评审批 96 个、项目竣工环保验收 40 个、颁发排污许可证8个、初步设环保审查20个、规划竣工环保审查19个、建设房屋建筑和市政基础设施工程竣工验收备案环保审查24个。区县联合对危险废物产生量100吨以上重点企业开展重点检查以及规范化管理整治，有13家企业在区县环保部门督促下危险废物规范化管理整改工作，110家企业在全国固体废物信息系统进行网上申报。星沙、城南两座污水处理厂削减COD16620吨，氨氮744.2吨。

【绿化工程】 全年续建和新建11.43万平方米，投资37321万元。续建“环城绿带”建设项目，长桥公园施工项目，东十一路绿化，国防科技大学规划支路等3条道路绿化及人行道工程，长沙经开区管委会屋顶绿化示范工程，漓湘路与京港澳高速（时中路）交叉口提质改造工程。新建长湘路（漓湘路—长永辅道）绿化及人行道工程，人民路及两厢绿化提质工程，东十二路北段（东十一路—漓湘东路）绿化、人行道、交通工程；大众北路（大众西路—长株高速互通）绿化、人行道工程，大众西路与长株高速榔梨东收费站连接线附属工程，杉岭路（秋江路—福中路），东十一路北段（长永高速—远大路）绿化提质改造工程。

·招商引资·

【概况】 全年引进投资额5000万元以上项目86个，总投资约550亿元，其中投资过100亿元项目3个（铁建重工新型轨道交通装备产业园、京东无人车智能产业基地、蓝思科技视窗触控玻璃面板），投资过50亿元项目2个（广汽三菱发动机及整车技改、湖南烁普汽车动力锂电池隔膜）。开放型经济逆势增长，全年实际到位外资5.68亿美元，增长10.2%；引进市外境内投资67.48亿元，增长14.3%；引进省外境内资金29.94亿元，增长14.2%；对外贸易总额32亿美元，增长14.86%。培育外贸骨干企业，蓝思科技成为全市首家年进出口额过10亿美元外贸企业，广汽三菱、铁建重工进出口额翻番，进出口额过亿美元企业增至8家，位居全市第一。全年接待富士康集团、日本加特可、京东X事业部、澳洲联邦自贸机构等单位230余批次，1000余人；通过出台园区外贸发展奖励办法，配套专项资金3000万元，组织企业海外参展20余次，协助企业申报国家、省市外贸奖励资金340多万元，全区“破亿美元军团”企业个数到8个。蓝思科技进出口额突破10亿美元，广汽三菱、铁建重工进出口额均翻番，各项开放型经济指标均考核任务。

【海外投资推介会】 2月7日，长沙经开区埃塞—湖南工业园项目组召开2017年首场海外投资推介会，三一重工、北汽福田、远大科技集团等30家企业负责人参会。项目组介绍埃塞俄比亚经济社会发展情况，重点推介埃塞—湖南工业园项目背景、产业类型和支持政策，展示埃塞—湖南工业园综合服务平台功能定位、服务范围以及帮助湘企拓展埃塞市场信心和决心。该项目位于埃塞俄比亚纳兹雷特市（又名阿玛），占地面积4.12平方千米，划分两期开发建设，由长沙经开区负责运营管理。

【长沙经开区与波兰沃斯集团签署合作协议】 3月1日，长沙经开区与波兰沃斯集团签署框架性合作协议。省人大常委会党组书记、副主任韩永文，波兰和国参议院副议长兼议会波中议员小组主席格热戈什·柴莱伊及省商务厅副厅长周越，省外事侨务办公室主任肖百灵，长沙经开区党工委书记、长沙县委书记曾超群等参加签署仪式。会后，波兰和国参议院副议长、议会波中议员小组主席格热戈什·柴莱伊一行在省人大民侨外委委员谢律尖，省商务厅副厅长周越，长沙经开区党工委副书记、管委会副主任张庆红等陪同下参观园区展示馆、三一集团和山河工业城。

【国际工程机械及传动机械博览会参展】 3月7日，全球三大工程机械展之美国拉斯维加斯国际工程机械及传动机械博览会在拉斯维加斯LCVV会展中心开幕，三一集团、山河智能、中联工起等园区企业组团参展。

【湖南与埃塞俄比亚重点项目签约】 4月9日，湖南与埃塞俄比亚重点项目签约仪式在埃塞俄比亚首都亚斯亚贝巴举行。长沙经开区集团公司与埃塞俄比亚工业园开发公司以及中地海外埃塞俄比亚分公司同签署《关于成立埃塞俄比亚—湖南工业园合资运营管理公司协议》，宣告长沙经开区和埃方同组建合资公司成立。

【首届“临空丝路”经济论坛】 4月22日，首届“临空丝路”经济论坛暨长沙经开区产业推介会在长沙科技新城举行。长沙经开区集团公司、长沙经开区汨罗产业园、长沙经开区集成电路产业基地、长沙科技新城先后对园区环境和项目发展进行推介。广州信策电子商务有限公司、广东易龙源投资集团、广州金谷影视投资有限公司、湖南源创高科工业技术有限公司、湖南舒瑞科工程技术有限公司、快乐惠超市与长沙经开区集团公司签约，意向落户长沙经开区。签约项目中，既有军民融合智能制造项目，又有电子商务平台、生活配套项目，将助力长沙经开区发展临空经济。

【优冠实业集团生产基地投产】 5月8日，长沙经开区汨罗产业园优冠实业集团生产基地投产。2016年8月12日，长沙经开区汨罗产业园工业地产（一期）优冠实业集团项目开工，项目总投资约1.5亿元。优冠实业集团是长沙经开区汨罗产业园首个投产企业，是“两地三方”同见证优秀“作品”。

【长沙至浏阳天然气管道项目投产】 5月26日，“气化湖南工程”长沙至浏阳天然气管道项目投产仪式在长沙经开区昆仑燃气星沙分输量站举行，该项目将为长沙市加强能源供给、优化能源结构和产业转型升级提供有力保障。省政府副省长谢建辉出席投产仪式并宣布开阀。长沙至浏阳天然气管道项目于2016年9月8日开工建设，管道全长62.4千米，设压力4.0兆帕，设年输气量2.6亿立方米，途经长沙县和浏阳市。沿线设置5座阀室，其中分输阀室2座，普通阀室3座。项目总投资2.99亿元。市政府副市长廖建华、长沙经开区党工委委员张文球等出席活动。

【6家创业基地获评“湖南省中小微企业创业创新基地”】 8月7日，省经信委公布湖南省中小微企业创业创新基地（2017–2020）名单，长沙科技新城、铭诚绿谷、和祥科技园、蓝色产业园、德普企业公元、三一众创孵化器等6家创业基地被认定为“湖南省中小微企业创业创新基地”，加上此前被认定中部智谷产业园、新长海众创空间，长沙经开区经拥有8家，成为全省创业创新基地最多开发区之一。同时，长沙经开区金融服务中心也被省经信委认定为“湖南省中小微企业核心服务机构”。

【湖南省产业发展现场推进会召开】 9月23日，省委书记、省人大常委会主任杜家毫主持召开全省产业发展现场推进会。会前，从9月22日至23日上午，由杜家毫、许哲等省领导，14个市州党政主要负责人、分管副市（州）长，以及省直有关部门和全省高新技术产业开发区、综合保税区主要负责人组成产业项目观摩团，先后到娄底、湘潭、株洲、长沙4市，实地考察13个重点企业和产业项目（23日现场观摩园区企业上汽大众、蓝思科技、博世汽车），并现场见证株洲市政府与中国电子信息产业集团合作项目签约。长沙经开区党工委书记、长沙县委书记曾超群参加会议并观摩，长沙经开区党工委副书记、管委会副主任张庆红参加长沙经开区项目观摩活动。

【国际轨道交通产业博览会暨高峰论坛】 10月25日，由中国铁道学会、湖南贸促会、长沙市政府、株洲市政府联合主办2017中国湖南国际轨道交通产业博览会暨高峰论坛在长沙国际会展中心举行。省政府副省长张剑飞宣布2017中国（湖南）国际轨道交通产业博览会开馆，并巡视博会展览馆。市委副书记、市政府市长、湖南湘江新区党工委书记陈文浩在开馆仪式上致辞，副市长李晓宏主持开馆仪式、副市长廖建华出席高层论坛，长沙经开区党工委副书记、管委会副主任张庆红，党工委员王维倩等出席开馆仪式并巡馆。长沙经开区铁建重工、中铁山河、中车时代等10多家园区轨道企业参加会议。

【首家中外合资房车制造企业签约】 11月2日，法国Pilote和湖南猎豹合资成立首家中外合资房车制造企业——“湖南湃力特旅居车有限公司”签约仪式在长丰猎豹举行，法国驻武汉总领事馆经济领事吉欧武、省政府副省长张剑飞、法国Pilote集团董事长玛丽丹妮尔·帕迪欧、长丰集团董事长李建新，长沙经开区党工委书记、长沙县委书记曾超群，长沙经开区党工委副书记、管委会副主任张庆红等出席仪式。

【三一重工获评“特别贡献奖”】 11月13日，德国中国商会首届“在德中资企业优秀投资奖”在德国柏林揭晓，在德2000多家中资企业中，13家获得奖项，三一重工获评“特别贡献奖”。

【埃塞–湖南工业园项目开工】 11月20日，埃塞–湖南工业园项目举行开工仪式。受埃塞总理海尔·马里亚姆委托，阿玛市长阿内科·阿贝贝出席典礼。埃塞工业园开发公司（IPDC）副总裁阿玛雷·阿司格登，阿玛市周边各部落酋长和长老，省商务厅驻埃塞商务代表处、埃塞—湖南工业园运营管理公司、中地海外集团埃塞公司、设单位和监理单位等有关单位负责人出席开工仪式。

【参展湖南（长沙）装配式建筑与建筑工程技术博览会】 11月28–30日，湖南（长沙）装配式建筑与建筑工程技术博览会在长沙国际会展中心举行。本届筑博会以“绿色住建”为主题，展览内容主要涉及装配式建筑、集成房屋、绿色建筑示范项目、建筑工程机械及装备等新技术和新产品，聚焦住房和城乡建设领域绿色发展。园区企业三一集团、远大科技集团、柯盛新材料等企业参展。

【新型轨道交通装备产业园项目签约】11月29日，张庆红代表长沙经开区管委会与中国铁建重工集团有限公司党委书记、董事长刘飞香就新型轨道交通装备产业园项目签约。长沙经开区党工委书记、县委书记曾超群主持签约仪式，省委常委、市委书记胡衡华，中国铁建股份有限公司党委书记、董事长孟凤朝，中国铁建股份有限公司党委副书记、总裁庄尚标，市委副书记、市政府市长、湖南湘江新区党工委书记陈文浩见证签约仪式。

【第二届中国（长沙）智能制造高峰论坛】12月4—6日，第二届中国（长沙）智能制造峰会暨长沙国际智能制造技术与装备博览会在长沙国际会展中心举行。工信部副部长罗文，中国工程院院士方滨兴，中国科学院院士徐宗本，省委副书记、省政府省长许达哲，省委常委、市委书记胡衡华，副省长张剑飞，省经信委主任谢超英，市委副书记、市政府市长、湖南湘江新区党工委书记陈文浩等出席第二届中国（长沙）智能制造高峰论坛。长沙经开区党工委书记、长沙县委书记曾超群，长沙经开区党工委副书记、管委会副主任张庆红等出席会议。

【京东无人车智能产业基地项目与长沙根云工业互联网项目签约】12月6日，“第二届中国（长沙）智能制造峰会暨长沙国际智能制造技术与装备博览会高峰论坛”在长沙国际会展中心举行。现场签约项目14个，划总投资343亿元。其中，长沙经开区管委会分别与北京京东世纪贸易有限公司签订投资100亿元京东无人车智能产业基地项目，与树根互联技术有限公司签订投资1亿元长沙根云工业互联网平台建设项目。

·管理与服务·

【规划管理】提出园区未来空间拓展战略，并将该研究成果作为长沙市总体规划编制意见提供给编制单位，以期纳入全市总体规划成果。优化产城融合规划，委托设院编制产城融合规划。率先实施“无条件受理、有条件审批”模拟审批、先行放线等举措，进一步优化规划审批流程，将所有涉企规划行政审批及服务事项办理时限缩短至法定时限2/3以内。对土地摘牌和总图审批制造业产业项目，先进行规划放线，以支持企业提前开展场地平面和竖向整理工作。全年办理建设用地规划许可证52本，批准面积2982113.73平方米。下选址意见书22份，规划条件书148份。建设工程规划许可证（建筑类）110本，批准建筑面积4796947.37平方米，建设工程规划许可证（市政类）3本，批准管线长度2.325千米，建设工程规划许可证（临建类）13本，批准建筑面积72898.16平方米，办理建设工程规划竣工验收合格证97本，验收面积3124510.37平方米，办卷正点率到100%，合格率到100%。按照长沙经开区管委会主任会议纪要，为推进重大项目和重要配套设施落地，经开区启动控规调规项目17个，其中调规项目7个，委托调规论证项目12个，专家论证会和公示项目12个；精准服务企业，帮助企业协调调规项目10个。

【国土资源管理】扩区修编申报。9月11日，省政府办公厅将扩区补充资料上报商务部，待上级批复。用地报批扎实推进。省下区建设用地指标66.67公顷，申请上报用地514.07公顷，全年批回土地259.21公顷。协调解决耕地指标54093公顷、林地指标77.33公顷，解决建设用地指标244.33公顷。土地出让规范有序。严格执行国土资源部关于《招标拍卖挂牌出让国有建设用地使用权规定》，推进国有建设用地使用权出让监管制度。全年出让土地35宗，面积155.14公顷，成交价款233778.84万元。其中，工业用地23宗，面积115.51公顷，成交价款98737.78万元，保障中铁重工高端地下装备项目一期、广汽三菱汽车发动机项目二期等重点项目用地。经营性用地9宗，面积21.43公顷，成交价款127047万元；地下空间使用权2宗，面积3.84公顷，协议出让价款2805.7万元；科教、公设施、道路等划拨用地10宗，面积14.35公顷，划拨收入1441.8万元；清欠土地款收入10000万元，提高容积率补缴土地价款3746.56万元。2016年出让结转2017年到账109654.61万元，以上土地收入353433.45万元。在2016年查出低效用地基础上，依据长沙市开发园区低效用地管理办法，督促3宗开发未低效用地开发建设，新查出5宗低效用地，更新低效用地台账和图纸。国土资源部节约集约考核数据信息填报。参加省厅组织开发园区节约集约用地先进单位评选，获一等奖。

2016年节约集约用地评价更新工作前期工作，初步成果编制，待省厅审核。艰难推进征地拆迁。全区在拆项目52个，其中新启动项目35个，续拆项目17个。全年拆除房屋742栋，动迁人口2306人，拆迁腾地377公顷。办理被征地农民住房安置货币补贴1359人，办理被征地农民纳入社会保障手续953人。支付拆迁补偿资金11亿元（其中拆迁补偿资金8.35亿元，安置资金2.65亿元）。土地储备工作规范运行。长沙经开区储备中心3月开始运行，同年4月对全区储备土地进行全面摸底调查，规范管理储备土地，安排专人对储备土地进行日常管护，并大胆推进储备土地临时利用，提高土地管理和利用效率。园区有储备地123宗，面积603.33公顷，其中工业用地303.53公顷，商业、居住等经营性用地142.19公顷。开展储备土地现场管护工作，拆围覆绿土地24宗112.8公顷，临时利用储备土地17宗50.22公顷，查处非法侵占储备土地行为7宗28.28公顷，收回收购国有土地11宗40.33公顷。

【建设工程管理】全年铺排基础设施项目146个，投资总额10亿元。推进三年品质提升工程，实施6个PPP项目，撬动社会资本参与园区建设，总投资100亿元，债务削减与基础设施完善“双效益”。加强重点项目工程调度。全年下任务委托书10份，下发项目进度督办函5份。形成重点工程调度会议制度，召开项目调度会议18次，督促重点项目工程推进进度。按照相关会议明确职能职责对PPP项目建设进行调度协调。及时参与重大工程变更。制定《长沙经济技术开发区政府投资建设工程变更管理办法》，组织工程重大变更联审会议12次，形成工程重大变更联审会议备忘12件，处理疑难问题百余项。加强代建项目管理工作。代建项目中星沙大道南延线、泉塘三小竣工，天达中学、中心消防站于9月底按期开工建设，天华小学施工招标前期工作正在有序进行。推进领导批示、百姓投诉、书记信箱、媒体监督等问题。第一时间沟通、解决百姓所反映问题。全年通过领导批示、12345百姓投诉、书记信箱、媒体监督等渠道提交问题110余件，问题回复率、百姓满意率100%。做好方案审查、技术把关工作。全年组织初步设评审会50次，发放初步设批复50个；广汽三菱过漓湘路地道、新安停车场、红光公交首末站方案设；竣工资料技术审查80余项。为保证PPP项目施工方案及设图纸质量，确保施工图审核进行，成立PPP项目图纸及方案审查小组，根据专业类别分组审查各专业图纸及方案，并通过联审会形式形成会议纪要。全年PPP项目图纸及方案审查19项，上主任会议审议项目12项。促进窗口服务提质，持续推进“一口受理”，办理行政许可、审批事项735项。其中，建设工程初步设审批50项、建筑工程施工许可88项、建设工程施工图审查备案52项、建设工程施工合同备案52项、建设工程监理合同备案52项、建筑节能设审查备案27项、建设工程开工安全生产条件检查52项、建筑工程竣工验收备案63项、建筑节能专项验收备案20项、民用建筑节能产品进入工地登记64项、建筑起重机械使用登记101项、建设工程项目竣工安全等级评价61项、建筑工程安全防护文明施工措施费使用监管103项。全年发放施工许可证本52本（工业项目33本，市政项目14本，其他项目5本）。报建总建筑面积1917860平方米，总造价240588万元。其中，工业项目总建筑面积1422593平方米，公益事业总建筑面积157085平方米，市政道路绿化总面积338182平方米；收取报建费用2993万元，农民工工资保障金4865万元。全年铁建重工等报建类全程代办项目6个。严格开展质量安全监管工作。全年监督项目125个（续建项目61个，新建项目64个），总投资约75亿元，其中房建工程93个，总建筑面积338万平方米，市政工程32个，相较2016年，监督项目个数增加31%，总投资增加60%，总建筑面积增加31%。注重示范引领工作。全年5个项目获评长沙市绿色施工工地；15个项目获评长沙市结构优质工程；22个项目获得长沙市质量标准化示范工地；4个项目获评湖南省质量标准化示范工地；创建市级安全生产标准化观摩项目1个。严厉打击违法违规行为。全年开展建筑施工安全专项整治、季度区县联合质量安全大检查等10余个质量安全专项整治行动。全年下发质量安全隐患整改单469份，下发停止施工函50份，下发执法函17份，不良行为告知82份，不良行为认定4份，联合执法部门拆除三个“黑混凝土站”。推进河长制相关任务。加强城市供水管网改造，降低供水管网漏损。新开发城区严格实施雨污分流，现有合流制排水系统加强实施雨污分流改造。新建区域全面实施雨污分流，并启动杨家湾撇洪渠区雨污分流改造划。请求市政府统筹杨家湾流域及周边各区县（单位），对整个杨家湾水系区域范围内排水进行整合，统一规划设。推进各项市县区各部门重要任务。全年对接市造绿办、市园林局、市住建委、市“黑臭水”办、市文明办等10余个部门机构，各项工作任务。2017年长沙经开区造绿、“增花添彩”“环城绿带”等工作，铺排造绿工程项目25个，新增绿地面积约50万平方米，目标任务。中央环保督查各项工作，妥善处理杨家湾撇洪渠、梨江港未截污、东六路过梨江港有污水排口等问题；协助推进海绵城市建设试点工作；协助地下管廊试点任务，多次召开综合管线协调会，对新建道路施工过程中管线预埋明确要求，对竣工道路管线情况现场核查，录入信息至管线管理平台；46宗围而未建闲置土地拆围覆绿工作。

【安全生产管理】 推进《党中央国务院关于推进安全生产领域改革发展意见》，破解园区安全监管矛盾问题，区县安全生产一体化付诸行动、形成识。突出区县交通物流、消防安全等其他领域安全生产协调。开展遏制重特大事故试点工作，在㮾梨街道率先建立企业安全生产风险管控和隐患排查治理“双控平台”，其网格化监管经验受到国家安监总局高度肯定。监管执法威力彰显。严督查，划执法、领导带队、安全生产大检查不断深入，全年检查企业200多家次，发现和督促整改隐患1300多处。强整治，专项整治、打非治违、冬季“清剿”成效显著。全年下责令限期整改指令书79份，现场处理措施决定书8份，整改复查意见书79份；办案24起，其中行政处罚案件20起，事故处罚3起；行政处罚办案是2016年（4起）的5倍，行政罚款63.3万元，是2016年的5.6倍。宣教培训富有特色。区县一体，依托新媒体，开展“新安法·三周年”安全知识网上竞答比赛。升级“星沙安监”微信公众号，推出系列报道330篇，关注人数突破1万，并挺进全国县级安监微信影响力25强。开展安全生产“百千万”大培训，举办各类培训班50余场次，集训人员6000余人；组织安全生产月活动启动式、咨询日、安全宣传巡展，承办湖南省职业病防治周宣传等系列活动，与广非联合组队参加长沙市2017安全知识竞赛，获人气奖亚军和竞赛奖第三名；编制《刚性执法处罚标准》《推进企业主体责任读本》《较大危险因素辨识手册》《以案明责》等指导手册发放到企业。通过政府、部门和企业同努力，安全生产工作得到上级认可，2017年省对区县安全生产年度考核分别为良好和优秀单位（注：省考核园区只评选良好单位），市对区县安全生产年度考核同时获得先进单位。

【能源管理】 园区规模以上工业企业耗能409700吨标准煤；万元产值能源单耗0.0193吨标准煤，同比下降3.56%；综合能耗总量同比下降1.15%。能源消费结构仍以电力和天然气为主，二者占综合能耗总量62%。从能源消耗来看，全年消耗电力25.28亿千瓦时、消耗天然气4702万立方米、消耗汽油5093吨、消耗柴油7458吨、其他5071吨。全年节能评审与审查项目及节能登记备案项目26项，通过节能评估与审查项目有：湖南黄金集团住宅小区建设工程项目，长沙经开区高速北辅道（东十一路—建成段）边坡工程，广汽菲克住宅小区建设工程等。推荐申报多批次节能（技术、产品）项目，但鉴于园区节能环保产业非支柱产业，节能环保企业数量少，呈现相同企业申报多批次现象。推荐福田汽车重点节能工程项目，柯林科技智能全闭式全热能蒸汽冷凝水回收装置研发与示范推广项目及远大建筑节能监测系统项目等3个项目申报长沙市2017年度节能专项资金项目（补报）；推荐维胜科技空气压缩系统节能工程、明和光电高效节能LED舞台灯具开发及产业化项目等7个项目申报2018年市级节能专项资金，申请补贴资金400万元；推荐永创机电小家电综合拆解处理线研发、生产及推广应用项目和丽奥科技年产15万吨洗衣粉和9万吨表面活性剂生产线循环化改造项目申报2017年度长沙市循环经济专项资金。加强对入区企业特别是重点用能企业中开展节能宣传周和低碳日活动。在管委会机关及园区企业张贴节能宣传资料，推荐远大空调参加节能自愿承诺活动。指导园区4家企业开展节能专项资金绩效考核工作。配合市能源局重新核对园区市重点用能单位名录。为进一步加强对园区重点用能单位管理，园区17家重点用能单位均按要求向产业环保局出具备案申请，产业环保局及时为所有企业备案入库。参与两型创建工作，推荐经沣建材、凯天环两个企业申报“2017年长沙市两型创建单位”，北汽福田申报“2017年长沙市两型示范单位”。推荐铁建重工绿色盾构机产业助力长沙步入轨道交通新时代为长沙市“十大两型事件”，推荐铁建重工董事长“十大两型人物”评选活动。协助市两型办做好长沙两型十周年摄影采风活动，编写长沙经开区两型建设十年工作回顾。

【工程安全监理与监督】 安全生产工作纳入区县周（月）工作调度会重要内容。全年党工委会议3次、主任会议6次、安委会议8次、区县各类安全生产工作会议14次，专题研究部署安全生产重点工作。全年领导带队检查企业683家，发现隐患1002条，隐患整改率100%。印发《长沙经济技术开发区安委会成员单位安全生产职能职责》，进一步明确各部门安全生产权力清单、责任清单和问责清单。强化排查整治，筑牢安全隐患防护网。工贸行业、特种设备、消防等领域检查企业（项目）、场所397家，参与检查人员998人次，排查治理较大安全隐患83项，打击严重违法违规行为14起，停产整顿企业14家，处罚罚款25万元。工贸行业下现场检查记录68份，责令限期整改指令书67份，现场处理措施决定书5份，整改复查意见书67份，立案查处8起。检查发现安全隐患525条，隐患整改421条，罚款到位482031.56元；建筑领域对园区48个项目进行专项督查，全年监督执法下发安全隐患整改单392份、38份停工函、11份执法函；不良行为告知44份、不良行为认定4份；消防出动检查人员4545人次，检查单位2258家，发现火灾隐患或违法行为5653处，下发责令改正通知书1682份，下发行政处罚决定书72份，临时查封决定书64份，责令“三停”单位25家，拘留7人；对121家次企业开展特种设备安全大检查，发现问题437处，及时改正或按限期整改385处，整改率88%。严格开展安全生产大检查大督查。成立长沙经开区联合督查组（分成3个小组），对安监局、消防大队、质监分局、建设发展局等20个部门进行督查，检查企业（含在建工地）332次、发现及交办问题隐患576处、立案查处2起；165家规模以上联点企业、直属企业、在建工地大检查工作，全面摸底企业安全生产基本情况。为消除监管盲区，对园区内存在“园中园”“厂中厂”及出租厂房进行细致摸底、登记造册，全县区15家工业地产、产业园内存在796家企业，园区规模以上企业对外出租企业数量124家。对于排查中发现问题和隐患情况，各有关部门（单位）、街道在摸排工作基础上，进入隐患治理阶段。优化发展环境，筑牢安全基础支撑网。全年财政预算加大安全生产宣传培训专项资金、安全生产专项资金、质量监督检查专项经费、工商行政执法专项经费、消防大队社会管理工作经费、安监局雇员经费等方面投入力度，年初预算1342万元，进一步加强安全生产基础建设和安监队伍建设，充实安全生产监管力量，着力开展安全生产月、职业病防治法宣传周等系列活动，举办各类培训、讲座、演练336场次，参加人数46000人次。

【工商行政管理】 推进大众创业、万众创新“两创”事业不断发展，突出抓好“三证合一”“多证合一”“核审合一”“网上审批”和“电子营业执照”改革，推行集群注册，新发展托管企业4家，新增集群注册企业865家，推进扶持资金86万元。推行“网上申报”和全程电子化注册，发放电子营业执照4家。全年新登记市场主体1796户，园区市场主体总量5069户。编制《2016年度长沙经济技术开发区市场主体发展分析报告》。强化事中事后监管，规范市场经营秩序。改变监管理念、监管机制和监管方法，强化重点领域市场监管，市场秩序进一步好转。在园区范围内开展无照经营专项检查10次，责令改正8户；开展广告专项检查2次，检查广告30条，检查网络广告861条。全年立案查处各类经济违法违章案件6件，罚没入库37.25万元。在全市率先试用行政执法程序撤销登记133家，移送公安刑拘涉嫌虚假注册和偷税漏税犯罪嫌疑人17名。维权打非，着力创建和谐平安园区。全年受理消费投诉417件，处理417件，处理合同行政调解31件，为当事人挽回经济损失179万元。深入开展企业年报、信息公示和商标培育工作。2017年度企业年报率92.77%，在全市系统市场主体年报率排名领先。制定《长沙经济技术开发区涉企信息统一归集公示工作实施方案》，企业信息公示率到100%。做好“守合同、重信用”企业评选工作，推荐守重企业省级38家、市级43家，培育国际商标4件，推进商标发展奖励资金25.1万元。

【质量技术监督】 扶持丽臣实业等4家企业5个产品获评“湖南名牌”产品，山河智能获评首届市长质量奖。提高标准管理水平，发挥标准引领作用。对接小微企业开展服务。针对小微企业需求，协调推进小微企业“两创”扶持资金申报推荐工作。推进企业标准公开自我声明宣贯和试点。加速推进企业产品服务和标准自我声明公开改革，推进简政放权、激发市场活力。监督产品质量，促进质量提升。在特种设备监察方面，为严格管控特种设备安全隐患，开展起重机械、电梯、压力容器、压力管道四大类设备专项监督抽查，并对抽查中发现问题进行风险分析。在产品质量监管方面，配合国家、省、市开展针对食品相关产品，汽车配件、电线电缆等15大类100多家企业195批次重点工业产品监督抽查，并针对性地对产品质量状况进行分析，指导帮扶园区企业，促进产品质量持续提升。严格执法，保障质量安全。在特种设备监察方面，开展特种设备专项执法，出重拳打击违法行为。全年组织开展“电子商务产品质量监管”“开展地条钢集中整治行动”“电器消防安全专项整治”等18项专项整治工作。通过加强监管，为园区产品质量稳定提升保驾护航。

【财政】 全年财政收入155.72亿元，同比增长13%。其中税收收入138.22亿元，同比增长18.4%；园区龙头企业上汽大众、广汽三菱、广汽菲克、三一集团年度纳税额均超过10亿元。加强财政资金管理。全力保障重点支出，支持园区重大项目及智能制造、节能环保和招才引智等重要事项资金需求。对2016年度财政资金进行绩效评价，对独立核算机构和相关企业进行财务检查，对存在问题部门发出整改通知。强化厉行节约，加强行政运行经费管理，并制定《关于进一步规范财政财务资金支出通知》《公务卡管理办法》《会议定点管理通知》等制度。严格控制政府性债务。财政预算安排2亿元专项资金用于偿还债务。规范政府性债务和融资管理，政府违规担保融资行为整改，对13.14亿元政府债务进行置换，获得省市财政支持债券10亿元。按程序严格审批集团公司新增债务，严控资金成本。集团公司年末贷款余额99.84亿元，同比减少8.64亿元。依法依规推进PPP项目建设。全年黄兴大道及其片区改造、盼盼路及其片区改造、黄花及大众片区、产业员工生活配套园等4个PPP项目社会资本招标，总投资额约60亿元，全年投资5亿元。黄兴大道及其片区、盼盼路及其片区PPP项目被纳入财政部PPP综合信息平台系统且进入执行阶段。完善服务企业各种举措。成立总规模100亿元智能制造基金；制定智能制造基金、小额贷款、政府性担保等实施细则，为企业筹资、融资提供全面支持。协助180家企业申报上级专项资金，到位资金10.09亿元；发挥财政资金引导作用，着力助推园区产业转型升级，全年拨付3.8亿元本级专项资金支持智能制造、专利驱动、科技发展等。对13家联点企业多次走访调研，及时解决企业反映交通、用工、电力等问题。修订《鼓励和扶持企业上市（挂牌）办法》，新增国科微电子、三一工学院、万通科技、子宏生态等4家上市（挂牌）企业。加强金融安全监管。对融资性担保公司进行年审；组织小额贷款公司参加全省分类评级，对园区三家担保公司进行现场检查。调整园区打非领导小组，开展春节期间和全市打非宣传月宣传工作。按照市打非办统一部署，财政、社会事业、工商等部门同协作，开展各类交易所、区域性股权市场、七类企业经营风险等专项摸排工作。有序推进清欠工作。财政局继续牵头抓好清欠工作，对合同进行清理，完善企业欠款台账，并多次召开清欠会议，对以税抵地款、以税抵租和其他欠款三方面进行专题研究，确定企业实际投产日认定标准。针对不同欠款企业提出清欠措施，通过催收、发律师函、起诉等各种方式，全年收回现金2.63亿，收回现金4.32亿元。加强国有资产管理。参与集团公司和建设公司筹备工作。对集团公司和项目建设公司重大事项、对外投资、融资等业务给予指导；出台《长沙经开区管委会关于对长沙经济技术开发集团有限公司监督管理办法（试行）》，建立外派监事会制度，初拟外派监事管理办法；2016年度财务检查工作和集团公司2016年绩效考核与薪酬管理；制定集团公司和项目建设公司2017年绩效考核目标。加强公司日常监管工作，每季度出具财务分析报告。

【法律事务】 深入推进依法行政、依法办事。根据中共中央、国务院《关于推行法律顾问制度和公职律师公司律师制度意见》以及《湖南省政府法律顾问工作规定》，鉴于法制工作对管委会行政决策推进与执行意义重大，且法制事务工作量大。6月27日，长沙市机构编制委员会批复同意在长沙经济技术开发区设立法律事务中心，在此之前法律事务中心虽处于筹备阶段，但实际开始为管委会提供法律服务工作。法律事务中心在短短5个月时间内就摸索出自身运作机制和工作规则，形成法律服务与法律监管全过程全覆盖、全流程痕迹化管理、分级负责、权责对等、提供书面意见、一次性审查、向签发人负责原则以及各类合同及文件审查规则。建立法律顾问服务中介库。法律事务中心通过公开招标为管委会选取4家律师事务所组成法律顾问服务中介库，为集团公司、项目开发建设公司、星沙产业基地、征地拆迁办、拆迁事务所等企事业单位提供常年法律顾问服务及专项案件代理服务，填补各企事业单位法律人员缺失空白，优化管委会及各企事业单位法制环境。参与设计PPP项目实施体系。组织参与管委会首个PPP项目谈判及实施，设实施流程及合同体系，拟写及审定PPP合同、招标文件等法律文件，及时提示及防控法律风险，管委会第一个PPP项目落地，并形成一整套PPP实施流程与制度，为后续实施PPP项目提供先例和范本。

加强对管委会合同审查与管理。法律事务中心对以管委会名义签订207份合同及合同资料进行合法性、合理性、合规性审核，进行编号及备案，建立合同台账。并督促承办部门对履约责任进行分解，下发合同履约责任表，明确履约责任，对合同全流程进行动态监管。建立合同电子档案。法律事务中心对管委会2016年及2017年合同建立合同电子档案，涉及21个部门（单位），315份；对2016年以前签订当前正在履行可能存在风险64份（涉及60家企业）合同单独建立电子档案。组织合同检查，完善合同台账。根据合同管理制度要求，法律事务中心对21个部门（单位）2016年131份合同管理情况进行检查，并出具检查情况通报，要求各部门（单位）对发现问题进行整改推进；并于2017年年中对2016—2017年1374份合同再次进行检查，建立统一管委会合同管理台账，督促各部门、直属企事业单位、星沙产业基地完善合同台账；修订合同管理制度。遵循分级分层管理、全流程痕迹管理等原则，对合同制度进行修订，形成《合同管理制度（试行）》。组织"三清一查"工作。组织在建设和征地拆迁领域开展规范化建设专项工作，坚持问题导向，通过清职责、清制度、清合同、查遗留问题，全面梳理建设和征地拆迁工作中存在问题，建立一套科学合理、覆盖全流程制度规范；参与解决诸多历史遗留及疑难问题，如国顺工业园遗留问题、创芯项目遗留问题、金科亿项目疑难问题等有关问题处理。文件审查工作。全年对管委会重大项目法律文件、政策制度、会议纪要、备忘录及直属事业单位签订合同等文件进行审核把关，335份。为重大决策提供法律意见。参加管委会主任会议29次，审议会议议题245项，审查主任会议纪要29份。工业发展资金付款把关。对42项工业发展资金及扶持资金拨付申请进行审核把关，涉及申报资金约16.97亿元。清收欠款工作。在财政局牵头组织下，中心配合管委会欠款清收工作，收回欠款现金约3.9亿元。

【国税】全年税收收入159.76亿元，同比增收66.4亿元，增长71.13 %，市局调整后划119.4%。全面推进营改增、小微企业及研发费用加扣除等国务院6项减税政策，深化简政放权，助力企业转型发展。扎实做好增值税即征即退审核工作，退税5929.81万元；推进出口退税优惠政策，办理出口免抵（退）税18.71亿元，助力实体经济降成本增后劲。创建2017—2019年湖南省国税系统法治基地，成为全市四个获此殊荣区（县）局之一。破获"12·18"和"2·22"两起重大涉税违法案件。大胆探索、先行先试，全省首家试点实名办税，先进经验和做法在全省推广；推进总局"互联网＋税务"划，全面推广电子税务局增值税申报，设立自助办税厅，抓实抓好电子税务局推广，受理电子申报10500户次。集成发力、信息管税，倡议并建立长沙县综合治税平台，整合涉税数据，为堵塞税收漏洞提供强有力大数据。此项目参加市局2017年度"互联网＋政务服务"优秀重点项目，获一等奖。上下联动、强化基础，依托税收分析预警，定期分级开展税收风险分析识别工作，全年风险核查300户，入库税款8485万元；建立纳税评估模型，精准科学筛查案源，全年纳税评估和稽查111户，查补入库税款6505万元。全面开展各工业园区清理，基本厘清现有园区户籍，为下一步强化税收管理、优化纳税服务、防范税收风险打下坚实基础。推进"千名党员服务万企"活动，"党员引领"走乡镇，"专家团队"进企业，答疑解惑，走访纳税人1984户，收集整理问题280条，上报市局请求解决8条。推进"一窗一人办税"服务模式，聚力识、精心组织，厘清责任、强化管理，全县国税窗口办理地税业务8876笔次。扎实开展2016年度纳税信用等级评定，运用评定结果，与交通银行、建设银行、邮政储蓄银行、长沙银行同做好银税互动工作，向42户中小企业贷款1.77亿元。

【地税】全年入库各项收入55.7亿元，其中，市地税局考核口径任务54.5亿元，县政府考核口径任务55.1亿元。开展漏征漏管户和税种专项清理，入库税款4.55亿元。加强重点行业、重点税种及费金征管，汽车制造业税收入库9.93亿，同比增长46%；个人所得税入库12.9亿，同比增长42.17%。其中，行政事业单位个税管理规范到位，入库3306万元，同比增长32.3%；企业所得税入库5.37亿元，增长17.4%；划口径费金入库7.08亿，同比增长23.4%，其中残保金入库2000万元，增长109%。严格收入纪律，开展督查5次，保证月均入库超过8.33%进度要求。全面推进税收优惠政策，全年依法依规减免各项税收9.3亿元。其中，办理审批类困难减免146笔，减免税额9670万元。地税局牵头打造综合治税平台，形成全县各部门联动税收链条式控管，全面提升信息管税能力。全年享涉税信息144万条，挖掘税款3816万元；在黄兴镇试点个体零散税收委托代征，个体户税收入库870万元，增收242万元，增长53%；358户行政事业单位登记率和明细申报率均100%。开展风险管理。规范风险管理流程，成立风险管理团队，全面推行分类分级管理，提升大数据控税水平，在综合治税平台中建立个性化风控模型6个。全年风险应对任务12批次，开展风险应对6053户，入库税款及滞纳金3700万元；数据质量管理常态化，清理问题数据6万条；参与税收风险管理展演活动，荣获市局优秀案例三等奖，分获主题征文二、三等奖。有序规范日常征管。加强非正常户和欠税管理，公告非正常户613户，注销符合条件非正常户111户。发布欠税公告162户次，金额1.7亿元；试点个体零散税收委托代征，个体户税收入库870万元，同比增长242万，增幅53%。企业所得税汇算清缴1858户，申报应纳税额3.36亿元，申报率100%，个税明细申报月均保持90%以上，名列市局考核前列。推进“放管服”工作要求，简化企业注销程序。升级长沙县契税印花税自缴系统，有效解决房产免税率政策优惠问题；开办实体纳税人学堂6期，处理各类咨询及投诉40单，满意率100%；举办省内首个“绿色骑行，税费惠民生”税宣活动，被30多家主流媒体报道；在省级媒体“国生开讲”及“钟山说法”栏目进行8期专题宣传；开展“纳税服务日”“问需求优服务促改革”等活动，深入中联工起、长丰猎豹等企业调研走访、解决难题。规范纳税信用管理。评定纳税户6942户，国地税联合评定A级纳税人139户。保障企业权益，对非恶意拖欠低等级纳税人实行补评及复评149户；举办“银税联动、服务企业”金融服务节专场活动，强化纳税信用评价结果增值使用，帮助诚信企业获得授信贷款。全年依法依规减免各项税收9.3亿元。其中，办理审批类困难减免146笔，减免税额9670万元；设置洪水受灾纳税人专窗，辅导纳税人做好受灾税收优惠申请，帮助企业及时恢复生产经营。持续推进依法治税。严肃收入纪律，加强金三信息化监控，坚决不收“过头税”。做好重点税源检查和划稽查工作，稽查局全年检查案件27户，稽查入库收入3.26亿。

【投资评审】 全年审项目248个，评审金额13.77亿元，其中结算项目112个，送审金额5.21亿元，审定金额4.25亿元，核减0.96亿元，核减率22.6%；预算项目136个，预算金额8.56亿元。规范前期工作，提高工作效率，减少自由裁量。推行项目石方、淤泥工程量预算包干制，要求建设单位加强地勘、设管理，由地勘单位做出祥细地勘资料交由设单位，设单位根据地勘资料设出石方、淤泥算图，按设图石方、淤泥工程量实行包干，极大减少现场跟踪石方、淤泥测量工作量也避免肉眼判别石方类别不科学性。推行土石方工程运距预算包干制，根据同城同价原则，参考长沙县具体操作模式，对不同区域运距上限作相应规定，在不超过规定上限基础上要求建设单位在预算编制前踏勘现场，明确土石方包干运距，以联系函方式告知投评中心，采取运距包干，减少施工过程中建设单位、监管单位去现场打运距工作量，提高施工单位协调性。

【政府采购与招投标】 全年开标341批次，178个标段，开标金额81.625亿元，中标金额为77.77亿元，平均节约率为4.72%。管委会工作部署，服务重大项目建设，对重点工程事先介入、靠前服务，不断拓展服务外延，主动与项目单位对接，提供全程服务，协助项目单位做好项目招标范围、招标方式、招标组织形式等招标方案确定工作，并根据项目具体情况，制定详细招标计划，使重点项目招标得以推进。排忧解难，用心服务园区企业。主动联系区内企业，鼓励驻区企业参与项目投标。为企业排忧解难，听取企业意见建议，协调争取政策支持，推动园区企业加入政府采购两型产品目录和首购产品，增强园区企业在招投标中竞争力。探索政府和社会资本合作（PPP）模式项目招标。4个PPP项目（黄兴大道及其片区改造PPP项目、盼盼路及其片区改造PPP项目、黄花及大众片区PPP项目以及产业员工生活配套园PPP项目）投资人招标各项工作，探索政府和社会资本合作模式，以鼓励和吸引社会资本参与园区基础设施项目投资建设和运营。完善招投标运作体系。所有公开招标项目全部使用湖南省综合评标专家库网络抽取终端系统；对政府投资公开招标项目严格执行无业主评委、取消报名制度、资格后审等方式。建设工程公开招标项目录入湖南省建设工程管理信息系统网，对关键岗位人员在建项目信息进行查询；规范招标公告和招标文件信息发布渠道，与湖南省2017年版招标公告和招标文件全面接轨。扩大中标公示内容，加大社会监督力度。推行科学、公正、合理评标方法。加强招标代理机构管理；实行代理公司法人诚信承诺和代理业务质量考核。

【人才交流服务】 全年举办各类招聘

活动70场，为园区企业引进各类人才1.54万人；举办各类培训18期，培训总人数5564人，让招聘培训服务真正成为园区人才引进主阵地。抓好“才聚星沙”现场招聘会。举办现场招聘会33场，提供岗位近9万个，成就业意向1.1万人，服务园区企业2812家次。举办“成就梦想”校园招聘会。先后举办“成就梦想——长沙经开区企业校园行”校园招聘活动32场，参会企业458家，提供就业岗位8456个，成意向3400人。抓准“春风送岗”劳动力招聘会。创新推出“订单式”招聘模式，先后进入岳阳湘阴、怀化沅陵、长沙高桥等地开展招聘活动5场，提供岗位1.9万个，帮助1054名贫困地区劳动力转移就业。抓实“星沙大讲堂”培训。摸底采集企业培训意愿，量身定制培训课程，通过理论+案例+分析+讨论授课模式，先后开展《人力资源战略规划》等培训16场，培训4340人，课前问题收集、课中答疑解惑、课后跟进辅导全方位服务。抓牢“筑匠划”培训。举办“筑匠划”技能等级晋升培训2期，42家园区企业1224名职工参加培训，培训理论和实操课程各占50%，以开发技能创新和提升动手技能为目。仅第一期就有319人考取高级职业资格证书，全年为园区企业培养高级工、技师、高级技师等高技能人才700余人。推进“技能人才三年行动计划”政策，兑现奖励资金61.15万元；创新推广“匠心传递”活动，邀请来自学校和企业21位技能大师走进远大、万容、威沃等10家园区企业，通过理论讲座、实操演练等形式进行技能指导答疑，帮助企业解决技术难题。联合举办汽车及零部件产业大型校企对接会，组织23所技职院校及43家园区规模企业参加对接活动。统筹发展，举办5期人力资源负责人学习交流会，165家园区企业人资负责人参加，重点探讨人才梯队建设、人资团队管理等课题，促进区内同行横向交流；起草《长沙经济技术开发区加快引进培育技能人才实施办法（试行）》；开展职称评定工作，1587名专业技术人员参与申报，其中高级153人，中级795人（评审490人），初级639人，全部资料审核和数据录入工作；办理163人户籍迁移、1370人档案调入、216人档案调出手续；2016年年底园区人力资源状况和2017年需求调研；与岳阳湘阴县、怀化麻阳县和新晃县签订精准扶贫劳务协作战略框架协议，协助举办龙山县召市镇农民工技能培训班并定向就业。2017年，获评国字号招牌“全国人力资源诚信服务示范机构”。

【创业服务】 2017年，园区在建创业项目5个，包括科技新城、星沙壹号、新长海服务外包基地、铭诚绿谷、星为创芯园，投资12.5亿元。创业基地新建标准厂房面积40万平方米，建成标准厂房面积150万平方米。新引进企业592家，较2016年同比新增151%。其中，引进投资过5000万元项目10个。各创业基地产值66.7亿元，产生税收3.1亿元。推进小微企业创新创业政策申报工作。100家企业获得专项资金支持870万元，6家创新创业平台获得资金支持490万元。同时，组织创业基地及入驻企业申报省、市双创政策，12家创业基地获得长沙市小微企业创新创业资金项目支持1286万元。9家创业基地获批省级创新创业基地，新长海创客总部获批国家级科技孵化器，三一众创孵化器获批国家级众创空间、国家级专业化众创空间及国家级双创示范基地。协助三一众创孵化器举办10次“三湘汇”活动，其中两次在省内高校举行，两次在省外，深圳、珠海各举行1次，进一步提升“三湘汇”品牌影响力。通过项目路演，全年获得投资机构1亿元意向投资。制定项目预审会机制，规定入驻企业未经备案登记、未经项目预审会审议通过，开发商不得与入驻企业签订购买或租赁合同。邀请环保、安监、消防等部门参加项目预审会，对拟入驻创业基地项目进行前期把关，从源头上控制。主体责任顶真碰硬。根据上级要求，全面夯实企业环境保护与安全生产两个主体责任。对企业环境评价做到全覆盖，不留死角，不留盲区，对未批先建依法处理，对未办理环评企业享受政策时“一票否决”。企业安全生产培训教育、应急演习、日常巡查、问题整改均有序推进，初步做到沟通有方、台账清楚、巡查有序、重点突出，事故防患、问题整改、执法检查相结合。新闻报道重磅推出。全年创业中心微信公众号推送信息超过100条，及时传递省市区重要政策文件精神。各创业基地也通过微信公众号及时发送工作动态、展示业绩风采。组织新闻媒体对5家创业基地及中小微企业进行采访报道。

·国有资产运营·

【概况】 2017年，长沙经济技术开发集团公司资产总额332.64亿元，集团公司下属全资、控股、参股子公司营业收入（待审后补充）20.83亿元，归属集团公司净利润（待审后补充）0.8953亿元。

转型发展。配合推动县区供水、污水处理一体化改革。对县区供水、污水处理等水务资源进行统筹管理、优化配置。依托科技新城打造人才交流服务大楼装修设工作启动方案，公资源信息服务平台上线运行，国科高精投建军民融合企业孵化器取得重大进展；地下立体车库、天然气接入、物业亮化、食堂等配套设施建设不断完善；回购物业验房并办理接收在即手续；补充协议谈判取得重大突破；京东无人车、国科高精、美国人工视网膜近水检测等8个项目先后入驻。产业工人活动中心市场化运营管理明晰定正通过竞争性磋商方式抓紧选取选战略合作伙伴。华湘工业园、龙华工业园一期、国阳工业园等工业厂房租赁管理逐步规范。公租房管理再上台阶。为上汽大众、铁建重工、蓝思科技等园区重点企业配租房源6150套，服务员工2万余人。投资项目持续优化。全年对外投资收益1亿元（5500万元来自中盛嘉业房地产项目），湘投燃气股权转让、永康物业股权变更、经沣小贷股权整改正抓紧推进；经沣小贷全年预发放120笔5亿元贷款，预利息收入1200万元，税后利润400万元；经开担保全年担保发生额7.99亿元，收入3040万元，税后利润755万元，预业务审批超过12亿元，融资担保放款8亿元，预全年业务增幅5.12%。确保重点工作推进。组建100亿智能制造基金，选取民航投资管理有限公司作为基金合作管理机构，分别基金公司和基金管理公司注册。推动广三发动机及整车技改项目腾厂交地工作，实施“三湘第一爆”，土地移交、资产处置和耐普恩公司搬迁补偿工作，确保项目按时入驻。公资源信息服务平台上线运行，注册用户40余家，发布各类信息930余条。打造集成电路设产业化基地，引进企业6家（军民融合项目3家），申报教育部《集成电路产学研融合协同育人平台》1200万元项目补贴、省众创空间、国家“芯火”双创基地等政策扶持。全年获得银行贷款12亿元，发行10亿元“17长经开债01”，获批储备融资15.35亿元，保障园区重大项目建设和征拆资金需求；获得政府性债务置换资金13.14亿元，公司债务规模降低；协同推进4个重点PPP项目建设，引进社会资本58.48亿元；争取中央拨付公租房周边基础设施补助专项资金2791万元。推进重大项目建设。华湘、龙华工业园按时按质成为全市项目观摩和省委经济工作会议产业项目观摩标杆，环城绿带等精品项目通过全市“新三年造绿大行动”观摩活动现场检验，黄兴大道、盼盼路等4个PPP项目年内全部开工，力都大厦、广三、黄金集团、广菲克配套住宅等项目推进，“两水”、园区在建基础设施等项目有序推进。全年为园区企业新增借款和担保5.99亿元（历年28.11亿元），为长丰猎豹、千山药机、远大科技集团、铁建重工、泰宇投资、湘投燃气等多家园区企业提供借款和担保24.12亿元。筹建政府性小额贷款和融资担保公司，缓解企业融资困难；做好风补基金，帮助园区36家次企业获得授信1.88亿元，节约财务费用300多万元。推进飞地园区建设。埃塞—湖南工业园11月20日开工建设，举办招商推介会20场，签订意向入园企业22家；鄱善工业园供水改扩建及工业厂房等在建工程基本完工；汨罗产业园一期道路建设如期竣工，工业地产、配套工程及安置区建设抓紧推进，全年签约招商项目7个，总投资额16.7亿元，在谈项目6个。

长沙经济技术开发区项目开发建设管理有限公司（长沙经开区项目开发建设管理有限公司于8月10日更名“长沙经济技术开发区项目开发建设管理有限公司”）总资产131382万元，总负债95641万元，所有者权益35742万元，资产负债率72.80%。总收入7538万元，总支出5772万元，净利润1766万元。向管委会争取公租房建设资金9050万元，市住房保障局公租房建设资金500万元，政府性债务置换资金20000万元。对外投资：4家子公司收入总额17862万元，净利润总额3905万元，公司按股比投资收益1322万元。全年铺排建设项目104个（不含PPP项目），其中市对区考核重大项目15个，项目投资额25.82亿元。推进龙华工业园、华湘工业园、榔梨公租房、佳美小学、泉塘小学、产业工人活动中心、黄金集团、广三职工宿舍、城西污水厂、力都大厦等“十大房建”重大项目建设，全年在建及建成房屋建筑面积97万平方米。有序推进榔梨、黄花、黄兴片区“五纵、六横”（五纵：东十二路、东十一路、东五路、长株辅道、蓝田路；六横：大元路、财富大道、映霞路、红树坡路、支路一、支路二）道路建设。新建道路排水37.3公里，硬化道路22.9千米。继续以服务企业为宗旨，中铁二期、黄金小镇、华湘工业园、宇环同心、阿斯铁亚五享、黄金集团、广汽三菱、工程机械交易中心南侧、育才印刷等项目场地平整153.33公顷，保障园区企业开建。重点推进长桥公园、金科公园、环城绿带、东十一路、长湘路、人民东路提质改造等道路绿化建设，新增（含提质）绿化126万平方米。做好项目电力配套，杉岭路、大元路、中铁场地、黄金小镇、员工小区、紫华郡等项目弱电改迁7.3千米，长浏高速两侧、东十一路、机场北辅道、大众北路、国防科大支路、规划支路等道路亮化18.6千米，长湘路、映霞路、蓝田路、大元路等20余条道路及10个交叉路口交通标志、标线、标牌。协助SPV公司，推进黄兴大道及其片区改造、盼盼路及其片区改造、产业员工生活配套园、黄花及大众片区4个PPP包项目，启动新建子项目34个，项目投资额4.3亿元。推进星沙二水厂取水泵站项目，3个多月拉通全线明挖原水管道12544米，“12月31日通水”既定目标。加强管理服务，重新梳理出台项目报建、设招标各项流程14个，编制设导则，减少设变更，严把工程招标、合同、预结算、洽商签证、询价、工程款支付审核关。推进49个新建项目前期手续，128个工程项目预结算，审减金额9369万元，审核洽商签证631份，有效控制工程成本。质安监管毫不放松。全年受理数字化城管平台案卷631件（企业类239件），办结案件562件，结案率90%以上。

·主导产业发展·

【概况】2017年，园区主导产业为汽车制造及零部件、工程机构、电子信息三大产业。汽车制造及零部件产业继续保持高速发展。其中，税收过20亿元整车企业3家。上汽大众、广汽三菱等整车企业分别产值过100亿元，为园区汽车工业生产增长做出较大贡献。全区汽车制造产业产值1011.6亿元，42.3%高速增长，占园区规模工业总产值的43.1%，成为园区首个千亿产业集群。以三一集团、山河智能、中联工起、铁建重工、恒天九五等为代表工程机械制造业，产值922.4亿元，占规模工业总产值39.3%。得益于基础建设设施投资增速、“一带一路”建设等需求因素影响，借助园区发展智能制造良好契机，三一集团、铁建重工等重要工程机械企业依托自身技术创新、模式创新、管理创新等措施，主动顺应大势，谋求“裂变发展”，显示出园区转型创新发展勃勃生机和强大动力。电子信息产业在蓝思科技、国科微电子等龙头企业带动下获得较大发展，全区电子信息产业产值249亿元，同比增长3.7%，占园区规模工业总产值的10.6%。

（长沙经开区志办）

长沙临空经济示范区

【概况】2017年5月9日，长沙临空经济示范区（以下简称示范区）获国家发改委和中国民用航空局批复设立。是年，示范区坚持以国家发改委批复的“长江经济带空铁联运枢纽、创新发展内陆开放型经济高地、高端临空产业集聚发展区、绿色生态宜居智慧航空城”四大战略定位为引领，力推航空城建设，明确强化航空客货运枢纽功能、打造长沙外向型创新人才集散地、推进产业链向高端发展、建设高品质智慧航空城等。

示范区位于长沙主城区东部，区域规划总面积140平方千米，东至长沙黄花国际机场，西至京珠高速，南以湘府路和劳动路为界，北至盼盼路，包括长沙县、雨花区和芙蓉区所辖的9个镇（街），按照“一轴两核三组团”的总体空间布局进行规划建设，其中以黄花机场及周边40多平方千米为核心区域，致力打造临空产业高地、智慧生态航空城。示范区依托中部最大的千万级航空枢纽长沙黄花国际机场，中国首条拥有自主知识产权的中低速磁悬浮联通区内空港、高铁两大重要门户，是典型的空港与高铁联动区域，另外还有轻轨、地铁、湘欧快线、高速公路等复合立体的交通网络，30分钟内可达长沙、株洲、湘潭等城市中心，现代交通体系完备。该区域囊括国家级经济技术开发区、黄花综合保税区（2016年5月31日经国务院批准设立，2017年6月25日封关运行）、高铁新城、隆平高科园等多个园区，聚集以世界500强企业为代表的数千家企业，产业基础雄厚。

开启“二次创业”。2009年起，长沙县以基础设施建设、招商引资、征地拆迁、环境提升等为重点，启动长沙空港城建设，为示范区获批奠定基础。示范区获批以后，根据省委领导“将临空经济示范区建设提升到长沙县二次创业高度”的指示精神，长沙县迅速成立“二次创业”指挥部。2017年12月，市政府成立长沙临空经济示范区建设领导小组，主要负责示范区140平方千米范围内组织领导与统筹协调；同时成立长沙临空经济示范区党工委、管委会（筹），承担筹建期间的各项具体工作。

瞄准航空产业。航空城招商一直注重把握“适度、舍得、细节、精准”的要求，锁定航空运输、航空服务、外贸加工、外贸进出口展示和高端研发中心五大领域，成立航空城招商分组和综保区招商分组，制定招商规划，派驻专人在国家发改委和民航总局挂职，及时对接临空偏好型企业。引进以厦门航空和奥凯航空为代表的航空服务业，以顺丰速运、圆通速运、普洛斯物流为代表的航空物流业，以联通数字阅读基地、百联奥特莱斯购物

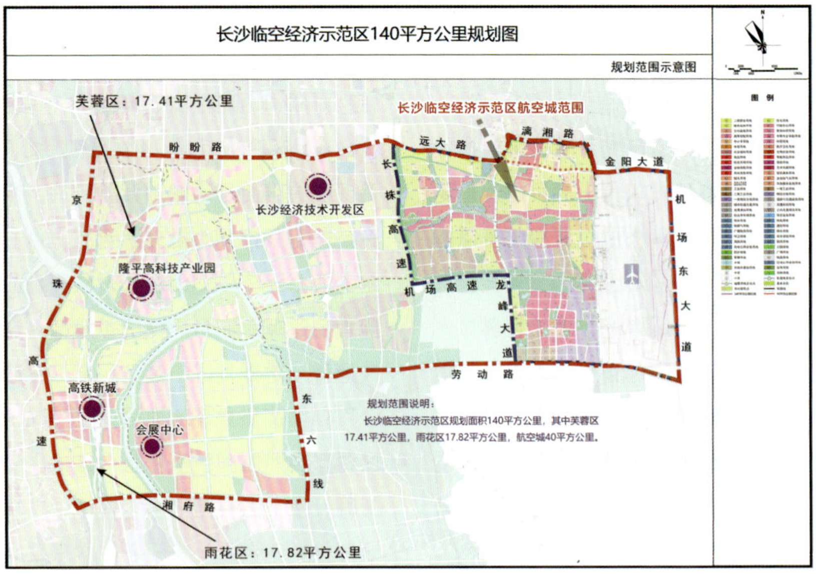

长沙临空经济示范区规划图　　（长沙临空经济示范区 提供）

广场为代表的高端服务业等重大项目29个，总投资超400亿元。在推进航空城建设过程中，重点推进规划编制、项目建设、环境整治、征地拆迁、招商引资、环境保护“六大行动”。从战略思维、发展定位、控制性详细规划和投资环境研究等方面编制相关规划，腾地面积866.67公顷，安置居民1560户；筹资137亿元提质航空城基础设施，由人民东路、机场大道、黄金大道（S207）、金阳大道等30余条主次干道构建的片区路网基本成型，北师大附属学校、五星级酒店、临空综合污水处理中心、110千伏临空变电站等配套设施正同步建设；突出抓好“复绿、降尘、清霾、碧水”工作，统筹处理片区开发和环境保护关系，不断提升片区形象。　（李　钦）

长沙县现代农业创新示范区

【概况】 2017年，示范区管委会现代农庄项目投资8.12亿元，年内新联审立项现代农庄8个，新增计划投资6.86亿元。引进各类农业项目65个，农业招商引资重大项目6个，签约资金11.8亿元。景然园林科普示范基地等4个农业招商项目通过农业招商前置会议，项目规划总投资3.6亿元；其中星城明月南方蓝莓研发中心等3个项目通过县项目建设领导小组会议审议，项目签约资金2.8亿元。重点依托农业产业化龙头企业带动，建设“生产＋加工＋科技”现代农业产业园和田园综合体。年内新增土地流转面积613.33公顷，其中耕地面积300公顷，全县土地流转总面积33066.67公顷，其中耕地流转面积20066.67公顷。

美丽乡村建设。整合涉农资金。出台《长沙县人民政府办公室关于印发〈2017年长沙县整合涉农资金支持美丽乡村建设实施方案〉通知》（长县政办函〔2017〕64号）和《长沙县整合涉农资金支持美丽乡村建设资金管理办法》等文件，整合全县6个部门8项涉农资金5340万元用于支持“18+8“个市级美丽乡村示范村、特色村以及4个特色镇周边村共30个村项目建设。合理铺排项目。着力推动城市基础设施、公共服务和社会保障向农村延伸对接，重点围绕特色亮点打造铺排建设项目298个。整域推进建设。开慧镇秀美组创建带动整域美丽乡村建设，推动形成“一组一景、一组一品”良好格局；金井镇茶叶产业为基础，打造美丽乡村与现代农业观光示范片；青山铺镇全镇范围内开展美丽乡村建设“千百十”工程，建设18个生态示范点及200户美丽庭院。

农村创客平台建设。三级创客服务平台持续完善。2017年，县级平台服务创客企业110家，培训创客专干500人次；各镇新增创客企业140余家，带动就业3000余人；慧润等企业创客基地各具特色、服务功能齐全。长沙县农创街积极转变运营理念，通过引入线上购买、以展促销、展销合一等方式，影响力显著提升。组建长沙县创客联盟，创客企业会员95家，进一步实现对创客管理机制化、实心化。同时结合创客需求，就创业政策解读、企业专利知识、创客团队建设等主题定期开展创客沙龙，加强创客经验分享和行业信息联通，实现创客共商共建共享。全年组织开展创客风采展示、专题培训、基地训练等大型活动7次，省市县各级媒体报道30余次；推出“长沙县富北创客联盟”公众微信号，进一步加大对创客项目建设成效、发展特色、成功案例宣传力度，推送信息30余条，阅读数突破5000人次。

【长沙县“富北”星创天地获评科技部“星创天地”】 2017年，长沙县扶持市县无偿资助项目1782个（次），扶持资金8214.4万元，安置社会就业人员8826人、大学生就业人数1258人，上缴税收6859万元，培育孵化湖南购酷、聚惠农业、广吉生态等农村创客典型，并不断带动周边农户实现就地就业和脱贫致富。2017 年，“长沙县北部农村一体化双创孵化基地”获评“湖南省大众创业万众创新示范基地”。“长沙县‘富北’星创天地”获评湖南省“星创天地”，随后该基地作为典型案例报送科技部，并获评国家科技部“星创天地”。

【美丽乡村建设】 2017 年，长沙县整合涉农资金 5340 万元用支持“18+8”个市级美丽乡村示范村、特色村以及 4 个特色镇周边村 30 个村项目建设，实现每个村县级专项投入 170 万元～190 万元，进一步推动示范村提质升级、特色村重点突破，涌现北山镇福高村、开慧镇李家山社区、金井镇双江社区、安沙镇万家铺村、高桥镇白石源村、路口镇花桥湾村等新典型。同时通过扶持特色产业，正在形成万亩标准化蔬菜、万亩小水果、蓝莓种育一体、茶业休闲、民宿休闲等农村经济发展新引擎，为乡村振兴提供坚实产业基础。全年，长沙县创建 5 个省级美丽乡村示范村、32 个市级美丽乡村示范村（特色村）、17 个县级美丽乡村示范村（特色村）。开慧镇白沙村获评“住建部美丽乡村示范村”，开慧镇葛家山村、果园镇浔龙河村获评“全国文明村”。

【长沙县创建“湖南省现代农业十大产业聚集区”】 12 月，长沙县金井镇为核心区并辐射长沙县行政区划所辖其他 13 个镇，创建“湖南省现代农业十大产业聚集区”（省级现代农业产业园）。该产业园区规划总面积 1656 平方千米，茶叶产业发展为重点（绿茶为主体，红碎茶、绿碎茶和黑茶、出口茶、名优茶和礼品茶为补充），并在适养区适度发展优质稻米产业和良种生猪产业，通过政策优惠引导要素加速集聚，进一步推进一二三产业深度融合，构建农民利益联结机制，不断丰富菜篮子和米袋子工程同时，推动农业绿色发展，打造长沙县农业区域品牌。（袁远航）

2017 年，种植芽苗菜创客朱柱（盛磊 摄）

黄兴会展经济区

【概况】 2017 年，黄兴会展经济区完成长沙磁浮铁路（长沙县段）生态绿带走廊建设项目、长沙国际会展中心社会管理保障等工作，相关工作有序推进。

项目建设。高标准建成磁浮生态绿带走廊。投资 2.8 亿元的长沙磁浮铁路（长沙县段）生态绿带走廊建设工程完工，16.59 千米磁浮铁路沿线两厢总绿化面积 500 公顷，新建公园 4 座，园建面积超过 11 万平方米。该工程既是湖南省重点工程、长沙市“三年造绿大行动”重点工程，又是全县生态工程、民生工程。2017 年 6 月底，重点打造的市民足球公园、党建文化主题公园、体育运动公园和市民休闲公园等主题公园完工，深受老、中、青各年龄段人群的喜爱。项目在代表长沙县迎接“2017 年长沙市新三年造绿大行动”现场观摩检验中，得到各级领导及社会各界的充分肯定。多举措开展项目管理养护工作。项目对未成活、半成活和受灾苗木，按“同品种、同规格”补栽补种乔木 2511 株，地被植物 21478 平方米。项目一期保洁和园林维护服务作为服务外包项目对外公开招标，计划管护年限截至 2019 年 12 月 31 日，2018 年年底已完成对各标段苗木数量的核实。全面部署磁浮两厢 300 米范围内的拆违治乱、垃圾清运等整治工作，项目需完成立面改造 255 栋，涉及到 18 个村民小组，年内 115 栋动工，其中基本完工 52 栋，正在施工 63 栋。项目建设前期工作，劳动路东延线东延项目完成立项并由县交通局组织方案评审；黄兴大道南延线南延项目可研评审待批复；市场群配套商业综合体项目进场启动征地拆迁补偿安置工作；长沙国际会展中心拆迁农民安置房源建设项目土地摘牌完成。年内引进 3 个大型项目，分别是金驰集团总部及生态供应链、龙

喜水乡特色文旅、娄底总部经济中心

服务和保障展会。长沙国际会展中心作为省、市、县重大招商项目，全年举办展会38场，开展面积80万平方米，参展人数突破400万人次。黄兴会展经济区全力做好“2017华为中国生态伙伴大会”“第十九届中国中部（湖南）农博会”“第二届中国（长沙）智能制造峰会”等各项展会的公共服务保障工作。优化展会服务，研究探索会展经济对周边辐射带动作用，编制县内知名中高端酒店定向服务指南和宣传手册，并争取2017中国会展业年会在县内酒店举行，为县内酒店带来近3万间客房入住需求，产生经济效益近1000万元。畅通展会管理，明确市、县、会展公司三方职能，加强三方协同配合。

编制战略发展规划。修改完善战略发展规划。编制《黄兴会展经济区战略发展规划》，以战略规划为导向，制定黄兴会展经济区2017—2020年项目建设计划，奠定经济区未来五年建设框架申报省、市现代服务业集聚区，并就集聚区建设向省、市相关部门提出建议。

【长沙磁浮铁路（长沙县段）生态绿带走廊基本建成】 长沙磁浮生态绿带走廊建设工程是湖南省重点工程，长沙市“新三年造绿大行动”一号工程，由市委副书记徐宏源联系。长沙县境内项目全长16.59千米，分两期实施。一期工程于2016年6月15日完工，二期工程于2017年6月底基本完工。项目总绿化面积约500.67公顷，总造价约2.7亿元，栽种银杏、樱花、桂花、朴树、栾树、北美红枫等乔灌木7万余株，栽植茶梅、春鹃、兰花三七、吉祥草等地被植物86万平方米，沿线建设4个原生态草皮标准足球场，重点打造“党建文化主题公园、体育运动公园和市民休闲公园”三大主题公园。二期工程完工，标志着长沙磁浮生态绿带走廊建设基本完成。4月28日，长沙市委副书记徐宏源率队实地调研长沙磁浮铁路（长沙县段）生态绿带走廊提质改造项目二期；6月28日，原省委常委、长沙市委书记易炼红一行现场观摩长沙磁浮铁路（长沙县段）生态绿带走廊提质改造项目二期。

【长沙国际会展中心项目建设】 长沙国际会展中心作为省市县重大招商项目，2017年举办展会38场，开展面积近75万平方米，参展人数近400万人次。招商合作部相继承担“2017华为中国生态伙伴大会”“中国国际轨道交通博览会暨高铁经济论坛”“第十九届中国中部（湖南）农博会”“2017中国（长沙）国际汽车博览会”等各项大型展会的公共服务保障任务，参与制定各项展会期间公共服务保障工作的《实施方案》，有效协调省、市、县各职能部门共同保障，确保展会“安全、文明、有序”开展，同时展示长沙县的良好招商形象，积累丰富的招商企业资源。12月，中国食品餐饮博览会组委会给黄兴会展经济区管理委员会发来感谢信，并颁发“优秀组织奖”，以感谢黄兴会展经济区管理委员会在2017年食品餐饮博览会的举办过程中给予的大力支持与配合。

【建立现代服务业企业招商名录库】 年内，黄兴会展经济区编制《现代服务业招商名录库》，涵盖现代物流、研发设计、电子商务等十一个招商目录大类，并按照主营业务收入、资产规模、品牌影响力等条件遴选出全国落户省内排名前列的138家现代服务业龙头企业，避免招商的盲目性，提升招商效率和精度。

（李剑芳　任　全）

长沙空港城

【概况】 2017年，长沙空港城继续致力于打造东部开放型经济走廊，发挥东部现代立体交通优势，推进基础设施建设、项目推进、招商引资、征地拆迁等工作。全年固定资产投资256801.5万元，市外境内资金形成固定资产投资136477万元，到位外资2000万美元。5月26日，省委书记、省人大常委会主任杜家毫专题调研长沙临空经济示范区建设；6月19日，市人大常委会主任程小泉率主任会议成员到县调研长沙临空经济示范区规划建设。

规划建设。空港城片区道路（PPP项目）完成投资3.14亿元。210省道黄花机场—三环干杉互通（机场联络线），完成投资1.76亿元。思源东路完成投资11070万元。龙峰大道完成投资4790万元。机场高速北辅道完成投资4025万元。临空北路实际投资3450万元。水、电、通信、网络等配套项目与道路同步规划建设。临空变电站实际投资345万元。

招商引资。奥凯航空湖南分公司星沙后勤基地项目完成投资14823万元。普洛斯长沙空港物流中心项目完成投资25625万元。湖南顺丰电商产业园项目完成投资36986万元。中国联通数字阅读基地配套住宅项目完成投资6374万元。长沙百联奥特莱斯广场项目完成投资82006万元。康莱长沙空港酒店项目完成投资3394万元。

丰树长沙空港综合产业园项目完成投资 7225 万元。

拆迁和用地报批。是年，上报各类建设用地约 127.33 公顷，其中基础设施项目用地约 63.33 公顷，经营性用地 64 公顷。获批各类建设用地约 106.67 公顷，其中基础设施项目用地约 15.13 公顷，各类经营性用地约 91.53 公顷。上报占用林地手续约 49.27 公顷，获批约 59.67 公顷。长沙临空经济示范区核心区获批各类建设用地约 408.93 公顷，其中基础设施项目用地约 186.33 公顷，各类经营性用地 222.6 公顷。确保一批基础设施项目顺利开建和一批招商项目入驻。是年，实施长沙临空经济示范区核心区人民东路以北片区、大元东路以南片区和莲湖塘北路项目等征地拆迁工作，涉及黄花镇和黄兴镇 5 个村 23 个村民小组，征地拆迁面积约 199.33 公顷，动迁房屋 310 户，动迁人口 1038 人，按政策发放补偿资金 3.8 亿元。年底，临空经济示范区核心区征地拆迁面积约 311.13 公顷，涉及黄花镇、黄兴镇 9 个村，动迁房屋 527 户，动迁人口 1769 人，按政策发放补偿资金近 11 亿元。

【黄金大道（S207）南延线机场高速至黄江公路段主路贯通】 2 月 7 日，黄金大道机场高速至黄江公路段主路全面贯通。该段长 5.7 千米，投资约 4 亿元。道路与东西向的人民东路东延线构成长沙临空经济区十字架道路网络。黄金大道（S207）南延线分别经远大东路、人民东路东延线、机场高速以及规划中的秋江西路、劳动路、中轴大道等城市规划道路。建设内容包括路基、路面、桥梁、排水、交通设施、路灯以及绿化等工程。

2017 年 5 月 17 日，中国 · 长沙临空经济示范区新闻发布会举行

（长沙空港城 提供）

【长沙临空经济示范区获批设立】 5 月 9 日，长沙临空经济示范区正式获批设立，成为全国第 7 个国家级临空经济示范区。长沙临空经济示范区位于长沙主城区东侧规划面积 140 平方千米，规划范围包括长沙县、雨花区、芙蓉区所辖的 10 个镇（街），示范区将按照“一轴两核三组团”的总体空间布局进行规划建设。5 月 17 日，市政府召开新闻发布会，市委副书记、市长、湖南湘江新区党工委书记陈文浩指出，长沙临空经济示范区的获批是湖南由“内陆大省”迈向“开放强省”的华丽转身，具有重大的里程碑意义。市委常委、常务副市长张迎春，机场管理集团党委副书记、副总经理谭克涛，副市长邱继兴等市县领导出席新闻发布会。

【上海百联奥特莱斯在长沙启动国际名品招商】 8 月 22 日，位于长沙临空经济示范区核心区内的国内最大的商贸流通集团——百联集团国际名品招商会在长沙召开。50 多个国际知名品牌商参加并在活动前实地考察百联奥特莱斯长沙项目建设。CERRUTI1881、COACH 等 10 余个国际品牌在会上签署合作框架。省商务厅副厅长肖彬，县委副书记、县长张作林，百联集团总裁徐子瑛等出席活动。（龙赛斌　杨蕙伊）

长沙黄花综合保税区

【概况】 长沙黄花综合保税区（以下简称黄花综保区）位于长沙市东部长沙临空经济示范区航空城，于 2016 年 5 月 31 日经国务院批准设立，规划面积 1.99 平方千米，是湖南唯一的临空型综合保税区。2017 年 6 月 27 日，长沙市机构编制委员会印发《中共长沙黄花综合保税区工作委员会长沙黄花综合保税区管理委员会主要职责内设机构和人员编制规定》（长编委发〔2017〕40 号），明确黄花综保区党工委、管委会合署办公，为正处级机构。设 5 个内设机构（办公室（政策法规研究室）、规划建设局、投资促进局、企业服务局、口岸事务局），均为正科级。是年，长沙黄花综合保税区建设工程在全省重点建设项目考核中获评优秀等次。

园区建设。按"一次规划、循序推进"的原则分步进行开发建设，总建设周期5年，一期1.2平方千米采取PPP建设模式，由长沙综保投资有限公司和中建国际投资（中国）有限公司合作，合资成立长沙海嘉建设有限公司。1月，综保区卡口、通关大楼主体封顶。2月，基本建成通关大楼、综合大楼、监管仓库、标准厂房、标准仓库、冷链仓库等建筑面积约12万平方米，12千米园区市政路网框架基本形成。4月21日，一期必检项目通过长沙海关牵头组成的预验收小组预验收。6月8日，通过由海关总署牵头，国家发改委、财政部等十部委组成的国家联合验收组正式验收，取得综合保税区验收合格证书。6月25日，封关运行，实现验收、封关、运行"三同步"。12月，续建房建第四批建设任务（A区标准仓库6、7、8号栋，冷链仓库2、3号栋，标准厂房3、4号栋）建设工作启动，开展10万平方米的进出口商品展示交易中心项目、C区跨境电商监管中心项目前期准备。一期同步推进的综一路及跨线桥、综二路及跨线桥建成，将黄花综保区A区和B区连为一体。全长3.3千米的园三路及通关大道建成，园三路下穿机场高速及磁浮铁路隧道主体结构完成，打通黄花综保区与黄花机场之间的物理壁垒。跨境电商监管中心一期2000余平方米的跨境电商直购模式（BC）场站建成，即将投入使用。进出口商品展示交易中心深基坑施工进场。完成固定资产投资约10亿元。

招商引资。发挥系列优惠政策功效，发展电子信息、生物医药、装备制造、精密仪器、新材料等航空偏好型产业。开展产业链招商，洽谈项目200多个，组织2次大型项目集中签约，签约38个重大项目，涵盖跨境电商、无人机、电子信息、健康医药和仓储物流等多个新兴产业。其中：5月27日第三批招商引资项目集中签约仪式上有南洋国际等10个项目签约；9月6日—7日的"开放崛起·临空领航"专题招商推介会暨项目集中签约仪式上有11个跨境项目集中签约。按照"一事一议"程序对富坤电子、环海渔业、新航路跨境电商等重特大项目给予重点扶持。封关运行当月，有40多家公司在黄花综保区办理工商注册，雅娜购、麓客物流、湘欧洋葱头、浩通、千斯仓、伟尔达、天河互通等15个项目先后投入运营。7月26日，黄花综保区首家进口跨境电商平台——雅娜购香港启德免税世界名品展示中心正式营业。8月15日，长沙综保投资有限公司等三方参股的湖南新航路跨境电子商务服务有限公司获批成立。

口岸建设。联合机场、海关、国检、口岸部门多次研究区港一体化工作，重点解决口岸货物进入黄花综保区的问题，制定黄花综保区与机场货物直通监管及安全方案。着眼与黄花机场无缝对接，加快实现物理上和监管上的区港一体。长沙药品进口口岸于8月通过国家食品药品监督管理总局验收。位于黄花综保区的长沙药品进口口岸公共服务平台项目列入"2017年长沙重点商务类现代服务业项目（市领导联点）"。由湖南弘楚医药有限公司投资建设及运营，项目一期8836.8平方米综合保税仓主体建设完工、软硬件装修施工完毕。发挥长沙黄花国际机场进境冰鲜水产品、进境食用水生动物和即将获批的进境水果指定口岸、进口药品口岸等平台优势，完善冷链仓库、药品物流基地、商品分拨中心等配套设施，扩展和延伸进出口功能平台，促进生鲜、水果、医药、食品的进出口贸易及相关产业形成规模。

园区运营。有60多家企业投入生产运营，形成保税加工、保税物流、保税贸易等产业类型。7月，黄花综保区各项业务全面运行，22日迎来自营外贸进出口第一单货物。43家企业产生进出口实绩，其中7家加工贸易类企业完成进出口总额8.34亿元，36家物流及贸易类企业进出口总额42.57亿元，进出口额50.91亿元，在全省7个海关特殊监管区（包括5个综合保税区、2个保税物流中心）中总量排名第二。

【格热戈什·柴莱伊一行访问长沙黄花综保区】 3月1—3日，波兰共和国参议院副议长兼议会波中议员小组主席格热戈什·柴莱伊率波兰代表团访湘。3月1日，代表团一行到长沙黄花综保区参观访问。省人大常委会党组书记、副主任韩永文会见代表团一行，并与格热戈什·柴莱伊共同见证波兰沃斯集团与长沙经开区、长沙黄花综合保税区签署经贸合作协议。长沙经开区党工委书记、长沙县委书记曾超群参加上述活动，县委副书记、县长张作林代表长沙黄花综合保税区与波兰沃斯集团签署《中东欧16国（中部）国际商贸总部中心项目协议》。

【《长沙黄花综合保税区招商引资若干政策措施》出台】 3月14日，长沙市人民政府办公厅印发《长沙黄花综合保税区招商引资若干政策措施》，是国务院公布《国务院关于扩大对外开放积极利用外资若干措施的通知》（国发〔2017〕5号）后长沙首个招商引资优惠政策。该文件作为长沙黄花综合保税区顶层设计的重要组成部

2017 年 3 月 1 日，波兰沃斯集团与长沙黄花综合保税区签署中东欧 16 国（中部）国际商贸总部中心项目协议　（黄花综保区 提供）

分，包括重点发展航空偏好型产业，支持外贸发展，加大跨境电子商务扶持力度，鼓励引进现代服务业及相关新型业态项目等极具“含金量”的系列优惠政策，从产业扶持、入驻优惠、金融服务、财政支持等方面全力支持入驻企业发展，将对长沙黄花综合保税区的招商引资工作提供政策保障，更好地吸引国内外企业入驻，促进开放型经济发展。

【长沙黄花综合保税区封关运行】 6 月 25 日，满载着汽车零部件、进口食品、家用电器的 12 辆卡车有序通过长沙黄花综合保税区主卡口，标志着湖南首个临空型综合保税区正式封关运行。省、市、县领导易炼红、何报翔、陈文浩、曾超群、张作林等出席活动。

【“开放崛起·临空领航”专题招商推介会暨项目集中签约仪式举行】 9 月 6—7 日，长沙黄花综合保税区举行“开放崛起·临空领航”专题招商推介会暨项目集中签约仪式，国内外 150 余名客商参加，11 个跨境项目集中签约，每年将新增外贸进出口额 10 亿美元。签约项目有省商务厅与上海深蓝亿康电子商务有限公司“跨贸云”项目及长沙黄花综合保税区管委会与大连年年有渔渔业有限公司临空港年海外直采 20000 吨龙虾、中高端海鲜保税分拣加工工厂及物流供应链和跨境海鲜销售平台项目等，涉及保税加工项目 3 个，保税贸易项目 4 个，保税物流及保税贸易项目 3 个，保税服务项目 1 个。　（刘塑琪）

星沙产业基地

【概况】 2017 年，星沙产业基地有 162 家大中小企业，固定投资工业总产值 110 亿元，其中规模工业总产值 96 亿元，固定资产投资 58 亿元，全年财政税收 3.2 亿元。

园区建设。全年投入 6200 多万元用于基础设施建设，完成 3 条道路新建、5 条道路完善和 2 个生态公园建设，完成 6 个项目约 30 公顷场地平整。山河智能、赛隆药业等重点项目顺利推进。8 月 3 日，北京霍氏集团旗下长沙百利威电子商务产业有限公司与星沙产业基地签约，将在星沙产业基地投资新建百利威长沙电子商务产业园，项目占地面积 8 公顷。8 月 15 日，星沙产业基地与北京联东投资（集团）有限公司签约，在园区内开发建设联东 U 谷·长沙生态科技产业园，项目一期计划用地 7 公顷，总投资 5 亿元。

产业发展。坚持集约发展、立体发展，主导产业聚集成规，特色园区多点开花。山河智能等先进装备产业、赛隆等生物医药产业、住友等汽车零部件产业不断发展，大众配套园加速投产；星工场工业园被定为省级中小微创业创新基地；省内首个军民融合博士创新创业园正式开园，引入博士 20 名，投产企业 10 家。9 月 13 日，赛隆药业在深交所中小板成功上市（股票代码为 002898）；11 月 23 日，湖南华中航天北斗卫星应用有限公司在深圳前海股权交易中心新四板挂牌上市，企业代码 669524。

服务精准。开通 400 服务热线，设立对企服务日，实行网格化、组团式、代办制服务，切实将“精准服务”理念和“马上就办 办就办好”精神落到实处，全年为企业解决各类问题 220 余个，办结率 100%；免费为企业提供安监技术服务，排查隐患 600 余条，开展专题培训 2000 余人次。

存在问题：土地和资金供给不足成为制约发展的首要瓶颈。园区短板明显，产业开发迫在眉睫，按照“三个三分之一”发展理念，园区配套功能无法满足企业、企业员工和居民日益增长的各项需求。

【星沙产业基地博士创新创业园开园】 3 月 21 日，星沙产业基地博士创新创业园揭牌暨项目集中签约仪式在星沙产业基地星工场举行。省内首个博士创新创业园仅用 5 个月时间即建成并开园运营，13家入园企业签约入园。副市长李晓宏，长沙经开区党工委委员、管委会副主任常利民，副县长黄梁一起为博士创新创业园揭牌。

【磐吉奥星沙产业园汽车零部件生产项目开建】4月7日，磐吉奥（湖南）工业有限公司星沙产业园汽车零部件生产项目在星沙产业基地开建。项目总占地面积10公顷（其中一期约6.67公顷）。预计总投资4亿元（一期2.62亿元），建设磐吉奥（湖南）汽车零部件产业园，项目将完成精密模具、汽车变速箱驻车系统、车用踏板升降系统、汽车玻璃升降系统、汽车冲压零件及车用注塑零件六大系列500余种产品的生产线建设和规模化汽车零部件生产及研发服务体系建设，建设装配车间、冲压/注塑车间、模具车间、研发中心等，总建筑面积70750平方米，可形成年产值5亿元的生产能力，并将成为磐吉奥集团在中国及亚太地区的总部及研发中心。

（欧娜美）

经济管理与监督

Economic Management and Supervision

责任编辑　张　娜

宏观经济管理

【概况】2017年，全县地区生产总值1431.1亿元，比2016年增长11.3%；固定资产投资955.9亿元，比2016年增长17.2%。投资项目管理。根据《长沙市政府投资管理办法》，起草《长沙县政府投资管理办法（试行）》，制定规范长沙县政府投资项目计划外联审审批程序，完善打捆项目申报审核细则，形成全面规范项目管理制度体系。强化调度管理。编制印发《长沙县2017年政府投资项目计划》《长沙县2017年重大项目计划》，举办2017年度项目建设流程及调度工作培训班，一单四制为基础，谋划项目调度工作常态机制，牵头统筹县领导联系帮促重大项目日常调度。政府投资项目997个（含镇街项目），项目年度计划投资150.9亿元（调整后），年内投资152.7亿元，是年度计划101.2%。127个市重大项目，年度计划投资229.75亿元。全年完成投资326.2亿元，是年计划142%，56个重大新建项目开工率100%，年内重大项目完成投资占年度计划142%。强化PPP合作模式监管。实施7个PPP项目两年多来投资进度情况摸底，调研黄兴会展经济区项目建设投融资模式，长沙县PPP项目各项资料导入国家发改委项目审批库，金井茶乡小镇典型案例入围国家发改委PPP典型案例候选库。汇编长沙县PPP项目政策，启动长沙县智慧停车PPP项目，完成对在建PPP项目督查及PPP项目风险包干费存在问题调研工作。目稽察工作。年内配合中央、省、市完成对上级资金专项检查7批次，督促完成稽察整改工作2批次，配合省、市发改委完成专项稽察，迎接国办督查室来长沙县督查调研工作。投资立项审批有序进行。2017年审批、备案项目900个，其中立项、可研审批806个，总投资96.55亿元；备案94个，总金额260.73亿元。两型社会建设。确定15家示范创建单位和37户两型示范创建家庭，创建开慧镇葛家山村省级两型示范单位，完成2018年省级两型发展项目和循环经济专项资金项目申报。推进清洁低碳技术应用和两型标准实施与认证工作。大力加强两型理念宣传推介。建立两型宣教基地，开展公交车身、两型H5动画、定制宣传册、社区大型两型专题、市两型宣讲员宣讲计划等两型宣传活动，大力传播两型理念。会同县农林局做好2017年、2018年新增粮食产能规划编制、申报工作，争取中央预算内资金，下达承接2017年新增粮食产能中央预算内资金2040万元，上报2018年新增粮食产能规划，计划申报中央资金2280万元。推进两型标准实施与认证试点工作，拓展认证领域，增加机关和企业认证，推动该县景区品质提升，村庄建设不断朝生态绿色方向转变，企业追求产业转型升级，机关管理也变得更加科学、规范、节俭、高效。全年，3个村庄和2个企业通过认证审核。

【第十七届全国县域经济基本竞争力百强县排名】长沙县经济社会发展在第十七届全国县域经济基本竞争力百强县排名中前进一名（采用2016年主要经济指标完成情况），位列第六，连续4年位列中西部第一；中国中小城市综合实力百强排名中，位列第六；第十七届全国县域经济与县域综合发展百强排名中，位列第三，继续领跑中西部；中国十佳“两型”中小城市排名中，该县继续蝉联榜首。

（魏志华）

财政·税务

·财 政·

【概况】2017年，全县财政总收入280.08亿元，比2016年增长23.18%。其中，一般公共预算收入215.88亿元，比2016年增长30%，税收收入203.47亿元，比2016年增长35.88%，税占比为93.5%。地方一般公共预算收入税占比在全省123个县市区中位列第四，地方财政收入总额、增长幅度以及税占比在全市9个县（市）区中均排名第一。

【预算执行】2017年，全县财政总收入280.08亿元（其中国土收入64.2亿元），为调整预算任务数277.88亿元100.79%，比2016年增加52.7亿元，增长23.18%，其中：一般公共预算收入215.88亿元，比2016年增加49.83亿元，增长30.01%；上划中央、省、市收入127.87亿元，比2016年增加35.07亿元，增长37.8%。全县一般公共预算支出160.93亿元，比2016年增加36.97亿元，增长29.82%。全县地方一般公共预算收入、上级返还性收入、一般性转移支付收入、专项转移支付收入、债券转贷收入、调入资金及上年结余等收入170.04亿元；一般公共预算支出160.93亿元，上解支出2.5亿元，地方政府债券还本付息支出5.4亿元，总支出168.83亿元，收支相抵，年终滚存结余结转1.21亿元（含净结余0.4亿元）。全县政府性基金收入67.44亿元，比2016年增加4.25亿元，增长6.73%。全县政府性基金支出62.49亿元，比2016年减少5.42亿元，下降7.98%。全县政府性基金预算收入67.44亿元，上级补助收入0.83亿元，2016年结余5.78亿元，收入74.05亿元；支出62.49亿元，上解支出0.05亿元，支出62.54亿元，收支相抵，年终滚存结余11.51亿元。全县国有资本经营收入3.03亿元，为年度预算7.91%；国有资本经营支出3.03亿元，为年度预算7.91%。全县社保基金收入41.22亿元，支出21.68亿元，结余19.54亿元，年末滚存结余118.25亿元。其中，企业养老基金由省级财政统一预算。

【民生投入】 全年民生投入首次超过100亿元， 有126.96亿元。期中，教育县级财政投入18亿元，新建中小学校、幼儿园14所，新增414个班近两万学位，改善农村办学条件，基本解决城区义务教育“大班额”问题。建立城乡最低生活保障、困难残疾人生活补助等社会救助制度，城乡居民养老金提高至165元/人/月，居全省之首。全面推行城乡低保一体化，低保标准提高至550元/人/月。全年安排卫计系统财政资金3.17亿元，其中投入卫生系统建设和医疗设备采购资金1.9亿元，新建和扩建8所县乡医院；投入医改专项资金0.79亿元，全面实施基本药物零差率，切实解决群众看病难、看病贵问题。通过惠农补贴“一卡通”发放耕地地力保护、低保、危房改造、移民后扶等惠农补贴51项，发放资金3.6亿元。实施“一事一议”财政奖补项目140个，投入资金0.25亿元，争取开慧镇李家山社区为省级“一事一议”美丽乡村建设示范点，开慧村、浔龙河村等5个村为省级村级集体经济发展试点村，不断促进农村公益事业发展。农业综合开发各级各类项目222个，投入财政资金0.52亿元改善农村基础设施。农村综合性改革工作，2017年，长沙县被确定为农村综合性改革省级试点县，湘丰村、葛家山村等4个村为省级农村综合性改革试点村。县本级投入11.6亿元用于公路、地铁及城乡公交一体化建设，投入6.72亿元用于城市维护、提质改造、城区交通环境整治及城乡生态环境治理等，城乡面貌焕然一新。安排国家级全域旅游示范区创建、美丽乡村建设及旅游产业发展引导资金0.78亿元，全域旅游初见成效。

【国有资产管理】 2016年，国有资产管理主要围绕全县资产管理、公务用车管理、基金管理等工作开展。做好基金监管、办理产权交割、加强资产动态管理等基础工作，全县283个部门单位资产清查工作，所有单位盘盈和盘亏进行资产核实。履行车改工作职能职责，进一步规范公务用车管理。

【非税收入管理】 全县236家单位票据年检工作，加快票据电子化管理改革，开展政法系统罚没收入检查等工作。加强非税收入管理，完善非税收入征管系统功能，全县全年非税收入77.57亿元。同时，不断加强财政票据监督管理力度，持续打击发票违法犯罪活动，非税收入管理局获评全省打击发票违法犯罪活动工作先进单位，系全省受表彰56个单位中5个财政系统先进单位之一。

【国库集中支付】 2017年，全县182个国库集中支付单位通过支付系统支付资金15.6万笔，金额约140亿元。支付局严把资金支出审核关，全年退回各类不完善、不合规资金支付申请456笔，3713万元。全面推行镇（街）国库集中制度改革工作。2017年1月，全县18个镇（街）国库集中支付全面上线运行，保障财政资金安全运行，提升财政资金使用效益。鉴于镇（街）国库集中支付在实施过程中出现一些问题，多次组织召开座谈会议，听取镇（街）意见建议，并出台《关于进一步明确镇街国库集中支付改革相关事项通知》，按照“先纳入后规范”原则，执行过渡期，保障镇（街）工作正常运转。

【财政支出管理】 2017年，预（结）算评审项目990个，评审金额92.88亿元，核减8.56亿元，核减率9.22%，竣工财务决算评审项目12个，评审金额1.07亿元。出台《关于进一步加强财政性投资基本建设工程造价管理及投资评审实施办法》（长县政办发〔2017〕7号），工程建设更加规范严谨。全年审批下达1827批次政府采购计划，备案合同1693个，采购预算18.06亿元，合同金额16.28亿元，节约率9.86%。

【财政监督检查】 2017年，开展“四项费用”、扶贫资金、涉农资金、村级财务管理等各类检查20余次，依法对各类财政违纪行为进行行政处理处罚，全年下达各类检查报告75份，整改建议书18份，检查决定书25份，行政处罚决定书1份。推进民生资金“互联网+监督”，运用信息化手段加强财政资金监管。

【政府债务管理】 规范政府性债务管

理，加强对融资平台公司债务管理，建立债务风险防控机制，严格执行地方政府债务月报制度，实现政府性债务全口径管理和动态监控。妥善处理存量债务，全年债券置换资金 31.55 亿元，三年争取债券置换额度 216.79 亿元，占长沙县 2014 年年底清理甄别锁定政府债务 266.1 亿元 81.5%。多次组织召开全县投融资工作会议，学习上级关于规范地方政府举债有关政策规定，探索破解投融资难问题途径，组建长沙县投融资担保公司。

【财政绩效管理】 出台《长沙县财政支出评价结果应用管理办法》《长沙县预算绩效运行跟踪监控管理办法》等文件，改变预算绩效管理制度建设空缺状况，确保长沙县预算绩效管理工作有章可循，有据可依。2017 年，绩效自评工作覆盖县直 66 家一级预算单位，并聘请第三方中介对 24 个单位 2016 年度专项资金开展重点评价，涉及 49 个项目 10.47 亿元。重点评价审计和财政监督检查中曾发现过问题项目、群众关注度较高项目、“县四大家”重点关注项目，并将对评价结果向全社会进行公开，同时将“优、良、中、低、差”五种绩效评价结果作为年度预算调整、专项资金分配和以后年度预算安排重要依据。（唐天晴）

表 3　2017 年长沙县（镇）街财政收入与支出情况

单位：元

单位名称	本年收入	本年支出
湖南省长沙市长沙县乡镇级 2017 年度部门决算汇总	1 758 317 565.72	1 758 317 565.72
金井镇人民政府	135 569 920.00	135 569 920.00
安沙镇人民政府	191837 972.00	191 837 972.00
湘龙街道办事处	83 743 683.00	83 743 683.00
榔梨街道办事处	96 429 733.00	96 429 733.00
黄花镇人民政府	107 979 909.82	107 979 909.82
黄兴镇人民政府	122 038 031.40	122 038 031.40
春华镇人民政府	66 934 461.00	66 934 461.00
路口镇人民政府	50 092 973.00	50 092 973.00
高桥镇人民政府	73 295 712.00	73 295 712.00
果园镇人民政府	149 297 911.00	149 297 911.00
福临镇人民政府	96 319 444.50	96 319 444.50
青山铺镇人民政府	48 026 674.00	48 026 674.00
北山镇人民政府	139 822 969.00	139 822 969.00
星沙街道办事处	74 237 146.00	74 237 146.00
泉塘街道办事处	59 714 484.00	59 714 484.00
开慧镇人民政府	116 343 786.00	116 343 786.00
长龙街道办事处	50 831 880.00	50 831 880.00
江背镇人民政府	95 800 876.00	95 800 876.00

·国家税务·

【概况】 2017 年，长沙县税收收入 159.76 亿元，比 2016 年增收 66.4 亿元，增长 71.13 %，完成市局调整后计划 119.4 %。退税 5929.81 万元，办理出口免抵（退）税 18.71 亿元。创建 2017—2019 年湖南省国税系统法治基地，成为全市四个获此殊荣区（县）局之一。落实总局“互联网 + 税务”计划，全面推广电子税务局增值税申报，设立自助办税厅，抓实抓好电子税务局推广，受理电子申报 10500 户次。定期分级开展税收风险分析识别工作，全年风险核查 300 户，入库税款 8485 万元；建立纳税评估模型，精准科学筛查案源，全年纳税评估和稽查 111 户，查补入库税款 6505 万元。推进“千名党员服务万企”活动，“党员引领”走乡镇，“专家团队”进企业，答疑解惑，走访纳税人 1984 户，收集整理问题 280 条，上报市局请求解决 8 条。稳步推进“一窗一人办税”服务模式。2017 年，全县国税窗口办理地税业务 8876 笔次。扎实开展 2016 年度纳税信用等级评定，运用评定结果，与交通银行、建设银行、邮政储蓄银行、长沙银行同做好银税互动工作，向 42 户中小企业贷款 1.77 亿元。全面开展税收宣传，开展“进机场、上蓝天”“绿色骑行 · 税费惠民生”公益骑行、“税法进校园”等系列活动。推进人才强税战略。开展“岗位创新大比拼出彩星沙国税人”劳动竞赛，

2017 年 12 月 5 日，长沙县国税局到果园镇中心小学开展“税法进校园”活动　　（县国税局 提供）

表 4　　长沙县国税局 2017 年累计收入完成情况

单位：元

项目	本年完成数	2016 年完成数	累计同比增加额	累计同比增长 %
税收收入合计	1597581	933569	664012	71.13
两税	1331284	799204	532080	66.58
其中：增值税	999415	544346	455069	83.60
消费税	331869	254858	77011	30.22
企业所得税	266297	134365	131932	98.19

全局各部门报送 49 个项目，经过层层选拔，决出集体优胜项目和个人优胜项目各 9 名。激发人才活力，集中组织 16 批次综合业务培训。选拔优秀人才，提拔 6 名中层副职，为该局工作开拓新局面注入新鲜血液，涌现一批优秀人才。　　（陈胜知）

·地方税务·

【概况】2017 年，长沙县地方税务局全年入库各项收入 55.7 亿元。其中，市局考核口径任务 54.5 亿元，县政府考核口径任务 55.1 亿元。开展漏征漏管户和税种专项清理，入库税款 4.55 亿元。加强重点行业、重点税种及费金征管，汽车制造业税收入库 9.93 亿元，比 2016 年增长 46%；个人所得税入库 12.9 亿，比 2016 年增长 42.17%。其中，行政事业单位个税管理规范到位，入库 3306 万元，比 2016 年增长 32.3%；企业所得税入库 5.37 亿元，增长 17.4%；计划口径费金入库 7.08 亿元，比 2016 年增长 23.4%，其中残保金入库 2000 万元，增长 109%。加大土地增值税清算力度，清算入库土地增值税 2.73 亿元。全年依法依规减免各项税收 9.3 亿元。其中，办理审批类困难减免 146 笔，减免税额 9670 万元。全年形成各类分析材料 30 余篇，汽车制造业税收调研被编入省政府《政务要情》。

【征管转型】牵头打造综合治税平台，形成全县各部门联动税收链条式控管，全面提升信息管税能力。2017 年，共享涉税信息 144 万条，挖掘税款 3816 万元；对 894 户个体纳税人实行同步定税、同步征收，在黄兴镇试点个体零散税收委托代征；358 户行政事业单位登记率和明细申报率均 100%。开展风险管理。规范风险管理流程，成立风险管理团队，全面推行分类分级管理，提升大数据控税水平，综合治税平台中建立个性化风控模型 6 个。全年风险应对任务 12 批次，开展风险应对 6053 户，入库税款及滞纳金 3700 万元；数据质量管理常态化，清理问题数据 6 万条；参与税收风险管理展演活动。规范日常征管。加强非正常户和欠税管理，公告非正常户 613 户，注销符合条件非正常户 111 户。发布欠税公告 162 户次，金额 1.7 亿元；试点个体零散税收委托代征，个体户税收入库 870 万元，比 2016 年增长 242 万元，增幅 53%。企业所得税汇算清缴 1858 户，申报应纳税额 3.36 亿元，申报率 100%，个税明细申报月均保持 90% 以上；604 户环保税纳税人资料移交工作，做好开征前期准备。

【纳税服务】落实“放管服”工作要求，简化企业注销程序。升级长沙县契税印花税自缴系统，有效解决房产免税率政策优惠问题；开办实体纳税人学堂 6 期，处理各类咨询及投诉 40 单，满意率 100%；举办省内首个“绿色骑行，税费惠民生”税宣活动；在省级媒体“国生开讲”及“钟山说法”栏目进行 8 期专题宣传；开展“纳税服务日”“问需求优服务促改革”等活动，深入中联重科、长丰猎豹等企业调研走访、解决难题。规范纳税信用管理。评定纳税户6942户，国地税联合评定A级纳税人139户。保障企业权益，对非恶意拖欠低等级纳税人实行补评及复评149户；举办“银税联动、服务企业”金融服务节专场活动，强化纳税信用评价结果增值使用，帮助诚信企业获得授信贷款。落实税收优惠。全年依法依规减免各项税收9.3亿元。其中，办理审批类困难减免146笔，减免税额9670万元；设置洪水受灾纳税人专窗，辅导纳税人做好受灾税收优惠申请，帮助企业及时恢复生产经营。推进依法治税。严肃收入纪律，加强金三信息化监控，坚决不收“过头税”。完善重大税收案件集体审理和集体审议制度，做好重点税源检查和计划稽查工作，稽查局全年检查案件27户，稽查入库收入3.26亿元。

【队伍建设】 坚持绩效管理为“指挥棒”，按季考核，打破“平均主义”，考核体系覆盖每项工作、每名干部，促进责任强化和工作落实。分局创新“工作系数”综合考评，进一步提升干部对考核结果认同度。严格执行“三重一大”“四不一末”制度，加强对干部选拔任用工作监督。2017年中层干部选拔和调整中，通过笔试、竞聘演讲、民主推荐，严格做好考察、党组会集体讨论以及公示监督等程序，选拔8名中层副职。同时有12名中层副职及22名干部进行岗位轮换；改选县局团总支委员会，总支书记及委员均由28岁以下青年干部担任，进一步激发青年干部队伍活力。纪检组全程参与和监督选拔过程，确保选人用人公平、公开、公正。（范姿怡）

国土资源管理

【概况】 2017年，长沙县批回建设项目用地163宗面积866.7公顷，供应土地72宗面积420公顷，土地收入76亿余元。征缴用地报批税费85117.176万元，其中：新增建设用地有偿使用费19008.591万元、水利建设基金1960.33万元、耕地开垦费11269.85万元、耕地占用税21874万元、社会保障资金31004.388万元。严格按照《湖南省国土资源厅 湖南省农业委员会关于进一步规范设施农用地管理支持设施农业健康发展通知》（湘国土资发〔2015〕46号）等文件要求执行，备案设施农用地2宗，总面积2.4578公顷。园区内有储备地122宗，总面积约531.5公顷。新增储备土地229.2公顷，收回国有建设用地11宗，40.33公顷。

民生国土基础工作。利用第二次土地调查成果，历时六年，涉及23个乡镇（街道办事处），250个村（社区）集体土地所有权权属调查，其中196个村（社区）确权到村级权属，54个村（社区）确权到组，930个村民小组；调查宗地7720宗（其中含国有土地1513宗、飞地968宗、争议地131宗）、权属界线10157条。9月6日，长沙县农村集体土地确权登记发证工作通过省级验收。农村集体土地确权，凭证用地管地，维护农民合法权益。2017年，长沙县国土资源局受理并完成地籍测绘任务833宗，数字化入库出图18083宗，拨地定桩2017点。地籍测绘为长沙县企业改制、房地产项目开发建设、不动产登记、不动产交易提供可靠依据。长沙县地理县情地图集编撰工作完成，并通过省级验收。是年，耕地质量等别评定和更新工作完成，长沙县永久基本农田划定工作完成。

国土信访。2017年，长沙县国土局受理各类来信来访案件856件，其中县长信箱300件，省市各级交办信访事项71件，接待来访35批100余人次，“12345”市民服务热线450余单。通过人民调解、法制宣传、政策疏导部门联动多措并举，针对来信来访所反映问题，及时调查、核实、及时回复，根据属地管理，分级负责原则，把信访矛盾问题解决在基层，维护人民群众合法利益。信访件处理回复率100%，来访回复率100%，

土地整治。县国土资源局在开慧镇开慧村、高桥镇范林村按照农民“自定、自筹、自建、自管”和“先建后补、以补促建”模式实施土地整治项目，项目实施尊重民意，力构和谐。项目8月通过工程验收。

闲置土地。开展土地动态巡查200人/次，督促用地单位按时开工、竣工40余家，并及时录入上报至土地市场动态监测与监管系统，及时消除闲置状态。系统显示长沙县闲置土地57宗，面积292.21856公顷。其中督促开工8宗（面积95.9124公顷），签订《国有建设用地使用权出让合同项目开工、竣工时间补充协议》37宗（面积152.57511公顷），重新约定开、竣工时间；1宗（面积7.44243公顷）办理先期开工手续，1宗（面积4.22388公顷）办理收回手续，1宗（面积11.0668公顷）因系统原因撤销，其余9宗（20.99794公顷）均现场送达闲置土地调查通知书。

【“一张图”综合监管平台】 8月“一张图”项目完成验收。系统主要包含门户网站、电子政务、一张图、综合监管平台四个核心模块。其中，内网

门户提供全局科室及时发布和共享信息、集成单点登录入口；电子政务主要为各业务科室提供内网无纸化办公和业务流程审批及台账管理。一张图上线运用，是国土工作信息化创新管理方式重要举措，以“图”管地、管矿、防灾、管权，以信息化建设成果带动管理方式转变，从而进一步规范业务流程审批、提高办公效率、降低办公成本、提升国土资源精细化管理水平，形成国土业务大数据中心，实现数字国土、智慧国土。

【不动产登记】 5 月 31 日，长沙县首本农村宅基地不动产权证书在长沙县国土资源局金井国土资源所颁发。6 月 30 日，全国第一本农田水利设施不动产权证在长沙县颁发。11 月 13 日，《长沙县小型水利设施不动产登记操作指南（试行）》公布实行。长沙县成为全国 100 个农田水利设施产权制度改革和创新运行管护机制试点县。12 月 12 日，长沙县青山铺镇广福村郑屋组 29 户村民首批拿到《农村土地承包经营权证》。结合长沙县不动产登记实际情况，制定长沙县不动产登记中心关于“9·23”限购政策有关规定说明。全年，县国土资源局受理各类不动产登记、交易和业务查询等业务近 35 万余笔，发不动产证书和证明 14.3 万余本，其中：证书 61378 本，证明 82003 张，查询档案信息、开具有房、无房证明 16 万余人次，平均每天接待服务对象 1100 人次，高峰期 3000 人次，发放不动产证书、证明 500 本，不动产登记业务工作与时俱进，创新工作方法，先后推出“微信公众号”“国土门户网站”，实时查询业务办理进度，推出“领证短信通知”暖心服务，推行邮寄证书和网上预约服务便民举措。11 月 17 日，不动产窗口岗位人员参加“学礼仪，树形象”礼仪培训，服务水平和窗口形象整体提升。

【征地拆迁】 长沙市领导联点重大项目 33 个，新启动项目 18 个，12 月，重点项目完成腾地 598.82 公顷，拆迁房屋 1900 栋，动迁人口 6553 人，滨河路、捞刀河南路、敢胜垸污水处理厂、高塘坪路南延、岳汝联络线、螺塘湾东路、地铁四号线大批重点项目征拆腾地及时完成，同时加快长沙高铁新区、长沙临空经济开发区项目征拆腾地。推进货币安置区广大拆迁户拆迁后及时妥善安置，住房货币补贴、社保纳入工作稳步推进。全年，长沙县在拆项目 159 个，项目拆除房屋 4408 户 15303 人，年内拆除房屋 2293 户 7811 人，完成腾地任务，支付拆迁补偿资金 28 亿元（不含社保资金，经开区项目除外）。纳入社保 1745 户 6156 人，办理住房货币补贴 2454 户 7697 人，办理住房货币补贴增补 101 户 334 人。缴纳社保资金 8.2 亿元，请款住房货币补贴资金 12.18 亿元，住房货币补贴增补资金 214 万元。

【地质灾害防治】 年内发生地质灾害直接经济损失 1 万元以上 358 起，其中：滑坡 342 起，崩塌 10 起，泥石流 2 起，地裂 3 起，塌陷 1 起，直接经济损失 2648 万元，转移人口 19452 人，避免经济损失 1856 万元。建立乡村组三级地质灾害防洪网络，落实负责人、责任人、监测人、预警预报人员。该局共排查出地质灾害隐患点 70 个，并将 70 个地质灾害隐患点周边住户 184 户纳入长沙县地质灾害群防群测人员队伍；加强技术力量支持。9 月 22 日，长沙县地质灾害防治技术指导中心在该局挂牌成立。该局与湖南省地球物理、地球化学勘查院签订合作协议。举办长沙县地质灾害应急抢险救灾演练。长沙县国土资源局工作人员与技术单位物勘院一起深入灾区综合调查勘探该县地质灾害点。对该县发送地质灾害点进行现场勘察，并及时对受灾农户进行简单有效技术指导。

【土地交易】 2017 年，长沙县（含经开区）招拍挂出让 80 宗地，出让总面积 4900124.4 平方米。流拍 2 宗 81628 平方米，终止 2 宗 188959.9 平方米，成交 72 宗，出让总面积 4206820.4 平方米，成交总额 678998 万元，平均成交地价 1614 元 / 平方米，溢价 187893 万元，溢价率 38%；剩余 4 宗。（42.28 公顷）。按区域划分：长沙县内 50 宗，出让总面积 2715944.9 平方米，成交总额 467942 万元。溢价 133477 万元，溢价率 40%。经开区 22 宗，出让总面积 1490875.5 平方米，成交总额 211056 万元。溢价 54416 万元，溢价率 35%。按用途区分：工业用地 44 宗，出让总面积 267 公顷，成交总额 177717 万元。溢价 1305 万元，溢价率 0.7%。其中县内 27 宗，出让面积 143.8 公顷，成交总额 87407 万元；经开区 17 宗，出让面积 123.2 公顷，成交总额 90310 万元。商业、住宅用地 27 宗，出让总面积 144.1 公顷，成交总额 496554 万元，溢价 186588 万元，溢价率 60%。其中县内 22 宗，出让面积 118.2 公顷，成交总额 375808 万元，经开区 5 宗，出让面积 25.9 公顷，成交总额 120746 万元。机场用地 1 宗（长沙县内），出让总面积 9.55 公顷，成交总价 4727 万元。是年，长沙县含（长沙经济技术开发区）共出让成交 72 宗地，交易服务费 2789.0048 万元，上缴58宗2318.049万元。2017年6月28日，长沙县国土资源局成立长沙县网上挂牌系统应急领导小组，确保长沙县网上挂牌系统正常运行。确保土地交易公平、公正、公开。根据湖南省、市公共资源交易管理委员会办公室关于《抓紧落实整合撤销县级公共资源交易平台和停止受理公共资源交易登记通知》要求，12月18日起，长沙县国有土地使用权和矿业权出让，一律进入长沙公共资源交易中心交易。该局按照新交易流程、步骤，且有3宗地都在长沙公共资源交易平台上发布挂牌出让公告，该局有条不紊完成公共资源交易平台移交。

（周　湘）

国有资产管理

【概况】2017年，长沙县国有资产管理中心启动国有企业整合重组工作，9家县管国企整合成7家，即：长沙县星城建设投资有限公司（城建投）、长沙县水业集团控股有限公司（水业集团）、长沙县鑫业建设投资有限公司（鑫业投）、长沙县空港城建设投资有限公司（空港投）、湖南畅享投资开发有限公司（畅享投）、长沙县地产投资开发有限公司（地产投）、长沙黄花综合保税区投资有限公司(综保投）。长沙县通途交通建设投资有限公司（交建投）、长沙县瑞农现代农业投资有限公司（瑞农投）两家公司作为全资子公司并入城建投公司。7家县管国企及其全资、控股子公司总资产为571.6亿元，总负债314.6亿元，资产负债率55%。

出台《关于加强和改进县属国有企业党建工作通知》《长沙县县属国有独资公司章程指引》等文件，加强党领导写入各国企公司章程，明确党组织在公司法人治理结构中法定地位。落实党组织研究讨论是董事会、经理层决策重大问题前置程序要求。制定《国资系统开展廉洁文化特色品牌建设工作三年行动计划》《2017年廉洁文化特色品牌建设工作方案》，建立长效机制，推动形成风清气正政治生态。开展“廉政文化润国企”活动。推动廉洁文化进家庭、进岗位、进项目，夯实特色彰显廉洁文化阵地，树立一批国企廉洁文化建设先进典型。

【国有企业改革】2017年，推进国企重组整合，县委常委会议（2017年第20期）和县政府常务会议（2017年第18期）同意县管国企整合重组方案，由9家整合为7家，即：星城投、水业控股集团、地产投、综保投、空港投、鑫业投、畅享投。现有交建投和瑞农投作为全资子公司划入星城投。星城投引入中建公司合资成立长沙县中建星和投资有限公司开展城市基础设施建设；交建投与中铁投资集团合资成立长沙县运通建设开发公司，与长沙通畅客运公司、鑫沙道路客运公司合资成立长沙星通公交发展公司；空港投与中铁投资集团、北京湘通投资公司合资成立长沙空港城建设开发公司。

【建立健全法人治理结构】县委县政府明确整合后7家县管国企“两会一层”（董事会、监事会、经理层）架构设置方案。其中：董事会设董事5人（含职工董事1人），董事长为公司法定代表人。全资子公司原则上不设董事会，由母公司董事任执行董事；监事会由5人组成，设主席1人、专职（外派）监事2人、职工监事2人。专职监事由县政府授权国资中心派出；经理层职数为3至5人，董事会成员交叉任职。

【启动市场招聘国企职业经理人】县委、县政府同意，拟对空港投、畅享投、综保投、星城投、水业集团等5家县管国企8个高管职位进行社会化选聘职业经理人。草拟各岗位职责要求、任职条件和薪酬待遇。

【国资监管】草拟《公司章程管理办法》《企业重大事项报告管理办法》《企业委托监管暂行办法》《监管企业外派监事会工作管理办法》《企业负责人履职待遇、业务支出管理暂行办法》等5项制度。完成8家县直行政事业单位出资国企政资政企分开工作，其中3家与中心签订股权划转协议和委托监管协议，并将出资人变更为县国资中心。接收县财政局、卫计局、住保局原机关院落及商务局部分办公性资产，委托星城投公司进行经营管理；对芙蓉区新合社区原卫生局土地和房产进行评估并对经营权进行拍卖，该处资产经营权拍卖价为38万元/年，超移交前价格52%。

【企业办职能分离移交】2017年，长沙县承担10家国企职能分离移交工作，其中央企7家，即：泰格林纸集团星沙总部小区、国家电网省电力技培中心、南航湖南分公司机场小区、中邮湖南长沙邮区中心局星邮小区、中邮长沙县分公司县邮政院内和天华路综合楼、中国电信长沙县分公司星沙电信宿舍、中国移动通信湖南公司长沙县分公司家属区。省企2家，即：

省交水建集团环达路桥公司黄花镇苗圃、浦沅集团浦沅生活小区。市企1家，即长沙轴承厂黄兴社区。成立长沙县企业办社会职能分离移交工作领导小组，印发《长沙县关于做好企业办社会分离职能分离移交工作通知》（长县政办函〔2017〕67号），7家央企、2家省企、1家市企年底前基本完成“三供一业”分离移交框架协议，编写《长沙县企业办社会职能分离移交工作文件汇编》、制作《长沙县企业办社会职能分离移交工作指南PPT》，为驻县国企“三供一业”分离移交工作提供依据和参考。（邓端勇）

审　计

【概况】 2017年，完成审计项目382个，查出违纪违规和管理不规范资金4.6亿元，再次核减政府投资项目工程造价近1000万元，提出合理化审计建议80余条，向纪检、监察部门移送问题线索41起。

财政“同级审”。2017年，财政“同级审”围绕县级财政预算执行管理、就业专项资金和林业专项资金三个方面来开展。发现问题为部分资金年初预算不细化、就同一项目交叉重复安排专项资金、部分农机专业合作社拼凑购机款违规获取补贴、扶贫资金滞留和被改变用途等问题。针对发现问题，向县政府报送4篇《审计要情》。相关部门采纳审计建议出台制度14项，各涉改单位合力追缴收回各项违规使用资金1703万元，县纪委、县检察院和资金主管部门对违规违纪问题都进行严格追责，审计指出问题基本整改到位。

领导干部经济责任审计。全年完成19个单位25名领导干部经济责任审计。2017年，审计重点关注面向业务方面转移，如科局关注权力清单和责任清单，镇街关注环保、扶贫、工程、采购等。同时，进一步强化审计成果运用，县政府高度重视，正责成相关主管部门出台制度加强管理。同时，依据《长沙县审计结果运用暂行办法》，经责审计结果与加强干部管理、考核任用、领导班子年度绩效考核等相结合，为准确评价、有效监督和正确使用干部提供有益参考。

固定资产投资审计。按照“全面审计、突出重点”工作要求，对500万元（含500万元）以上项目实施全面审计、500万元以下按比例抽审，审减工程造价同时，关注项目审批、招投标、环境保护、资金管理等关键环节，督促落实项目组织和建设管理主体责任，加大全面监督力度。加强审计结果运用，审计结果及时反馈到县投资评审中心和建设管理单位，并跟踪回访审计整改措施和建议落实情况。通过审计再监督，促进设计施工提升项目质量、诚信经营意识，促使建设、监理单位和财政投评中心工作人员严格规范履职，防范廉政风险。同时，加强社会中介机构管理，500万元以下抽审项目采取社会中介机构初审，审计局复审模式，提高审计工作效率。

政府委托审计。2017年度委托9家中介机构对长沙县村（社区）、二级机构151个项目进行审计。核实财务和资产清查结果，严肃财经纪律，防止资产流失；加强领导，组织督查；各中介机构选派精干力量参与审计，做到审深审透，充分披露违纪违规问题；突出问题导向，重点审计农村集体“三资”管理、土地征收补偿、涉农专项资金、工程项目建设等关键领域进行，查出涉嫌侵占、截留套取集体资金、违规承包工程、滥发津补贴等问题。

【规范就业资金】 8月，长沙县采纳审计建议，进一步规范就业资金管理、提高资金使用效益。该县财政局、人社局相继出台《关于加强基层人力资源和社会保障公服务平台标准化建设资金管理通知》《关于进一步规范基层人力资源和社会保障扶持公就业资金管理通知》等一系列政策措施，从资金申报、资金使用、资金核拨、资金监管、账务处理等方面进行规范。

【审计监督】 8月，长沙县审计局配合国有资产管理部门开展闲置资产公开竞拍等工作，并对整个过程进行监督。该局对位于市区4套住宅等闲置国有资产，通过资产评估、发布拍卖公告、公开拍卖等程序，向社会公开竞拍，13名竞拍者通过一次次举牌，最终274万元成交，高出评估拍卖价75万元，盘活闲置国有资产，促进国有资产保值增值。

【保障残疾人合法权益】 9月，出台《长沙县2017—2019年残疾人职业技能培训实施方案》和《长沙县2017—2019年残疾人农村实用技术培训实施方案》两个文件，文件规定今后残疾人培训单位实施政府招标采购，同时在培训管理、监管与验收等方面提出更具操作性要求，并明确培训补贴标准和考核标准，进一步规范培训行为，为保障全县残疾人合法权益、促进残疾人积极就业和维护社会和谐稳定提供强有力制度保障。

【整改财政预算执行审计工作】 长沙

县召开专题会议研究部署，并将其纳入县政府督查督办事项。各涉改单位成立一把手任组长问题整改领导小组，对照“问题清单”制定详细整改方案。制定完善规章制度。督促相关部门新出台和完善《长沙县财政专项扶贫资金管理办法》《长沙县农村创客专项资金管理办法》等11项专项资金管理办法，规范资金申报、审核、管理、使用等相关程序，有效提高财政资金使用效益。违规违纪问题严格追责到位。县纪委对财政预算执行审计移送案件线索展开调查；县检察院对骗取农机补贴农机合作社进行立案调查，追缴违法所得并对合作社法人进行依法羁押；资金主管部门约谈存在问题企业法人和村（社区）干部50余人次。

（单　婵）

统　计

【概况】 2017年，长沙县统计局严格执行国家各项统计报表制度，规范工作流程，完善工作制度和工作标准，健全质量控制和评估办法，做到横向互动对照比较和上下共同把关，保证统计数据质量，全面、准确、及时地完成2016年统计年报工作及2017年定期报表任务，按时发布2016年全县国民经济和社会发展情况统计公报。统计数据监测。做好主要经济指标统计和监测预警。科学核算GDP和能源消费总量，重点落实R&D经费统计工作。同时加强经济运行月度、季度分析研判工作，撰写分析文章，研究经济运行结构、质量、效益，分析新常态下出现新情况、新问题，为县委、县政府准确把握经济发展大局提供依据。抓好县委、县政府重点工作统计监测和分析。成立“挺进五强”课题分析小组，对照百强县测评体系，撰写统计分析；加强固定资产投资统计，及时汇总重大项目投资建设统计数据，并形成相关统计分析，为县委政府调度重大项目建设提供决策参考。统计基层基础建设。2017年，县统计局机构设置恢复行政序列，增加领导职数，人员编制力量不断增强。推进镇（街）统计站（室）建设，配备专用电脑和打印机，统一制作统计工作制度、操作流程并上墙，统计站（室）规范化建设不断加强。全年长沙县统计基本单位名录库在库单位22993家，同比增长18.7%，其中法人单位20654家、产业活动单位2339家。申报新增“四上”企业211家，其中服务业“四上”企业136家。12月，第三次全国农业普查工作完成。同时，有序开展工业、能源、建筑业、房地产、服务业、投资、贸易、人口、就业、劳动力、劳动工资、社会科技、文化产业、社情民意等统计调查。制定《长沙县统计局2017年统计自查工作方案》，成立统计工作自查领导小组，对全县18个镇（街）、在库“四上”报表单位和在建计划总投资500万元以上固定资产投资项目进行清查，重点自查统计法律法规、统计制度执行情况，统计数据质量情况等，进一步强化统计工作管理，规范统计工作秩序，确保统计数据质量。同时开展“一套表”单位大清查活动，对全县900余家一套表企业进行自查、抽查，查出不达标、破产和注销、经营异常等不正常情况单位20余家。

【第三次全国农业普查】 第三次全国农业普查是在决胜全面建成小康社会关健时期进行一次重大国情国力调查，普查内容多、手段新，组织难度大。此次普查有全县1000多名普查指导员、普查员和普查工作人员通力合作，结合前期准备到位、试点工作突出、宣传发动及时、培训指导得力、数据质量监管、审核规范等五大举措，高质量完成16万普通农户、370个规模户、1480个农业生产经营单位普查登记工作，基本摸清县“三农”基本情况。“三农”基本情况为全面准确把握“三农”基本县情、实施乡村振兴战略提供重要统计支撑。

【住户调查样本轮换】 2017年是住户调查每五年一次大样本轮换年，县统计局完成机构组建、调查员选聘、工作经费落实等工作，全年完成调查小区拆分、建筑物清查、大样本编制、入户调查访问，抽选调查户、调查户培训等工作，为此后五年住户调查工作打下坚实基础。

【民意调查】 2017年，县统计局建成社情民意调查中心，定编4人，承担全县范围内政府为主导调查工作。前期筹建耗资近160万元，引入南康CAI数据采集专家，设置15个电话访问席位，15个移动终端面访，建成集电访、移动面访、网络调查及短信调查等多种调查方式于一体综合性调查平台。全年承接10个调查项目，采集14603个成功样本，采纳意见建议6835条。调查项目从2017年新年愿景调查到农业普查入户率抽查；从文明创建暗访到精准扶贫专项调查；从绩效考核社会公认评估到党风廉政建设调查等；这些调查开展为县委、县政府工作决策提供较好民意支撑。民调中心致力于建立常态化反馈机制和回访机制，确保将群众诉求反馈至领导案头，为民生领域工作提供参考。

（张　琛）

价格管理

【概况】2017年，长沙县清理全县行政事业性收费及涉企收费项目，制定2017年度开学收费文件，规范教育收费管理，协调解决星沙供水工程有限公司购买廖家祠堂水厂净水相关问题。落实农产品成本调查工作任务，完成种植意向和存售粮项目调查。出台《关于进一步规范商品房销售价格行为通知》《长沙县机动车停放服务收费实施细则》等一系列收费管理文件，进一步规范收费行为。价格监测、认证。城市居民食品零售价格、工农业生产资料价格、城乡服务价格所涉及六大类188种监测品种及时数据上报工作。开展各类价格认定工作，有效提供公共服务，维护公共利益，为更好提供服务，成立“长沙县价费矛盾调处中心”。全年出具各类价格认定结论报告352宗，金额3936万元。服务政府中心工作，开展拆迁补偿价格认证业务，为政府依法快速拆迁提供价格依据。

【《关于进一步规范商品房销售价格行为通知》】长沙县发改局牵头与县住保局联合出台《关于进一步规范商品房销售价格行为通知》（长县发改〔2017〕30号），规范商品房销售价格行为制定具体实施细则，并按照文件精神对企业申报价格进行审核监制。

【《长沙县机动车停放服务收费实施细则》】长沙县发改局牵头与县公安局、县城市管理局制定《长沙县发展和改革局、长沙县公安局、长沙县城市管理局关于印发〈长沙县机动车停放服务收费实施细则〉通知》（长县发改〔2017〕167号）文件，进一步规范长沙县停车收费服务行为，理顺市民停车需求与停车场地有效利用关系。（魏志华）

安全生产监督管理

【概况】2017年，全县发生各类生产安全事故37起，死亡23人，未发生较大以上事故。其中生产经营性道路交通事故31起，死亡17人；建筑施工事故3起，死亡3人；工贸行业事故2起，死亡2人；邮政速递行业事故1起，死亡1人。其他传统高危、重点行业领域未发生事故，安全生产形势保持稳定下降趋势。建立工矿商贸企业申报财政资金项目安全联审制度，先后对全县345家（次）企业实施安全联审，“一票否决”16家。继续推进视频监控平台建设，45家企业接入监管监测系统平台。落实“失职追责”要求，依法对6起生产安全事故（其中1起为生产经营性道路交通事故）进行立案调查，有5家事故责任单位和8名责任人员被给予行政处罚，罚款122.15万元；有2人被司法机关依法追究刑事责任。制定《2017年长沙县应急救援队伍建设方案》，建立覆盖油气管道、危险化学品、等多个行业领域6个专业应急救援队；举办应急救援培训班，200余人参加，增强应急队伍应急知识和业务能力；组织开展一次危险化学品应急救援演练和消防实战技能大比武活动；下拨30万元经费，用于专业应急救援队伍添置救援物资装备；办理安全生产应急预案备案120件。督促企业落实隐患排查治理“三自”系统工作，实际上报率、网上核查率为100%，隐患动态整改率99%以上。办理危险化学品重大危险源备案审查2家；办理烟花爆竹销售许可证252本。完成工贸行业标准化创建32家，标准化复评73家。

【打非治违】2017年，全县组织集中执法行动75次，出动执法人员667人次，检查生产经营单位316家次，行政罚款60余万元，取缔非法生产经营窝点214处，查获危化品300余吨，收缴非法物品和设备价值15万元，立案5起。

【安全生产大培训】开展“百千万”大培训，举办各类安全培训活动80余场次，1900多名企业主要负责人和安全管理人员通过培训考核，67000名企业一线员工和村（居）民，参加安全知识教育培训和应急演练活动。同时，分行业、分层级举办领导干部专题培训班、企业负责人培训班、“送训入企”全员培训班25期，26410余人进行轮训。

【宣传教育】2017年，长沙县依托新媒体，开展“新安法·三周年”安全知识网上竞答比赛。升级“星沙安监”微信公众号，推出系列报道330篇，关注人数突破1万，并挺进全国县级安监微信影响力25强。开展“我安监故事”征文活动，评选出“我安监故事”优秀作品40余篇。

【监管执法】制定《安全生产行政处罚案件审查制度》《镇街安全生产行政处罚案件办理流程》《重大案件集体讨论制度》等制度；开展2次行政执法案卷集中讲评活动，重点评查计划执法落实情况、行政处罚案卷情况、行政检查文书情况。加大安全生产违法案件惩处力度，行政处罚倒逼企业落实主体责任。2017年，立案84起，处罚罚款125.62万元，立案数比2016

年增加402%，处罚罚款比2016年增加256%。

【隐患排查治理】 推进隐患排查治理“三自”工作，全县903家企业按要求录入数据，实际上报率、网上核查率均100%，隐患动态整改率99%。推进安全生产网格化监管，用密集执法检查，堵塞风险漏洞。整改上级交办事故隐患，国务院安委办暗访督查交办2大项5小项隐患问题，省安委办暗访督查交办4大项14小项隐患问题，市安全生产巡查交办5大项19小项隐患问题，均整改到位。推进重大隐患治理“一单四制”工作，30处重大事故隐患予以挂牌督办，建立清单，实行交办制、台账制、销号制、通报制管理。

【风险分级评估】 率先全省开展高危行业安全生产风险分级评估工作，评估内容包括排查风险点、确定风险等级和管控措施、风险公告警示、排查消除隐患、加强应急管理等方面，完成42家危化企业风险评估，其中风险等级红色2家，橙色6家，黄色10家，蓝色15家，绿色9家，查出风险点360余条，各企业悬挂风险控制管控牌。制作风险分布电子地图，实行分级分类监管，督促大江贸易储罐区建立液位温控报警系统，重点危险化学品企业已全部接入县安全监控平台。

（崔　静）

市场监督管理

【概况】 2017年，长沙县食品药品工商质量监督管理局以服务发展和强化监管为主线，将“能力建设年”作为贯穿全年的发展主线，构建科学规范的市场监管执法体系，依法打击破坏市场秩序的违法违规行为。

服务发展。全面实施“多证合一”改革，推行电子营业执照改革，实现企业、群众办理工商登记业务“最多跑一次”，甚至“一次不用跑”，签发电子营业执照3134户，加载企业统一信用代码18038户，完成个体工商户“两证整合”21469户。全县商事主体总数90456户。搭建银企对接平台，建立长效帮扶机制，指导企业灵活运用股权出质、动产抵押、商标专用权质押等新型融资方式，为22户企业办理动产抵押登记，融资2.48亿元。建立96366电梯救援平台和特种设备监管平台，录入5700余台电梯数据，成立长沙县电梯应急救援中心，全县设立5个应急救援点，开展应急救援系统培训。组织并指导5家企业参与“湖南名牌”创建工作，其中4家企业获“湖南名牌”称号，详细指导湘丰集团标准化体系建设。鼓励企业按照国际标准和国外先进标准组织生产，参与国内外和行业标准的制定，做好标准化良好行为企业确认申报，指导122家企业上报308项标准，涵盖506种产品，其中国家标准31个，行业标准23个，地方标准3个，企业标准98个，推动“制造”向“创造”“质造”转型。

监管执法。做好企业年报工作，内资企业年报率90.26%、个体工商户年度年报率85.71%；农民专业合作社年报率超过81.29%。协助省市工商局举办湖南省2017“红盾护农”启动仪式，制定“红盾护农”工作方案，开展农资抽检工作，抽取农资样品21批次。依托湖南省网络商品交易监管系统数据库开展网络巡查，检查网店536家，信息类网站1743家。深入开展广告监管，重点对非法集资、互联网、房地产广告，以及社会不良影响广告、大型户外广告进行集中综合整治，检查各类大型广告牌141块、电子显示屏20块，广告内容500余条。捣毁传销窝点854个，清查涉传人员4199人次，救助传销人员673人次。开展学校及周边“护苗行动”“三考保障”等一系列食品安全专项整治行动，以及保健品药品非法经营专项整治，下发责令改正1486份，取缔黑作坊21户，捣毁售假窝点41个，扣押不合格食品药品6余吨，对20家药品门店、6家医疗机构违法行为立案查处。在“两会”及节庆期间，以车站、酒店、游乐场、医院、住宅楼等人员密集场所开展安全专项检查。开展“涉氨企业特种设备安全大检查工作”，遏制液氨使用不当引发事故。对全县锅炉进行安全大检查，对锅炉的运行、燃料、检验等情况进行核实。开展气体充装站专项检查，检查安全管理制度和操作规程落实情况。制定《安全生产大检查实施方案》，深入开展安全生产领域“打非治违”。全面清理无照经营户3681户，查办案件398起，罚没款339余万元。

消费维权。全年接受咨询1426人次，受理投诉举报3757件，诉转案26起。深入宣传“网络诚信 消费无忧”消费维权年主题，在童年记食品有限公司设立第一家电商消费维权服务站。大力开展计量惠民活动，检定衡器、水表、加油机等各类计量器具20809件，出具检定检验报告3053份。对20家单位开展超限载和重点排污专项监督检查。充分利用“3·15”消费者权益日等活动加大宣传声势，发挥网络社交、自媒体等信息化技术优势加强宣传工作，全年发布信息893篇。

推进国家食品安全示范城市创建。

长沙县食品安全监管模式连续三年获评为“全国民生示范工程”。全县未发生重大食品安全事故或影响恶劣的食品安全事件。全县划分35个网格片区由10个监管所分片包干负责监管；18个镇（街道）全部成立食品安全办公室，同步设置农产品质量监管站，配备恒温箱、农残检测仪、冷藏箱等快速检测设备，有专职人员开展农产品质量监管工作；197个村（社区）配备食品安全协管员208人。长沙县食品安全检测中心，检验能力达到893项参数，涵盖29类食品及农产品。在18个镇（街）、农贸市场和大型超市布局58个快速检测室，在农产品规模生产基地建设农（兽）残检测室42个。全县共开展各类食品安全监督检测95691个批次，合格率98%。率先推出农村集体聚餐责任保险镇（街）财政统一购买新模式，全县76万名本土居民全部购买集体聚餐食品安全保险。大力推行产品集中生产、冷链配送、冷藏销售，建成1个豆制品集中生产加工基地，42个冷链销售示范门店。推进“明厨亮灶”三年行动计划，建立“明厨亮灶”远程视频监管平台，建成透明厨房736家、视频厨房419家。其中，全县中小学校、幼儿园食堂和大型及以上餐饮单位全部完成“明厨亮灶”建设任务，并对接全市统一远程监管平台。

推进特种设备科学监管。建立“县局重点监控、镇街日常巡查、社区辅助协管”的安全监察工作系统，完善监控预警措施，实现网格化动态监管，有效遏制安全生产事故的发生。成立长沙县电梯应急救援中心，设立星沙、湘龙、黄花、椝梨、泉塘5个应急救援点，配备专业救援人员、场所、装备等。通过服务外包单位提供特种设备安全监管技术服务，协助做好特种设备分级分类监管工作，电梯投诉处理过程中提供现场处置技术支撑及检验，对使用年限10年以上的老旧电梯进行安全评估，对办理市质监局下放的审批相关事项提供技术服务，协助对电梯安装过程及检验情况开展监督，并出具相应的检验检测报告。

（冯　辉）

行政执法

【概况】2017年，长沙县行政执法局立案6923起，结案6448起，到位罚没款1.16亿元。其中城市管理领域：立案2799起，同比增长46%，到位罚款322.2万元，其中查办渣土案件702起，到位罚款216万元；规划建设国土领域：立案333起，同比增长97%，到位罚款8111.2万元；医疗计生商务领域：立案166起，同比增长35%，到位罚款35.8万元；道路交通领域：立案2859起，同比增长44%，到位罚款689万元；农林水领域：立案208起，同比增长30.8%，到位罚款86.6万元；能源文广领域：立案120起，同比增长64.4%，到位罚款69.6万元；环保执法领域：立案438起，同比增长812%，到位罚没款297万元。

基层基础。组建成立椝梨、江背、春华、福临、安沙、路口、经开区等七个属地分局，90%执法力量下沉在基层一线，初步构建“专业分局＋属地分局＋镇街中队”基层监管架构。加强队伍建设，强化督查大队、纪检监察、财务审计监督职能，探索“互联网＋队伍管理”模式，开发电子监察、政工人事、办公OA、车辆管理、执法办案等系统，全局人车物事实现信息化精准化管理。选优配强全局中层干部，面向全省公开选调24名专业人才，充实一线执法人员，针对78名治超站点服务外包人员重新组织考试，择优录取41名。

规范执法。规范行政执法行为，注重执法程序，强化痕迹管理。依托行政执法联席会议，进一步明晰涉改职能部门与行政执法局日常监管和行政执法权责边界，下发《日常监管事项清单》，做到既有明确分工又有常态协作，形成强有力部门联动。

执法办案。聚焦县区重点、中心工作，抽调专门执法力量，集中进行整治。安全生产，拆除违法搅拌场24家，关停非煤矿山13家，清理无证采石场25家，转运危险货物400余吨，组织、参与拆除违章建筑40余万平方米。推出“执法岗亭亭长制”“错时执法”“三色地图”“分级管理”“视频巡查”等系列创新举措，规范、查处店外经营、流动摊贩10余万家次，暂扣经营工具8000余件，拆除违章广告9000余块。处理市对县环保信访交办事项51件，问题交办事项14件，资料交办事项16件，现场交办事项5件；处理中央环保督察信访交办件99件，其中重点交办件23件，处理资料交办件9件。查处涉河涉水涉环案件79起，向公安机关移送相关刑事案件4起、治安案件3起。查处国土卫片图斑139宗，其中移送公安11宗，移送纪检部门22宗，移送财政局61宗，移送法院105宗，到位罚没款8339万元，配合镇街拆除违建10余万平方米。

【朱智勇获评2016年度湖南省最具影响力法治人物】6月6日，2016年度湖南省最具影响力法治人物法治事件揭晓，长沙县行政执法局局长朱智勇获评湖南省十大最具影响力法治人物，本次评选由省委法治湖南建设领导小组办公室、省司法厅组织开展。

【成立检察联络室】 12月20日上午，长沙县人民检察院驻行政执法局检察联络室挂牌成立。这是继长沙县在行政执法体制改革方面，增强行政执法和刑事司法有效衔接又一创新实践。长沙县委常委、政法委书记、副县长黄波出席仪式。

【“绿色通道”】 3月25日，长沙县行政执法局与中南大学湘雅医院签订因公负伤紧急救治“绿色通道”协议书，执法人员因公负伤或在工作岗位上突发疾病将得到方便、快捷救治。长沙经开区党工委书记、长沙县委书记曾超群，中南大学湘雅医院党委书记肖平、长沙县副县长喻名团参加签约。

【推介改革经验】 2017年，接待中央改革办等上级部门以及青海、江苏等地到县行政执法局考察调研56次，中央、省、市媒体、部门报道推介284次，长沙县改革经验，分别被新华社《瞭望》杂志、《湖南日报》、省政府《政务要情》以及市委《内情参考》《长沙要情》报道刊发。 （陈彩云）

表5 长沙县行政执法局2017年案件数据统计

分局	领 域	立案数（件）	结案数（件）	到位罚没款（元）
直属分局	城市（城镇）管理	2382	2000	2067767.80
一分局	国土、城建、人防	237	206	95922901.61
二分局	卫生监督、计生、商务	157	147	394978.10
三分局	农业、水务、畜牧兽医水产、林业、牲畜屠宰	153	171	2021273.00
四分局	交通运输、公路	2247	2257	5109050.00
五分局	文广、劳动、旅游、教育、物价、能源、发改	116	108	674400.00
六分局	环境保护	149	115	5804508.20
黄兴分局	黄兴镇范围内综合执法	470	457	2015825.40
黄花分局	黄花镇范围内综合执法	526	520	854845.20
金井分局	金井镇范围内综合执法	137	135	130877.00
春华分局	春华镇范围内综合执法	38	35	21232.4
安沙分局	安沙镇范围内综合执法	83	82	121400.00
路口分局	路口镇范围内综合执法	29	24	18700.00
福临分局	福临镇范围内综合执法	25	24	22900.00
㮾梨分局	㮾梨街道范围内综合执法	112	108	304808.00
江背分局	江背镇范围内综合执法	43	41	54420.00
长沙经开区分局	长沙经开区范围内综合执法	19	18	10000.00
总计	——	6923	6448	115549886.71

金　融

Banking

责任编辑　周进银

综 述

【概况】 2017年，驻县银行22家，营业网点182个；小贷公司5家，注册资本4亿元；融担公司1家，注册资本1亿元；证券公司营业部8家；各类保险公司营业网点76个，保费收入11.9亿元， 理赔支出5.45亿元。全县各银行存款余额1120.1亿元（其中居民储蓄496.6亿元），贷款余额926.2亿元。金融机构税收7.42亿元，金融业增加值32.5亿元。

发动金融引擎，助力县域经济发展。“新经济、新金融”为主题的长沙市金融服务节2017年在长沙县举办，举办主题“践行普惠金融服务实体经济”的金融论坛。华夏银行星沙支行营业，全县银行业体系更加完善。突出服务“三农”，农发行、农业银行、农商行、沪农商行、邮储银行发放涉农贷款近200亿元。农商行开展金融扶贫小额信贷发放，新增扶贫贷款2489万元。农业银行配合做好金融扶贫服务站、电商扶贫服务站以及助农取款服务点的“三站融合”共建工作。邮储银行成立专门的三农事业部，支持“三农”发展。突出政务投放，工商银行、中国银行、交通银行、长沙银行、光大银行、民生银行、华融湘江银行等银行通过发放投资公司贷款、购买PPN、为投资公司下设PPP项目公司提供贷款等方式，加大政府基础设施建设支持力度，各类政务贷款余额150亿元（含经开集团）。突出金融创新，各银行创新金融产品，工商银行发放网上信用贷。长沙银行股权质押贷、专利质押贷。中信银行针对地产客户的并购基金和信托融资产品。建设银行小微快贷。交通银行税融通。华融湘江银行税联贷。农业银行湘汇贷。沪农商村镇银行免评估费贷款。浦发银行政采e贷。全力服务中小微企业，中小微企业贷款余额约200亿元。突出行业规范，工商银行在争创工行系统内银票贴现业务中全市排名第一，农业银行打造中国银行业“百佳”示范网店（全省3家网店之一），华融湘江银行被授牌科技支行。开展银行系统文明窗口的创建工作，农业银行、建设银行、农商行、沪农商村镇银行、长沙银行成为长沙县银行业2017年文明排队礼让示范点。

加强政策引导，服务实体经济。区县共同成立政府全资的融资性担保公司。为促进中小企业发展，长沙县国有企业鑫建投公司和长沙经开集团公司共同出资筹建长沙星城中小企业融资担保有限公司，注册资本1.2亿元，为区县中小企业贷款提供免担保费担保，并于2017年12月20日获得省金融办同意星城担保公司转入设立申请阶段的批示。支持企业上市（挂牌）。制定《长沙县鼓励和扶持企业上市（挂牌）的试行办法》，鼓励企业直接融资。新增新三板挂牌企业3家（翰洋环保、佳和农牧、康隆生物）。设立政府投资基金20亿元，通过投资基金发挥直接投资、引导和跟投功能，推动长沙县主导产业发展、培育发展新兴产业、推动政府和社会资本合作。强化宣传辅导培训，组织企业负责人参加省市金融专题培训。

地方金融监管。对融资性担保公司和小额贷款公司开展日常监管，防范经营中的各类风险。开展“防非打非”宣传月活动，编制《防范非法集资违法犯罪活动宣传册》，发送宣传公益短信，开展防非工作进校园、进村（社区）活动。组织县法院、县检察院、县信访局、县维稳办等部门负责人每季度召开投资人见面会，强化“打非”信访维稳。加强对农村地区农民合作社、投资担保公司、互联网金融等风险监管和监测预警以及广告清理排查工作，强化打非源头治理。联合公安、税务、市场监管及各镇（街道），惩处涉嫌非法集资的大唐天下、润娱影视文化、湘派食品等公司。

（彭 衔）

银 行

·中国银行星沙支行·

【概况】 中国银行星沙支行于2008年3月升格为二级分支行，为湖南省分行直属管辖支行。内设5个部门，管辖8家营业网点，6家网点共配备11台智能柜台柜机，ATM机53台，离行式自助银行14家。截至2017年12月31日，该行本外币各项存款余额75.89亿元，本外币各项贷款余额93.90亿元。

转型发展。中国银行星沙支行积极转变发展方式，与长沙县“两主一特一融合”产业格局的重点企业建立银企关系，为重点大中型企业提供综合性金融服务。发掘县内优质中小企业，运用“中银信贷工厂”新模式的“立业通”“税融贷”“助保贷”“风险补偿”“军民融合”“高新技术”6款中小企业信贷产品，为中小企业发展提供优质金融服务，解决中小企业融资难问题，力促企业发展。

创新发展。狠抓产品创新发展，传统业务和新兴业务齐头并进。抓住个人金融业务发展机遇，优质开发商、优质楼盘、优质客户为重点，发挥支行零售贷款业务优势，发展房地产按揭贷款、车位分期贷款、汽车分期贷款、中银E贷、爱家分期、个人投资经营贷款，出国留学贷款等，促进消费产业健康发展；推进网点智能化转型，6家网点投产上线11台智能柜台，客户自助办理90%以上非现金业务，加大手机银行网上银行渠道推广，促进网络金融业务稳步增长。

跨境发展。发挥国际结算业务优势，多元化产品，拓展市场，开展差别化竞争。拓展推广该行国际结算、国际收支、跨境人民币及结售汇重点产品，为客户提供全球化、一体化金融服务。在黄花综合保税区成立新网点——中国银行长沙市黄花综合保税区支行，为园区和园区周边企事业单位和居民提供贸易融资、国际结算、外汇买卖、汇率保值、跨境现金管理、境内外汇款、本外币现金等全方位金融产品和金融服务，助力区内企业健康持续发展，为黄花综保区发展作出更大贡献。

客户服务。依托网点智能化转型推进网点服务改革，提升网点员工服务意识和业务能力全面性、综合性，提高网点大堂经理、理财经理、客户经理、智能柜台服务专员和柜台人员协调配合能力；辖区内7家网点设立“中行温暖角”，配备爱心座位、老花镜、饮用水、常见医用药品、剪刀、微波炉、轮椅、手机充电器、雨伞等服务设施，为老弱病残孕等急需帮助客户提供贴心周到公共服务，为环卫工人、交通协管员、城市志愿者等地区公共服务者提供爱心歇脚站。

（谷镁烽）

·中国工商银行星沙支行·

【概况】2017年，工商银行星沙支行拨备前利润17860万元，实现净利润12284万元，人民币储蓄存款时点增量12991万元，人民币储蓄存款时期增长20518万元，对公日均存款余额272335万元，较年初增加54063万元，年末时点存款326574万元，较年初增加65924万元。公司贷中间业务收入7059万元，国际业务结算量138221万美元，跨境人民币结算量122939万元，结售汇业务量88721.74万美元，国际贸易融资累放量5151万美元，国际业务中间业务收入571.57万元，国际业务新增客户10户。新增贴现单位23户，银票贴现金额突破12亿元，营销上汽大众汽车有限公司长沙分公司票据贴现9.6亿元，贴现金额在营业部和星沙地区同行业中均占比第一。销售个人理财类产品14.9亿元，基金1.7亿元，国债518万元，信用卡1695张。发放小企业贷款13笔，5989万元，小企业融资客户19户。

业务发展。信贷市场。调增三一集团授信，采取行内银团贷款模式，15天完成蓝思股份跨省并购审批放款，创造湖南工行新的审批速度。发放并购贷款4亿元，完成湖南工行单笔金额最大的股票质押融资业务——群欣投资20亿元股票质押融资业务，该笔业务带来蓝思系列单位约20亿元存款。国际业务结算量、跨境人民币结算量、结售汇业务量、国际贸易融资累放量、国际业务新增客户均快速发展。完成结售汇业务8.87亿美元，内保外贷3603万美元。为蓝思办理3100万美元出口发票融资，为湖南工行第一笔出口发票融资业务。销售团队精诚合作，营销“中国长沙工程机械交易展示中心”标准厂房按揭项目，批量营销4户优质入驻工程机械销售商。

客户维护。深化与国土、社保、城建等部门的合作，加强与工商、技术监督、发改局等部门联系，争揽新设企业和招商引资客户在该行开户，通过净增客户带动存款增长。营销和维护财政、社保、医保、公积金等系统大户，提高客户综合贡献度，确保他们在该行存款余额和市场份额的提升。加大对征地拆迁款和其他存款大户信息收集和营销计划措施的落实。勤跑客户，宣传工行网络、理财产品优势，加大网银、银行卡等离柜业务推介力度，提高柜面服务质量和效率，同时为中高端客户提供上门服务、理财服务。重点走访和维护一批中高端客户，推进个人中高端客户战略，促使各网点实现增存目标。

业务发展。拓宽中间业务收入渠。将信用卡业务发展作为优化产品结构、拓宽收入渠道、增加员工收入的切入点，创新营销思路，深挖市场潜力，推动信用卡业务崛起。加强网上银行、手机银行、信用卡分期付款等产品营销。

风险防控。该行主动压缩2户存在潜在风险的客户，确保全年信贷资产安全。发挥自助设备办理查询、取现、转账、缴费等业务的作用，提高自助设备服务范围和能力，提高电子银行渠道的业务分流作用。网点负责人和现场管理人员严格履职，加强内部管理，加强柜员培训，提高网点员工职业素养，有效压降业务差错和风险事件。

（蒋兰萍）

·中国农业银行股份有限公司长沙县支行·

【概况】中国农业银行长沙县支行是中国农业银行总行优先发展重点百强县域支行。2017年，有营业网点11个，离行式自助银行8个，ATM机60台，非现金自助终端25台，员工188人。各项存款余额92.7亿元，较年初增长4.6亿元；各项贷款余额129.5亿元，在市分行综合绩效考核排名第二，在中国农业银行总行2017年度小微企业金融服务示范支行工作评价排名第六。是年，获评全国银行业百佳示范单位。

产品创新。创新落地“救灾贷”“粮食贷”等“惠农”特色金融产品。其中“惠农担—救灾贷”产品，获评2017年湖南金融创新力量，帮助农户以高效率、低成本、免担保的方式获得信贷支持，解决农户灾后重建资金短缺问题。年末，投放“救灾贷”1800万元、“粮食贷”2300万元，帮助客户灾后重建和经营生产。

“三农”业务。大力支持辖区内农业产业化龙头企业发展，重点支持隆平高科、新华供电、马王堆蔬菜市场等龙头企业发展，为企业提供高效、便捷的综合金融服务。推动互联网金融服务“三农”发展，发挥“惠农通”渠道功能，布放“惠农通”机具274台，261个行政村全覆盖，金融性交易额7.56亿元。“农银e管家”是该行面向城市、农村两个市场，为供应链上下游企业提供“供销存+订单+结算”的互联网服务平台。是年，“农银e管家”注册商户647户，高频商户222户，为农户提供贴身、高效、全方位金融支持。根据县域实际情况，探索发达地区扶贫模式，辐射全省贫困地区脱贫致富。年末，为一批解决技术、市场等问题的“能人+贫困户”“富人+贫困户”发放贷款3400万元，使贷款资金通过带头人发挥金融扶贫效用。落实推广“农民安家贷”，优化流程，推行一站式服务，高质高效解决农民工购房难问题。是年末，投放农民安家贷2052笔，发放贷款7.31亿元。（谷　佳）

·中国建设银行长沙星沙支行·

【概况】中国建设银行长沙星沙支行所辖6家网点，6个内设部门，3个营销团队，128名员工。截至2017年年底，全口径存款时点余额、日均余额分别85.39亿元、80.9亿元，较年初分别新增15.33亿元、15.78亿元。一般性贷款余额64亿元，中间业务收入0.5亿元，账面利润1.7亿元。网络金融业务持续领先，移动金融柜面替代率92.41%，达到值系统排名全省第一。个人手机银行新增用户69990户，长沙地区排名第一。在中国建设银行湖南省分行2017年“手机银行用户过1500万户”竞赛活动中综合得分排名第一。

转型创新。银政银企合作开启新模式。与长沙县政府签订战略合作协议，打造“融资+融智”的新一代创新服务模式，合作金额300亿元，在此基础上签订《住房租赁战略合作协议》、与县域内平台公司联合发展普惠金融业务。利用“新一代”系统，梳理上汽大众长沙分公司上下游重点客户，筛选营销目标客户，做深做透金融生态圈，与360集团加深合作渠道，整合双方线上线下优势资源，发展二三类账户、信用卡等业务。

风险防控。信贷基础管理不断夯实，延展至风险管理进支部，并通过开展员工行为管理年、“固本强基 强化内控”主题竞赛等活动，风险内控水平得到提升。资产质量指标有效控制，不良贷款率0.47%。内控管理力度持续加强，组织开展银监会市场乱象整治和“三违反”“三套利”“四不当”系列专项治理，重点领域案件风险专项整治的自查工作，自查问题全部整改。全年无重大违规、无重大安全责任事故、无案件的目标。信访维稳工作作为一把手工程，全面实施“三考核、两挂钩”，有效防控金融消费纠纷可能引发的声誉风险，全年未出现新的重大舆情事故。

是年，支行营业部通过中国建设银行总行五星级和中国银行业协会三星级网点验收，天华路支行通过总行三星级网点验收。（唐　达）

·中国邮政储蓄银行股份有限公司长沙县支行·

【概况】2017年，中国邮政储蓄银行股份有限公司长沙县支行收入13452万元，利润1.03亿元，人均创收132万元，人均创利101万元。收入、利润规模均排名邮储银行湖南省分行一级支行第一名。截至2017年年底，负债规模13.06亿元，其中公司存款8.78亿元，储蓄存款4.28亿元；资产规模67.4亿元，其中零售信贷规模32.61亿元，公司信贷规模34.79亿元。是年，该行获评为中国邮政储蓄银行长沙市分行2017年度优胜支行、中国邮政储蓄银行湖南省分行2017年度创效十强支行和邮储银行总行级小企业优秀支行。

践行普惠金融，争做三农服务引领者。为推进三农金融事业部改革，在原有三农金融部基础上，于8月29日成立中国邮政储蓄银行三农金融事业部长沙县营业部，践行普惠金融、致力服务“三农”。截至2017年年底，除3个二级支行外，金融代理网点50家，个人客户数25万，80%以上个人

中国邮政储蓄银行三农金融事业部长沙县营业部揭牌

（邮储银行长沙县支行 提供）

账户分布在乡镇，基本实现对县域各乡镇金融服务“全覆盖”。该支行积极向县域广大地区个人提供代收、代付业务及新农保代收付业务服务，提供小企业贷款、再就业小额担保贷款、家庭农场专业大户贷款、个人商务贷款等创新型贴近产品。是年，发放小企业贷款2.08亿元、发放个人贷款12亿元，有效解决县域个人及中小企业融资难问题，切实服务基层“三农”群体。

“先行先试”，小微企业特色支行建设。2017年，邮储银行湖南省分行启动由工信部门支持的小微企业特色支行建设，探索对接工信部门小微企业扶持政策的特色支行建设模式。长沙县支行作为湖南省“先行先试”建设3家总行级小微企业特色支行之一，围绕县域经济特征，优化服务，加大投放，努力打造小微企业特色支行。该行重点打造、培育一支符合及匹配特色支行身份的小企业专业客户经理队伍，通过“助保贷”“法人按揭贷款”等“明星”产品，切实解决县域企业融资需求，还通过公私联动，为贷款企业提供手机银行、批量开卡、代发工资、基金、理财业务等多元化的金融服务方案，有效满足贷款企业的综合需求。是年，该行小企业贷款总户数82户，较年初增长60户，余额2.1亿元，年净增1.45亿元。

（唐 姣）

·长沙银行股份有限公司星城支行·

【概况】长沙银行星城支行成立于2003年4月，直接隶属于长沙银行总行。支行有员工198名，平均年龄29岁，本科以上学历员工占比87%，研究生以上学历员工占比15%。内设7个部门，下辖42家机构，包括支行营业部、星沙、月湖、槊梨、松雅、暮云6家一级支行，政务中心、黄兴、黄花、泉塘、毛塘铺、万国城、湘龙7家驻人社区行，其中湘龙社区支行在2017年1月11日开业；自助式社区银行29家、助农取款点14家。截至2017年年底，表内外存贷规模340亿元，总规模居长沙银行分支行首位。支行服务的个人存款客户60万户，余额49亿元，个人贷款客户5500户，余额22亿元。落地长沙县首单金融租赁项目3亿元、产业基地城市发展基金8亿元投放。星城支行获2017年度中国银行业协会安全管理先进单位。

政务服务立体化，支行政务服务涉及社保、财政、房产、国土、税务等多个领域，实现政务业务主要行业的全覆盖，近三年累计投放政务类贷款100亿元，代理国库及各类政务代收代缴业务近100亿元。企业服务多元化，通过创新产品，解决企业融资难的问题，近三年支行服务3000余户企业，涵盖工程建筑、汽车、机械制造等多个行业，投放贷款近1000笔，投放额度120亿元。个人服务品牌化，支行重视打造优质服务品牌，在长沙县民主评议政风行风活动中被评为服务行业的第一名，通过网络票选，获长沙县市民满意银行称号，员工获最美柜员和金牌理财师荣誉，以及中国银行业协会授予的全国明星大堂经理荣誉。参与公益，举办长沙县第二届“长沙银行杯”环松雅湖青年公益竞跑活动，为贫困学子捐赠助学款20万元。

保 险

·中国人寿保险股份有限公司长沙支公司·

【概况】2017年，中国人寿保险股份有限公司长沙支公司（以下简称长沙支公司）完成保费3.874亿元，上缴税收620万元；赔付支出1.569亿元；入选全国人寿保险系统实力百强县和成长百强县，全省人寿保险系统实力三十强和成长三十强县支公司，获评长沙市“先进基层党组织”。

银保。从夯实队伍基础，狠抓日常管理，拓宽渠道网点，培养核心精英入手，实现客户经理人力与网点匹配，重点打造精英和精英网点。期交业务规模连续两年在全省县域支公司条线排名第一，2017年度期交达成率在全市银保渠道排名第一。

团险。通过女性防癌保险，计生失独家庭保险、城乡居民大病保险、老年人意外险等民生政策性业务的宣传和拓展，解决特殊、困难群体人员因意外事故致贫和因病返贫的问题，为长沙县4万多名女性提供女性四种特定癌症保险，为全县12万名学生提供学生平安保险。协助长沙县人社局医保中心对异地住院案件进行查勘。

个险。通过不断裂变职场，引导主管自主经营，实现城区、收展职场做大做强；通过强力组织和管控，加强团队训练，提高团队整体运作能力；人力工作主要以“批量新增、批量育成、批量晋升”为发展理念，推动一批有意愿发展的国寿店长，培育一批有意愿分职场经营的国寿企业家。城区的发展也带动了农网的老团队，公司鼓励支持他们做大做强，部分优秀人才自主分职场经营，从2016年15个职场增至26个职场，打造两乡独立裂变经营模式，实现以点带面，带动发展。

柜面服务。全面推行微信理赔服务项目，提高理赔时效及服务满意度。全年通过微信处理理赔案件1442件，新增排队叫号机，严格控制柜员业务处理时长，提高服务质量。

风险防控工作。始终把防范经营风险、落实风控制度作为首要工作，预防为主，防改结合。开展人身风险排查及非法集资专项排查，进行“树立风险意识，远离非法集资”为主题的宣传活动，对客户身份识别、客户身份资料和交易记录保存及大额可疑交易监测分析进行报告，下半年运行反洗钱管理系统，年内无违规违纪违法行为和案件。（舒　洁）

·中国人民财产保险股份有限公司长沙支公司·

【概况】 2017年，中国人民财产保险股份有限公司长沙支公司（以下简称人保财险长沙支公司）设有经理室、综合部、农险部、车商部、中介业务部、司控业务部、续保业务部和黄花、金井、椝梨、安沙、路口三农营销服务部；员工42人，营销代理人员350人；保费收入14778万元，报表利润总额1211万元。

业务发展。车险方面：突出车险龙头地位，加快车险业务发展。狠抓车商渠道，确保新保业务同比增长50%以上。发展团车业务，筑牢车险根基。加强资源整合利用，差异化投放提升成效；商业非车险方面：项目支撑多点突破，“非车非农”迅速发展。推进展业地图工作，拓展商业非车险重点险种。在长沙县民政局的大力支持下，续回“二元民生保险”业务。通过与长沙县教育局对接，统保“全县中小学校、幼儿园食堂和超市的食品安全责任保险”；农险业务方面：以依法合规为底线，拓宽农村保险服务领域。截至12月底，农业保险签单保费2256万元。

保险保障。人保财险长沙支公司支付保险赔款8977万元，未决赔款准备金充足。2017年长沙县受洪灾影响，水稻，房屋等受灾特别严重，乡镇反应普遍强烈，受灾面积和受损户数异于往年，在灾情这样点多面广的严峻情况下，公司向上级公司汇报，及时与县、镇、村各级农业主管部门沟通，利用三农基层服务体系建设的部、站、点有效联动勘查，成立受灾应急小组，全员出动，在最短的时间内完成查勘、理赔工作，第一时间赶赴受灾现场安抚受灾百姓。人保财险长沙支公司充分发挥风险管理专业优势，全面保障经济社会的稳定发展。

（刘　超）

城乡建设与管理

Urban-rural Construction and Management

责任编辑　周进银

城乡建设

【概况】 2017年，长沙县村镇规划事业补助资金及小城镇建设补助资金项目118个，年度乡镇基础设施建设项目资金投入15亿元。长沙县小城镇建设补助资金项目109个，投入资金88.12亿元。省、市级新型城镇化引导资金300万元。特色小镇“以奖代投”奖励资金7500万元，乡镇申报项目10个；特色小镇建设资金208.69亿元，乡镇申报项目115个；其中果园镇入选湖南省特色小镇培育名录，金井镇、开慧镇、果园镇、高桥镇四镇入选长沙市特色小城镇培育名录。长沙县果园镇被授予“湖南省美丽乡镇示范镇”称号，开慧镇白沙村、高桥镇范林村、福临镇影珠山村、江背镇金洲村申报“长沙市美丽宜居示范村”；果园镇浔龙河村、金井镇金龙村、开慧镇开慧村、安沙镇安沙村申报“长沙市环境整治示范村”；高桥镇范林村、开慧镇开慧村申报“全国第五批传统村落”。

【危房改造】 2017年，长沙县危房改造1000余户。其中：2万元810户，4万元543户，6万元511户，8万元140户，解决新增建档立卡贫困户、低保户、五保户、贫困残疾家庭援建对象2004户，拨付危改援建户补助资金7978万元。

【城乡污水治理】 2017年，投资4.5亿元，建成江背工业园污水处理厂、果园浔龙河污水处理厂、黄花污水处理厂等19个乡镇污水处理厂，160千米管网，污水处理能力4.56万立方米/天。年内正推进临空经济区污水处理厂、城西污水处理厂等项目建设。

【农村生活垃圾专项治理】 编制《长沙县农村生活垃圾治理专项规划（2017—2030）》，制定《长沙县农村垃圾专项治理实施方案（2017—2020年）》《县域农村生活垃圾治理专项指导意见》，建成城乡一体收运处理体系和长期稳定治理资金分担体系。乡镇建成垃圾收集中转设施20座，转运总规模226吨/天，镇村垃圾回收站点202个，上户收集车辆633台，环卫保洁员1343人，140个行政村（社区）进行农村生活垃圾治理，实现100%村庄生活垃圾得到治理，创建市级垃圾分类减量示范村25个、县级垃圾分类减量示范村19个，市级垃圾分类减量示范镇1个，县级垃圾分类减量示范镇2个。

【民生工程】 长沙县启动星沙二水厂取水泵站建设项目，取水口移至捞刀河安沙镇三合垸河图观附近。星沙水厂供水能力将提升至25万吨/天，可有效缓解星沙城区用水难问题。

长沙市环境整治示范村——金井镇金龙村　（刘洋 摄）

城乡规划

【概况】 2017年，城乡规划面积269平方千米（县城控规122平方千米，乡镇规划建设用地规模147平方千米）；启动38个规划编制项目，其中县城控规全覆盖，乡镇总规项目26个，专项规划9个，城市设计1个，概念规划1个，规划研究1个；批准实施项目7个，正在报批项目1个。核发规划用地许可82项，批准城镇规划用地面积381.84公顷，核发建设工程规划许可88项，批准建筑工程规划面积310.23万平方米；核发市政工程规划许可24项；核发乡村建设规划许可6项，批准乡村规划总建筑面积10.14万平方米。

【编制星沙新城片区总体规划】 启动《星沙新城片战略规划研究》编制工作，将星沙新城片定位成国际综合交通枢纽、国家智能制造基地以及高品质生态人文城区，该规划研究充分听取省级专家库专家，省住建厅、市规划局等上级部门意见，技术成果得到充分肯定，年末实施评估及战略规划研究通过县规委会审议。

【编制临空经济区重点规划】按“二次创业”工作部署要求，启动“二次创业”主阵地长沙临空经济示范区相关规划编制工作，规划编制《临空经济区综合交通概念性研究及临空经济核心区交通专项规划》和《临空经济核心区城市设计》。为加强建设项目管理，制定《关于长沙临空经济核心区重点地块和节点项目建设要素管理办法》《长沙临空经济核心区生态环境保护与控制管理办法》，编制《临空经济核心区重点地段景观风貌导则》，科学引导临空经济区发展及项目建设，打造高标准“国际门户”。

【编制基础设施及公共服务设施配套专项规划】按照“提升城市品质，改善人居环境”目标要求，编制并实施《星沙新城绿地系统专项规划》，突出保护现有自然水面和山体，美化城市环境；编制《星沙新城核心区停车设施布局专项规划》及《星沙主城区交通疏解方案专题研究》，改善星沙主城区交通环境，缓解“停车难”问题；编制《长沙县中小学布局专项规划修编》，优化中小学布局，缓解“入学难”问题；编制《星沙新城海绵城市专项规划》，缓解城市内涝，优化城市环境。编制《老城区改造规划》，增设学校、职工青少年儿童活动中心等公共服务设施，将老城区规划改造为星沙公共服务设施聚集区；编制《长沙县2017年灾后恢复重建规划》，更好指导灾后恢复建设；编制《长沙县综合管廊专项规划》，以综合管廊为突破，强力推进市政基础设施建设。

【编制乡镇规划】长沙县率先启动黄兴、金井、开慧、黄花、果园、北山、青山铺、福临、高桥、春华、江背等11个镇镇域村镇布局规划及镇区规划编制工作。年内各乡镇镇域村镇布局规划除果园、黄兴、江背外均批复下达，启动26个合并村村庄规划编制工作。制定《长沙县加快培育发展特色小镇实施方案》，将金井镇、开慧镇、春华镇、果园镇、路口镇、高桥镇、江背镇、北山镇、青山铺镇、福临镇等10个乡镇列为首批特色小镇培育乡镇。评选出金井、开慧、果园、高桥等4个乡镇作为第一批重点培育镇，其中金井、开慧、高桥连续三年予以重点投入，其余7个乡镇同期培育。年前县域特色小镇培育发展规划编制工作，规划成果通过初步审核。果园、开慧、金井、高桥等4个重点培育特色小镇专项规划编制，并通过初步评审。

【修规审查与控规调整】依法组织85个修规方案审查，确保强制性规范和宏观调控政策落实，尤其是确保文化、体育、科研教育、医疗卫生等公共管理与公共服务设施到位。县人民医院选址、灰埠公交站绿地置换、人防指挥中心、松雅湖公交首末站、松雅湖二小、湘龙街道办公用房和农贸市场、关于众泰汽车扩建涉及茶塘片商住用地等控规调整和调整公示。

【规划核实】2017年，发放建设工程规划竣工验收合格证312本，核实面积472.42万平方米，规划验线187个项目，481栋建（构）筑物坐标测量工作，批控规局部调整受理7件，5件办结，2件正在办理。接受信息公开申请114起。（屈　倩）

公路管理

【概况】2017年，长沙县公路管理局全面履行长沙县572.041千米国、省、县道（其中，国道30千米、省道85.54千米、市管县道178.135千米、县管县道278.366千米，桥梁107座）建、养、管职能，推进路长制，推广“四新”技术，强化安全生产，全年该局所管养国省干线公路路况优良率均100%。是年，该局获评“2017年度干线公路工作目标管理考核红旗单位”。

【公路建设】2017年，总投资5663.81万元，完成春龙公路提质改造、路青线（东八线—麻林大桥段）及华石线路面提质改造、瞿麻线（X207）路面大修处治、常新桥危桥改造、山鼎线路面提质改造等工程项目，改造公路总里程19.24千米，项目工程合格率100%。总投资1684.5万元，完成拔薯线、镇五线、高白线、上扬线、宋水线、春龙线、金五线、茶培线、山鼎线、金棉线、龙广线188.9千米安保设施，国、省干线及县道生命安全防护工程实现“应保尽保”。完成路青线、金五线、宋水线、株梅线，洪洗线，青卫线，黄江公路水泥路面换板14023.5平方米，在设施运营管理方面实现“随坏随修、应增尽增”。

【公路养护】2017年，修补水泥路面坑洞28000平方米，清挖高路肩37千米，石砌边沟290米，水泥路面、沥青路面清灌缝768768米，沥青混凝土路面铣刨8350平方米，沥青路面同步封层53822平方米，路面标线106339平方米，沥青混凝土路面挖补6300平方米，沥青混凝土路面补乳化沥青8670平方米，安装标志标牌207块，割草325千米，打除草剂325千米，维修新增护栏5343米，行道树刷白99638棵，桥梁刷漆12631.67平方米，公里碑刷漆470块，示警桩刷漆4580根，防撞墩刷漆3263.66平方米，补百米桩291根，补公里碑6块。采用改性热沥青+玄武岩碎石技术方案，省道103线和秋江线部分沥青混凝土路段53822平方米实施同步封层，增强路面防水功效，延长路面使用寿命。及时发现并处治各类路面接裂缝则768768米。积极采用新工艺，对省道207线K86千米处500米进行沥青路面聚合物表处。

【桥梁管理】 制定2017年桥梁定期检查检测计划，进行定期检查国省道、市管县道、县管县道上桥梁，根据检查结果，制订桥梁维修改造计划，采取对应措施，保证桥梁安全。按照桥梁养护规范设置永久性观测点，将长沙县6座长度100米以上大桥及新河桥、桐仁桥、水渡河老桥3座较大跨径拱桥作为长期观测对象，每季度进行一次观测。道渡桥、红卫桥、马营桥、范林桥、桐仁桥、拔毛田桥、欧家桥、木鱼山桥、花树台桥等9座桥梁维修加固工程，新河桥加固、王家桥拆除改造、鼎功桥加宽加固等前期相关工作。

【路政管理】 联合长沙县行政执法局四分局严厉打击违法占用、挖掘公路以及擅自在公路用地范围内设置违法非公路标志等行为。全年办理行政许可3起，办理损坏公路赔补偿案件14起，审批通过村民建房用地申请14件，拆除非公路标志牌316块，清理摆摊设点215处，清理公路用地以内堆物放料284处，拆除违法搭建建筑棚屋22处，清理遮挡公路标志障碍物27处，下达违法停工通知书164份，确保路产路权不受侵犯。

【公路治超】 治超工作纳入政府工作议事日程，形成“政府主导、部门联动、综合治理”工作机制。投入1200万元新建6套不停车预检（检测）系统；9套不停车预检（检测）系统、10个站点、68个卡口、37家重点源头企业监控视频接入长沙县治超信息平台，并与市级平台联网，是年，长沙县被确定为湖南省公路不停车超限检测系统建设及治超非现场执法试点县。部署开展专项整治行动，全年检查检测运输车辆41万余辆，对2360辆超限超载车辆实施卸载和处罚，查处纠正非法改拼装车辆305台，卸载及卸转货物计重1万余吨，罚款351万余元，驾驶证扣分4716分；查扣冲关闯关车辆4台，治安拘留4人，刑事拘留1人；2次市检固定站点超限率调查均为零。在省治超办组织年内第一次分片督导中，长沙县治超工作位列全省县（市区）级第三名，获省治超办通报表扬。

【推进“路长制”】 9月7日，长沙县政府办印发《长沙县公路“路长制”实施方案》。组建“路长制”办公室，完成“路长制”三级路长人员信息采集、设置工作及“路长制”公示牌招标设计、采购安装，逐步建立完善《路长制工作会议制度》《路长制工作信息公开通报制度》《路长制工作交办督办制度》《路长制巡查通报制度》《路长制工作考核办法》及《路长制工作考核评分细则》等制度。部署开展路域环境专项整治。11月9日，联合长沙县行政执法局、长沙县交警大队、黄兴镇政府等单位对黄柏公路沿线花木市场违法占道经营行为进行集中整治，整治后，黄柏公路沿线花木市场违法占道经营现象得到遏制。长沙县公路交通面貌大为改观，公路沿线集镇逢节必堵、公路占道经营、公路超限超载等老大难问题得到有效解决，基本实现长沙县公路“干净、整洁、安全、有序、美观”工作目标。　（吴红杰）

城镇管理

【概况】 2017年，长沙县人民政府印发《长沙县城市精细化管理实施方案》（长县政函〔2017〕83号），星沙街道、湘龙街道、泉塘街道、㮾梨街道、长龙街道、黄花镇、黄兴镇、安沙镇等镇（街道）和公安局、执法局、规划建设局、住保局等县直部门完善管理和考核机制，牵头集中开展建筑立面治理、闲置土地及停（缓）建工地治理、城乡结合部治理、架空线缆治理、施工工地治理、楼盘小区环境治理、违规户外楼梯治理、乱搭乱建治理、流动摊贩和占道经营治理、非法小广告治理、交通秩序治理、车辆乱停治理等12项专项治理行动，拆除违章（破损）广告招牌7836块、违建近9万平方米，复绿闲置土地5万余平方米。严格按照精细化作业标准开展园林、市政、环卫、渣土、广告亮化管理和维护，全年清运生活垃圾30.4万吨，修复路灯2000余处、破损路面和人行道3万余平方米、路沿石等1.2万余米，安装护栏6000余米，补植乔木1500余株，城区整体亮灯率98%，城区新型环保渣土车推广试点完成，250余台运营效果良好。做好极端恶劣天气应对工作，6月特大洪灾期间，星沙城区没有出现大面积、长时间积水。组织全县各镇（街道）赴汝城、攸县进行特色小镇考察学习，指导协调金井镇、春华镇争创长沙市城市管理示范集镇。进一步规范行政审批程序，主动搞好服务，及时办理道路占用、绿地占用、建筑垃圾处理等行政审批220余件。

城管考评。县城管局制定《长沙县城市管理工作考核办法》和《2017—

2019年长沙县城市维护物业外包考核办法》，加大考核密度、广度和力度，组织考核8个镇（街道），26个县直、垂直管理单位，18个公共物业维护公司20个维护项目，每月编发《考评通报》，季度进行排名并在媒体上予以公示，组织召开讲评会、开发考核软件，不断创新考核方式，派遣处理各类数字化案件97449余件，监管18家物业维护公司，扣款273.75万元，年终组织“两代表一委员”物业外包民主评议，满意率100%。

项目建设。新建和改造湘郡、湘绣、中南、银杏园等6个公园、林荫道路5条、林荫广场8个，新增城区绿地面积77.2公顷；改善16个社区人居环境，硬化社会道路出入口15处，城区利用空坪隙地建设停车场16个；新建站厕4座、改造54座，新装79套垃圾站除臭设备，安装果皮桶1600余个；启动文明创建示范街区建设项目，提质改造星沙大道示范段实施车行道、人行道、绿化、立面、管网、景观亮化 “六位一体”；开展星沙城区和黄花机场“一点三线”景观亮化提质，安装“中国结”灯饰1875套（3750盏）、其他灯饰10万余套，特别是星沙大道、开元路及县政府周边夜景亮化，效果较好。

宣传引导。省市县各类媒体报道该县城市管理工作100余篇次，县电视台和《星沙时报》设置专栏对城市管理典型案例进行公开曝光，平均每月8次以上；及时处理问政湖南、市长热线、县长信箱等市民投诉420件，按时办结率100%；认真办理人大建议和政协提案8件；局网站、城管服务热线、印发宣传资料、微信公众号等多种途径，鼓励和引导市民参与城市管理，提升对城管工作认知度和参与率。

【园林绿化管理】 2017年，长沙县推进“绿色城市”建设，年度新增绿地面积77.2公顷。中建悦和城等4个项目进行前置审批，竣工验收保利香槟国际等48个项目。开展围而未建地块实体围墙拆墙透绿，保留并提质改造2处、拆除10处围而未建地块实体围墙，复绿面积16800平方米。加强精细化管养维护，对全县建成区450公顷绿地进行行业监管，技术指导10家园林维护公司，确保城区公园和主干道196.51公顷绿化维护到位。

【公用设施管理】 2017年，长沙县全面提质提档松雅、星城、牛角冲等16个社区，提质改造道路20万平方米、车位2200余个、管网2万余米，规整线缆约10万米。16个社区通过市考核组验收。进行城区防涝视频监控系统平台一期建设，城区17个地下涵洞、15个地下人行通道、5个易堵点、4个主要排水箱涵等设置前端设备，实施智能自动化监控监视管理，制定并完善城区防汛排涝应急预案，多次开展应急演练，常态化清掏清淤和下水管网堵点改造。建成停车场16个，新增停车面积5.32万平方米、停车位2421个，缓解城区县妇幼、中南汽车世界、城西安置区等区域停车难问题。全面检测城区31座桥梁、15座地下通道，每月进行两次巡查。进行12次定期检查和9次不定期抽查，办理道路占用许可证106份、挖掘许可证36份，处理“12345”市民服务热线工单91条、县长信箱19条、问政湖南11条，处置数字化案件5544件，结案率100%。

【市容环境卫生管理】 2017年，长沙县强化日常监管，建立督查和定期讲评机制，加大行业督查力度，巩固整治成效，环卫保洁年督查扣款30余万元，年清运生活垃圾30.4万吨；依据环卫行业标准指导黄花、黄兴、安沙等镇做好物业外包工作，完成黄兴海吉星和部分单位生活垃圾清运招投标。举办第二十二届环卫工人节，夏季向一线工人发放藿香正气水、绿豆、白糖等高温防暑物资3460份，联合10帮1义工协会、双舟大药房、湖南工程职院等社会团体慰问环卫工人，发放米、油等慰问物资1000余份。新建东七一远大路站厕、诺亚山林站厕、

2017年，开展节前大扫除，玉诚公司环卫工清洗东四路人行道

（罗展 摄）

龙井公厕，完成54座城区公共站及部分开放性市场垃圾站改造，新装79套垃圾站除臭设备，在城区主次干道新装、更换及维修果皮桶1579个。

（朱世朝）

房地产业

【概况】 2017年，长沙县房地产业保持健康平稳，物业服务水平逐步提升，住房保障工作取得新进步。其中住房保障局物业管理办公室荣获“2017年度长沙地区物业专项维修资金管理先进单位”称号；星沙旧城棚户区改造被列为“长沙市安居工程和棚户区改造经验交流项目”；幸福家园小区被评为“2017年度长沙市公租赁住房管理示范小区”，湘绣苑小区被评为“2017年度长沙市公租赁住房管理规范小区”。

【房地产开发】 长沙县房地产开发投资116.84亿元，同比减少0.47%。商品房实现销售面积258.44万平方米，同比减少32.06%，成交金额177.83亿元，同比减少14.22%。住宅网签均价5367元/平方米，同比增长7.79%。全年商品房验收26家，158栋，验收面积298万平方米，办理商品房预售许可证167本，批准商品房预售面积160万平方米。开展房地产市场巡查85次，覆盖42家房地产企业，启动商品房预售价格审核机制，实施价格备案制度，实时调控商品房住宅网签计划，缓解房产市场压力，做好人才新政购房补贴和拆迁群众团购商品房源工作，满足不同群体购房需求。

【房屋征收与补偿管理】 长沙县（含经开区）有国有土地上房屋征收补偿项目18个，签约待结算项目7个，征收国有土地面积约188971.42平方米，征收房屋面积约122538.23平方米，全年支付征收补偿资金约2.65亿元。出台《长沙县国有土地上房屋征收奖励和补助办法》和《长沙县人民政府关于国有土地上房屋征收与补偿工作实施意见》。

【物业管理】 完善《2017年长沙县物业监管与物业服务考核办法》，增设“突出贡献奖”激励物业企业提升服务水平，指导16个住宅小区成立业主委员会，成立率87%，健全社区、物业服务企业、业委会三方联动服务机制。全年24个新建商品房项目前期物业招投标和备案工作，规范并确认76个项目、258栋楼物管用房。组织长沙县第三届物业专家招录工作，公开选聘25名专家进入物业专家库。组织全县30多家物业理事单位成员负责人，走进项目开展交流会并进行实地参观学习，进一步提升全县物业服务水平。规范维修资金管理使用，全年归集维修资金3.5亿元，拨付维修资金560万元，受益业主34437户，向业主派发利息4400万元。开展文明创建与交通整治专项行动，配合街道专项整治行动10余次，覆盖星沙180余个住宅小区，约谈23家物业公司和开发商，处理一批僵尸车辆，指导74家物业企业调降车位租赁价格，有效缓解“停车难”状况。全年受理各类来访案件2377件，办结2352件，办结率100%，满意度96.33%。

【白蚁防治】 全年签订新建房屋白蚁预防受理单212份，签单面积547万平方米，同比增长57%，施工面积380万平方米，回访复查小区12个，合格率100%。免费为县域党政机关、学校、古建筑等提供白蚁灭治服务，服务户数342户，施工面积12万平方米，取得良好社会效益。推广害虫综合防治技术，对恒大翡翠华庭、海伦春天约110万平方米绿色防治。（胡　微）

住房保障

【概况】 2017年，长沙县棚户区改造开工90户，基本建成90户；公租赁住房基本建成或竣工5625套（间），其中公租房结转项目竣工8个3585套（间），公租房新建项目基本建成1个2040套（间），解决8000余人住房困难问题。全年交付使用公租赁住房项目44个，有房源11939套，配租10299套，入住率86%，其中新增入住2569套，发放廉租房租赁补贴329户，309600元。2017年筹集保障性安居工程项目资金1亿元，其中上级补助与配套基建资金1.153亿元，县级配套资金3750万元，所有资金均按照“专款专用，双控报批”原则分配到位。制定《差别化租金管理办法》，完善保障性住房准入和退出机制。开展“违规纠正、租金收缴”一系列专项整治行动，彻底腾退违规入住租客，全面追缴拖欠租金，使公租房管理更加规范。

（胡　微）

供　电

【概况】 2017年，长沙县供电公司现有职工647人（其中全民职工187人、农电员工460人）。下设综合管理部（党委办公室、党委组织部）、安全运检部、发展建设部、客户服务中心专业管理室、调度控制分中心、财务资产部、安全监察质量（保卫）部、党建工作部（监察部）8个管理部门，11个班组、8个中心供电所。服务范围内现有公用变电站：220千伏变电站3座，变压器总容1200兆伏安；110千伏变电站15座，变压器总容1109.5兆伏安；35千伏变电站10座，变压器总容量120.45兆伏安。110千伏输电线路23条，249.483千米；35千伏输电线路16条，238.915千米。10千伏配网线路317条，总长度5038.453千米（电缆1579.4718千米，架空3458.9812千米）；10千伏公用配电变压器4745台、总容量1431.275兆伏安。服务客户52万余户。综合电压合格率99.89%，城网、农网电压合格率分别为99.99%、99.89%。2017年，公司完成供电量54.54亿千瓦时，同比增长13.84%；最高负荷113.3万千瓦，同比增长15%。日最大供电量2348万千瓦时，同比增长14.1%。至2017年12月31日，电网安全运行5907天。

2017年10月20日，国网长沙县供电公司员工巡视保电设备（胡叶叶 摄）

【电网建设】投运110千伏光达变电站。110千伏北山、临空、盼盼三个变电站开工建设。启动长沙县电网供电能力提升“三年行动计划”和“630攻坚”活动。完成44个村的农网改造，农网总投资10896万元，完成10千伏线路新建改造270.044千米，完成低压线路新建改造484.514千米，新增改造变压器469台，解决4828户低电压问题。

【优质服务】将星沙所营业厅升级为B级厅。推进线上报装、推广非现缴费，实现所有营业厅高、低压业务的同城异地受理、实时流转和全时限管控，实现网上业务报装百分之百和售电公司与直购电业务等新型业务的办理。大力开展电能替代和新型能源典型项目建设，实施黄花机场廊桥电能替代项目和娃哈哈光伏节能项目。确保长沙黄花综合保税区、长沙临空经济区等重大项目供电保障。完成中共十九大、汉语桥、中部农博会等16项重点保电任务。

【路灯管理】路灯管理所负责管理维护城区180余条道路的路灯亮化设施，其中路灯34900火（其中27962火已移交、6938火未移交），路灯箱变208台；通过强化运维管理，日常亮灯率99%以上，重大节日100%。

（程小强）

供　气

【概况】2017年，长沙县有瓶装液化气站4个，分别为冰宇燃气、百江燃气、户达燃气、中平燃气，敷设燃气管道955.52千米，其中次高压管道1千米，中压管道393.6千米，庭院管网561千米。管道天然气用户近15万户。2017年瓶装液化气供应12045.04吨，比2016年下降3.06%；管道天然气12601.73万立方米，比2016年增长21.44%；加气站供应4374.17万立方米，比2016年增长23.28%。该县现有管道燃气经营企业2家：长沙星沙新奥燃气有限公司负责长沙县城区及黄花等六个乡镇管道燃气特许经营，长沙县三润燃气有限公司负责长沙县安沙镇行政区域管道燃气特许经营。县发改局领导带队及科室日常检查16次，出动检查人员208人次，查出各类隐患132处，要求企业对查出隐患限期整改。联合县行政执法局及镇街开展液化气打非治违行动5次，取缔黑网点3家，发现处理星沙棕桐湾保健休闲会所25楼和华天乐活小镇公寓楼部分住户处违规使用瓶装液化气行为。

【构建应急管理体系】委托专业机构编制长输油气管道应急预案。12月21日，组织县消防大队、县行政执法局、县卫计局等单位开展城镇供气突发事件应急演练。

【节能管理】制定《长沙县2017年节能专项资金项目申报指南》和《2017年度农村能源申报指南》。进一步规范项目资金申报、安排和使用；2017年，安排节能资金380万元，安排农

2017 年，长沙县城镇燃气管道泄漏事故应急救援演练（县发改局 提供）

村能源资金 310 万元；组织申报上级节能资金。2017 年，争取市级节能专项资金 220 万元，省、市农村能源专项资金 103 万元；推广清洁能源。春华镇百熙村建设光伏电站，项目总装机容量 81.7 千瓦，投资 61.28 万元。

【农村能源建设】 完成 6 个（江背、青山铺、路口、开慧、金井、北山）市级为民办实事任务能源服务网络化示范网点创建，10 月 30 日，通过长沙市农委联合验收。

重点工程建设

【概况】 2017 年，县重点工程管理局代建 68 个项目，代建项目投资额 24.66 亿元，其中市政类项目投资额 11.38 亿元，竣工项目 11 个；房建类项目投资额 13.28 亿元，竣工项目 10 个。9 月，县重点工程管理局代建县妇幼保健院获“鲁班奖”，成为长沙县第一座获得国家最高建筑奖项单体建筑；松雅湖二小获长沙市优质工程称号。

存在问题。一是前期手续办理相对滞后；二是征地拆迁难度增大，诉求较高，面临政策更替；三是基础设施项目用地指标紧缺，无法按时办理用地手续等，影响项目进度。

【星沙联络线】 2015 年 10 月，星沙联络线开工建设。星沙联络线西起开福区中岭立交桥，跨捞刀河，东至长沙县月形山立交桥，全长约 7.5 千米，长沙县段全长 4.9 千米，投资 9.34 亿元，该项目是长沙县单体投资额最大城市快速路。该线路以万家丽路为界，以西采用是主六辅六城市快速主干道，设计时速 80 千米，以东采用是双向六车道城市主干道。项目建成后将北二环、万家丽高架快速路、京港澳高速几条快速干道快速连接，不但可以增加一条长沙城北与星沙连接东西向快速通道，而且能与环线连接起来，对缓解三一大道、福元路等东西向道路以及周边交通压力有重要作用。

【长沙县妇幼保健院】 长沙县妇幼保健院新院位于开元东路以南、宁华南路以西，总建筑面积 58096 平方米。新院医疗保健综合楼分为主楼与裙楼进行建设，裙楼高 4 层，设置门急诊、儿童保健中心、妇女保健中心、围产保健中心、行政办公等，主楼高 12 层，将设供应室、产房、手术室等，主楼 6 至 12 层将规划为住院区。新院设计有 3 个车行出入口与 1 个主出入口，做到人车分流，相比老院，车位也增加 300 余个。该项目被评定为省优良工程，并获评“鲁班奖”。

【长浏天然气支线】 长浏天然气支线项目是省重点工程“气化湖南工程”支干线管网工程。长沙县段全长近 28 千米，途经长沙县星沙、长龙两个街道，贯穿黄花、春华、江背三个镇，其中星沙街道 3.4 千米、长龙街道 3.25 千米、黄花镇 15.49 千米、春华镇 0.84 千米、江背镇 4.5 千米，设两个阀室，一号阀室位于长龙街道境内，二号阀室位于黄花镇境内。 长浏天然气支线项目是湖南省一项重大民生项目，更是全国整体能源战略布局一部分，是优质清洁能源工程。它建成运营不仅

星沙联络线滨湖路段（在建） （梁超 摄）

可保障浏阳市天然气供应，也可为位于黄兴镇境内重大企业—上海大众提供清洁能源，有效助推长沙县重大企业节能型经济发展。4月27日全线贯通，5月28日通气。

【轨道交通3号线】 轨道交通3号线线路长36.5千米，起于山塘站，止于广生站，设车站25座。长沙县域内湘龙站、星沙大道站、松雅湖南站、文体中心站、黄兴大道站主体完成，各站点盾构区间施工贯通，中石油管线改迁工程于2017年7月14日完成一期工程。2019年6月试运行。

【轨道交通4号线】 线路长33.5千米，起于普瑞大道站，止于桂花大道站，设站25座，2018年年底竣工通车。涉及长沙县黄兴镇主要有光达站、桂花大道站和黄榘停车场，12月，光达站、桂花大道站完成拆迁工作。

【轨道交通5号线】 线路长22.5千米，起于湘龙街道蟠龙路站，止于时代阳光大道站，设站18座，2019年年底通车。项目涉及长沙县湘龙路站、蟠龙路站和土桥车辆段。（张 睿）

2017年，长沙县城乡规划建设局检查保利香槟国际三期项目物料堆放高度
（星沙时报 提供）

建筑业

【概况】 2017年，长沙县建安产值405.9亿元，同比增长7.8%；建筑业合同额994.35亿元，同比增长17.7%；外省产值172.6亿元，同比增长25.7%；房屋建筑施工面积2549万平方米；增值税税收9亿元，同比减少24.8%. 房地产企业方面：全年施工面积1086.94万平方米。新开工面积367.54万平方米；竣工面积264.49万平方米；销售总面积259.79万平方米；13家县内优秀建筑企业、5名优秀建造师和10名优秀工匠获评市级优秀；12家优秀房地产开发企业获评市级“诚信等级金牌”企业，1家获评“诚信等级银牌”企业；4家企业建筑工人职业培训考核机构。施工合同备案160个，其中，房屋项目面积511.633万平方米，备案金额101.74亿元，道路项目32.17千米，备案金额10.404亿元，施工变更办理14个；监理合同备案127个，备案金额1.69亿元，监理变更办理5个；招标控制价备案总数54个，备案面积336.63万平方米，备案总金额59.95亿元；竣工结算备案事宜，备案项目71个，备案面积256.62万平方米，备案金额43.19亿元。

【建筑市场管理】 2017年，长沙县新型墙体材料生产量10.55亿标块，县城规划区范围内受监工程禁止使用粘土实心砖，各建设、施工单位必须使用获得“湖南省新型墙体材料产品认定证书”新墙材；并对新墙材使用率在70%建设单位实施墙改基金返退，全年新墙材专项基金征收1744.8279万元；返退2141.5798元；返退墙改基金项40个，勘验返退面积363.6043万平方米，有效制约黏土制品发展和使用空间，促进新墙材企业健康、持续、高速发展，县域内新建受监工程新墙材应用率90%以上，实现向“农村推新”跨跃。散装水泥总量121.24万吨，散装率67%。扶持17家新型墙体材料及散装水泥生产企业技改项目补贴430万元。

【建设工程质量检测监督】 2017年长沙县建设工程质量监督覆盖率100%，监督项目224个，总建筑面积1190.05万平米，市政项目35个，总造价44.9亿元，全年共有123个房屋建筑工程竣工验收，建筑面积420万平米；办理建筑节能备案项目81个，备案面积298.59万平米；合格率100%，同比增长24.5%；主体结构检测9018组，见证取样53518组，桩基低应变6756根，钻芯3190.08米，平板地基承载145点，单桩竖向抗压23519.6吨，土工现场12940点，室内环境检测229个点，设备安装检测管道试压10920米，绝缘回路30143个，防雷接地479个。2017年获评市优良工程（结构优良或质量优良）96个，建筑面积446.4万平米，优良率73%，同比增长8%；长沙县妇幼保健院整体搬迁项目—医疗保健综合楼获建筑行业最高荣誉“鲁班奖”；长沙县妇幼保健院整体搬迁项目—医疗保健综合楼、中顺冷库—B栋仓库、长沙师范学院图书馆、长沙福天和美中心一期6#栋、和美星城住宅小区东区四期43#栋等5个建设项目荣获“芙蓉奖”；省优质工程6个、省标准化工地81个、结构优良82个，2017年竣工备案面积420.3万平米，其中优良面积249.68万平米，优良率59.12%。

【建设工程安全执法检查】 2017年，长沙县安全监督工程项目299个，总合同造价308.97亿元，监督检查安全生产隐患、文明施工问题，签发整改通知书601份、设备限制使用通知书110份、停工整改通知书51份、督办函9份、催办函5份、停工函16份、不良行为告知书41份，针对安全隐患突出项目开展警示约谈19次，移送、处理数字化城管案件155起，对项目开展安全生产标准化考评工作500个次，考评优良项目138个次，合格项目357个次，不合格项目7个次，创建绿色工地26个。起重机械设备使用登记476台，对38台建筑起重机械设备进行比对检测，278台建筑起重机械设备开展飞行检测。（屈 倩）

生态环境保护

Eco-environmental Protection

责任编辑　周进银

“两型社会”建设

【概况】2017年，完善“两型”绩效考核体系，细化2016年市对县“两型”绩效考核指标，明确内容及要求。是年，完成3个村庄“两型”认证试点单位、1个太阳能光伏发电清洁低碳技术推广，实现8个市级示范创建单位目标。开展“两型”标准实施与认证试点，出台《长沙县2017年“两型”标准实施与认证试点工作实施方案》，建立认证试点工作经费和工作保障机制。申报15个村庄、3个企业、1个机关、1个景区参加市认证工作，组织各试点单位抓紧开展自查和对标贯标工作。推进“两型”示范创建工作。开展2017年县级“两型”示范创建工作。评出五星、四星、三星单位15个，创建工作取得实效，完成省市“两型”示范资金项目申报及督查工作，完成2017年省、市级“两型”专项资金项目申报、拨付和2018年省级“两型”项目申报工作。11个单位（个人）获得市级“两型”示范创建单位称号，1个单位获得省级“两型”示范单位称号公示。实施“两型”重点领域项目，对涉及县发改局的6个中央督察交办件进行集中限时回复办结，并牵头对涉及长沙县绿心环保问题进行系列整改。推广清洁低碳技术，组织申报市清洁低碳技术项目，推广清洁低碳技术太阳能光伏发电项目。长沙县临空经济示范区污水处理厂被湖南省列为国家2018年中央资源节约和环境保护预算推荐项目。创建低碳城市试点，做好2016年零碳典型项目验收等工作，开展2016年度零碳示范创建单位及典型项目实施情况摸底，完成2016年度零碳示范创建单位及典型项目的验收和资金拨付程序。制订2017年低碳资金申报指南和专项资金管理办法，规范专项资金使用程序，重点在太阳能光伏发电、节能产品推广、节能改造等方面支持全县低碳发展。开展“两型”示范创建，创建低碳城市试点，县发改局获评“市级‘两型’创建先进单位”“清洁低碳技术推广先进单位”。（周进银）

生态环境建设

【概况】2017年1月，县委、县政府整合原县环委办（设县环保局）、县生态办、县爱卫办三办职能职责，成立相对独立运行的非常设议事协调机构——县环委办，为县环委会日常工作机构，代表县环委会统筹、协调、指导、交办、考核、督办全县生态建设与环境保护等工作，具体负责全县城乡环境卫生整洁行动，农村生活垃圾专项治理和垃圾分类减量、城乡有害垃圾和可回收垃圾回收处理，卫生村、卫生镇创建和卫生改厕，“两河”流域河道保洁，捞刀河退耕还草还湿，“两河流域”禁养区、一级限养区养殖退出，全国第二次污染源普查长沙县普查组织等工作。

牵头环保考核、环保督察、黄标车淘汰、环境噪声控制示范区创建、“两区三园”环境治理、环境监管网格化平台搭建等工作。

市对县年中和年度环保工作目标考核期间，县环委办牵头对全县环保工作目标考核内容进行汇总分析、总结并编印资料汇编，组织和指导相关科局和各镇街参与迎考核工作，受到市考核组的高度肯定。2017年年初制定并下发全县环保工作目标考核办法，根据考核办法，该办牵头组织规建、执法、环保等相关部门对18个镇街和36个县直单位生态环境保护工作的推进与完成情况进行半年度和年度考核，全面综合掌握和分析全县生态环保工作形势。

2017年4月6日至15日，市委、市政府对长沙县、长沙经济技术开发区开展为期10天的环保督察；2017年4月下旬至5月下旬，该县积极配合中央入湘为期1个月的环保督察。环保督察期间，县环委办负责一系列前期后勤工作，并抽调人员分别进驻综合协调组、信访维稳组、检查执法组、工作督导组开展工作。市环保督察期间，督察组交办长沙县的资料补充件91件、信访交办件74件、问题交办件21件；中央环保督察期间，督察组交办长沙县110个信访交办案件，已全部销号，完成率100%，做到件件有着落、事事有回音。

为切实改善和提升环境空气质量，减少全县机动车排气污染，根据省、市要求和分配的淘汰任务，县环委办联合县公安局交警大队，牵头制定黄标车清理淘汰方案，及时根据省市黄标车淘汰要求调整工作方式，将任务层层分解到村、社区，责任到人到车，按照“一车一档一策”要求，逐车建档淘汰销号。经过各相关部门密切配合、各镇街工作人员夜以继日的不懈努力，全县提前完成市下达的3880台黄标车清理淘汰任务。

县环委办通过牵头组织城区街道赴岳麓区学习环境噪声控制示范区创建，最终确定在长龙街道开展噪声示范区创建工作，制定《长沙县环境噪声控制示范区创建工作实施方案》，通过建立噪声源企业台账、聘请第三方专业检测公司对噪声源较大的企业进行检测，同时对噪声污染区划片区进行不定时、不定期无死角的巡查，长龙街道创建区内环境噪声限值长期达到《声环境质量标准》2类标准以上，在市2017年度环保考核检查中予以认可。

年初，县环委办牵头组织建立以县长担任总网格长，涵盖县政府和长沙经开区管委会、县区直有关部门单位、镇街、村社区并延伸至村（居）民小组或片区的环境保护二级、三级、四级和特殊网格化监管体系，要求镇街制定网格监管化实施方案，将企业纳入监管网格，并明确每级网格化监管的行政执法人员，完善规范网格化数据，初步形成“县委统一领导，县政府、县环委会具体负责，县、区、镇、村（社区）四级联动，环保部门全程跟进，职能部门齐抓共管，社会广泛监督”的“大环保”执法格局。

根据市“两区三园”综合整治工作调度会议精神，该办根据县领导指示对长沙县“一区四园”的环保工作进行“回头看”督查，指导北山镇对北山森林公园存在的环保问题进行整治，要求制定整改方案、明确责任人，对未覆绿到位的采石场实行“一场一档一策”，限期整改；并收集整理四园环保方案报送市纪委监察局、市环保局。

开展城乡环境卫生整洁行动。2017年，下拨镇（街道）、村（社区）整洁行动垃圾处置经费4476.6028万元（省、市级补助经费共460万元，县级配套4016.6028万元），农村保洁基础经费按120元/户予以保障，15个农村镇街通过公开选聘等方式共配备专职保洁员1269名。通过政府招标采购，投入389万元引入湖南万容固体废物处理有限公司，全域推进新一轮（2017年5月—2019年5月）城乡有害垃圾和可回收垃圾“统一回收、统一清运、统一处理”服务，在全市率先打通垃圾分类回收终端处理渠道。安排300万元河道保洁专项经费，两河流域的16个镇街通过服务外包确定专业打捞机构，实现日常保洁。自2017年4月以来，整洁行动考核由过去的季考核调整为月考核，并对15个农村镇（街道）和3个城区街道实行差异化分类考核。协调城管局等部门，更换金井、果园、福临、北山、安沙等5个镇的垃圾压缩设备，提高垃圾压缩站处理能力；明确乡镇垃圾清运基数，由乡镇与玉诚公司签定补充清运合同，增加其他生活垃圾卫生填埋运力，尽可能减少垃圾焚烧问题。强制推进企事业单位垃圾密闭收集处理，全面拆除国、省道两旁敞口垃圾池，全县垃圾池由上年的1.1万座减至7000座以下，倒逼源头分类；全县32个村开展垃圾分类减量示范村建设，其中，果园、青山铺、开慧镇实施整镇推进，14个村验收为市级垃圾分类减量示范村，果园镇通过市级垃圾分类减量示范镇验收，全县农村实行垃圾分类减量的行政村比例31%。是年，全县回收利用低价值可回收垃圾4870吨，收集处理废旧电池、日光灯管、节能灯泡、农药瓶和油漆桶等有毒有害垃圾77吨。2017年度市对县整洁行动督查评比考核中，长沙县位居一类区县（市）。

调整畜禽养殖禁养区范围。9月28日，县政府办印发《关于调整畜禽养殖区域的通知》和《长沙县2017年畜禽养殖退养工作实施方案》的通知，开展畜禽养殖栏舍拆除工作，394户自愿拆除养殖房屋，面积24938.32平方米；41户拆除养殖设施，面积2105.3平方米，扶助资金3810818元。

开展卫生创建、卫生改厕和病媒生物防制工作。实施公共旱厕改造工程，改造公共旱厕9座52个蹲位，在集中居住区建设大型三格式化粪池9处；完成改厕2860座；先后组织召开卫生改厕培训启动会和病媒生物防制技术培训班，组织相关部门对金井镇、高桥镇的省、市卫生镇创建工作专题调研指导，金井镇、高桥镇通过省、市卫生镇验收，金井镇湘丰村、龙华山村通过省级卫生村验收；8个村通过市级卫生村验收。（柳晓峰）

环境保护

【概况】 2017年，长沙县以民生问题为导向，以“守护蓝天碧水，共建品质长沙县”为主题，坚持节约优先、保护优先，把环境保护作为保障全局和长远发展的主线，不断加大突出环境问题整改和污染防治力度，持续推动生产、生活方式转变，深入推进生态文明体制改革和创新，环境保护工作取得阶段性进展，城乡生态环境质量总体稳中趋好，全县环境保护工作基本形成“党政领导指挥调度，环保部门统一监管，相关负有环保职能的部门齐抓共管，各镇（街）属地履职”的大环保格局。

【迎接环保督察】 是年，长沙县陆续配合开展中央和市级环保督察。4月5日，长沙市环保督察组对长沙县进行为期10天的市环保督察，交办反馈五大方面的问题，并及时分解成30个具体问题并落实到相关单位进行整改。4月23日，中央第六环境保护督察组进驻湖南开展为期1个月的环保督察，交办长沙县110个信访交办件，其中一般案件95件，重点案件15件。7月31日，长沙市政府反馈交办中央环保督察需长沙县配合整改的9个问题。为切实整改到位，长沙县成立突出环境问题整改领导小组（以下简称县整改办），该领导小组办公室设县环保局。6 月后，县整改办建立“县环境问题整改工作群”，通过工作群实现文件及时下达、进度及时报送、问题及时对接等工作互动；由“两办”下发《长沙县（经开区）突出环境问题整改责任分解表》，将中央环保督察交办反馈的问题及省市专项行动交办的环境问题整改责任落实；召集各镇（街）、单位会商重难点案件 10 多次，深入镇、村、企业督查 100 余人次；迎接省政府和省、市专项督查 10 余次；县整改办每周督查 1 次，12 月专项督查 1 个月，基本实现每周 1 次向县委、县政府报送整改情况，年内中央、省、市各级交办的突出环境问题全部销号。

【生态保护红线】县环保局配合湖南省政府生态红线划定工作，联合相关部门及各镇（街）对长沙县生态红线划定进行详细核对和多次会商，兼顾考虑县内生态环境保护底线及春华健康城、临空经济区等重点项目的规划发展，最终上报长沙县生态保护红线范围涉及 10 个镇（街），总面积 2096.25 公顷，待省政府批复实施；加强对长沙县五个“一区两园”单位的生态环境保护工作进行统一监管，制定保护方案；为巩固全县农村环境综合整治整县推进项目成效，保障农村集中式污水处理设施正常运行，提请政府审议《长沙县农村集中式生活污水处理设施运行维护管理办法》，并同步制定《长沙县农村集中式污水处理设施运行维护管理资金补助方案》，实现长效管理。

【环保宣传】开展送法入企入镇活动，印发《环保法配套法规政策汇编》等宣传资料 2 万余册；组织全县重点企业及镇（街）村组干部开展土壤及环境风险防范等专题培训；利用“地球日”“世界环境日”“安全生产月”等节点开展环保宣传；以“守护蓝天和碧水，共建品质长沙县”为主题，开展形式多样、内容丰富的环保文化节活动；开展“绿色学校”“环境教育基地”等创建活动，联络各级新闻媒体、环保公益组织宣传全县环保工作，正面宣传报道 100 余篇。

（黎　璇）

2017 年 12 月 19 日，长沙县第三届环保文化节活动闭幕式

（县环保局　提供）

污染防治

【概况】2017 年，全县主要围绕大气污染防治、土壤污染防治、水污染防治等工作展开。

大气污染防治。成立“长沙县突出环境问题整改领导小组”，由该小组办公室牵头调度大气污染防治工作。县环保局提请政府下发《长沙县落实大气污染防治工作责任规定》《长沙县 2017 年大气污染防治特别防护期工作方案》等多个文件，厘清大气污染防治工作职能，明确工作重点，按照“属地管理、分级负责”和“谁监管、谁负责”“谁污染、谁负责”的原则，建立相关责任体系及问责制度。通过建立预警机制和联动措施，组织镇（街）和相关部门各司其职，对工地扬尘、工业企业废气、机动车尾气、燃煤及露天烧烤烟气、餐饮油烟、秸秆及垃圾焚烧等大气污染源进行全方位的整治。县环保局成立专门班子“专人专管”，24 小时监控“湖南省环境空气自动监测平台”，及时在“城区空气质量预警联动机制群”中发出预警，督促各镇（街）、部门及时响应联动、采取措施。聘请第三方公司在全省首创无人机航拍发现问题交办的方式进行督查，工作日和假期均进行专项巡查，年内交办 141 个暗访航拍现场图片，交由属地镇（街）处置，全部办结。是年，全县城区空气质量优良率 80.0%，优良天数 292 天，与 2016 年持平。

土壤污染防治。县环保局牵头组织对长沙县域（含长沙经开区）范围内的工业、农业、生活面源土壤污染情况进行现场踏勘、调查走访调查和记录，形成《长沙县土壤污染源、污染地块调查报告》；对农用地土壤污染状况详查点位进核实，初步确定农用地土壤污染状况详查点位重点行业企业45家，详查单元61个，详查点位404个；筛选7家土壤环境重点监管企业，完成重点监控企业目标责任状签订工作；出台《2017年长沙县土壤污染防治宣传工作方案》，按照宣传方案开展土壤污染风险防控培训、播放土壤污染防治宣传视频及公益宣传广告、发放宣传资料等系列宣传活动。

水污染防治。长沙县浏阳河、捞刀河流域（简称“两河”）水环境是涉及国家“长江经济带饮水安全”的重要区域，为确保人民群众饮水安全，县环保局牵头组织开展流域水环境状况和污染现状调查，编制捞刀河流域水环境综合整治项目（捞刀河水体达标方案）；制定水质改善定期研究制度；开展重点行业专项整治，完成农副食品加工行业企业专项治理；建立协调联动、齐抓共管的工作体系。是年，召开饮用水水源地专项整治调度会议20余次，建立县、镇、村、组四级专项调度机制，对整改问题实施“核查销号”制度。拟定4个县级水源地的环境应急预案；现场调度研究解决饮用水水源地排查整治中的重点难点问题；在4处集中式饮用水水源地开展规范化建设工作，保护区范围内全面安装规范的宣传牌、区界标标志、交通警示牌、隔离栏等基础设施。12月6日，长沙市环委会在该县召开专题现场会议进行推介。 （黎　旋）

表 6

2017 年能源消费总量核算

单位：吨标准煤

指标名称	2017 年	2016 年	增长（%）	本期能耗构成（%）	同期能耗构成（%）
能源消费总量	5335287	5161314	3.4	100	100
第一产业能源消费	158903	170213	−6.6	3	3.3
第二产业能源消费	2690052	2685333	0.2	50.4	52
工业能源消费	2240818	2270361	−1.3	42	44
规上工业	1285134	1240900	−3.6	24.1	25.8
规下工业	955684	1029460	2	17.9	18.2
建筑业能源消费	449234	414972	8.3	8.4	8
第三产业能源消费	1620916	1497125	8.3	30.4	29
第三产业不含交通运输	894159	835233	7.1	16.8	16.2
交通运输业能源消费	726757	661892	9.8	13.6	12.8
居民生活用能	865416	808643	7	16.2	15.7
城市居民生活用能	417616	389652	7.2	7.8	7.6
农村居民生活用能	447799	418991	6.9	8.4	8.1
单位 GDP 能耗	0.38	0.40	−5	−	−
单位工业增加值能耗	0.26	0.29	−10.2	−	−
单位规模工业增加值能耗	−	−	−20.8	−	−
单位 GDP 电耗	409	387.4	4.2	−	−

工　业

Industry

责任编辑　周进银

综　述

【概况】2017年，长沙县工业总产值2944.4亿元，比2016年增长12.8%；年内新增规模工业企业56家，全县规模工业产值2662.6亿元，规模工业增加值531亿元（不含大众），增速排名长沙市第一。其中汽车产业产值突破1000亿元，整车产能突破100万辆。长沙经济技术开发区规模工业总产值2295.1亿元，镇（街）规模工业总产值367.5亿元。全县工业投资408.8亿元，比2016年增长13.7%。全县规模工业企业实缴税金125.9亿元。年底，入驻长沙县的世界500强企业有湖南中粮可口可乐饮料有限公司、华润置地（湖南）有限公司、中国铁建重工集团有限公司等31家。

“一区七园”建设。长沙县坚持“一区七园”经济核心圈的发展思路，抢抓长沙打造国家智能制造中心战略机遇，充分发挥国家级经开区的龙头作用，支持长沙经济技术开发区打造自主创新示范区和5000亿元级园区，带动包括星沙产业基地、榔梨产业基地、黄花产业基地、江背工业园等一批特色园区的发展。2017年“一区七园”完成规模工业产值2601.2亿元，增长13.3%，占全部规模工业的97.7%；其中经开区完成工业总产值占全部规模工业的86.2%；“七园区”工业总产值占全部规模工业的11.5%。

三大产业发展。随着广汽菲克、上汽大众等汽车企业的相继入驻，以及电子信息产业规模的不断扩大，全县工程机械、汽车制造、电子信息产业产值占比由2010年的75%∶10%∶3%调整为28%∶41%∶6.7%，工程机械制造产业“一业独大”的局面逐步改善，集成电路、大健康产业、住宅产业化、节能环保、建筑新材料、现代服务业等新兴产业蓬勃发展，多点支撑的产业格局日趋完善，园区新的经济增长极正加快形成。2017年，工程机械、汽车及零部件、电子信息三大产业完成工业总产值2013.2亿元，增长19%，占全部规模工业总产值的75.6%。其中工程机械产业完成产值744.3亿元，降低3.7%；汽车及零部件产业完成产值1090.8亿元，增长39.3%，突破千亿大关，长沙县诞生首个千亿级产业集群；电子信息产业完成产值178.1亿元，增长31.8%。

工业项目建设。紧抓项目签约、审批、推进、建设达产等项目关键节点，切实推进项目。2017年全县计划开工建设500万元以上工业项目265个，其中续建项目172个，新开工项目93个。年内全县工业投资408.8亿元，其中镇、街（不含长沙经开区）工业投资259.9亿元，长沙经开区实际投资148.9亿元。全县工业技术改造投资314.56亿元。

出台“长沙县工业十二条”。根据“长沙工业三十条”的文件精神，制订《关于振兴长沙县工业实体经济的实施意见（送审稿）》并于9月通过长沙县政府常务会议审议，从降成本、促转型、拓市场3个方面出台12项奖励、扶持措施。“长沙县工业十二条”在“长沙工业三十条”的基础上进一步细化、深化和延伸，降低用电成本，在“长沙工业三十条”要求园区制定用电补贴措施的基础上，长沙县扩大政策惠及面，对县内全部工业企业按企业年产值和年用电量分梯度实施奖补。鼓励做大做强，在市级要求园区设立企业发展鼓励措施的基础上，长沙县面向县内全部工业企业设置发展“增速奖”“台阶奖”“创新奖”和“入规奖”。强化招商支持，在市级只奖励实际投资额20亿元以上项目的基础上，长沙县适当降低奖励门槛，对固定资产投资在5亿元及以上的重大产业项目分梯度扶持奖励。

中小企业服务。6月，经长沙县经信局批准设立长沙县星城中小企业服务中心，该平台旨在更好的配合县经信局服务县域内的中小微企业，为中小企业创业发展提供综合协调服务，包含法律维权、管理咨询、投资融资、技术创新和经济信息等方面的服务。年内，长沙县中小企业服务中心面向县内企业开展“中小微企业免费法律体检”“长沙县政企银对接会”“长沙县工业发展专项资金绩效评价工作培训”以及“长沙县工业企业财务知识培训”等多场服务活动。同时，县经信局正在筹备长沙县企业家联合会的社会组织，旨在进一步完善企业信息交流机制，增进相互学习与交流，为企业发展尤其是中小企业壮大注入新活力，为振兴全县实体经济提供组织和服务保障。

小微企业创业创新。2017年，全县的企业孵化器有300余家企业入驻，面积17.2万平方米，培育新的经济和就业增长点，推动长沙县加快经济产业结构调整、转型、升级、建立现代产业体系。力推中部智谷孵化基地建设，中部智谷产业园占地11.25公顷，建设规模近32万平方米，总投资15亿元，可为近600家企业提供发展平台，入驻企业年产值30亿元以上，创税1.5亿元，提供就业岗位5000个。打造星沙产业基地博士创新创业园，星沙产业基地博士创新创业园一期1万平方米标准厂房已建成，为首批入园项目提供科研及办公设施，13家高企签约入驻。签约项目涉及云计算、大数据、电子信息、无人机、新材料、新能源、裸眼3D、文化创意等。是年，园区二期约1万平方米正在装修，建成后园区整体规模超133.33公顷。着力打造三一众智、“星工场”和开元仪器孵化基地建设。县内的创业基地“星工场”面积17.8万平方米，入驻企业100余家。

工业招商。2017年，长沙县县域工业招商引资对接洽谈的项目21个，其中12个通过县项目建设领导小组会议审核，审核通过落户榔梨街道的五聚车道汽车导航仪记录仪项目、湖南人允母线槽生产建设项目，落户黄花镇的瓦楞纸箱及包装材料生产建设项目，中民筑友装配式节能建筑科技园项目（选址待定）、思胜智能数控机床智能立体停车库项目（选址待定）以及落户星沙产业基地的联东U谷·长沙星沙生态科技产业园、铝合金模板生产建设项目、再生环保科技材料项目、新能源汽车电缆及其他特种电缆建设项目等9个，9个项目申请总用地36.38公顷，计划总投资15.81亿元。审核通过长沙星沙机床整体搬迁、湖南益昇堂中药材中药饮片加工及销售基地、长沙世通纸塑箸业整体搬迁3个项目。

环境与资源综合利用。持续推进工业清洁生产，突出抓好自愿性清洁生产审核，开展绿色体系建设，加快建设两型工业体系。以清洁生产审核促进清洁生产，落实“两型长沙——千家企业清洁生产绿色行动”，全县组织10家企业开展清洁生产审核，以自愿性清洁生产审核推动企业清洁生产，实现“节能、降耗、减污、增效”，促进工业转型升级和绿色发展，减轻大气污染防治与水资源环境保护的压力，推进生态文明建设，促进经济社会可持续发展；以绿色制造示范项目，促进制造业绿色升级。2017年，长沙鸿发印务实业有限公司、湖南湘丰茶业有限公司创建湖南省绿色工厂，长沙金龙铸造实业有限公司创建2017年度湖南省两型企业认证，长沙金龙铸造实业有限公司申报的第四代集成智能井盖绿色设计平台建设项目入选工信部2017年绿色制造系统集成项目；引导企业开展“两型”企业创建，建立两型工业体系。2017年，长沙市亘盛门窗有限公司等3家企业创建县两型示范企业创建，推荐长沙鸿发印务实业有限公司等2家企业申报长沙市两型示范创建单位。长沙县通过组织企业参与两型创建活动，增强“两型”意识，推动企业加大科技研发力度，注重智力引进，提高产品科技含量和附加值水平，逐步构建“两型”工业体系。

2017年，长沙县引导县内企业参与科右中旗产业帮扶工作，双方在多次互访对接的基础上，依托科右中旗的优质农产品原材料和丰富的土地资源，利用长沙县的市场、资金、技术等要素优势，努力寻求合作共赢点，实现两地产业的有效对接。年底，浏阳河农业产业集团股份有限公司等4个企业与科右中旗达成合作，采购原材料8400余吨，总金额1900余万元。寻求机会在科右中旗投资设厂，其中：湖南国进食用菌开发有限公司与内蒙古二龙屯有机农业有限责任公司签订食品厂共建协议；长沙好韵味实业发展有限公司、湖南津之源食品有限公司与科右中旗当地公司签订合作意向协议；长沙骄阳湘绣厂与图什业图王府刺绣达成初步合作意向，双方采取“互联网+”的销售模式，共同研发，互设生产基地和研发平台。

工程机械

【概况】 长沙县工程机械产业依托三一集团、中联重科、铁建重工、山河智能、恒天九五等优势企业，工程机械产业正着力推动企业产品结构、生产方式、市场拓展等方面转型升级，全力建设中国智能制造示范引领区，推动三一重工、铁建重工、山河智能、中联重科等工程机械企业智能化转型。2017年，中联重起产值同比增长93.3%，铁建重工产值同比增长85.4%。三一智慧工厂和ECC企业控制中心、铁建重工全电脑三臂凿岩台车等成为智能制造引领标杆。

汽车及零部件

【概况】 2017年，随着广汽菲亚特克莱斯勒、广汽三菱、上海大众、住友等国内外优秀汽车及零部件品牌的入驻，长沙县汽车产业集聚之势已经形成。长沙县以广汽三菱发动机及二期扩建项目、大众配套产业园为示范，加大核心零部件研发引进力度，提高汽车配件本地配套率，同时支持上汽大众、广汽菲克、长丰集团等重点企业做大做强，支持众泰、梅花等企业抢占新能源汽车市场，汽车产业向千亿集群迈进。县内整车企业强劲增长，上汽大众、广汽三菱、长丰汽车产值同比分别增长75.2%、102.8%、226.3%，强势拉动汽车产业的快速增长；在整车企业的带动下，零部件企业住友、汇众同比分别增长38.9%、79.1%。

【汉阳专用汽车研究所长沙分所的引入与建设项目（星通汽车公司）】 项

目总投资10780万元，年内计划投资5000万元，实际投资5000万元。年底，与汉阳所达成战略协议，在长沙设立分所和专用汽车检测平台实验平台，机动车侧翻综合试验台安装到位。租赁爱·特创业园，三楼整层正在装修设计。

电子信息

【概况】2017年，长沙县发挥蓝思科技、国科微电子等企业引领辐射作用，扩张电子信息产业体量，电子信息产业对全县经济增长的贡献率稳步提升。利用信息技术改造传统产业，帮助中小企业建立网络营销和电子商务平台，打造一批两化融合的典型企业，如开元仪器、童年记食品公司等，助推电子移动互联网企业发展，培育麦都科技公司等一批软件优势企业，发展快乐淘宝、易宅购等一批前景好的信息服务企业，信息化与工业化融合不断深入推进。

新材料及建材加工

【概况】 2017年，长沙县新材料产业发展迅速，以长沙南方钽铌有限公司、长沙佳一密封件有限公司、湖南金宇宙电缆科技有限公司等为行业代表，形成特种材料、电线电缆、新型建材等门类众多的新材料产业。年加工1万吨新型环保包装材料项目（华润涂料公司）总投资1亿元，全年实际投资4000万元。年末，完成项目前期手续，拆除旧厂房，新厂房主体在建。

食品加工

【概况】 2017年，长沙县食品产业以童年记食品有限公司、湖南湘丰茶业有限公司、长沙县金井茶厂、长沙好韵味实业发展有限公司、湖南津之源食品有限公司等为主要代表，形成茶叶、调味品、粮食加工品等门类众多的食品加工产业。年内主要建设项目有：基于“互联网+”的智能茶叶装备及产业服务基地建设项目（湘丰智能装备公司），总投资4.07亿元，年内实际投资6480万元。完成3#厂房和5#产业楼主体施工及装修；完成部分大型设备购置及安装、完成电路及电梯安装等。新建空罐自动生产、科技楼、车间等基础设施的改扩建项目（金果罐头公司），总投资1亿元，全年实际投资5060万元。项目完成新建空罐自动生产线和食品科技路的地基完工，1.4万平方米厂房主体基本完工。20万吨炒货坚果产销综合运营体建设项目（童年记食品）总投资3亿元，全年实际投资4287万元。项目可研和拆迁工作完成，签订成交确认书、国有建设用地使用权出让合同，交土地预付款3341.5万元，交易服务费45.83万元，项目已经立项并办理建设用地规划许可证。

信息化建设

【概况】2017年，长沙县信息基础设施不断完善，网络基础设施、电话业务网、数据传输业务网和广播电视业务网四大网络发展迅速。全县4G网络覆盖建设不断成熟，4G网络完成城区全覆盖以及行政村部分，全县城区移动宽带接入率平均90%，基本实现城区4G信号全覆盖，乡镇覆盖率95%以上。全县新建4G基站691个，信息基础设施建设水平居全省前列。移动、联通和电信三家运营商4G网络覆盖率分别为97%、97%、100%。同时，该县正配合长沙市争取进入5G网络试点。

实施《推进“宽带中国”长株潭示范城市群长沙县建设实施方案》，全县光纤网络全覆盖建设不断完善。截至2017年11月底，新增干线光缆约6500千米，总计37200千米。全年新增光纤户端口12.4万个，总计92.5万个。新增4G基站691个，总计1655个。年末，城区4G网络全覆盖，100%光纤入户，接入能力达到或部分超过200兆比特每秒，全县移动手机用户148.9万户，宽带用户38.7万，全县城区移动宽带接入率90%。通信基础建设方面，投资1.49亿元，广播电视业务光缆干线网覆盖到全县各乡镇，光缆干线长度400多千米，形成以星沙城区为中心辐射至全县各乡镇的干线网络。有线电视用户10万余户，网络覆盖用户约20万户，数字电视节目189套。

年底，电信光纤覆盖100%的自然村。通过“无线星沙”项目的建设，推进无线网络优化、技术升级和深度覆盖，综合WLAN的局部热点优势和移动网络的覆盖优势，移动网络与WiFi相结合，实现全县重要场所免费WiFi覆盖。 （童小舟　邓灿斌）

表 7 长沙经济技术开发区世界 500 强投资企业一览

序号	企业名称	500 强投资方	
1	湖南中粮可口可乐饮料有限公司	中国、美国	中粮集团、可口可乐
2	广汽三菱汽车有限公司	中国、日本	广汽、三菱
3	博世汽车部件（长沙）有限公司	德国	博世
4	长沙百事可乐饮料有限公司	美国	百事可乐
5	湖南金农生物资源股份有限公司	日本	三井物产
6	中铁山河工程装备股份有限公司	中国	中国铁路工程总公司
7	广汽菲亚特克莱斯勒汽车有限公司	中国	广汽
8	住友橡胶（湖南）有限公司	日本	住友
9	长沙宝钢钢材加工配送有限公司	中国	宝钢集团
10	湖南瑞翔新材料股份有限公司	韩国	三星
11	长沙广汽江森汽车内饰系统有限公司	美国	江森自控
12	长沙卡斯马汽车系统有限公司	加拿大	麦格纳
13	广州电装有限公司长沙分公司	日本	电装
14	上海廷锋江森安亭座椅总公司长沙分公司	中国、美国	上汽、江森自控
15	湖南丰田叉车有限公司	日本	丰田
16	上汽大众汽车有限公司长沙分公司	中国、德国	上汽、大众
17	上海延锋江森座椅有限公司长沙分公司	美国	江森自控
18	北汽福田汽车股份有限公司长沙汽车厂	中国	北京汽车集团
19	长沙汽电汽车零部件有限公司	中国	中国机械工业集团
20	湖南国富通半导体有限公司	日本	富士通
21	长沙广汽东阳汽车零部件有限公司	中国	广汽
22	湖南中车时代通信信号有限公司	中国	中车
23	华润置地（湖南）有限公司	中国	华润集团
24	航天凯天环保科技股份有限公司	中国	中国航天科工集团
25	湖南省天然气有限公司	中国	中石油
26	湖南省天然气管网有限公司	中国	中石化
27	湖南广汽日邮物流有限公司	中国	广汽
28	安吉汽车物流（湖南）有限公司	中国	上汽
29	上海大众联合发展（长沙）有限公司	中国、德国	上汽、大众
30	湖南广汽顺捷物流有限公司	中国	广汽
31	中国铁建重工集团有限公司	中国	中国铁建

表 8

2017 年规模以上工业基本情况一览

指标名称	计量单位	2017 年	2016 年	为上年的 %
企业单位个数	个	374	365	102.5
工业总产值（现价）	万元	29443974	26702154	110.3
规模以上工业企业产值（现价）	万元	26625966	24179318	110.1
其中：轻工业	万元	1935020	1910043	101.3
重工业	万元	24690946	22269275	110.9
一区七园工业企业产值（现价）	万元	26012401	23586626	110.3
开发区	万元	22950535	20490701	112.0
七园小计	万元	3061866	3095925	98.9
规模工业销售产值（现价）	万元	24962975	23398871	106.7
规模以上工业增加值（现价）	万元	–	4709289	0.0

说明：各指标值包含上汽大众、切分单位数据，不包含宁乡三一数据。此表数据为产值表 12 月月报数。

表 9

2017 年规模以上工业企业主要经济指标一览

指标名称	计量单位	总计	其中：国有企业	集体企业	股份制企业	外商及港、澳、台商投资企业	其他经济类型
企业个数（个）	个	394	2	1	21	46	324
总产值（当年价）	万元	22724759	9203	46736	956373	6502667	15209780
销售产值（当年价）	万元	21305452	9543	–	883308	6459372	13953229
资产总计	亿元	2759.0	2.6	0.8	275.8	578.1	1901.7
营业收入	亿元	2163.3	1	3.9	109.6	695.3	1353.4
营业成本	亿元	1739.6	0.8	3.7	86.2	556.2	1092.7
营业税金及附加	亿元	38.4	0	0.02	0.7	24.1	13.6
营业利润	亿元	121.5	−0.2	0.1	3.0	32.4	86.2
利润总额	亿元	120.9	−0.1	0.1	5.0	33.1	82.7

说明：各指标值不包含上汽大众、切分单位数据，不包含宁乡三一数据。此表数据为财务年报数据，含年度新增企业。

交通·邮政·通信

Transportation , Post & Telecommunication

责任编辑　周进银

交 通

·交通建设·

【概况】 2017年，县交通局投入7000万元新改建农村公路379.6千米；投入1282万元提质改造农村公路91.7千米；推广“文明示范乡镇”开慧镇、安沙镇进行“全县农村公路示范路”；推进12个省级贫困村道路交通建设。全县在册公路里程数5760千米，与邻县之间、县与乡之间全部通二级以上公路，县道、乡道硬化率均100%，村道硬化率95%。完成“国内首例跨磁浮线钢箱梁顶推”施工，实现与公交、地铁、磁浮、高速无缝对接，打造“省门第一路”；推进田汉大道建设，年底完成通车。全县干线公路闭环式管理机制正在建立，干线公路实现由“基本成网”向“能力提升”转变。8月，长沙获全国首批、湖南省唯一一个“四好农村公路”全国示范县称号。

新改建农村公路379.6千米，其中县农村公路硬化计划70千米、连接工程县计划24.5千米、连接工程市计划36.4千米、市农村公路全域旅游项目15.2千米、2016年市二批29.6千米、生态碎石路42千米、“四好农村路”示范县创建工程50千米、市级农村公路精准扶贫计划49.6千米、涉农资金支持美丽乡村建设项目62.3千米；提质改造农村公路91.7千米（其中市提质改造55.2千米，县提质改造36.5千米）、市水毁桥梁及维修加固513.6米。安保三年行动计划。2017年是农村公路安全生命防护工程三年行动计划第一年，完善安装748千米乡道和50千米村道进行安保工程，投资4500万元。长沙县乡村公路养护资金总量3429万元，其中省级补助682万元，市级补助347万元，县级补助2400万元。

干线公路建设。全年牵头建设和管理政府投资项目31个，年度计划投资30亿元，完成投资30.65亿元。投资15亿元建设机场大道，“国内首例跨磁浮线钢箱梁顶推”施工，实现与公交、地铁、磁浮、高速无缝对接，打造“省门第一路”；加快田汉大道建设，打造全域旅游“大走廊”。完善长沙县干线路网规划研究，推进田汉大道南延北拓、金江公路、劳动东路东延、星沙公交客运枢纽前期工作，完成江背镇好三线提质改造、福临影珠山北环线道路工程、福临影珠山东上山公路提质改造、长沙县三中公路拓宽改造、高桥镇安置区内207省道至金井河道路工程（含桥梁）前期手续和北部干线公路水毁修复工程。建立全县干线公路闭环式管理机制，干线公路由“基本成网”向“能力提升”转变。

农村公路养护。2017年，长沙县乡村公路养护资金总量3429万元，其中省级补助682万元，市级补助347万元，县级补助2400万元。

·交通运输·

【概况】 2017年，开通星沙到各乡镇城乡公交线路57条（其中城乡公交26条，城乡公交30条，旅游专线1条），营运公交车辆876台，纯电动公交车456台；优化调整公交线网，公交线网合理覆盖，市内延伸进入长沙县18条，营运公交650台；县内主干道和所有镇村全面实现通公交，形成城乡一体、适度换乘公交运行机制。公交站场东升路站、万家丽北路站、东一路站、东八路站、丁家岭站、华湘安置区站、映霞路站投入使用。完成望仙路、凉塘路、特立路公交港湾改造任务6个。检查企业道路货物运输企业200家/次，维修企业100多家，驾培企业22家，5家危货企业每月一次，排查安全隐患近200起，下整改通知书60份，整改落实55处，5处整改中。全省率先实现市县同步公交优惠政策，即成人享受7折、小学生5折、残疾人及满65周岁以上老人免费公交IC卡优惠政策。新开通星沙115路等9条公交线路，优化调整206

城乡公交绿色巴士 （县交通局 提供）

县道等19条线路，增加运力配置61台；公交站场建设。开展公交都市创建，完成黄兴大道8千米公交专用道、望仙路等6处港湾式公交候车站改造；完成87个候车亭、220个独立式站牌建设安装，维护1159个城乡候车亭（含线路牌）；加快新能源公交车推广应用，配备纯电动公交车300余台，建成充电桩22个。

·交通行业·

【概况】 2017年，下发安全生产文件152份，召开安全生产会议32次，组织企业负责人开展安全生产专题培训2次，约谈企业负责人24次；强化安全监管，采取政府购买服务方式与有资质专业第三方湖南展通安全科技有限公司合作，每月开展地毯式安全生产检查县域内5家客运企业、3家公交企业、1家客运站、5家危货企业和6家物流场站；强化部门联动，开展行业大整顿，严格按照上级相关部署和省政府102号文件要求，落实"一单四制"和"隐患清零"行动，排查发现安全隐患1780处，整改到位1435处，其中纳入"一单四制"隐患清单14处隐患全部整改到位。作为全县建议提案、县长信箱、12345热线工单承办数最多单位，实现办结率、满意率100%。严查监管黄标车，下任务200台，该局按程序淘汰200多台；成立长沙县驾培协会，规范驾培市场，建立驾培机构和教练员诚信考核制度。防汛抗灾工作，该县组织调度30家货运企业、100名志愿者、300台货运车辆，参与抗洪抢险。规范货运市场。2017年，该局办结交通运输行政许可事项1622件，其中公司道路货运许可事项87件，个体道路货运许可事项1261件，道路货运延续经营许可34户，机动车维修许可事项240件，办理道路运输证3860本（包含教练车办证160本），办理货运车辆年审6050台（包含教练车年审150本），注销道路运输证101本（包含黄标车），办理道路运输业户转籍255户；办理道路货运物流企业备案登记23户，道路货运驾驶员从业资格证诚信考核1003人次。驾培市场管理。考核县域内23家驾培企业、125家一、二类维修企业和70多家道路运输企业、6家物流站场进行年度质量信誉，表彰优秀企业20家（其中货运3家、维修12家、驾培5家），存在问题8家企业，责令限期整改。安全监管。出动检查人员220余人次，检查企业道路货物运输企业93家，维修企业42家，驾培企业22家，5家危货企业每月一次，检查运输车辆383台次，排查安全隐患74起，下整改通知书37份，整改落实35处，2处整改中。（张　娜）

民用航空

【概况】 长沙黄花国际机场，位于湖南省长沙市长沙县黄花镇，距离长沙城区10千米，为4F级民用国际机场，是中国十二大干线机场之一、国际定期航班机场、对外开放的一类航空口岸。总建筑面积21.2万平方米，有两条跑道，各长3200米、3800米。2017年，长沙黄花国际机场旅客吞吐量2376万人次，保障运输飞行起降178834架次，货邮吞吐量138737.6吨。主营业务收入8.97亿元，盈利6769万元。建成并安全启用二跑道、400米数字集群通讯系统、无线站坪调度系统（湘当准）、机场运行控制中心（AOCC），HUD特殊Ⅱ类试飞成功，安全运行保障能力得到增强。无线站坪调度系统上线运行，机坪区域123个监控设备升级，运行保障设备监控无死角。科学应对机坪满负荷运行、服务车道大修等不停航施工的多重困难与压力，加强反恐防爆、安检安全防范工作，实现第23个空防安全年，2013—2017连续五年机坪零事故。是年，被评为"湖南省平安交通创建示范单位"。

机场建设。2017年，黄花机场迈入双跑道时代，成为国内第15家拥有双跑道的大型国际机场，飞行区等级由4D升为4E，拥有基地航空公司4家，分别是中国南方航空、海南航空、厦门航空、奥凯航空，已开通至国内、国际（地区）73个城市100余条定期航线。机场每周航班执行密度超过2300架次，航班可供座位数每周30万个。其中国际及地区旅客吞吐量223.1万人次，E类飞机起降5458架次，单日旅客高峰日76397人次，运输起降568架次。全年机场月均旅客吞吐量超过198万人次，月均起降超1.49万架次。新开通至莫斯科、开罗、阿斯旺等14个国外城市航线航班，新增12个国内通航航点，过夜飞机由之前32架次增加到49架次，计划航班执行率92%，航班客座率86.3%。新增无行李安检通道、分舱优先登机、到达层向社会车辆开放、出发层使用限时停车系统、网约车蓄车场等多项便民措施，全国首推全流程无纸乘机。8月4日，长沙黄花国际机场针对长沙始发国内航班且无托运行李的普通旅客推出"无纸登机"服务。该举措覆盖旅客乘机的所有流程节点，集旅客识别、电子验讫等领先的信息化技术于一体，是国内第一家全流程无纸化乘机的机场。此外，机场先后推出微信办理机票预订、微信值机、"刷脸"过安检等人性化服务，旅客出行更加快捷方便。引入可视化问讯、人脸识别等多项新技术，对标上海、日本机场完成楼内门厅、母婴室、卫生间、标识标牌、楼内香氛等50余项细节提质。

（寇冠乔）

邮　政

【概况】 2017年，完成邮政业务收入2亿元，增幅26%，成为全省唯一一个过2亿的县分公司。储蓄余额规模71.77亿元，全省规模排名第一，年度净值11.59亿元，年净增全省排名第一位。全年包裹快递类完成业务收入6782.37万元，比2016年绝对值增长2657.29万元。

基础设施建设。以文明创建为契机，加大硬件设施建设投入，对办公室和会议室进行亮化、美化，办公楼一楼大厅布置荣誉榜，让员工能在荣誉榜中找到归属感和荣誉感。分公司将47个网点ATM设备安装到位，47个支局安装大型统一的分公司名牌，更换营业间名牌、储蓄牌、营业时间牌。分公司的小家建设工作，农村网点的员工的食宿问题基本得到解决，有福临、安沙、春华、江背、朱桥5个单位达到拎包入住的标准。

企业管理。快递包裹的量和质得到实质性的发展，快包效益得到快速提升。推进“两学一做”学习教育常态化制度化，按月组织党委中心组织学习，开展民主生活会，党员党性教育主题活动。落实上级重要决策部署，通过主题党日活动，廉政党课等多种教育方式，自觉对标先进。围绕企业中心工作抓党建，开展党建工作与企业中心工作深度融合之瞄准企业路，将党建工作的政治优势和组织优势转化为企业的发展优势和竞争优势。县分公司体现省、市公司“以人为本、求真务实、和谐发展”的企业文化核心理念，从企业经营发展的实际出发的同时，加强人才培养。

（杨　娟）

通　信

·中国电信长沙县分公司·

【概况】中国电信股份有限公司长沙县分公司（以下简称“县电信分公司”）是中国电信在长沙县的县级分支机构，下辖综合部、网络部、销售部及泉塘、路口、金井、安沙等14个支局和星沙、城东、湘龙等8个营业部。2017年年末，该公司在职员工310人，获评2017年度“湖南省级公司先进单位和强县工程”、2017年度“中国电信湖南公司战略单元”。

拓宽市场，业务发展保持增长。坚持以市场为导向，逐步实现三大支柱业务的规模发展。是年，该公司以“三分天下有其一”为根本目标，以万村攻坚、万企上云、万家智慧、万店腾飞为突破，做好宽带、移动、ITV三大支柱业务的规模发展。重点做好宽带市场。为提高网络带宽接入速率，落实创建“信息化镇村”目标，有效拓宽宽带市场，有效保住宽带存量用户，继续在全县加大对全光网无缝隙补盲覆盖优化创建工作进度，宽带用户完成较好。主动攻坚移动市场，继续以融合发展为基础，以单产品为重点突破口，以“战狼行动”为举措，拓展公众市场、政企市场、农村市场。针对光改后的新老楼盘和小区进行宣传，针对城区楼盘加强合作营销，做强ITV市场。

夯实网络建设，重抓渠道拓展。对14个支局机房、对线路进行整治，装维指标提升，网运质量改善和优化。为拓展宽带、移动、ITV等全业务的发展空间，实现固网全光网、移动4G信号“无缝隙”全覆盖，投入工程建设资金4312万元。主要用于新建800兆4G基站199个、1.8G/2.1 4G基站61个、楼盘／小区室内分布系统18个；新增PON口2056个；新建24芯及以上主干光缆28068芯公里；新建FTTH端

2017年4月23日，长沙电信农村宽带“六项服务承诺”启动暨装维誓师大会在长沙县分公司召开　（县电信分公司 提供）

口 57565 个；完成政企客户、扩容等应急工程。继续拓宽渠道，提高服务网点覆盖率。该公司继续通过引强商、有效盘活及提质自有物业、连锁及开放卖场渗透到位、加大对 14 个支局、8 个营业部的渠道建设，拓展渠道服务网点的覆盖面。

（谢晓琳）

·中国移动长沙县分公司·

【概况】2017 年，中国移动湖南公司长沙市长沙县分公司（以下简称长沙县移动），计费收入 8.25 亿元，移动电话用户 94 万户。4G 客户 70.09 万户，全年净增 5.62 万户，宽带用户 9.1 万户。信息化拓展取得进展，新增专线 1169 条，校园收入 863.38 万元；数字化服务提升，截至 11 月，分公司新业务收入 8518 万元，依托中移党建云平台，创新开展和包支付在线交党费业务。4G 建设持续推进，新增开通 LTE 基站 244 个、D+F 和 F+D 扩容 76 个、NB/FDD 基站开通 231 个，完成高铁区域扩容、新建 33 个站点开通，实现高铁补点覆盖重大突破。全年新增覆盖住户数 12.2 万户，扩容扩建小区 78 处、扩容端口 23042 个。传输城域网稳步推进，全年新建汇聚机房 5 个，新增 OLT 14 台，建设管道 4.46 千米，建设光缆 217.25 千米，新增二级光交 389 个。集客建设保持高效，全年集客专线开通 1002 条，长沙县安监局视频监控项目、星沙农商行视频监控项目、中石化视频监控项目、国网电力数据专线项目等大型项目如期开通。完善应急通信保障，7 月抗洪期间，调动国际领先的无人机高空基站支援黄兴镇紧急救灾，畅通方圆 50 多平方千米受灾区的移动通信信号，保障长沙县政府应急指挥调度以及灾民安置点的通信需求。落实《长沙县政府推进“宽带中国”长株潭示范城市群建设实施方案》文件精神，为农村客户提供更优质的数字化服务。以长沙县果园镇花果村为试点，建设宽带端口 892 个，覆盖全村 1784 户村民，农民宽带费用从原来的 1000 余元降到 300 多元。

（胡　穗）

·中国联通长沙县分公司·

【概况】中国联合网络通信有限公司长沙县分公司（以下简称“长沙县联通”）是中国联通在长沙县级分支机构，负责经营在长沙县行政区域内基础电信业务即 2G 业务、3G 业务、4G 业务、固定电话业务、互联网宽带业务、国际国内长途、IP 业务、数据通信业务和增值业务。2017 年，长沙县联通用户 30 余万户，其中 3G 和 4G 用户占比超过 80%，固话宽带用户也同步保持稳健增长。全年业务收入 2.1 亿元。开通入网运行 4G 站点 258 个，新增和开通 3G 基站 73 个。投资 590 余万元，完成 70 个项目网络建设。注重企业文化建设。围绕团队建设，在“二次创业”思想引导下，不断优化工作流程，实现营销模式、服务模式、管理模式、网络支撑模式转型。围绕二次创业及创新转型思路和理念，用互联网思维开拓工作思路，全面完成市公司下达任务。重视管理层和一线员工信息畅通，推进公司民主管理。

（彭　晶）

表 10　**2017 年交通运输情况一览**

指标名称	计量单位	2017 年	2016 年	为上年的 %
辖区内通车公路里程	千米	4916	4909	100.1
货运量	万吨	2183	2158	101.1
货运周转量	万吨千米	109898	109894	100.0
客运量	万人次	4320	3987	108.4
客运周转量	万人千米	49205	43567	112.9
公路年末到达数	千米	2421	2414	100.3
县道	千米	333	328	101.6

续表 10

指标名称	计量单位	2017 年	2016 年	为上年的 %
乡道	千米	699	697	100.2
桥梁年末数	座	261	244	107.0
县道	座	56	55	101.8
乡道	座	100	84	119.0
桥梁年末数	米	6300	5836	107.9
县道	米	2661	2264	117.5
乡道	米	1637	1570	104.3
涵洞	道	2080	2052	101.4
县道	道	927	899	103.1
乡道	道	856	856	100.0

说明：以上数据由县交通局提供

商贸·旅游

Commerce, Trade & Tourism

责任编辑　张　娜

商贸流通

【概况】 2017年，长沙县社会消费品零售总额479.5亿元，比2016年增长11.8%，其中限额以上企业零售额343.8亿元，比2016年增长13%。做好26家商务部市场监测系统样本企业运行监测和节日市场、防汛抗冰期间生活必需品供应保障工作。开展“岁末年初”“打非治违”等各类安全生产检查和专项联合整治，全年检查企业533余家次，查处安全隐患918余处。组织全县范围内4家食品餐饮龙头企业参加中国食品餐饮博览会。开展商超、农贸市场等商贸企业行业管理，指导做好文明创建、节能减排、诚信经营、食品安全等工作。启动农贸市场新三年行动计划，新建农贸市场4个。全面加油站油气回收设备改造，新建加油站2个。农村电商扶贫深入推进，12个省定贫困村电商服务站全覆盖。

【电商精准扶贫】 2017年，长沙县组织实施“电商精准扶贫”工程，全县12个省定贫困村电商服务站全覆盖，5家扶贫示范网店年交易额298.3万元，兑现补贴资金21万元。引导电商平台和电商企业精准帮扶贫困户305户，童年记、湘丰等多家农产品生产企业网上销售3.8亿元。开展“扶贫政策到户”活动，组织开展农村电商培训和政策宣讲50多次。

【第八届“星沙商圈”购物消费节】 12月18日，由县商务局主办、星沙时报社承办为期一个月长沙县第八届“星沙商圈”购物消费节开幕。本届消费节主题为“惠聚星沙·全城欢购”，推出欢乐启幕、5万红包天天送、你消费我有礼、消费节主题周末、星沙美食文化大联展、星沙商圈“我最喜爱购物场所”、车企钜惠让利大酬宾、欢购星沙全城钜惠嘉年华等八大主题活动，首次推出“星沙商圈”消费手绘地图。

招商引资

【概况】 2017年，长沙县到位外资75894万美元，比2016年增长9.6%，其中经开区外19047万美元，比2016年增长7.85%；引进市外境内资金形成固定资产投资181.15亿元，比2016年增长12.88%，其中经开区外113.67亿元，比2016年增长12.04%。召开3次项目建设领导小组会议，引进新城吾悦广场、圆通速递、丰树物流等重大项目41个，其中世界500强企业项目2个，10亿元以上项目3个，20亿元以上项目1个，总投资额169亿元。参加或举办港洽周、沪洽周、央企入湘对接暨长沙投资恳谈会、长沙临空经济示范区招商推介会等招商活动，临空经济示范区核心区共签约重大产业项目29个，总投资400亿元。开展10多次小分队招商活动，联东U谷、北师大长沙县附属学校等项目准入，哈罗公学、田汉戏剧艺术小镇等项目正稳步推进。全面推进项目建设，广汽品牌销售园、长沙快速消费品配送中心等项目顺利摘牌、新城吾悦广场、春华健康城等市重大项目开工开建，长沙市家禽批发市场、长沙恒广物流仓储配送中心等项目建成并开业。出台《长沙县招商引资中介人奖励实施办法（试行）》。

【“港洽周”】 4月25日，由湖南省人民政府主办2017年湖南（香港）投资贸易洽谈周开幕。长沙市“一区一廊”暨楼宇招商推介会上，拟落户长沙临空经济区海南航空长沙基地和丰树长沙空港综合产业园2个项目签约，签约金额8亿元。海南航空长沙基地项目总投资约5亿元，项目运营至第4年，预计可年营业收入10亿元。丰树长沙空港综合产业园项目规划用地面积6.4公顷，总投资4360万美元。

【百联集团国际名品招商会】 8月23日，百联集团国际名品招商会在长沙召开。会上，CERRUTI 1881、COACH等12个国际品牌现场与位于长沙临空经济示范区内百联奥特莱斯项目签订合作框架协议。长沙百联奥特莱斯位于临空经济示范区人民路和黄金大道交会处，总用地面积24.8公顷，总投资20亿元，计划总体建筑面积30万平方米，将分奥特莱斯及奥莱商业配套两部分分期开发。前期国际名品为主导，集时尚品牌、娱乐休闲、生态景观于一体，打造具有鲜明建筑风格度假式购物公园。

【《长沙县招商引资中介人奖励实施办法（试行）》】 9月5日，长沙县出台《长沙县招商引资中介人奖励实施办法（试行）》，对引荐县外投资项目招商引资中介人予以奖励，最高奖金600万元。

【埃塞俄比亚－湖南工业园】 11月下旬，埃塞俄比亚—湖南工业园项目开工建设。项目由中地海外集团负责施工，埃塞俄比亚工业园开发公司、长沙经开区管委会、中地海外集团、三一集团组成中埃合资公司进行运营管理。这是中国省级政府层面在非洲推动建设首个样板开发区。该项目将坚持工程机械、能源电力、汽车及零部件、生物医药为主，引进轻工纺织、服装等出口创汇型、劳动密集型项目。

【临空经济示范区招商推介会】 12月11日，“开放崛起·领航未来”长沙临空经济示范区招商推介会在北京饭店举行。会上，海南航空湖南运营基地、民航投资基金航空产业园、中南地区邮政快递枢纽长沙邮件处理中心、圆通速递华中管理区总部基地、天羽飞训模拟机培训基地、山东太古飞机维修基地、中关村南方总部基地、欧洲进口商品批发及社区便利零售系统、中外运敦豪航空快递处理中心、华远·海蓝城、华龙航空基地、八百里海鲜保税分拣加工及销售平台、联东U谷航空产业园、宝湾临空智慧物流产业园、弘楚医药长沙药品进口口岸及仓储物流分拨中心等15个临空偏好型项目签订框架协议或合作备忘录，总签约金额300亿元。

现代服务业

【概况】 2017年，长沙县服务业增加值437.16亿元，比2016年增长12.1%，占GDP比重30.6%，比2016年同期高0.9个百分点；“四上”服务业企业从业人员4.03万人，比2016年增长12.6%，占全部“四上”企业从业人员比重18.3%；服务业税收73.3亿元，比2016年增长24.6%，占全部税收比重35.2%；服务业固定资产投资685.64亿元，比2016年增长50.9%，占全部固定资产投资比重62.4%；服务业招商引资实际利用资金总额115.48亿元，比2016年增长40.2%。出台《长沙县人民政府关于推进工业企业主辅分离促进生产性服务业发展实施意见（试行）》和《长沙县人民政府关于鼓励支持个体工商户转型升级为企业实施意见（试行）》，在全市首推“个转企”和“企业主辅分离”工作。出台《长沙县现代服务业发展实施意见》《长沙县服务业发展综合考核办法》《长沙县现代服务业集聚区认定管理办法》《长沙县现代服务业总部企业认定办法》以及《长沙县综合体认定建设标准》等规范性文件，“1+N”政策扶持体系基本形成。全面启动2017年现代服务业政策兑现，40个项目奖补资金1410.93万元。“实泰物流供应链体系标准化托盘运用”等6个项目纳入长沙市供应链体系建设试点，长沙黄兴海吉星国际农产品物流园、长沙龙翼文博（开慧）文化产业园等10个重点项目和新长海服务外包基地1个重点楼宇入围长沙市“三百工程”。

【第七届“华为生态伙伴大会”】 3月9日，第七届“华为生态伙伴大会”在长沙国际会展中心开幕。本次会议主题为“因聚而生”，全国各个领域1万多名生态精英到场参会。大会首日，华为副董事长、轮值CEO徐直军发表“拥抱公有云，共建云生态”主题演讲；华为企业BG总裁阎力大进行“平台、生态、未来，共赢行业数字化转型大时代”主题演讲。

【构建“1+N”现代服务业政策体系】 2017年，长沙县出台《关于加快发展养老服务业实施意见》，重点支持居家养老、社区养老、公办养老机构及社会资本兴办养老机构发展。《关于加快旅游产业发展若干意见》明确，设立旅游发展专项资金，对符合条件旅游项目加大财政支持及用地保障。出台全市首个《关于鼓励支持个体工商户转为企业实施意见》，对个体工商户转型升级“四上”企业，在市、县分别奖励1万元基础上，再一次性配套奖励2万元。出台《关于推进工业企业主辅分离促进生产型服务业发展实施意见》，对分离新成立“四上”标准服务业企业，按照县级经济发展贡献度50万元以上，给予县级经济发展贡献度100%奖励；50万元以下，给予80%奖励。

【广汽菲克世界级制造学院落户长沙经开区】 12月下旬，广汽菲克世界级制造学院（简称WCM学院）在长沙宣布落成，它也是菲克集团全球第三家、亚太区首家WCM学院。WCM学院坐落于长沙经开区广汽菲克长沙厂区内，学院包括3个大型实训场，7间多媒体培训室，下设模拟生产线、销售培训中心、安全道场、设备专业维护等区域，培训内容涵盖整车制造、成本部署、物流与售后服务、能源环境等课程，配备专职讲师、可同时容纳140个学员培训。

对外贸易与经济合作

【概况】 2017年，长沙县外贸进出口总额46.52亿美元，比2016年增长45.8%，总量占全省12.9%，占全市33.5%，其中出口22.79亿美元，比2016年增长75.6%，进口23.73亿美元，比2016年增长25.4%。对外承包工程和劳务合作营业额10715万美元，比2016年增长48.06%。有进出口实绩企业增至267家，新增外贸获权企业202家，破零企业108家，倍增企业51家。全县与全球150余个国家和地区建立经贸关系，产品出口到140

余个国家和地区，进口来源地也拓展至60余个国家和地区。进出口产品机电产品为主，占比76.2%。与一带一路沿线国家和地区贸易快速比上年增长，进出口额10.64亿美元，比2016年增长113.6%。长沙临空经济示范区获批成为第7个国家级临空经济示范区，黄花综合保税区半年建成运行并进出口额近8亿美元。开通湖南首条定期国际全货机航线（长沙—越南胡志明市）。出台《关于建设开放型经济强县若干意见》《长沙县、长沙经开区开放型经济战略行动方案（2016—2020）》，顶层设计日益完善。率先在全省出台“三同”工程实施方案，成为全省开展“示范区+同线同标同质”模式首个试点区域，出口品种增至41种，农产品远销63个国家和地区，食品农产品出口额1.05亿美元，比2016年增长54.41%。

【黄花机场获批进境食用水生动物指定口岸】 3月上旬，国家质检总局公布全国第二批进境食用水生动物指定口岸名单，长沙黄花国际机场口岸名列其中，成为湖南首个进境食用水生动物指定口岸。这标志着国外鱼类、甲壳类和软体类等鲜活水生动物，可以通过长沙黄花国际机场，直接进境湖南。新增食用水生动物指定口岸后，外贸企业生产成本将降低10%至20%。

【推行农产品内外销“三同工程”】 5月8日，长沙县首个农村进出口食品农产品销售专区在路口镇集镇开市，这也标志着长沙县在全省率先启动全面推进国家级食品农产品出口示范区内外销产品“同线同标同质”工程。长沙县创建150个标准化生产基地，追溯体系建设，启动生产企业、大型商超电子追溯试点。

【出口食品农产品质量安全示范区通过2017年国检】 7月26–28日，长沙县国家级出口食品农产品质量安全示范区通过2017年度国检。自2014年11月长沙县获批国家级出口食品农产品示范区以来，出口品种41个，茶叶、食用菌、蔬菜、水稻、水果产业全覆盖，出口范围涉及俄罗斯、美国、马来西亚等63个国家和地区。

【三一重工签8600万美元海外订单】 11月中旬，三一重工与科威特工程建筑承包商签署设备采购协议，三一重工将向其提供约8600万美元工程设备，产品包括汽车起重机、挖掘机、旋挖钻机等全系列产品近600台，这是三一在中东市场迄今最大一笔国际订单。本次采购600台设备，将主要用于科威特国家基础设施建设项目，大力助推“一带一路”倡议在中东地区落地，区域双赢。

【湖南省首条定期国际全货机航线开通】 12月2日上午，长沙—胡志明国际货运专线首航仪式在长沙黄花国际机场举行。该航线是湖南省开通第一条定期国际全货机航线，弥补长沙国际航空全货机航线空白，标志着长沙国际航空货运产业发展全面起航，对助推长沙打造内陆开放型经济新高地具有重要意义。（陆　林）

粮油购销

【概况】 2017年，全县收购原粮13.7万吨，销售粮食22万吨，购销两旺；国有天华粮食购销有限公司完成利润35万元。及时轮换县级储备粮油，新粮入库前，完成3621.5吨储备粮、1000吨储备油轮换，上半年度拨付各储备粮油企业费用133.27万元，下半年度拨付费用185.23万元；5月，对全县7家粮食规模企业，82栋仓库181157吨原粮开展粮食库存清查，全县粮食库存数量真实、账实相符。完善优化监督检查新体系。全县最低价稻谷处置监管工作涉及2个出库企业和2个转化饲料企业，其中出库任务11391吨，异地调入加工转化量5309吨；开展“大快严”集中行动，开展全县范围内政策性粮食安全隐患大排查、快整治、严执法集中行动督查；依法做好粮食行政许可工作，完成粮食收购许可证及统计核查工作，全县核发粮食收购许可证34家，延续许可证31家，注销3家；认真执行国家粮食流通统计制度，完成全县粮食流通统计年报、全县社会粮油供需平衡调查和农户储粮调查、日常粮食价格信息监控和稻谷入库进度收集上报以及《国家粮食流通统计制度》专项检查。严把粮食行业安全关，提升粮食安全保障力。加强技防做好安全生产工作，9月22日，开展粮食行业消防安全应急演练，组织10个粮食规模企业安装11台粉尘防爆报警器；认真履行食品安全监督职责，每季度对粮食企业开展食品安全检查，实行粮食项目食品安全联审制度，做好稻谷采样，全县14个镇（街）和粮食企业抽取154份样品送检。组织实施粮食项目申报与考核，开展财政项目资金绩效评价工作，推动长沙县规模收储企业申报创建星级粮库建设，上级扶持资金1226.87万元；重点抓好县级粮食储备库项目建设，路口镇明月村新建一座仓容3万吨粮食储备库，项目总投资6400万元。选定第一批24家粮食经营企业（门店）县粮食应急保障网点，安排 36 万元用于应急网点奖励，每个镇（街）至少挂牌 1 家应急保障网点，11 月下旬，开展应急演练，完成各项演练科目；推广粉尘防爆预警系统安装应用，全县粮食规模加工企业加工车间全部安装粉尘防爆预警系统；推进高标准粮库建设，10 月国家粮食局科学研究院科技示范库落户长沙县。

【第十五届中国国际粮油产品及设备技术展示交易会】 10 月 27 日，第十五届中国国际粮油产品及设备技术展示交易会在长沙县黄兴镇长沙国际会展中心开幕。本届展会是中国国际粮油产品及设备技术展示交易会首次落户长沙。展出面积 41000 平方米，标准展位 1611 个，创历届新高。全国 30 个省（区、市）、计划单列市粮食部门及企业组团参展、参观。参展企业 659 家，参展产品 3000 余种，米、面、油、杂粮等粮油加工产品和粮机设备产品为主。本届展会有 9 个贫困州县的 30 余家企业到场参展，大力宣传展示贫困地区特色产业，促进招商引资，扩展帮扶项目等，引导带动行业内外帮扶资源向贫困地区汇聚。（杨　瑶）

烟草专卖

【概况】 2017 年，长沙县烟草专卖局（分公司）销售卷烟 4.49 万箱，销售收入 13.32 亿元，税利 4.27 亿元（其中上缴税收 2.52 亿元，利润 1.75 亿元）。获评“2016 届湖南省文明标兵单位”“2016—2018 年全省依法办事示范窗口单位”。

专卖监管。严打“假、私、非”。加深与市质监局、公安的联合执法机制，加强与邮政、物流、铁路等部门的协作，重点打击互联网涉烟犯罪和大案要案。查获各类违法案件 624 起，涉案卷烟 3599.28 万支，涉案金额 2134.54 万元。破获假烟网络案 2 起，（其中 1 起国标、1 起省标）；端掉辖区真烟囤积仓库 14 个；依法依规取缔或劝退 33 个违规销售大户。加强市场监管，年末在网运行户 3344 户。依托商事平台，加强行政许可管理，将证件办理职权下移至站所，提升办理效率；推进 APCD 市场监管平台落地实施，规范执法程序，规范文书制作，全年无行政诉讼、行政复议案件发生。严管生产经营，强化非法流通治理，坚持市场调查与案件分析相结合、传统方法与新型技术相结合、日常监管与定期检查相结合，加强监管。

卷烟营销。推进卷烟营销，召开各类会议 19 场次，宣讲规范经营政策等，提高员工和零售户的规范意识。以国家烟草专卖局规范经营专项督查为契机，多次开展地毯式自查整改，完善大户信息档案 289 户，整改异常客户 293 户，责令停货整改 103 户，注销违规户 285 户，全方位加强规范经营。开展二类烟、细支烟、新品烟的精准品牌培育，促进卷烟落地消费；发挥站所服务职能，提高服务质量和时长，提升客户满意度。开展品牌培育 16 场次，销售省外卷烟 1.35 万箱，占总销量的 30.07%；细支卷烟 1186.6 箱；二类烟 3941.31 箱。毛利润 4.04 亿元。创新营销，完善机制，对价格自律互助建设和农村服务站所建设中发现的问题逐一解决，推进自律小组建设精细化。年底，建成 63 个自律小组，成员 1803 户（占零售户总数的 49.98%）。召开自律座谈会 15 场次，处理各类违规经营客户 221 户（郑仙芬）

供销合作

【概况】 2017 年，供销系统营业收入 5.6 亿元，利润 2180 万元，上缴各种税费 400 万元。新增机关全额拨款事业编制 3 名，增加一个内设科室和一名领导职务，增加农村电子商务、再生资源回收与利用两项职能；聘用 4 名劳务派遣人员、接收 2 名退役士官。成立长沙县深化供销合作社综合改革改革领导小组，制定“政府主导、市场主体”“主导办社”改革定位方针。组织开展供销综合改革发展环境专项调研。8 月底成立长沙兴社供销社有资产经营管理有限公司。开通“长沙县供销社”微信公众号，全年推出改革新闻报道、政策宣传 60 多期。提升改造路口基层社、重点建设浔龙河村惠农综合服务社。成立长沙县浔龙河供销综合服务有限公司，成立村级惠农综合服务社，着力从“党建、村建、社建”“三建合一”和发展壮大村级集体经济。建立健全绿色农产品和农资供应途径，路口供销社和通超市创办进出口商品专区，美丰农资公司建立农资溯源系统。

全年储备化肥 17950 吨，储备金额 3526 万元，其中尿素 1700 吨、钾肥 350 吨、复合肥 15900 吨。长沙县供销社新三维公司聘请湖南农业大学、省农科院专家教授和高级农化宣讲专员及农技师进行农化宣讲暨土壤改良修复专业培训：课堂教学 4 期、田间地头科普 10 期，直接造福 300 多名县内从事农作物种植专业合作社成员、种粮大户、家庭农场主和种粮农户。此外，路口、高桥、金井、开慧、果园等 13 个乡镇开展多形式农化知识宣讲，直接受益人 500 余人次；黄兴、春华、路口、果园等县内农业种植重点区域开展大面积土壤PH值检测，提供土壤改良和修复方案及办法，帮助农民增产提质、活化土壤、增加肥力、减少病害、降低农药残留等，直接受益人300余人次。（安　慧）

旅　游

【概况】 2017年，长沙县有国家AAAA级景区1个—杨开慧纪念馆，国家AAA级景区4个—黄兴故居纪念馆、锦绣江南生态农庄、湘丰茶博园、浔龙河生态艺术小镇；省级旅游名镇2个；省级特色旅游名村3个；有星级乡村旅游点43家（其中五星级乡村旅游点15个）；国家级旅游示范点1个；有省级旅游示范点7个；省级旅游购物点2个；旅行社6家；星级旅游饭店3家；金叶级绿色饭店1家；星级餐馆1家。全年，全县接待旅游人数1075万人次，比2016年增长27%；旅游收入115亿元，比2016年增长22%。

【浔龙河新春梦幻灯会开幕】 1月20日，由长沙县旅游局和湖南下乡客浔龙河文旅有限公司联合举办长沙县浔龙河首届迎春灯会开幕，为期1个月，贯穿整个春节假期。该灯展主题为“梦幻”和“亲子”，3000万个彩灯一起点亮园区，美轮美奂，为游客打造一场欢乐、浪漫视觉盛宴。灯会人气火爆，吸引30多万人参观。

2017年1月20日，浔龙河大型新春梦幻灯会盛装启幕　（曾秋媛　摄）

【油菜花旅游文化节开幕】 3月8日，主题为“春华春色 正好游玩”春华油菜花旅游文化节在春华镇百熙村启动。本次活动是由长沙县人民政府主办，长沙县现代农业创新示范区管委会、长沙县旅游局、长沙县农业和林业局、春华镇人民政府承办，春华镇百熙村民委员会、长沙县洞田香种植专业合作社协办。3月13日晚上，《新闻联播》春华油菜花航拍视频作为压轴画面，春华镇“油菜花经济”引起全国性关注。

【李世宏到长沙县调研旅游工作】 6月17日，国家旅游局副局长李世宏一行到长沙县开展旅游调研，实地调研果园镇浔龙河生态艺术小镇和地球仓酒店。他强调，要大力推进全域旅游发展，向全社会、多领域、综合性方向迈进，让旅游理念融入经济社会发展全局，浔龙河生态艺术小镇打造成为湖南甚至全国全域旅游示范区。湖南省旅发委主任陈献春、长沙市副市长陈中、长沙市旅游局局长易冒、长沙县政协主席王益枝、副县长黄泽红等陪同调研。

【长沙经开区获评港澳青少年游学基地】 7月25日，2017年港澳青少年游学推广活动暨内地游学联盟大会在长沙召开。“长沙经济技术开发区”被国家旅游局评为全国24家港澳青少年游学基地之一，也是全国唯一一家获此殊荣工业旅游基地。（章　行）

表 11

长沙县 2018 年星级乡村旅游区（点）情况一览

序号	星级	乡村旅游区（点）名称	地址
1	五星（共 15 家）	长沙市长沙县天艺山庄	安沙镇和平村龙家坪组
2		长沙市长沙县五福山庄	北山镇五福村
3		长沙市长沙县顺世生态休闲农庄	北山镇五福村杉树山组
4		长沙市长沙县德瑞山庄	北山镇青田村
5		长沙市长沙县福迎门华旺休闲山庄	长龙街道茶塘村班塘组
6		长沙市长沙县佳农现代农庄发展有限公司	果园镇杨泗庙社区下湾组
7		长沙市长沙县新江生态园	黄花镇新江村
8		长沙市长沙县华穗生态农庄	黄花镇长丰村
9		长沙市长沙县绿世界农庄	黄兴镇黄兴新村
10		长沙市长沙县开元九道湾农庄	黄兴镇蓝田新村
11		长沙市长沙县湘丰茶业旅游开发有限公司	金井镇脱甲村
12		长沙市长沙县锦绣江南	江背镇梅花社区
13		长沙市长沙县龙头井	江背镇古井
14		长沙市长沙县长沙慧润乡村酒店管理有限公司	开慧镇骄阳东路 57 号
15		长沙市长沙县长沙飘峰山庄有限公司	开慧镇飘峰山村
16	四星（共 8 家）	长沙市长沙县建阳山庄	安沙镇白塔村花门楼组
17		长沙市长沙县桂花塘山庄	安沙镇安沙社区
18		长沙市长沙县长沙陆家坝现代农庄有限公司	北山镇金星村
19		长沙市长沙县紫薇山庄	黄兴镇蓝田新村
20		长沙市长沙县崇源度假村	榔梨街道金托村
21		长沙市长沙县龙华山农庄有限公司	路口镇路口村
22		长沙市长沙县龙头尖山庄	金井镇龙华村
23		小顽国亲子乐园	黄花镇新江村
24	三星（共 16 家）	长沙市长沙县然奇农业科技有限公司	安沙镇三合村
25		长沙市长沙县长沙卓瀚生态农林产业发展有限公司	长龙街道湘峰村
26		长沙市长沙县余记影珠山休闲山庄	福临镇影珠山村
27		长沙市长沙县高桥镇茜草塘农庄	高桥镇高桥村
28		长沙市长沙县百录上游农庄	高桥镇百录村
29		长沙市长沙县石龙山庄	果园镇大河社区陶基组
30		长沙市长沙县源隆餐饮	黄花镇黄花村
31		长沙市长沙县紫霞山庄	黄兴镇沿江山村
32		长沙市长沙县板仓山庄	开慧镇板仓社区
33		长沙市长沙县七鑫农业科技开发有限公司	青山铺镇青山村
34		长沙市长沙县胖仔农庄	金井镇山笔村
35		鲸蛰（长沙）农业发展有限公司	开慧镇飘峰山村
36		湖南田茂现代农庄发展有限公司	开慧镇李家山社区
37		地锦蘑菇体验农场	路口镇荆华村方塘组
38		湖南松雅湖畔农业科技有限公司	安沙镇水塘垸村
39		长沙县源之溪农业发展有限公司	金井镇九溪源村堪上屋组 181 号

表 12

2017 年商品交易额亿元以上市场情况一览

指标名称	市场数量（个）	总摊位数（个）	年末出摊位数（个）	营业面积（平方米）	成交额（万元）
总计	5	4420	4419	1025538	4818768
一、按市场类别分组	—	—	—	—	—
1. 综合市场	—	—	—	—	—
2. 专业市场	5	4420	4419	1025538	4818768
生产资料市场	1	650	650	4000	11740
机械设备市场	1	650	650	4000	11740
农产品市场	1	2711	2711	297036	3101150
蔬菜市场	1	2711	2711	297036	3101150
家具、五金及装饰材料市场	1	237	237	11000	16740
五金材料市场	1	237	237	11000	16740
汽车、摩托车及零配件市场	2	822	821	713502	1689138
汽车市场	1	202	201	679032	1677420
机动车零配件市场	1	620	620	34470	11718
二、按营业状态分组	—	—	—	—	—
1. 常年营业	5	4420	4419	1025538	4818768
2. 季节性营业	—	—	—	—	—
3. 其他	—	—	—	—	—
三、按经营方式分组	—	—	—	—	—
1. 以批发为主	3	3981	3981	335506	3124608
2. 以零售为主	2	439	438	690032	1694160
四、按经营环境分组	—	—	—	—	—
1. 露天式	—	—	—	—	—
2. 封闭式	3	3533	3532	1010538	4790288
3. 其他	2	887	887	15000	28480

农业·水务

Agriculture, Water Conservancy

责任编辑　张　娜

综　述

2017年，长沙县农林牧渔业总产值119.2亿元，比2016年增长1%；农村居民人均可支配收入3.04万元，比2016年增长10%；农业综合机械化率79.3%；森林覆盖率50.2%。

坚持农业供给侧结构性改革主线，推进供给质量提升。粮食播种面积超过800平方千米，总产过50万吨，优质率85%。蔬菜产业结构调优内生动力增强，叶类菜、食用菌优势凸显，产值近20亿元。茶叶、小水果为主经作产业和花木产业，基地园区化、经营市场化进程加快，年销售收入超过30亿元。养殖业持续优化，“鑫广安”“佳和农牧”“盛大蛋鸡”“自成肉牛”“柳吉观赏鱼”等企业率先转型。协调推进种养端向加工端对标，培育中国驰名商标9个、中国名牌产品6个，省著名商标35个，农产品加工产值156.5亿元；“童年记”和“浏阳河”获批国家级农业龙头企业，“帝亿”和“望达”分别在中小企业板和新三板上市。休闲农业蓬勃发展，年接待游客668万人次，营收18亿元；新增国五星农庄3家、国四星2家；“慧润国际”“浔龙河”“小顽国”等经营模式日趋成熟。

开展新三年造绿大行动，环城绿带生态圈、乡村公园、绿色示范集镇、绿色村庄（社区）、绿色庭院等。落实生态公益林保护，重大工程林地指标。重金属污染耕地修复治理得到农业部和省政府肯定。落实畜禽污染治理工作，组织实施7个畜禽污染治理项目，配合开展“河长制”水污染防治。深入开展化肥使用量负增长行动，测土配方施肥、秸秆综合利用等技术广泛普及。有机肥施用面积逐步扩大，绿肥种植逐步恢复。

开展禁限用农药、“瘦肉精”、生猪屠宰“扫雷”等专项行动，配合查处各类违法案件51起。“三品一标”有效证书、认证面积居全省首位，创建“国家级出口食品农产品质量安全示范区”。推进病死动物无害化处理，年处理病死动物15608头。规模养殖场产地检疫率、屠宰检疫到位率实现两个100%。严抓森林防火，实现人员零伤亡、重大财产零损失。森林公安打防并举，破获刑事案件11起。全县林业有害生物防治面积7333公顷，农作物病虫害绿色防控面积1.67万公顷。松材线虫病防控应急措施到位，清理枯死松树1.5万株。

注重产业扶贫，按户均增收不低于5000元标准立项63个，帮扶贫困户2048户。强力推进惠农项目建设，两型村庄和新增粮食产能田间工程项目顺利。全面推进农村土地承包经营权确权登记颁证，14个镇（街）启动颁证。遴选技术指导员120名，指导科技示范户近800户。农机补贴一站式服务得到群众认可，农机装备不断更新，农机综合化水平79.3%。实施长沙县新型职业农民培育工程，组织各级各类培训和技术指导102期，发放各类资料15万份，培育各类种养大户3000多户。农业新品种、新技术、新成果得到广泛应用。完善农业保险体系，双季稻、山林和养殖业应保尽保。

蔬菜产销

【概况】 2017年，长沙县蔬菜播种面积2.77万公顷，总产量100万吨，总产值19.2亿元，其中食用菌种植面积215万平方米，产量2.7万吨，产值2.43亿元。完成207省道沿线万亩蔬菜示范片200公顷蔬菜基地提质改造工作。九农、回龙湖特色栽培模式、典型突出。大棚“春提早”“秋延后”栽培技术普遍应用，有效解决“淡季”本地菜空缺问题，大大增加菜农效益。制定水灾前后蔬菜救灾减损主要技术措施与建议及灾后恢复方案；组织发放救灾种子3.6万包，救灾种苗30万株，解决蔬菜播种面积200多公顷。企业自发成立农旅产业联盟促进一三产业融合发展，全面提升蔬菜产业整体水平和持续发展能力，现有回龙湖、绿悠朴、地锦等基地一三融合产业，并呈现出良好经济效益。增全省第二，活跃用户增长率第一；善融商城B2C交易额长沙地区第一；营销奇虎360集团，全面推进移动支付业务。在省行开展网络金融“高团联智”营销竞赛活动中取得第一名；获省行第一届网络金融业务知识大比武团体二等奖、知识抢答团体二等奖、实操个人一等奖等。

林木花卉业

【概况】 2017年，全县林地总面积77332.9公顷，森林总蓄积435.29万立方米，森林覆盖率43.63%，林木绿化率49.66%。全县花卉苗木种植面积8667公顷，年销售收入超过18亿元。开展新三年造绿大行动，强力推进57个重点绿化项目，全县创建绿色示范集镇1个、绿色示范社区1个、绿色示范村庄11个、绿色示范庭院667户、市级花园式单位10个；完成17个乡村公园建设；完成五边植树667公顷；建立、完善19个义务植树基地，义务植树150万株，义务植树尽责率90%以上。制定并下发《长沙县2017年度林业项目申报指南》，全年营造林1200公顷，其中人工造林534公顷（含武广高铁沿线造林33.4公顷，珍稀树种33.4公顷，油茶100公顷），新增封山育林667公顷，森林抚育1667公顷（油茶抚育534公顷），退化林修复334公顷。实施互联网+花木行动，建立电商平台，推进现代技术应用于花木产业生产、经营、销售，并加强新品种引进、新技术推广力度，全年举办四次培训班，培训人员超过300人次，提升从业人员专业素质，新办、换发苗木种子经营、生产许可证178本，基本形成南部花木展示，北部沿黄兴大道北延线拓展的格局。推进林业站“一站式全程代理”服务建设。4月20日，迎接全国标准化林业站建设观摩会；9月7日，国家林业局副局长李树铭到该县指导林业站“一站式全程代理”服务工作。

粮油作物

【概况】 2017年，全县粮食实收面积8.42万公顷，比2016年增长1.4%，总产量55.42万吨，比2016年增加0.56万吨，比2016年增长1.02%。水稻播种面积7.15万公顷，其中早稻种植面积3.53万公顷，平均每公顷产6吨；中稻播种面积346.7公顷，单产8.25吨；晚稻播种面积3.57万公顷，单产7.8吨。旱杂粮种植面积1.28万公顷，比2016年增加2193公顷，其中玉米播种面积3266.7公顷，高粱播种面积400公顷，其他谷物（秋收杂粮）播种面积40公顷，大豆1800播种面积公顷，绿豆播种面积193公顷，蚕豌豆播种面积1800公顷，红小豆播种面积30公顷，红薯播种面积2753公顷、马铃薯播种面积2333公顷。油菜籽种植面积8533公顷，比2016年增加2.4%，单产1.65吨，比2016年增长4.5%。制定《长沙县粮食绿色高产高效创建示范实施方案》，推进旱杂粮为主粮食绿色高产高效创建，黄花等镇创建特色玉米示范片。路口、青山铺等镇粮食主产区建立4个“早加晚优”模式万亩示范片。黄花、春华、果园、安沙、路口、青山铺、高桥、金井、福临、开慧、北山等11个镇加快建设高标准十万亩现代粮食核心示范基地。整合国土、农开、水利等项目投入资金1.2亿元，推进核心示范区与粮食产业综合体建设。

2017年，全县早稻集中育秧涉及14个镇（街），114个村（社区），早稻集中育秧面积1.69万公顷，占早稻播种面积47%。其中专业化育秧主体285个，专业化集中育秧面积4726.7公顷。向全县农户发放低镉早稻种子871.23吨、晚稻种子245.13吨、晚稻救灾种子93.1吨，随种配送强氯精、咪酰胺等消毒剂26万包，配套技术资料40万份。高档优质稻推广面积1.6万公顷，产量550千克，总产优质稻谷12万吨。黄花、安沙、果园、高桥、福临等镇建立5个综合型、创新型示范片，示范片高档优质稻种植覆盖率100%，并组装配套推广优质稻标准化生产操作规程。全县双季超级杂交稻“种三产四”丰产工程项目实施面积3万公顷。覆盖18个镇（街），195个自然村（社区），涉及10万余户。双季超级杂交稻项目实施面积3万公顷，早稻较前五年平均亩增产16.8%；晚稻较前五年平均亩增19.7%。两季总增产稻谷3.8万吨，亩平增加收入280元以上，增加收益10336万元。

养殖业

【概况】 2017年，全县出栏肉猪174.8万头，减少8.48%，存栏74.5万头，减少12.4%。生猪价格高位震荡，养猪效益出现反复，环保督查和县域内禁养区面积扩大，县内生猪出栏和存栏都有较大幅度下降。全县牛存栏2.33万头，出栏2.08万头，存栏减少18.2%，其中奶牛存栏300头；产奶1000吨，减少31.7%。羊存栏2.8万只，出栏2.6万只，增长7.7%。肉牛养殖户稳定发展，常年存栏100头以上养殖户稳定在40户以上。家禽存笼246万羽，家禽出笼254万羽，基本持平，产蛋8582.4吨，减少2.8%。全县放养面积约4140公顷，其中，池塘2940公顷，水库1200公顷，产量1.88万吨，基本持平。全县有水产苗种场3家，市级以上健康养殖场10家，省级休闲渔业示范场2家，有嫩仔鱼、黄鳝、泥鳅、翘嘴白、鲟鱼、甲鱼、青蛙、黄尾鱼、大闸蟹、水蛭、龙虾、淡水白鲳等特种水产养殖场15家；全县建有2个水产品质量安全监测站，5个鱼情信息测报点。

【动物检疫防疫】 推行规模养殖场（大户）程序化免疫、散养农户春秋季集中免疫和平时申报免疫相结合新型动物免疫制度。实行免费高致病性禽流感、口蹄疫、小反刍兽疫等3种动物疫病强制免疫。常年免疫密度95%以上，免疫抗体合格率70%以上。

【动物食品质量安全监管】 强化养殖投入品监管，检查兽药店、饲料店和兽药、饲料生产企业及大中型规模畜禽水产养殖场。发放监管公示牌，规范生猪检疫和“瘦肉精”同步检测，配合相关部门严厉打击违法销售不合格产品和贩运病死猪等违法行为，有效防止问题肉品流入市场。推进诚信档案建设，按“一户一档，分类管理”原则，督促畜禽水产养殖户和经营户建立诚信档案。设置动物检疫申报点23个，安排检疫人员进驻生猪定点屠宰场开展检疫，不定期对冷冻产品经营场所、屠宰场、养殖场等开展巡查，完善病死动物无害化处理机制，建成路口、高桥、福临等三个病死动物收集点，县无害化处理中心，全年处理病死动物11669头。

农业机械化

【概况】 2017年，长沙县农业机械总动力23.414万台/154.9万千瓦。机耕面积88000公顷，机耕率99.9%，机收面积72466.67公顷，机收率99.99%，机播面积27500公顷，机播率31%。水稻耕种收机械化综合水平79.3%。办理农机购置补贴625.106万元，补贴机具376台套，受益农户173户。新增大中型拖拉机49台，旋耕机71台，收割机57台，烘干机42台，插秧机28台，无人植保机械8台。申报“百千万”现代农机合作社16家，新增农机合作社20家。2017年，全县农机专业合作社102家。2017年度全国农机合作社示范社名单中，长沙县同展农机专业合作社被评为“全国农机合作社示范社”。推广农机新机具新技术。长沙县同展农机专业合作社承担长沙县工厂育秧基地建设，总投资480余万元，其中市农业委和市财政投资300万元，占地1.33公顷，建500平方米浸播叠催出苗一体化工厂一栋和12650平方米多功能育秧大棚。出苗一体化工厂内设浸种消毒区、脱水区、高速流水线播种叠盘区、催芽齐苗区，配置有日本矢崎等各种高新作业机械设备20余台套，建设两个面积60平方米智能加热增湿快速催芽齐苗智能密室日供苗量16200盘，季供苗能力约333.33公顷。多功能育秧大棚配套有通风、遮阳、国内成熟温室全方位喷淋设备。建设项目采用主要技术是水稻机插秧密室叠盘快速催芽齐苗新技术及“1+N”集中育供秧新模式。该技术由中国水稻研究所朱德峰研究员为首席专家研究团队所研发。全年育秧54万余盘，800公顷，推进全县机插秧发展。推进无人植保机械化。2017年，长沙县补贴农民购买无人机每台1万元。选送杨权等参加省推广站无人植保培训。全县新购植保机11台，植保面积4000公顷。桐子园农机合作社杨权6月购买无人植保机一台，对外作业400公顷，创利6万多元。油菜机械化和秸秆机械化综合利用。全县油菜种植8533.33公顷，冬种面积26666.67公顷，油菜机械化率72%。全县实施“三减量行动”，推广水稻插秧同步精量施肥机9台，无人植保飞机11台，生物质制肥机2台，减少农药用量10余吨，化肥15余吨。

【农机培训】全年举办农机培训5期，培训人员1500人次，考核农机驾驶员366人。举行农机现场演示会5场次，推广新机具、新技术3类。

【农机安全监管】全面落实农机安全生产责任制，成立农机安全生产领导小组。局与各农机专业合作社、镇（街道）与村、农机手签定农机安全生产责任状1800多份，形成一级抓一级、条块结合县、镇、村（农机合作社）三级农机安全监管网络。组织农机驾驶员开展农机安全宣传培训班15期，开展宣传活动6次。发放宣传资料3000余份，培训驾驶员1500余人次。创建“平安农机”示范合作社15个，完善农机安全监理网络，消除农机安全事故隐患。组织农机安全监理人员在春节、“两会”“安全生产月”和“十九大”召开期间大力开展农机安全检查活动。安排农机监理员和各镇（街）农机安全专干每周开展1–2次农机安全生产隐患排查治理。开展安全检查96次，排除一般安全隐患214个。全年培训考试各类农机驾驶员212人，补发、换证135人次。新注册上户农机253台，过户变更87台，注销长期脱检农机号牌、行驶证673台。农机年检审工作。参检农机1260台，检验合格1228台；上道路行驶拖拉机投保交强险978份，各类农机投保安全互助保险1450份，保费40.1万余元，处理农机理赔事故23起。检验合格拖拉机投保率100%；实现年检年审、交强险同步推进。

农产品加工

【概况】 2017年，全县有农产品加工业企业235家，产值完成156.6亿元，增长率7.7%；实现利润9亿元，比上年增长8%；新增固定资产投资4

2017年，捞刀河南岸风光带　　（杨春智　摄）

亿元。出口创汇2.1亿美元。主营业务收入2000万元以上62家，过亿元企业22家，省级以上龙头企业18家，其中国家级龙头企业2家（童年记、浏阳河），市级龙头企业85家，其中市级重点龙头企业22家。拥有中国驰名商标、中国名牌产品15个，湖南省著名商标35个。

休闲农业

【概况】 2017年，休闲农业与乡村旅游接待游客668万人次，同比增长10%，实现经营收入17.95亿元，同比增长6.8%。有休闲农庄140家，其中国5星6家，国4星3家，省星级21家，全国乡村旅游示范点1个，AAA级旅游景点1个，全国十佳农庄1个，全国最美农庄1个。休闲农业，锦绣江南：国5星农庄、AAA级旅游景点，园林、123产业综合经营为主，年产值1200万元；新江，国5星农庄，全国十佳农庄，以科普教育、综合性经营为主，年产值1100万元。（徐　泽）

表13

2017年农机水电能源一览

指标名称	计量单位	2017年	2016年	为2016年的%
农业机械总动力合计	千瓦	1549341	1534001	101.0
其中：1. 柴油发动机总动力	千瓦	1222101	1210001	101.0
2. 汽油发动机总动力	千瓦	131805	130500	101.0
3. 电动机动力	千瓦	190890	189000	101.0
4. 其它机械动力	千瓦	4545	4500	101.0
大中型拖拉机（混合台）	台	1099	1050	104.7
小型及手扶拖拉机	台	3500	3424	102.2
农用排灌柴油机	台	34500	34980	98.6
农用排灌电动机	台	21500	21520	99.9
农用水泵	台	52000	53600	97.0
联合收获机	台	3320	3256	102.0
农用运输车	辆	5460	5400	101.1
机耕面积	千公顷	88.1	85.9	102.6
机播面积	千公顷	23.5	23.4	100.3
机收面积	千公顷	76.1	76.4	99.6
农用化肥施用量（实物量）	吨	99500	102016	97.5
1. 氮肥	吨	36800	37445	98.3
2. 磷肥	吨	20780	21529	96.5
3. 钾肥	吨	9000	9306	96.7
4. 复合肥	吨	32920	33735	97.6
农用塑料薄膜使用量	吨	745	758	98.3
农用柴油使用量	吨	8800	8500	103.5
农药使用量（实物量）	吨	1586	1669	95.0

水　务

【概况】 2017年，水利建设投资8.02亿元，水利工程5000处。联合县行政执法局开展“河长制执法网格化管理”，办理涉河涉湖涉水案件103起。建立“河湖警长”制，联合各部门开展“河长制五大专项整治行动”，助推水生态水环境全面提升。该局水土流失治理面积6.7平方千米，小型水保工程48处；三座水质实时监测站建设、完善水质检测中心地表水检测设备；实施黄花与安沙垸区水系连通工程；启动福临影珠山抗战遗址公园天涧溪建设；榔梨、黄花工业园雨污分流管网改造建设及县七中、县二医院、榔梨街道老镇区污水管道建设；启动浏阳河、捞刀河及支流截污、污水管道建设；67座上型水库退出投肥养殖工作。全年审批水土保持方案53件，保有实施管理取水许可证25件，征收水土保持补偿费532万元。推进白石洞水库、金井水厂、星沙二水厂等项目建设；白鹭湖水厂深度处理及提质改造建设并投入运行，水质达直饮标准；春华镇石塘铺、武塘等村自来水通村工程；白沙至高桥自来水管网连通工程、白鹭湖水厂供水及补水工程、金井镇白石洞安置小区自来水入户工程等27个自来水工程；全面解决全县2.01万名建档立卡贫困人口饮水安全问题，年内新增农村自来水用户9万户。

【水务建设】 果园镇双江垸等堤防加固，刘家坪、太阳滩两座水闸除险加固续建等工程，逐步提高防洪减灾能力；实施双桥港、梨江港、花园港清淤，榨山港出口滩地复绿，花园港、梨江港整治等水系联通工程；启动草塘坳河、乔里河、三叉河、胭脂港工程建设，对捞刀河银龙村段约5千米河岸进行整治；启动重点中小河流金井河金井桥至老高桥段、金井河青山段及浏阳河南北垸防洪保护圈项目。全县投资7269万元“民办公助”山塘整修1351处、渠道336处、小型闸坝51处、机埠44处、高效节水14处，建设管灌等高效节水灌溉面积10.67平方千米。

【水务管理】 该县推进水利工程管理体制改革，新建视频监控站点25处，新增高清摄像头145个，新建水质监测站点5处，高效运用“长沙县智慧水务”移动APP，工程管理智能化、可视化、移动化。推进创新河湖管护机制体制改革和农田水利设施产权制度改革两项全国试点工作，探索工程运行管理新模式，出台《长沙县小型水利工程管理养护实施办法》，制定《长沙县水利工程巡查养护技术指南》，完善《长沙县小型水利工程管理养护考核办法》及《长沙县小型水利工程管理养护补助标准》，推进镇（街道）水利工程社会化、专业化管理，管理水库140座、堤防及其建筑物72千米、河道325.9千米、渠道202.6千米、水闸3座、人工湿地2处；农业水价综合改革，促进农业节水，建立“先费后水，节约有奖，超用加价”改革模式，被水利部评为南方水价改革样板；率先颁发全国第一本农田水利设施不动产登记权证，首次从法律角度明晰小型农田水利设施产权主体，出台《小型水利设施不动产登记操作指南（试行）》，全面高桥镇小型水利工程不动产登记任务，颁发不动产权证1100本。持续推动水利工程规范化管理，推进红旗水库管理所申报水利部工程管理考核验收；全县投资1466万元，全面基层水务站标准化建设。

【防汛抗旱】 2017年，长沙县强化应急管理制度建设，各级责任落实到位，成立或调整防汛抗旱指挥机构，明确相关责任，修订各类防洪预案，足额储备防汛物资；6月22日，该县指根据汛情发展，适时召开防汛会商会、防汛调度会、防汛紧急部署会议13次；6月30日，县长张作林组织召开防汛紧急调度会，全县提前14个小时按防汛二级响应对待；全市防汛Ⅰ级应急响应，县防指发布预警和值班短信20万余条，成功处置全县各堤垸大堤滑坡、管涌、散浸、漫堤、穿孔等大小险情360多处，设立集中安置点24个，集中安置受灾群众4000余人次，下拨紧急救灾资金300余万元和一大批物资，所有受灾群众均得到妥善安置。

【移民开发】 2017年，全县取消直补资格移民69人，拨付项目资金397.5万元，实施项目44个，其中交通建设项目16个135万元，水利建设项目17个161.5万元，新农村建设项目5个55万元，产业扶持项目6个46万元。组织项目验收，实行项目竣工验收制，确保移民项目工程建设质量。年内以“一卡通”形式拨付移民直补资金422.70万元、小水库移民扶助金直补到人58.91万元（其中县级财政配套移民口粮补贴49.5万元，市级小水库移民扶助金9.41万元），确保移民直接受益。安排产业扶持资金46万元，重点扶持茶叶、花卉种植等产业。年内培训移民574人，发放技能培训补助33.66万元，移民实用技术水平和就业创业能力明显提高。慰问特困移民103户，送去慰问金6.34万元。资助贫困移民大学生28人，发放助学金5.2万元。

（李　栋）

科学技术

Science Technology

责任编辑　张　娜

科技工作

【概况】2017年，全县财政科学技术支出5.26亿元，全社会研究与发展经费（R&D）投入95.7亿元。制定《2017年长沙县科技计划项目申报指南》，重点支持科技人才支撑（创业富民）、中小微科技企业发展、培育战略性新兴产业和高新技术产业科技支撑等5个方面。全年科技湖南省茶叶加工装备工程技术研究中心建设、适用于机械手传输汽车覆盖件模具研发与产业化等计划项目77个，安排资金1310万元；安排创新型试点单位5个，安排资金25万元；安排第十批共85名科技特派员派驻各涉农经济实体服务，安排资金452万元。全县获得国家、省、市各类科技计划支持项目53个、资金2181.6万元。全县转化科技成果850余项，智能化茶叶加工装备关键技术、北斗卫星通信及导航系统开发及应用、具有择优取向织构钽靶材料生产关键技术、化工精馏关键装备生产技术、农产品精深加工装备智能化技术、在线化学成份分析仪器制造技术、农作物高效栽培技术等50项关键技术获得突破。全县共有300余家企业先后与国内100多家高等院校、科研院所建立合作关系，共同针对制约企业技术瓶颈、产品升级换代、节能降耗等课题，开展技术研发和成果转化，掌握一批关键核心技术、提高企业产品市场竞争能力。成立湖南省首家博士创新创业园，13家由中科院、国防科大、复旦大学、湖南大学、中南大学等高等院校博士学历以上高层次人才挂帅高科技项目签约入园。2017年，全县完成技术贸易合同交易额14.3亿元。全县科技发展专项经费40%以上用于支持高新技术产业实施项目，全县高新技术企业中90%拥有核心知识产权，专利战略成为企业发展核心动力。全年新增国家高新技术企业41家，全县高新技术企业214家。全县高新技术总产值2040.052亿元，比2016年增长15.6%，完成高新技术增加值551.092亿元，比2016年增长9.7%，高新技术增加值占地区生产总值38.5%。2017年新创建长沙七鑫农业科技开发有限公司“四季水果特色产业科技示范基地”、长沙县崇农农业科技有限公司“无公害蔬菜特色产业科技示范基地”、长沙县金湘园农业科技有限公司“优质绿茶原料生产特色产业科技示范基地”和湖南鸿大茶叶有限公司“出口型有机绿茶特色产业科技示范基地”4家市级特色产业科技示范基地。全县共有省级科技特色产业示范基地1家、市级特色产业科技示范基地27家。全年向群众赠送各类科普资料10万余份，参与活动群众6万余人次。全年共举办讲座和培训班等方式开展辅导260次，培训农技服务人员15200人，为村民农户发放农技培训资料68500份，推广新技术205项和引进新品种293个，帮助农民提高科学致富本领，促进农民增产增收。新增湖南夏巍齐食用菌开发有限公司、湖南多彩生态农业有限公司、湖南格兰得芦笋开发有限公司等3家市级信息服务示范站，全县共有星火科技12396省、市科技助农直通车核心示范站30家。

【科技精准扶贫】全县科技精准扶贫工作采取“示范企业+扶贫对象”模式，重点培育科技扶贫示范企业，引导示范企业立足于特色产业，通过订单回购、优先包销、垫资回收、提供就业岗位等帮扶措施带动贫困户发展产业。12个省定贫困村均选派1名科技特派员，给予每村5万元科技项目经费支持，科技人员到贫困村服务覆盖率100%。

【长沙县首家科技专业支行挂牌】12月25日，华融湘江银行湖南省首家科技专业支行在长沙县挂牌。华融湘江银行、省科技厅、长沙县人民政府有关领导及县科技、县金融证券办等部门负责人和长沙县（区）三十多家高新技术企业和科技创新型企业参加挂牌仪式。华融湘江银行科技专业支行以县区科技型企业、高新技术企业金融服务为重点，加强科技、知识产权与金融结合，助推中小微企业发展。

【获评全国科技管理系统先进集体】县科技管理部门建设“服务型”机关，加强对镇（街道）、县直相关部门科技（知识产权）工作指导和协调，努力提升对基层、企业科技创新服务力度，科技管理效果成效显著，2017年，长沙县科学技术局获得由国家人社部、国家科技部联合评选为全国科技管理系统先进集体。

【获评湖南省知识产权工作先进县】全县健全知识产权工作体系，完善知识产权政策制度，加大知识产权工作财政投入，县域知识产权创造、运用、管理、保护能力显著提高，知识产权工作成为中部“创新发展”样板。2017年，全县知识产权工作获评湖南省知识产权工作先进县。

知识产权管理

【概况】2017年，长沙县印发《2017年度长沙县知识产权项目申报指南》，重点扶持全县知识产权试点示范单位培育工程、专利导航工程、知识产权质押融资补助、知识产权公共服务建设等项目。开展专利申请资助申报工作，鼓励全县企事业单位、发明人将创新成果申请专利保护，促进自主创新和社会经济发展。全年安排资金734.25万元扶持全县知识产权试点单位10个、示范单位10个、专利导航单位2个、专利申请补助2409件、知识产权教育试点学校10个，对6个国家、省级专利奖励安排配套奖励、专利质押贷款贴息补助、知识产权维权资金援助等，鼓励全县企事业单位、发明人将创新成果申请专利保护，全县专利申请量和授权量分别为4987件和2837件。其中，发明专利申请量为1765件，比2016年增长16.81%，占专利申请总量35.39%；发明专利授权量为483件，比2016年5.46%。全县万人有效专利26件。组织开展侵犯知识产权和制售假冒伪劣商品行动，加大生产源头知识产权保护力度、加强市场监督管理、加大刑事司法打击力度、加强保护和执法宣传等工作，维护县内专利权人与经营者合法权益，全年查处假冒专利案件78件。（王飞跃）

科普工作

【概况】2017年，县科协举办报告会6场次、科普讲座200余场次、科普展览27次、发送科普短信5000余条、分发科普资料10万余份，全县参与科普日活动市民3万余人次。联合科技局主办“科技活动周”活动，现场发放应急、种植、养殖、农机、健康科普等相关书籍800余册。联合610办举办“崇尚科学，反对邪教”系列知识宣传，受众2000余人次。组织科技工作者和部分“土专家”，围绕食品安全、健康养生、环境保护、种植养殖等内容，开展科普讲座200余场次，受益群众3万余人次。县电视台开辟“科普大篷车”专栏节目，全年播放52集104场次。

【开展科普宣传及科技咨询活动】为让广大群众更好地解科技创新，充分享受科技创新成果，10月31日，在榔梨街道土岭社区公园广场举行2017年“全国科普日”长沙县主场活动启动仪式。活动现场，设置环境保护政策宣传、科普系列读本免费赠阅、科技专家现场咨询等环节。其中，各科普协调领导小组成员单位在现场设立宣传台，发放综合、食品安全、节能环保、防震减灾、卫生健康等科普知识宣传资料8100余份。同时，还举行科普知识竞赛和科普讲座，组织科普大篷车科普展示、土岭社区科普馆科普体验，让大家体验科技创新给生活带来改变。通过形式多样科普宣传活动，给全民科学素质提升营造良好社会氛围。

【“科普中国社区e站”】建设220平方米土岭社区科普馆，采用全新模式打造升级版“科普中国社区e站”，以磁悬浮技术为主线，以互动体验为主要表现形式和手段，引导群众走近科学、解科学，激发科学探索热情，从而全面提高居民科学素质。榔梨街道土岭社区、青山铺镇青山铺社区2个科普中国·社区e站建设项目，获评国家“基层科普行动计划”项目。

（邓玲芝）

气象服务

【概况】2017年，县气象局秉承让气象服务更加智慧的服务理念，以公共气象服务和气象防灾减灾为工作重心，主要开展气象基础业务、气象防灾减灾、公共气象服务等工作。

气象基础业务。业务工作做到“三个稳定”，地面观测业务运行稳定，没有出现错情；区域自动站运行稳定，并更换43套站；气象服务开展稳定，重大天气过程基本把握准确。

气象防灾减灾。以县水务局实时监控和区域自动站资料叠加，形成气象监控平台，实时掌握全县气象实况动态。长沙县突发事件预警信息平台与“村村响”有效对接。现代农业与仓储物流短临预警系统投入运行。基本实现气象预警全覆盖。实现以自建预警设备转变为充分利用公共服务设施和新媒体发布气象预警的转变，理顺气象防灾减灾机制中政府、部门和社会的责任。“掌上星沙”即时推送预警信息，覆盖10万余人；“村村响”4500个大喇叭，覆盖全县；与移动公司试行预警信息全县域推送，7月1日试行推送1次，发送预警短信20.5万条；结合电视、短信、微信等方式，构筑立体发布渠道，基本实现气象预警信息全覆盖。

公共气象服务。紧扣“防汛抗洪”做前哨。6月22日至7月2日强降水过程中，及时向县委政府主要领导汇报，强化值班和服务流程，实行气象预警信息全覆盖，通过长沙县政府网及时公示气象情况，中国气象网和《气象报》以“村村响，小喇叭大显身手”为题进行报道，将《防汛抗洪气象服务纪实》发送至县委、政府主要领导、各镇街和各部门负责人，该局获评2017年长沙县抗洪救灾先进集体。灾后及时开展长沙县特大洪涝灾害评估，完成长沙县气象局应对2017年洪涝灾害自查报告，完成2017年特大洪涝水文气象评估专项报告。及时发布气象信息，提高民众获得感。开展重大活动服务，为国内首例顶推连续钢箱梁跨越磁浮快线开展现场气象服务，为妇幼保健院迁址、浔龙河旅游节、长沙县安全生产月启动仪式等活动提供精准气象服务。参加长沙县城区空气质量预警联动，从8月开始，开展为期3个月的“改善空气质量、开展人工增雨”工作。开发或完善安全生产、决策周报、重大工程保障服务、空气质量、森林防火等气象服务产品12种，其中决策气象服务周报每周星期一送达县委常委会供参考，并刊载于《每日县情》。

安全生产监管。与县安委办联合印发《关于加强防雷安全生产工作的通知》，与县安监局、县环保局联合执法，由单打独斗的监管格局转变为齐抓共管的良好态势。制订年度执法计划，与监管对象签订落实企业主体责任承诺书。开展120余次安全生产检查，巡查企业80多家，下发整改通知书21家。严格落实企业主体责任。7月，应邀为全县40余家非煤矿山企业负责人进行防雷安全生产培训；10月，开展防雷安全生产专题培训，与企业签订落实企业主体责任承诺书，实行一企一档管理，帮助企业进行防雷安全生产管理。开展气象安全生产预警服务。年内，采集县安监局、13个县安委会成员单位的部门责任人信息及所有安全监管企业负责人信息，开展气象短临预警服务。

基础设施建设。院内绿化、挡土墙结算、主体工程竣工验收，主体工程结算审计进入初审，引进物业公司着手物业管理。（孙潇棵）

附录：

长沙县2017年度气候影响评价

1. 综 述

在全球气候背景下，2017年长沙县灾害性天气频发，主要天气气候事件有暖冬、寒潮、连阴雨、雷暴大风、冰雹、暴雨洪涝、高温热害、雾、霾等，特别是6月下旬～7月初的特大洪涝灾害打破多项气象、水文数据历史极值，造成巨大损失。

2. 基本气候概况

2017年长沙县平均气温偏高，冬季平均气温为有气象记录以来的最高值；年平均降水总量正常，分布非常集中，6月22日～7月1日出现重度洪涝；日照正常略偏少。

2.1 气温

2017年平均气温为18.2℃，较历年异常偏高0.6℃，比上年偏高0.2℃。

2017年极端最低气温−1.7℃，出现在12月18日；极端最高气温39.5℃，出现在7月27日。

2017年长沙县冬夏偏长，春秋较短。入春时间为3月19日，较常年提前4天；入夏时间为5月10日，较常年提前17天；入秋时间为10月11日，较常年推迟21天；入冬时间为12月6日，较常年推迟15天。全年无霜期为306天，上年度终霜日出现在2月13日，本年度初霜日出现在12月17日。

2.1.1 气温的时间变化

（1）气温的四季特征

2016～2017年冬季平均气温为8.8℃，较常年同期异常偏高2.3℃，较上年同期偏高1.2℃。根据湖南省气候标准，长沙县2017年冬季为暖冬，冬季平均气温为有气象记录以来的最高值。冬季气温总体呈上升趋势，气温倾向率为0.37℃/10a，但在近20年中起伏变化较为剧烈，极端“暖冬”“冷冬”事件的发生频率增大。

春季平均气温为18.0℃，较常年同期偏高1.0℃，较上年同期偏高0.2℃。从11年滑动平均曲线上看，春季气温在1998之前属于偏冷期，1998年之后为偏暖期，气温倾向率为0.44℃/10a。

夏季平均气温为28.0℃，较常年同期正常略高0.3℃，较上年同期偏低0.4℃。夏季气温的年际变化相比于其他季节较小，大多年份在平均值（27.7℃）±1℃之内，气温倾向率为0.18℃/10a。

秋季平均气温为19.1℃，较常年同期正常略高0.7℃，较上年同期偏高0.3℃。从11年滑动平均曲线上看，秋季气温在2000年之后持续为偏暖期，气温倾向率为0.37℃/10a。

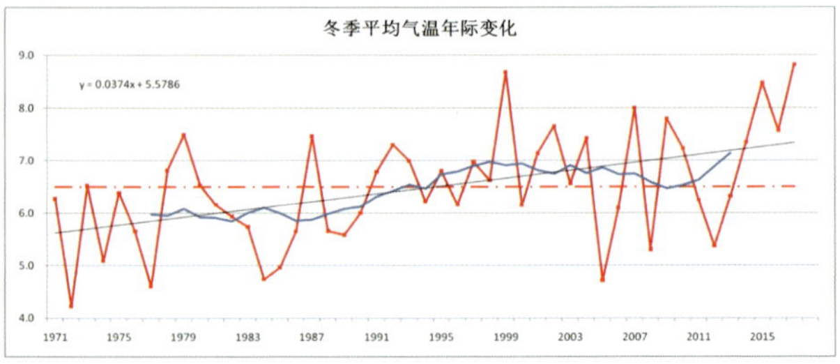

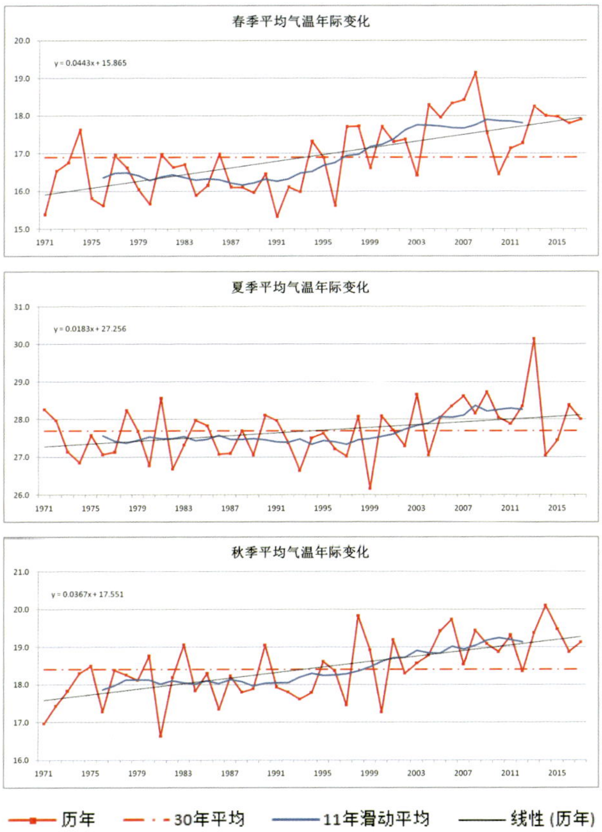

图 2-1 长沙县四季平均气温年际变化曲线（单位：℃）

（2）气温的年内变化

2017 年 1 月气温异常偏高；7、8、9、12 月偏高；2、3、4、5、11 月正常略高；10 月正常略低；6 月偏低。月平均气温最高值出现在 7 月，最低值出现在 1 月（图 2-2）。

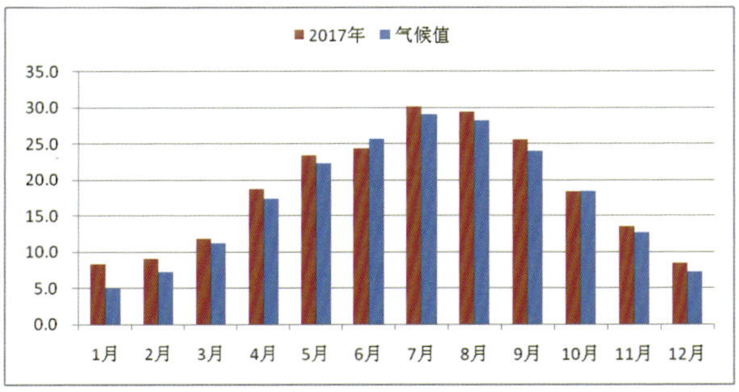

图 2-2 2017 年长沙县逐月平均气温与历年平均对照

2017 年共出现 4 次高温过程，分别出现在 7 月 12 ～ 17 日、7 月 21 ～ 30 日、8 月 2 ～ 8 日、8 月 17 ～ 25 日，均为轻度高温热害。年内没有出现连续 5 天日平均气温≤ 0℃的严寒期。

（3）气温的历年变化

图 2-3 为长沙县平均气温年际变化曲线。从 11 年滑动平均曲线可知，1997 年之前为偏冷期，平均气温在 17℃附近震荡，1984 年出现最低值 16.4℃；1997 年之后为偏暖期，在 1998、2007、2013 年出现 3 个波峰，最高值为 2013 年的 18.7℃。气温倾向率为 0.34℃ /10a。

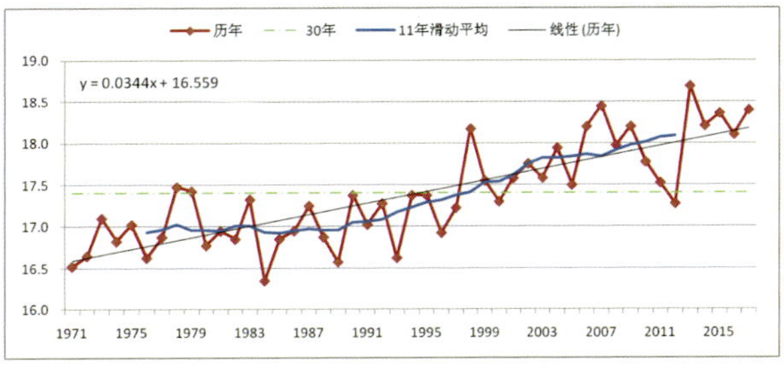

图 2-3 长沙县平均气温年际变化曲线（单位：℃）

2.2 降水

2017 年长沙县降水量 1495.7 毫米，较历年偏多 22.8 毫米，属正常年份。

2.2.1 降水的时间变化

（1）降水的四季特征

冬季降水前多后少。2016 年 12 月偏多；2017 年 1 月、2 月均偏少。

春季降水同样呈现前多后少的趋势。3 月显著偏多，为历年第四高值；4 月偏少、5 月正常。

夏季降水显著偏多。6 月异常偏多 1 倍以上，为历年第三高值（次于 1998 年和 1969 年）；7 月偏多；8 月偏多。

秋季降水总体偏少。9 月偏少；10 月总体显著偏少；11 月偏少。

（2）降水的年内变化

2017 年各月降水量与历年同期相比， 10 月显著偏少，1、2、4、11、12 偏少，5、9 月正常，7、8 月偏多，3 月显著偏多，6 月异常偏多，总体而言分布很不均匀。

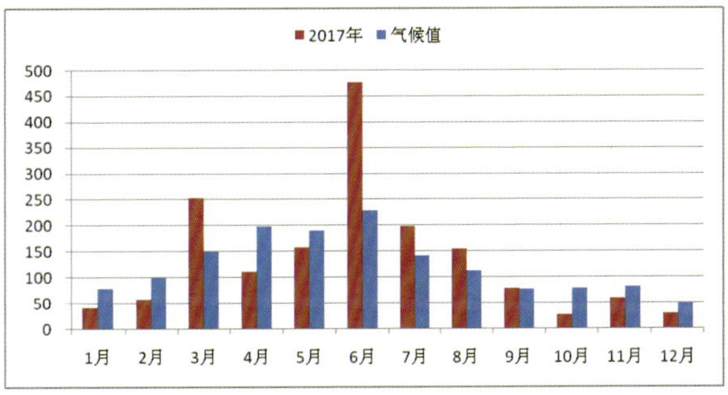

图 2-4 2017 年长沙县逐月降水量与历年平均对照（单位：毫米）

雨季从 3 月 5 日开始，较历年平均偏早 30 天；雨季结束均不明显，9 月中旬还出现区域性暴雨过程。

汛期（4 ～ 9 月）总降水量在 1023.0 毫米，与历史同期相比，偏多 9.1%。6 月 22 日 ～ 7 月 1 日，累计降水量均超过 400 毫米，达到“重度洪涝”标准。

（3）降水的历年变化

从降水的历年变化曲线可知，长沙县在 1976 ～ 1991 年为枯水期，1991 ~ 2003 年为丰水期；2003 年之后又转为枯水期，但在近几年有向丰水期转变的趋势。

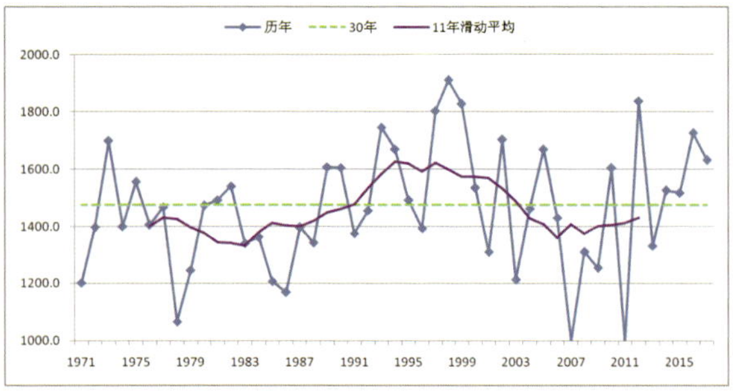

图 2-5 长沙县年降水量年际变化曲线（单位：毫米）

2.2.3 雨日

（1）雨日特征

2017 年雨日为 145 天，较历年平均偏少 10.2 天。3、6、11 月雨日较历年平均偏多，其他月份雨日均偏少。

从图 2-6 可知，长沙县年平均雨日呈震荡下降趋势，约以每年 0.44 天的速率递减，在 2003 年之后进入雨日偏少的时期。

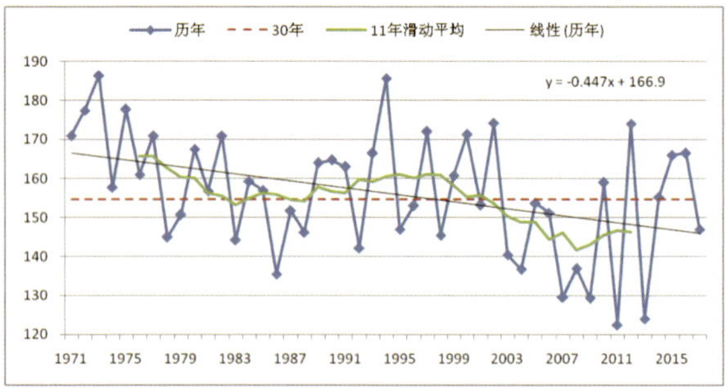

图 2-6 长沙县年平均雨日数年际变化曲线（单位：天）

	冬季		春季		夏季		秋季	
	2017	距平	2017	距平	2017	距平	2017	距平
长沙县	31	−8.5	50	−1.3	36	0.6	33	4.0

表 2-1 2017 年长沙县四季雨日与距平（单位：天）

（2）各级降水日数的历年变化

2017 年小雨日数 103 天，较历年平均偏少 7 天。11 年滑动平均曲线显示，长沙地区小雨日数呈震荡减少趋势，1987 年之前为偏多时期，1987 ~ 2003 年在平均值附近震荡，2003 年之后转为偏少时期，倾向率为 −0.6d/a。

中雨日数为 27 天，较历年平均偏少 2.1 天。11 年滑动平均曲线显示，中雨日数一直在平均值附近震荡，没有明显的增加或减少趋势。

大雨日数为 11 天，较历年平均偏多 1.1 天。11 年滑动平均曲线显示，1985 年之前，大雨日数为偏少期，1985 ~ 2000 年为偏多期，2000 年之后略偏少，但近几年处于上升的趋势中，倾向率为 0.3d/10a。

暴雨日数为 3 天，较历年平均偏少 0.5 天。11 年滑动平均曲线显示，1990 年之前暴雨日数为偏少期，1990 年之后转为偏多期，在 1998 年出现峰值，整体上升趋势明显，倾向率为 0.2d/10a。

大暴雨日数为 1 天，较历年平均偏多 0.5 天。11 年滑动平均曲线显示，大暴雨日数整体上升趋势明显，倾向率为 0.05d/10a。

从各级降水日数可知，雨日数和小雨日数均呈下降趋势，暴雨日数和大暴雨日数则呈明显的上升趋势，说明极端天气出现的频率在不断增大，洪涝、干旱等灾害发生的概率增加。

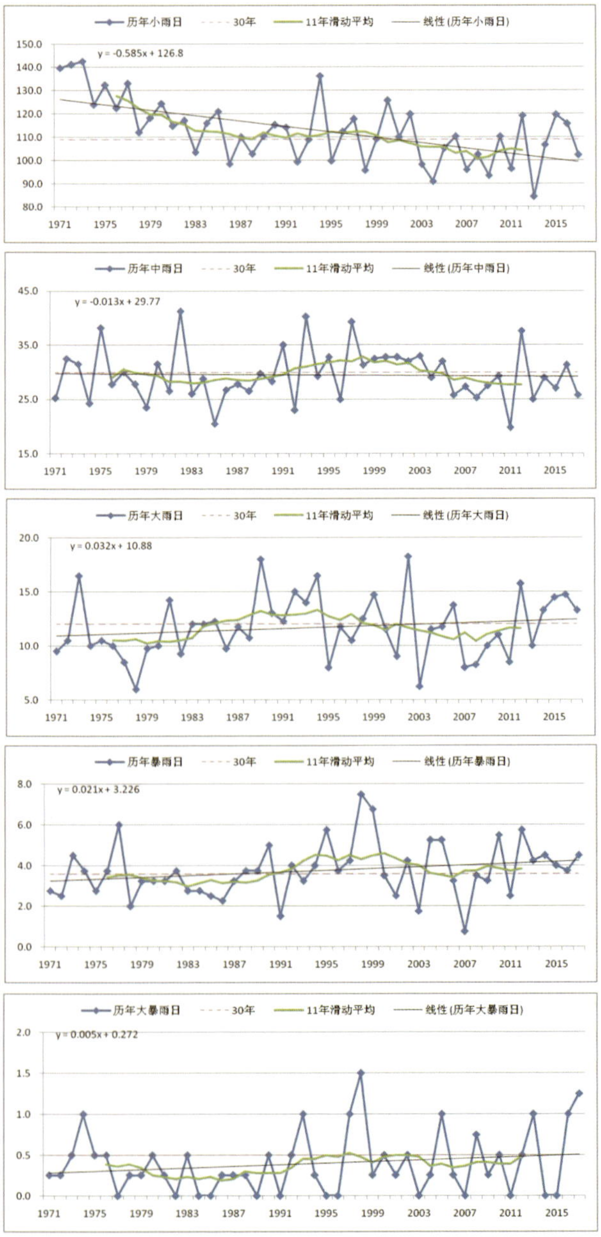

图 2-7 长沙县年平均各级雨日数年际变化曲线（单位：天）
（从上至下依次为：小雨、中雨、大雨、暴雨、大暴雨）

2.3 日照

2017 年长沙县年日照时数 1481.1 小时，较历年平均偏少 29.8 小时，属正常年份。

2.3.1 日照的时间变化

从日照时数的年际变化看，长沙县逐年日照时数总体上呈减少趋势，倾向率为 -1.2h/a（图 2-8），但在 2000 年之后震荡幅度较大。11 年滑动平均曲线显示，1990 年之前基本在平均值附近，1990 ~ 2003 年间属于偏少期，2003 年之后转为偏多期，2013 年出现一个峰值。

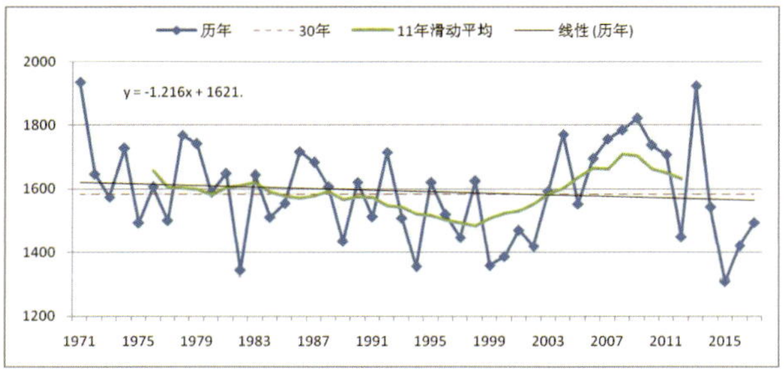

图 2-8 长沙县年平均日照时数年际变化曲线（单位：小时）

全年各月日照时数与历年同期相比，6 月显著偏少，3、9、10、11 月偏少；2 月显著偏多，4、5、7、12 月偏多；1、8 月正常（图 2-9）。其中 6 月日照时数为有气象记录以来的最小值。

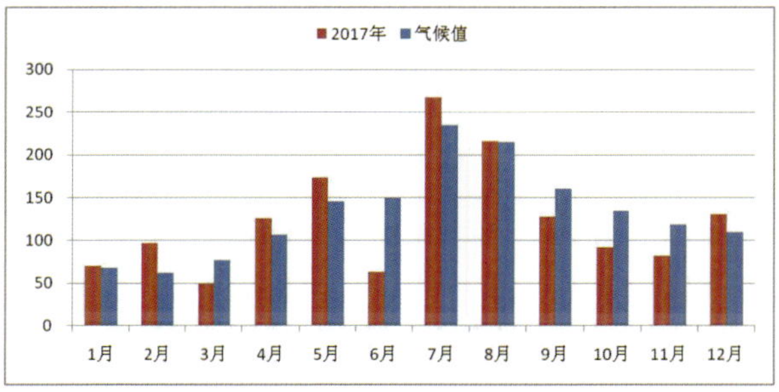

图 2-9 2017 年长沙逐月日照时数与历年平均对照（单位：小时）

2.4 风

长沙县的主导风向为 NNW，出现频率为 17.1%，NW 次之，为 16.4%，其他风向的频率均在 10% 以下；NNW 风向的平均风速最大，为 2.9 米 / 秒，超过 2.0 米 / 秒的还有 N、SE、SSE、S、WNW、NW（图 2-10）。

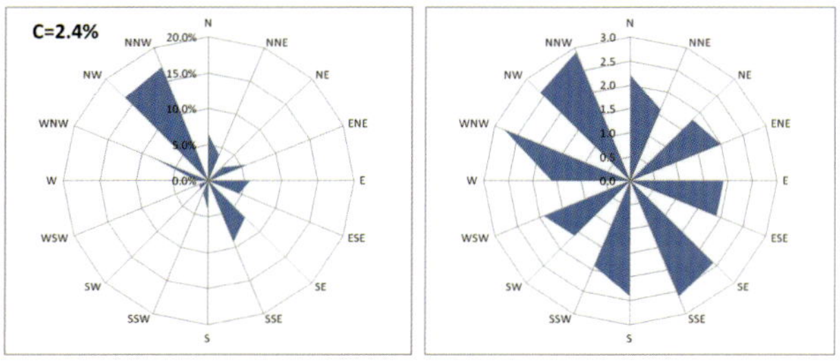

图 2-10 长沙县 2017 年风向（左）和风速（右）玫瑰图

3. 主要天气气候事件及其影响

2017 年长沙县灾害性天气多发，主要天气气候事件有暖冬、寒潮、连阴雨、雷暴大风、冰雹、暴雨洪涝、高温热害、雾、霾等。其中 6 月下旬 ~ 7 月初的特大洪涝灾害影响最为严重，造成巨大损失。

3.1 暖冬

2017 年冬季，长沙县气温距平为 2.2℃，按照湖南省气候术语地方标准，为暖冬。冬季平均气温为 8.8℃，为有气象记录以来第二高值。整个冬季没有出现明显的低温雨雪天气过程，对农业、交通、电力等行业有利。

3.2 寒潮

2 月 21 ~ 22 日全县出现一次大范围的寒潮天气，日最低气温 48 小时降幅均 ≥ 10℃，最低气温降至 1℃ ~ 2℃。由于最低气温在 0℃以上，也没有出现 8 级或以上的大风，总体而言影响不大。

3.3 连阴雨

3 月中旬前后，全县范围出现持续阴雨寡照天气。3 月 12 ~ 22 日，长沙县阴雨天气持续 11 天，达“中度连阴雨”标准。持续的阴雨寡照天气一方面对在地作物有不利影响，作物生长发育进程受阻，长势弱，病虫害偏重发生；另一方面造成双季早稻和春玉米无法正常播种，大面积播种较常年推迟。

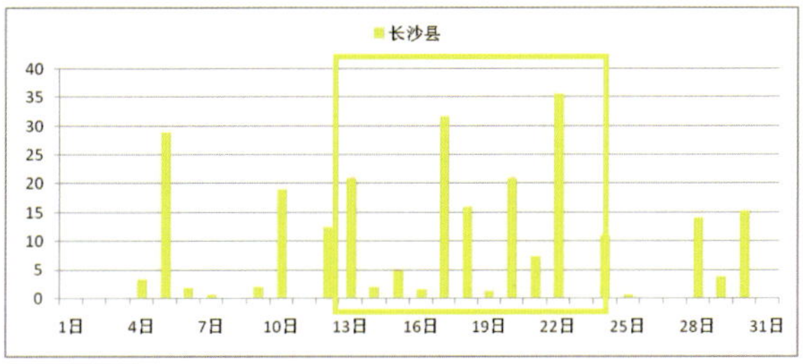

图 3-1 2017 年 3 月长沙连阴雨过程逐日降水量（单位：毫米）

3.4 雷暴大风、冰雹

雷暴大风：

7 月 26 日，长沙县出现雷雨大风，极大风速为 23.8 米 / 秒。

冰雹：

本年度无冰雹记录。

3.5 暴雨

2017 年长沙县共出现 8 次区域或全县性暴雨过程，分别出现在 3.22、5.22 ~ 23、6.1、6.5、6.10、6.24、6.29 ~ 7.1、8.14。全年 24 小时最大雨量为黄花镇赤石河坝 213 毫米（6 月 30 日），1 小时最大雨量为黄花镇赤石河坝 62 毫米（6 月 30 日 14 ~ 15 时）。雨水集中期出现在 6 月 22 日 ~ 7 月 1 日，黄花国家气象站 10 天累计雨量 468.3 毫米，打破历史极值 1998 年 312 毫米。

3 月 22 日东南部镇街暴雨　最大雨量 54.2 毫米（江背镇乌川水库）。

5 月 22 ~ 23 日全县暴雨，局地大暴雨　最大雨量 120.0 毫米（长沙县黄龙小学）长沙县大部分乡镇遭受洪涝灾害，其中金井、江背、黄花等镇房屋受损严重，农作物被淹。

6月1日 北部镇街暴雨　最大雨量64.7毫米(北山枫林村)。

6 月 5 日全县暴雨　最大雨量 84.9 毫米（北山枫林村）。

6 月 10 日全县暴雨　最大雨量 131.7 毫米（长沙县北山农气站）。

6 月 24 日全县大暴雨　最大雨量 185 毫米（黄花镇赤石河坝）。

6 月 29 ~ 7 月 1 日全县大暴雨　最大雨量 316.5 毫米（黄花镇赤石河坝），30 日、1 日连续出现大暴雨。

8 月 14 日城区及周边暴雨　最大雨量 97 毫米（安沙关山村）。

3.6 特大洪涝

2017 年 6 月下旬，西南季风爆发，异常偏强的西南气流维持在湖南地区，带来充足的水汽和不稳定能量，西南地区不断有低涡生成并沿着梅雨锋向东北方向移动影响湖南地区，加之副热带高压在西太平洋洋面上稳定维持，导致强降雨带在湖南地区南北摆动、长期维持。6 月 22 日 ~ 7 月 1 日，全县出现一次超历史极值的持续性强降水过程，具有强度大、范围广、持续时间长三个特点。受强降雨影响，境内绝大部分河流发生超有水文记录以来的特大洪水，全县多地遭受严重的洪涝灾害，损失巨大。

强降水主要集中在 6 月 23 ~ 24 日和 6 月 29 日 ~ 7 月 1 日，特别是 6 月 30 日 ~ 7 月 1 日连续出现大暴雨、局地特大暴雨。6 月 22 日 ~ 7 月 1 日，降水过程持续 10 天，全县平均累积雨量 430 毫米（图 3-3），超历史极值。过程最大累计雨量 588 毫米（黄花镇赤石河坝），最大 24 小时雨量 213（黄花镇赤石河坝），最大 1 小时雨量 62 毫米（黄花镇赤石河坝）。全市范围的情况，本次过程 3 天、5 天、10 天累积雨量均超过历史极值（表 3-3）。

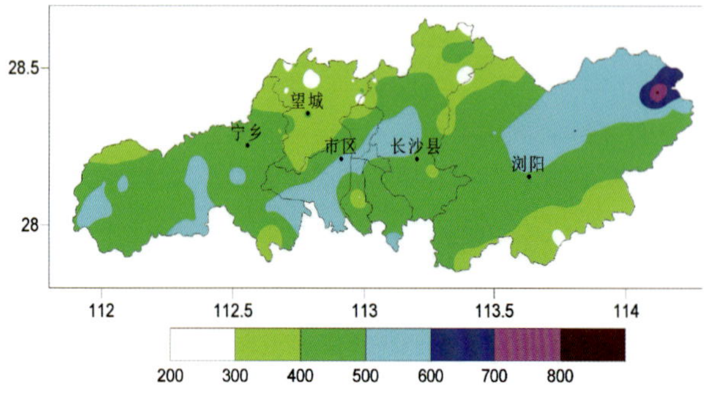

图 3-2 6 月 22 日 ~ 7 月 1 日长沙地区累计降水量（单位：毫米）

	最大 1 日雨量	最大 3 日雨量	最大 5 日雨量	最大 10 日雨量
1969 年 8 月	34.8	99.1	151.3	366.1
1998 年 6 月	缺测	102.9	157.9	312.5
2010 年 5 月	27.5	97	130.0	230.5
本次过程	42.9	108.7	152.6	468.1

表 3-1 6 月 22 日 ~ 7 月 1 日全县平均雨量与 1969、1998、2010 年对比（单位：毫米）

3.7 高温热害

2017 年≥ 35℃的高温日数为 36 天。全年共有 4 次高温热害过程，出现在 7 月 12 ~ 18 日、7 月 21 ~ 28 日、8 月 2 ~ 8 日、8 月 17 ~ 25 日，均达到“轻度高温热害”标准。

3.8 干旱

采用气象干旱综合指数 Ci 来进行气象干旱评价。当 Ci 指数连续 10 天达到轻旱或以上等级时，则确定为发生一次干旱过程，干旱过程的开始日为第一天 Ci 指数达轻旱或以上等级的日期。在干旱发生期内，当 Ci 指数连续 10 天为无旱等级时，干旱过程结束，结束日期为最后一次 Ci 指数达轻旱或以上等级的日期。干旱过程开始到结束期间的时间为干旱持续时间。根据上述定义，2017 年干旱过程有：8 月 1 日 ~ 12 日，持续 12 天；9 月 28 日 ~ 11 月 17 日，持续 51 天。

总体而言 2017 年干旱形势较重，9 月底到 11 月中旬旱情累计持续 50 天左右。

3.9 雾、霾

2017 年各地的大雾日数 56 天，与历年平均 23 天相比，显著偏多。

2017 年霾日数 2 天，分布出现在 3 月和 12 月。

教　育

Education

责任编辑　张　娜

综　述

【概况】2017年，长沙县有各级各类学校448所，学生179047人，教职工8466人。其中中职学校7所，在校学生15696人，教职工593人；普通高中8所，在校学生14118人，在职教职工1007人；普通初中32所，在校学生27424人，教职工1982人；小学144所，在校学生74759人，教职工2407人；幼儿园276所，在园幼儿46904人，在职教职工2445人；特殊教育学校1所，在校学生146人，教职工32人。

推进"成长体验式教育"德育项目，有107所中小学参与，参与率50%。高考一本上线率20.1%，二本上线率46.5%，高二学考、中考、体育中考一次性合格率分别82.8%、91.94%、97%。92所学校立项创建特色项目，57所学校（31%）创建特色学校，中南小学获评市级区域教育特色建设学校。"一师一优课"全县获14个部优、45个省优、93个市优，按比例居四区县市第一，获评全国算机表演赛最佳组织奖、长沙市中小学实验教学论文评选活动优秀组织奖。

新建中小学校13所、建成10所，改扩建学校18所，新建和改造公办幼儿园4所。全年竣工校舍61栋，面积231218平方米；在建校舍16栋，面积47345平方米；维修改造加固校舍19栋，面积25500平方米；新建和提质塑胶环跑运动场14个（其中10个竣工交付）。长沙县学校有优秀17所、良好29所、合格10所，优秀率居全市第一。五美中学、江背中学、金井中学、高塘坪小学、盼盼二小等5所学校创建县级两型学校，其中江背中学创建市级两型学校，东业晨曦小学创建县级零碳示范学校。全年重点建设项目14个。松雅湖二小、特立中学、大同星沙小学、泉塘二小建成投入使用。

平安校园建设。构建校车安全、食品安全、校园安全等综合治理体系。加强"三防建设"。全县校园保安和物业保安582人，城区学校全部配备钢叉、警棍、钢盔、防割手套、盾牌等安防器械；投入240多万元，41所学校安装电子监控，全县公办中小学幼儿园电子监控全覆盖；投入50万元为11所中小学校安装防雷设施。出台《长沙县镇街校车安全管理考核实施办法》，进一步落实属地安全管理责任。有222台标准校车，12004名中小学生及幼儿（涉68所中小学、87所幼儿园）提供校车服务。7月，全县63所学校（含幼儿园）遭受水毁灾害，涉及17个镇街。灾情发生后，全县教师停止休假，协助安置灾民。19所学校成受灾群众"临时家"，使用教室131间、礼堂3个、学生宿舍152间、教师宿舍6间，投入救灾资金280多万元，安置灾民4025人。教育系统措施得力，最大限度减少人民生命财产损失。全年中小学校、幼儿园未发生任何安全责任事故。县一中创建成"省级食品安全示范学校"；长沙县泉星小学、长沙县东业晨曦小学创建市级"安全文明校园"；六艺天骄幼儿园获评长沙市教育系统"综合评估优秀食堂"。长沙县松雅湖中学创建市级"毒品预防教育示范校"；金井镇双江小学创建市级"防震减灾示范校"；长沙县泉塘中学被评全国"扫黄打非"基层示范点。

推行阳光政务。长沙县教育阳光服务中心出舆情专报56期，印制阳光服务指南、入学宣传单3万余份，解答群众咨询8000余人次，在教育信息平台发布信息140余次，"星沙教育"微信公众号关注人数近5万，成县内影响力较大政务新媒体。

教师队伍建设。开展"做党和人民满意好老师"系列活动，表彰第二届"感动星沙十大魅力教师"10名，师德标兵10名，优秀教师和优秀教育工作者100名，2名教师评聘正高级（教授）教师；组建市级名师工作室2个，工作站1个，带动农村教师100余名。开展县级以上培训5428人次，其中80%以上指标面向农村教师；规范并提高教师待遇，设立长沙县政府教育奖励金，金额6768万元，对农村学校教师按500～900元/人/月实行工作补助，补助金额2600万元。

教育扶贫。发动教育系统人员开展精准摸查，确定全县建档立卡学生人数2411人。全县有13977名大、中、小学生受到资助，资助金额1642.2332万元，投入免费入学和家庭经济困难学生资助经费1.29亿元。其中，2501名建档立卡等家庭经济困难学生落实"补天窗"政策，补助资金186.49万；投入义务教育学校一费制全免及贫困寄宿生补助经费1.1亿元；发放普高学生国家助学金405.05万元，发放"中央彩票公益金"助学款40.4万元；发放中职学生国家助学金120.1万元，拨付中职学生免学费经费772.8万元；发放高校学生生源地信用助学贷款123.3万元，发放家庭经济困难学前幼儿资助金293.4万元。

全年获国家、省、市级誉40项，获第二批国家级农村职业教育和成人教育示范县、全国青少年五好小公民主题教育读书活动先进集体、全省推进教育现代化县市区分类监测结果排名第二、全省百佳学生资助工作单位等誉，长沙县泉塘中学获全国"扫黄打非”进基层示范点，国家、省级以上媒体深度报道345多篇（次）。

【教师轮岗交流】 制定《关于推进县域内义务教育学校校长教师轮岗交流工作意见》。全年交流轮岗463人，交流人数占符合交流轮岗条件人数71.8%；交流骨干教师122人，占交流人数18.9%。城乡中小学教师双向交流实行“城乡互联，结对建”，即城乡中小学互派交流人员学校结成对子，全县28所学校结对14组，互联建。通过采用自愿报名、资格审核、公开考试办法，公开选聘79名农村教师到县城学校任教。

学前教育

【概况】 2016年，全县审批注册各级各类幼儿园261所，普惠幼儿园149所。其中公办幼儿园35所，民办226所。全县有幼师2711人，保育员1365人，有学前教育大专及以上学历（不含在读）占幼师总数69.6%。园幼儿44514人，三年毛入园率98.7%，公办和民办普惠幼儿园在园人数68.8%。认定普惠性民办幼儿园14所，全县普惠性民办幼儿园总数149所。

普通中小学教育

【概况】 2017年，长沙县有普通高中8所，普通初中32所，小学144所，小学、初中学生年巩固率100%，高中阶段毛入学率98.6%。小学、初中综合差异系数分别0.322和0.256，义务教育均衡发展水平居全省前列。小学、初中适龄人口入学率均100%。出台《关于切实做好义务教育阶段招生入学工作实施办法》（长县办发〔2017〕42号）和《长沙县城区义务教育阶段2017年秋季新生入学办法》，下发宣传资料近万份。整体新建大同小学、泉塘二小、泉塘三小、蓓蕾小学、特立中学等5所学校秋季投入使用。2017年秋季城区中小学新增414个班、19110个学位，小学、初中起始年级班额严格控制在50、55人内。书香校园合格单位13所，书香校园创建单位9所。

2017年，开慧中心幼儿园　　（开慧镇 提供）

特殊教育

【概况】 长沙县有特殊教育学校1所，6～14岁三类适龄残疾儿童189人，三类残疾儿童入学率100%。推行《长沙县特殊教育提升划（2016年－2017年）》，全面启动县特校提质改造，全面推进随班就读、医教结合、送教上门工作，保障残疾学生公平接受教育。长沙县特校在全市特殊教育提升经验交流会上作典型发言。

职业教育

【概况】 长沙县职业学校现有长沙县职业中专龙头8所公民办中职学校，基本形成高中阶段教育普职学校布局合理、学校所数、办学规模、办学条件“四个大体相当”良好发展格局。通过规范管理，长沙县初中毕业生合理分流提供有力支撑，加快普及高中阶段教育提供重要保障。坚持产教融合、校企合作。鼓励支持县域内企业、中高职院校坚定产教融合发展道路。创建“国家级农村职成教育示范县”。第一期全国职业院校管理水平提升培训班、全国九市区职教协作会第30届年会“黄炎培大讲坛—校长论坛”、举办市中职学校机械车加工技术、装配钳工技术、数控铣加工技术、建筑工程测量、建筑CAD等五个项目技能大赛。长沙县职业中专新校区全面投入使用，与长沙龙井建筑质量检测有限公司合作，建成建筑专业校内产教融合基地。与中铁国旅合作，在星沙校区建成中铁国旅星沙分公司。除此之外，以县职专龙头职业学校与园区企业紧密合作，建校内实训基地和企业职工培训基地。长沙县职教中心与广汽菲克、德国博世、北汽福田、上海大众等知名汽车公司建校内实训基地。与长沙大众汽车、广汽菲克和博世汽车3家汽车企业合作同建成汽车检测实训中心。先后承担广汽菲克和新长福新员工培训，三一集团焊工培训，湘丰集团员工培训，新长福集团新员工培训，对接园区企业，着力建设校外学生实习就业基地，深化产教融合。县职专就业班均采用“2+1”和订单式人才培养模式，设立冠名班，建立县职专校外学生实习就业基地。对口升学。90人参加高考，其中一本上线10人，二本上线48人，本科上线率53.33%，600分以上14人。

社区教育

【概况】 2017年，长沙县新增21所社区学习中心，创建市级示范社区学习中心3所（㮾梨金拓、黄花路社区、福临铺社区），黎航、何艳梅等20位各行各业优秀人才入选长沙市社区教育优秀教师师资库，社区学校100%覆盖，培训合19万人次，比2016年增加1万人次；长沙终身教育学习网注册人数46349人。社区教育品牌。全年获国家级奖励7个，其中㮾梨街道学习型家庭群品牌在市全民学习周启动式上进行表彰和宣传。㮾梨街道申报第一批市老年教育示范基地，创新社区教育模式。组织参加国家省市各项竞赛，获4项优秀组织奖（国家级2项），其中曹辉《酸甜脆皮鱼》、陈金凤《长沙口味凉面》、王滋《小鸡炖蘑菇》《猪脚煲蛋》《铁锅泉水煮鱼》获全国奖，王深虎《渔乐生活》、梁学平《塔吊筑梦》获市一等奖。

民办教育

【概况】 2017年，全县有民办教育机构361个，含全日制民办学校11所、民办幼儿园246所、民办培训学校104所，在职教职工5122人（含民办幼儿园教职工3339人、全日制民办学校810人、民办培训学校973人），在籍学生46073人（含民办幼儿园幼儿38350人、全日制民办学校学生7723人）；民办培训学校年培训3.1万余人次。新增普惠性民办幼儿园10所，全县普惠性民办幼儿园总数158所，普惠率72.46%。印发长沙市教育局《致全体学生家长公开信》，印发《长沙县2017年清理整治无证办学实施方案》通知，成立联席会议制度，按步骤开展清理整治工作。

【民办教育党委成立】 11月5日，中共长沙县委非公有制经济组织和社会组织工作委员会同意依托长沙县教育局成立中共长沙县民办教育委员会，接受长沙县教育局党委、县委非公有制经济组织和社会组织党工委双重领导，统筹推进长沙县民办学校党建工作。中长沙县民办教育委员会设委员7名，其中书记1名，专职副书记1名，其他委员5名。下设湘郡未来实验学校党支部、碧桂园威尼斯中英文学校等6个支部。

【规范行政审批事项】 完善窗口工作职能，将民办教育中包括设立、变更和终止事项移交至政务中心教育窗口，完善教育局一站式服务工作开展。并修改《长沙县民办学校（幼儿园）设立、变更和终止事项服务指南和办事流程》，11月8日，上网供举办者直接下载。长沙县民办学校设立分筹设和设立两个阶段举措，避免举办者盲目投资，从源头减少无证办学机构存在可能性。

【民办教育管理事权】 加强和完善对民办教育监管，下发《长沙县教育局关于明确民办教育管理事权通知》，将相关科室对民办学校管理职责进行进一步分工和明确。从党建工作、教育督导、教育教学、教师培训、学生活动、财务监管、安全工作、文明创建、经费支持九个方面着手，强化教育行政部门对民办学校管理、指导和服务，切实民办教育机构解决实际问题。

家庭教育

【概况】 2017年，长沙县教育系统创办家长学校189所，其中市级示范家长学校12所，公办幼儿园家长学校1所；省级示范家长学校4所；县级示范家长学校78所，其中公民办幼儿园家长学校7所。在校家长学员87867人，全年全县举办家长学员培训208场，亲子活动486次，参加活动家长学员13.8万人次。创办市级示范家长学校2所，即高桥镇直荀小学家长学校，安沙镇时中小学家长学校。创办县级示范家长学校14所，分别是春华镇茶业小学、黄花镇石峰小学、黄兴中心幼儿园、干杉中心幼儿园、安沙镇毛塘小学、北山镇贝贝幼儿园、博爱幼儿园、新桥幼儿园、新云幼儿园、七彩精灵幼儿园、苗苗幼儿园、开慧镇白沙中学、金井镇脱甲小学、观佳小学等14所中小学、幼儿园家长学校。

（郑立键）

文化·体育

Culture & Sports

责任编辑　张　娜

文　化

·文化建设与管理·

【概况】 2017年，长沙县因地制宜突出地方特色，打造18个文化站，最小490平方米，最大4000平方米。全年建设提质改造市级示范性村级综合文化服务中心20个，建设村级文化广场建设20个，建成村级文化广场同时配有篮球架、乒乓球台、健身路径等设施。全年开展县、乡、镇三级群众文化活动246场次，2万余人次登上舞台一展风采。五悦星沙，文化惠民。全年送戏下乡90场次、送电影3032场次、文体广场送体育器材20套，农村广播村村响覆盖长沙县农村13个镇所有行政村，建有终端2263个，配备高音喇叭4526只，全面实现县、镇、村三级联动安全播出。举办“悦艺益课堂”，先后开展声乐、中国舞、戏曲等十个艺术门类课程，培训5000余人次。全年申报非遗省级传承人2人、市级传承人3人、认定县级非遗项目名录10项。编辑以民间故事、民间音乐为内容《长沙县历史文化丛书》，通过各种形式推进非遗保护和传承工作。举办喜迎中共十九大“欢乐潇湘 品质长沙 五彩星沙”系列群众文艺汇演活动，县级初赛、决赛掀起全县文艺创作新高潮，推选优秀文艺节目参加县级比赛，全县演出新创、新编节目220个。歌曲《村民最听党话》《长沙有个家训村》《冲里大姐》、小品《欢聚一堂》、打击乐合奏《锣鼓亭》等原创节目均由群众编、群众演，展示群众新风采，呈现长沙县文化特色。“欢乐潇湘”全省群众文艺汇演决赛长沙市专场，《锣鼓亭》获省级、市级金奖。《长沙有个家训村》《有间小店》获银奖。“悦艺星沙”贯彻十九大 挺进新时代2017年长沙县群众文艺优秀节目评选在星沙文化中心实验剧场举行。剧场装修、设备投资3000万元，可容纳560名观众。“不忘初心 牢记使命 开启新征程”——长沙县、经开区中共十九大精神学习宣传活动启动式，在星沙文化中心广场举行。县图书馆接待读者69.88万人次，办理读者证1.4万张，借出图书70.14万册。以“书香星沙”为主题，以“松雅书院”“道德讲堂”为平台全年开展有奖猜灯谜、“你读书、我买单”、全民阅读大讲堂、第五届“书香星沙”中华经典诵读活动、“松雅沙龙”等阅读活动366场次，组织、指导全县图书分馆、农家书屋开展各类阅读活动900余场次。树立“书香星沙”“小小管理员”和“松雅书院”等阅读品牌，组织200余位书香志愿者参与读者咨询导引、图书整理、文明督导等志愿服务2000余次。城乡13家图书分馆、280家农家书屋同构建服务基层“十分钟读书圈”。

开展主题为“湖南省爱国主义教育基地”“长沙市对台教育基地”和“中国华侨国际文化交流基地”系列活动，黄兴故居纪念馆年接待游客量40万人次，较去年增长11%。其中接受爱国主义教育未成年人21万人次，占全年游客量52.2%；接待大型团队100余次（含港澳台团队），部级接待1次。举办《和颂》——纪念黄兴诗文集发行仪式，故居宣传片“热土潇湘 魅力黄兴”撰稿、审核、拍摄工作，配合台湾媒体采访拍摄“魅力东方—走进长沙县”。徐特立故居纪念馆全年接待大型团队90余次，先后3次承办纪念徐老诞辰140周年活动，配合湖南省卫视采访录制清风明月廉政宣传片——徐特立：一本没有文字教科书，配合县电视台、星沙时报制作《清风星沙〈寻访廉洁文化〉徐特立“一本没有文字教科书”》。县文物管理局继续健全县、镇街、村三级安全网络，与不可移动文物使用人或产权人签订《文物安全责任告知书》，明确不可移动文物使用人或产权人责任和义务。配合重点工程建设勘探，长沙县人民医院项目建设用地、长沙市星沙强制隔离戒毒所项目用地、春华20兆瓦分布式光伏农业项目调勘工作；对江背至干杉高速公路规划选址沿线、长沙—浏阳天然气管道沿线、长沙—南昌1000千伏交流输电线路沿线及现代农庄项目进行实地踏查。实施文物保护工程，配合田汉戏剧艺术文化园建设，田汉艺术陈列室陈列布展内容设、田汉故居保养维护、田汉戏剧雕塑园群雕泥塑、田汉故居复原陈列设方案；

2017年10月30日，长沙县、经开区中共十九大精神学习宣传活动启动式
（星沙时报 提供）

李维汉故居陈列改版工程、许光故居以及柳直荀故居陈列改版设方案，对盛家老屋、常家祠堂进行抢救性加固；完善柳直荀故居、缪伯英故居、徐特立故居消防设施；更新徐特立故居、许光故居、陶公庙、田汉故居、柳直荀故居、武塘纪念亭六处文保单位防雷装置；棠坡清代民居排水沟整治工程、缪伯英故居维修工程勘察设方案编制、市级以上文保单位标识牌树立工作及第六批市保单位保护区划定工作。是年，长沙县获“全国服务农民、服务基层文化建设先进集体”、国家“全民阅读先进单位”“湖南省青少年党史国史主题教育活动先进集体”“湖南省文化志愿服务示范项目”。

·新闻出版·

【概况】 2017年，长沙县组织7批次文化市场培训，参训人员2000余人。严格落实商事登记制度，办证率90%。联合消防、执法等部门开展文化市场安全生产、文明经营大检查，整改违规经营现象及安全隐患500余例，停业整顿网吧、娱乐场、游泳场所100余家，依法收缴违规出版物1000余册。组织全县文化企业参与市文广新局2017年文化消费试点项目（活动）申报，湖南明和文化创意有限责任公司、湖南棕榈浔龙河文旅有限公司、湖南知青年文化有限公司等9家企业入选“长沙市第一批国家文化消费试点合作单位”，出台《关于印发〈长沙县文化消费试点工作实施方案〉通知》。长沙县发证数字影院13家，总营业面积27140平方米，影厅74个，座位数10005个，经营面积增加89%，新设立4家数字影院投入使用运营状况良好，均采用数字电影放映，国内外大片与北京、上海等大城市同时放映。联合长沙县执法局对县域内50家出版物零售经营场所进行抽查。开展出版物零售经营场所年检工作。全年有出版物（书刊音像）零售场所141家全部通过核验。举办“扫黄打非”进基层主题文艺晚会，印制各类宣传资料15万余份。出动1100余人次检查各类文化市场经营单位662家，查办“扫黄打非”案件11起，收缴各类非法出版物2500余本。

·文化遗产保护·

【概况】 长沙县有不可移动文物点255个（254处），其中古遗址42处，古墓葬71处，古建筑44处，近现代重要史迹及代表性建筑87处，石窟寺及石刻11处。境内有距今4600多年新时期遗址鹿芝岭遗址，有商周时期凤凰庙遗址，有宋元时期城址南阳城遗址；有始建于南朝梁代陶公庙，有建于清代河图观。有众多名人故居，其中黄兴故居、徐特立故居为全国重点文物保护单位；杨开慧故居、缪伯英故居、李维汉故居、柳直荀故居、许光故居、田汉故居等为省级文物保护单位。全县有全国重点文物保护单位2处，省级文物保护单位11处，市级文物保护单位27处，县级文物保护单位16处。

【台湾华新国际机构董事长刘钧一行参观黄兴故居纪念馆】 2月19日下午，台湾华新国际机构董事长刘钧、总经理刘晓兰、经理宋淑婷一行8人到黄兴故居参观考察。刘钧一行听取黄兴故居基本情况介绍及近年来在涉台工作方面取得相关成绩，参观黄兴故居和湖南辛亥革命人物纪念馆。

【台湾抗日志士亲属协进会访问团参访】 4月15日，上海台联陪同台湾抗日志士亲属协进会访问团林光辉、林铭镡、邱淑女、罗秋昭一行十四人到黄兴故居参访交流，双方就两岸文化交流，资源共享、文物征集工作进行探讨。此次活动为湖南辛亥革命人物纪念馆征集文物提供极具价值线索，进一步推动两岸文化交流，加强两岸人民友好关系。

【《共和颂》—纪念黄兴诗文集发行仪式】 为弘扬黄兴先生功高德劭、传承和弘扬爱国主义精神，5月23日，由湖南省岳麓诗社、湖南黄兴研究会、长沙县黄兴镇人民政府、黄兴故居纪念馆举办“《共和颂》—纪念黄兴诗文集发行仪式”在黄兴故居纪念馆举行。湖南省政协副主席刘晓，湖南省人大常委会原副主任罗海藩，长沙市委宣传部副部长赵柏林，长沙县委常委、黄兴镇党委书记喻志刚、黄兴长孙黄伟民，长沙县文广局局长冯武斌出席活动。此次纪念黄兴先生逝世100周年诗词楹联征集大赛，共有30个省、自治区、直辖市的作者投稿，收到诗词楹联稿件7000首（副）。岳麓诗社将其中获奖作品及优秀作品结集成书，出版诗文集《共和颂》。

【纪念欧阳煌逝世100周年】 11月17日上午，欧阳煌烈士后辈子孙20人从广东、湖南各地到黄兴故居纪念馆开展纪念辛亥革命志士、护法战争烈士欧阳煌逝世100周年活动。

（文　婷）

表 14

长沙县非物质文化遗产代表性名录

序号	类别名称	项目名称	名录级别	通过时间
01	民俗	长沙陶公庙会	省级	2012.08
02	民间音乐	长沙县山歌	省级	2016.11
03	传统手工技艺	长沙绿茶制作技艺	省级	2016.11
04	生活习俗舞蹈	长沙县双江滚灯车	市级	2007.06
05	民间音乐	长沙县双江锣鼓亭子	市级	2007.06
06	曲艺	长沙快板	市级	2014.06
07	传统手工技艺	腊八豆制作技艺	市级	2012.06
08	生活习俗舞蹈	北山布龙	市级	2016.12
09	民间音乐	大筒演奏技艺	县级	2015.03
10	传统手工技艺	小花片制作技艺	县级	2015.03
11	传统手工技艺	竹 编	县级	2017.11
12	传统手工技艺	麻姑井糯米黄酒酿造技艺	县级	2017.11
13	传统舞蹈	竹 马	县级	2017.11
14	传统音乐	双江山歌	县级	2017.11
15	传统手工技艺	麻林桥豆腐制作技艺	县级	2017.11
16	民俗	上华山庙会	县级	2017.11
17	传统手工技艺	龙舟制作技艺	县级	2017.11
18	传统体育、游艺与杂技	赛龙舟	县级	2017.11
19	民间文学	影珠山民间传说故事	县级	2017.11
20	传统戏剧	春华皮影	县级	2017.11

表 15

长沙县非物质文化遗产项目代表性传承人名单

序号	姓名	传承项目	项目级别	传承人级别	通过时间
01	周长树	长沙绿茶制作技艺	省级	市级	2015.03
02	陈克辉	长沙山歌	省级	市级	2015.03
03	胡松泉	长沙山歌	省级	县级	2015.03
04	周　敏	长沙陶公庙会（祭祀活动传承人）	省级	县级	2015.03
05	裴　宏	长沙陶公庙会（行香活动传承人）	省级	县级	2015.03
06	余小平	长沙山歌	省级	市级	2017
07	杨世德				
08	陈江柱	腊八豆制作技艺	市级	市级	2015.03
09	吴乐华	长沙县双江滚灯车	市级	市级	2015.03
10	吴烘坤	长沙县双江锣鼓亭子	市级	县级	2015.03
11	熊梦鹤	长沙快板	市级	市级	2015.03
12	吴金刚	北山布龙	县级	市级	2017
13	蔡　霞	大筒演奏技艺	县级	县级	2015.03
14	彭焕新	小花片制作技艺	县级	县级	2015.03

表 16

长沙县市级（含）以上文物保护单位一览

名称	地址	时代	保护范围	公布时间
全国重点文物保护单位				
黄兴故居	长沙县黄兴镇黄兴新村凉塘组	清同治元年（1862）	自围墙基起，至东 60 米处大凉塘外塘基，南 90 米处小凉塘外塘基及西 65 米、北 15 米处	1988.1.13
徐特立故居	长沙县江背镇特立村观音堂组	清同治年间	东、南两向至学校围墙墙基外各 20 米处，西至学校后操坪，北至学校教学楼墙基	2013.3.5
湖南省省级文物保护单位				
杨开慧故居	长沙县开慧镇开慧村板仓屋组	清乾隆六十年（1795）	自故居围墙墙基起，至东 45 米、南 30 米、西 33 米、北 42 米处，南向延伸至陵园南围墙基外 10 米处	1983.10.10
杨公庙	长沙县开慧镇开慧村杨家组	清道光二十九年(1849）	以外墙墙基为起点，四向各至 100 米处	2006.5.31
缪伯英故居	长沙县开慧镇飘峰山村枫树湾组	清	以外墙墙基为起点，四向各至 50 米处	2011.1.24
武塘纪念亭	长沙县春华镇武塘村合兴组	1969 年	以亭基为起点，四向各至 50 米处	2011.1.24
春华渡槽	长沙县春华镇高山村、武塘村、春华山村	1976 年	以渡槽槽基为起点，两边各至 30 米处	2011.1.24
张百熙墓	长沙县春华镇百熙村泉井组	清光绪三十四年(1908）	以墓外缘为起点，四向各至 100 米处	2011.1.24
柳直荀故居	长沙县高桥镇高桥锦绣社区花园坡组	清	故居围墙外四向各至 20 米处	2006.5.31
李维汉故居	长沙县高桥镇维汉村新屋组	清道光十八年（1838）	以外墙墙基为起点，四向各至 100 米处	2011.1.24
田汉故居	长沙县果园镇田汉社区大屋组	清光绪二十四年(1898）	以外墙墙基为起点，四向各至 30 米处	2011.1.24
陶公庙	长沙县榔梨街道陶公庙社区	清光绪十九年（1893）	自庙院围墙基起，东、南、北三向各至 30 米处，西至浏阳河东岸	1996.1.4

续表 16

名称	地址	时代	保护范围	公布时间
许光达故居	长沙县黄兴镇光达社区萝卜冲组	清光绪三十年（1904）	以外墙墙基为起点，四向各至30米处	2011.1.24
长沙市市级文物保护单位				
鹿芝岭遗址	长沙县黄兴镇鹿芝新村鹿芝塘组	新石器时代	遗址边沿外各100米处	2005.8.30
何德全墓	长沙县黄兴镇石弓湾社区先锋组	1983年	——	2014.3.22
飘峰塔	长沙县开慧镇飘峰山村新屋组	清光绪元年（1875）	以外塔基为起点，四向各至外50米处	2000.8.28
彭劢墓	长沙县开慧镇李家山社区塔山组	20世纪50年代	——	2014.3.22
北山书屋	长沙县北山镇北山村第三组	1928年	以外墙墙基为起点，四向各至外30米处	2005.8.30
常家祠堂	长沙县北山镇新桥社区段里屋组	清	——	2014.3.22
中华渡槽	长沙县北山镇石常村蚜蛐山组	1977年	——	2014.3.22
戴凤翔墓	长沙县北山镇新云村新跃组	1991年	——	2014.3.22
惜字塔	长沙县北山镇新中村南桂塘组	清道光十年（1830）	——	2014.3.22
鸦鹊坡土地庙	长沙县北山镇福高村鸦鹊坡组	清宣统三年（1911）	——	2014.3.22
回头是岸石刻	长沙县北山镇蒿塘社区闵家塘组	清同治六年（1867）	——	2014.3.22
洞泉冲塔	长沙县北山镇荣合桥社区洞泉冲组	清同治六年（1867）	——	2014.3.22
棠坡清代民居	长沙县安沙镇和平村董家咀组	清咸丰四年（1854）	以外墙墙基为起点，四向各至外100米处	2005.8.30
朱玉堂墓	长沙县安沙镇和平村董家咀组	1912年	——	2014.3.22

续表 17

名称	地址	时代	保护范围	公布时间
吴文炳墓	长沙县金井镇石板村华坡组	1928 年	——	2014.3.22
郑啸沧墓	长沙县金井镇石井村影迹组	清光绪二十五年(1899)	——	2014.3.22
王达明墓	长沙县金井镇观佳村建兴组	元大德十年（1306）	——	2014.3.22
金井茶场墓群	长沙县金井镇金龙村金井茶场	东汉	——	2014.3.22
严荔邨墓	长沙县金井镇新沙村湾里组	清光绪八年（1882）	——	2014.3.22
金顶山中央阵亡将士墓	长沙县春华镇金鼎山社区吴寺冲组	1941 年	——	2014.3.22
吴太守墓	长沙县春华镇九木村方田组	明	——	2014.3.22
杨汉域勒石	长沙县青山铺镇天华村黄田里组	1942 年	——	2014.3.22
余肇康夫妇合葬墓	长沙县青山铺镇天华村咸嘉冲组	1930 年	——	2014.3.22
刘少奇农村调查驻地旧址	长沙县青山铺镇天华村王家塘组	20 世纪 40 年代	——	2014.3.22
南阳城遗址	长沙县江背镇湘阴港村湾塘组	宋—元	——	2014.3.22
黄彝墓	长沙县江背镇古井村徐家冲觉园坡	1934 年	——	2014.3.22
影珠山抗战遗址群（含抗战阵亡将士墓群、战壕工事群等）	长沙县福临镇影珠山村养静园组	1942 年	——	2014.3.22

·文艺创作·

【概况】2017年，长沙县文联开办《星沙理论沙龙—文艺创作专题讲座》，聘请省内外知名文艺家到长沙县举办文艺创作讲座，组织全县文艺爱好者和各协会文艺创作骨干会员同参与。聘请湖南省文史研究馆老艺术家杨炳南、凌文虎、彭志远等到长沙县当艺术顾问，举办高研班，对长沙县书画骨干进行专业培训。派出专门文艺老师到乡镇对基层文艺爱好者进行面对面文艺交流辅导。美术家协会在公园举办面对面创作培训班，利用为市民义务画像机会，对基层美术爱好者进行创作辅导等。

开展文艺交流活动。组织会员和文艺爱好者到内蒙古、湖南永顺小溪等开展文艺采风创作交流活动；组织美术家协会创作骨干分子到内蒙古恩和进行写生创作，杨建刚、廖灿明、常创、胡程亮、黄雄、王晖、李辉等18人参加，活动邀请省内名家萧沛苍、阮国新、刘纯为指导老师，对会员创作进行全程辅导，创作130余幅作品；长沙县文艺志愿者到永顺县小溪乡中心完小爱心助学采风团一行15人到湖南省永顺县小溪乡中心完小开展爱心助学和文艺精准扶贫活动；《书法报》“田汉故里好家风”采风团到果园镇农户家开展采风创作活动。

文艺志愿者服务。组织长沙县戏剧曲艺家协会、长沙县文艺志愿者协会、长沙县音乐舞蹈家协会、长沙县书法家协会、长沙县作家协会、长沙县美术家协会、长沙县诗词楹联协会、长沙摄影家协会等协会到金井镇、开慧镇、安沙镇、果园镇、福临镇等乡镇社区、敬老院及村民家中开展文艺演出、送春联、送福字、送年画等活动14场次。送出春联、福字9600余幅，文艺演出4场次。

【举办“纪念徐特立诞辰一百四十周年”书法展】7月28日，江背镇徐特立故居纪念馆举办“纪念徐特立诞辰一百四十周年”书法展开幕式。2017年是老一辈无产阶级革命家、教育家徐特立先生诞辰140周年。为缅怀徐老丰功伟绩，弘扬徐老革命精神，长沙县文联、长沙县书法家协会面向社会征集“纪念徐特立诞辰140周年”书法作品，活动得到社会各界大力支持，书法界朋友踊跃投稿，收到应征作品一百多件。经专家审定，评选出佳作54幅在徐特立故居展览，并将展览作品编印成集。

【举办“田汉故里好家风·家风家训书法作品展”】12月28日，长沙县“田汉故里好家风·家风家训书法作品展”在长沙县果园镇举行，来自县文联各协会主席团成员及有关文艺家协会会员、果园镇机关工作人员及村民代表、县政协委员等500多人出席开幕式。本次展览由长沙县文联和果园镇同举办。长沙县文联多次组织领省市县文艺家到果园镇进行采风创作，收集整理田汉故里农户家庭“家风、家训、家规”及优秀村规民约。（曾　征）

·报　刊·

【概况】2017年，星沙时报社以创刊5周年为契机，启动新一轮报纸改版提质，重点强化时政报道、狠抓深度报道、拓展体验报道、重视图示新闻。星沙时报全媒体推出“临空展翅·加速发展”“喜迎十九大”“砥砺奋进的5年”“十九大时光”“社区提质提档”“外国人在星沙”“经开创客”等系列报道，并通过专版、特刊、专栏等开展宣传。6月起，实行向外推稿制度。截至12月，向外推荐稿件98篇，其中被国家级主流媒体采用10篇、被省级主流媒体采用49篇、被市级主流媒体采用39篇。是年，《星沙时报》被推荐为全国媒体融合发展典型。

确立“以掌上星沙、星沙时报官微为代表的移动产品优先”的发展战略，推进各媒体平台从相“加”迈向相“融”。星沙时报各媒体互为支撑、立体传播、相融共生、整合发力，实现从单一平面媒体向全媒体的跨越转型。星沙时报官方微信粉丝30多万人，微信矩阵粉丝总数70多万，掌上星沙客户端（湖南第一个区县级移动客户端平台）用户数量超过30多万人。星沙新闻网的推稿及转发量每月均居红网123个县市区分站之首，成为全县最重要的对外宣传平台。全年发行《星沙时报》252期，其中网页设计《长沙县，与你有关的十件大事》获评2016年度湖南新闻奖三等奖，漫画《亚历山大》获评湖南新闻奖二等奖。

是年，结合党的十九大、抗洪抢险、黄花综合保税区封关运行、文明创建等重大主题，采用视频直播、创意H5、Flash动漫、无人机航拍、720度全景拍摄及VR技术，打造立体、多维度的新闻阅读体验，相继推出《长沙县的美好生活》《hi！跟我一起参观长沙黄花综合保税区》《速度与激情》《田汉故里唱国歌，等你来加入！》《厉害长沙县！五年变化全在这》《原原本本学报告 真真切切干实事》《逐梦新时代，铸就新辉煌》《我支持，我参与：为长沙县创建全国文明城市增光添彩！》《风雨后 爱相随——长沙县受灾群众生活实录》《为长沙县抗洪抢险的平凡英雄点赞》《这座城变成我们向往的模样》等100多件融媒产品。重点举办“长沙县临空经济发展金点子征集”“长沙临空经济示范区获批新闻发布会”“2017长沙县第二届环松雅湖半程马拉松赛”、长沙县妇幼保健院庆“六一”儿童节暨新院整体搬迁庆典仪式、万步有约全民健身活动、“力量之歌·长沙经开区第二届员工歌手大赛”（作为主要服务园区产业工人的文化品牌已注册商标）、“长沙县首届职业人群健走激励大赛”、星沙产业基地博士园开园、“2017长沙金融服务节开幕式暨长沙县金融服务实体经济活动月启动式活动”“长沙县第六届男子职工篮球赛”“湖南长沙县北山山歌旅游节”“星沙第二届社区文化节”“惠聚星沙·全城欢购”第八届星沙商圈购物消费节等40余场次大中型活动。

（熊 雯）

·广播电视电影·

【概况】 2017年，长沙县广播电视台作为思想文化建设和宣传舆论引导重要阵地，坚持新闻“三贴近”方针和“新闻立台”原则，《星沙新闻》全年向中央、省市台供稿40余条，全年采编播新闻稿件3500余条，推出专题60余期。引进《视点锋汇》《有话直说》两档节目，打造每晚六至九点共三个小时“《视点锋汇》+转播央视《新闻联播》+《星沙新闻》+《有话直说》”新闻节目带。每周五《星沙新闻》后轮播自办专题栏目《领跑先锋》《美丽乡村》。注重荧屏包装，提升整体形象。投入170万元启动电视播出系统升级改造工作。是年，长沙县广播电视台全面启用新台标，5V即：真实（Verity）、果敢（Valiant）、思辨（View）、蓬勃（Vigorous）、成功（Victory）。LOGO代表着长沙县广播电视台全新理念，长沙县电视台逐步更新升级现有节目、广告包装，全方位打造县台新形象、新业态、新环境、新常态。县电视台与山西传媒学院等知名院校建立合作，挂牌教学实践基地，探索开展深度交流合作。县电视台下属步天传媒公司与县内多家企业和单位建立合作关系，策划组织活动和合办“政法在线”等电视专题栏目，影响力逐步提升。长沙县广播电视台微信公众号及时推送时政要闻及民生热点，取得良好社会效应，有效拓宽县台节目传播渠道和宣传受众面。打造长沙县广播电视台手机APP“星视界”，集看电视、听广播、读报纸、享网络、云生活等功能于一体，包括重磅推荐、新闻快讯、时政要闻、社会民生、文化旅游、趣闻秩事、有滋有味等频道，是最快、最准、最全面、最便捷了解长沙县有效媒介，老百姓不仅可以通过APP实时了解全县发生大小事情，可以通过应用模块实现挂号、订餐等生活服务。全网新增电视用户3098户、新增宽带用户2521户，公司总经营收入3200万元，城乡广电网络建设、整改重建、双向网改等各项工作有序推进。推行市场化运营机制，实行片区承包经营模式，各片区管理费用包干，同时实行业务奖励制度，多劳多得、少劳少得，有效拉动企业和员工活力。所有工程项目、工程材料采购全部实行公开招投标，材料申购、领用、验收各个环节流程进一步规范。利用自身网络优势，拓展业务和产业链，在湘龙街道中南社区试点建设智慧社区，力争实现社区居民通过家中机顶盒和手中遥控器即可方便快捷地享受政务及“吃、住、行、游、购、娱”等各类生活服务。

【电视发射塔建设】 长沙县广播电视发射塔位于长沙县路口镇五方坨山附近，主要建设内容发射塔、机房及生活办公用房、配电房、水电房等配套基础设施。该项目预计总投资4493万元，由县财政拨款；占地约1.33公顷，总建筑面积约1875平方米、塔高155米。发射塔迁址建设天馈系统、安全播出智能管理控制系统、广播电视发射机系统、发射塔播出控制系统以及远程播出监控系统等设施设备项目基本采购完成。广播电视发射塔落成，扩大长沙县广播电视覆盖面。

（周小藤）

·档案工作·

【概况】 2017年4月22日，长沙县机构编制委员会议研究决定，核减长沙县史志档案局事业编制3名（原有编制16名），撤销保护利用科，设立信息技术科、法制科；并设立长沙县档案馆（为县史志档案局所属事业单位，核定全额拨款事业编制2名）。年底，在职干部职工34人（在职在编15人，政府雇员1名，劳务派遣人员18名）。是年，县史志档案局被评为“湖南省档案宣传工作先进集体”。

档案馆基础业务。按照创建国家一级综合档案馆标准，出台《长沙县档案馆档案征集办法》，通过长沙县史志档案局官方网站发布公告等方式进行征集。全年征集到《黄氏族谱》1本，杨氏族谱1套（共4本），家风家训档案4卷；接收30个单位的到期档案14172卷，计54126件；资料48册。全年接待查档8196人次，调阅档案10566卷次。

档案规范化管理。继续开展民生档案工作，深入有关单位进行业务指导，严格执行《长沙县档案工作规范化管理定（升）级奖励办法》，做好安沙镇、县行政执法局等13个单位的档案定级升级工作，发放相关补助资金等；深入县城管局、汇成档案管理公司等30多个单位指导业务。

法制建设与宣传。对全县各单

位开展档案工作行政执法督查，重点对县国土局、县规建局、县供销社等12个县直单位、镇（街道）进行抽查。以“弘扬优秀家庭文化，培育和谐文明风尚”为主题，面向全县开展“百姓家训家规档案”征集评选活动，收到作品70余件，特别是征集照片档案50余张，家谱3套，纸质档案近20件，评选出获奖作品10件。6月9日，是第10个“6·9”国际档案日，以“档案——我们共同的记忆”为主题，举办档案馆开放日等活动。其间，各乡镇街道、县直机关近100余名基层档案员走进档案馆展览大厅，了解档案知识和档案工作。

【档案数字化建设】自启动数字档案馆建设以来，该局加快档案信息化步伐，相关工作有序推进。是年，馆藏档案数字化一期工程通过验收。数字档案馆二期建设项目软件开发基本完成，全县78个县直单位和18个镇街均使用长沙县史志档案局馆室一体化系统。同时跟进手机查档APP项目，即将进入试运行阶段。至年底，馆藏档案数字化处理1200余万页，占总卷数的70%，馆藏档案数字化率居全省前列。第二期馆藏档案数字化项目完成公开招标。11月，国家档案局原局长杨冬权、省档案局副局长薛冬英等领导到县考察指导，听取该县创建国家一级综合档案馆工作情况汇报，对该县档案工作给予肯定。

·地方志工作·

【概况】编纂《长沙县年鉴（2016）》，3月公开出版，向全县各单位免费发放400余册。启动编纂《长沙县年鉴（2017）》，年底以前初稿通过方志出版社审核，进入第二稿校稿阶段。推进编纂《长沙县乡镇（街道）志》，对各镇（街道）上报的22个初稿进行审核、修改，形成评审稿并上报省、市志办，6月通过市地方志办评审，11月上报。完成《湖南省年鉴（2017）》《长沙年鉴（2017）》中长沙县部分的概况及条目的撰写，计1.4万余字；做好《长沙年鉴》2016年度人物及事件推荐工作，长沙县推选人物詹习成获评长沙年鉴“2016年度人物”，“黄花综合保税区获批”被评为年度事件。在第四届全国地方志优秀成果（年鉴类）质量评审中，《长沙县年鉴（2015）》获评全国特等年鉴。

【《长沙县年鉴（2015）》获评全国特等年鉴】8月，在中国地方志指导小组、中国地方志学会组织的第四届全国地方志优秀成果（年鉴类）质量综合评审中，《长沙县年鉴（2015）》从全国3512部年鉴中脱颖而出，获评特等年鉴奖，标志着该县年鉴编纂在文字、规范、框架、创意、排版、印刷等方面达到较高水准，成为展示县域风采的亮丽名片。《长沙县年鉴（2015）》于2016年1月编纂出版，是《长沙县年鉴》1999年创刊以后，由长沙县人民政府主办、长沙县史志档案局承编的第7部年鉴，在2016年12月湖南省第四届年鉴奖评选中获评“县市区级地方综合年鉴一等奖”。

·党史工作·

【概况】强化党史宣教，擦亮文化名片。继续推进党史“八进”（进机关、进社区、进村镇、进企业、进学校、进干部培训课堂、进青少年校外活动阵地、进爱国主义教育基地），在《长沙晚报》刊载1983年胡锦涛到李中笑图书户考察的故事《长沙县农家书屋37载书香飘溢 馆藏资料见证农家读书情怀》等，参加纪念中国人民解放军建军90周年征文活动，报送《掏腹断肠写忠诚——铁血红军师长陈树湘》等15篇文章，其中3篇获纪念奖。撰写纪念田汉专文4篇，在《星沙时报》刊发《国歌是这样诞生的》1篇。在《长沙县年鉴（2017）》刊载《中国共产党第一个女党员缪伯英》《华国锋扮禾》等人物或故事；征订2018年《湘潮》694份，向全县各单位赠送《湘潮》2000余册。深化党史编研：根据省市党史部门安排，收集李维汉口述史资料光盘7个（1982年录制），年内整理文字资料10余万字。系统收集、整理长沙县改革开放40年成就与经验，为《长沙改革开放实录》撰写《浔龙河生态艺术小镇的建设与崛起》《长沙县县域经济战略及其实现》等专文5篇，并上报市委党史研究室审核定稿。与县委党史联络组一道编撰《绚烂霞光：杨开慧1927——1930》《中国共产党第一个女党员——缪伯英》两书，其中《中国共产党第一个女党员——缪伯英》于5月出版，年底《绚烂霞光：杨开慧1927—1930》通过湖南人民出版社审核。县委党史联络组拍摄口述史《崛起在三湘大地的星沙新城》，制作光盘100本；撰写《崛起在三湘大地的新城——星沙城市建设路径回眸》等城市建设回忆文章。《璀璨星沙——长沙县历史陈列》于11月通过评审验收，年底以前对外试展。

【长沙县历史陈列形式与设计项目通过验收】11月17日，《璀璨星沙——长沙县历史陈列》形式与设计项目竣工验收评审会议在县史志档案局八楼会议室举行。与会专家在检查资料、实地察看、认真评审后，一致同意该项目通过验收，同时对该项目进一步优化设计、打造精品展览提出相关建议。该陈列位于新档案馆三楼，由长沙县史志档案局担任项目法人，展厅面积1600平方米，中标金额1425万元，中标及设计施工单位为上海华凯展览展示工程有限公司。2016年以来，该陈列经设计与施工单位对形式设计与施工方案多次进行整改和优化后，于2017年年初对外试展。陈列布展项目累计征集文物图片2300余张，文物实物征集220余件，复制文物170余件等，分古代、近代、现代三个部分，全面、系统、真实展现长沙县7000多年的历史发展进程。县史志档案局以该陈列试展为契机，发挥存史资政育人功能，注重讲好历史人文故事，致力打造全县爱国主义教育基地和党员党性教育基地。（朱立辉）

·杨开慧纪念馆·

【概况】2017年，杨开慧纪念馆接待游客150万人次，提供讲解近4000批次，其中包括中央文献研究室、国家统计局、中组部、省人大、省市政协等重要领导团队，毛新宇将军等烈士亲属20余批次；开展“主题党日”活动单位提供服务，提供现场教学和专题党课300余批次，提供会议室130余次，开展与韶山馆、少奇馆、市博等馆际交流学习与巡讲，与武警湖南总队、市委党校、县委党校等20余家单位签订共建协议并挂牌。“清明节”“9·30”烈士公祭日、“开慧烈士诞辰日、牺牲日”“国庆”“元旦”等重要节假日开展纪念性活动。全年游客零投诉。坚持开展志愿服务活动，板仓社区夕阳红志愿服务、大学生志愿者义务讲解、小小讲解员等活动开展，志愿服务精神深入人心。

景区内部分基础设施品质提升，开展杨开慧烈士墓、毛岸青邵华墓汉白玉围栏建设项目，陈列馆、故居和杜鹃园亮化工程，故居小型维修维护工程，7月汛期灾后抢救性恢复工程。景区重要位置安装电子显示屏。故居菜园周边环境进行整治，恢复故居菜园，故居右厢房杂屋进行清理规范并在故居新增展品护栏60米，池塘围栏180米，加强杨公庙后山边坡日常维护和后屋檐沟清理整治。引进“长沙记忆”品牌商店，共同开发旅游产品30余种，进一步提升游客游览参与度。文物征集，征集伏家芬老先生《杨开明日记》（原件）、《板仓先生哀词录》；向王兴国先生（省文史馆员、国内最早研究杨昌济、研究成果最突出专家）征集杨昌济早年编印线装书《教育学讲义》《达化斋日记》《杨昌济辑》等有关书籍资料28份，并首次发现杨昌济手迹。

2017年，先后被授予“红色潇湘·薪火相传 湖南省爱国主义教育基地魅力场馆”“湖南省文明旅游先进单位”“湖南省文明风景旅游区”“长沙市三八红旗集体”等称号，通过国家AAAA级旅游景区评定复核工作。

【获评“红色潇湘·薪火相传，湖南省爱国主义教育基地魅力场馆”】11月7日，杨开慧纪念馆利用红色资源，宣传和弘扬红色文化，被中共湖南省委宣传部、湖南省民政厅、湖南省文化厅、湖南省旅游发展委员会、中共湖南省党史研究室、湖南省文物局授予“红色潇湘·薪火相传，湖南省爱国主义教育基地魅力场馆”。

【获评“湖南省文明风景旅游景区”】12月，杨开慧纪念馆创建全国爱国主义教育基地，加强景区的管理水平，完善景区基础设施建设和文明服务素质教育，推行优质服务，引导旅游经营者、旅游从业人员增强文明旅游意识。被湖南省文明委、湖南省旅发委、湖南省住建厅授予“湖南省文明风景旅游景区”称号。（陈卫星）

体　育

【概况】2017年，长沙县体育工作以参与“九运会”和“悦动星沙”全民健身系列活动为重点。3月22日，成立长沙县参加长沙市九运会代表团，县人民政府副县长喻名团任团长。九运会分为老年、成年、青年、少年、公开五个组别73项比赛，全县组队参加所有区县（市）64个项目。本届九运会长沙县承办地掷球、健身气功和模型三个比赛项目。长沙县代表团获得50枚赛会金牌，银牌39枚，铜牌47枚，最终以总分1459.5分总积分列全市县（市）组第二。全年如期举办第十三届舞龙比赛、庆“三八”跳绳比赛、五四拔河比赛、机关篮球赛、业余羽毛球、象棋围棋、自行车、工会篮球、足球比赛。继续推进大中院校场馆免费开放工作，全县节假日免费开放大中院校到8所。开展游泳、足球、篮球、乒乓球系列暑期免费开放。组织全县培训工作参与单位、场馆开放单位和游泳场馆经营单位参加安全培训会议。全年开展7次社会体育指导员集中培训。分别为工间操培训、篮球裁判员培训、广场舞培训、太极扇培训、健身气功培训、足球三级裁判员、乒乓球裁判员培训，承办省一级社会体育指导员健身气功培训，培训人数700人。以文体服务中心为教学点，开办太极拳、健身气功、瑜伽、体育舞蹈等体育健身技能免费培训班，培训人数1000人。开展县、镇、村（社区）三级各类体育活动100场次，其中篮球比赛、足球、乒乓球、自行车赛、太极拳比赛等，均成为常规性群众性文化体育赛事。全县人均文化体育场地面积超过3.3平方米（人均体育场地面积1.7平方米）。（文　婷）

卫　生

Health

责任编辑　张　娜

综　述

2017年，长沙县辖区内有二级机构有长沙县疾病预防控制中心、长沙县卫生计生综合监督局、长沙县妇幼保健计划生育服务中心、长沙县健康促进与信息中心、长沙县基层医疗卫生机构财务监督管理中心，非长沙县卫生和计划生育局发证医疗机构有：市级医院1所（长沙市第八医院），县级医院5所（长沙县第一人民医院、长沙县第二人民医院、长沙县中医院、长沙县星沙医院、长沙县妇幼保健院），民营医院4所，长沙星沙年轮骨科医院、长沙手外科医院、湘雅博爱康复医院等、长沙楚元中西医结合医院；长沙县卫生和计划生育局发证各级各类医疗机构503个，其中：综合医院6个，县精神病医院1家，计划生育技术服务站1所，街道社区卫生服务中心4所，街道社区卫生服务站5所，镇（中心）卫生院16所；村卫生室212所，医务室29个，门诊部59个，个体诊所135所，个体卫生室24所。全县有卫生专业技术人员6509人，公立医疗卫生单位卫生专业技术人员2624人，其中全额拨款143人，差额拨款1272人，编外聘用1209人。专技人员中副高以上职称136人，中级职称837人，执业医师999人，其中本科以上学历1368人，研究生以上学历47人。年末编制床位数4317张，实际床位数5088张。

全年县财政补助财政资金1612万元，分别按照人员补助和绩效补助核算，并结合考核结果予以拨付。执行国家基本药物制度，长沙县财政安排5946万专项补助资金。全县基层医疗卫生机构药品年销售总额由实施前7396万元降至4431万元，下降40.09%，基层医疗卫生机构门诊次均费用由实施前129.22元降至92.43元，下降28.47%，住院次均费用由实施前2074.11元降至1244.29元，下降40%。实施基本药物制度后，基层医疗卫生机构业务普遍上升，尤其门诊量增幅较大。全县基层医疗卫生机构门诊人次由实施前467682人次上升至889425人次，上升90.18%。健全医疗卫生服务体系。重点抓好县级医院、镇卫生院、社区卫生服务中心和村卫生室等基层医疗卫生服务体系建设项目。县妇幼整体搬迁竣工投入使用，县一医院医技综合楼项目、长龙街道社区卫生服务中心项目2018年底竣工；长沙县人民医院筹委会，并与省人民医院签订托管协议；完成村卫生室标准化建设，加快推进长沙县精神病医院、高桥镇卫生院、路口卫生院、江背镇中心卫生院择址新建项目。医疗卫生信息化建设。建立全省首个覆盖到村集政务网、医保网、互联网于一体医疗卫生专网，医疗机构之间，医疗机构与卫计办之间互联互通。基于智慧医疗大数据云平台，县级医院之间电子病历信息享与调阅。微信便民服务建设稳步推进，微信生育服务证办理、医院微信收费、健康星沙微信等便民服务项目全部上线运行。由工商银行和农业银行投入近800万元数字化医院改造项目，县妇幼和星沙医院改造验收，县一、县二、县中医院实施改造。队伍建设。引进、招聘专业技术人员321名；储备医卫类应届本科生42名；与6名长沙县籍高中毕业生签订农村订单定向免费医学生协议书，本化培养乡村医生51名。加强干部培训。6月委托浙江大学对64名卫计干部进行卫计管理干部思维创新培训，举办“顶天立地做中层”和“做最高效中层”2期中层干部培训班。

表17　2017年长沙县主要公立医疗卫生单位一览

序号	名称	地址	邮编
1	长沙县疾病预防控制中心	长沙县星沙街道特立路96号	410100
2	长沙县卫生计生综合监督局	星沙街道特立路96号	410100
3	长沙县妇幼保健院	星沙街道开元东路298号	410100
4	长沙县第一人民医院	路口镇三惠路157号	410142
5	长沙县第二人民医院	榔梨街道新建路4号	410000
6	长沙县中医院	安沙镇安沙中路42号	410148

续表 17

序号	名 称	地 址	邮编
7	长沙县精神病医院	天心区南托街道中意二路 876 号	410119
8	长沙县星沙医院	星沙开元路 53 号	410100
9	长沙县福临镇中心卫生院	福临镇福临社区张大屋组	410000
10	长沙县江背镇中心卫生院	江背镇正街 11 号	410136
11	长沙县北山镇中心卫生院	北山镇蒿塘东路	410152
12	长沙县金井镇中心卫生院	金井镇金福路 278 号	410144
13	长沙县金井镇双江卫生院	金井镇双江社区	410144
14	长沙县高桥镇卫生院	高桥镇茶香南路 32 号	410145
15	长沙县路口镇卫生院	路口镇振兴路 268 号	410142
16	长沙县果园镇卫生院	果园镇杨泗庙社区 313 号	410157
17	长沙县春华镇卫生院	春华镇金鼎山村月形山组	410139
18	长沙县黄花镇卫生院	黄花镇中心广场	410137
19	长沙县黄兴镇干杉卫生院	黄兴镇接驾岭社区 208 号	410133
20	长沙县黄兴镇卫生院	黄兴镇干杉社区	410133
21	长沙县安沙镇卫生院	安沙镇毛塘铺 / 安沙镇唐田新村	410149
22	长沙县青山铺镇卫生院	青山铺镇深远路 62 号	410147
23	长沙县开慧镇卫生院	开慧镇板仓社区	410146
24	长沙县开慧镇白沙卫生院	开慧镇李家山	410146
25	长沙县㮾梨街道社区卫生服务中心	㮾梨街道保家村	410129
26	长沙县泉塘街道社区卫生服务中心	泉塘街道东九路 179 号	410100
27	长沙县湘龙街道社区卫生服务中心	湘龙街道湘龙家园东门南栋	410100
28	长沙县长龙街道社区卫生服务中心	长龙街道长龙收费站侧	410100

疾病预防控制

【概况】 2017 年，长沙县无甲类传染病发生，报告乙类传染病 16 种 1848 例，发病率 174.71/10 万，较 2016 年上升 18.15%；报告丙类传染病 6 种 9232 例，发病率 872.81/10 万，较 2016 年下降 6.76%；报告突发公共卫生事件 7 起。登记和管理结核病人 496 例，较 2016 年上升 15.58%。患者规则服药率 93.21%，治疗率 90.38%。全县 6 个自愿咨询检测门诊（VCT）接待自愿咨询检测者 806 人次，全年进行 HIV 筛查 10265 人次。对所有现管 HIV/AIDS 进行追踪和随访。全县设立 21 家预防接种门诊，均信息化网络化管理，其中省级数字化预防接种门诊 2 家。全年免费疫苗接种 349477 剂次。免疫规划建卡建证率 100%，基础疫苗接种率 95% 以上。开展麻疹类疫苗查漏补种，查漏补种率上级要求。全年 AEFI

（疑似预防接种反应）监测系统报告72例疑似预防接种异常反应。全年无不明事件及群体性AEFI情况发生，无AEFI反应投诉事件及预防接种安全事故发生。建立健康单位7家、健康社区（村）19个、健康学校17所、健康餐厅14家、健康食堂16个、健康主题公园3个、健康步道7条、健康小屋26个、健康骑行车道1个。开展41666名高血压患者基因免费检测工作，对实施基因检测患者提供个体化用药指导。全县管理80865例高血压患者和24971例糖尿病患者，完成71994名老年人体检工作。年内，辖区内报告死亡人口信息5880例，粗死亡率641.92/10万，监测结果显示前5位死因依次为：心脏病、恶性肿瘤、脑血管病、伤害和呼吸系统疾病。辖区内报告常住人口肿瘤发病1641例，发病率为179.15/10万，肿瘤死亡1159例，死亡率为126.53/10万。全年完成8～10岁儿童碘缺乏病监测200名，孕妇尿碘监测100名，食用碘盐监测300份。抽查1106人开展钩虫、蛔虫、绕虫感染情况调查，发现蛔虫感染3人，土源线虫感染率控制在0.3%以下。

【学校卫生】2017年，报告学校、托幼机构聚集性疫情87起，前三位疾病是流行性感冒、水痘、手足口病，无危重及死亡病例。中、小学聚集性疫情主要以水痘、流行性腮腺炎为主，托幼机构主要以手足口病、诺如病毒感染性腹泻为主，流行性感冒人群普遍易感。抽检1010名中、小学生开展学校常见病监测，肥胖检出率7.62%、贫血检出率13.2%，视力不良检出率50.79%，肠道寄生虫检出率0%。

【职业卫生】 2017年，辖区内职业人群进行职业病健康体检5294人。检出疑似矽肺2人，噪声作业职业禁忌81人、粉尘作业职业禁忌8人、机动车驾驶作业禁忌14人、苯作业职业禁忌1人。

【健康教育与健康促进】 各级媒体参与报道1357篇，开展宣传日活动453场次，开展健康知识巡回讲座25场，培养健康生活方式指导员200人。健康支持性环境建设110个，（9+1）大类健康支持性环境建设作为示范典型在全省推广，县域医疗卫生机构食堂全部按照“健康食堂”标准打造，100户健康家庭建设。全县所有党政机关、医疗卫生计生机构和学校均达到无烟单位要求，覆盖率100%，对69家单位授予“无烟单位”称号。

附录：

长沙县2017年度传染病疫情与突发公卫生事件监测年报

一、总疫情

2017年度通过《中国疾病预防控制信息系统》报告统计，现住址为长沙县甲乙类传染病16种1848例，死亡病例7例，无甲类传染病病例报告，甲乙类传染病报告发病率为174.71 / 10万，丙类传染病6种9232例，发病率872.81/10万。

甲乙类传染病报告病例数居前三位分别是肺结核（564例）、肝炎（442例）、梅毒（374例），占2017年度报告甲乙类传染病总数74.67%。与2016年相比，总发病率上升18.15%。各病种均有小幅上升，死亡7例，其中艾滋病3例、狂犬病2例、肺结核2例。

经分类统计，甲乙类传染病中报告肠道传染病20例、呼吸道传染病772例、血源及性传播疾病1036例、自然疫源及虫媒病20例，无新生儿破伤风病例，各类传染病分别占病例总数1.08%、41.77%、56.06%、1.08%（见图1）。

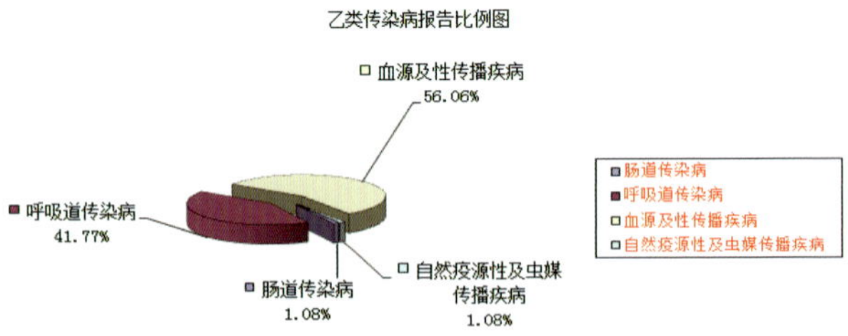

图1 长沙县2017年甲乙类传染病报告总数比例图

报告丙类传染病6种9232例，发病率872.81/10万。其中手足口病4779例、其他感染性腹泻1377例、流行性感冒1476例、流行性腮腺炎1315例、急性出血性结膜炎284例、风疹1例。总发病率较2016年下降6.76%，其中手足口病下降34.51%、感染性腹泻上升21.13%、流行性感冒上升97.66%、急性出血性结膜炎上升52.36%、流行性腮腺炎上升148.48%。

二、辖区疫情报告

2017年长沙县辖区内有医疗网络直报单位28家，通过疾病监测信息报告系统报告：传染病及相关病例11212例，全县报卡数较2016年上升24.14%，其中乙类1562例、丙类 7714 例、其他传染病 1528 例、其它疾病 408 例；28 家网络直报单位中 10 家报告卡数上升明显；2017 年度报告突发公卫生事件 7 起：2017 年 3 月长沙县榔梨街道一例人感染 H7N9 禽流感病例，发病 1 人，无重症和死亡病例。2017 年 4 月长沙县黄花镇黄龙小学一起流行性腮腺炎暴发疫情，发病 75 人，无重症和死亡病例。2017 年 6 月长沙县黄兴镇一起毒蕈中毒事件，发病 3 人，死亡 2 人。2017 年 5 月长沙县星沙街道朗皓教育一起水痘暴发疫情，发病 36 人，无重症和死亡病例。2017 年 5 月长沙县泉塘街道泉塘小学流行性腮腺炎暴发疫情，发病 87 人，无重症和死亡病例。2017 年 12 月长沙县星沙街道松雅湖小学一起乙型流感暴发疫情，发病 89 人，无重症和死亡病例。2017 年 12 月长沙县黄兴镇干杉中心小学 1 起水痘暴发疫情，发病 26 人，无重症和死亡病例。

表 18 **长沙县网络直报单位报卡数对比**

医疗机构名称	2017 年报卡数	乙类报告数	2016 年报卡数	乙类报告数	趋势
长沙市中医院（市八医院）	3556	621	4165	656	↓
长沙县第一人民医院	620	185	603	134	↑
长沙县妇幼保健院	1996	85	1330	67	↑
长沙县第二人民医院	301	144	191	84	↑
星沙街道社区卫生服务中心	2398	182	1198	91	↑
长沙县疾病预防控制中心	139	132	133	125	↑
果园镇卫生院	38	4	56	3	↓
长沙县中医院	134	37	82	24	↓
黄兴镇干杉卫生院	88	1	57	1	↑
春华镇医院	336	12	379	6	↓
黄兴镇医院	348	5	42	5	↑
安沙镇卫生院	91	4	35	3	↑
湘龙街道社区卫生服务中心	125	27	83	13	↑
江背镇中心卫生院	34	8	29	9	↑
福临镇中心卫生院	19	6	22	2	↓
高桥镇医院	78	2	24	1	↑
金井镇中心卫生院	29	6	26	6	↑
开慧镇卫生院	80	5	32	10	↑
榔梨街道社区卫生服务中心	120	5	71	8	↑
北山镇中心卫生院	39	6	62	6	↓
路口镇卫生院	29	—	64	—	↓
黄花镇卫生院	141	11	55	5	↑

续表 18

医疗机构名称	2017 年报卡数	乙类报告数	2016 年报卡数	乙类报告数	趋势
金井镇白沙卫生院	47	1	54	—	↓
青山铺镇卫生院	56	—	22	2	↑
金井镇双江镇卫生院	24	1	18	—	↑
泉塘街道社区卫生服务中心	265	6	116	4	↑
中国国际旅行卫生保健中心	69	66	77	72	↓
长沙县精神病院	12	—	6	—	↑
总　计	11212	1562	9032	1337	—

三、甲乙类传染病流行病学分析

1. 地区分布：报告病例数居前三位为星沙街道 593 例、黄花镇 144 例，黄兴镇 104 例（见图 2）。

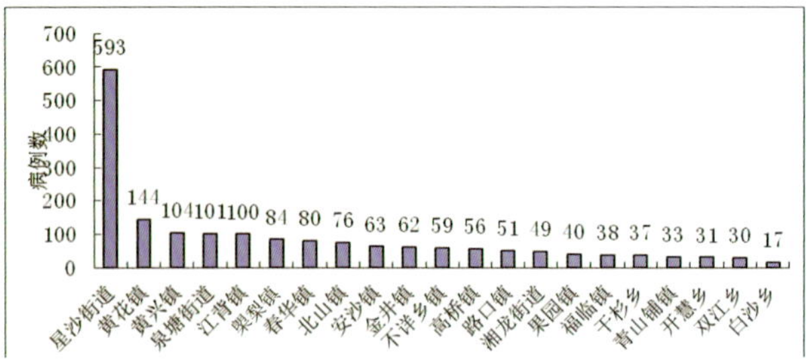

图 2 长沙县 2017 年甲乙类传染病分地区统计图

2. 人群分布：①性别：1848 例乙类传染病病例中，男性 1199 例，女性 649 例，男女比例为 1.85:1。除梅毒、痢疾女性病例多于男性病例外，艾滋病、淋病、麻疹、出血热、肺结核、肝炎、猩红热男性多于女性。

②年龄：2017 年“0 ~ 9 岁”年龄组报告病例数 214 例，“3 ~ 6 岁”组为发病高峰。“10- 岁”以上年龄组分布曲线，以“25- 岁”组为发病最高峰（见图 3、图 4），20 ~ 60 岁发病水平较高。在发病前五位病种中，肺结核以中老年发病为主，肝炎、梅毒以青壮年发病为主，猩红热、麻疹以低年龄组发病为主。

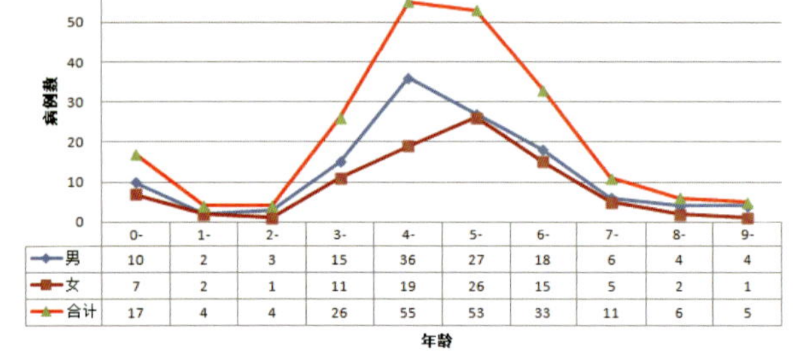

图 3 长沙县 2017 年甲乙类传染病 “0 ~ 9 岁”年龄组发病曲线图

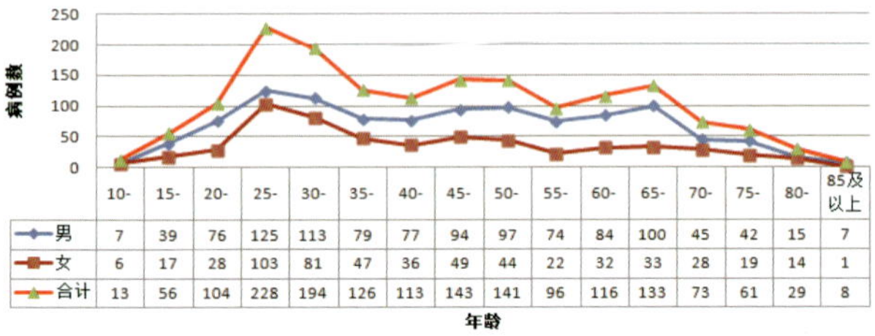

图 4 长沙县 2017 年甲乙类传染病“10- 岁”及以上年龄组发病曲线图

③职业：发病数居首位为农民 738 例（见图 5），占报告病例数 41.42%，其次职业不详 320 例和家务及待业 224 例。（主要是梅毒、淋病、乙肝）。

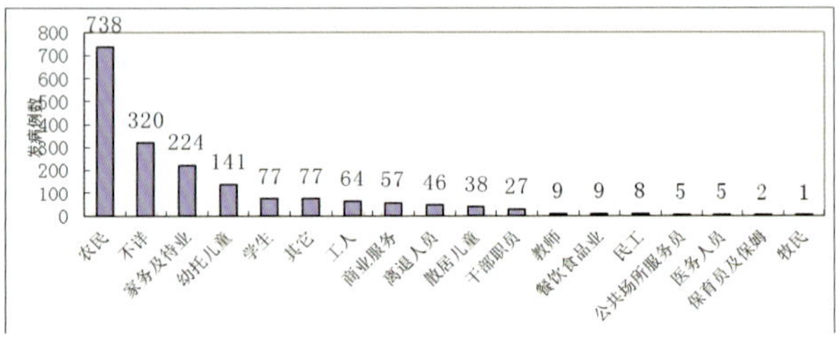

图 5 长沙县 2017 年甲乙类传染病职业分布图

3、时间分布：从 1-12 月疫情分布图看发病曲线无剧烈波动变化，发病最高为 12 月，200 例（见图 6）。

图 6 长沙县 2017 年甲乙类传染病时间分布图

四、重点疫情动态

1. 肺结核：现住址为本县报告病例数 564 例，其中涂（+）200 例、菌（−）322 例、未痰检 20 例、仅培阳 13 例，发病率较 2016 年上升 0.45%。2017 年度结核病死亡 2 例。地区分布居前三位为星沙街道 65 例、黄花镇 54 例、泉塘街道 44 例；职业以农民（380 例）为主，占报告总数 67.38%；发病集中分布在 15 ～ 70 岁年龄段；男女发病性别比为 2.41 ：1。

2. 肝炎：现住址为本县报告病例数 442 例，其中甲肝 1 例、乙肝 347 例、丙肝 85 例、戊肝 8 例、未分型 1 例，发病率较 2016 年上升 2.31%。地区分布居首位为星沙街道 94 例，其次是黄花镇 43 例，江背镇 31 例；职业以农民（199 例）为主，占报告总数 45.02%；发病集中在 20 ～ 70 岁年龄段；男女发病性别比为 1.79 ：1。

3. 麻疹：现住址为本县报告病例数 4 例，较 2016 年下降 85.18%。病例散在分布星沙街道 2 例、榔梨镇和泉塘街道各 1 例；发病年龄在“0- 岁”和“1- 岁”年龄组，25 岁年龄组亦有病例分布；职业主要为散居儿童（3 例），男性发病数是女性 3 倍。未报告麻疹暴发疫情。

4. 猩红热：现住址为本县报告病例数 201 例，较 2016 年上升 107.21%，但近 3 年该县猩红热病例在长沙市地区居首位，地区分布以星沙街道（129 例）为首，占 64.18%；职业分布幼托儿童 141 例、学生 42 例、散居儿童 18 例；1 ～ 10 岁均有病例分布，发病高峰集中在 3 ～ 7 岁年龄段；男女发病性别比为 1.42：1。未报告猩红热聚集性和暴发疫情。

5. 淋病、梅毒、艾滋病：2017 年报告法定性传播疾病 604 例，其中梅毒 374 例、淋病 186 例、艾滋病 44 例。2017 年度艾滋病死亡 3 例。梅毒发病率较上年度上升 10.65%，淋病发病率较 2016 年升高 46.45%。性病地区分布以星沙街道居多；年龄分布集中在 15 ～ 65 岁年龄段；发病男女比例 1.60 ：1。

6. 出血热、乙脑、疟疾：该病种为该县 2017 年度主要自然疫源性疾病，报告 14 例，其中出血热 12 例、疟疾 0 例、狂犬病 2 例，其中出血热比 2016 年增加 3 例，狂犬病 2 例均死亡，需要引起重视。

7. 丙类传染病：2017 年报告现住址为本县丙类传染病 9232 例，发病率 872.81/10 万：其中流行性感冒 1476 例，发病率 139.54/10 万，较 2016 年上升 97.66%，发生 33 起聚集性流行性感冒聚集性疫情，无重症和死亡病例。病例主要为学生（662 例），占报告病例总数 44.85%，幼托儿童（408 例），占报告病例总数 27.64%；15 岁及以下年龄组发病（1425 例），占报告病例总数 96.54%，城区发病率明显高于农村。报告手足口病 4779 例，发病率 624.1610 万，较 2016 年下降 34.51%，报告流行性感冒 1476 例，发病率 139.54/10 万，较 2016 年上升 97.66%。报告流行性腮腺炎 1315 例，发病率 124.32/10 万，较 2016 年上升 148.46%。报告其他感染性腹泻 1377 例，发病率 130.18/10 万，较 2016 年上升 39.37%。今年报告 15 起流行性腮腺炎聚集性疫情。

8. 其他传染病：2017 年报告为本县其他传染病 1991 例，发病率 188.23/10 万。重点是水痘病例，报告 1632 例，报告发病率 154.29/10 万，较 2016 年上升 14.66.%，占其他传染病总数 81.97%。职业分布主要为学生 704 例、托幼儿童 569 例、散居儿童 238 例，占总发病人数 92.58%。年龄主要集中在 3–10 岁儿童，男女比例 1.13 ：1。全年报告 2 起学校水痘突发公卫生事件：2017 年 5 月，长沙县星沙街道朗皓教育 1 起水痘暴发疫情，发病 36 人，无重症和死亡病例；2017 年 12 月，长沙县黄兴镇干杉中心小学 1 起水痘暴发疫情，发病 26 人，无重症和死亡病例。处置调查 24 起托幼机构和小学水痘聚集性疫情。

五、突发公卫生事件

2017 年全县报告突发公卫生事件 7 起：2017 年 3 月，长沙市长沙县榔梨街道一例人感染 H7N9 禽流感病例，发病 1 人，波及 95 人，无重症和死亡病例。2017 年 4 月，长沙县黄花镇黄龙小学 1 起流行性腮腺炎暴发疫情，发病 75 人，波及 1460 人，无重症和死亡病例。2017 年 6 月，长沙县黄兴镇 1 起毒蕈中毒事件，发病 3 人，死亡 2 人。2017 年 5 月，长沙县星沙街道朗皓教育 1 起水痘暴发疫情，发病 36 人，波及 129 人，无重症和死亡病例。2017 年 5 月，长沙县泉塘街道泉塘小学流行性腮腺炎暴发疫情，发病 87 人，波及 2769 人，无重症和死亡病例。2017 年 12 月，长沙县星沙街道松雅湖小学 1 起乙型流感暴发疫情，发病 89 人，波及 3384 人，无重症和死亡病例。2017 年 12 月，长沙县黄兴镇干杉中心小学 1 起水痘暴发疫情，发病 26 人，波及 1163 人，无重症和死亡病例。事件均进行及时处置，采取病例治疗和隔离、传播途径阻断、健康教育、消毒、停课等综合措施，减少疾病发生，均结案。

六、报告质量分析与风险趋势

全年网络直报单位未及时报告卡 2 张，迟审 0 例，预警判断不及时 2 次，无零报告现象。

1. 2017年甲乙类传染病发病率与2016年上升18.15%，各医疗机构报告病例数有不同增减，乙类传染病发病率近5年来处于上下波动，波动幅度小于20%，2018年报告病例数会与2017年相当。

2. 由于加强传染病监测，及早发现病例，无不明原因病例或重症病例报告，但该县交通便利、人员流动性强，禽流感、登革热、疟疾，布病、寨卡病毒等境外或外地疫情进入该县风险较高。

3. 由于生活方式越来越开放，同时检测力度加大，血源及性传播疫情呈现出从高危人群向一般人群扩散趋势，艾滋病、梅毒等血源及性传播疾病近5年来处于上升趋势，2018年发病率仍会升高。

4. 由于农村地区卫生条件相对较差、卫生知识匮乏、自我保健意识弱，自然疫源性传染病农村发病率高于城区，今年狂犬病发生2例，均死亡，需要引起重视。

5. 结核病、肝炎、梅毒、艾滋病病例发病基数大，病程周期较长，且存在未及时发现和规范管理治疗病人，都给疾病防控带来较大困难。

6. 手足口病、流行性感冒、流行性腮腺炎、水痘、诺如病毒引起感染性腹泻等传染病高发人群为儿童、学生，学校、托幼机构人群集中接触机会多，同时体质较弱、自我保护意识差，导致丙类传染病发病率高且易发生聚集性或暴发风险较高。

七、工作建议

1. 各医疗卫生单位须进一步加强不明原因肺炎、霍乱、伤寒、痢疾、手足口病等重点传染病监测工作，发现疑似病例或聚集性病例及时上报县疾控中心，并好各项防控措施。

2. 各级医疗机构须准确、及时上报疫情，杜绝疫情迟报、漏报、错报和无效身份证号等情况，确保传染病报告卡和网络直报卡内容相符，县疾控将加强传染病审核，保证每天都有人值班审卡和提高卡片质量，避免出现迟审或预警处置不及时发生。

3. 各级医疗机构及时开展传染病网络报告、诊断和新发疾病培训，强化传染病诊断标准及疫情报告管理培训学习，各项管理制度，提升医生在传染病报告方面责任意识。做好医院内消毒工作，防止院感病例发生或暴发。

4. 2017年手足口病、流行性感冒、流行性腮腺炎、水痘和诺如病毒感染引起聚集性疫情较多，各医疗单位应继续保持防控力度，及时科学处理疫情，重点做好学校、托幼机构等集体单位疫情处置工作，防止暴发流行；医院疫情专干须及时浏览本辖区范围内疫情卡，加强疫情访视工作，提高访视质量，认真做好消毒隔离处理及健教工作，严防二代病例发生。

5. 做好艾滋病和结核病防治知识宣传，加强艾滋病自愿咨询（VCT）及该县艾滋病抗体初筛工作，做好结核病发现转诊和病例全程跟踪治疗服务。

6. 各医疗机构要加强狂犬病防治知识宣传教育工作，严格按《狂犬病暴露后处置工作规范》开展狂犬病暴露处置及疫苗免疫接种，减少狂犬病发生和死亡；同时规范上报狂犬病暴露人群登记表电子档。

卫生计生综合监督

【概况】2017年8月，县编委重新明确长沙县卫生计生综合监督局职能职责，设置内设机构办公室（法制稽查科）、综合卫生监督科、计划生育监督科。年内，长沙县卫生计生综合监督局组织或参加宣传活动4次，接受咨询1200余人次，发放宣传资料11种计2万余份，向群众普及饮用水、职业卫生、学校卫生、医疗服务、控烟等卫生法律知识，不断提高大众卫生法制水平。参加市、县培训班12期28人次，国家卫计委在线网络考试通过率100%。培训卫生监督协管员及负责人73人，医疗机构管理人员102人，学校管理人员96人，放射工作人员91名。办结行政许可1134件。接收商事平台数据644条、接收率100%，处理数据644条、处理率100%，办证数据602条、办证率93.48%。联合县行政执法局二分局对集中式供水单位、二次供水单位和学校饮用水单位监督覆盖率100%。组织学校饮用水分管负责人和管理人员92人培训，免费发放价值3万元水质应急消毒盒74个。长沙县辖区内公场所单位2264家，量化分级管理率100%。公场所卫生监督抽检50家。投入4.5万元，委托第三方检测单位对6家集中空调通风系统、4家公场所进行监督抽检。对辖区内学校幼儿园开展以教学环境、传染病防治、饮用水卫生、公共场所卫生为重点卫生监督工作，巡查学校幼儿园435家，专项检查学校136家，抽检学校41家，并对10家单位开展学校卫生综合监督评价，组织学校传染病防治分管负责人和管理人员92人举办培训班。联合县行政执法二分局对有证医疗机构开展以医疗执业为重点专项监督检查。检查医疗机构491家，下达卫生监督意见书491份，发现7起违法行为，均由县行政执法局立案查处。巡查发现86起非法行医线索，均移送至县行政执法局进一步处理。联合县行政执法局对全县范围内所有持证491家医疗机构开展传染病防治专项监督检查，检查内容为传染病疫情报告、消毒隔离管理、医疗废物处置、医疗污水处理等四个方面，检查情况整体良好。检查同时，投入13万元，定制并免费发放医疗废物规范处置流程图、标识、垃圾袋、宣传折页等。对20家基层医疗机构开展3次卫生计生监督协管服务工作督查，督导情况反应辖区内基层医疗机构领导重视，机制健全，工作详实。年内发现、报告卫生监督协管事件176次，协助开展实地巡查3016次。7–9月期间，派出6名监督员分驻星沙、湘龙、泉塘3个主街道，清理有照无证单位，简化流程办理相关证照，对重点公共场所、饮用水单位进行上门指导。出动车辆70多台次，办理证照473家，上门指导单位1300多家次，免费发放资料1万余份。指派资深监督员对金井镇、高桥镇文明乡镇创建工作进行现场指导4次。对全县医疗机构医疗废物与医疗废水处置工作进行全面排查，发现问题，及时督促整改到位，通过3月中央环保督查组督查。

妇幼保健

【概况】 2017年，长沙县创建国家级慢性病综合防控示范区，长沙县妇幼保健院挂牌成立湖南省星沙儿科医学中心。全年财政投入妇幼卫生项目1055万元，辖区内育龄妇女188742人，20–64岁妇女181566人，孕产妇11100人，0–6岁儿童64492人，出生人口数11246人，孕产妇保健系统管理率98.12%，3岁以下儿童系统管理率92.32%，7岁以下儿童健康管理率96.18%，农村住院分娩全免费补助率99.27%，叶酸服用率100%，孕产妇艾、梅、乙孕期检测率100%，免费孕前优生检查8804人，新生儿疾病、听力筛查率均为99.86%，全县中小学体检34993人，二年级小学生免费窝沟封闭4865人，农村妇女病普查普59717人，免费“两癌”筛查任务数18276人，免费产前筛查10342人，免费孕产妇无创DNA检测2436人，免费地贫基因检测7875人，新生儿遗传性耳聋基因检测1035人。加强妇幼健康体系建设，保障全面两孩政策实施。孕产妇死亡率和5岁以下儿童死亡率两项核心指标控制在目标范围以内。孕产妇死亡率为8.9/10万，5岁以下儿童死亡率4.46‰，婴儿死亡率2.67‰，孕产妇系统管理率98.12%，婚前医学检查率85.19%，3岁以下儿童系统管理率92.32%。全年对基层医疗机构妇幼健康服务工作每季开展一次指导考核，组织妇幼专干进行业务知识培训12次。孕产妇健康管理和0～6岁儿童健康管理两项基本公卫生服务，强化危急重症救治，全力保障母婴安全，做实出生缺陷三级防控，提高出生人口素质。自主开发与应用“两癌”筛查信息系统，提升工作效率，方便服务对象。同时启动“两癌”健教下乡巡回讲座，全年超任务完成“两癌”筛查。率先启动与华大基因合作出生缺陷基因检测项目。为全县二年级小学生免费实施窝沟封闭，降低小学生龋齿发生率。启动全县中小学生体检工作。充分利用“互联网+”，推进健康教育。卫生计生工作深度融合，全面提升妇幼健康服务质量。搭建高效数据平台。医院接入国家异地就医结算平台，这标志着该县实现基本医疗保险异地就医住院医疗费用直接结算，省内省外异地就医结算走向通途，极大地减轻参保人员异地就医资金垫付压力和来回奔波之苦。

【医疗合作】 长沙县妇幼保健院与湖南省儿童医院合作，挂牌成立星沙儿科医学中心探索“医联体”模式，与长沙市妇幼保健院建立生殖医学专科医联体。借助信息系统，与湖南省儿童医院、中南大学湘雅医院病理科等医院远程会诊、远程病例讨论远程医疗。通过远程医疗系统与中南大学湘雅医院病理科合作，开展冰冻病理切片项目。拓展医疗合作，提高全县妇幼健康服务水平，区域医疗服务同质化，不断满足人民群众对优质医疗资源日益增长需要。

【长沙县妇幼保健院整体搬迁】 6月，长沙县妇幼保健院整体搬迁至新院（开元东路298号）。医院总占地面积7.67公顷，一期总建筑面积5.8万平方米，编制床位499张，开放床位370张。核定人员编制282名，在职职工691人，其中中、高级专业技术人员165人，占25.38%。全年接待交流学习参观2000余人次。新院搬迁后各项业务量迅速增长，核心竞争力显著提高，现跻身全国县级妇幼保健院综合排名前十名。全年门急诊总量58.3万余人次，同比增加20.89万人次，增幅55.87%；年出院病人2.2万余人次，同比增加0.85万人次，增幅62.81%；年分娩量9295人，同比增加0.31万人次，增幅49%；年手术13607台，增幅50.78%；药占比仅14.89%，同比降幅28.14%。

医政医管

【概况】 2017年，组织参加2017年长沙市卫生应急技能竞赛并获得优异成绩，组织开展2017年度夜查房、医疗机构巡查、规范医疗行为督查、病历质量检查、院感管理专项督查等工作，责任、真抓实干，提高医疗质量和服务水平；加强医疗质量管理体系建设，建立和完善医疗质量管理长效机制；组织成立医疗质量控制与管理工作领导小组、医疗质量控制与管理专家组，成立长沙县护理质量控制中心、长沙县消毒供应质量控制中心、长沙县临床检验质量控制中心。全年批准设置各级各类医疗机构（社区卫生服务站、诊所、门诊部、医务室等）30家，完成执业登记注册31家；办理医疗机构变更62家；校验449家、校验不合格依法注销7家；开展医师护士注册，办理执业（助理）医师执业注册141件、变更664件，办理护士执业注册236件、变更453件，延续注册215件，注销注册24件，重新注册24件。完成全县各级各类医疗机构160余家，医务人员1200余人继续医学教育卡科教平台信息采集工作。协助完成省级一类学分申报工作，做到医务人员不需出县就可以获取一类学分。建立12个县域内医疗联合体，6个城市医疗联合体，3个专科联盟，2个远程会诊中心。医联体下属单位医疗服务水平得到提高，开展医联体基层医疗机构门诊人次、住院人次、手术台次都较往年同期有所增加。医联体内医疗机构间互认检查检验结果，减少重复检查检验，减轻患者就医费用负担。推进家庭医生签约。制定家庭医师签约实施方案，该县有57.31%居民自主选择自己信任家庭医生团队，并与服务团队自愿签订服务协议，贫困人口签约服务率100%，签约人群基层就诊率明显增加。

【加强医疗纠纷防范和监管】 2017年，推行医疗保险工作，组织医疗机构和医护、村医等人员开展医疗责任、医护人员团体意外、公众责任等保险工作，全县19家医疗基层医疗卫生机构与平安保险公司签订保险协议；强化医疗事故报告制度，继续施行第三方医患纠纷调处机制，依托长沙县医疗纠纷调解中心，加强医疗纠纷预防与处理协调组织。全年，调解中心接到并处理电话投诉100余起、回复12345热线和县长信箱投诉35起，受理医疗纠纷11起，参与医疗纠纷调解11起，进一步保证卫生计生系统平安稳定。

人口与计划生育

【概况】 2017年度，全县有全员人口757724人，婚育龄妇女152445人，出生人口17278人，符合政策生育率98.98%，人口自然增长率15.64‰，人口出生性别比109.36，全年期内计划生育手术3564例，其中女扎895例，上环693例，取环1294例，人流681例。全年接收核对公安通报新生儿上户信息11001条、育妇迁入信息6179条、流入人口办理居住证信息40548条；接收核对民政部门通报婚姻登记信息6382条；接收核对教育部门通报小学新生入学信息8832条；接收核对人社部门通报办理退休人员信息1208条。整合好卫计资源，将免费孕前优生检查、婚检和妇幼保健整合提质，利用“互联网+”打造计划生育便民服务体系，依托电脑终端和手机终端，建立“健康星沙”微信平台，通过微信受理生育服务登记2492多例，全部由村专干送证上门，免费孕前优检结果做到微信实时推送。全年全县农村奖扶对象10951人，其中新增1379人；特扶对象622人，其中新增93人；独生子女保健费对象22106人；老年护理补贴331人，其中新增30人；办理城市低保户部分计划生育家庭奖励扶助28人；城镇独生子女父母奖励3480人，其中新增362人，计划生育特扶专项补助10户；全年发放奖扶资金2600余万元。

【流动人口管理】 全县流动人口总量246214人，流动人口“一盘棋”网络协作到位率100%，信息反馈率100%，及时率100%。全县开展健康义诊、走访慰问、发放药具、政策宣传、职业介绍、文艺演出等形式丰富流动人口计划生育“关怀关爱”活动。打造均等化重点培植单位，各镇街开展均等化服务工作，为全县规范工作作出特色，其中，安沙镇被授予“2017年湖南省流动人口基本公卫生计生服务均等化示范乡镇（街道）”称号，长龙街道被评为2017年度长沙市流动人口基本公卫生计生服务均等化重点培植优秀单位。（杨　娴）

社会民生

Social Life

责任编辑　张　娜

就业创业

【概况】 2017年，长沙县新增城镇就业17701人，失业人员再就业3405人，就业困难人员再就业1401人，新增农村劳动力转移就业4282人，新增贫困劳动力转移就业434人，城镇登记失业率2.83%；平困家庭“两后生”技能培训63人，对口帮扶龙山劳动力转移就业68人，对口帮扶龙山就业技能培训42人，新增创业担保贷款1600万元。全年组织12场本地就业招聘会，组织800余家企业提供岗位28500余个，进场求职人数2.2万余人，现场达成用工意向5725人，发放“春风卡”、招聘简章等资料近30000份，为3.55万名劳动者提供政策咨询、职业指导及就业信息推荐等免费职介服务，帮助3405名失业人员实现稳定就业。与对口帮扶湘阴、沅陵、龙山等贫困县开展劳务协作，转移就业75人。下发《关于做好2017年度长沙县创新创业带动就业示范项目及创业贷款补助贴息项目申报工作通知》《关于做好2017年度初创企业一次性开办费补贴、经营场所租金补贴申报发放工作通知》，收到49个项目单位申报资料，44个项目通过。争取到市级创新创业带动就业示范项目专项资金扶持项目12个，扶持资金88万元，其中湖南易洛斯商贸有限公司、湖南畅飞动漫传媒有限公司等7家企业被评为市优秀青年创业项目。

【就业技能培训】 2017年，长沙县举办技能补贴培训班28期，A/B照驾驶员培训补贴35人次，开设培训工种有：叉车驾驶员、维修电工、物业管理、养老护理、家政服务、育婴等，享受技能培训补贴人数1627人。引导和支持失地农民，农村劳动力，失业人员参加创业培训，培训班办到老百姓家门口。开展“订单式”“对接式”技能培训，就业优惠政策如小额担保贷款、相关劳动保障法律法规进行广泛宣传与政策指导，使劳动者技能学习有所成、就业上岗有所依。

社会保障

【概况】 2017年，长沙县社会保险基本法定人员全覆盖。新增参保单位约1000家，新增单位在职参保近6.5万人。办理机关事业、企业单位退休审批2354人，继续上调失业金至每月1216元，较上次标准上调153元，上调幅度14.4%，提高最低工资标准，同步上调机关和企业退休人员待遇、城乡居保养老保险基础养老金165元/月。机关养老保险改革步入正轨，继续实行大病保险政策，实施城乡居民医疗保险新办法。企业减负1.8亿元，同时397家参保企业发放2085万失业保险稳岗补贴。基金监管持，避免基金流失532.49万元；社保基金结存形态持续优化，其中中长期（五年、三年）定存占比54.23%，同比提高16.96%；短期（一年）定存占比45.77%，同比降低16.36%，与开户银行协议利息上浮30%，每年利息增加4320万元。企业养老保险参保单位3808家，参保职工162665人，实际缴费人数116018人，离退休人数16745人，征收养老保险费175698万元，同级财政补助收入916万元。基金支出43422万元，其中待遇支出40838万元。

【医保】 2017年，长沙县城乡居民医疗保险参保629257人，城镇职工医疗保险基金征缴70561万元，职工生育保险基金征缴3160万元。强化监管，维护基金安全。查处违规基金约240余万元。实施城乡居民基本医疗保险新实施办法。2017年7月1日起长沙县全面实施《长沙市城乡居民基本医疗保险实施办法》，新办法实施较大幅度提高参保居民医疗保障力度，参保居民个人年度最高支付限额标准从原来12万提高到15万，医保政策内住院报销比例平均提高10%；2017年1月1日开始，长沙县建档立卡扶贫人员基本医疗住院报销比例提高10%，居民大病保险起付线降低50%；8月1日开始对建档立卡贫困人口罹患消化道肿瘤、终末期肾病、儿童白血病、儿童先天性心脏病等4类9种疾病进行专项救治，病种包干费用报销比例90%，有效降低贫困人员医疗负担；畅通异地就医联网结算。2017年8月30日之前接通湖南省医疗保险异地就医结算管理系统，跨省异地就医住院费用直接结算系统流程。优化居民医保参保方式，新增四种自助缴费参保方式。微信缴费、支付宝缴费、长沙市12333公服务平台网站缴费、长沙银行E钱庄手机APP缴费。自助缴费方式极大便利全县城乡居民缴费参保，群众坐在家中就可以轻松完成缴费参保手续，并截取缴费凭证。

【工伤保险】 2017年，全县工伤保险参保单位2381家，参保人数134000人，征缴基金7600万元。享受工伤待遇1720人次，工伤待遇支出6650万元，结余8567万元。与《星沙时报》签订合作协议，宣传工伤保险政策法规、典型案例。组织人员到蓝思科技等单位进行突发疾病专项宣传，开展“工伤预防下企业—关注身体健康”主题宣讲活动，制作三期人社微课堂，组织参保单位人力资源主管、社保专干、安全专干开展两期工伤业务知识培训，并邀请专家教授到现场授课。结合政务中心“窗口送清风、亲情暖人心”活动开展便民服务，针对工伤待遇办理及争议较多等情况，中心开展工伤备案一站式服务，每周定期去协议医院上门核实，同时参保单位、工伤职工及近亲属发放《工伤职工就医及待遇告知书》等便民举措。

【城乡居民养老保险覆盖城乡】2017年，城乡居民养老保险基金总收入34087万元，总支出29294万元，总结余4793万元。总参保人数41.51万人，完成缴费人数25.4万人，完成缴费金额7781万元。待遇领取人员12.34万人。倡导群众自主选择300元以上缴费档次，全县人均缴费金额306元。基础养老金标准165元每人每月。全面启动领取资格认证工作，创新认证模式，启动生物特征识别设备进行认证，全县12万余领取待遇人，其中约9万人通过一体机和P 310进行生物特征识别认证。承担《人社部城乡居民养老保险待遇支付服务规范》编写和牵头汇编《湖南省城乡居民养老保险业务经办流程》。将社保卡应用到缴费、待遇支付、认证、参保、个人账户结算等方面，并不断拓展社保卡应用范围。畅通微信缴费、村（社区）POS刷卡缴费、银行自助机自助缴费、银行手机APP缴费、银行柜面自缴多位一体缴费方式，极大方便群众参保缴费。将经办系统前移到村（社区）一级，参保缴费、权益查询、待遇领取、资格认证“四个不出村”。

【劳动维权】2017年，长沙县开展“人社大讲堂”下基层活动，宣传社保政策和劳动保障法律法规。引导开展工资集体协商，建制率92%，覆盖783家企业，惠及3万余人。开展各类专项检查，其中建安企业摸排142家，现场提出整改建议29个。其他企业现场排查290余家，下发建议书46份。接待各类劳动人事争议咨询、投诉3000余起，办理各类案件812起，其中进入立案程序案件543起。有效调解劳资纠纷案件437件，为劳动者追回工资待遇9816万元，惠及劳动者12000多人。向省、市仲裁院推送典型案例4个，其中《哺乳期妇女自愿与单位解除劳动关系后发现再次怀孕是否应恢复劳动关系》一案获评“湖南省劳动人事争议十大典型案例”。开展普及劳动用工法律法规专题授课。深入广汽菲亚特、三一重工等一线重点企业进行劳资矛盾预防和化解法制宣传教育，一定程度上提升劳动者学法、用法，企业依法、守法意识。全年县仲裁院案件调解率约为49.7 %，裁决服判率85.2%。（孔　尚）

优抚安置

【概况】2017年，长沙县对29家退伍军人初创企业和安置先进企业进行扶持和奖励，发放扶持和奖励资金166万元。成立退役军人服务管理办公室，维护军人军属权益。投入625.5万元，加大优抚困难救济、优抚医疗保障、优抚对象建房等力度，切实解决优抚对象最关心“三难”问题。优抚对象数据入户核查比例100%，二代身份证信息采集认证比例99.3%。投入200万元，对县光荣院综合楼进行提质改造，开展3个批次疗养活动，疗养重点优抚对象54人。接收军队退役人员290人，安置符合政策转业士官、城镇退役士兵62人，对58名自主就业退役士兵进行职业技能培训。接收军队离退休干部4人，无军籍职工1人。做好遗孀优待服务工作，全面落实无军籍职工各项政策。

社会救助

【概况】切实保障困难对象基本生活，强化精准扶贫兜底保障，大幅提高城乡低保和特困人员供养标准，城乡居民低保标准从450元／月／人提高到550元／月／人，特困人员供养标准从585元／月／人提高到715元／月／人。全县18个镇街均“一门受理、协同办理”救助平台建设并运行。全县享受最低生活保障对象6254户13336人，发放保障资金5241.34万元，特困供养对象3968户4049人，发放保障资金3949.16万元。城乡困难家庭医疗救助救助12177人次，救助资金4771万元。黄兴、黄花镇敬老院获评“市级特色示范敬老院”。

社会福利

【概况】 2017年，新许可养老机构6家，新增养老床位1300张，县一级发放民办养老机构建设、运营、消防等补贴约290万元。全县居家养老试点村78个，新建居家养老服务中心19个、街道日间照料中心2个，发放建设、运营补贴378万元，制定《长沙县智慧养老试点工作实施方案》，拟在城区开展智慧养老试点，进一步探索和推进我县智慧养老发展。发放残疾人两项补贴1676万元、孤儿基本生活费38.5万元、孤儿学杂费15.8万元、困境儿童生活补贴98万元、基本养老服务补贴 73 万元。与教育、公安等 7 个部门同开展农村留守儿童“合力监护、相伴成长”关爱保护专项行动，确保留守儿童得到有效监护。探索新型媒体运用，依托微信、QQ、微博、寻亲网站等网络平台，全年救助生活无着流浪乞讨人员 2317 人次，其中护送人员返乡 88 人，救治危重病人 13 人，并妥善处理 6 起无名氏死亡事件。全年福利彩票销售 3.22 亿元，较上年净增 4807 万元。

基层政权建设

【概况】 2017 年，全县 18 个镇（街道），114 个村、83 个社区，第十次村民委员会、第九次居民委员会同步换届选举。全县登记选民 610315 人，参加投票选民 591609 人，参选率 96.9%。选举出村（居）委会成员 705 人，其中，党员 580 人，占 82.3%；女性 276 人，占 39.1%；大专以上学历 439 人，占 62.3%。选出村（居）主任 197 人，主任、书记一肩挑 119 人，占 60.4%；女性 30 人，占 15.2%。新设立排头、岐山、长轴、长界、湘贸、南塘冲等六个社区，便于城市化、精细化管理。全面推进社区规范化建设，投入 340 万元实施以社区标识、机构门牌、服务窗口、宣传栏目为主要内容“五统一”工作，16 个社区实现社区服务规范化和标准化。安排 300 万元社区建设项目资金，打造中南、土岭、水渡坪、陶公庙、景星 5 个市级和谐（精品）社区和松雅、金牛湾、梨江、向星社区等市级社区服务品牌。“三社联动”有效推进，安排 150 万元公益创投资金打造“三社联动”示范项目。引入长沙县大同社会工作服务中心，为星城、长桥、湘瑞、蒿塘 4 个社区采购政府购买社工服务，创新社区服务模式，探索“一核多元、合力治”多元参与、同治理自治模式。

救灾救济

【概况】 2017 年，全县组织春节慰问资金 3500 余万元，慰问各类对象 47961 人。发放“冬令春荒”补助资金 280 万元和自然灾害救助资金 450 万元，救助对象 6500 余户。6 月，长沙县遭遇近年来历时最长、范围最广、强度最大降雨过程，紧急转移受灾群众 4.5 万人，集中安置受灾群众 4000 余人，下拨救灾棉被、毛毯、食用油、大米等生活物资 15 万元，下拨救灾资金 300 万元。制定《长沙县 2017 年因灾倒损农村居民住房恢复重建实施方案》（长县政办函〔2017〕70 号），救助重建对象 137 户、维修对象 91 户，发放资金 850 余万元。修订《长沙县临时救助办法》（长县政办发〔2017〕9 号），全年救助困难对象 3976 户，发放临时救助资金 657 余万元。3 人获民生保险理赔 40.6 万元。新增“雷锋超市”5 家，春华镇金鼎山社区“雷锋超市”获评市“示范性雷锋超市”。

婚姻家庭

【概况】 2017 年，婚姻登记处办公场所搬迁及优化提质工作，进一步拓展婚姻服务领域，在全省率先实行一系列免费服务，如免费咨询、免费复印证件、免费拍摄证件照、免费颁发结婚证、免费婚姻家庭辅导等。依法依规开展婚姻登记工作，全年接待咨询约 2.4 万人次，免费复印证件 14324 人次，免费拍摄证件照 12961 人次，免费颁发结婚证并推送颁证视频 1006 人次，免费接待婚姻辅导 2926 人次，成功调和 1124 人次，调和率 38.4%，有效降低离婚率。全年办理结婚登记 6208 对，离婚登记 2632 对，补领结婚证 1280 对，补领离婚证 84 本。

（周松田）

社会慈善

【概况】 2017 年，长沙县慈善会募集善款 762 万元，发放救助款 582 万元，惠及各类困难群众 2 万多人。抗洪救灾工作，接受赈灾捐款 144.2937 万元，全部用于救助全县受灾群众。与扶贫办同发起扶贫爱心基金，接受捐款 165.45 万元，用于援助全县精准扶贫对象。“慈善助学”工作，资助 1009 人，发放助学金 349.5 万元；开展“城乡低保家庭尿毒症患者救助”项目，全年救助 128 人，发放救助金 58.08 万元；落实慈善“爱心助居”救助项目，救助困难家庭 34 户，发放救助金 56 万元；认真做好“金叶慈善医疗卡”“强生助孤”“特大病医疗慈善救助”等慈善救助项目。

区划地名管理

【概况】 2017 年，启动撤县设区申报工作。县地名委员会办公室依据《长沙市地名管理办法》，结合第二次全国地名普查，对相关镇街申报命名 41 条道路名称进行初审，拟定命名初步方案。地名普查基础数据收集整理，并通过省、市验收。牵头组织芙蓉区民政局对长芙线行政区域界线进行联检，召开联合检查行政区域界线联席会议，双方签署《长芙平安边界建设协议书》，进一步巩固勘界成果。

社会组织管理

【概况】 2017年，全县登记在册社会组织664个，其中社会团体160个、民办非企业单位504个。公益社会组织培育发展专项资金中安排270万元用于19个公益创投项目，以满足居民多样化需求，培养公益性社会组织和优质公益服务项目，推动社会管理创新。第二批23家行业协会商会与行政机关试点单位脱钩工作。县社会组织孵化基地孵化社会组织5家，培育社会组织5家。全县有社会工作类社会组织11家，新成立4家；全县持证社工人员数194人，新增持证社工人员36人，其中：初级社工师24人，中级社工师12人。为全县200名学员进行长沙县社会工作师考前培训。

殡葬管理

【概况】 2017年，全县火化遗体4527例，火化率100%；发放基本殡葬服务补助538.9万元，补助不留骨灰90例、18万元，补助入葬农村公益性墓地307例、12.3万元。市、县两级投入340万元对开慧、福临、青山铺、安沙、黄兴、黄花、高桥等墓地进行提质改造，提高入葬量。清明期间投入21.5万元宣传殡葬改革和开展定点值守，打击整治殡葬违法行为，推行“鲜花置换鞭炮”“生态葬”，提倡文明祭扫、保护生态环境，墓地烟花鞭炮燃放量和因祭扫发生火灾明显减少。开展城区临街搭棚治丧整治，周边城区设置临时性集中治丧场所，引导群众集中治丧。县殡葬工作领导小组办公室出台《长沙县2017年殡葬管理工作绩效考核实施细则（县直有关单位）》，进一步明确成员单位职责和考核要求。

社区建设

【概况】 2017年是全面实施社区提质提档三年行动计划第二年，对4个街道16个社区进行全面提质提档改造，投入资金6.9亿元。全县新增绿地120公顷，新建公园17座。投入340万元，开展以社区标识、机构门牌、服务窗口、宣传栏目为主要内容“五统一”工作，16个社区实现社区服务规范化和标准化。建立健全16个社区“一级平台、多级应用、资源整合、建享”信息服务工作平台，成立26个小区业主委员会。对旧城区后街进行全面改造，新建停车位万余个。对旧城区立面进行全面改造，统一实行平顶改坡顶，统一广告、护窗、空调机位设置。因地制宜地打造特色街巷和“一社一特”特色文化品牌，景星社区致力打造“熟人社区”，金茂路社区打造“孝”文化公园，牛角冲社区建立多功能智能城市书屋。投入364万元，在各社区设立群众接待室、矛盾纠纷调解室、视频监控室、心理咨询室和警务室等功能齐全、运行规范社区综治中心。探索实施社区党建服务品牌创建工作，星沙街道“社情民意气象站”，湘龙街道“公益小天使”，泉塘街道“十分钟便民利民服务圈”等一批为社区居民热忱服务志愿者平台加快建立，呈现出“一社区一品牌”新局面。 （熊　彬）

老龄工作

【概况】 2017年，长沙县办理老年人优待证5826本。全县享受高龄津贴老人有15700余人，高龄津贴实行动态管理、按月发放，每半年对老人健在情况进行复核。全年发放高龄津贴1000万余元。有计划地推动老年人意外伤害保险工作，县财政每年出资25.5元/人为全县特殊困难老年人（农村“五保”老人、城市“三无”老人、重点优抚对象、城乡低保老人、失独老人等），出资30元/人为全县所有80周岁以上老人投保老年人意外险，两项保费76万余元。“敬老月”期间，重点对高龄、空巢（孤寡）、失独、贫困、受灾老年人开展走访慰问，切实关心老年人生活，倾听他们心声，解决他们实际困难。全县有百岁老人27人，老人百岁生日都会前去祝寿，送上寿字牌匾和礼金1000元，为百岁老人拍摄全家福照片。举办“中国湖南（国际）老年产业博览会。长沙县组织近400名老人观摩学习，10余名同志参与主题论坛。

【长沙县老年协会成立】 为了完善县老年协会组织体系，健全组织机构，3月15日，成立长沙县老年协会，6月15号长沙县老年协会注册登记，7月11日召开长沙县老年协会成立大会，县委书记曾超群出席会议并讲话。大会推选出徐敏芝等担任协会会长等职务，400多名老年朋友加入协会组织。 （刘晓平）

民族宗教事务

【概况】 长沙县有36个少数民族，共6722人，其中土家族人数最多，共2583人，占少数民族人口38%；苗族1931人，占28%。流动少数民族人口1000余人（不含经开区企业），主要来自新疆、四川、青海等地。宗教方面，县内多宗教并存，包括佛教、道教、基督教和民间信仰，有县佛教协会、县道教协会、县基督教三自爱国运动委员会等三个宗教团体。全县有宗教（民信）场所132处。其中合法开放宗教活动场所43处（佛教18处、道教8处、基督教17处），民间信仰89处（已开放29处，待开放60处），有认定备案教职人员137人。是年，长沙县民宗局制定出台2017年度对全县镇（街）民族宗教工作考核细则。

【松柏寺第二届“福慧禅修”亲子夏令营活动】 8月10—16日，松柏寺主办“福慧禅修”亲子夏令营，30名孩子与自己父母一起参加这次体悟感恩活动。七天时间里，夏令营安排听法、诵经、行脚、禅坐、传统文化、书法、画、国学、智慧讲座等一系列丰富课程与活动。活动期间，参与活动学员们每日朗读背诵学习传统国学经典，并由法师带领学习打饭、洗碗、收拾房间、洗衣叠衣等，让孩子在自然中融入学习教育，“学会感恩”互动课程懂得来之不易幸福生活需常怀感恩情怀，去关心他人。整个活动都是与寺院法师一同吃住，体验寺院生活自在与庄严。此次活动同时还开展学习禅修，在禅修中培养爱，学习爱，修行慈悲，增上智慧，父母和孩子同时学习，共同成长，双向努力，互相促进修行觉知，让孩子学会感恩，是本次夏令营特色。

【长沙县民族团结进步行组委会赴沅陵开展民族学子扶贫助学活动】 12月8日，进一步深化民族团结进步创建活动内涵，长沙县人大常委会牵头组织县内相关部门负责人以及少数民族代表赴民族地区沅陵县开展“民族情深、心系沅陵”捐资助学活动。此次活动是长沙县民族团结进步行组委会针对省内少数民族地区开展第6次扶贫助学活动。此次活动，长沙县民族团结进步行组委会为学校及学生捐款15万元，从一定程度上缓解棋坪九校及部分学生实际困难。

（张　伟）

镇街要览

Survey of Towns and Streets

责任编辑　周进银

黄兴镇

【概况】2017年，黄兴镇面积157平方千米，辖14个村、4个社区，总人口8.2万。财政总收入1.65亿元，比上年增长43.8%，地方一般预算收入0.73亿元，比2016年增长74.2%，固定资产投资98亿元，比2016年增长10.1%；规模以上工业企业总产值9.4亿元，比2016年增长14.9%；社会零售品销售额3亿元，比2016年增长30%。是年，该镇获评“湖南省经典文化村镇”“县防汛抗洪抢险先进单位”“书香星沙·中华经典诵读大赛一等奖”，佳和农牧股份有限公司干杉种养结合示范基地的畜禽养殖及废弃物综合利用和农牧循环发展模式在全国推广。

项目建设。启动建设益生堂、佳和农牧、德鑫物流等市、县重点项目19个，建成长沙家禽批发市场、致远仓储物流等项目7个，引进杨梅湖公园等项目3个。启动建设金桂路、杜家坪路、香樟东路、黄江公路等城市道路项目33个，启动临空经济区综合污水处理厂建设，黄兴大桥双向试通车。征地拆迁签约1159户，拆房1077户，动迁4001人，腾地360公顷。现代农业稳步推进。果之友农业科技有限公司获评省级农业龙头企业，湖南以仁油脂有限公司等3家企业被评为市级农业龙头企业，黄兴农业科技示范站评为市级科技直通车示范站。组织新型职业农民技术培训2000余人次，扶持发展科技示范户55户、家庭农场7个。

改善民生。高塘坪小学、双桥小学建成并投入使用，提质改造7所学校，新增学位1100多个。建成农村公路20千米，完善临水临崖段、急弯陡坡段的公路防护设施23处。创建国家慢性病综合防控示范区，举办“长沙十万健康手册发放仪式暨健康联欢活动”，中港物流创建“市流动人口计生协会示范点”。开展职业技能培训3次，培训320人次，建成18个人社基层平台，新增城镇就业750人。完成农村危房改建76户。启动干杉安置区三期、龙峰安置区建设。下派6名第一书记驻村扶贫，力推产业扶贫，引导扶助170户贫困户，围绕蛋鸡养殖、苗木种植两个特色产业发展生产，完成贫困户小额信贷69户185万元，脱贫476户。

生态建设。开展拆违行动105次，人工巡查和无人机巡查控违322次，拆违控违总面积11.2万平方米，有效遏制新增违建行为。全面推行河长制工作，开展河道排污截口和浏阳河饮用水源治理，确保“河长治、水常清”。完成105台黄标车淘汰任务。高度重视生态环保工作，对破坏生态环境的行为实施“零容忍”，全年查处渣土车无证运输、超速超载等违规行为140起，查处路面及扬尘严重污染行为35起，关停废旧塑料作坊12家，取缔违规水泥灌装作坊及锅炉企业3家。开展动物防疫服务社会化改革试点，成立动物防疫服务公司；开展“新三年造绿大行动”，完成环城绿带、磁浮两厢绿化工作；推进重金属污染耕地修复治理，重度污染治理修复332.67公顷，轻度污染治理修复566.67公顷。

社会治理。严厉打击黑恶势力、涉枪涉爆等犯罪行为，重拳整治“黄赌毒”，强制隔离戒毒17人，社区戒毒23人。开展“打黑除恶”“冬季攻势”等专项行动，侦破刑事案件110起，社会治安良好。排查不稳定因素，调解各类矛盾纠纷3101起。通过交通安全“五进”（进农村、进社区、进单位、进学校、进家庭）教育活动培训2万余人次。组织村（社区）安全生产大培训36场，参加培训近1万人次，组织应急演练28次，警示约谈企业负责人15人，停电停产整顿32家，清退黑作坊13家，依法取缔非法生产经营单位200余家，安全生产形势整体好转。

依法行政。畅通服务群众渠道，全年公开政府信息230条；微信公众号“美丽黄兴”发布信息114条。处理县长信箱65封，“12345”市民服务热线工单400余件，满意率98%以上。力推扩权强镇，制定试点实施方案，报请县政府下放各项行政权限39项。开展“纠四风，治陋习”整治和“雁过拔毛”式腐败整治行动，查处案件14起，严肃处理23名违纪干部。

【佳和农牧畜禽养殖废弃物生态循环利用模式在全国推介】6月27日，中共中央政治局委员、国务院副总理汪洋到黄兴镇佳和农牧股份有限公司干杉基地，专题调研畜禽养殖废弃物综合利用和农牧循环发展情况。农业部部长韩长赋，湖南省委书记、省人大常委会主任杜家毫，国家发改委副主任张勇等参加调研。调研现场，该公司董事长李铁明汇报畜禽养殖废弃物生态循环利用的情况。佳和农牧摒弃过往养殖场只以养猪为唯一目的的经营模式，以种定养，采用“猪—沼—苗（果/蔬/牧草）”种养平衡生态养殖模式，以配套种植业消纳利用猪粪、沼肥的能力确定养殖规模，不仅提高农业综合效益，美化农村环境，而且通过“集团公司+生态农场+生

2017年7月10日，黄兴镇修复水利工程　（叶　凯　摄）

态小农庄”的发展模式带动基地周边农民发展生态小农庄，带动农民增收致富。随后，汪洋还与公司的农庄主进行交流，详细了解生态小农庄种养结合情况，肯定对佳和农牧种养结合的生态养殖模式，指出：以有机肥的形式就地就近还田利用，是畜禽养殖废弃物的主要出路。要坚持以地定养，根据资源环境承载能力和废弃物处理能力，科学确定养殖品种和规模。要以沼气为纽带，上连养殖业、下促种植业，探索运用成本低、处理效果佳、环境效益好的种养结合、农牧循环发展模式，畅通还田利用的渠道，增强土壤肥力，提高种养业综合效益。改善农业生态环境，构建种养结合、农牧循环的可持续发展新格局；并希望再接再厉，坚持种养结合、农牧循环，努力为全国畜禽养殖废弃物资源化利用探索路子、创造经验、作出表率。

【应对画田撇洪渠险情】 黄兴镇紧急处置画田撇洪渠险情，转移安置群众1.5万余名。7月2日14时30分许，因连续强降雨和长时间高水位浸泡，黄兴镇高塘村画田撇洪渠出现外坡崩塌，外坡上部出现散浸集中，形成穿孔后缺口。发现险情后，市、县相关部门现场会商制定处置方案，将撇洪渠上下游抢修两道截流堰，防止河水倒灌。武警官兵、民兵、技术人员、党员群众约700余人现场截流施工，调用大型运输车、块石、砼立方体等器械和物资，从大堤两侧同时施工。7月3日凌晨1时22分，撇洪渠两侧截流堰全面合拢。省委副书记、省长许达哲评价此次抢险“应对决策科学，处置果断迅速”。　（叶　凯）

江背镇

【概况】 2017年，江背镇面积175平方千米，辖13个村（社区），人口6.3万。财政总收入7169万元，一般预算收入3112万元。工业总产值101.73亿元，其中规模工业总产值73.03亿元。全社会固定资产投资49.1亿元，其中引进市外境内资金形成固投2.649亿元；社会消费品零售总额3.25亿元。规模企业27家（其中1亿元以上企业10家，10亿元以上企业3家），汽车配件、工程机械和水泥建材三大支柱产业带动效应增强，配套产业不断完善。农业总产值7.3亿元，农民人均可支配收入30181元。力促现代农业发展，通过加速农业与资本、科技、创意、市场、信息及其他要素的融合，打造出规模农业、高新农业、品牌农业、特色农业、电商农业五大特色，形成独具特色的产业体系，组合多种适度规模经营形式，形成现代农业产业联合体。年末，注册农民专业合作社229家，家庭农场44家，现代生态农庄6家，规模农业企业12家。粮食作物总产量5.61万吨，油料播种面积1800公顷，油料产籽总量2300吨，生猪出栏量3.1万头，家禽年饲养量13万羽，花卉苗木种植面积1106.67公顷，品种40余种。

产业经济。是年，服务工业企业，突出创新驱动，优化投资环境。梅花汽车投资12亿元对纯电动新能源客车

2017年，江背集镇　（江背镇　提供）

进行产业化提质升级；提质改造传统建材企业；加强招强选优，与中民筑友、宝湾物流等项目洽谈，做好前期准备工作。发展传统农业，有效遏制抛荒；天大生物、多彩农业、自成肉牛等农业企业加快产业融合发展，延伸产业链，助推农旅结合，锦绣江南获评中国魅力休闲农庄。杂交水稻育种基地及新品种应用推广成效显著，中国工程院院士袁隆平等高度肯定。发展服务业，依托万亩油菜花海和浏阳河、徐特立故居等自然人文景观，举办长沙县第二届红樱文化旅游节、美丽乡村稻田艺术展、2017 年湖南长沙自行车越野赛龙头井站、2017 年度世界旅游小姐长沙赛区总冠名大赛等活动，乡村旅游发展势头良好。

城乡统筹。黄江公路拆迁安置和建设工作稳步推进；梅花工贸新区（27.27 公顷）拆迁任务基本完成；浏阳河文化旅游产业带建设、棚户区一期改造、江背社区集中居住点以及江梅公路、五梅公路、好三线道路提质改造等基础设施建设项目全面完成；江背工业园污水处理厂主厂区及管网建设基本完工；特立故居周边道路提质、阳雀新村文化公园、五美社区三角坪安全隐患整治等民生立县项目全部完工；湖山塘桥新建、桃树湾码头提质改造、县道环线亮化工程正在加紧推进。基础设施持续完善。积极推进美丽乡村示范点建设，投入资金约 500 万元，铺排文化广场、公路硬化、山塘整治等项目 24 个，金洲村、五福村获评市级美丽乡村示范村；全年硬化村级公路 21.6 千米，完成 314 户农村危房改造；投入 500 万元完成小农水项目 106 个；建成自来水通村达组工程，草塘勘河、三叉河综合整治，浏阳河江背段南北垸防洪堤垸建设顺利推进，农田水利基础设施不断完善。镇村面貌日益改善。规范集镇管理秩序，加大脏乱差整治力度，组织 30 余次集镇整治执法行动，依法收缴广告灯箱 70 余件、店外物品 310 余个，拆除违章建筑 15 处，1.1 万余平方米。

社会治理。全年开展党政领导带队检查 86 次，共检查生产经营单位 1157 家，排查隐患 1427 处，取缔非法经营单位 6 家，关停 2 家，责令停产停电企业 33 家，立案 191 起，行政处罚金额 113.8 万元，倒逼企业落实主体责任，创建长沙市安全生产示范乡镇。社会治理明显提升。畅通信访渠道，严格落实信访工作责任，强化矛盾纠纷排查、调处和信访积案化解力度；严厉整治涉赌涉毒行为；成立专职治安巡防队伍，实施群众工作网格化管理，开展平安家庭创建活动，全镇社会治安明显好转。环境治理强力推进。投入近 600 万元，狠抓日常保洁和生态整治。全面整改环保突出问题，办结销号中央环保督查案件 8 件，清理违规企业 12 家，淘汰黄标车 210 台。全面落实河长制，开展水污染整治行动，建立一河一档，完善一河一策，水域环境不断改善。

社会事业。发放低保、医疗救助等民政资金 1000 余万元，获评长沙市医保收缴先进单位、长沙市城乡居民养老保险示范乡镇；全面落实脱贫攻坚任务，切实做到精准识别、精准帮扶、精准施策，突出发展产业帮扶，与自成肉牛、多彩农业等企业结对，帮助 67 户 245 人实现稳定脱贫。防汛抗灾成效显著。科学应对洪灾，转移群众 4000 余人，开展灾后卫生防疫，迅速组织灾后重建及恢复生产，全面完成 33 户因灾房屋摧毁困难户房屋重建工作。修复水毁设施，处置险情 19 处，修复受损堤防 1000 余米、受损路基 1000 余米，维修山塘等 50 余处。重视社会事业发展。改善教育教学条件，投入 1100 万元，对辖区中小学及幼儿园进行维修改造，教育事业各项指标继续位居全县之首。着力提高群众文化生活水平，举办村级文化艺术节、纪念徐特立诞辰 140 周年书法展、多彩江背 · 文明家庭评选表彰等文化活动，参与群众 10 多万人次。与泰和医院签订医联体，推进计生行政执法专项行动，卫计服务水平不断提高。

（曹夏源）

2017 年 10 月 28 日，该镇在五福村举办重阳节敬老活动（江背镇 提供）

黄花镇

【概况】2017年，黄花镇总面积143.06平方千米，辖13个村4个社区，常住人口108227人，其中户籍人口77966人，流动人口30261人；财政总收入92250元。处长沙市东部开放型经济走廊战略和长沙临空经济区建设核心区域，经济社会快速发展，在“2017全国综合实力千强镇榜单”中排名337名，比2016年提升32名，在湖南省所有乡镇中排名第一。

产业发展。服务长沙临空经济示范区、黄花综保区、长沙经济技术开发区三大国家级平台建设，加快自有产业向高端提升，助推经济高质量发展。全年工业总产值81亿元，比2016年增长6.6%；新增规上工业企业5家。年底，有规模以上工业企业31家，规模工业总产值34.5亿元；固定资产总投资44.2亿元，其中服务业固定投资21亿元；引进内资4.4亿元，到位外资150万美元，进出口总额3900万美元。新引进佳辰文化、南方实业、赛迈斯重工等项目10个。加强企业服务，推进土地生态修复技术、坤隆商业街、维灿模具、南方实业等项目建设。推动企业转型升级，鸿发印务绿色数字化印刷技术生产线改造完成。搭建外贸企业与运输企业交流平台，支持园区企业“走出去”，维克奇等外贸企业出口势头良好，黄花商会被评为长沙市“四好商会”和“一品一会”特色基层单位。

抓好粮食生产，全年播种面积6700公顷，双季稻普及率95%，水稻良种推广率超90%，新增种粮大户5户，对2000公顷耕地实施重金属污染综合治理。投入189万元进行水毁工程恢复，投入310万元实施小农水工程建设，基本完成农村土地承包经营权确权登记。

现代农业企业发展。完成现代农业建设项目11个。博野有机农业文化产业园、小顽国亲子乐园、新江生态园、华穗生态产业园等现代农庄广受青睐，中央电视台财经频道（CCTV-2）《生财有道》栏目再次进行采访报道，全国政协常委、经济委员会副主任、原中央农办主任陈锡文一行到现场调研。承办“亲子·趣味·益智”2017湖南省定向运动联赛长沙县站暨长沙县首届亲子定向越野挑战赛，承办“华穗杯”第二届CCTV“荣誉军团”全国战术对抗联赛湖南赛区选拔赛，一三产业逐步融合，特色休闲农业、生态旅游不断发展。

项目建设。长沙临空经济示范区获批，黄花综保区封关运行，黄花临空时代开启。机场大道改造工程、金阳大道修建以及临空经济核心区盛祥路、鹏盛路、小康南路等道路竣工通车。长沙百联奥特莱斯广场、湖南顺丰电商产业园、普洛斯长沙空港物流中心等一大批重大项目开工开建。华湘工业园长丰猎豹新总装线下线，重大项目产业投产。全年腾地387.7公顷，动迁人口718户2432余人。拆除违章建筑总面积15186平方米，有效遏制全镇抢建、违建之风。

城乡建设。制订《长沙县黄花镇整体风貌规划》。投入1416万元启动黄花镇工业园、商业街排水改造工程，实现园区雨污分流，增强污水治理能力。投入600万元实施黄花镇回龙撇洪渠（大兴集镇）截污工程，完成蛇皮港截污二期工程，推进黄花污水处理厂二期扩建工程，全面加强污水截污治理。实施黄花镇合心村管网入户工程，解决合心村近3000人饮水问题。继续推进回龙垸水系疏通工程，排水干渠支渠逐步清理疏通，完成幸福渠清淤清污整治。实施县乡道路亮化工程，在八青线、黄回线、石丰线、新崩线、回林公路等道路安装路灯1131盏。提升临空经济核心区和集镇保洁标准，全面提升保洁效果。对机场大道等重要路段安装路灯和中国结，对集镇立面、亮化进行定期维护，持续美化集镇环境。实施拆围透绿，提质改造闲置地块和道路两厢面积近100万平方米。开展文明创建，集中整治机场周边、主要道路、市场、安置区等重点难点区域，安装垃圾桶等环卫设施600多个，投入18.4万元升级改造垃圾压缩站，新增交通信号灯13处，增设交通指示牌、警示牌108块，新增文明宣传牌1000余块。

生态环保。对26个中央环保督察信访交办件全部按时办结销号。落实“河长制“工作，镇村“河长”带队开展巡河，严格履行河段长职责，建立“一河一档”，制定“一河一策”，深入推进河湖治理。开展大气污染防治行动，193台黄标车率先清零；实施碎草还田和稻草移除补贴政策，全年碎草1333.3公顷，移除稻草286.7公顷；加强项目工地及渣土运输巡查管控，严管落实治理措施，减少扬尘污染；关停散煤制销点，整治餐饮烧烤油烟，清理工业锅炉，依法取缔无环保手续违规排放企业，空气质量持续好转。实施农村环境卫生网格化管理，倡导垃圾分类处置，创建垃圾分类市级示范村崩坎村、县级示范村银龙村。继续推进美丽乡村建设，成功创建市级示范村东塘村、县级示范村崩坎村和县级特色村银龙村。开展三年造绿大行动，全民义务植树8.1万株，黄花集镇创建市级绿色集镇，黄花路社区、黄龙新村、崩坎村获评市级绿色社区（村庄）。

社会管理。开展平安创建，举办治安巡防全军事化集中培训班，打造专业化、正规化队伍，被《法制日报》主办的《法制与新闻》宣传推介。开展长沙县"六个一"禁毒宣传试点工作，在全县率先成立17支"禁毒妈妈联盟"队伍。化解矛盾纠纷，组织排查60余次，调处矛盾纠纷222件。开展"百日会战""三大行动""治超逢车必检行动"等交通安全、治超联合行动，全年无重大交通安全事故。开展安全生产标准化办公室创建工作，促进企业主体责任落实，创新纪检监察介入安全生产"黄花模式"，其典型经验在全县推广。开展安全生产、食品安全检查大行动，取缔黑作坊43家，清除无证搅拌站7个，取缔危化品非法储存点11个，立案查处21起，未发生较大以上安全生产责任事故。

社会事业。聚力精准扶贫，推进扶贫特惠保、医保免缴、家庭医生签约、雨露计划、产业扶贫等扶贫政策，389户贫困户脱贫。完成黄龙小学、新江小学等改扩建项目，对黄花中学、回龙中学进行改造，新建中心幼儿园。切实做好公共卫生与计划生育服务工作，获评2017年度"长沙市流动人口基本公共卫生计生服务均等化重点培植优秀单位"。开展就业创业，举行大型招聘会，提供近1200个就业岗位，全年新增城镇就业人员614人，技能培训400余人次。新增居民城乡低保47户100人，新增特困供养14户14人；取消城乡居民低保109户232人，取消特困供养人员27户29人。全年最低生活保障5615户12782人，发放资金374.7074万元；特困供养2758户2851人，发放资金225.087万元。

黄花集镇　　（彭国明　摄）

对生病住院的困难群众进行医疗救助，全年医疗救助534人，救助总金额312.2582万元。帮助85户危房户进行房屋改造，年内全部搬进新居。抗击超历史特大洪水，守住9600米大堤，黄花镇获评"长沙市2017年抗洪救灾先进集体"。开展村（社区）文化艺术节等各类群众性文体活动20余次。

【陈锡文到黄花镇考察调研】 2月25日上午，全国政协常委、经济委员会副主任、原中央农办主任陈锡文一行到黄花镇博野有机农业文化产业园考察，就精细农业、农业供给侧改革等方面进行专题调研。陈锡文与企业负责人面对面交流，详细了解农业企业发展面临的实际问题，并鼓励企业继续攻坚克难，加快发展步伐。陈锡文指出，现代农业经营体制创新要在促进土地经营权流转、规模经营的同时，扩大农业社会化服务体系，以弥补耕地规模不足的现实。要大力发展农村新产业和新业态，保护好农村现有的宝贵资源，促进农村一二三产业融合发展，切实拓宽农民增收渠道。

【黄花镇第六届人民代表大会第二次会议召开】 3月5日，黄花镇召开第六届人民代表大会第二次会议，全镇89名正式代表、69名列席代表参会。大会听取并审议通过《黄花镇人民政府工作报告》《黄花镇人大主席团工作报告》《黄花镇财政工作报告》《长沙县黄花镇整体风貌规划》。

【黄花镇举办禁毒宣传进万家活动启动仪式】 6月18日，黄花镇在青牛培训基地举行"拒绝毒品·呵护家庭"长沙县黄花镇禁毒宣传进万家活动启动仪式，镇全体机关干部、部门单位主要负责人、17个村（社区）新一届村两委成员、各村（居）组组长、妇女组长、党小组长1300余人参加。县委常委、政法委书记李开兴，副县长、县公安局局长彭迟平等领导出席。仪式上，长沙县禁毒协会讲师为参会人员授课，增强对毒品危害的认知度和拒绝毒品的意识，并为调整后的各村（社区）禁毒工作站和新成立的"禁毒妈妈联盟"授牌（旗）。

【黄花镇上榜"2017全国综合实力千强镇"第337位】 10月9日，国家中小城市经济发展委员会、中小城市发展战略研究院、中国中小城市科学发展指数研究课题组等单位通过《人民日报》和《2017中国中小城市发展报告·绿皮书》联合发布“2017全国综合实力千强镇”等榜单，黄花镇再次上榜，综合实力排名全国第337名，比2016年提升32名，位居湖南省所有乡镇之首。2016年，黄花镇财税总收入突破8亿元，连续5年以1亿元的增速领跑长沙县“亿元俱乐部”，每年新增财力的80%用于保障和改善民生；重点打造黄谷路农贸市场、镇文化中心广场、管线下地、燃气入户等民生项目，开通崩坎—集镇、泉塘—金塘等多条城乡公交线路；开展多彩多样的文艺活动，组织全民加入文明城市创建，开展“蓝天、碧水、净土”等生态保护行动。2017年1—9月，全镇全社会固定资产投产361728万元，限上社会消费品零售总额20685万元，进出口总额2850万美元，地区生产总值100亿元，城乡居民人均可支配收入29934元，公共财政收入23787万元。

【中央宣讲团到黄花镇宣讲十九大精神】11月6日下午，中央宣讲团成员、最高人民法院党组成员、副院长姜伟一行到黄花镇黄龙新村宣讲中共十九大精神。姜伟从基层群众关心的话题入手，从民生、农业、健康、环境等多个方面，与党员干部群众面对面交流，把中共十九大精神及时准确地传达到基层。

春华镇

【概况】2017年，春华镇辖8个村、1个社区。全镇总面积125.36平方千米，其中耕地面积4022公顷。全年财政总收入2590.86万元，一般预算收入610万元，农林牧渔业总产值8.68亿元，规模工业总产值5.22亿元，固定资产投资16.12亿元。是年，获评长沙市经济社会发展“十快”乡镇、市级文明镇，长沙县抗洪救灾先进集体和应急管理工作先进单位等。

经济建设。春华集镇新老街综合整治、沿河游步道竣工验收，农贸综合体基本竣工，集镇品质大幅提升。春垅路提质改造基本完成并通车。胭脂港水系连通及河道治理项目开工建设，新河道拆迁基本完成，老港清淤完成。春华集镇综合文化广场等3个“民生立县”项目加快实施。国家杂交水稻综合试验基地项目的高标准农田示范区建设完工。种子仓储物流园项目一二期建成并进行招商。高峰塘国有土地拍卖通过县国土会商会即将挂牌。北横线征拆稳步推进，已完成34户拆迁，进度在沿线涉及乡镇中领先。投资40亿元的春华健康城项目顺利动工，一期总面积67333平方米，50万立方米土方平整基本完成。结合镇域实际，瞄准时鲜花卉产业，重点支持春红时鲜花卉基地提质升级，高标准规划200万平方米时鲜花卉基地集聚区。

政治建设。强化法治思维，严格按照法定权限和程序行使权力、履行职责。坚持依法决策、民主决策、科学决策，健全重大事项风险评估、合法性审查等制度，完善落实“三重一大”决策制度、法律顾问管理制度，引导法律顾问积极参与镇域重大行政决策的研究、咨询和论证，由法律顾问审核合同、文书25份，草拟协议7份，解答咨询、提出法律意见55件次，参与规范性文件、行政决策的审查、论证8场次，参与调解各类纠纷26场次，全程参加土地确权调查取证、并代拟确权决定1件。畅通民意诉求表达渠道，自觉接受人大监督、政协民主监督和群众监督，主要负责人批转县长信箱等群众诉求，全年处理“12345”市民服务热线工单231个、县长信箱诉求14个。金鼎山社区、春华山村群工站创建县级优秀群工站，百熙村群工站创建县直联点优秀群工站。推动政府系统党风廉政建设，落实“两个责任”，强化“一岗双责”。严肃查处“四风”和腐败问题，对扶贫领域“雁过拔毛”、国家公职人员违规参与涉矿等经营性活动、水稻种植保险开展专项整治，全面清理审计9个村（社区）2014—2016年上级下拨的农村水利资金和2015—2016年死亡人员高龄津贴。

文化建设。策划运作百熙文化园，列入2017年政协重点交办提案，启动百熙文化广场和周边配套设施建设。举办第二届油菜花文化旅游节，接待游客21万人次，销售收入600万元。挖掘人文底蕴和农业特色，着力一三产业融合，鼓励发展农业休闲观光项目，年内新增休闲农庄5个，年末有较大规模现代农庄6家，带动劳动力就业460人。

社会建设。投资2500万元的春华敬老院正式投入使用，有床位150个，入住老人41位，获评市级示范敬老院。投资1.2亿元春华中学9月如期开学，利用原大鱼中学校址合作筹办民办职业中专，春华中学、中心小学等7所学校获评市级标准化学校。加强卫生和计划生育基础服务，参加计划生育家庭意外保险1.8万余人，组织育龄对象参加孕前优生检测286人，无偿献血任务超额完成，春华卫生院获评第一批国家级群众满意乡镇卫生院。

集镇区和主干道自来水、污水管道基本覆盖，路灯亮化率99%以上。新奥燃气管线建设即将动工。推进水利建设，全年水利投资1376万元，战备、建庄、螃海等水库排灌和泄洪渠改造基本完成，应急水毁项目完成验收128处，64处冬修“小农水”项目完工率95%。力推农村公路建设，争取到农村公路硬化、提质改造等项目计划建设指标49.797千米，总投资727万元，完成率86%。开展脱贫攻坚，实施动态管理，全年退出73户，新增64户，年末有贫困户427户1308人。其中低保救助和社会兜底536人，技能培训50人。整合投入587.22万资金用于产业帮扶、小额信贷、教育助学、生态补偿、医保免缴、残疾补助、住房保障等，家庭医生签约和扶贫特惠保实现建档立卡贫困户全覆盖。积极帮扶困难群众，年末有城乡居民低保366户794人，特困分散供养248户，特困集中供养23户，临时救助196人，医疗救助182人，医疗救助金额177万余元，农村改水改厕130座、危房改造103户。抓好安全生产。签订安全生产目标管理责任书95份。开展送培训入企业12场次，举办宣传活动14场次。检查烟花爆竹经营门店108家次、KTV 72家次、网吧12家次、各类企业168家次，开展专项检查24次，出动执法人员900人次，行政处罚31起，罚款15万余元。全镇居民农村聚餐保险全覆盖；2次组织开展“送服务到社区”活动，集中体检食品行业从业人员600余人次，提高广大食品从业人员服务标准；生猪防疫密度100%；农残、兽残检测合格率95%以上。农产品质量安全监管站获评2016年市创建国家食品安全示范城市先进单位。加强社会治理，调处矛盾纠纷120起，受理办结镇级以上信访案件16起。加强普法宣传，联合举办法治建设宣传周系列活动，评选表彰春华镇首届“法治先进工作者”和“平安家庭示范户”。新建九木村法治文化广场，开展禁毒宣传宣讲11场次，提升群众法治意识。开展防汛救灾抢险救援，无因灾死伤；开展灾后卫生防疫、垃圾清运、地质灾害应急处置、水毁工程修复等重建工作，组织生产自救，恢复群众基本生产生活。

生态文明建设。常态化开展“两点一线”专项执法整治，开展集镇专项执法15次，立案处罚36件，扣押物品40件次，集镇及S207秩序不断改善。完善国土建房联合审批，规范建房184户。推进拆控拆违，拆除整治违建18处19620平方米。按照“串点连线，以线成面，形成闭环”发展思路，年内申报石塘铺村为县级美丽乡村示范村。义务植树7万株，获批绿色示范庭院40户，花园新村获评市级绿色示范村庄，标准化林业站建设和“一站式全程代理服务”被国家林业局调研和肯定。改革环境卫生管理机制，实行网格化管理，公开选聘专职保洁员85名，真考真评，重奖重罚，全镇环境卫生状况大幅改观。九木村获评市级垃圾分类减量示范村和城乡环境卫生整洁行动五星级优秀村，金鼎山社区获评市级卫生村。河长制基础工作基本完善，巡河、治河机制基本形成，日常巡查30余次，排查整治安全隐患4处，责令停产整顿和提前关闭企业2家。拆除捞刀河流域禁养区畜禽养殖栏舍168户9923.8平方米；推进重金属污染耕地修复治理，免费供应镉低积累水稻种子14.06吨，生石灰撒施2807.4吨，安全利用区优化水分管理12.48平方千米，治理农业面源污染，断面水质保持良好。中央环保督察交办件5件全部办结。组织开展“春雷行动”，关闭取缔非法企业7家，停业整改3家。重点排查40余家工业企业，发现隐患37件，受理环保投诉7件并全部解决。提前完成103台黄标车淘汰任务，抓好秸秆禁烧综合利用和扬尘治理。

【春华镇敬老院投入使用】 1月13日，2017年“多彩春华，幸福家园”春华镇敬老院投入使用暨送戏进院活动在该院启动。省黄梅剧团等文艺团体表演独唱《大地飞歌》《团圆酒》，合唱黄梅戏《补锅》、花鼓戏《刘海砍樵》、独演《十八罗汉》等节目。春华镇敬老院位于207省道边大鱼集镇大鱼中学旁， 由湖南寿比山养老服务有限公司托管，占地面积1.5万平方米，建筑面积6704平方米，设床位152张，是集住宿、饮食、医疗、护理、文化、娱乐、健身、休闲、临终关怀于一体的公办民营的综合性养老服务机构。该项目于2013年开建，历时40个月，投资2500余万元，其设施及服务水平在全县均居一流。

【春华油菜花旅游文化节启动】 3月8日，“春华春色 正好游玩”春华油菜花旅游文化节在春华镇百熙村启动。本次活动由长沙县人民政府主办，长沙县现代农业创新示范区管委会、长沙县旅游局、长沙县农业和林业局、春华镇人民政府承办，百熙村、长沙县洞田香种植专业合作社协办。此次活动坚持全域旅游与文化紧密结合，旨在以“节会促发展”，通过政府主导、企业参与、市场化运作，创新乡村休闲旅游发展模式，进一步丰富春华全域乡村旅游文化内涵。此次活动是集

2017 年 3 月 8 日，“春华春色 正好游玩”的春华油菜花旅游文化节在春华镇百熙村启动　（春华镇 提供）

百熙文化推介、农业生态旅游观光、特色农副产品展示展销、传统手工艺展示、招商引资洽谈、互联网 + 精准扶贫于一体的山水田园休闲旅游的特色综合节庆活动。

3 月 8 日，“春华春色 正好游玩”的春华油菜花旅游文化节在春华镇百熙村启动。　（春华镇　提供）

果园镇

【概况】2017 年，果园镇总面积 69.8 平方千米，辖 4 个行政村（新明村、花果村、浔龙河村、金江新村），3 个社区居委会(杨泗庙社区、田汉社区、古井社区)。总人口 2.4 万人，集镇建成区面积 2.16 平方千米。是年，该镇以“打造田汉艺术小镇，建设中国最美乡村”为目标，经济社会稳步发展，镇级财政收入 969 万元，一般预算收入 232 万元，规模以上工业总产值 11.5 亿元，固定资产投资 28 亿元（其中工业投资 7000 万元，服务业投资 8 亿元，市外投资 5113 万元），农林牧渔总产值 2.9 亿元。12 月，被长沙市人民政府定为第一批特色小(城)镇及培育名录，先后获评“湖南省美丽乡镇示范镇”“省级特色小镇”等。10 月，被湖南省住房和城乡建设厅评为湖南省美丽乡镇示范镇。

项目建设。推进浔龙河生态艺术小镇建设，农民安置房一期二批、垃圾站、污水厂、东八线辅道、双江垸除险加固工程、自来水供水管网、浔龙河路东八线跨线桥、公交车站等公共工程项目均已开工开建或即将完工；产业项目中樱花谷建成开园，水上世界、北师大长沙附属学校浔龙河校区开建。2017 年 7 月 9 日，田汉戏剧艺术文化园进场施工，年内工程总量完成 65%；田汉大道项目工程总量完成 95 %，被定为全市 2017 年度观摩项目。2017 年 5 月 26 日，果园镇与武汉山河健康产业发展有限公司就果园镇新明村健康生活体验园签订项目合作框架协议，主要建设新明村健康生活体验园、有机种植养殖体验园、近代农耕文化展示和体验中心、自然幼教基地、田园式抱团养老中心等，项目总投资 5.2 亿元。启动镇政府机关四小建设项目、垃圾站项目、田汉大道沿线棚改项目、兰郑长安置房项目、杨泗庙集镇强弱电下地项目。5 月 19 日，召开项目建设百日攻坚大竞赛活动动员大会，决定自 5 月 20 日起，奋战 100 天，集中推进一批重点项目。经各村（社区）上报、镇危改办上户调查、专业机构鉴定后，年内有 69 户纳入 2017 年危房改造补助，其中房屋新建 36 户、房屋修缮 33 户，资金补助拨付全部完成。

民生建设。在超过 1998 年的特大洪水防汛期间，县、镇、村广大党员干部群众 2000 余人日夜奋战在防汛一线，修筑二次堤坎 2000 余米，打通各类道路 10 多千米，及时转移群众 114 户 395 人，做到“不垮一堤一垸，不死一人”。7 月 4 日，长沙经济技术开发区党工委书记、中共长沙县委书记曾超群考察花果村台田垸大堤后，对该镇防汛工作给予肯定。全镇建档立卡贫困户 201 户、631 人，派出帮扶责任人 76 人。产业扶贫覆盖 7 个村（社区）137 户，覆盖率 67.99%，金江新村和新明村实现产业扶贫全覆盖。通过举行精准扶贫招聘会，48 户通过就业帮扶实现脱贫，小额贷款完成 26 户 70 万元目标任务，42 户饮水不安全问题全部解决；中国社会扶贫网贫困家庭注册率 100%，爱心人士注册人数 200 余人，爱心对接 55 次。6 月 8 日，长沙县纪委书记胡维龙到金江新村调研精准扶贫工作。通过低保政策帮扶 125 户，危房改造 69 户，生态补偿 16 户。开展 65 岁以上老人及慢性病患者免费健康体检活动、孕前优生检查、妇女“两癌”筛查、流动人口大清查和家庭医生签约等专项活动，各项优惠政策落实率 100%。落实大病救助、社会救灾救济、最低生活保障、城乡居民养老保险和农村合作医疗等社会保障工作，优化计生服务水平，流动人口管理到位率100%。组织建设粮食高产创建示范片。以田汉“种三产四”项目为典型，打造133.33公顷的优质超级稻种植示范基地，其核心面积40余公顷，主要含统一双季稻种植模式、统一种植品种、技术指导、病虫防治、协调等相关工作。果园镇完成400公顷秸秆还田及400吨秸秆移除任务；淘汰老旧车71台，注销黄标车27台，报废回收公司已拖车21台。平均日处理污水量797吨，处理率99.7%，配套截污主干管网工程全长6660米、支管网3000米，污水井249个、化粪池105个；打捞各类水域垃圾1784.3吨；开展捞刀河流域山塘水坝清淤工作，完成清淤山塘17口；推进捞刀河流域禁养区92户牲猪退养工作，加强对捞刀河流域重点工业企业排查和监管，落实在沿河两岸100米范围内退耕还草工作，果园镇退耕还湿面积13公顷，不可降解、有毒有害、可回收利用垃圾回收量234.87吨，农膜、秧盘等农业废弃物18.95吨。2017年，果园镇被评为长沙市农村垃圾分类减量示范镇和长沙市城乡环境卫生整洁行动五星级乡镇。

文化建设。完成文化站提质改造、党建文化广场、新明村党建文化公园、金江新村法治文化园的建设，筹建古井社区文化公园和防汛路灯等一批群众期盼的民生小微工程。举办春节灯展、樱花节、龙虾节、长沙乡村休闲旅游节“嗨夏·青春季”启动式等活动，支持开设田汉戏剧社小戏骨培训班，培训班邀请湖南省湘剧院和湖南省花鼓剧院老师为“小戏骨”授课，并在2018年田汉先生诞辰120周年庆典之际为小戏骨提供节目展示平台，获湖南湘剧艺术培训中心基地授牌；持续开展“田汉大戏台”群众文化活动，让国歌精神、田汉文化深入人心；结合法治文化，开展“村（社区）书记社会治理创新”论坛、“果园镇贤达”评比等活动；组织“田汉文化宣讲团”进村组、进校园，宣讲田汉故事、家风家训、村规民约。依法治镇，执行“三重一大”集体决策制度，接受监督，全面推进财务集中支付，实施村账镇代管，落实“政务公开”，增强政府透明度。健全跟踪督查督办机制，有效推进政府决策落实。持续推进正风肃纪，狠抓作风建设，开展作风建设明察暗访38次，接待信访问题12起，全部进行调查核实，组织镇村（社区）干部到长沙市廉政教育基地参观学习，观看《永远在路上》《镜鉴》《打铁还需自身硬》《迷失》等警示教育片，引导党员干部树立廉洁从政观念。为纪念田汉诞辰119周年，2017年6月7日晚7点30分，在党建文化广场举行“田汉大戏台”群众文化活动启动式。2017年8月28日晚，“喜迎十九大 田汉大戏台有你更精彩”群众文化艺术节新明专场在果园镇党建文化广场举行。2017年11月24日，在金江新村举行中共十九大精神学习宣传巡演，通过精彩的节目宣传中共十九大精神，号召乡亲们行动起来，创建美丽乡村，奔向更幸福生活征程。

平安建设。为提高全镇人民的禁毒、防毒、反毒意识，在“6·26”国际禁毒日，长沙县禁毒协会果园分会联合果园镇综治办在果园镇汽车站开展“珍爱生命，远离毒品”宣传活动，禁毒、防毒、反毒意识深入人心。10月23日，该镇党委书记覃芳率果园镇安监中心，果园镇派出所，县行政执法局果园中队对镇内工贸行业重点企业进行安全检查，针对检查出的隐患下达整改指令书，责令限期整改，并专题针对浔龙河片区在建项目进行安全检查。11月23日上午，全体机关干部、安委会成员单位负责人、企业法人代表等120余人召开果园镇安全生产百日攻坚战工作动员大会。全年开展项目安全检查78次，燃气安全检查16次，发现安全隐患158处，全部整改到位。安装涉水涉险路段防护栏29处6700米。开展8项食品安全专项整治行动，移交问题线索20余个，对13家企业、个体经营户进行立案，罚没资金5万余元，成功销号兰郑长重大安全隐患，安全生产零事故。成功处置果福公司拖欠职工工资、原养路工班群体信访问题；调处各类矛盾纠纷108起，调处成功率100%。

党建创新。先后召开项目建设誓师大会、动员会、百日攻坚大会等，统一思想，凝聚人心。利用党建O2O服务平台精准高效解决群众难题近3000个，在安全生产、食品安全、保险征缴、防汛抢险等日常工作中发挥综合作用1万多次。每周四晚上利用该平台开展法治知识竞赛、十九大精神宣传等，成为群众喜爱的保留节目。5月19日上午，开展“党委书记讲党课”活动。启动以建立党员民主评议负面清单、微宣讲、村规家训、乡贤评选等十大品牌活动。开展首届“党员贤达”评选活动，评选出13名“贤达”人士，利用党建O2O平台、微信公众号等广泛宣传“贤达”先进事迹。

（王利娟）

【田汉文化园建设】果园镇（原名田家塅茅坪）是中华人民共和国国歌歌词作者田汉出生的地方。田汉文化园是以田汉故居为核心，以国歌文化和戏剧艺术为特色的文化园，于2017年

1 月启动建设，2018 年 3 月基本建成。该园由田汉铜像广场、戏剧雕塑园、月光湖、田汉故居、田汉艺术中心、国歌广场、田汉艺术学院、古戏台、戏剧艺术街、游客服务中心、田汉文化美食街等组成。国歌广场与田汉艺术中心遥相呼应，占地面积 3872 平方米，内有浮雕墙一面，长 24.8 米，高 3.6 米。国歌广场是开展升国旗、奏国歌的爱国主义教育活动场地。田汉艺术学院，共两层，占地面积 1934 平方米，总建筑面积 2608 平方米，高 11.1 米，主要提供戏剧创作、排练、培训等服务。古戏台为纯木结构仿古建筑，依据原长沙地区古戏台建筑风格建设。古戏台建筑面积 1464 平方米，高 11.28 米，可开展各类传统戏剧演出活动。戏剧艺术街有 5 栋小型建筑，总建筑面积 1899 平方米，主要用于戏剧名家创作戏剧精品、进行艺术研究等，内有《田汉与湘剧》《棕叶编》《滚灯车》《长沙弹词》等雕塑。规划区面积 19.56 公顷，总建筑面积 23027 平方米。2017 年 11 月建成通车的田汉大道全长 5.5 千米，总投资 1.97 亿元，将浔龙河生态艺术小镇与田汉文化园两个景点有机相连。

【浔龙河生态艺术小镇建设】 浔龙河生态艺术小镇以原双河村为主体，原有 13 个村民小组，605 户 1800 人，土地总面积 772 公顷。2013 年长沙县政府批复浔龙河生态小镇建设项目，规划总面积 980 公顷，其中包含邻村红花村 220 公顷土地。2016 年两村合并为浔龙河村。浔龙河生态艺术小镇主要有浔龙河、拖刀石、藏龙洞、龙王会、钻龙潭、出龙潭、龙转头、医龙台、顿刀洞、紫云台、华佗庙、杨泗庙、马踏石、关爷庙、燕子山等景点，周边还有美女晒羞、狮子山、渔翁晒网、铁笼关虎、喜鹊含樑、团鱼山、铜钱潭、金井河等景点。所辖范围内，森林植被保护良好（森林覆盖率 70%），浔龙河、金井河、麻林河三条河流交织环绕，汇聚成岛。主要以“产业兴旺、生态宜居、乡风文明、治理有效、生活富裕”为发展目标，美丽乡村 + 生态社区 + 特色产业 = 浔龙河特色小镇为发展模式，实施乡村振兴战略，推进城市公共服务向农村覆盖、城市基础设施向农村延伸、城市现代文明向农村辐射；通过对乡村环境、乡村文化等“乡愁”予以保留，发展农村综合产业，形成“教育产业为核心、生态产业为基础、文化产业为灵魂、康养产业为配套、旅游产业为抓手”的产业格局，使乡村资源实现资产化和资本化，让“绿水青山”真正变成“金山银山”，打造“望得见山，看得见水，记得住乡愁”的栖居诗意，实现全民安居、乐业、乐享生活。引进棕榈股份、湖南浔龙河投资控股、绿地集团、星光集团、国家大剧院等国有、民营企业。立足浔龙河村居民安置区一期，建成湖湘民俗风情街，汇聚创客街、“三土美食”好呷街、土菜街、民宿街和休闲街；推出特色民宿酒店集群，包括木屋酒店、故湘、云素、忆境及极具科技感的地球仓酒店等；2016 年年底启动“浔龙河奇妙樱花谷”项目建设，占地 15 公顷，2017 年 3 月 11 日开园；举办“麦咭音乐节”“嘭！发射”“疯狂麦咭嘉年华”“中国·浔龙河首届生态艺术文化节”“樱花谷开园”和 2017 长沙乡村休闲旅游节“嗨夏·青春季”等大型旅游活动。2017 年 6 月 8 日上午，农业部农村经济研究中心副主任、国家农业部农村经济研究中心副研究员高强、国家农业部发展计划司发展规划处主任科员毛文坤一行到浔龙河就农村经济发展、新农村建设进行调研。自开园至 2017 年年底，浔龙河生态艺术小镇接待游客超 200 万人次。

（叶　欣）

路口镇

【概况】 2017 年，路口镇总面积 89 平方千米，辖麻林村、荆华村、明月村、上杉市村、花桥湾村 5 个行政村和路口社区、龙泉社区，总人口 29345 人；财政收入 1606 万元，招商引资到位资金 4686 万元，固定资产投资 50 亿元，规模工业总产值 9857 万元，社会零售品销售额 5.1 亿元。

基础设施建设。加强农业技能培训，举办各类安全及技术培训 13 次，培训农民近 1000 人次。保障粮食生产安全，巩固绿色大米优势产业，深入推进重金属污染耕地治理，土地休耕 116.61 公顷，发放早、晚稻低镉品种 153060 千克，开展早稻集中育秧。完善农田基础设施，推进土地确权颁证，助推土地流转和农业适度规模经营。突出发展水利，投资 483 万元加大对山塘整治清淤、河堤治理、沟渠疏浚投入，建设小农水项目 108 个，水毁修复工程 60 个。做好农村电网升级工作，村村通自来水工程。107 国道调规公路基本建设完成。荆花公路可研、水保、环评、初步地勘等前期工作完成。提质硬化农村公路 18.6 千米、新修生态公路 1 千米，养护乡道 22 千米、村道 110 千米；完成镇域交通隐患治理 43 处，提质改造路青线两厢，进行拓宽和裁弯切直，改善路青线通行条件，两厢绿化面积 1.2 万平方米。完成棚户区一期改造、路青线麻林集镇段白

2017 年，大山冲省级森林公园　　（路口镇 提供）

改黑改造、明月村邻里中心周边民居立面改造和集镇污水管网检修及绿化补栽。

重点项目建设。全年铺排镇级各类基础设施项目 20 余个，投入 3000 多万元。县电视台发射塔基本完工，长沙县粮食储备仓库一期建设启动，107 国道调规项目拆迁完成，北横线征地拆迁进展顺利。修建麻林温泉取水口工程和温泉小镇展示工程，扩大温泉小镇招商影响力。与重庆兴茂集团就温泉小镇项目紧密洽谈，深化投资合作事宜；与禾马（湖南）文化产业发展有限公司签订雕塑产业园项目意向性协议；长沙华聚农产品交易市场项目用地以 1182 万元挂牌出让，并启动建设。

生态环保建设。是年路口镇通过土壤环境污染防治，农业废弃物资源化利用，农村环境治理，美丽乡村建设，落实河长制要求，全力建设美丽路口。构建农村环境治理模式。投资 50 万元在上杉市村进行垃圾分类示范村创建。建设“户分类减量、保洁员上户收集、村集中分拣、镇分类转运、县统筹处理”的农村垃圾分类减量体系，推进农村垃圾分类减量工作。农业废弃物资源化利用。建设畜禽无害化处理体系，全年无害化处理畜禽 5435 头；建设规模化养殖场粪便处理利用体系，鑫广安的广安海尚有机肥料厂收集并处理固体废弃物 8000 余吨，张德江、汪洋等中央领导实地考察并对其做法和经验给予肯定；引导种田大户综合回收利用秸秆以带动全面秸秆禁烧工作，长沙骄阳农业科技发展有限公司共回收处理秸秆 800 余吨。全镇各级河长按湖南省河长 1 号令要求进行巡河。完善“一河一档”，实施“一河一策”，对镇内 2 条县管河流、5 座上型水库、3 条镇管河流、7 座骨干山塘的河长信息全部进行公示，完成村管小微水体片区划分和编制路口镇村管小微水体名录。全面实施水域保洁，狠抓源头管理，确保出境水源达标，河道断面水质、环境面貌明显改善，基本实现“水清、流畅、岸绿、景美”。推进上杉市村兑家湾组、花桥湾村村部沿线、龙泉社区熊家组和荆华村枫树组的美丽乡村示范点建设，探索村企合作共建模式，营造优美的生态旅游环境。其中，花桥湾村创建市级美丽乡村。

社会民生事业。推进精准扶贫，经过精准识别，清退 78 户 191 人，新纳入 24 户 75 人，年末该镇建档立卡贫困户 299 户，1002 人。落实“五个一批”和开展一对一帮扶，实施“企业 + 扶贫”“村集体 + 扶贫”等产业扶贫模式。完成家庭医生签约 299 户，签约率 100%。完成危房改造 87 户，共计 332 万元。落实农村居民低保户 262 户、598 人，城市低保户 17 户、27 人，全年发放低保救助金 237.39 万元。特困供养人员 210 户、214 人，发放保障金 165.07 万元。全镇 16~59 岁城乡居民养老保险参保人数 10970 人，缴费 316.3 万元；兑付大病救助 172 人次，救助金额 151.73 万元；做好自然灾害临时救济工作，全年办理发放老年人爱心卡 1732 张，残疾爱心卡 171 张。公卫妇幼服务能力全面提升。65 岁以上老年人免费体检；“两癌”（宫颈癌和乳腺癌）及妇女病查治 1256 人，妇女“两癌”免费筛查 1200 多人次，免费孕前优生检查 130 对。全镇出生人口 409 人，符合政策生育率 99%，出生人口性别比 101.5 ： 1。无偿献血 107 人。投入 120 多万元整治道路安全隐患。年内，组织开展“绳彩飞扬 活力路口”路口镇首届跳绳比赛、镇第四届乒乓球团体赛和 28 式太极扇培训。与长沙学院音乐学院联合开展“文艺帮扶 精准共建”活动、组织农村精神文明建设百日竞赛活动——“方塘圆韵”美丽乡村文艺秀、路口镇“乡村大舞台 星镇炫星采”出彩民星选拔赛，举行“路口好人最美是你”颁奖典礼，助力农村精神文明建设，培育文明健康新风尚。

【“路口好人 最美是你”颁奖典礼举行】 11 月 21 日，由路口镇党委、镇政府主办，湖南省歌舞剧院、长沙县文明办指导的“全面贯彻党的十九大精神 谱写路口镇发展新篇章”系列活动之“路口好人 最美是你”颁奖典礼在路口镇集镇文化广场前坪举行，对20户“平安家庭”或“文明家庭”以及27位“见义勇为公民”或“最美人物”进行表彰。9月，路口镇启动文明家庭和“最美人物”评选活动。评选分为“文明家庭”“平安家庭”“见义勇为公民”“最美人物”（好婆媳、好丈夫、好妻子、好妯娌）4个类别，凡户籍在路口镇或住镇1年以上的居民，其践行社会主义核心价值观、遵守公民基本道德规范、具有感人道德事迹、群众赞誉、社会形象好的均可列入推荐对象。最后，20户家庭被评为“平安家庭”或“文明家庭”，27位草根模范成为“见义勇为公民”和“最美人物”。

【“麻林桥豆腐”入选长沙县第二批非物质文化遗产代表性项目名录】 11月30日，长沙县人民政府发布《关于公布我县第二批非物质文化遗产代表性项目名录的通知》，公布第二批非物质文化遗产代表性项目名录（共10项），传统手工技艺“麻林桥豆腐”（Ⅷ）入选。麻林温泉与麻林河相通，水中含硅酸、硫化氢等20种微量元素，是氢型医疗矿泉水。麻林人制作豆腐用水均取自麻林河，口感和营养价值俱佳。（高颖珠）

高桥镇

【概况】 2017年，高桥镇总面积111.54平方千米，辖5个行政村和1个社区，人口3万余人；基础税源总收入1208万元（不含飞地战略）；工业规模总产值45404万元；全社会固定资产投资额66605万元，引进市外资金1337万元。是年，该镇入选长沙县第一批特色小镇重点培育镇，被国务院授予“全国创建无邪教示范乡镇”称号。

支柱产业集群发展。国进食用菌启动新的扩厂提质项目和产品开发项目，双孢蘑菇生产加工工厂和长沙生态观光产业园的招商引资项目初步通过，与新引进的锦天投资集团项目一道正进行征地拆迁工作，该镇食用菌的产业链将进一步延伸。以格兰德芦笋为龙头的蔬菜基地极具规模，配套建设创客中心及电商平台，全镇初步形成“食用菌产业＋休闲观光餐饮”为主线的农旅融合发展新格局。

特色小镇建设。是年，该镇入选长沙县第一批特色小镇重点培育镇，在市级评比中获评第四名。以特色小镇创建为契机，铺排一系列“产业＋民生”项目：生态移民工程作为重点项目，一期工程实施完毕、二期工程正在推进；预计总投资6000万元分期分批实施金桥河街改造项目，正实施一期工程；投资5200万元的金井河燕江桥到范林段、乔里河及百录支流河提质改造项目正在施工。完成投资1300万元的农田管道灌溉项目及投资1480万元的自来水管网工程（高桥集镇至路口集镇），完成敬老院、卫生院新建项目的立项，加速推进高桥中学二期工程和直荀小学改扩建工程。9月4日，投资1200多万元新建的高桥镇中心幼儿园开园，总占地面积5481.5平方米，总建筑面积3257平方米，设计规模9个班，可容纳270余人。

镇域环境整治。推进环保工作，细化村组环保工作网格，实行镇干部分村到组、村干部分组到户监管模式。引入社会第三方，对镇域环境卫生每月进行1次集中考核。成立行政执法大队高桥中队，严格整治集镇店外经营、乱停乱放、乱搭乱建等现象，集镇面貌改观。10月，高桥镇获评“市级卫生镇”。全国第一本农田水利设施不动产权证在该镇维汉村颁发；在全县首推聘用6名民间河长开展义务巡河。

社会管理。推进“平安高桥”建设，落实党政班子“一岗双责”机制，组织人员到企业、到分管领域督查检查安全生产工作，严格督促落实企业主体责任。接受湖南省信访信息系统的网上来访和投诉37条，均按时回复，处置满意率100%。排查矛盾纠纷178起，成功调处172件。

高桥农业科学城　（欧阳志 摄）

精准扶贫。采取原有土地流转、开展就业培训、配套生活菜地、布局光伏发电项目等方式，重点打造“精准扶贫创业基地”，免费为移民户提供30个种植大棚及3.2万个菌包，镇食用菌公司定期开展技术指导、后期进行统一收购。发展芦笋、食用菌和“小萝卜头”产业扶贫项目，为贫困户免费提供种苗和技术指导。省级贫困村白石源村引进本地黄牛养殖项目，预计每户增收7000元/年，全村产业扶贫覆盖率100%。年内，易地扶贫搬迁68户，危房改造106户，发放扶贫小额信贷127户；教育基金补助85人，并对17名县外就读学生进行追补。

美丽乡村建设。1月21日，“家训村”——金桥村开展以“好家风·好家庭·好日子”为主题的活动，村民们集体晒家训、评家训、颂家训。是年，金桥村开展家风家训的做法与经验先后由中央人民广播电台、《中国纪检监察报》《湖南日报》、湖南卫视、湖南经视、星辰在线等媒体报道，中央文明办、省妇联实地专题调研，并作为农村精神文明示范点进一步加强建设，获评2017年湖南省美丽乡村示范村。范林村创建市级文明村，连片整体进行打造，创建市级文明镇，开展文明家庭评比表彰、“家风家教促成长”文艺晚会等系列活动，培育文明乡村，形成独具特色的农村精神文明建设品牌。7月31日，表彰全镇2107年10户“十佳文明家庭”。

基层党建。始终将镇、村两级班子建设作为基层党建工作的“龙头”工程，逐步完善“季度考核+贡献奖”体系，层层分解各项指标。完成村社区换届选举，推进“两学一做”学习教育，加强党建O2O扩群扩面服务群众能力。

【金桥河街一期建设项目】9月，高桥镇启动金桥河街一期建设项目，项目分为高桥镇棚改区改造高桥河街一期建设项目、高桥镇棚改配套设施高桥河街改造项目、高桥镇棚改二期配套设施金桥老街整治项目3个子项目。一期项目将对一标沿线房屋、周边环境及配套设施等改造、建设。金桥河街改造项目以“高桥茶庄”文化为切入点，将金桥村古街进行全面提质改造，实现古街与现代商贸、休闲、文化、艺术相结合，成为游客集散中心、接待中心、重现当年古街风貌和往昔繁华。（欧阳志）

金井镇

【概况】2017年，金井镇总面积210平方千米，总人口6.6万，辖12个行政村、2个社区，党员2977名，基层党组织54个，是国家生态镇、全国重点镇、湖南省茶叶专业乡镇和长沙市重点建设中心镇，也是全市简政放权试点镇和长沙县唯一一个规范村级小微权力工作试点镇。是年，全镇工农业总产值54.98亿元，规模以上工业总产值39.82亿元，农林牧渔业总产值15.16亿元，增速7%；完成社会固定资产投资24.29亿元，招商引资到位资金3545万元，财政总收入2760万元，地方性一般预算收入1194万元。获评省级文明镇，省、市级卫生村，省级综合减灾示范社区，市级城乡融合发展试点镇、市级美丽乡村示范村等荣誉，高分通过省级卫生镇创建专家评审，该镇团委获评全国基层团建创新典型案例和湖南省五四红旗团委。湘丰集团获评2017年度中国茶叶十大领军企业。

项目建设。湘丰三产融合、三珍虎园项目建设、星驰臻美大酒店等运营。三珍公司虎的特种养殖及繁育项目稳步推进，完成园区道路美化、观光长廊、幼虎保育园、白虎园建设等工作；金井茶厂完成三棵树茶园游览栈道、“非遗”手工制茶作坊等建设；金茶、湘丰企业对接湖南省出口食品农产品质量示范区建设工作会议，提升产品出口量。1月15日，按照四星级标准打造集购物、餐饮、休闲、住宿于一体的现代商贸综合体——星驰商贸综合大楼开业。举办“2017长沙茶文化旅游节”，将金井茶产业与二三产业融合，提高企业知名度，提升旅游吸引力。全镇接待游客63.55万人次，旅游综合收入2691.71万元。

金井“茶乡小镇”城镇建设顺利进行，石壁湖公园、旅游专线沙田段建设竣工验收，镇区污水主管（金龙段）投入使用；脱甲茶街一标段、双江棚户区改造二期及双江市民公园二期工程基本完成；政务中心完成基础施工，正在进行主体建设；脱甲茶街二标段施工稳步推进；319省道金井—双江段成功通车；白石洞水库大坝施工顺利；移民补偿有序进行；金井水厂新建工程全面启动。

坚持“一村一品、示范带动”，结合“山、水、茶、花、寺”等优质资源，整合湘丰、金龙、沙田3个行政村（42平方千米，1.52万人）区位、产业、生态资源，投建茶博园、石壁湖公园、湘丰度假村等一批优质农业观光项目，打造美丽乡村示范片、现代农业观光片。开展生态环保创建，金龙村通过市级垃圾分类减量示范村验收，湘丰村、龙华山村通过省级卫生村验收，双江社区通过市级卫生村验收。推进扩权强镇试点，54项下放权限进入运行，包括行政许可类37项，行政备案

2017 年，长沙市“湘字号”传统技艺工匠竞赛暨首届手工制茶技能大赛
（涂立峰 摄）

6 项，行政确认 2 项，行政检查 2 项，其他职权 7 项。

蒲塘村群众活动广场项目、金井社区文化公园项目、055 县道金惠段安全隐患消除工程项目、“留守儿童”幸福家园改造项目等 4 个“民生立县”项目已完成。“硬化、美化、亮化、绿化、序化”五大工程持续推进，完成村级公路硬化 40 千米、提质 8 千米；完成小农水利建设 203 处，集镇立面改造 1100 户，架设路灯 498 盏，村级主干道建设及公路绿化率 100%。

【2017 中国·长沙茶文化旅游节】 2017 年 4 月 2 日，“醉美茶乡、诗意生活”2017 中国·长沙茶文化旅游节在金井镇湘丰茶博园举行。活动现场，金井镇发布“清和金井 1+1”旅游线路发布，推荐湘丰茶博园、金井“三棵树”茶园、三珍虎园、惠农桃花园等旅游景点。节会持续到五一劳动节，线下推出金井三棵树茶园婚纱主题摄影大赛、湘丰茶博园茶园主题灯光展等活动。金井镇以“清和金井”茶文化精髓为主线串联各大要素进行“全域旅游”打造，融合“一二三”产业走出一条独具特色的“茶旅”经济发展之路。清明节期间，全镇接待游客 4.9 万人次，旅游综合收入 310 万元。

【长沙市“湘字号”传统技艺工匠竞赛暨首届手工制茶技能大赛】 5 月 12 日，长沙市“湘字号”传统技艺工匠竞赛暨首届手工制茶技能大赛在长沙县金井镇金井茶厂举行。此次比赛按照《国家职业标准——茶叶加工工》的技能要求进行评分，分为手工制茶和茶样评审两个环节进行比赛。20 名入围选手采用当天凌晨统一采摘的鲜叶，现场按照杀青、揉捻、炒二青、炒三青等步骤进行绿茶制作。湖南农业大学茶学系教授、博士生导师朱旗等六位评委现场对参赛作品的外形、汤色、香气、滋味、叶底等方面进行现场品鉴评分。评审成员按照评分标准进行严格认真评分，10 人分获一、二、三等奖。（易爱玲）

开慧镇

【概况】 2017 年，开慧镇辖 8 个行政村、2 个居民委员会，总面积 122 平方千米，户籍人口 42565 人。规模工业总产值 6.82 亿元，固定资产投资 26.38 亿元，财税收入 1002 万元，招商引资 2.3 亿元，社会消费品零售总额 1 亿元。早、晚稻播种面积约 4266.67 公顷。接待游客 200 万人次，旅游收入过 1 亿元。

党建工作。10 个村（社区）“两委”换届完成。落实“7+3”基层党建重点任务，2007 名党员基本信息电子化、组织关系规范化，党费缴纳应缴尽缴，村级集体经济空壳村“清零”，2 个贫困村、2 个面上村驻村帮扶全覆盖。完善镇、村、组三级党建 O2O 微信服务群，回应群众诉求 54 个。打造党建精品工程，4 个案例入选长沙县“三微”案例和《领跑先锋》专栏。压实从严治党责任，全年书面函询 41 件、立案 20 件，落实“两个责任”的做法在长沙新闻频道报道。

项目建设。全年开工项目 28 个，其中竣工项目 16 个，在建项目 7 个，筹建项目 4 个，完成投资 2.1 亿元。区间道路（二期）提质改造、乡村道路“白改黑”、上华山交通路网等基础设施项目完成。宇一艺术研究院创作基地、喻家洞民宿区配套设施、精品小水果展示园等旅游设施在建。锡福村、飘峰山村、石燕村、上华山村等 417 户房屋改造完成。“印象开慧”主题餐饮开门营业，华星通用机场基本完工，龙翼文博产业园正在规划设计。推进村级项目建设，完成“三资”（资金、资产、资源）项目 105 个，投资 3196 万元。葛家山村、开慧村、锡福村作为湖南省农村综合性改革的试点村，坚持红色旅游、乡村休闲、现代农业三条主线，探索集体经济发展、农民持续增收、乡村社会治理、乡村生态文明四大机制，启动生态民

2017 年 10 月 27 日，葛家山村第二届孝道文化节举行　　（陆加良　摄）

宿休闲体验园、特色水果观光体验园、生态田园观光农业项目等八大支撑项目建设。

乡村旅游。建成旅游公厕 11 座，公共停车位 736 个，新增旅游投资项目 20 个，基础设施进一步完善，薰衣草庄园、田茂乡村酒店投入运营，300 辆公共自行车和 19 个站点投入使用，举行乡村厨艺大赛、最美乡村公路骑行摄影、盛夏鲜果采摘季等系列活动，旅游产品体系进一步丰富，中央电视台财经频道《生财有道》栏目对“慧润模式”进行为期 4 天的专题拍摄。是年，该镇获评 2017 年长沙市十大最具魅力旅游乡村，飘峰山庄获评湖南省环境教育基地。

生态环保。全面推行“河长制”，建立镇、村、组三级河长制组织体系。植树造林 1.9 万株，新增绿地约 13 公顷，葛家山村、飘峰山村、白沙村、锡福村、李家山社区、开慧村获评全国第一批绿色村庄，开展秸秆焚烧专项治理，探索秸秆收储、加工、再利用模式，移除 700 吨，综合利用 860 吨，收集各类农业废弃物 70 吨，开展农村垃圾分类减量示范镇（村）创建，开慧镇获长沙县垃圾分类示范镇和长沙市城乡环境整洁行动“四星”乡镇，全镇 10 个村（社区）全部创建 2017 年农村垃圾分类减量示范村，板仓社区通过市爱卫办市级垃圾分类减量示范社区验收。申报省美丽乡村建设整域推进试点镇，打造秀美小组 13 个，李家山社区申报 2017 年市美丽乡村特色村，铺排项目 8 个；石燕村申报县美丽乡村示范村，铺排项目 5 个。白沙村获评全国美丽乡村示范村，开慧村获评中国美丽乡村百家范例。

文化建设。全面开展各类群众文艺展演活动，开展送春联活动、微宣讲比赛。举办“传承红色经典·凝聚前行力量”刘宇一主题作品展暨北京师范大学宇一艺术研究院创作基地揭牌仪式。举办 2017 年长沙市“你来选·我来演”文化惠民活动。举办纪念建军 90 周年联欢晚会暨第三届开慧母爱文化艺术群英会。开展“欢度国庆·喜迎十九大”文艺汇演。引导开展村（社区）艺术节活动，举行葛家山村关爱留守儿童文化艺术节、上华山村喜迎十九大文艺汇演等一系列村（社区）群众文体活动。

社会事业。精准扶贫深入推进。产业扶贫覆盖率 90%，安居覆盖率 72.7%，小额贷款覆盖率 48.6%，对口责任帮扶、家庭医生签约和扶贫特惠保、教育助学实现全覆盖。开慧村创建省级城乡养老服务示范点。全镇农村特困供养对象 364 户，居民低保 277 户，农村居民低保发放 145 万元，城市低保发放 1.6 万元，特困供养发放 256 万元。慰问各类困难家庭 823 户，发放慰问金 87.4 万元。特困家庭医疗救助 234 人，发放 457 位残疾人两项补贴资金 87 万元，实现应保尽保、应救尽救。危房改造 125 户。成立板仓教育基金，教师队伍更有保障。开展群众文化活动，开慧镇获评“湖南省经典文化村镇”，农村文明建设进一步加强，葛家山村获评“全国文明村”。加大慢性病综合防控示范区建设力度，落实计划生育奖励扶助政策，实现居民人人享有基本公共卫生服务。开慧镇卫生院获评“国家级群众满意乡镇卫生院”。完成村（社区）换届，选优配齐 70 名“支村”两委干部，学历、年龄配比等进一步优化。推行“矛盾纠纷不出村”和“金牌调解员”评选活动。镇、村两级受理各类纠纷 84 起，调处成功率 100%。枫林市村创建“无邪教村”。飘峰山村创建“平安村”。枫林市村和石燕村获评年度“零案发村”。　　（杨　艺）

福临镇

【概况】 2017 年，福临镇总面积 82 平方千米，耕地面积 2650.67 公顷，园地面积 93.33 公顷，林地面积 3816.8 公顷，水面面积 464.2 公顷；辖 6 个村，1 个社区居委会，237 个村民小组，镇域户籍 9097 户，人口 29442 人（其中农业户7595户26770人，非农业户1502户2672人）。财税收入272万元，规模工业总产值2301万元，社会固定资产投资5.275亿元，社会消费品零售总额1547.2万元。是年，创建省级安全生产示范乡镇，获评2017年度应急管理工作县级先进单位、长沙市计划生育基层群众自治示范乡（镇街）。

产业升级。大力发展文旅产业，依托影珠山风景名胜区，提高影珠山总体规划科学性，加大景区旅游项目招商，推介福临和影珠山旅游资源。与中惠旅公司就PPP模式开发及运营影珠山景区进行沟通和接洽；通过与县旅游局和相关文化旅游企业对接洽谈，举办2017长沙乡村休闲旅游节系列活动之“拥抱身边的大自然”——首届长沙县生态徒步节影珠山站开幕式及后续活动；建成福临镇历史文化陈列室暨陈树湘烈士事迹陈列室，完成长沙保卫战影珠山抗战史实陈列。完成对福临铺集镇和孙家桥集镇的提质改造，主动承接影珠山景区游客消费，规划打造福临铺民俗一条街。鼓励本地农业企业发展精品农业、特色养殖，引导农民退出传统生猪养殖。鼓励福临籍成功人士返乡投资，发展休闲观光农业，带动乡村旅游。与慧润公司合作，建成创客福临网络平台和农副产品电商交易平台，农副产品品牌“福临优品”打开市场。

项目建设。2017年，政府投资项目方面，确保人大议案工程319省道、323省道建成通车，重点推进024县道（福临段）调规；启动滨河路规划设计和评审，完成征地拆迁工作；完成影珠山景区上山公路提质改造工程，完成影珠山环山公路主体工程、游客接待中心等项目。通过58个重点项目2.07亿元资金的铺排建设，改善基础设施环境，夯实发展基础。引进福临籍成功人士返乡投资项目3个，计划总投资7000多万元，其中恒胜现代农庄项目投资3000多万元，项目用地流转工作完成。

民生建设。对全镇低保家庭实行逐一调查走访，开展信息对比，实行动态调整；在“七一”期间慰问困难党员26户，发放慰问金3.8万元；解决群众医疗、生活方面问题，临时救助116人计12.05万元，大病医疗救助104人计90余万元。精准扶贫兜底帮扶，建档立卡贫困户中兜底帮扶22户44人；参照“12345”（即一个方案两个制度三个行动四个措施五个到位）模式，设立建档立卡贫困户问题受理单，确保政策落实。扎实做好防汛救灾和灾后重建工作。7月，因水灾造成经济损失1465.5万元，引导群众开展灾后生产自救，对因灾受损又缺乏劳动力的35户精准扶贫户，重点补助扶持4.53万元；对于水毁道路交通项目实施修复和重建，消除道路交通安全隐患；加快推进水利基础设施建设，全面修复和巩固水毁水利设施。

环境治理。开展农村环境综合治理，核查全镇基本农田违建猪舍拆除户和200平方米以上规模生猪养殖栏舍拆除户（1412户），完成长沙县生猪养殖废弃物综合利用项目福临有机肥厂主体工程建设；建成病死猪收集点，收集近3000头病死猪，从源头上保证“舌尖上”的安全。坚决依法关停违规排放企业3家，整治污染严重山塘17口，建设小型人工生态湿地30多个，清理沼渣沼液800余车，建设爱卫厕所68个。落实“河长制”实施方案，对全镇622处生猪养殖20头以上畜禽污染源、272个福临境内麻林河流域排污口、2处污水处理厂、1处企业污染源和3处生活污染源进行摸排，制定整改方案。实施大气污染防治，完成黄标车淘汰任务。发挥“福临之声”广播、微信党建O2O平台、电子显示屏、横幅、村民小组会议作用，加大秸秆禁烧和综合利用宣传、巡查力度。

社会治理。开展“全域平安百日大行动”，完成影珠山地质灾害易发点应急演练，迎接湖南省消防总队乡镇消防形势及专职消防队运行情况的检查调研，履行安全生产“一岗双责”，加强安全生产监察监管，创建省级安全生产示范乡镇。举办“福临之夜”安全生产专题文艺晚会和食品安全专题文艺晚会。针对企业开展计划执法检查36次，下发检查文书36份，立案处罚一起，罚款人民币1万元。开展其他各类安全专项检查行动24次，检查生产经营单位237家，对各行业安全进行大检查，做到安全隐患“零容忍”，镇村两级调解组织成功调处矛盾纠纷87起，涉及金额201.78万元。开展禁毒宣传进社区、进校园活动，深化人防技防，实施宣传与打击并重；做好信访群众排查工作，解决群众合理诉求，对缠访案件组织召开专题信访化解会议。

基层党建工作。依法依规依程序开展村（社区）“两委”换届选举工作，确保换届选举风清气正。建立镇、村、组3级党建O2O微信群及民生快递员制度，推动党建O2O全覆盖，落实支部书记岗位承诺和党员干部“结对认亲”工作。实施“党建+”模式，建设福临历史文化陈列室、陈树湘烈士事迹陈列室、政府机关大院党建文化墙，开展“坚定政治信仰，挺直精神脊梁”主题学习讨论、“福临正能量，党员当先锋”为主题的微党课、

微宣讲的视频评比活动等，进一步压实党风廉政建设，进一步抓实意识形态工作。（张　琴）

青山铺镇

【概况】 2017年，青山铺镇面积46.7平方千米，辖4村1社区（赛头村、天华村、广福村、洪河村、青山铺社区），147个村民小组，6个居民小组。总户数7022户总额23912万元，规模工业总产值1.55亿元，引进市外境内资金，总人口19995人（其中农业人口15712人），人口出生率13.686‰。是年，财政总收入基础税源198万元、一般预算收入基础税源71万元，固定资产投资1581万元；在2017年县对镇年度绩效考核中获评农业生态型镇一类。

项目建设。围绕集镇提质提标、城乡品位提升，铺排“微建设·微民生”项目、美丽乡村建设项目、农村公路项目、小农水项目20余个，总投资6600余万元。完成天华村浔龙河河堤提质改造、赛头村文明公园（一期）、广福村望华生态示范组美丽家园建设工程等5个“微建设·微民生”项目，以及天华山景区旅游配套设施、苍马线亮化绿化美化、集镇BC区基础设施配套、公益性墓地管理用房及敬老院改扩建主体工程等项目建设，对接引进省武警总队训练基地及后勤保障基地，在全市小城镇建设综合考核中排名第12位。

全域旅游。完成镇域旅游导视系统及天华山景点标识标牌设置，印发《青山铺镇旅游导览手册》《舌尖上的青山铺》《青山铺镇旅游画册》和《青山铺镇旅游招商手册》，新建老街、天华山旅游景区三座旅游公厕，建成天华山景区游客服务中心、农特展品展厅“青山铺子”，旅游基础设施进一步完善。举办2017“相约长沙最美乡村”开幕式、第四届葡萄文化旅游节、天华山旅游景区开园仪式和首届乡村年货节，加快农旅、文旅融合发展，提升青山铺旅游形象。打造天华山景区“青山铺子”、农旅+电商等农产品销售平台，促进农旅+扶贫融合发展，七鑫农庄、军芳农场、天慧园等与乡村旅游相关的农业企业加快发展。

2017年8月12日，长沙晚报“星滋味”电商平台与青山铺镇签订战略合作协议（青山铺镇　提供）

生态建设。实施垃圾分类减量处理。该镇4村、1社区建立1个镇级回收站点，5个村级回收站点，推进“户分类处理、保洁员分类回收、村分类送交、镇分类运转、专业机构分类处置”模式，实现生活垃圾减量化、无害化、资源化收集处理，青山铺社区获评市级垃圾分类示范村。编制集镇提质改造、集镇给排水规划，完善水电路、绿化、亮化等配套设施建设，实行集镇物业外包服务，加大集镇环境整治。推进美丽乡村“千百十”生态工程建设，打造7个生态示范点，强化对全镇24个生态示范组的管理和维护。在县集镇管理年度绩效考核中排名北部乡镇第二名。

精准扶贫。推进产业扶贫、保障扶贫、教育扶贫、金融扶贫，特别注重增强贫困户内生动力，引导军芳家庭农场、永强种植专业合作社、鹄园蛋鸡等企业与全镇148户贫困户、420人建立产业帮扶关系，带动贫困户每户增收5000元以上，获评全市2017年精准扶贫工作先进镇。

社会民生。推进社会救助、低保、养老等民生事业，获评长沙市城乡居民基本养老保险市级示范乡镇。创新服务模式，关爱特殊家庭，获评2017年长沙市卫计工作优秀乡镇。高度重视教育事业，全面提升教学质量，广福中学授牌“长沙市农村中小学名师（语文、英语）农村工作站”，青山铺中心幼儿园被教育部评为全国重点实验幼儿园。加强挖掘和传承“长沙山歌”、竹篾凉席等非物质文化遗产。

综合治理。开展矛盾纠纷大排查、大调处，实行综治网格化管理，治安巡防常态化，获评2017年长沙市平安乡镇称号；强化道路交通、消防、食品安全和烟花爆竹等领域联合执法和安全隐患排查，年内无生产安全事故。

基层党建。结合生态建设、全域旅游等中心工作，开展“三会一课”、主题党日、“践行党的十九大精神、党员争创先锋”及金点子征集等活动；拓展党员学习阵地，洪河党建文化园开园，长沙市首个“党性和公仆意识教育基地”在刘少奇天华调查纪念馆挂牌成立。选优配强5个村（社区）“两委”班子，强化班子换届后运行管控，支村两委班子综合能力增强。创新建立全领域“党建+”季度绩效考核制度，实行党政领导周工作列表清单式推进，镇对村、办站所季度讲评，村对组级（党小组长、村民组长、妇女组长）季度管理考核，进一步夯实基层组织建设。全面规范党务、政务、财务管理，被列为全县“互联网+监督”唯一试点乡镇。坚持运用好监督执纪“四种形态”，盯紧关键领域和重要环节，杜绝以权谋私、钱权交易，营造良好的政治生态环境。

【熊壮家庭获评全国“最美家庭”】 2017年，全国“最美家庭”揭晓会于5月24日在北京人民大会堂召开，湖南省30户家庭当选全国“最美家庭”，青山铺镇熊壮家庭入选，为全县唯一入选家庭。熊壮家位于青山铺镇广福村金盆组，是青山铺一带远近闻名大家庭。熊壮公公婆婆年逾八旬，有7儿7媳，加上孙子（女）、曾孙（女）等44人。该家庭爱党爱国，遵纪守法，全家无人打牌、赌博，从不违反乡规民约；儿孙孝顺，老人尽享天伦之乐，兄弟相亲相爱，妯娌亲如姐妹；文明和谐，诚信友善，从不图谋私利，邻里相依相随，亲友相见为恭，从不搬弄是非；踏实做事，认真做人，靠自已双手发家致富；乐于奉献，倡导简朴节约，生活方式积极健康。

【青山铺镇第四届葡萄文化旅游节】 8月12日“乐享青年·醉美天华”长沙县青山铺镇第四届葡萄文化旅游节暨天华山摄影大赛启动。此次葡萄文化旅游节设葡萄文化展示、葡萄泼酒节、亲子采摘、天华掠影、天华八景展示、“天籁小镇”一日游等系列活动，全面推介青山铺葡萄、优质大米、朱柱豆芽菜、凤凰鸡、稻田虾等优质农产品，助推青山铺镇大力发展农业观光、休闲度假、民俗体验、康体养生等旅游业态，多方开发体验式、娱乐式、互动式的旅游产品。长沙晚报集团“星滋味”电商平台与青山铺镇签订战略合作协议，市民可通过该平台一键购买到青山铺镇包括葡萄在内的所有特色农副产品。

【杨世德入围市级非物质文化遗产传承人】 9月14日，长沙县“长沙山歌”青山铺传习所杨世德入围长沙市市级非物质文化遗产传承人。杨世德从16岁跟随母亲和张新民学唱山歌已有56年，能唱几十首山歌，并收集山歌100多首。2015年11月15日，青山铺镇登记成立长沙县“长沙山歌”青山铺传习所，成为全市第一家山歌传习所，主要从事山歌文艺培训、文艺演出、文化宣传等活动。2017年，该传习所有成员80余人，开展培训100余人次，接受上级调研、媒体采访10余次，接待参观人数4000余人次，演出20余场次。

【天华山旅游景区开园】 12月23日，“红色天华·冬暖青山”青山铺镇天华山旅游景区开园仪式在天华山观景平台举行，天华山旅游景区正式开园迎客，县直单位、各镇（街道）等1000余人参加仪式。县委副书记杨莉，长沙晚报报业集团副总编辑、副总经理肖和平等出席开园仪式。青山铺镇党委书记王志国致辞，长沙县委副书记杨莉讲话。活动由长沙市旅游局，长沙市农业委员会，长沙晚报报业集团，长沙县委、县人民政府主办，长沙县委宣传部、长沙县旅游局、长沙县青山铺镇人民政府、长沙晚报星恒传媒承办。仪式上，青山铺镇全域旅游路线同步发布。（王银平）

安沙镇

【概况】 2017年，安沙镇税收总收入2.4114亿元，其中基础税源总收入1.1479亿元，地方一般预算收入5124万元；规模工业总产值25.2亿元；全社会固定资产投资49.8亿元；限上社会零售品销售总额4.7亿元；市外境内到位资金11.02亿元。新增规模工业企业8家，限上社零企业及规模服务业企业11家。是年，安沙镇获评“2017年湖南省流动人口基本公共卫生计生服务均等化示范乡镇”“长沙市抗洪救灾先进集体”“长沙市残疾人明星乡镇”“长沙市群众体育先进单位”等荣誉。

项目建设。全年27个在建项目同步推进，长沙恒广智能仓储配送中心建成运营，星沙二水厂、青松老年公寓（二期）、鑫瑞祥陶瓷建材城、安沙国际二期、康乐包装二期等市县重大项目进展顺利。长沙湘蕈食用菌项目通过审核。北横线、香堤北路及捞刀河大桥、物流大道二期及西延、万家丽加油加气站等8个项目拆迁工作稳步推进，全年征地拆迁腾地47.53公顷，拆除房屋122栋，面积33789平方米。

“三农”工作。农产品电商平台

规模扩大；天艺生态农庄、紫慧农庄等现代农业项目壮大；新增农庄接待点3家。投入438万元用于唐田新村德惠文化公园等5个“民生立县”项目建设，投入762万元“以奖代补”组级公路建设，投入400万元用于村（社区）水利设施建设。投入317.54万元用于杨柳坝等4座水闸水毁恢复工程、水渡河库区三合垸排渍泵站扩建等冬修水利项目建设；投入583.51万元，用于水塘垸、红旗垸等6个堤垸水毁恢复工程建设；投入1071.14万元，用于浔龙河、白沙河安沙段治理和水系联通项目建设；落实“民办公助”水利项目资金577.4万元，建设项目112处；投入93.1万元，整治骨干山塘5处。投入资金1413.78万元，新建和改造低压线路226.36千米，新增配变45台，改造配变39台，电网供电能力加强。发展“一村一策”，强化产业帮扶，通过宋家桥村黄牛养殖、哲农公司水稻种植、五龙公司优质稻种植产业等项目，帮助168户建档立卡户增收致富。

城乡建设。毛塘农贸市场、新路污水管道工程一期、邓家坝安置区一期完工；107国道至白沙河大桥道路提质改造、县三中至107国道道路拓宽改造、杨梅公路提质改造、五龙山安置区、安沙集镇污水管道维护、唐田集镇污水管网建设等工程顺利实施；在9处重要节点通过时花造景打造区域亮点，107国道安沙段全线夜间景观亮化。全年硬化道路28条32.74千米，修建生态路3条3.4千米，改造危桥4座，打造4条文明示范路，创建农村“四好公路”示范乡镇。

生态环境。推进秋季秸秆禁烧、燃煤污染防治、黄标车治理等大气污染防治工作，167台黄标车全部清零。强化水环境综合整治，全面落实“河长制”工作。加强畜禽养殖污染治理，推进生猪栏舍拆除工作。强化设施配套，建成卫生厕所310座。健全农村环境卫生工作机制和考核办法，保洁工作一月一督查，一季一考核，改善城乡环境卫生。投入300万元，“以奖代投”引导全民参与美丽乡村建设，万家铺村、宋家桥村通过市级美丽乡村验收，龙华岭村通过县级验收，13个村民小组通过镇级验收。成立全县首个镇级旅游服务中心，制作旅游宣传视频、旅游地图和宣传折页，助推镇域旅游事业快速发展。创建整洁行动“三星级”乡镇，万家铺村通过市级垃圾分类示范村的验收，谭坊村通过市级卫生村验收，镇机关、青松老年公寓获评“长沙市文明卫生单位”。

社会治理。在黄兴大道北路（东八线）引入物业管理模式，毛塘、安沙等集镇推行网格化管理。开展城乡结合部“百日会战”综合整治，清理违章广告640个、规范店外经营942家，修补公交站牌、道路平侧石等市政设施865处，拆除违法搭建26处22000平方米。保持严打高压态势，在16个村（社区）成立义务巡防队，“零容忍”打击各类违法犯罪，捣毁涉嫌传销窝点2处，调处纠纷416起。法治公园建成并投入使用。开展烟花爆竹、危化品等“打非治违”专项行动，检查生产经营单位704家（次），对佳美彩印、大江贸易等8家主体责任落实不到位的企业，上报县安监局立案处罚，年内无安全生产、食品安全责任事故。8月29日，该镇试飞无人机航拍巡查违建，对辖区160平方千米区域全方位监控，重点巡查水渡河片区各村，2017年9月1日投入使用。地面网格日常巡查再辅以空中无人机区域扫描航拍，全方位无死角管控，让违法建筑无处遁形。

民生事业。安沙镇科普体验馆11月底投入使用，通过展示科学原理、现代科技发展和科技创新的内容，公众参与互动和体验，提高人们群众食品、消防安全及健康养生意识；与长沙师范合作办学的春建小学开学；杨梓中学、唐田小学等6所学校创建为市级标准化学校。举办安沙“欢乐大家唱”“安沙杯”篮球赛、广场舞比赛、歌手赛、党的十九大精神群众优秀文艺节目巡演、村级文化艺术节等活动，建设谭坊村、鼎功桥村、唐田新村文化广场，镇文化站获评市群众体育先进单位。社会保障日臻完善。通过惠农信息平台发放种粮大户奖励资金补助、双季耕地地力保护补贴、农村大病医疗救助资金补贴、城镇低保补贴、危房改造补助等29种补贴计2749.37万元，惠及农户34566户。242户危房改造户、31户因灾倒房户、23户房屋受损维修户均通过县级验收。6月30日8时至7月2日12时持续强降雨，全镇受灾严重，6大堤垸发生险情计280处，较大险情30处。受灾农田1376.03公顷，受灾人口19065人，期间组织9000余人次参与防汛，紧急转移安置群众2713人，集中安置群众568人，倒塌房屋565间，经济损失3328.65万元。鼓励创业，新增创业主体641家，带动城乡就业人数850人，农村劳动力新增转移就业495人，贫困劳动力就业252人。12月14日成立安沙镇老年协会，以更好地服务老人。

【“河长制”工作】 5月11日，安沙镇出台《安沙镇关于全面推行河长制的实施意见》，成立安沙镇河长制工作委员会，对全镇范围内的市管河流捞刀河、县管河流白沙河、浔龙河、金井河，镇管河流油新河、半边街撇洪渠、范家咀撇洪渠，14座小型水库，34座库容5万立方米以上主要山塘全部分管理层级落实具体责任人，其他村级山塘、沟渠等水体纳入村级河长制管理，全镇河湖河长制全覆盖。明确镇、村两级河长27人，村巡查员42人，村级保洁员59人。先后出台《河长巡查报告制度》《河湖日常管护制度》《河长制水环境质量考核办法》等12项相关制度，进一步强化河湖保护与管理。（孔艳辉）

北山镇

【概况】2017年，北山镇财政总收入2278万元，一般公共预算财政收入889万元，规模工业总产值8.6亿元，固定资产投资20.6734亿元，招商引资市外到位资金5184万元。

项目建设。坚持把项目建设作为稳增长的“主引擎”，全镇有新建项目13个，总投资1.4亿元，续建项目4个，年投资0.6亿元。涉及征地拆迁安置项目8个，征收腾地约17.55公顷，安置拆迁户74户。金山大道全线贯通，硬化村级公路21.9千米，提质改造“白改黑”4千米，建设生态路4千米，新、改建桥梁3座，交通路网得到进一步完善。湖南超级杂交水稻生产示范与人才培训基地建设项目一期完成工程量的80%，正在进行内外装饰。110千伏变电站项目征拆工作完成。北山产业园项目建设一期约35.53公顷统征地正抓紧办理用地报批。北山森林公园入园道路、入园广场、溯溪花谷、圣毅园－卫青线连接线、常家寨文化公园、敬老院二期改扩建等一批基础设施工程完成，北山森林公园常家寨景区建设工程即将竣工。北山新区、槐树园小区、荣合桥及明月山生态移民安置区建设、1000公顷农田休耕、新增粮食产能土地整理、高标准农田建设等项目稳步推进。

城乡建设。实施“三年造绿”行动，11个造绿项目竣工，建成防火林带6.2千米，新中村获评市级绿色村庄。推进城乡环境综合整治，完成57家麻石锯台土地平整及复耕复林工作，建成改厕360座，获评2017年度长沙市城乡环境卫生整治4星级优秀乡镇。提质改造3个集镇，面貌一新。环保部督查交办的3件信访件全部销号，省政府交办的关于镇的突出环境问题按期办结。全面推行“河长制”，完善制度体系，加快白沙河沿线畜禽养殖退出，创新设置举报奖励制度。推进大气污染防治，黄标车实现清零。全年开展各类环保专项行动10余次，关停取缔“散乱污”企业2家，治理效果显著提升。推进美丽乡村建设，创建各具特色的市级示范村福安村、市级特色村福高村、县级示范村新中村。土地休耕和重金属修复项目取得显著成效。城乡基础设施加快对接，新建、改造农村公路21.9千米，水毁工程修复19处，改造危桥3座、农村危房200户。切实加强集镇建设和管理，3个集镇提质改造完工，开展集镇整治联合执法行动十余次，检查检测车辆300余台，查处车辆超限、超载、酒驾、毒驾、非法改装、非法无证运输及危险品运输等违法车辆40余台，清查违章建筑15处，集镇品质全面提升。

社会民生。争取近1000万元资金投入学校建设，石常中学、仓场小学等教学楼、操场、跑道等基础设施进一步完善，中心小学整体新建项目稳步推进，中心学校获县教育局年度绩效考核一类。加强村级卫生室建设，超额完成无偿献血任务，做好重大疾病防控工作。强化计生服务意识，年度内符合政策生育率99.68%，北山镇计划生育协会被评为县级先进单位。举办首届湖南（长沙）北山山歌旅游节并获“长沙市十大最受欢迎的乡村休闲旅游节会”。文明程度持续提升，连续两年保持市级文明镇称号。保障水平不断提高，全年发放城乡低保、医疗救助、慈善助学、春节慰问等各类资金1142万元。新增创业主体135个，带动城乡就业200人，扶持大学生创业项目5个，新增城镇就业150人，建档立卡农村贫困劳动力258人实现就业。北山镇劳动保障服务中心获“长沙市城乡居民养老保险经办服务示范点”，北山镇残联获“长沙市第五届学雷锋扶残助残‘善行四十佳’爱心集体，并创建市级残疾人工作明星乡镇。聚焦重点，精准发力，对14户居住在大山上的建档立卡贫困户实施搬迁安置，对58户67人建档立卡贫困户给予危房改造补助。引导合作社、农业企业参与扶贫，带动119户贫困户实现稳定增收。完成支村两委换届选举工作。牢记县委“四个绝对不允许发生”工作要求，系统把握、科学处理好圣毅园、医危废等群体遗留问题。打造全镇共建共治共享的治理格局，组建北山镇专职巡防队，成立平安宣讲队、矛盾化解队等民间团队，广泛开展政法综治宣传，排查化解矛盾纠纷，全年无进京信访、群体性、民转刑事件。健全安全监管网络，开展安全生产检查，全年未发生重大安全责任事故，获长沙县首届“专职消防比武竞赛”团体一等奖。创新开展铁路护线工作，典型经验获全省推广。应对“问政湖南”“县长信箱”“12345”投诉及网络问政工作，收到并处理相关信件379件，回复率100%，满意率连续10个月排名全县第一。开展食品安全、非煤矿山、危化品、道路运输、消防领域、黄标车清理等专项整治及大排查大管控大整治行动，安全生产形势保持平稳。

【罗清泉到北山镇考察土壤污染防治等工作】 5月6日，全国人大环资委副主任委员罗清泉、王鸿举率队到长沙县，就土壤污染防治有关工作开展调研。省、市、县领导陪同调研。调研组一行先后实地考察位于北山镇的耕地重金属污染修复治理科研攻关与示范基地、新产品集中展示区、VIP+n标准化示范片、重度污染区替代种植示范片的相关情况。

【北山森林公园开园】 11月3日上午，北山省级森林公园开园仪式举行。由湖南省人民政府于2013年8月批复建立北山森林公园，总面积3374.5公顷，其中林地面积3007.9公顷。园内山、水、石、林巧合成景，岩、溪、树、藤自然成趣。公园内有植物118科、387属、657种。有保护植物19种，其中，国家Ⅰ级保护植物2种，国家Ⅱ级保护植物8种，兰科植物3种，湖南省重点保护植物6种。有生长年龄在100年以上的古樟树、古银杏60余株。园内有丰梅岭水库、白溪冲水库、英波冲水库和北山水库等四座小Ⅰ型水库。园内明月山是长沙县最高峰，海拔662.6米。公园建设以自然风光、康体养生和文化体验为重点，以具有北山特色的丰梅文化和“福、茶、书、画”文化为方向，适度完善基础设施、服务设施和游览设施，吸引游客人流，致力打造成为和谐、自然、生态的城市“绿肺”和天然氧吧，集休闲度假、生态养生、健身康体、文化体验等功能于一体的城郊综合型森林公园。

2017年11月3日，2017首届湖南长沙·北山山歌旅游节举行

（蒋　炼　摄）

【2017首届湖南长沙·北山山歌旅游节】 11月3日晚，2017首届湖南长沙·北山山歌旅游节开幕式在北山镇举行。当晚的山歌展演以“礼赞十九大·山歌献给党”为主题，节目把北山民俗和风土人情融入其中，涵盖北山青梅、北山刺绣、北山茶叶、北山布龙等元素，其中有歌舞《北山山歌印象》《北山绣女》《郎在外间打山歌》，杂技表演《北山飞跃》等。省演艺集团党委书记、董事长吴友云，市委常委、宣传部部长高山，市委宣传部常务副部长赵柏林，市委宣传部副部长龙钢跃，市旅游局局长易冒，市文广新局党委委员贺平生，长沙县委副书记、统战部部长杨莉等领导出席开幕式，与现场1万多名群众一起畅享山歌盛宴。本届山歌旅游节除前期举办相关活动外，另举办有秋季乡村旅游集市、艺术家游园采风、森林醉歌·北山原生态篝火晚会等多项主体活动，全部活动至11月底结束。

（陈　琳）

星沙街道

【概况】 星沙街道位于辖京珠高速星沙街道总面积24.53平方千米，建成区面积19.62平方千米，社区17个，总人口约25万人。2017年，税收总收入8.08亿元，基础税源总收入6.48亿元，一般预算收入1.86亿元。规模工业产值8.64亿元，比2016年增长12.3%。全社会固定资产投资（固投）55亿元，其中服务业投资54亿元，招商引资引进内资10.6亿，外贸进出口4800万美元，社会消费品零售总额（社零）24亿元。

项目建设。全年有拆迁项目20个，完成拆迁腾地项目8个，进入扫尾阶段项目4个，推进项目6个，计划新启动项目2个。松雅湖二小、新城吾悦广场、特立中学、中建悦和城、洋湖小学、轨道交通3号线和星城公园二期等项目完成拆迁并进场施工。其中，松雅湖二小、特立中学开学。世景国际广场、恒大翡翠华庭、中建悦和城、松雅湖新城吾悦广场、晴溪庄园、星城国际总部基地等市重大项目稳步推进。万明渠星沙街道段水系整治工程、中国太平洋人寿保险南方基地用电项目、龙塘安置区10千伏外线电源工程等竣工。旧城改造项目投入2.7亿元，星沙一区、二区600余缝居民自建房升层平改坡工程完工，170栋房屋单体改造基本完工，前后街道路及市政管网改造完成50%。

党建工作。完成17个社区换届选举工作，选优配强班子，选出118名“两委”班子成员。创新讲党课形式，街道党工委书记带头深入社区楼盘为党员们讲党课。利用“七一”等节日开展三大党建主题活动。成立“星辰先锋讲坛”宣讲团，宣讲20余场次。开展先锋感怀颂党恩——在全街开展“干部成长感恩谁”等主题演讲比赛。开展“喜迎十九大 七彩志愿行”志愿服务活动以及“六个活动日”主题党日活动，利用微信O2O等平台开设“掌上微党课”，打造“指尖上”的党员教育。助建宜居街区，街道开展“党员志愿者 + 社会组织 + 社工 + 义工”的“四位一体”多方联动服务模式。成立7个小区党支部，构建“小区党组织 + 业主委员会 + 物业服务企业”三方联动的治理服务体系。

城市管理。签订门前三包责任书8600余份，规范、整治店外经营、店外堆物、违规促销4万余次，劝离规范流动摊贩1万余人，暂扣经营工具或物品3000余件。拆除围墙1450余米、棚屋370平方米，复绿面积1470平方米，拆除违建400余处，面积6000多平方米，拆除违章和破损大型广告400余块、电子显示屏60余块、违规耳招1000余块，在县对街道城市管理考评中名列前茅。在辖区内除主次干道外的背街小巷、空坪隙地、开放式小区等地方施划标线1.5万平方米，新增停车位4000余个、标识300余套。加快公共停车场建设，选取县妇幼保健院（新址）东侧、县法院（新址）东侧的地块新建停车场2处，新增停车位700余个。生态环保有力度，407台黄标车底册数据清零。老旧小区经营户签订煤改气改造意向70余户，完成改造18户。牛角冲、金茂路等5个社区提质提档，完成投资2400余万元，新增或提质排水井600余个，新增排水管道7000余米，安装路沿石7000余米，新增或提质化粪池40余个，新增消防栓60余个，预埋路灯线管4000余米，铺设路面板砖2000余平方米。依托“一站式服务大厅、社区警务室、城管工作站和文体活动中心、卫生服务中心、居家养老服务中心”（“一厅一室一站三中心”），优化社区功能设置。落实“河长制”，街道党工委书记任总河长，5月开始街道河段长巡查108次，安装12块“河长”公示牌，接受群众监督和举报。开展垃圾焚烧劝导和整治40余次，联合县行政执法局参与工地扬尘及餐饮油烟治理等工作。投入230万元在辖区内全覆盖公益宣传，组织宣讲活动100余次、志愿者活动50余次。推进街道“美丽星沙 魅力星沙”品牌创建活动，组织开展“文明家庭”“最美人物”评选、“文明创建百日行动”等各类文明创建主题活动。创新“三精”（突出问题导向精准号脉、突出重点工作精密筹划、突出常态长效精细管理）工作法开展文明创建。

安全生产。开展安全生产大排查大管控大整治，组织专项行动48次，检查单位1050家，督促整改到位912家。做好县级领导帮促的8个安全隐患整改。开展食品安全日常和专项检查，检查经营户约2900家、群众聚餐59家，开展农贸市场农残检测649批。

社会民生。发放低保54.62万元、大病救助53.02万元，养老保险参保率149.02%，办理就失业登记证713人，办理养老生存认证2106人，进行就业困难认定58人，开展创业培训2期、育婴培训1期。教育卫生稳推进，投入基础教育经费150多万元。落实秋季招生新政策，消除大班额。开展校园安全整治行动8次。计生符合率99.44%，计生信息准确率100%。推进计生优质服务，组织免费孕前优生检测500次，开展免费妇女病查治2500人。各社区均设有卫生服务用房，全面落实国家慢性病综合防控示范区建设各项工作指标任务。

综合治理。开展矛盾纠纷大排查48次，调处纠纷737起，调解成功率98%。开展“打传”专项行动295次，清查捣毁传销窝点1134个，清查涉嫌传销人员2087人，解救初入传销组织人员181人，刑事拘留传销骨干成员97人，治安拘留1人，收到感谢锦旗3面。制定物业管理考核办法，发动辖区内物业公司开展“平安物业”创建工作，落实小区内物防、人防和技防等措施，化解物业矛盾纠纷20余起。走访群众5795户，承诺办实事51件，办理完成34件，解决问题705起，办结率100%。全面开展社会化禁毒工作，社戒人员26人中，其中3人完成社戒、2人强戒、1人判刑、1人严重违协，报到报告率100%。（周晓芬）

湘龙街道

【概况】 湘龙街道总面积22.63平方千米，建成区面积11.3平方千米，总人口约18万人，下辖12个社区居委会（包括3个农村社区）。财政总收入突破8亿元，商贸流通市场社零总额突破270亿元。

项目建设。对在拆的23个项目采取“项目到组，责任到组，统筹兼顾，一抓到底”的工作机制。完成广汽品牌园、湘核地质矿产研究测试中心、星沙联络线、捞刀河南路、城西污水处理厂、荣盛二期（碧桂园）、高沙学校等项目的拆迁腾地，湘龙西路项目进场施工，轨道交通五号线土桥车辆段项目完成该项目所有户头对证85%的工作目标，国防科大二期、工程职院扩建、机电职院扩建、安全职院扩建等重点项目稳步推进，水渡河棚户区改造、荣盛地产二期、星沙联络线（代征）等项目全面扫尾，完成房屋对证272户，腾地约68.93公顷。

城市管理。全面启动社区提质提档三年行动，辖区内12个社区品质逐步提升、服务日益优化，正逐步向品质高端化、服务优质化、治理多元化、居民普遍具有幸福感的社区迈进。对各社区办公服务用房的面积、功能布局、住房性质等进行摸底，主要是对中南社区、潇湘路社区和湘润社区的社区标识、外墙装饰、机构门牌、服务窗口、宣传栏目逐一进行清理和登记，提出整改方案，实现社区规范化建设。

社会事业。促进卫计融合，宣传“全面两孩”政策，推出微信办证服务，推动流动人口卫生计生基本公共服务均等化，代表长沙县在长沙市大型商贸市场流动人口重点协同治理座谈研讨会上作典型发言，代表长沙市参加湖南省流动人口专项调查，得到高度评价。以孕前优生健康检查为抓手，落实“十免十优”服务，与长沙县妇幼合作进行免费的妇科病普查和“两癌筛查”。加强依法行政，首次通过跨省协作的方式查处一例流动人口“两非”案件，结合重大节庆日广泛开展“服务育龄群众百日行”“5·29”“无偿献血”等活动，通过原创快板助推卫计宣传，推进基本公共卫生服务，推进居民健康卡信息采集录入工作，湘龙街道社区卫生服务中心创建省级群众满意社区卫生服务中心。

安全工作。在已有社区义务巡防队的基础上，组建36人的专业巡逻防控中队，刑事治安案件发案率较2016年下降45%。全面推进“红袖章万人巡防促平安”活动，红袖章队伍总人数1180人，开展巡防14281人。进一步加强信访维稳工作，落实17个重点问题的领导包案制，进一步强化领导干部的“党政同责，一岗双责”责任意识，党政领导带队开展食品、生产、消防、道路交通等安全检查，突出重点行业领域，紧盯高危行业领域，注重部门联动执法，深化隐患排查治理。

（邓　洁　苏子涵）

泉塘街道

【概况】 2017年，泉塘街道总面积20.84平方千米，下辖14个社区，总人口18万余人，其中常住人口5万余人，产业工人10万余人，大中专院校学生3万余人。辖区内有大中专院校8所、普通高中1所、初级中学1所、小学6所、幼儿园47所（含公办幼儿园1所）、私立学校2所；全年财税总收入7.024亿元，地方一般预算收入1.85亿元，市外境内投资形成固定资产39492万元，规模工业总产值84407.5万元；社会固定资产投资409525万元；外贸进出口总额120万美元，实际到位外资800万美元。2017，街道机关获评“长沙市文明标兵单位”“文明先进集体”，泉塘街道获评“湖南省‘扫黄打非’基层示范点”。

项目建设。解决电路板设计制造、东十一线拉通、东七线拉通、现代物流学院扩征、“两安”用地等拆迁项目，推进长桥公园、泉塘二小、泉塘三小、黄兴大道提质等工程建设。申报民生项目21个，建成12个，投资4000万元。2017年，5个提质提档社区铺排41个子项目，总投资3.5亿元。

综合治理。强化“车卫士”物联网安防系统建设、“红袖章”基层治安队伍和“智能访客”系统等治安防控体系建设，推广警务综合服务站。采取清查、训诫、遣返和DNA信息采集等手段，抓获并训诫传销人员3400人，刑拘135人，摧毁团伙17个。严格落实“六包一”稳控和矛盾纠纷信访调解，稳控重点群体18个，重点人员21人，年内无恶性治安或刑事案件。成立社会矛盾纠纷调处中心，年内调处矛盾纠纷2221起。

城镇管理。对14处围而未建的裸露黄土进行增绿，覆绿面积4000平方米。年内开展拆违行动40次，依法拆除违法建筑48处，面积约1180平方米。拆除破旧广告牌310块、耳招440块、违规墙体广告226块、大型户外广告牌60块、不规范横幅830条，收缴落地灯箱570个。推进“春剑”整治行动，以辖区内5个生鲜市场、5所中小学、7条主干道为整治重点，规范流动摊贩3600次，店外经营商铺3400家，改变脏乱差形象，向星社区获评市级“标兵社区”市级“文明社区”。联合城管中队等部门处置影响空气质量航拍件14件；开展燃煤锅炉、汽修厂非法油漆喷涂作业、个体门店煤改烧“回头看”和餐饮门店未安装油烟净化器专项整治行动。对20家复烧燃煤门店进行联合执法，收缴煤炉30个，藕煤2车；52家300平方米以上餐饮门店安装油烟净化器，整改生产经营单位使用燃煤的小型锅炉46个。摸排汽修厂98家，开展联合执法，拆除存在非法油漆喷涂作业汽修厂20家。对区域内23家门店油烟污染、噪声扰民和占道经营等问题进行专项治理，实现餐饮油烟达标排放、规范经营。清零底册黄标车142台。

安全生产。打造远大路沿线立面宣传画廊；承办长沙县（经开区）2017年安全生产月启动式，联合举办安全生产月咨询日宣传活动。引入企业安全生产风险分级管控和隐患排查治理平台项目，对168家规模以上企业、503家规模以下企业、327家“四小”场所进行安全生产监管。开展校园、市场及周边食品安全专项整治、烟花爆竹、危险化学品“打非治违”和“三大”专项整治，摸排重点场所500家，检查生产企业5000余次，“四小”场所2000余次，整改隐患302处。

社会保障。做好精准扶贫和困难群众春节慰问活动，扶贫对象3户12人顺利脱贫，走访慰问重度、中度和一般困难对象293户，发放慰问金41.4万元。城乡居民养老保险续保3021人，缴费129.6万元。新增城镇就业人数900人（次），新增创业主体数1429个，带动城乡就业人数3172人。海德公园幼儿园申报湖南省2017年度创业带动就业示范项目，丁家岭社区成功申报湖南省充分就业示范社区。

科教文卫。丁家小学举行全县三月学“雷锋”活动启动仪式；泉塘中学开展“践行雷锋精神，传递核心价值”“爱心捐赠零花钱，帮助困难小伙伴”签名活动，全校师生捐款42446.1元，资助校内62名家庭困难学生；泉星小学4月13日到邵阳隆回县山界回族中心学校开展“文武兼修进课堂 传承国粹手拉手”活动，为贫困孩子送去温暖。举办县“扫黄打非”进基层暨泉塘街道“扫黄打非”主题文艺晚会等10场大型文体活动，举办两期“艺开满园香”文艺骨干培训，成功创建省级“扫黄打非”示范街道。参加市、县的舞龙、太极扇、市九运会老年组广场舞以及全县欢乐潇湘群众文艺汇演总决赛、象棋、围棋赛、乒乓球赛等均获评一等奖。加强流动人口核查，清查楼盘1705户，5157人。推广和使用微信办理生育证673本，迎接国家慢性病综合防控示范县创建验收及国家级重型精神疾病管理调研考察。

（熊　岚）

㮾梨街道

【概况】2017年，㮾梨街道面积34.8平方千米，下辖4个村5个社区。街道总人口数54464人，常住人口32881人，流动人口21583人。财政税收11亿元，工业总产值95.54亿元（其中规模企业工业产值71.94亿元），固定资产投资85.2亿元，招商引资内资12.96亿元，对外贸易总额1.39亿美元。抗击历史罕见特大洪涝灾害，获评“2017年全市抗洪救灾先进集体”。

项目建设。启动高排渠一二期、高排湖及截污治污工程一期项目，水环境综合治理工程有序推进；实施新城路道路新建工程，推进英华路、福星路和秋江路东延线项目前期各项手续，纳入长沙经开区三期PPP项目总包；推进花园小学、机关四小活动室新建以及梨江中学改扩建工程，公共服务配套持续健全；完成大园社区生态停车场等3个民生立县项目和土岭社区提质提档人居环境建设工程。全年推进市重大、县领导帮促、政府投资和园区项目40个，投资金额10亿元，实现投资总量、项目总数、发展质量“三量齐升”。㮾梨街道（长沙经开区片区）指挥部和园区拆迁部配齐配全专职征拆干部40名，完成拆迁项目43个，腾地166.67公顷，解决广汽菲亚特乘用车项目等5个项目的拆迁问题，处置8%生产留地。引进一批提升街道整体品位和形象的现代服务业和高新技术产业。其中，湖南旅游客运服务综合基地项目嘉年华，招商引资7.88亿元，紫鑫城市商业综合体项目，招商引资13.69亿元。完成所有省委巡视组督办的遗留项目及佳欣投资、世通纸塑、长银机械等15个项目40公顷用地红线，化解各类政企矛盾；组织基础设施、工业、商业及融资用地4个批次14个项目56公顷工业、商住用地的报批手续申报；完成童年记、众城机械、巨利意等10个项目22.67公顷用地的摘牌。

经济建设。童年记总销售额5.2亿元，其中线上2.2亿元。工业企业产值同比增长4.6%。博能科技获得独立开发海外市场权限，全年签订海外出口订单1.8亿元。世通纸塑获评“中国制造之美最受公众瞩目奖”。高新技术产值突破20亿元，增速9.4%。助推82家企业21类项目申报，争取各类扶持资金300万元。

城镇建设。完善佳园路、新城路、峻德路等城市道路建设2千米，完成道路“白改黑”10条，道路碎石铺设和护坡修缮20处，新建停车场5处，基础设施建设投入约1亿元；提升城南污水处理厂二期、集中区排水排污、电力改造等市政工程，完成金托小学、

2017 年，陶公庙航运码头　（榔梨街道　提供）

花园小学、龙华幼儿园、梨江中学、土岭社区农贸市场等民本工程。双桥港、梨江港、花园港截污治污工程于 11 月启动。

综合治理。集中对 8 个安置区、4 个开放性市场的油烟扰民、噪音扰民、店外经营、流动摊贩、广告招牌等难点问题进行综合整治 300 余次；违法停车抄牌 4338 台次；巡查和整改道路、市政、园林、环卫、广告等公共设施 1000 余处，拆违控违联合执法 54 次，拆除面积近 3 万平方米，城市环境面貌改善。落实“河长制”，完成全年黄标车清零任务，加强渣土运输（含建筑垃圾）管理，遏制违法运输、违规倾倒渣土及破坏市容市貌、污染环境卫生行为 200 余起，完成煤改气、燃煤改烧清洁能源 300 家，深化黏土砖、燃煤锅炉整治。

成立榔梨公租房治安管理中队，化解各类矛盾纠纷 210 起，办结信访案件 48 起。

民生建设。开展社会救助 160 余人次，发放救助金 100 万余元；对精准扶贫进行精准调度，解决 8 户危房户，落实 40 万小额信贷和 11 万元扶贫资金，建档立卡贫困户 92 户，87 户脱贫。举办首届“十好道德模范”评选活动，在全街道树立崇德向善的文明新风尚。龙华幼儿园于 10 月开园招生，建筑面积 3435.93 平方米，占地面积 1055.90 平方米，投资 1200 余万元。（毛　敏）

长龙街道

【概况】 2017 年，长龙街道下辖 3 个建制村和 2 个城市社区，总面积 29 平方千米，户籍人口 1 万人，产业工人 2 万人。固定资产投资 60.06 亿元，其中工业固定资产投资 47.82 亿元，服务业固定资产投资 12.06 亿元。规模工业总产值 53.21 亿元，外贸进出口额 11491 万美元，实际到位内资 13.1 亿元，社会消费品零售总额 289.4 万元。12 月 22 日，增设长龙街道长界社区。

项目建设。长龙街道涉及征地拆迁项目 24 个，开工开建项目 12 个。解决拆迁难题，保证园区范围内开阳动力、星滔科技、美美食品、智普印刷、打捆报批（一）项目、湘丰茶机等项目进场施工。开展“奋战 100 天，腾地 8000 亩”专项行动。地铁 3 号线车辆停车场、东十一线（开元路以南）、洋湖中学、长浏燃气管道、东十一线（开元路以北）、长永高速北辅道、滨湖路（三期）、东十线、望仙路东延线、华湘路、金塘路等项目顺利推进；环城绿带项目完成土地流转。

城市管理。建立网格“+ 数据”“+ 服务”“+ 治理”“+ 监督”网格化管理模式，全年拆除、处置违章建筑 8694 平方米，拆除新增违建 1950 平方米；对辖区闲置用地覆绿和提质改造，长龙公园、龙井公园、雷鸣公园配置直饮水设备。

环境治理。清理 7 个环保违规建设项目；对 50 家小作坊、企业进行专项执法，对 20 家涉污企业下达限期整改通知书、取缔 4 家污染严重的黑作坊；65 台黄标车治理任务完成。依法整治 6 处排污的坑塘及水渠，清理 3 户瀨水养猪户，清除捞刀河岸 2 千米范围内陈年垃圾、漂浮垃圾 2.8 吨，病死畜禽 200 头；清理陈年垃圾 10 吨、废弃橡胶 400 吨，各村（社区）配备垃圾桶 3100 个；落实春、秋季灭鼠工作，完成 110 座改厕任务。严格落实“河长制”工作制度，建立“一河一档”及“一河一策”。

安全生产。对境内 165 家工贸企业，特别是针对星工场小微企业集中、安全生产问题开展安全生产地毯式清查，对存在隐患企业下达限期整改责令书并督促整改到位。实施安全生产“五项公示”制度，街道 14 家规模以上企业和近 70 家小微企业安装公示牌，对 7 家存在隐患的工贸企业下达限期整改责令书并督促整改到位。组织“消防安全日”三个一活动，发放《长龙街道安全生产工作手册》等，开展安全生产宣传教育。

社会保障。春节期间慰问248户，发放慰问金30.5万元。特困医疗救助37户，发放救助金277630元；发放临时救济74户，发放临时救济资金116400元；居民低保94户，198人，月发放低保金57131元，其中建档立卡低保55户，141人，调低保兜底脱贫对象3户6人。特困供养36户，36人，月发放低保金25740元。对7人发放残疾人自谋职业奖励，7000元；45项涉农补贴4770人次，363.68万元。6月30日，针对精准扶贫对象在蓓蕾小学举办2017年精准扶贫专场招聘会。

文化教育。参加第十三届舞龙比赛、庆“三八”跳绳比赛、趣味运动会、太极拳、广场舞、象棋、乒乓球、优秀文艺节目比赛；配合县文化艺术团在湘峰村开展送戏下乡活动；组织长龙街道第三届群众文化艺术节暨2017年元旦文艺汇演、2017年农历新年送春联活动、拔河比赛、庆“七一”文艺汇演、“迈进新时代 共筑幸福家园”消防主题文艺晚会；举办长龙街道第二届美食文化节；开展“最美女性”“最美党员”“文明家庭”“长沙好人，身边雷锋”“好人线索”等评选推荐活动；指导龙井社区开展“关爱未返乡产业工人包饺子”活动和“幸福一家亲 欢乐闹元宵”元宵节游园活动。新建蓓蕾小学于9月开学，总用地面积26970平方米，建筑面积14628.91平方米，有36个教学班。

社会治理。构建综治“大宣传”格局，在学校、住宅区、企业开展宣传活动和消防应急演练；以“流动课堂”形式宣传禁毒、国安、交通安全等知识，提高群众安全意识。开展矛盾纠纷排查44次，排查各类矛盾纠纷22起，预防矛盾纠纷53起，成功调处民事纠纷108件，处理群众信访件33件，市级信访件3件。

卫计服务。新增奖励扶助16人，退出5人，全年奖扶人员96人，发放奖扶资金9.216万元，特扶人员14人，发放资金15.2万元，独生子女户635户，发放独生子女保健费14.952元。2016年10月1日至2017年9月30日出生298人，计外生育5例，计生率98.3%。社会抚养费征收到位率9.71%。申报流动人口均等化试点培植单位，推进流动人口均等化服务建设。开展关爱活动和特殊困难流动人口精准帮扶活动，完成国家慢性病综合防控示范区建设各项任务。是年，长龙街道获评“长沙市2017年度人口和计划生育工作优秀等次单位”“长沙市流动人口均等化试点重点培植单位”。

政务服务。街道政务服务中心办理事项2650件，接待群众4900人次，办结“12345”热线工单30条；实时更新街道网站信息297条，接受社会各界监督。（王　川）

表 19

2017 年乡镇主要经济社会指标一览

单位名称	居民委员会个数	村民委员会个数	乡镇行政区域面积	乡镇总户数
计量单位	个	个	公顷	户
星沙街道	17	0	2453	24254
泉塘街道	14	0	2084	11615
湘龙街道	12	0	2263	12647
㮾梨街道	5	4	3471	11540
长龙街道	2	3	2900	3672
黄兴镇	5	14	15722	25183
江背镇	4	9	17452	17451
黄花镇	4	13	14083	24183
春华镇	1	8	12534	13569
果园镇	3	4	6858	7578
路口镇	2	5	8828	8701
高桥镇	1	5	11200	8915
金井镇	2	12	20957	18608
福临镇	1	6	8222	9074
青山铺镇	1	4	4619	6841
安沙镇	5	11	15942	19635
北山镇	3	8	14500	17229
开慧镇	2	8	11474	12045

说明：以上数据为初步汇总数

人　物

Figures

责任编辑　张　娜

先进模范人物

周　宇

周宇，男，汉族，1979年生，长沙县金井镇人，本科学历。2001年开始在金井茶厂担任过技术员、车间主任、营销部经理，2005年至2017年任总经理，2010年至2017年任首善红种植专业合作社理事长，是长沙市青少年基金会理事、长沙市工商联（总商会）副会长、湖南省茶业协会副会长，长沙县第十五、第十六届人大代表，长沙市第十四届人大代表，长沙市人大常委会农业与农村工作委员会委员、长沙县人大常委会第十七届联工委委员。金井茶业是一家集茶叶种植、加工、销售、科研、旅游于一体的现代化茶叶企业，创建于1958年，为省农业产业化龙头企业，现有厂房2.61万平方米，茶园6600多公顷，带动茶农5万多人。金井茶为湖南十大名茶、湖南农产品十大品牌、湖南农业十大企业品牌，“金井”牌注册商标为湖南茶叶行业第一家通过国家工商总局认定的“中国驰名商标”。2016年，金井绿茶制作工艺成功列入“省非物质文化遗传目录”，金井茶叶被评为“湖南省老字号”，金井茶园被评为“全国三十座最美茶园”，金井茶产品远销欧盟、中东等国家和地区。2017年12月22日，周宇被人力资源社会保障部、农业部联合授予“全国农业劳动模范”称号。　（周进银）

张灿辉

张灿辉，男，汉族，1964年7月生，湖南长沙人。生前是国网长沙县供电公司榔梨供电所台区管理员。作为一名有20年党龄的共产党员和工作30多年的农电工，张灿辉恪尽职守，精心服务，线损和安全指标在榔梨供电所一直名列前矛。在2017年防汛抗洪救灾中，张灿辉敢于迎难而上、攻坚克难。从7月4日被派往受灾严重的陶公庙社区开展灾后电力设施恢复工作起，53岁的他每天在救灾现场一干就是十五、十六个小时，风里来雨里去，先后为675户居民第一时间恢复用电。7月7日零点16分，在防汛抗灾电力抢修现场，不幸遭遇车祸牺牲。2017年，被授予“长沙市优秀共产党员”“长沙县优秀共产党员”称号。7月11日，湖南省总工会追授张灿辉“湖南省五一劳动奖章”；11月，入选2017年第三季度“湖南好人榜”。

（梁　漾）

赵　兵

赵兵，男，汉族，1974年4月生，辽宁省辽阳人，高级车工大师。2014年，作为长沙县引进的服务园区经济的高级技术人才，赵兵就职于长沙县职业中专，从事车工技术教学指导工作。赵兵曾在企业专心从事车加工技术工作12年，调入长沙县职业中专后，始终忠于职守、勤于钻研、甘于奉献，指导学生多次获得车工技能大赛一等奖。2015年12月，成功申报长沙市车工技能大师工作室；2016年5月成功申报湖南省“车加工技术”名师空间课堂；2016年，在长沙市职工数控车工技能竞赛中，赵兵获得理论、实操两项第一名；在湖南省人社厅职工技能大赛和湖南省总工会职工技能大赛中，赵兵分获第4名、第5名。2017年4月28日，赵兵获授“湖南省五一劳动奖章”。　（梁　漾）

曾超群

曾超群，男，汉族，1975年9月生，湖南省邵东县人，博士学历，中共党员。1997年9月参加工作，历任中共长沙市委办公厅秘书处主任科员，中共湖南省委办公厅督查室主任科员、秘书处调研员，长沙县委副书记，长沙市天心区委副书记、区政府区长、书记等职，2016年6月起任中共长沙县委书记，12月起任长沙经济技术开发区党工委书记、长沙县委书记。他始终牢固树立现代化法治理念，坚持把法治建设纳入长沙县发展总体规划，作为长沙县未来发展的重要战略之一，努力营造更加公平公正、和谐稳定的社会环境，不断推进社会治理体系和治理能力现代化，让法律法规成为政府行政不可逾越的底线。在其带领下，长沙县法治创建工作亮点纷呈：在全国首推综合行政执法体制改革，组建行政执法局，集中行使23个部门的行政处罚权、相应的行政监督检查权及与之相关的行政强制权；县人民法院开展以“三分式”审理模式为代表的系列改革，走出一条破解“案多人少”难题的基层新路；全面开展法治文化阵地建设，2017年法治文化广场（公园）覆盖全县各镇；提高公共法律服务质量和效率，通过政府购买服务聘请法律顾问的方式，实现全县“一村（社区）一顾问”；建立长沙县公共法律服务中心，通过统一平台提供全方位法律服务。2017年，长沙县全面开展“清风星沙”三年行动计划，曾超群要求增设法治指标，将法治建设作为政绩衡量的重要标准。2017年12月4日，曾超群获评省委法治办、省司法厅授予“2017年全省十佳法治建设推进者”称号。　（梁　漾）

杨　熠

杨熠，女，汉族，1983年7月生，中共党员，本科学历。2014年起任中国人寿保险股份有限公司长沙支公司党支部书记、经理。2017年，被共青团中央金融工委授予“全国金融系统优秀共青团干部”称号，并被评为“年度人寿集团公司优秀共青团干部”。在其带领下，该公司入选全国人寿保险系统实力百强县和成长百强县，全省人寿保险系统实力三十强和成长三十强县支公司。担任支公司经理四年来，杨熠积极响应长沙县委、县政府号召，致力于提高全县人民的保障水平，该公司2015年缴纳税款364.78万元，2016年税款547万元，2017年缴纳税款620万元。公司面向社会提供大量就业机会，2015年公司从业人员716人，发放劳动者报酬3033.91万元；2016年从业人员945人，发放劳动报酬4717.99万元；2017年公司从业人员1200人，发放劳动者报酬5210万元。并通过女性防癌保险，计生失独家庭保险、城乡居民大病保险、老年人意外险等民生政策性业务的宣传和拓展，解决特殊、困难群体人员因意外事故致贫和因病返贫的问题，为长沙县4万多名女性提供女性四种特定癌症保险，为全县12万名学生提供学生平安保险。（舒　洁）

社会新闻人物

黄晓钦

黄晓钦，男，1964年生，湖南省望城区人，中共党员，大专学历。现任长沙县路口物资供销有限公司董事长兼总经理。1979年参加工作（原路口供销合作社），凭借一股子刻苦钻研的精神和敢闯敢干的魄力，从一名普通的营业员逐步升至商店经理、区社主任，1990年当选长沙县第十一届人大代表，1996年起一直担任公司党总支书记；1999年被授予“长沙县劳动模范”称号；2006年当选长沙路口物资供销有限公司董事长兼总经理至今。2007年、2012年，分别当选为长沙县第十五、十六届人大代表。2015年，被评为长沙县首届“诚实守信”道德模范。2016年，被评为“长沙市优秀党务工作者”。黄晓钦带领路口供销合作社顺应时代潮流，通过集中整改门店，坚守农村阵地，创新销售模式，建立现代企业，在夹缝中走出一条独特的发展道路，年销售额2800万元以上。2017年年底，公司经营网点覆盖长沙县11个镇街，黄晓钦所带领的公司从一个普通基层供销社成长为年销售额近5亿元、年缴税1400万元、市值近7亿元的现代企业。

（梁　漾）

刘　兵

刘兵，男，1972年8月生，长沙县黄兴镇人，现仙人市村支部书记，2017年8月入选“湖南好人”榜“敬业奉献好人”。是年6月底，长沙县持续降雨，黄兴镇启动防汛三级响应。从7月1日凌晨1点开始，浏阳河水位快速上涨，刘兵连续几天坚守在抗洪一线。清晨六点左右，仙人市村浏阳河桐车闸被洪水冲坏，河水倒灌进排洪渠，路基出现管涌险情。刘兵见势，完全顾不上自家的财产损失，立即指挥将自家用的皮卡车装上大石头推向管涌出口，然后调用挖机，调派大量党员、群众、村内企业员工，填埋沙袋，最终得以把管涌堵住。排洪渠保住，老百姓的房屋和稻田转危为安，但是刘兵家的皮卡车却彻底报废。有爱心企业听闻后给刘兵捐赠一辆新车，刘兵又将新车拍卖，用于灾后重建。7月10日，中央电视台《新闻联播》对刘兵事迹进行报道。同时，新华网、人民网、红网等主流媒体也对刘兵事迹进行报道。11月，入选2017年第三季度“湖南好人榜”。（梁　漾）

李　再

李再，男，1971年生，长沙县青山铺镇人。自1990年起，在青山铺镇农技站工作，29岁任农技站站长。参加工作27年来，他30余次被评为先进个人，6次获得县人民政府嘉奖，其团队多次评为示范农技机构。2011—2017年，承担粮食高产创建项目，实现水稻高产栽培“六统一”，建设粮食高产创建，长沙县万亩核心示范片。2012—2013年，连续承担省、市、县超级稻百亩示范、超级稻品种研发、“种三产四”项目。2014年，承担长沙县绿色防控推广应用项目，建设长沙县统防统治区域站，成为湖南省承担全国统防统治工作会议参观现场。2014—2015年，连续承担双季水稻全程机械化推广与应用项目，召开市、县3次机插及农机县推广应用示范现场会。2015—2016年，承担长沙县“四双”绿色增产攻关示范，技术探讨双季稻适宜区、双季稻全程机械化、双季稻药肥零增长、双季稻高产高效。2015年，承担长沙市农广校新兴职业农民培训与管理模式探讨项目，建立基层职业农民培训“一轴八点”的培训模式。2016年，农业投入品农资示范店建设项目，首创农资店实现“超市模式、分区存储、电子监控、电子收银、系统联网监管”的模式，在全县作为模板应用。2017 年 2 月 15 日，“大地之子——2017 全国十佳农民暨最美农技员”揭晓仪式上，李再获评“全国最美农技员”称号。（梁　漾）

王小艳

王小艳，女，汉族，1970 年生，黄花镇谷塘村村民。1995 年，王小艳与本村盛红兵恋爱结婚。婚后第九年，丈夫务工时从 7 米多的施工平台摔下致头骨塌陷，下肢瘫痪并患有严重智力障碍。婆婆也因打击过大一病不起，患严重帕金森症半身不遂，公公也因此引发耳聋和间歇性失眠。面对老弱病残，王小艳毅然挑起生活重担，每天清晨做好早饭，安排好一双儿女读书，帮丈夫洗漱、接大小便、喂饭，再照顾公婆吃饭，然后抱着丈夫坐在轮椅上外出晨练。农忙时助公公耕作，平时做保洁员挣取全家生活费用。傍晚除重复早上工作外，还要帮丈夫、婆婆及小儿子洗澡，然后用轮椅推丈夫外出散步，睡前帮丈夫做全身按摩。十几年如一日，坚持不懈，堪称模范媳妇。2017 年 7 月，因照顾高位截瘫丈夫及病弱公婆 10 多年的感人事迹入选“孝老爱亲中国好人”；11 月，入选 2017 年第三季度“湖南好人榜”。

（梁　漾）

寻民强

寻民强，男，汉族，1944 年 9 月生，长沙县人。2009 年将自家不大的房子，腾出两间作为书屋和阅览室。2011 年又自筹资金 25 万元新建 140 平方米的房子，全部用于书屋的免费开放。现在书屋设有图书室、电脑室、学习室，功能齐全，陈设大方，活动经常，管理规范。近 9 年的贴心服务，寻民强农家书屋就像一个扎根边远山区的“精神小卖部”，人气越来越旺，“生意”越来越好，对当地村民的生活产生积极的影响，发生在身边的小事情，就像一曲曲动人的赞歌在流传——村民长期在他的家里借书、学习养殖、学家庭保健、查阅学习资料，寻民强书屋真正成为农民朋友的精神家园。寻民强农家书屋于 2013 年进入长沙县四星级农家书屋行列，2015 年被评为长沙市第一批示范性书屋，2017 年再获殊荣，寻民强被评为全国优秀农家书屋管理员。（梁　漾）

长沙县第二届道德模范人物

一、助人为乐类

模　范：曾美红　文池珍

提名奖：黄　珊　陈志明

二、见义勇为类

模　范：杨亚中　王　忠

提名奖：谭均山　谭胜利　曾文奇

三、诚实守信类

模　范：董国安　陈建良

提名奖：吴　婷　粟文利

四、敬业奉献类

模　范：许卫边　何天利

提名奖：陶湘浪　饶鹏飞

五、孝老爱亲类

模　范：刘娜兵　易俊超

提名奖：易罗英　汪国良

（长沙县精神文明建设指导委员会）

统计资料

Statistics

责任编辑 张 娜

表 20

2017 年综合统计资料（一）

指标名称	计算单位	2017 年	2016 年	为 2016 年的 %
一、行政区域				
乡镇（街道）个数	个	18	18	100.0
街道	个	5	5	100.0
镇人民政府	个	13	13	100.0
村民委员会	个	114	114	100.0
居民委员会	个	89	83	107.2
二、土地面积	平方千米	1756	1756	100.0
年末耕地面积	万公顷	5.17	5.19	6.64
其中：水田	万公顷	4.74	4.79	6.6
粮食播种面积	万公顷	8.39	8.3	6.74
三、人口情况	—	—	—	—
年末总人口（户籍人口）	万人	78.6	76.5	102.7
其中：城镇人口	万人	43.4	41.5	104.6
乡村人口	万人	35.1	35.0	100.3
年末总人口（常住人口）	万人	104.1	94.6	110.0
其中：城镇人口	万人	67.9	59.6	113.9
四、地区生产总值（当年价）	万元	14310877	12802767	111.8
第一产业	万元	759220	740048	102.6
第二产业	万元	9180085	8316994	110.4
其中：工业	万元	7769451	7096972	109.5
第三产业	万元	4371572	3745725	116.7
五、地区生产总值（可比价）	万元	14222539	12954010	109.8
第一产业	万元	726797	705061	103.1
第二产业	万元	9959674	9094050	109.5
其中：工业	万元	8661124	7883692	109.9
第三产业	万元	3536068	3154899	112.1
交通运输、仓储及邮电通讯业	万元	394003	358837	109.8
批发和零售业	万元	419612	365209	114.9
住宿和餐饮业	万元	201329	189449	106.3

表 21

2017 年综合统计资料（二）

指标名称	计算单位	2017 年	2016 年	为 2016 年的 %
金融业	万元	203387	187281	108.6
房地产业	万元	419473	446941	93.9
其他行业	万元	1872797	1584272	118.2
六、地区生产总值构成	%	100	100	—
第一产业	%	5.3	5.8	—
第二产业	%	64.2	65	—
其中：工业	%	54.3	55.4	—
第三产业	%	30.5	29.2	—
七、人均生产总值	元 / 人	144045	137531	104.7
八、工农业总产值（当年价）	万元	30635984	27890169	109.8
农业总产值	万元	1192010	1188015	100.3
其中：农业	万元	746668	698641	106.9
林业	万元	37869	37868	100.0
牧业	万元	358447	410471	87.3
渔业	万元	33748	28554	118.2
农林牧渔服务业	万元	15279	12481	122.4
工业总产值	万元	29443974	26702154	110.3
其中：规模工业总产值	万元	26625966	24179318	110.1
九、粮食总产量	吨	552710	548619	100.7
按播种面积亩平	千克	439.3	440.7	99.7
十、全社会固定资产投资	万元	9559273	8158848	117.2
十一、社会消费品零售总额	万元	4794592	4288138	111.8
十二、进出口总额	亿美元	46.5	31.9	145.8
其中：出口总额	亿美元	22.8	13.0	175.4
十三、实际到位外资	万美元	75894	69224	109.6
十四、财政一般预算收入	万元	885005	732505	120.8
财政一般预算支出	万元	1609320	1239620	129.8
十五、全体居民人均可支配收入	元	36977	33952	108.9

表 22

2017 年人口及变动情况（一）

地　区	年末总户数（户）	年末总人口（人）		
		合计	合计中	
			城镇人口	乡村人口
长沙县	252740	785647	434334	351313
星沙街道办事处	24254	58841	58841	0
榔梨街道办事处	11540	33395	25739	7656
湘龙街道办事处	12647	30375	30375	0
泉塘街道办事处	11615	28848	28848	0
长龙街道办事处	3672	10660	10660	0
黄兴镇	25183	86894	47281	39613
江背镇	17451	60884	32918	27966
黄花镇	24183	77625	24879	52746
春华镇	13569	46741	21113	25628
果园镇	7578	25524	16396	9128
路口镇	8701	29223	20484	8739
高桥镇	8915	29681	8592	21089
金井镇	18608	65524	17224	48300
安沙镇	19635	55647	26225	29422
北山镇	17229	53497	20120	33377
青山铺镇	6841	19737	6723	13014
福临镇	9074	29432	17224	12208
开慧镇	12045	43119	20692	22427

表 23

2017 年人口及变动情况（二）

地　区	年末总人口（人）					
	性别		年龄			
	男	女	0–17 岁	18–34 岁	35–59 岁	60 岁及以上
长沙县	390986	394661	161258	181692	294572	148125
星沙街道办事处	29015	29826	14537	16279	22397	5628
榔梨街道办事处	15929	17466	7259	7735	12212	6189

续表 23

湘龙街道办事处	15047	15328	8748	8289	10770	2568
泉塘街道办事处	14684	14164	7949	9234	9451	2214
长龙街道办事处	5142	5518	2542	2609	3854	1655
黄兴镇	42358	44536	20088	19923	30964	15919
江背镇	30848	30036	11621	13169	23040	13054
黄花镇	37790	39835	17279	18163	27960	14223
春华镇	23583	23158	9226	10286	17740	9489
果园镇	12857	12667	4887	5646	9707	5284
路口镇	14678	14545	5171	6230	11373	6449
高桥镇	15086	14595	5127	6464	11933	6157
金井镇	33219	32305	11839	14355	26133	13197
安沙镇	27561	28086	10416	12233	20727	12271
北山镇	26979	26518	8715	10906	20742	13134
青山铺镇	9849	9888	3458	4288	7504	4487
福临镇	14934	14498	4762	6274	11489	6907
开慧镇	21427	21692	7634	9609	16576	9300

表 24

2017 年人口及变动情况（三）

地　区	本年度人口变动（人）					
	出生			死亡		
	合计	男	女	合计	男	女
长沙县	14356	7458	6898	11278	6323	4955
星沙街道办事处	1573	800	773	332	190	142
㮾梨街道办事处	536	271	265	442	255	187
湘龙街道办事处	957	487	470	212	828	85
泉塘街道办事处	856	459	397	116	127	31
长龙街道办事处	222	133	89	71	85	31
黄兴镇	1872	984	888	1465	40	637
江背镇	941	512	429	569	320	249

续表 24

黄花镇	1487	810	677	718	442	276
春华镇	734	382	352	1344	709	635
果园镇	388	186	202	374	198	176
路口镇	416	207	209	755	405	350
高桥镇	418	203	215	440	243	197
金井镇	958	489	469	640	378	262
安沙镇	935	481	454	1378	723	655
北山镇	698	361	337	934	531	403
青山铺镇	307	165	142	240	136	104
福临镇	433	226	207	525	304	221
开慧镇	625	302	323	723	409	314

表 25

2017 年人口及变动情况（四）

地　区	本年度人口变动（人）			
	迁入		迁出	
	省内迁入	省外迁入	迁往省内	迁往省外
长沙县	18068	3476	2781	904
星沙街道办事处	6344	1242	617	180
榔梨街道办事处	393	84	83	29
湘龙街道办事处	3409	549	560	76
泉塘街道办事处	3319	664	579	223
长龙街道办事处	161	29	9	1
黄兴镇	808	140	112	30
江背镇	442	81	107	44
黄花镇	953	201	157	57
春华镇	226	51	57	23
果园镇	194	29	24	12
路口镇	193	21	32	14
高桥镇	115	28	35	25

续表 25

金井镇	236	88	100	48
安沙镇	394	81	77	29
北山镇	407	87	123	49
青山铺镇	149	27	16	9
福临镇	123	29	33	15
开慧镇	202	45	60	40

表 26

2017 年人口和计划生育情况

指标名称	计算单位	2017 年	2016 年	为 2016 年的 %
一、人口自然变动情况	—	—	—	—
1. 年内出生人数	人	17218	13918	123.7
2. 出生率★	‰	22.7	18.8	120.9
3. 年内死亡人数	人	5309	5544	95.8
4. 死亡率★	‰	7	7.5	93.3
5. 年内自然增长人数	人	11909	8374	142.2
6. 自然增长率★	‰	15.7	11.3	138.9
二、计划生育情况	—	—	—	—
1. 政策内生育率	%	99	98.2	100.8
2. 已婚育龄妇女	人	152445	153503	99.3
3. 已落实节育措施人数	人	11424	116928	9.8
4. 节育率	%	73.1	76.2	95.9
5. 有一子女育龄妇女人数	人	91947	96864	94.9
6. 政策内（原计划内）出生人口	人	17042	13667	124.7
其中：二孩数	人	9927	6247	158.9
7. 政策外（原计划外）出生人口	人	176	251	70.1
其中：一孩数	人	9	9	100.0
二孩数	人	24	124	19.4
多孩数	人	143	118	121.2
8. 计划生育率	%	99	98.2	-

说明：以上数据由县卫计局提供。★“出生率”“死亡率”“自然增长率”均按照计生统计情况测算

表 27

2017 年财政收支情况

指标名称	计算单位	2017 年	2016 年	为 2016 年的 %
财政总收入	万元	2859438	2273778	125.8
1. 一般预算收入	万元	885005	732505	120.8
上划税收	万元	1358834	927992	146.4
2. 一般预算支出	万元	1611920	1239620	130.0
一般公共服务	万元	156989	149323	105.1
国防	万元	1838	1876	98.0
公共安全	万元	79684	56939	139.9
教育	万元	189744	162067	117.1
科学技术	万元	24270	24241	100.1
文化体育与传媒	万元	20301	22775	89.1
社会保障和就业	万元	100496	105189	95.5
医疗卫生	万元	90978	84270	108.0
节能环保	万元	129961	54490	238.5
城乡社区事务	万元	261277	164326	159.0
农林水事务	万元	164516	176244	93.3
交通运输	万元	153944	105420	146.0
资源勘探电力信息等事务	万元	158001	62849	251.4
其他支出	万元	79921	69611	114.8

说明：以上数据由县财政局提供

表 28

2017 年金融保险证券情况

指标名称	计算单位	2017 年	2016 年	为 2016 年的 %
金融机构各项存款余额	万元	11201369	10201626	109.8
城乡居民储蓄存款余额	万元	4966036	4500073	110.4
金融机构各项贷款余额	万元	9261603	9440318	98.1
金融机构营业收入	万元	314516	295670	106.4
金融机构网点数	万元	182	181	100.6
金融机构职工人数	人	2194	2164	101.4

续表 28

指标名称	计算单位	2017 年	2016 年	为 2016 年的 %
人均储蓄存款	元	47704	47580	100.3
驻县银行	家	22	21	104.8
各类保险机构网点数	个	76	80	95.0
国有控股保险公司保费收入	亿元	9.7	5.7	170.2
证券公司营业部	家	8	7	114.3

说明：以上数据由县金融办提供

表 29

2017 年外贸和旅游情况

指标名称	计算单位	2017 年	2016 年	为 2016 年的 %
一、贸易情况	—	—	—	—
进出口总值	亿美元	46.5	31.9	145.8
其中：出口总额	亿美元	22.8	13.0	175.4
进口总额	亿美元	23.7	18.9	125.4
二、外经情况	—	—	—	—
1. 实际到位外资	万美元	75895	69224	109.6
2. 引进市外资金形成固定资产投资	万元	1811472	1604711	112.9
三、旅游情况	—	—	—	—
1. 接待游客人数	万人次	1075	846.1	127.0
2. 旅游总收入	亿元	115	94.3	122.0
3. 旅行社总数	个	6	6	100.0
4. 星级乡村旅游点	个	43	43	100.0
5. 星级饭店个数	个	3	3	100.0
其中：五星级	个	1	1	100.0
四星级	个	2	2	100.0
6. 星级饭店客房总数	间	1038	1038	100.0
7. 等级景区个数	个	5	3	166.7

说明：以上数据由县金融办提供

表 30

2017 年教育事业情况

指标名称	计算单位	2017 年	2016 年	为 2016 年的 %
一、中等专业学校数	所	1	1	100.0
1. 中等专业招生数	人	1543	1234	125.0
2. 中等专业毕业生数	人	724	1096	66.1
3. 中等专业学校在校学生数	人	3630	2962	122.6
4. 中等专业学校教职工数	人	206	188	109.6
二、普通中学学校数	所	40	39	102.6
1. 普通中学招生数	人	14423	14695	98.1
2. 普通中学毕业生数	人	13076	13011	100.5
3. 普通中学在校学生数	人	41542	41074	101.1
4. 普通中学教职工数	人	3822	3356	113.9
三、小学学校数	所	144	139	103.6
1. 小学在校学生数	人	74759	67256	111.2
2. 小学教职工数	人	4083	2987	136.7
四、特殊学校数	所	1	1	100.0
1. 特殊学校在校学生数	人	146	107	136.4
2. 特殊学校教职工数	人	32	30	106.7
五、幼儿园数	所	276	254	108.7
1. 幼儿园在园幼儿数	人	46904	45112	104.0
2. 幼儿园教职工数	人	3670	3546	103.5
六、学龄儿童入学率	%	100	100	–
其中：女童入学率	%	100	100	–
农村学龄儿童入学率	%	100	100	–
七、初中入学率	%	100	100	–
初中巩固率	%	100	100	–
初中升学率	%	100	100	–
八、高中阶段毛入学率	%	98.6	98.59	–
高中阶段辍学率	%	2.0	2.1	–
高中升学率	%	98.2	97.9	–
高考参考人数	人	4449	4900	90.8
九、农村中小学危房改造面积	万平方米	18500	10995	168.3
其中：C 级危房改造面积	万平方米	0	10995	–
B 级危房改造面积	万平方米	18500	0	–
十、农村现代远程教育普及率	%	100	100	–

说明：以上数据由县教育局提供

表 31

2017 年文化体育事业情况

指标名称	计算单位	2017 年	2016 年	为 2016 年的 %
一、文化事业	—	—	—	—
1. 图书馆（室）情况	—	—	—	—
图书馆个数	个	1	1	100.0
图书室（农家书屋）个数	个	280	280	100.0
藏书	万册	153.4	149.6	102.5
发放借书证	万个	1.5	2.1	71.4
图书流通人次	万人次	138.6	39.7	349.1
本年新购图书	册	37927	500000	7.6
阅览室坐席数	个	1300	1000	130.0
图书馆（室）场地面积	平方米	14720	14500	101.5
其中：公共图书馆（室）面积	平方米	13000	13000	100.0
其他图书管（室）面积	平方米	1720	1500	114.7
2. 文化馆情况	—	—	—	—
文化馆个数	个	218	269	81.0
其中：群众艺术馆个数	个	1	1	100.0
镇街文化站个数	个	20	21	95.2
社区文化活动室个数	个	197	247	79.8
文化馆面积	平方米	123512.1	119533	103.3
其中：群众艺术馆面积	平方米	21440.9	23000	93.2
镇街文化站面积	平方米	38341.1	37991	100.9
社区文化活动室面积	平方米	63580	60101	105.8
3. 演艺中心情况	—	—	—	—
演艺中心个数	个	129	123	104.9
其中：艺术表演场馆个数	个	5	5	100.0
歌舞娱乐场所个数	个	124	118	105.1
演艺中心面积	平方米	58486.8	54847	106.6

续表 31

指标名称	计算单位	2017 年	2016 年	为 2016 年的 %
其中：艺术表演场馆面积	平方米	1475	1475	100.0
歌舞娱乐场所面积	平方米	57011.8	53372	106.8
4. 网吧情况	—	—	—	—
网吧个数	个	269	215	125.1
网吧面积	平方米	102642.7	69500	147.7
5. 文化广场情况	—	—	—	—
文化广场个数	个	184	179	102.8
文化广场面积	平方米	997399.2	980264	101.7
6. 文化公园情况	—	—	—	—
文化公园个数	个	4	4	100.0
文化公园面积	平方米	50000	50000	100.0
7. 百家文艺团队	家	65	60	108.3
8. 年内电影放映场次	场	3032	2888	105.0
二、体育事业	—	—	—	—
1. 体育场馆个数	个	113	113	100.0
体育场馆面积	平方米	609917	609917	100.0
2. 游泳跳水场馆个数	个	7	7	100.0
游泳跳水场馆面积	平方米	6670	6670	100.0
3. 综合房（馆）及专业训练房管个数	个	123	123	100.0
综合房（馆）及专业训练房管面积	平方米	49008	49008	100.0
4. 室外专项体育场个数	个	405	405	100.0
室外专项体育场面积	平方米	441739	441739	100.0
5. 年内举办运动会	次	18	20	90.0
参加运动会运动员	人	42000	45000	93.3

说明：以上数据由县文广局提供

表 32

2017 年卫生事业情况

指标名称	计算单位	2017 年	2016 年	为 2016 年的 %
卫生机构	个	495	457	108.3
其中：医院、卫生院	个	31	31	100.0
妇幼保健院（所、站）	个	1	1	100.0
专科疾病防治院（所、站）	个	1	1	100.0
卫生监督所	个	1	1	100.0
社区卫生服务中心	个	4	4	100.0
诊所、医务室	个	187	156	119.9
村卫生室	个	212	213	99.5
门诊部	个	61	50	122.0
床位数	张	5246	4317	121.5
卫生人员	人	8084	7725	104.6
1. 卫生技术员	人	7182	6668	107.7
（1）执业（助理）医师	人	461	623	79.9
（2）执业医师	人	1904	1674	113.7
（3）注册护士	人	3950	3561	110.9
（4）药师	人	299	283	105.6
（5）技师	人	278	265	104.9
（6）其他	人	290	262	110.7
2. 其他技术人员	人	291	273	106.6
3. 管理人员	人	286	274	104.4
4. 工勤人员	人	325	316	102.8
疾病预防控制中心（防疫站）	个	1	1	100.0
疾病预防控制中心（防疫站）卫生防预人员	人	69	71	97.2
村级医生和卫生人员	人	212	194	109.3
5 岁以下儿童死亡率	‰	4.6	4.3	105.8
婴儿死亡率	‰	2.76	2.98	92.6
产妇住院分娩比例	%	100	100	100.0

说明：以上数据由县卫计局提供

表 33

2017 年劳动就业和社会保障情况

指标名称	计算单位	2017 年	2016 年	为上年的 %
城镇新增就业人员	人	17701	16521	107.1
城镇登记失业率	%	2.8	2.9	97.6
安排下岗失业人员再就业	人	3405	2915	116.8
其中：大龄就业困难对象再就业	人	1401	1982	70.7
下岗失业人员再就业培训	人	850	675	125.9
农村富余劳动力转移就业增加人数	人	4282	5527	77.5
农村劳动力转移培训	人	1627	2320	70.1
企业基本养老保险参保人数	人	179410	172044	104.3
机关养老保险参保人数	人	19432	18761	103.6
城乡居民养老保险参保人数	人	415701	464866	89.4
基本医疗保险参保人数	人	—	875086	—
城镇职工基本医疗保险参保人数	人	161265	248391	64.9
城乡居民基本医疗保险参保人数	人	630334	626695	100.6
失业保险参保人数	人	140656	128000	109.9
工伤保险参保人数	人	134000	128345	104.4
生育保险参保人数	人	127637	143945	88.7
社会保险基金总收入	亿元	51.2	46.7	100.0

说明：以上数据由县人社局提供。“城镇职工基本医疗保险参保人数”“生育保险参保人数”2017 年数据按财务统计数据

表 34

2017 年民政工作和社会救助情况

指标名称	计算单位	2017 年	2016 年	为 2016 年的 %
登记结婚数	对	6169	6212	99.3
登记离婚数	对	2624	2048	128.1
各类收养性社会福利单位床位数	张	4845	2600	186.3
各类收养性社会福利单位收养人员数	人	1617	1331	121.5
财政预算安排“低保”资金增长率	%/ 万元	5073	7157	70.9

续表 34

指标名称	计算单位	2017 年	2016 年	为 2016 年的 %
社会救济总人数	人	4012	3845	104.3
居民最低生活保障人数	人	13336	14172	94.1
其中：城镇居民最低生活保障人数	人	1106	1307	84.6
农村居民最低生活保障人数	人	12230	12865	95.1
特困供养人员人数	人	4049	4155	97.4
接受社会捐赠资金 *	万元	856.9	1439.5	58.5
销售社会福利彩票	万元	32000	27000	118.5
基本养老服务补贴覆盖率	%	100	100	–
已发放基本养老服务补贴人数	人	470	553	85.0

说明：以上数据由县民政局提供

表 35

2017 年邮政通迅事业情况

指标名称	计算单位	2017 年	2016 年	为 2016 年的 %
邮政业务收入	万元	20003	15822	126.4
函件收入	万元	297.8	73	407.9
包裹收入	万元	6758.4	4264	158.5
汇票收入	万元	4.5	8.2	54.8
报刊收入	万元	617.3	491	125.7
邮路总条数	条	121	121	100.0
邮路总长度（单程）	千米	4566	4566	100.0
邮政储蓄期末余额	万元	717718	601760	119.3
电信业务收入	亿元	15.7	14.2	110.6
移动电话用户	万户	163.6	161.2	101.5
计算机互联网用户	万户	33.4	27.0	123.7

说明：以上数据由县邮政公司、县电信公司、县移动公司、县联通公司、县邮储银行提供

表 36

2017 年房地产管理情况

指标名称	计算单位	2017 年	2016 年	为 2016 年的 %
发放产权证本数	本	61663	37350	165.1
发放产权证面积	万平方米	1121	477	235.0
房地产交易宗数	宗	37931	45635	83.1
房地产交易面积	万平方米	392	478	82.0
房地产抵押宗数	宗	28748	17506	164.2
房地产抵押面积	万平方米	502	412	121.8
物业服务企业个数	家	192	185	103.7
其中：县内注册	家	127	122	104.1
其中：一级资质企业	家	–	24	–
二级资质企业	家	–	23	–
三级资质企业	家	–	138	–
物业管理总面积	万平方米	4895	4637	105.5
物业管理从业人员数	人	15727	14891	105.6
当年归积公积金	万元	106385	86424	123.1
累计归积公积金	万元	534850	429605	124.5
累计归积公积金余额	万元	283423	229103	123.7

说明：以上数据由县国土局、县住房保障局、县公积金管理中心提供

表 37

2017 年档案事业与馆藏情况

指标名称	计算单位	2017 年	2016 年	为 2016 年的 %
馆藏全部档案全宗	个	228	228	100.0
馆藏全部档案案卷	卷	248205	228621	108.5
录音、音像、影片等	盘	143	143	100.0
照片档案	张	10107	10052	100.5
资料数量	册	7598	7550	100.6
利用人数	人次	3012	2305	131.0
利用档案	卷次	4623	5218	88.6
利用资料	册次	21	16	131.2

说明：以上数据由县史志档案局提供

表 38

2017 年工商登记企业（年末数）情况

指标名称	计算单位	2017 年	2016 年	为 2016 年的 %
工商登记年末数合计	户	27857	22071	126.2
农林牧渔业	户	3015	2442	123.4
工业	户	2924	2749	106.4
建筑业	户	1984	1390	142.7
交通运输仓储及邮电通信业	户	1229	994	123.6
信息传输、计算机服务和软件业	户	1015	827	122.7
批发和零售贸易餐饮业	户	7748	6234	124.2
金融保险业	户	554	544	101.8
房地产业	户	703	588	119.6
租赁和商务服务业	户	3747	2726	137.4
科学研究、技术服务和地质勘察业	户	3773	2654	140.2
水利、环境和公共设施管理业	户	107	89	120.2
居民服务和其他服务业	户	516	412	125.2
教育	户	46	40	115.0
卫生、社会保障和社会福利业	户	37	30	123.3
文化、体育和娱乐业	户	452	349	129.5

表 39

2017 年工商登记个体户（年末数）情况

指标名称	计算单位	2017 年	2016 年	为 2016 年的 %
工商登记年末数合计	户	90927	73391	123.9
农林牧渔业	户	1844	1441	128.0
工业	户	4569	4335	105.4
建筑业	户	151	133	113.5
交通运输仓储及邮电通信业	户	5056	2936	172.2
信息传输、计算机服务和软件业	户	848	777	109.1
批发和零售贸易餐饮业	户	65512	53786	121.8
金融保险业	户	16	11	145.4
房地产业	户	243	133	182.7

续表 39

指标名称	计算单位	2017 年	2016 年	为 2016 年的 %
租赁和商务服务业	户	3075	2259	136.1
科学研究、技术服务和地质勘察业	户	309	264	117.0
水利、环境和公共设施管理业	户	393	393	100.0
居民服务和其他服务业	户	7635	5874	111.4
教育	户	36	21	171.4
卫生、社会保障和社会福利业	户	209	173	121.0
文化、体育和娱乐业	户	1031	857	110.3

说明：以上数据由县市监局提供

表 40

2017 年环境卫生事业情况

指标名称	计算单位	2017 年	2016 年	为 2016 年的 %
一、完成工作量	—	—	—	—
收运垃圾	吨	307446	268825	114.4
清扫街道	万平方米	1126	1126	—
保洁从业人数	人	1988	1988	—
二、环卫专用设备	—	—	—	—
垃圾运输车	辆	36	38	94.7
扫路车	辆	39	40	97.5
洒水车	辆	76	62	122.0
三、环卫设施	—	—	—	—
公共厕所	座	99	98	101.0
其中：本年新建	座	1	6	16.6
垃圾站	个	86	85	101.0
其中：本年新建	个	1	2	50.0

说明：以上数据由县城管局、县环卫局提供。“垃圾运输车”摆臂车淘汰，“扫路车”数据含 11 台路面养护车

表 41

2017 年园林绿化情况

指标名称	计算单位	2017 年	2016 年	为 2016 年的 %
园林绿化覆盖面积	万平方米	2112.4	2034.0	109.9
绿化覆盖率	%	39.8	40.0	99.4
绿地面积	万平方米	1955.9	1878.7	104.1
新增绿地面积	万平方米	77.2	93.7	82.4
绿地率	%	36	36.3	99.2
公园个数	个	18	14	128.6
公园面积	万平方米	220	184	119.6

说明：以上数据由县城管局、县园林局提供

表 42

2017 年环境污染治理情况

指标名称	计算单位	2017 年	2016 年	为 2016 年的 %
一、环境污染治理本年完成投资总额	万元	66758	50169	133.1
二、环保设施情况	—	—	—	—
1. 地表水在线监测设施数	套	4	3	133.3
2. 空气自动监测站数	座	3	1	300.0
3. 污水处理厂数	座	22	20	110.0
三、工业“三废”排放情况	—	—	—	—
1. 工业废水排放总量	万吨	1302.7	1136.8	114.6
工业废水排放达标量	万吨	1281.8	985.7	130.0
工业废水排放达标率	%	98.4	98.0	100.4
2. 工业废气排放总量	万标立方米	2250427	777511	289.4
工业烟尘排放量达标率	%	92.6	89.2	103.8
3、工业固体废物产生量	吨	76737	54402.6	141.1
工业固体废物综合利用量	吨	25367	33347.7	76.1
四、城市环境质量状况	—	—	—	—
1. 地表水质达标率	%	100	100	100.0
地表水水质满足Ⅲ类标准的断面比例	%	100	100	100.0

续表 42

指标名称	计算单位	2017 年	2016 年	为 2016 年的 %
地表水水质满足Ⅳ类标准的断面比例	%	100	100	100.0
2. 城镇污水处理率	%	98.1	98.2	99.9
城镇污水处理量	万吨	9271	10095.1	91.8
3. 空气质量达标率	%	80	95.7	83.6
城市全年空气质量良好以上天数	天	292	350	83.4

说明：以上数据由县环保局、规建局提供

表 43

2017 年资源及能耗情况

指标名称	计算单位	2017 年	2016 年	为 2016 年的 %
行政区域土地面积	平方千米	1756	1756	—
城镇建成区绿化覆盖率	%	38.6	37.9	—
森林总蓄积量	万立方米	435.3	418.5	104.0
活立木总蓄积量	立方米	462.9	445.1	103.9
森林面积	公顷	75372.2	75269.2	104.8
森林覆盖率	%	49.8	49.8	—
林地总面积	公顷	77442.9	77809.9	100.1
能源消费总量	吨标准煤	5335287	5161314	103.4
其中：工业能源消费	吨标准煤	2240818	2270361	98.7
单位 GDP 能耗	吨标准煤 / 万元	0.38	0.40	95.0
单位工业增加值能耗	吨标准煤 / 万元	0.26	0.29	89.7
全年用电量	亿千瓦时	58.2	50.2	115.9
其中：工业用电量	亿千瓦时	33.9	28.4	119.3

说明：以上数据由县国土局、县城管局、县林业局、县统计局提供

表 44 2017 年长沙分区、县（市）主要经济指标情况对比（一）

指标名称	地区生产总值（亿元）		第一产业增加值（亿元）		第二产业增加值（亿元）	
	绝对额	增长（%）	绝对额	增长（%）	绝对额	增长（%）
长沙市	10535.5	9.0	379.5	3.0	4998.3	7.7
芙蓉区	1301.6	9.0	0.1	-45.2	179.1	2.2
天心区	876.7	9.4	1.6	-19.0	274.4	3.8
岳麓区	1016.7	9.2	18.6	-6.6	428.3	9.2
开福区	920.3	8.8	1.3	-32.6	151.5	3.7
雨花区	1728.9	5.4	5.7	-15.6	902.0	0.6
望城区	658.8	11.2	45.5	5.5	467.4	11.4
长沙县	1431.1	11.3	75.9	3.1	918.0	11.6
浏阳市	1365.1	10.8	106.8	5.0	939.4	11.0
宁乡市	1224.5	10.3	123.8	3.9	806.7	10.6

表 45 2017 年长沙分区、县（市）主要经济指标情况对比（二）

指标名称	其中：规模以上工业增加值（亿元）		第三产业增加值（亿元）		一般公共预算收入（亿元）	
	绝对额	增长（%）	绝对额	增长（%）	绝对额	增长（%）
长沙市	3533.3	8.5	5157.8	10.9	1403.3	14.0
芙蓉区	90.9	0.7	1122.4	10.2	116.7	4.9
天心区	103.1	2.2	600.7	12.3	122.9	10.3
岳麓区	292.5	10.0	569.8	9.8	92.1	19.6
开福区	47.6	1.0	767.5	10.0	147.1	12.2
雨花区	756.5	1.1	821.2	12.0	148.7	8.2
望城区	340.6	13.0	145.8	12.4	80.0	16.5
长沙县	531.6	13.2	437.2	12.1	224.4	36.4
浏阳市	772.8	13.0	318.8	12.3	100.2	10.9
宁乡市	597.6	12.7	294.0	12.5	71.4	12.0

表 46 2017 年长沙分区、县（市）主要经济指标情况对比（三）

指标名称	地方一般公共预算收入（亿元）		固定资产投资（亿元）		社会消费品零售总额（亿元）	
	绝对额	同口径增长(%)	绝对额	增长（%）	绝对额	增长（%）
长沙市	800.3	11.5	7567.8	13.1	4547.7	10.5
芙蓉区	33.3	−3.4	586.8	13.5	855.9	9.2
天心区	39.9	3.1	542.0	13.7	548.7	11.2
岳麓区	29.8	11.6	862.5	16.1	361.1	12.9
开福区	47.9	12.3	854.2	15.5	798.8	10.0
雨花区	53.6	−4.2	619.3	13.6	712.6	4.8
望城区	46.1	17.1	752.4	17.1	152.8	19.6
长沙县	88.5	22.9	955.9	17.2	479.5	11.8
浏阳市	62.4	6.0	1073.1	17.1	320.2	13.8
宁乡市	44.1	5.3	1059.1	17.3	318.1	15.5

附　录

Appendix

责任编辑　张　娜

组织机构与负责人名录

中共长沙县委员会

书　　记　曾超群
副 书 记　张作林
　　　　　杨　莉（女）
常　　委　胡维龙
　　　　　赖坤明
　　　　　王国良
　　　　　沈　光
　　　　　陈晓成
　　　　　谭浩然
　　　　　杨　溢（女）
　　　　　喻志刚
　　　　　李开兴（9月止）
　　　　　黄　波（11月始）

中共长沙经济技术开发区工作委员会

书　　记　曾超群
副 书 记　张庆红
委　　员　巩　固
　　　　　丁仁义（4月止）
　　　　　周志远
　　　　　常利民
　　　　　杜海霞（女）
　　　　　张贤长
　　　　　张文球
　　　　　王维倩（12月止）
　　　　　张湘鸿

长沙经济技术开发区管理委员会

副 主 任　张庆红
　　　　　巩　固
　　　　　常利民
　　　　　杜海霞（女）
调 研 员　刘逢春
　　　　　刘运雄
副调研员　郑安龙
　　　　　唐益民
　　　　　黄庆怀
　　　　　刘正凯
　　　　　田洪林
督办专员　郑安龙
　　　　　蒋君山
　　　　　黄思晓

中共长沙经济技术开发区纪律检查工作委员会

书　　记　周志远
副 书 记　刘光辉
委　　员　谭超纲
　　　　　陈新明
　　　　　苏　平（女）
　　　　　王萍萍（女）
　　　　　周　芳（女）
　　　　　李布春
　　　　　周枝栋
　　　　　贺正强
　　　　　胡祥伟

长沙县人大常委会

主　　任　李建章
副 主 任　周安伟
　　　　　曹艳萍（女）
　　　　　彭军其
　　　　　唐俊兴
　　　　　曹伟兴

长沙县人民政府

县　　长　张作林
副 县 长　王国良
　　　　　黄　梁
　　　　　黄　波
　　　　　彭迟平
　　　　　喻名团
　　　　　毛　葵
　　　　　黄泽红（女）

政协长沙县委员会

主　　席　王益枝
副 主 席　杜宏亮
　　　　　李楚屏（女，兼）
　　　　　郭艳红（女）
　　　　　陈沃辉
　　　　　张小春
党组书记　王益枝
副 书 记　杜宏亮
秘 书 长　文清良

长沙县人民武装部

部　　长　陈晓成
政　　委　王永军（7月始）
副 部 长　禹　丹

中共长沙县纪委

书　　记　胡维龙
副 书 记　刘义红
　　　　　吴　曲
　　　　　庄　虎
常　　委　苏宽良（9月止）
　　　　　彭菊泉
　　　　　汤志国
　　　　　胡皓坤（女）
　　　　　符广宇

监察局

局　　长　刘义红（12月始）
副 局 长　苏宽良（9月止）
　　　　　袁书钦（女）

预防腐败局

局　　长　刘义红

副局长　苏宽良（9月止）

县委工作机构

办公室

主　　任　谭浩然
副主任　彭春华（兼）
　　　　梁　山
　　　　张先坤
　　　　祖春峰
　　　　周向阳（兼，8月始）
纪检组组长
　　　　廖名跃（3月始）

组织部

部　　长　沈　光
常务副部长
　　　　李建军
副部长　李顺林（8月止）
　　　　徐虎踞（8月始）
　　　　骆从辉（11月始）
　　　　阳　智（女，兼）
　　　　刘桂良
纪检组组长
　　　　杨　宇（女，3月始）

宣传部

部　　长　杨　溢（女）
副部长　张电波
　　　　饶　晗
　　　　余　米（女）
　　　　刘韶林
　　　　马　搏（12月止）
　　　　陈合宴（12月始）

统战部

部　　长　杨　莉（女）
副部长　范文略
　　　　黄柏强
　　　　吴　英（女）
　　　　艾　英

纪检组组长
　　　　聂建新（10月始）

政法委员会

书　　记　李开兴（9月止）
　　　　黄　波（11月始）
副书记　王伟山
　　　　胡文波
　　　　余孟洋（9月止）
　　　　许海玲（女，9月止）
　　　　陆　宇（9月始）
纪检组组长
　　　　范伟霞（9月始）
　　　　黄凯明（9月止）
维稳办主任
　　　　王伟山（9月止）
　　　　陆　宇（9月始）
综治办主任
　　　　王伟山（9月始）

县机构编制委员会办公室

主　　任　胡　革
副主任　罗来好
　　　　向　前（3月始）

信访局

局　　长　周向阳
副局长　陈群芳（女）
　　　　黄　军
　　　　邓曙光

老干部局

局　　长　阳　智（女）
副局长　钟铁毛
　　　　毛利华（女）

县直属机关工作委员会

书　　记　彭志坚
副书记　杨春艳（女）
　　　　乔　昱（女）
纪工委书记
　　　　何　浪（女）

台办

主　　任　黄柏强
副主任　曾令红

党校（行政学院）

常务副校长
　　　　罗静良（女）
副校（院）长
　　　　谢社江
　　　　潘应军（女）

杨开慧纪念馆

馆　　长　彭春华
党组副书记
党组书记　杨晓明（女）
副馆长　刘向上
　　　　向　春

长沙经济技术开发区党工委和管委会工作机构

·工作机构·

办公室

主　　任　黄庆怀
副主任　范丁贵
　　　　梁颖昊（女）
　　　　蒋勇文（4月始）
机要处处长
　　　　李艳芳（女）
电子信息处处长
　　　　张建平
优化发展环境处处长
　　　　肖　梁（女）

督查室

主　　任　唐益民（兼）

人力资源与社会保障局

局　　长　刘　曙（女）
副局长　李布春

陈小英（女）
彭庄利（兼）
绩效处 陈海燕（女）
人才处 翟　亮

党群工作局
局　　长 王怀庄
副 局 长 王　璎（女）
朱正海
党建处 彭　辉
宣传处 黄　姿（女）
统战处 彭　虹（女）

纪检监察审计室
主　　任 刘光辉
副 主 任 陈新明
王萍萍（女）
综合监督处
袁　鸣
纪检监察处
高　鹏
监督审计处
饶佳威（女）

招商合作局
局　　长 黄天际
副 局 长 周枝栋
王　项
齐迎美（女）
综合处 刘晓蕾（女）
招商处 赵春丹（女）
投资促进处
邱永峰
外经外贸处
刘　军

产业环保局
局　　长 熊　伟
副 局 长 周　芳（女）
姚震宇
肖　锐
总经济师 王仲湘
综合管理处
夏绿林
统计处 李坤田（2月始）
科技与知识产权处
杨佳文
投资与能源处
黄　妮（女）
安全生产处
洪　琼

财政局
局　　长 胡立忠（兼）
常务副局长
石　浪
副 局 长 贺正强
邱友梅（女）
总会计师 易波勇
综合处处长
秦道永
资产管理处处长
韩智军
行财处处长
周　旭（女）
经建处处长
王　睿（女）

建设发展局
局　　长 李乔岚
副 局 长 苏　平（女）
陈玖颖（5月止）
总工程师 胡　嵩（女）
综合处 谢　媛（女）
重点工程管理处
周麒麟
建工管理处
杨文胜
总工室主任
袁大伟
质安监站站长
陈玖颖（兼，5月止）
谢成塔

社会事业局
局　　长 梁应文（兼）
常务副局长
徐震山
副 局 长 田洪林（兼）
莫　阳（女）
综合安置处
周　斌
综治维稳处
李学辉
公用事业处
李　力（2月始）

经济研究室
副 主 任 胡　鸽（女）

总值班室
主　　任 肖志成（1月止）
副 主 任 谢　亮（1月止）

·党群组织·

企业工作委员会
书　　记 周志远
常务副书记
王维倩（12月止）
副 书 记 王怀庄
熊　伟
宋登红
委　　员 朱正海
蔡光云
张跃赛（1月止）
陈小沐（1月始）
孙建南

机关委员会
书　　记 张贤长
副 书 记 周跃成
王怀庄
组织委员 黄庆怀
宣传委员 刘　曙（女）

纪检委员 刘光辉
青年委员 石 浪
群工委员 李乔岚
统战委员 徐震山

妇女工作委员会

副 主 任 饶佳威（女）
委 员 陈 果（女）
贺琼玲（女）
彭 清（女）
谢 媛（女）

总工会

主 席 丁仁义（4月止）
副 主 席 陈建辉
罗 菁（女，兼）
综合文体部
郭 英（女）
曹 瑾（女）
权益保障部部长
周祎刚

人民武装部

部 长 张贤长
专 干 彭 虹（女）

共青团工作委员会

副 书 记 朱正海
委 员 袁 鸣
翟 亮
段苏媛（女）
黄 宇
周舒越（女）
陈 杰
苏冰阳
丁文文（女）

·派驻机构·

国土分局

局 长 戴新煌
副 局 长 范新国
粟飞跃（6月止）
熊远求
谭苏明（9月始）
综 合 处 陈站稳（女）
供 应 处 易紫高
管 理 处 黄莲莲（女）

规划分局

局 长 姚泽兴
书 记 杨之金
副 局 长 汤照照
李 巍
市政综合管理处处长
刘 瑛（女）
规划编制管理处处长
张 娴（女）
建设工程规划管理处处长
夏成龙

工商分局

局 长 宋登红
副 局 长 李太平
刘 伟
谭四新
纪 检 员 袁忠东
办 公 室 符 军
注册登记科
廖泽钧
公平交易科
唐朝晖（2月始）
监 管 科 刘 勇

质监分局

局 长 李 伟
副 局 长 龙 镭
梁邦进
办公室主任
陈 忆（女）
质量监督科
何志刚
安全监察科
易 翔（12月止）
范 军（12月始）
标准计量科
周晗露（女）

消防大队

大 队 长 李 振
教 导 员 周振华（1月始）

国税局

局 长 潘平波（女）
副 局 长 蒲王灿
喻兴无
熊明干
徐周灿
贺 文（女）
纪检组长 缪明扣（2月止）
黄 波（3月始）

地税局

局 长 周万里
副 局 长 崔向阳
伍少波
金湘明
纪检组长 张又能
副调研员 申华平
工会主席 周跃双
第六税务分局局长
黄智勇

安监局

局 长 曾 林
总工程师 彭 坚

新安派出所

所 长 孟 湘
教 导 员 陈样友
副 所 长 陈炎奎
李海明（4月止）
郭利成（4月止）

罗立新（4月始）
彭汉文（4月始）

泉塘派出所

所　　长　朱江波
教 导 员　李伟雄（4月止）
　　　　　黄　丹（4月始）
副 所 长　杨勋毅（4月止）
　　　　　肖追雁（4月止）
　　　　　李　杰（4月止）
　　　　　张　甫（4月始）
　　　　　王朝阳（4月始）
　　　　　陈东辉（4月始）

交警新安中队

中 队 长　桑爱军（5月止）
　　　　　陈　琳（5月始）
指 导 员　陈　琳（5月止）
　　　　　胡阳春（5月始）

职务犯罪预防监察室

主　　任　易飞扬

法庭

庭　　长　袁波涌

民三庭

庭　　长　常　维

·直属事业单位·

政务服务中心

主　　任　肖泽祥
副 主 任　张　鹏

投资评审中心

主　　任　黄　科
副 主 任　谢意平（女）

政府采购与招投标办公室

主　　任　陈宇星
副 主 任　谭玉梅（女）

创业服务中心

主　　任　吴信村
副 主 任　杨　飞

人才交流服务中心

主　　任　曾知山
副 主 任　于志刚

征地拆迁办公室

主　　任　胡祥伟
副 主 任　罗　卫

拆迁事务所

所　　长　陈　晋（5月止）
副 所 长　陈　军（11月始）
　　　　　余　洪
　　　　　王　伟（9月始）

法律事务中心

主　　任　蒋勇文（兼，7月始）

长沙经济技术开发集团有限公司

董 事 长　郭汉辉
监事会主席
　　　　　谭超纲
常务副经理
　　　　　马　鑫
副总经理　吕向龙
　　　　　李雪春
董　　事　熊志新（5月止）
　　　　　易美奇
　　　　　欧建雄

长沙经济技术开发区项目开发建设管理有限公司重建筹备组

组　　长　马　鑫（9月始）
副 组 长　田洪林（兼，9月始）
成　　员　卢俊义（9月始）
　　　　　陈海龙（9月始）
　　　　　周　高（9月始）
　　　　　喻浪平（9月始）

水质净化工程有限公司

经　　理　黄红旗
副总经理　余　虹
　　　　　曾　涛
　　　　　黎景丰（1月始）
　　　　　刘介源（1月始）

星沙供水工程有限公司

总 经 理　易美奇
副总经理　杨革新
　　　　　周鹏程
书　　记　贺琼玲（女）

工程建设开发有限公司

总 经 理　熊志新（5月止）
副总经理　卢俊义（7月止）
　　　　　陈海龙（7月止）
总工程师　周　高（7月止）

县人大常委会工作机构

办公室

主　　任　彭　涛（5月止）
　　　　　陈　诚（4月始，提名人选；5月当选）
副 主 任　游　滋（女）

内司工委

主　　任　李德兴

教科文卫工委

主　　任　何静宜（12月止）
　　　　　姚　军（11月始，提名人选；12月当选）

财经工委

主　　任　杨　琳（12月止）
　　　　　刘新平（8月始，提名人选）

卢文杰（11月始，提名人选）

选联工委

主　任　彭　辉（女，5月止）
彭　涛（4月始，提名人选；5月当选）

农工委

主　任　何都益

城环工委

主　任　陈　诚（5月止）
毛旭平（4月始，提名人选；5月当选）
副主任　饶　珏（女，12月止）
刘　丹（女，12月始，提名人选）

县政府工作机构

办公室

主　任　魏　检（6月止）
刘高祥（6月始）
副主任　唐宪伟
杜红旗
罗扬坤
唐自力
高　军
杨　曲
余青燕（女）
纪检组长　杨　立（女）

发展和改革局（物价局）

局　长　胡超钢
副局长　姜正阳
高　洁（女）
唐　智（10月止）
彭　伟（12月始）
何　展（12月始）
纪检组长　胡永俊（9月始）
总经济师　邓剑侠（6月止）

经济和信息化局

局　长　刘新平（11月止）
胡　阑（11月始）
党组书记　刘新平（8月止）
胡　阑（8月始）
副局长　何铁建（10月止）
刘　刚
纪检组长　胡永俊（3月始，9月止）

教育局

党委书记
局　长　陈卫球
党委副书记
曾利满
侯建国（10月止）
陈　晓（12月始）
党委委员　陈　渊（10月始）
主任督学　侯建国（10月止）
陈　晓（12月始）
副局长　曾利满
杨　晓
肖红波
纪委书记　陈　渊（9月止）

科学技术局（知识产权局）

党组书记
局　长　朱忠良（1月始）
副局长　吴延琼（女，1月始）
周　伟（1月始）

民政局

局　长　朱剑斌
副局长　吴文先
高　军（11月止）
符　杰
张　莽（1月始）
纪检组长　王　芳（12月止）

财政局

局　长　胡立忠
副局长　周　勇
冯梅秀（女）
胡立明
纪检组长　黄长庚（3月始，9月止）
王　蓉（女，10月始）
总会计师　罗　冲（女，4月始）

人力资源和社会保障局

局　长　刘高祥（8月止）
徐虎踞（9月始）
副局长　彭　刚
周　艳（女）
杨　曲
纪检组长　赵军林（10月止）
总会计师　聂畅宇（3月始）

国土资源局

局　长　范新国
副书记　龙征兵
党组成员
副局长　陶　权
吴宇红（女）
蒋卫民
党组成员
测绘总工程师
龚　毅
党组成员　陈　娟（女）
雷　彬

环境保护局

局　长　杨喜平
副局长　舒易波
孙欣栋
石欣灵（女）

交通运输局

局　长
党组书记　周习彬
副局长
纪检组长　王　军
柳检军（12月止）
张朝阳

刘桂刚
徐柱杰（借调星沙产业基地）

水务局

局　　长　高新良
党委副书记
张根冶（9月止）
纪委书记　马志强（3月止）
刘雁冰（女，3月始，10月止）
副 局 长　陶肖泉（11月止）
邹国良
裴治宇
陈宇波
总工程师　童亚祁（11月始）

农业和林业局

局长、主任
鄢兴杰
副 书 记　张慧利（12月始）
副 局 长　张慧利
黄松印
叶春德（11月止）
黄　虹（女，7月止）
李良成
黄龙辉（12月始）
柳伟文
曾建新
李明慧（女）
纪检组长　刘雁冰（女，12月始）

商务局

党组书记
局　　长　郭贺亭
副 局 长　游松明
范文广
陈　洁（女）
纪检组长　何　浪（女）

文化体育广播电视局

局　　长　冯武斌（11月止）
李顺林（11月始）
副 局 长　李　彪
沈　俊（女）
杨伏梅（6月始）
党组书记　冯武斌（8月止）
李顺林（8月始）
党组副书记
李　彪
党组成员　沈　俊（女）
杨伏梅（6月始）

卫生和计划生育局

局　　长　唐　锋（女）
县纪委派驻县卫计局纪检组组长
熊大坤（3月始）
副 局 长　唐益群
李凤英（女）
陈　瑛（女）
龚发军
杨曼琼（女）

审计局

党组书记
局　　长　陈　波（8月止）
饶晓刚（女，9月始）
副 局 长　陈万磊
刘兴益（10月止）
晏　均
纪检组长　王　容（女，3月止）

城乡规划建设局

局　　长　谢德求（8月止）
胡朝钦（8月始）
副 局 长　郭检罗
袁　红（女）
张新生
石碧娟（女）
张　勇
纪检组长　戴丰伟（1月始，3月止）
童亚祁（3月始，10月止）
邓青于（10月始）

安全生产监督管理局

局　　长　曾　林
党组副书记
金西林
副 局 长　柳铁进（8月止）
杨运宏（12月止）
周万清（12月始）
李朝华（10月始）
总工程师　彭　坚
纪检组长　杨　宇（女，3月止）

人民防空办公室

党组书记、主任
胡孟东（9月止）
黄建国（9月始）
党组副书记、副主任
杨　碧（女）
副 主 任　吴　微（4月始）
纪检组长　唐建辉（女，3月止）

食品药品工商质量监督管理局

局　　长　舒　曲
副 局 长　王　彪
朱尚明（8月止）
傅正坤
席　剑（11月始）
陈　玲（女）
石超刚
肖俊斌（11月止）
曾尚亮
万兴兰
袁　霞（女）
纪检组长　王　芳（女，2月止）
邓青于（3月始，10月止）

城市管理局

局　　长　梁应文
党组副书记
唐艳灵（女，3月始）
副 局 长　毛照平（10月止）
韦树波

张　任（女，12 月止）
柳检军（12 月始）
纪检组长　黄长庚（3 月止）
唐艳灵（女，3 月始，10 月止）

行政执法局

局　长　朱智勇
副局长　陈自力
徐　猛
曹　平

法制办

主　任　徐　杨（女）
副主任　杨　玲（女）

县政协工作机构

办公室

主　任　文清良
副主任　文　越（女）

群团联络委

主　任　唐念群（9 月止）
胡孟东（9 月始）
副主任　聂　敏
陈　敏（女）

经济科技委

主　任　王行楚
副主任　胡小丽

人口资源环境委

主　任　刘正超
副主任　陈长辉

法制提案委

主　任　陶自立
副主任　刘利娟

文教卫体委

主　任　熊　健

县委派驻政协机关纪检组

组　长　马志强（4 月始，9 月止）

县政法机关

公安局

局　长　彭迟平
政　委　孙　晓
副局长　常天健（10 月止）
宋晓峰
韩　伟
周刚强
吴　鑫
刘　波
张　志（6 月始）
副政委
纪检书记　罗俊强

检察院

党组书记
检察长　盛　智
副检察长　黎　军
朱忠义
何志刚
汪海渊

法　院

院　长　何文哲
副院长　文继光
文军伟
李国军（8 月止）
陈力军（8 月止）
纪检组长　胡志宏
执行局局长
肖　强
专职委员　王懿林

司法局

局　长　江　涌
党组副书记
彭凤鸣（女，8 月止）

副局长　吴文斗
康广平
纪检组长　范伟霞（女，4 月止）

县委、县政府直属事业单位

史志档案局

局　长　李　勇
副局长　罗朝晖（8 月止）
廖再攀
饶　珏（女，12 月始）

统计局

局　长　沈建民
副局长　胡　娟（女，11 月止）
陈立云
总统计师　彭　宇（12 月）

粮食局

党组书记　何　典（11 月止）
马　搏（12 月始）
局　长　何　典
党组副书记
杨俊权
党组成员　张福清
何楚雄
朱长安（11 月止）
黄　忠（11 月始）
副局长　杨俊权
张福清（10 月止）
何楚雄（10 月止）
朱长安（10 月始）

旅游局

局　长　王海燕（女）
副局长　聂建新（10 月止）
范乐赛
罗　晶（女，12 月始）
党组书记　王海燕（女）

副 书 记 聂建新（10 月止）

党组成员 范乐赛

罗 晶（女，12 月始）

住房保障局

局 长 陈世峰

副 局 长 王新华

裴见存

彭 刚（3 月止）

肖 勇（3 月始）

纪检组长 张 翠（女，3 月止）

政务服务中心

主 任 王文凯

书 记 何 武（8 月止）

周 勇（12 月始）

副 主 任 杨树兴（女）

杨运宏（12 月始）

盛仲斌（9 月始，12 月止）

供销合作社

书 记

主 任 曹 青

副 主 任 罗海权

陈 全

招标采购局

党组书记

局 长 邓剑侠（4 月始）

毛旭平（4 月止）

党组副书记

盛仲斌（9 月止）

副 局 长 胡学军

邓 明（12 月始）

重点工程管理局

局 长 胡朝钦（10 月止）

副 局 长 孙革辉

尹红兵

唐德洋

尹小龙

彭长林

周文军

国有资产管理中心

主 任 孙卫国（4 月始）

副 主 任 胡 达

副 主 任 周智宇（女）

纪检组长 王 容（1 月始，9 月止）

长沙县大数据中心

主 任 张应军

副 主 任 柳 林

余 洋（3 月始）

派出机构

现代农业创新示范区

党工委书记

孟立祥

主 任 彭万贵（11 月止）

何静宜（12 月始）

副 主 任 饶培元

朱长安（8 月止）

胡 娟（11 月始）

纪工委书记

刘雁冰（女，3 月止）

黄艳喻（女，3 月始）

空港城管委会

常务副主任

彭正球

副 主 任 李命命（女，5 月止）

规划建设部部长

兰伟强

招商服务部部长

曹江辉

财务融资部部长

李晓阳（11 月止）

综合办公室副主任

龙赛斌

社会事务部副部长

周敬平

规划建设部副部长

李光成（11 月止）

财务融资部副部长

朱新光

群团机构

县总工会

主 席 彭克让

副 主 席 傅亿安（女）

胡海艳

肖力钧（兼，7 月始）

党组成员 蔡国华（3 月始）

团县委

书 记 范维新

副 书 记 陈 展（女）

罗 维（11 月止）

县妇联

主 席 袁 雁（女）

副 主 席 张新红（女）

杨春艳（女）

县工商联（商会）

主 席 张小春（11 月始，至 12 月）

副 主 席 陈 彬

李 欢（女）

党组书记 艾 英

县残联

理 事 长 别 若

副理事长 高爱娥

罗胜利

县科协

主 席 李红军（女）

副 主 席 黄再富

杨次平

县侨联

主　　席　吴　英

副 主 席　陈合宴

曾应明（兼）

陈先明（兼）

县文联

主　　席　彭　辉（3 月始）

副 主 席　易术平

县红十字会

副 会 长　夏声朝

其他正科级事业单位

接待办

主　　任　陈渊智（11 月始）

副 主 任　陈渊智（10 月止）

黄旭峰（12 月始）

民族宗教事务局

局　　长　饶晓刚

副 局 长　米湘峰（11 月止）

林友祥（11 月始）

罗　琼（女，11 月始）

星沙松雅湖商务区管委会

党工委书记

喻名团（4 月始，兼）

党工委副书记

管委会主任

廖春红

党工委委员

管委会副主任

盛　卓

党工委委员

纪工委书记

唐　妙（女，9 月始）

党工委委员

管委会副主任

何　伟（12 月始）

黄兴会展经济区管理委员会

党工委书记

涂亚鹏（1 月始，9 月止）

何　典（12 月始）

党工委主任

张　辉（1 月始）

党工委副主任

熊哲峰（1 月始）

解　帅（12 月始）

纪工委书记

朱　峰（3 月始）

星沙产业基地

党工委书记

主　　任　黄士玮

副 主 任　何　展（11 月止）

柳　怡（11 月止）

余向阳（12 月始）

县公路管理局

局　　长　周海燕（9 月止）

饶逢春（9 月始）

副 局 长　陶肖泉（12 月始）

蒋海山

王秋庆（12 月始）

刘　宝

张朝阳（11 月止）

机关事务管理局

党组书记
局　　长　张　荣（女）

党组副书记

罗达松（8 月止）

副 局 长　陈云辉

马志文（12 月始）

纪检组长　廖名跃

广播电视台

党组书记、台长

饶　晗

副 台 长　周　萍（女）

李昱磊

党组成员　周　萍（女）

罗　卉（女，12 月始）

镇・街道

・黄兴镇・

中共黄兴镇委员会

书　　记　喻志刚

副 书 记　饶逢春（8 月止）

李坤明（9 月始）

彭少波

委　　员　游　江

童　创

刘　威

陈　明

章汉湘

曹　光

曹　剑

陈　军（11 月止）

人大主席团

主　　席　曹　剑（4 月止，提名人选；4 月当选）

副 主 席　杨　洪（4 月止，提名人选；4 月当选）

镇人民政府

镇　　长　饶逢春（8 月止）

李坤明（9 月始，提名人选）

副 镇 长　陈　明

游　江

童　创

刘　威

陈　军（4 月止，提名人选；4 月当选，11 月止）

余　丰

杨　浩

罗　佳（11 月始，提名人选）

政协联络处

主　　任　陈　明

·江背镇·

中共江背镇委员会

书　　记　张登武

副 书 记　喻孟华（4月始）

　　　　　李晓阳（12月始）

委　　员　商　瑜（12月止）

　　　　　夏卫书（12月止）

　　　　　王伟明（12月止）

　　　　　李祖荫（1月始）

　　　　　戈承武（12月始）

　　　　　李治宏（12月始）

　　　　　王　丹

　　　　　彭　荣

人大主席团

主　　席　商　瑜（12月止）

　　　　　戈承武（12月始）

副 主 席　陈　虎

镇人民政府

镇　　长　张登武（4月止）

　　　　　喻孟华（4月始）

副 镇 长　李祖荫（1月始）

　　　　　彭　荣

　　　　　禹　玥（女）

　　　　　夏卫书（12月止）

　　　　　周勤超（12月止）

政协联络处

主　　任　李祖荫（1月始）

·黄花镇·

中共黄花镇委员会

书　　记　彭正球

副 书 记　黎文革

　　　　　罗征宇

　　　　　曾志勇（挂职，12月始）

委　　员　张力强

　　　　　李勇军（9月止）

　　　　　刘镇西

　　　　　杨　华

　　　　　刘　登（11月止）

　　　　　黄丽娜（女）

　　　　　马　进（12月始）

人大主席团

主　　席　张力强

副 主 席　冯伟桥

镇人民政府

镇　　长　黎文革

副 镇 长　刘镇西

　　　　　刘　登（11月止）

　　　　　杨　华

　　　　　徐立平（女）

　　　　　马　进（12月始，提名人选）

政协联络处

主　　任　杨　华

·春华镇·

中共春华镇委员会

书　　记　李壮宇

副 书 记　刘智平（11月始）

　　　　　周益巍（11月始）

　　　　　唐利坤（女，11月止）

　　　　　谭亚峰（12月始，挂职）

委　　员　袁　康

　　　　　肖　坚（11月止）

　　　　　彭齐芳（女，11月始）

　　　　　游益龙

　　　　　唐新明

　　　　　胡晓明（12月始）

人大主席团

主　　席　袁　康

副 主 席　黄扬波（12月止）

　　　　　王彬宇（12月始）

镇人民政府

镇　　长　刘智平

副 镇 长　李　威

　　　　　游益龙

　　　　　周益巍（11月止）

　　　　　郑旭辉（11月止）

　　　　　王彬宇（12月始）

　　　　　胡晓明（12月始）

政协联络处

主　　任　郑旭辉（11月止）

　　　　　游益龙（12月始）

·果园镇·

中共果园镇委员会

书　　记　覃　芳（女）

副 书 记　彭朝溪

　　　　　周勤超（12月始）

委　　员　罗卫滋

　　　　　付　窈（女）

　　　　　李治宏（11月止）

　　　　　田　涤

　　　　　龚全果

　　　　　戴定安

　　　　　李光成（12月始）

人大主席团

主　　席　罗卫滋

副 主 席　李　育（11月止）

镇人民政府

镇　　长　李坤明（8月止）

副 镇 长　田　涤

　　　　　龚全果

　　　　　戴定安（6月始）

　　　　　田　博（6月始）

政协联络处

主　　任　田　涤

·路口镇·

中共路口镇委员会

书　　记　胡　阑（8月止）

　　　　　吴　昊（12月始）

副 书 记　李学文

　　　　　周春林

　　　　　邓　磊（挂职，12月始）

委　　员　邓志强

　　　　　陈　琳（12月止）

　　　　　罗　晶（女，12月止）

　　　　　李国栋（12月止）

　　　　　谢浪波（11月止）

刘子仁（12月始）
柳碧波（12月始）
祖舟馨子（女，11月始）

人大主席团

主　　席　邓志强（4—5月为提名人选，5月当选）
副 主 席　龙　平（1—5月为提名人选，5月当选）

镇人民政府

镇　　长　李学文（1—5月为代镇长，5月始）
副 镇 长　邓志强（4月止）
陈　琳（12月止）
罗　晶（女，12月止）
刘子仁（12月止，提名人选）
杨钟浩（5月止，提名人选；5月当选）
杨进昌（12月止，提名人选）

政协联络处

主　　任　邓志强（4月止）
刘子仁（12月始）

·高桥镇·

中共高桥镇委员会

书　　记　栗　柱（11月止）
彭万贵（12月始）
副 书 记　苏　波（5月止）
陈昱烨（12月始）
杨　奇（挂职，12月始）
委　　员　沈建强（12月止）
王　旭
周　宾（12月止）
史学范（12月止）
朱会雄（12月止）
周　正（12月始）

人大主席团

主　　席　盛振宇（5月止）
周国旺（5月始）
副 主 席　周　正（12月止）

镇人民政府

镇　　长　苏　波（5月始）
副 镇 长　沈建强（12月止）
史学范（12月止）
朱会雄（12月止）
张　莎（女）

政协联络处

主　　任　沈建强（12月止）
夏卫书（12月始）

·金井镇·

中共金井镇委员会

书　　记　石　争
副 书 记　王乐君（11月止）
黄　轲
李志明
委　　员　张　霞（女，12月止）
王　雁（女，10月止）
刘　坤（12月始）
陈昱烨（女，12月止）
黄向阳（12月止）
龙青松
吴赐华（12月始）
黄　超（12月始）
周　术（12月始）

人大主席团

主　　席　陈魁宇
副 主 席　黄　超（11月止）
张　瑜（女，12月始）

镇人民政府

镇　　长　王乐君（11月止）
黄　轲（12月始）
副 镇 长　张　霞（女，12月止）
刘　坤（12月止）
陈昱烨（女，12月止）
黄向阳（12月止）
袁　潇（12月始）
张伟夫（12月始）
孙应德（12月始）

政协联络处

主　　任　黄向阳（11月止）
龙青松（12月始）

·开慧镇·

中共开慧镇委员会

书　　记　叶照君
副 书 记　宋海晏（女，11月止）
高　洁（女，11月始）
陈　祥
戈承武（11月止）
彭　博（12月始，挂职）
委　　员　冯典为
彭齐芳（女，11月止）
胡一舟
李辉浩
黎　栋
罗欢玲（11月始）
向　宽（11月止）

人大主席团

主　　席　冯典为
副 主 席　李志勇

镇人民政府

镇　　长　宋海晏（女，11月止）
高　洁（女，11月始）
副 镇 长　胡一舟
李辉浩
黎　栋
向　宽（11月止）
范家铭
王贺春（11月止）
周　翔（11月始）
黄　鹏（11月始）

政协联络处

主　　任　陈　祥（11月止）
胡一舟（11月始）

·福临镇·

中共福临镇委员会

书　　记　吴　昊（11月止）
王乐君（11月始）
副 书 记　李文杰
喻孟华（4月止）
王新华（11月始）

委　　员　彭　伟（11月止）
沈建强（11月始）
冯勇波
柳碧波（11月止）
李国栋（11月始）
周万清（11月止）
刘志高
陈雅婷（女）
梁　爽（女，12月始）

人大主席团

主　　席　彭　伟（11月止）
沈建强（11月始）
副 主 席　唐寒非（11月止）
杨　程（12月始）

镇人民政府

镇　　长　李文杰
副 镇 长　游　艳（女，12月止）
冯勇波（12月止）
周万清（12月止）
刘志高
章蕙羽（女，12月始）

政协联络处

主　　任　周万清（11月止）
冯勇波（12月始）

·青山铺镇·

中共青山铺镇委员会

书　　记　王志国
副 书 记　屈晓青
委　　员　姜妙华（1月止）
向林霖
彭勇金
吴晓芬
李良辉
龙　也（11月始）
陈乐逊（11月始）
沈歆宇（12月始）

人大主席团

主　　席　张栋材（3月止，提名人选；3月当选，11月止）
向林霖（12月始，提名人选）
副 主 席　任建龙（3月止，提名人选；3月始）

镇人民政府

镇　　长　彭　鹏（3月止，提名人选；3月始）
副 镇 长　姜妙华（1月止）
彭勇金
李良辉
唐百宁（3月止，提名人选；3月始，11月止）
龙　也（3月止，提名人选；3月始）
陈中山（11月始，提名人选；12月始）

政协联络处

主　　任　姜妙华（1月止）
彭勇金（2月始）

·安沙镇·

中共安沙镇委员会

书　　记　李　洪
副 书 记　马国军
涂开来
委　　员　王　玲（女）
陈军跃
席　剑（11月止）
杨全党（11月止）
肖　钢
陈　全（2月止）
唐　懿
肖　坚（11月始）
戴　明（12月始）

人大主席团

主　　席　王　玲（女）
副 主 席　唐　懿（1月止）
戴　明（2月止，提名人选；2月始，12月止）
范　佳（女，12月始，提名人选）

镇人民政府

镇　　长　马国军
副 镇 长　陈军跃
席　剑
陈　全（2月止）
唐　懿（2月止，提名人选；2月始）
童晓庆（女）
戴　明（12月始，提名人选）

政协联络处

主　　任　陈军跃

·北山镇·

中共北山镇委员会

书　　记　黄建国（11月止）
蒋炳桃（12月始）
副 书 记　蒋炳桃（12月止）
商　瑜（12月始）
郑旭辉（12月始）
熊　创（4月止）
委　　员　姚　军（12月止）
范小林（女，12月止）
龚海军
马志文（12月止）
邱赞亮（12月止）
舒　景
余　乐（12月始）
何泽宇（12月始）

人大主席团

主　　席　姚　军（12月止）
范小林（12月始）
副 主 席　陈　中

镇人民政府

镇　　长　蒋炳桃（12月止）
商　瑜（12月始）
副 镇 长　范小林（女，12月止）
马志文（12月止）
舒　景
钟元太
刘　伟（12月始）

张　奎（12 月始）

政协联络处

主　　任　范小林（12 月止）

舒　景（12 月始）

·星沙街道·

中共星沙街道工作委员会

书　　记　陈小虎（3 月止）

魏　检（6 月始）

副 书 记　郭　刚

林友祥（11 月止）

黄向阳（11 月始）

龙新伟（女）

委　　员　粟　光

杨胜喜（女，11 月止）

龙　江

张　宇

唐百宁（11 月始）

吴　建

人大工作委员会

主　　任　龙新伟（女）

副 主 任　王能武

街道办事处

主　　任　郭　刚

副 主 任　龙　江

张　宇

唐百宁（11 月始）

陈　恳

政协工作联络处

主　　任　张　宇

·湘龙街道·

中共湘龙街道工作委员会

书　　记　徐虎踞（9 月止）

章铭康（9 月始）

副 书 记　孙卫国（4 月止）

周　创（4 月始）

刘　登（12 月始）

李佩儒（7 月始）

委　　员　粟　力（1 月始）

潘　军（1 月始）

杨　章

胡　杰（12 月止）

罗　琼（12 月止）

胡晓明（12 月止）

王伟明（12 月始）

张　任（12 月始）

童　洁（1 月始，11 月止）

张海伦（12 月始）

人大工作委员会

主　　任　粟　力（1 月始）

副 主 任　童　浜（4 月始）

·泉塘街道·

中共泉塘街道工作委员会

书　　记　宁　铁

副 书 记　熊　创（6 月始）

章　李（12 月始）

委　　员　王立新

粟湘鸿

袁　惠（女）

杨燕芳（女）

陈　琳（12 月始）

杨新赞（12 月始）

人大工作委员会

主　　任　王立新

副 主 任　杨新赞（11 月止）

街道办事处

主　　任　熊　创（6 月始）

副 主 任　周国旺（6 月止）

杨燕芳（女）

陈　琳（12 月始）

杨新赞（12 月始）

唐炼波

政协联络处

主　　任　杨燕芳（女）

·榔梨街道·

中共榔梨街道工作委员会

书　　记　冯赛军

副 书 记　张　韧

陈　勇

委　　员　刘志伟

罗　芳（女）

邹玉屏（女）

朱会雄（12 月始）

张延灿（3 月始）

黄　忠（11 月止）

人大工作委员会

主　　任　陈　勇（3 月止）

刘志伟（12 月止）

副 主 任　张延灿（3 月止）

马　进（12 月止）

柳尚峰（12 月始）

街道办事处

主　　任　张　韧

副 主 任　柳　建

朱会雄（12 月始）

张延灿（3 月始）

黄　忠（11 月止）

罗　坚（11 月止）

王贺春（12 月始）

政协联络处

主　　任　柳　建

·长龙街道·

中共长龙街道工作委员会

书　　记　章铭康（9 月止）

涂亚鹏（9 月始）

副 书 记　宋　辉（5 月始）

杨全党（11 月始）

委　　员　盛振宇（11 月止）

周兴武（11 月止）

黄　英（女，11 月始）

姜妙华

王秋庆（11 月止）

向　宽（11 月始）

杨伟进

邱赞亮（11 月始）

童　洁（女，11 月始）

人大工作委员会

主　　任　盛振宇（11 月止）
　　　　　黄　英（女，11 月始）
副 主 任　胡孟洪

街道办事处

主　　任　宋　辉（5 月始）
副 主 任　周兴武（11 月止）
　　　　　王秋庆（11 月止）
　　　　　向　宽（11 月始）
　　　　　杨伟进
　　　　　邱赞亮（11 月始）
　　　　　罗　佳（11 月止）
　　　　　胡　杰（11 月始）

政协工作联络处

主　　任　周兴武（11 月止）
　　　　　邱赞亮（11 月始）

省、市垂直管理单位

县国税局

党组书记
局　　长　潘平波（女）
副 局 长　浦王灿
　　　　　喻兴无
　　　　　熊明干
　　　　　徐周灿
　　　　　贺　文（女）
纪检组长　黄　波（2 月始）

县地税局

局　　长　周万里
副 局 长　崔向阳
　　　　　伍少波
　　　　　全湘明
纪检组长　张又能
副调研员　申华平

县供电公司

总 经 理
党委副书记
　　　　　蒋　锐（5 月止）
　　　　　黄先晃（5 月始）
副总经理
党委书记　黄先晃（5 月止）
　　　　　熊厚辉（5 月始）
纪委书记
工会主席　王　剑
副总经理　黄　硕（2 月止）
　　　　　刘国荣（2 月始）
　　　　　许利平（10 月止）
　　　　　刘　巍（10 月始）

县烟草专卖局（分公司）

局长（经理）
　　　　　谭耀奇
副 局 长　龙济岚（2 月止）
　　　　　包宗旺（3 月始）
副 经 理　廖　文（2 月止）
　　　　　刘光庆（3 月始）
纪检组长　冯　仆

县气象局

局　　长　黄正才
副 局 长　常　炬（2 月止）
　　　　　孙潇棵（3 月始）
　　　　　王健龙

县邮政分公司

总 经 理　周建军（3 月止）
　　　　　古建明（4 月始，11 月止）
　　　　　何可文（12 月始）
副总经理　唐怀国

县电信分公司

总 经 理　陈学问
副 经 理　李复湘
　　　　　刘　峰

县移动分公司

经　　理　张晓滨
副 经 理　吴　波
　　　　　黄　伟
　　　　　李　权
　　　　　方　印

县联通分公司

总 经 理　盛　钊
副总经理　王晓维
　　　　　李　超

人寿保险长沙支公司

经　　理　杨　熠（女）

人保财险长沙支公司

经　　理　陈　炜

驻县部队（部分）

县武警中队

中 队 长　陈祖进
指 导 员　全伟宾（7 月止）
　　　　　向剑锋（7 月始）
副中队长　刘中平（7 月止）

县消防大队

大 队 长　郑梅华
教 导 员　佘光辉
副大队长　刘　武（6 月止）

驻县金融机构（部分）

中国银行星沙支行

行　　长　张　智
副 行 长　陈英勇
　　　　　李运红
　　　　　曹　阳（女）
　　　　　杨　越

建设银行星沙支行

行　　长　金大明
副 行 长　廖志刚
　　　　　申勇健

张朝晖
李 献
龚文湘

纪委书记 刘传华

农业银行长沙县支行

行 长 周绍恒

副行长 李一璋
魏 星（4月始）
曾 禹（4月始）
谈 微（女）

纪委书记 易 虎（2月止）
邹正恺（2月始）

行长助理 万丹青

工商银行星沙支行

行 长 张 毅

副行长 李翊平
罗 刚
胡屹坚

工会主席 李海奇

长沙银行星城支行

行 长 程 婧

副行长 朱 原
周 超

行长助理 李 佳

邮储银行长沙县支行

行 长 周 炜（10月止）
龙 凌（女，10月始）

副行长 刘向忠
杨 璐（4月始）
张 曙（女，11月始）

（各单位 提供）

便民服务

长沙县精品旅游线路

A线【沿东八线】

星沙（松雅湖国家湿地公园、松柏寺）——果园镇（浔龙河生态艺术小镇、田汉艺术文化园）——金井镇（湘丰茶博园、三棵树茶园、三珍虎园、湘丰慧润茶园帐篷酒店）——开慧镇（杨开慧纪念馆、缪伯英故居、慧润板仓国际露营基地、飘峰山庄、葛家山乐和大院）

B线【沿107国道】

星沙（松雅湖国家湿地公园、松柏寺）——青山铺（刘少奇天华调查纪念馆）——福临镇（影珠山风景名胜区）——开慧镇（杨开慧纪念馆、缪伯英故居、慧润板仓国际露营基地、飘峰山庄、葛家山乐和大院）

C线【沿S207线】

星沙（松雅湖国家湿地公园、松柏寺）——黄花镇（小顽国亲子乐园、新江马术俱乐部）——春华镇（毛泽东题词武塘纪念亭、春华渡槽、长沙会战春华纪念园、春华老街）——高桥镇（李维汉故居、柳植荀故居）——金井镇（湘丰茶博园、三棵树茶园、三珍虎园、湘丰慧润茶园帐篷酒店）

D线【浏阳河文化产业带】

星沙（松雅湖国家湿地公园、松柏寺）——榔梨街道（千年古庙陶公庙——黄兴镇（黄兴纪念馆、许光达故居）——江背镇（浏阳河风光带、徐特立故居、印山湖公园、麻姑井酒窖、锦绣江南AAA景区）

E线【工业研学游】

星沙（松雅湖国家湿地公园）——长沙经开区工业旅游点（三一重工、远大中央空调等17家工业旅游点）+任意线路（A\B\C\D）

星沙街道松雅湖国家湿地公园　　（县旅游局 提供）

泉塘街道远大集团　　（县旅游局 提供）

榔梨街道陶公庙　　（县旅游局 提供）

果园镇浔龙河生态艺术小镇　　（县旅游局 提供）

果园镇田汉故居　（县旅游局 提供）

黄花镇小顽国亲子乐园　（县旅游局 提供）

黄花镇新江马术俱乐部　（县旅游局 提供）

春华镇渡槽　（县旅游局 提供）

春华镇油菜花　（县旅游局 提供）

高桥镇李维汉故居　（县旅游局 提供）

黄兴镇湖南辛亥革命人物纪念馆　（县旅游局 提供）

江背镇乌川湖　（县旅游局 提供）

江背镇锦绣江南生态农庄　（县旅游局 提供）

福临镇影珠山风景名胜区　（县旅游局 提供）

青山铺镇刘少奇天华调查纪念馆　（县旅游局 提供）

开慧镇杨开慧故居及纪念馆　（县旅游局 提供）

开慧镇慧润国际露营基地　（县旅游局 提供）

金井镇茶园　（县旅游局 提供）

金井镇三珍虎园
（县旅游局 提供）

01 开慧初恋小镇一日游

锡福村民宿、乡村酒吧——田茂农庄——双冲村木鱼神乐和文化园——开慧茶园——慧润国际露营基地——飘峰山庄——杨开慧纪念馆——葛家山村乐和大院

〖特色推荐〗开慧烤全羊 \ 开慧湘绣 \ 帐篷酒店 \ 澳洲木屋 \ 慧润薰衣草

02 多彩江背一日游

印山湖公园——徐特立故居——锦绣江南生态农庄——龙头井现代农庄——天合农业铁皮石斛与红豆杉生长基地——浏阳河风光带——麻姑井酒窖

〖特色推荐〗江背大片肉 \ 铁皮石斛 \ 红豆杉 \ 麻姑井酒 \ 樱花园

03 金井茶乡小镇一日游

三珍虎园——湘丰茶博园——金井（三棵树）茶园——青松寺——惠农桃花园

〖特色推荐〗虎园观虎增虎气 \ 手工制茶 \ 金井小花片 \ 罗代黑猪（国家地理标志产品）\ 慧润湘丰帐篷酒店

04 春华科教拓展研学一日游

春华渡槽——毛泽东题词武塘纪念亭——长沙会战春华纪念园——百熙纪念馆——“洞田花海”农耕休闲主题园——红旗湖风景区

〖特色推荐〗春华李 \ 水煮活鱼 \ 金鼎银毫 \ 洞田富硒米 \ 金鼎山红薯片 \ 宇田蔬菜 \ 春红花卉

05 田汉戏剧艺术文化一日游

浔龙河生态艺术小镇（樱花谷、麦咭启蒙岛、童勋营）——田汉戏剧艺术文化园——美丽乡村新明村——新大屋组——金江湖

〖特色推荐〗生态蜂蜜 \ 沁香富硒米 \ 樱花 \ 油菜花 \ 地球仓酒店 \ 星空木屋酒店 \ 金江湖鱼

（长沙县旅游局）

常用微信公共号选录

微星沙　　星沙时报　　掌上星沙　　产经周刊

清风星沙　　长沙县党建 020　　平安长沙县　　星沙微警

文明长沙县	爱上长沙县	长沙县政务服务中心	长沙县市场监管
县广播电视台	长沙县图书馆	星沙人才	星沙教育
礼乐星沙	文体星沙	长沙县妇幼保健院	健康星沙
吃喝玩乐在星沙	浔龙河生态艺术小镇	湘绣城	田汉故里国歌摇篮

人文拾萃

Essence of humanity

责任编辑　周进银

名人传奇

戏魂英名垂千古
——中国现代戏剧奠基人田汉

田汉是中国现代戏剧的奠基人，戏曲改革的先驱者，中国早期革命音乐、电影的组织者和领导人之一，也是一位现代歌词的艺术大师。他一生创作百余部剧作，其中有话剧63部、戏曲27部、歌剧2部、电影12部，还留下百余首脍炙人口的歌词及自选诗词近500首。被称为“中国的戏剧魂”“现代关汉卿”，成为镌刻在现代文苑上的一座丰碑。

田汉，原名寿昌，曾用过的笔名有高明、陈瑜、漱泉、汉仙等，1898年3月12日出生在湖南省长沙县锦绣都田家塅（今属长沙县果园镇）一户农民家庭。9岁那年，他的父亲田禹卿不幸因肺病去世，他和弟弟田洪、田沅靠母亲易克勤纺纱织布，艰难度日。

田汉自幼聪慧，过目成诵，8岁就会吟诗作对，凡是教他的先生，都十分垂青这位英俊的少年。1912年夏，田汉考入长沙师范。在这里，他开始对戏剧产生浓厚的兴趣，并得到校长徐特立的鼓励和支持。老校长常带他去看“文明戏”的演出，激励他自己创作和排演话剧，还把自己的购书折借给他，让他去选购喜爱的书籍。田汉后来走上现代戏剧的创作道路，与校长徐特立的提携是分不开的。

1916年夏，田汉从长沙师范毕业。此时，正逢其舅父易象任湖南留日学生处监督，这就为他赴日留学提供了条件。8月，田汉随舅父到日本，考入东京高等师范。但他最感兴趣的，还是戏剧。他的舅父易象，早年加入同盟会，随孙中山参加辛亥革命，后又投身护国运动，是南社的爱国诗人，1920年年底被封建军阀赵恒惕所害，年仅40岁，新中国建立后被追认为烈士。易象之死，使田汉对封建军阀十分仇恨，青少年时代的国难家仇，激励他在日后的创作中，不断地向封建制度冲击和挑战。

在日本留学期间，经舅父介绍，田汉和李大钊建立通信联系，并在他的引导下，对十月革命心向往之。他还参加李大钊发起成立的少年中国学会，并成为《少年中国》月刊的编辑组成员。他在该刊上撰文，号召中国留学生奋起拯救深陷苦难的祖国和民族。他又经宗白华介绍，结识当时也在日本留学的郭沫若。他们意趣相投，一见便引为知己，书信往来甚多，经常真挚、坦率地纵谈文艺、爱情、生活，探索人生真谛，彼此以歌德、席勒相许。1920年，他出版自己与郭沫若、宗白华三人之间的通讯集《三叶集》。次年，他与郭沫若、成仿吾、郁达夫等组织创造社，在中国文坛上初露峥嵘，成为五四运动时期新文化运动的后起之秀。他的剧作《灵光》《梵峨嶙与蔷薇》《咖啡店一夜》等，都是在这一时期面世的。

1922年秋，田汉携妻子易漱渝回国，在中华书局上海编辑所就职，并在上海大学任教。其间，他翻译出莎士比亚的《哈孟雷特》（今译《哈姆莱特》）和《罗密欧与朱丽叶》，这也是哈翁被介绍到中国的第一个译本。为“给在沉闷中的中国文坛鼓动一种清新芳烈的艺术空气”。1924年1月，他与妻子创办《南国》半月刊，他的剧本《乡愁》《获虎之夜》也藉此问世。由于积劳成疾，其妻一病不起，《南国》发行4期后也被迫停刊。一年后，其妻不幸去世。

1925年夏，田汉将亡妻葬于湖南老家后，怀着悲痛的心情回到上海。不久，他创立南国电影剧社，拍摄所创作的第一部电影《到民间去》，并创办文艺副刊《南国》特刊，发表剧本《黄花岗》（第一幕）。其后，南国电影剧社改为南国社，范围扩大到文学、绘画、音乐、戏剧、电影五大部分，将一批青年艺术家聚集到追求真理的道路上。

1928年春，田汉创立南国艺术学院，开始他的自主艺术教育活动，在当时严重的白色恐怖之下，培养许多革命艺术人才。聂耳、冼星海、陈伯尘、张曙、郑君里、廖沫沙、吴作人等，都在这里学习过。这一时期，他还精心组织一次

“艺术鱼龙会”，即别开生面的小型戏剧展演，演出他自己和其他艺术家创作的优秀剧作。徐悲鸿、欧阳予倩、周信芳、金焰、洪深、陈伯尘、郑君里等进步艺术界的精英，都参加了这次活动。1928年至1929年，是南国社最艰难、也是最具风采的时期。他率领南国社在上海、南京、广州、无锡等地多次举行话剧公演和其他艺术活动，创作大量剧作，影响及于全国。《火之跳舞》《南归》《名优之死》等独具现代特色的名著，都产生于这一时期。

在创作的道路上，田汉始终没有放弃对真理的追求。随着革命文学的倡导和“左翼戏剧运动”的兴起，他自觉摆脱唯美主义、伤感主义的影响，加入到左翼戏剧阵营。1930年春，他在《南国》发表《我们的自己的批判》，宣告自己“转向”，坚决朝着人民大众的革命戏剧方向前进。6月，他根据法国作家梅里美小说改编的《卡门》在上海公演，被国民党政府当局以“鼓吹阶级斗争”“宣传赤化”的罪名禁演，南国社亦被查抄。他即率领南国社全体成员，加入中国左翼作家联盟，自己的活动也从此转入地下。

1930年后七八年间，特别是“九一八”事变后，是田汉一生中创作最旺盛、最多产的时期。当时他可谓三日一曲，五日一剧，纵情而来，信笔成剧。至1935年年初，作品就达一百余部。话剧《乱钟》《梅雨》《1932年的日光曲》，电影《三个摩登女性》《民族生存》《风云儿女》，歌剧《扬子江暴风雨》等，都是这一时期的代表作。他还与聂耳、冼星海、贺绿汀等创作大量歌曲。这些歌曲皆以革命立场和爱国主义精神，鼓舞人们去战斗。如《义勇军进行曲》《毕业歌》《梅娘曲》等，至今仍在广泛唱传。特别是《义勇军进行曲》，随着反法西斯战争的展开，更是以其所表达的抗争不息、独立自强的战斗精神，成为一首反法西斯斗争的国际战歌，唱响在战火纷飞的反法西斯战场。

1935年2月，中共江苏省委和上海文委被破坏，田汉与阳翰笙、杜国痒等在上海被捕，被押往南京。后虽经宗白华、徐悲鸿等保释出狱，但仍被软禁于南京。在狱中，他大义凛然，不屈抗争，曾用铜板磨成五星以示信念不灭，有诗词抒怀明志。其中，有《虞美人·狱中赠伯修》如下：艳阳洒遍阶前地，狱底生春意。故乡流水绕孤村，应有幽花几朵最销魂。由它两鬓霜如雪，此志坚如铁。四郊又是鼓鼙声，我亦懒抛心力作词人。

1935年秋，华北事件发生，被软禁于南京的田汉与应云卫、马彦祥等组织中国舞台协会。12月，邀集上海、北平、天津等地演员，举行18天的公演，演出田汉创作的《回春之曲》《械斗》（与马彦祥合作）《黎明之前》《洪水》。期间，拒绝国民党政府当局参与其事并给予补助。翌年，改编并演出6幕话剧《复活》，创作独幕话剧《阿必西尼亚母亲》《女记者》和戏曲剧本《土桥之战》。1937年春，根据鲁迅小说改编话剧《阿Q正传》，由中国旅行剧团公演。

1937年7月卢沟桥事变后，全民抗战开始。恢复自由的田汉，立即参加《卢沟桥》剧本的创作，并在南京公演，获得很大成功。八一三淞沪抗战爆发后，他又奔赴上海，参加上海文艺界抗敌协会的工作，与郭沫若、夏衍等奔赴前线，慰问抗日前线将士。

1937年10月，田汉回到家乡长沙，与廖沫沙等创办《抗战日报》，这是当时湖南人民最喜闻乐见的一份抗日报纸，也是中共湖南省委直接掌握的两份抗日报刊之一。1938年4月，他又赴武汉，在周恩来的领导下，在军委会三厅（厅长郭沫若）六处任处长，负责抗日救亡宣传的组织工作。10月，战事紧张后，他根据党的指示，先后在武汉和长沙组织一批抗日演剧队和戏曲宣传队，热情支持他们开展抗日救亡宣传，并与戏剧界的许多老艺人建立深厚友谊。他的弟弟田洪、弟媳陈琦霞、儿子田海男，当时都活跃在长沙抗日救亡宣传队伍中；他的另一个弟弟田沅，则与冼星海等由武汉前往延安，投身到敌后抗日战场。期间，他还创作和改编《梁红玉》《新雁门关》《新儿女英雄传》《江汉渔歌》等含有反侵略内容的剧作。

1939年5月至1940年4月，由于从事戏剧宣传工作的需要，田汉往来于桂林、衡阳、长沙一带。1940年5月，他与从香港撤出来的全国各地著名文化界人士一起，来到大后方重庆，共商文化界抗日救亡大计，并与在重庆的家人相聚。次年春，皖南事变后，他又携家人回到湖南，在衡阳暂住下来。

1941年8月，日军进攻湘北，田汉又举家由衡阳撤到桂林，并在此居住几年。这一时期，他扶持以桂林演剧队成员为骨干的新中国剧社和由三个湘剧抗敌宣传队组成的中兴湘剧团，坚持抗日救亡宣传，同时主编《戏剧春秋》月刊，对京剧、汉剧、湘剧进行改革，还创作和改编《风雨归舟》《岳飞》《新会缘桥》《武松》等剧作。1944年2月，他与欧阳予倩等，在桂林举办有8省30多个演剧队参加的“西南话剧展览会”，演出话剧、国外名剧130多部，这也是全民抗战时期国统区抗战进步戏剧一次规模空前的大检阅。

1944年4月17日，日军发动打通大陆交通干线的豫湘桂战役，国民党部队一败涂地。6月18日和8月8日，长沙、衡阳相继失守；9月中旬，桂林沦陷。在8月初开始的湘桂大撤退中，田汉带领新中国剧社并携家人，不畏艰难险阻，跋涉千里西撤贵阳，继续宣传抗日救国。然而，国民党大员腐败透顶，大肆中饱私囊，不顾人民疾苦，甚至将所谓“救济文化界人士”的资金大量贪污，以致象田汉这样的著名文化名人，其家庭生活也实在困难。他的一首七绝《赠人》，就道尽当时物价飞涨的艰难时世；爷有新诗不济贫，贵阳珠米桂如薪。杀人无力求人懒，千古伤心文化人。

无奈之下，他只得由弟弟田洪将母亲及孩子送往重庆，自己则与妻子安娥辗转于贵阳、昆明，继续坚持抗日救国的文化宣传，直到抗战胜利。

抗日战争胜利后，田汉回到上海，在戏剧学校任教，同时继续以戏剧为武器，揭露黑暗，歌颂光明，先后创作《丽人行》《忆江南》《梨园英烈》等作品。《丽人行》后来被改编成电影。

1948 年 6 月，田汉经天津来到河北平山西柏坡中共中央驻地，参加第一届政协会的筹备工作。从国统区来到解放区这片新的天地里，他心中充满喜悦。在北京召开的第一次全国政协会议上，他和聂耳创作的《义勇军进行曲》，被定为新中国的代国歌。1949 年 10 月 1 日，雄壮、激越的国歌——这首历经民族解放斗争血与火洗礼的战歌，伴随着新中国第一面冉冉升起的五星红旗，响彻在天安门广场，响彻在伟大祖国的大河山川。

新中国成立后，田汉历任文化部戏曲改革局、艺术事业管理局局长，中国戏剧协会主席、党组书记，中国文联副主席等职，还是第一、第二届全国人大代表，第一、第四届全国政协委员。身居领导岗位，他仍保持平易近人的作风，没有一点官架子，特别是善于团结、关心老艺人，使他们靠拢党，为新中国文艺发展繁荣服务，堪称文化界团结的模范。同时，他还在当时复杂的历史背景下，一面做行政工作，一面坚持创作，先后写出《关汉卿》《文成公主》《十三陵畅想曲》等话剧新作，改编整理《白蛇传》《西厢记》《情探》等上乘的戏剧作品，还创作新编历史剧《谢瑶环》。特别是 1958 年问世的《关汉卿》，不仅是他的代表作，也是中国当代文学史上不可多得的佳作。

1968 年 12 月 10 日，这位毕生为革命文艺奋斗的共产党人，在狱中含冤去世，连骨灰亦未留下。在狱中留有无题诗云：先烈热血洒神州，我等后辈有何求？沿着主席道路走，坚贞何惜抛我头。

历史是公正的。粉碎“四人帮”后，田汉的冤案于 1979 年得到平反昭雪。同年 4 月 25 日，中共中央在八宝山革命公墓为他举行隆重的追悼会，党和国家领导人和文艺界 1000 多人出席追悼会。其骨灰盒内，只有他的好友林默涵放进的一张《义勇军进行曲》唱片、一本精装的话剧本《关汉卿》和一支自来水笔、一副眼镜、两方印章。

历尽风霜雪雨，田汉毕生为之奋斗的中国戏剧，又迎来阳光灿烂的春天。他和他的众多作品，连同他的名字，将永垂史册；他与聂耳共同创作的《义勇军进行曲》，也在“文化大革命”后被正式定为中华人民共和国国歌，永远在亿万炎黄子孙中传唱。楹联家余德泉题田汉故居联曰：一歌敌万马千军，长呼义勇；两戏忧民生国计，并显情怀。

这正是对他精彩人生和不朽作品的高度评价。其中，“一歌”即指《义勇军进行曲》，“两戏”即指《关汉卿》和《谢瑶环》。

（李树凡）

史海钩沉

毛泽东的历史老师
——胡汝霖曾任长沙县文献委员会主任

2013 年 12 月 27 日，湖南省社科院宗教文化研究中心资深研究员、省地方志编纂委员会正处级退休专家刘国强专赴长沙县史志档案局，惠赠《湖南佛教寺院志》《释敬安与湖南》《纪念胡汝霖先生（1865 ~ 1949）》3 本书，交县档案馆珍藏。这三本书中，前两本由刘国强本人担任总纂，后一本是他力荐胡汝霖先生的嫡孙胡君履编写的。在赠书仪式上，刘国强重点介绍了《纪念胡汝霖先生（1865 ~ 1949）》一书。据他讲述，胡汝霖是清末进士，曾在安徽多个县担任知事，民国初年投身教育事业，做过毛泽东的历史老师，晚年任长沙县文献委员会主任，主编长沙县志。将该书赠予长沙县档案馆，这是胡氏后人的愿望。他还特意在扉页上题写了一段文字："我曾经力荐君履先生编写此书，书成后逝世。遵遗嘱赠长沙县档案馆保存。汝霖先生曾作过民国时期的长沙县志编纂主任。"

该书共分为"胡汝霖先生传略""胡汝霖先生年表""胡汝霖先生遗作钩沉""千秋情谊，书为纽带""刘国强先生致胡氏后人的信""胡氏家族成员一览表""胡氏部分后人简况""后记"八个部分。翻阅此书，乃知胡汝霖先生字鞠生，号莪园，晚年自号莪叟。祖籍长沙县，出生于东乡春华山七里冲（今长沙县春华镇金鼎山村），胡氏故居和墓地都在这里。1894年甲午恩科进士，后补中书，升候补道，先后任安徽合肥、阜阳、桐城、当涂等县知事十余年，清正廉明，颇有政声，在灵璧县的名宦寺内供有他的禄位牌，卸任时百姓张万民伞为其送行。辛亥革命时曾通电响应革命，后弃官回乡，1947年任湖南省文献委员会委员，长沙县文献委员会主任，尝主编长沙县志。

而胡汝霖一生最值得称道的还是他与毛泽东的忘年之交，该书"千秋情谊，书为纽带"一节中有详细的记述。民国初年，胡先生弃官从教，在湖南全省高等中学校（后改名省立一中）任历史教员，邂逅了青年毛泽东。他对毛泽东十分赏识，慨然以一部《御批通鉴辑览》相赠。毛读此书后大受启发，并由此作出了退学自修的决定，立志寻求"改造中国与世界"的道路。半年后他再考入第四师范（又并入一师），机缘巧合，又与胡先生相遇，两人成为忘年之交。1937年毛泽东在陕北同斯诺谈话时，曾提到他在一师读书时，老师赠其《御批通鉴辑览》一事，因事隔多年，记成了国文老师。毛泽东一生极爱阅读《资治通鉴》，他晚年曾对身边护士孟锦云讲，《资治通鉴》他读过17遍，每读一遍都获益匪浅，足见当年胡汝霖所赠《御批通鉴辑览》对其影响之深！

这段交往，胡先生曾多次与儿女们谈及，但由于没有留下详细的史料记载，一些出版物和影视作品中以讹传讹的现象比较多见，而胡氏后人对此一直保持缄默，直至20世纪90年代，胡先生的嫡孙胡君履著文道出真相，引起史学界注意，中组部原副部长、曾担任毛泽东兼职秘书的李锐立即予以肯定，并将此观点写入其著作。这本《纪念胡汝霖先生（1865～1949）》，是胡君履先生晚年多方搜集、反复考证、精心整理出的成果汇编，为胡氏后人寻根问祖提供了线索和资料，而其中与毛泽东交往的史实，则填补了史学界在青年毛泽东研究上的某些空白。湖南文史研究室主任、长沙县政协原副主席伏家芬将胡汝霖赠毛泽东《御批通鉴辑览》一事，与《史记》中记载的黄石公授书张良一事相媲美，在《纪念胡汝霖先生（1865～1949）》序言中撰联一首：

《漫记》

纪西行，经传马帐，书赠星城，慧眼能识雄才，留侯圯上逢黄石；

昔贤顷南楚，湘誉儒林，皖崇循吏，龙孙倘绳祖武，莪叟耆年赛赤松。

（周进银）

旅游景区

浔龙河生态艺术小镇

浔龙河生态艺术小镇位于国家级"美丽宜居村庄"的果园镇浔龙河村，规划占地面积14700余亩，计划总投资140亿元。这里山清水秀，层岚叠嶂，气象万千，是原生态天然氧吧。每年3月至10月白鹭成群，漠漠水田飞白鹭，俨然一幅人与自然和谐共处的优美画卷。这里历史悠久，人杰地灵，遗留有不少古迹和民间传说。三国时期华佗帮关羽刮骨疗毒，为百姓义诊，华佗庙香火千年袅袅；杨泗将军斩孽龙的传说为这方水土增添了英雄铁骨；生于斯长于斯的一代文豪田汉，一曲《国歌》传唱神州，彰显此地文气风流。

2009年，浔龙河生态艺术小镇启动建设，项目依托浔龙河区位交通优势、生态环境优势、人文底蕴优势，从盘活乡村资源和促进民生两部分入手，破题城乡发展瓶颈，推进

浔龙河生态艺术小镇 （浔龙河生态艺术小镇 提供）

城市公共服务向农村覆盖、城市基础设施向农村延伸、城市现代文明向农村辐射，通过对乡村环境、乡村文化等“乡愁”予以保留，发展农村综合产业，形成“教育产业为核心、生态产业为基础、文化产业为灵魂、康养产业为配套、旅游产业为抓手”的产业格局。以建设“城镇化的乡村、乡村式的城镇”为目标，在坚持生态和耕地保护的原则下，以“政府推动和监管、企业市场运作、基层组织保障、群众参与决策”的方式发展现代农业、文化、教育、乡村旅游与乡村地产等综合产业，让农村群众享受城乡一体化的精神物质生活，让城市居民“望得见山、看得见水、记得住乡愁”。2015 年 10 月 1 日，浔龙河生态艺术小镇一期农民安置区及产业项目童勋营、牧歌山、云田谷正式开园营业。同时，麦咭音乐节盛大举行。国庆节前四天，浔龙河迎来近 12 万名游客。11 月 2 日，湖南省委常委、长沙市委书记易炼红一行再次到浔龙河生态艺术小镇调研，并指出：浔龙河项目的创新做法是城乡一体化的创新模式，是新型城镇化的经典样板。

2017 年 1 月 15 日，浔龙河生态艺术小镇获评城市化委员会发布的“2015 年中国城市化典型案例”称号；12 月 11 日，浔龙河生态艺术小镇被评为国家 AAA 级旅游景区；12 月 25 日，浔龙河生态艺术小镇研学旅行基地获评“长沙市中小学研学旅行创建基地”。2018 年 1 月 13 日，2018 中国特色小镇博览会在长沙举办，浔龙河生态艺术小镇获评“2018 中国特色小镇博览会优秀示范案例”；5 月 9 日，入选新华社“民族品牌工程”第二批民族品牌企业，是湖南首个入选品牌。截至 2018 年 4 月，浔龙河旅游累计接待游客 200 多万人次。

二级园区景点主要有麦咭启蒙岛、云田谷、童勋营、樱花谷、湖湘街等。

麦咭启蒙岛 是湖南棕榈浔龙河文旅有限公司依托浔龙河生态艺术小镇的自然人文资源，与金鹰卡通卫视携手打造，以“快乐·梦想·家”为主题，以“亲山、亲水、亲子、亲情”为特色，以麦咭 IP 亲子体验与素质教育相融合的集吃、住、行、玩、乐、学、养于一体的乡村田园亲子主题乐园和青少年儿童素质教育基地。

云田谷 是让都市亲子家庭和游客体验乡村田园生活的亲子天堂，有麦咭亲子游乐、云庐茶舍品茶休闲、小小农夫农耕体验等项目。

童勋营 是儿童军事化拓展基地。在这里，孩子们可以感受当小小民兵的光荣和体验军人生活的机会。苍翠山林掩映中，孩子们可在大本营观看飞机、坦克等趣味军事展。风雨操场操练，抢渡风雨桥。鹰眼哨塔登高揽胜，壮志豪情尽在胸。游骑兵山谷听金戈铁马，玩地道战，躲猫猫。

樱花谷 浔龙河奇妙樱花谷是中南地区规模最大、品类丰富的最美樱花谷，种植面积 33.33 公顷。近 20 余个品种、3 万株樱花为广大游客营造花海盛景。早樱花期为 3 月中旬，可持续到 4 月中旬；晚樱花期为 4 月中旬，可持续到 5 月上旬。樱花开放季节，满山谷樱花或粉红似锦，或堆霜叠雪，远远望去，灿若云霞，十分壮观；轻风拂过，花瓣飘落如雨，如梦似幻，令人迷醉。同时在樱花谷中错落有致搭配荷花池、斗牛场、瀑布水景、花溪景观、滑草场等景点，通过一条由东北向西南的主干道和若干林间小径将上述景点连成一个整体，整个樱花谷从高空俯瞰，宛若两条金龙蜿蜒盘旋，风光绮丽。孩子们既可赏樱观景，又可增加对樱花等物种的认知，同时参加园内趣味活动。

湖湘街 是浔龙河最集中的旅游配套街区，致力打造长沙首个以湘东民俗文化为特色的立体街区，满足游客“吃、住、玩、学、购、娱”的需求，包括幸福街、创客街、民宿街、好呷街、休闲街、土菜街。

（周进银）

索　引

Index

责任编辑　周进银

说 明：

1. 本索引采用分析索引方法，按索引词首字汉语拼音音序排列，首字音序相同者，按第二字音序排列，依此类推。

2. 类目、分目、副分目标题以及人名作索引词的均用黑体字标明。

3. 索引词后的阿拉伯数字表示内容所在页码，拉丁字母 a、b、c 分别表示左、中、右栏（仅有左、右两栏时则分别以 a 、b 表示）；索引词后括注“图”“表”字样的为图或表。

4. “特载”“专文”“大事记”“统计资料”“综录”中部分内容未作索引。

A

B

C